Lothar Schmidt, Klaus-Peter Gödde, Wolfgang Schädlich
Die Küstenraketentruppen der Volksmarine

Lothar Schmidt
Klaus-Peter Gödde
Wolfgang Schädlich

Die Küstenraketentruppen der Volksmarine

Geschichte und Geschichten

steffen verlag

Inhalt

Geleitwort 8
Vorwort 10

Kapitel I Einführung 13
Einleitung 13
Militärpolitische und ökonomische Aspekte der Entwicklung
der Küstenraketentruppen 13
Strukturelle und technische Entwicklung der Küstenraketentruppen 18

Kapitel II Struktur, Organisation und Führung der Küstenraketentruppen . . . 37
Einleitung 37
Struktur und Organisation 37
Dienstorganisation 41
Personelle Entwicklung der Führung und der Küstenraktenabteilungen
des Küstenraketenregiments 18 46

Kapitel III Gefechtseinsatz der Küstenraketentruppen 55
Einleitung 55
Planung von Kampfhandlungen 55
Handlungen der Küstenraketentruppen 61
Schlussfolgerungen für den Gefechtseinsatz aus der Praxis 66
Gefechtsmöglichkeiten der Küstenraketentruppen im Vergleich 74
Taktisch-Technische Daten des Küstenraketenkomplexes „Rubesh" 76

Kapitel IV Gefechtsbereitschaft und Gefechtsdienst 80
Einleitung 80
Grundlagen der Gefechtsbereitschaft 80
Mobilmachung und Besonderheiten der Führung 87
Gefechtsdienst 88
Einsatz des Gefechtsdienstes 93
Probleme und Ende der Gefechtsbereitschaft 95

Kapitel V Gefechtsausbildung in den Küstenraketentruppen 99
Einleitung 99
Allgemeinmilitärische Ausbildung 101
Spezialausbildung 111

Taktische Ausbildung 112
Operative Ausbildung 116
Erfahrungsaustausch mit der 5. Raketenbrigade der Landstreitkräfte 116
Bedingungen für die Gefechtsausbildung 120
Inspektion 131
Raketenschießabschnitte 140

Kapitel VI Parteipolitische Arbeit 155

Einleitung 155
Politische Bildung 157
Partei- und FDJ-Arbeit 159
Abschließende Gedanken 160

Kapitel VII Sicherstellung der Küstenraketentruppen 161

Einleitung 161
Gefechtssicherstellung 165
Einleitung 165
Aufklärung 166
Tarnung 172
Ingenieurtechnische Sicherstellung 177
Schutz vor Massenvernichtungsmitteln 185
Sicherung und Selbstverteidigung 187
Technische Sicherstellung 191
Einleitung 191
Raketentechnische Sicherstellung 192
Kfz-technische Sicherstellung 205
Rückwärtige Sicherstellung 210
Einleitung 210
Materielle Sicherstellung 211
Medizinische Sicherstellung 212
Transportsicherstellung 212
Sicherstellung mit Unterkunft 213
Besonderheiten der Rückwärtigen Sicherstellung im Küstenraketenregiment 18 213

Kapitel VIII Gründung der Küstenraketentruppen der Volksmarine 220

Einleitung 220
Spezial-Küstenartillerieabteilung 1962–1972 221
Einleitung 221
Schwieriger Beginn 222
Ausbildungshöhepunkte 224
Außerdienststellung 233

Dienst in der Spezial-Küstenartillerieabteilung 234
   Einleitung 234
   Einsatz als Richtkanonier 236
   Raketenschießabschnitte und Dienstende 239
   Ausrüstung, Einsatzprinzipien und TTD des Küstenraketenkomplexes „Sopka" 242
   Geschichte des Küstenraketenabteilung 18 von 1980–1983 248

Kapitel IX Geschichte des Küstenraketenregiments 18, 1983–1990 255
   Einleitung 255
   Erinnerungen des Kommandeurs des Küstenraketenregiments 18, 1983–1987 256
      Abschied von Bord und Ausgangslage für die neue Aufgabe 256
      Indienststellung und Formierung des Regiments, erste Überprüfung „Hanse 83" 263
      Raketenschießen und Führungsprobleme 275
      Parade und Auswertung des 1. Ausbildungsjahres 284
      Alltag und Führungstätigkeit 294
      „STAN 90", Übungen, Kontrollen, Überprüfungen und Inspektion 302
      Auswertung 311
      Ende und Neubeginn 316
   Erinnerungen des Kommandeurs des Küstenraketenregiments 18, 1987–1990 322
      Einsatz als Kommandeur 322
      Erste Aufgaben 323
      Höhepunkte 325
      Auszeichnungen und Abschied vom Regiment 329
   Erinnerungen des Kommandeurs des Küstenraketenregiments 18, ab 1990 332
      Gefährlicher Dienst 332
      Im Küstenraketenregiment 18 333
      Letzte Übung 334
      Gedanken zur Auflösung 337
      Neue Aufgaben 342

Kapitel X Dienst in den Küstenraketentruppen der Volksmarine 345

Anhang
   Abkürzungsverzeichnis 348
   Zeittafel der wichtigsten Ereignisse in den KRT der VM 351
   Personal der Führung des KRR-18 Teil 1 und 2 354
   Dokumente 353
   Quellen und Bildnachweis 362
   Herausgeber und Autoren 364

Geleitwort

1962 begann ein neuer Entwicklungsabschnitt in der Geschichte der VM. In ihren Bestand wurden Raketenschnellboote und eine neue Waffengattung, die Küstenraketentruppen, eingeführt.

Zielstrebig und mit Enthusiasmus hatten sich die wichtigsten Kader für die neue modernste Technik unter nicht einfachen Bedingungen in der Sowjetunion auf die Übernahme der neuen Bewaffnung vorbereitet.

Von 1962 bis 1990 gehörten mit einer kurzen Unterbrechung die Küstenraketentruppen zu den wichtigsten Stoßkräften der VM.

Es begann mit der Spezial-Küstenartillerieabteilung, die damals mit dem weltweit ersten Küstenraketenkomplex „Sopka" und der Rakete „S-2" ausgerüstet wurde. Die Angehörigen dieser Abteilung meisterten die komplizierte Bewaffnung und wurden für ihre guten Leistungen mehrfach ausgezeichnet. Nach zehn Jahren war das Waffensystem moralisch verschlissen und die Abteilung wurde außer Dienst gestellt.

Admiral Theodor Hoffmann

Nach einer durch die technische Entwicklung bedingten Pause folgte dann das KRR-18, ausgerüstet mit einer neuen Waffengeneration, dem Küstenraketenkomplex „Rubesh" und den Raketen „P-21/22".

Die Angehörigen der Küstenraketentruppen nahmen jeweils unter der zielstrebigen Führung ihrer Kommandeure und mit Unterstützung sowjetischer Spezialisten bei anfänglich schwierigen Stationierungsbedingungen, ohne Lehrbasis und praktische Erfahrungen die komplizierten Aufgaben in Angriff.

Das KRR-18 entwickelte sich zu einem der besten Truppenteile der VM. Für die hervorragenden Ergebnisse bei der Gewährleistung einer hohen Gefechtsbereitschaft wurden die Angehörigen des Regiments vielfach geehrt. Im Oktober 1985 erfolgte die Verleihung des Ehrennamens „Waldemar Verner" und 1989 die Verleihung eines Ehrenbanners anlässlich des 40. Jahrestags der Deutschen Demokratischen Republik sowie die Auszeichnung als „Bester Truppenteil".

Dank ihrer ausgezeichneten Leistungen waren die Angehörigen der Küstenraketentruppen ein geachteter und zuverlässiger Partner der anderen Einheiten, Truppenteile und Verbände der VM und darüber hinaus der Verbündeten Flotten der Warschauer Vertragsorganisation in der Ostsee. Damit leisteten sie ihren Beitrag zur Sicherung des Friedens.

Nunmehr haben Angehörige der Küstenraketentruppen der VM unter maßgeblicher Führung und Beteiligung ihrer ehemaligen Kommandeure ihre Erinnerungen und die Geschichte ihrer Waffengattung aufgeschrieben. Die Autoren würdigen den hohen Ausbildungsstand, die persönliche Einsatzbereitschaft, Disziplin und Motivation aller Angehörigen der Küstenraketentruppen. Sie verschweigen auch nicht die Probleme, die es zu meistern galt und die Entbehrungen, welche die Angehörigen der Küstenraketentruppen und ihre Familienangehörigen im Interesse der Sicherung einer ständig hohen Gefechtsbereitschaft auf sich nahmen. Die Autoren der Beiträge haben die Geschichte der Küstenraketentruppen mitgestaltet, und für ihr Engagement gebührt ihnen Dank.

Die Geschichte der Küstenraketentruppen ist ein Teil der Geschichte der Seestreitkräfte/VM. Insofern wird das vorliegende Buch auch eine wichtige Rolle für eine vorurteilsfreie Darstellung der Geschichte der VM spielen.

Ich bin davon überzeugt, dass sich viele ehemalige Armeeangehörige in den Beiträgen wiederfinden, dass das vorliegende Buch die Erinnerung an die Küstenraketentruppen der VM wach hält und den Stolz auf die vollbrachten Leistungen im Interesse der Erhaltung des Friedens fördert.

Ich danke hiermit noch einmal allen ehemaligen Angehörigen der Küstenraketentruppen der VM, besonders den Kommandeuren, für ihren hohen Anteil an der zuverlässigen Erfüllung der Aufgaben aber auch ihre persönliche Unterstützung und erwiesene Kameradschaft. Dadurch konnte die VM einen geachteten Platz unter den Verbündeten Flotten der Warschauer Vertragsorganisation einnehmen.

Theodor Hoffmann, Admiral a. D.

Vorwort

Wappen der KRT der VM (WS)

Mehr als 20 Jahre sind inzwischen vergangen, seit die DDR als selbstständiger Staat aufhörte zu existieren und damit auch ihre Streitkräfte – die Nationale Volksarmee (NVA). Wir gehörten dazu – haben langjährig treu und redlich auf der Grundlage unseres geleisteten Fahneneids in diesen Streitkräften gedient.

Unser Herausgeber Lothar Schmidt hat seinen Dienst bereits an der Kadettenschule 1956, im Gründungsjahr der NVA, im Alter von 13 Jahren begonnen. Vereidigt wurde er am 13.08.1961, dem Tag des Baus der Berliner Mauer. Danach begann er das Studium der Raketentechnik und Schiffsführung an der Kaspischen Höheren Seekriegsschule „S.M. Kirow" der Seekriegsflotte der UdSSR in Baku. Zu dieser Zeit wurde die Raketentechnik in die Flotten der Mitgliedsstaaten der Warschauer Vertragsorganisation eingeführt. Für unsere Herausgeber Klaus-Peter Gödde und Wolfgang Schädlich begann ihre Dienstzeit zehn Jahre später mit dem gleichen Studium an der gleichen Hochschule. Später arbeiteten wir in der Volksmarine (VM) in verschiedenen Dienststellungen, L. Schmidt und W. Schädlich an Bord von Raketenschnellbooten und K.-P. Gödde in der Raketentechnischen Abteilung 6. Durch den Besuch der Militärakademie qualifizierten wir uns für höhere Dienststellungen und dienten schließlich alle in einem der kampfstärksten Truppenteile der VM, dem KRR-18, das in dieser Zeit allein zur Waffengattung Küstenraketentruppen gehörte.

Ausgehend von unserer hier geschilderten langjährigen Tätigkeit in den verschiedensten Dienststellungen in der VM fühlen wir uns berechtigt, aber auch berufen und sogar verpflichtet, die Geschichte der Küstenraketentruppen der VM in diesem Buch niederzuschreiben. Die Anregung dazu erhielten wir von unserem ehemaligen höchsten Vorgesetzten, dem Chef der VM, später letzter Minister für Nationale Verteidigung der DDR und Chef der NVA, Admiral a. D. Theodor Hoffmann, sowie von Fregattenkapitän a. D. Prof. Dr. Hans Fischer.

Trotz der enorm hohen Belastung und Verantwortung haben wir uns entschlossen, das vorliegende Buch zu schreiben. Unser Hauptanliegen ist dabei, dass wir, wenn auch mit Verspätung, die überdurchschnittlich hohe Leistungsbereitschaft und Moral aller ehemaligen Angehörigen der Küstenraketentruppen der VM bei der Erfüllung der vielfältigen komplizierten Aufgaben zum Meistern der modernsten Technik öffentlich würdigen wollen. Gleichzeitig möchten wir demonstrieren, wie der Soldatenalltag in einem der schlagkräftigsten Truppenteile der VM aussah. Dabei berichten wir real und wahrheitsgetreu, trotzdem emotional, aber ohne jede Glorifizierung.

Wir sind stolz darauf, dass es uns gelungen ist, in der Zeit des „Kalten Krieges", den Frieden für unser Volk zu bewahren. Das friedliche Ende der DDR ist u. a. dem besonnenen Handeln aller Angehörigen der NVA zu verdanken, auch wenn es für sie mit persönlichen Problemen verbunden war, was nicht vergessen werden sollte.

Die DDR war Mitglied der Warschauer Vertragsorganisation (WVO – Ostblock) und die VM gehörte demzufolge zu den Verbündeten Ostseeflotten, nach dem Übergang auf den Verteidigungszustand Vereinte Ostseeflotte, zusammen mit der Baltischen Flotte der UdSSR (BF) und der Polnischen Seekriegsflotte (PSKF). Unsere Kommandosprache im Zusammenwirken war Russisch, unsere modernste Technik und Bewaffnung stammte wie die Militärtheorie von der Führungsmacht der WVO – der Sowjetunion. Sie dominierte hier ebenso die gesamte Politik, wie auf der anderen Seite, in der NATO (Westblock), die USA.

Wir persönlich hatten damit nie Probleme. Im Ergebnis unseres mehrjährigen Studiums in der UdSSR und der ständigen engen Zusammenarbeit mit den sowjetischen Waffenbrüdern, bringen wir dem russischen Volk höchste Achtung und Anerkennung entgegen. Für uns waren es immer echte Freunde. Bewiesen wurde das bei unzähligen gemeinsamen Übungen und nicht zuletzt bei den jährlichen Raketenschießabschnitten im Raum Kaliningrad (Königsberg), bei denen wir über einem Zeitraum von zwei bis drei Wochen täglich eng mit unseren sowjetischen Partnern zusammenarbeiteten, immer zielgerichtet auf den Erfolg des einzigen faktischen Waffeneinsatzes.

Die Aufgaben, die sich für die VM aus dem Bündnis ergaben, waren in den Dokumenten des Zusammenwirkens „BALTIKA" festgelegt. Unsere Flotte erfüllte sie immer zuverlässig und genoss nicht zuletzt auch deshalb ein hohes Ansehen bei den Verbündeten.

Die Schilderung von Ereignissen und ihre chronologische Einordnung beruhen grundsätzlich auf dem Inhalt der Chroniken: „Chronik der Spezial-Küstenartillerieabteilung", „Chronik der Küstenraketenabteilung 18" und „Chronik des Küstenraketenregiments 18". Diese Chroniken wurden seinerzeit nach Abschluss eines jeden Ausbildungsjahres durch die Stabschefs der Einheiten und Truppenteile persönlich erarbeitet, durch die jeweiligen Kommandeure bestätigt und vom Stab der Flotte überprüft und eingelagert. Durch uns wurden diese Chroniken im Militärarchiv der Bundeswehr in Freiburg im Breisgau, wo sie sich jetzt befinden, noch einmal gründlich studiert und inhaltlich in unserem Buch verarbeitet. Die Jahrgänge der Chroniken des KRR-18 der Jahre 1988, 1989 und 1990 fehlen.

Für den Inhalt dieses Buches sind allein die Herausgeber verantwortlich, wobei jedoch in den einzelnen Kapiteln und Beiträgen die persönlichen Ansichten und der Stil der jeweiligen Autoren zum Ausdruck kommen.

Bei der Darlegung militärischer, militärtheoretischer und technischer Probleme haben wir uns um tiefgründige Erklärungen bemüht, um sie so einem breiten Leserkreis verständlich zu machen.

Ein Buch dieses Umfangs und mit diesem Inhalt konnten wir nicht im Alleingang schreiben. Wie schon früher bei unserem verantwortungsvollen Dienst mit seinen außerordentlich hohen Belastungen standen uns auch hierbei unsere Ehefrauen, unsere Familien, mit Rat und Tat zur Seite. Außerdem unterstützten uns unsere ehemaligen Vorgesetzten und Kameraden, von denen wir, stellvertretend für alle, namentlich nennen möchten (in alphabetischer Reihenfolge): Martin Aßmann, Jürgen Breitmoser, Ralf-Michael Brennecke, Alfred Bujak, Dr. Joachim Dix, Wolfgang Domigalle, Prof. Dr. Hans Fischer, Jörg Gaedecke, Hans-Jürgen Galda, Dr. Harald Genzow, Andreas Herfter, Detlev Herms, Frank Hösel, Theodor Hoffmann, Ralf Jähnig, Frank Keil, Jürgen Knittel, Karl-Heinz Kräusche, Helmut-Michael Kubasch, Reinhard Kullick, Thomas Kuplin, Uwe Lonitz, Wolfgang Mainka, Dr. Fritz Minow, Holger Neidel, Silvio Prasser, Vera Schädlich, Dr. Sybille Schmidt, Peter „Blacky" Schwarz, Kurt Stippkugel, Uwe Walter.

Herzlichen Dank sagen wir Admiral a. D. Theodor Hoffmann für sein Geleitwort.

Wir sind sehr stolz darauf, dass keiner von den vielen angesprochenen Kameraden uns seine Unterstützung verweigerte. Das betrifft sowohl die Sammlung von Dokumenten und Bildern, als auch die Erarbeitung von Beiträgen und die Korrektur des Manuskripts. Gerade durch diese kollektive Arbeit erreichten wir eine hohe Wahrhaftigkeit des Inhalts.

Ein kompliziertes Problem stellte die Beschaffung von Fotos dar. Da wir in einer Waffengattung mit höchster Geheimhaltungsstufe dienten, durfte grundsätzlich nur mit Ausnahmegenehmigung fotografiert werden und meistens nur ohne Technik. Die hier veröffentlichten Bilder stammen größtenteils aus unserem Privatbesitz und war meistens persönliche Geschenke der „Dienstfotografen", die den Chef der VM bei seinen zahlreichen Besuchen in der Truppe begleiteten. Das ist auch der Grund dafür, dass auf den Bildern oft die gleichen Personen zu sehen sind und es sich meist um besondere Anlässe handelt. Wir bedanken wir uns für diese Fotos noch einmal nachträglich bei Peter Seemann, Herbert Rosentreter und Dieter Flohr. Die größte Bildersammlung befand sich in unserem Traditionskabinett, ein Teil davon wurde nach der Auflösung der NVA vernichtet, ein anderer irgendwo eingelagert. Der Rest ist einfach verschwunden.

Lothar Schmidt,	Klaus-Peter Gödde,	Wolfgang Schädlich,
Bentwisch	Worms	Eggersdorf

Lothar Schmidt
Kapitel I Einführung

Einleitung
Das vorliegende Buch ist den Berufssoldaten, ihren Familien und allen anderen ehemaligen Angehörigen der Küstenraketentruppen (KRT) gewidmet, die für die Sicherung einer ständig hohen Gefechtsbereitschaft zum Schutz des Friedens für das Volk der DDR vielfältige Entbehrungen auf sich nahmen. Wir waren hoch motiviert, sehr gut ausgebildet und stolz auf die modernste Technik, die uns anvertraut war und die wir effektiv einsetzten. Das Buch behandelt die Geschichte der KRT der Volksmarine (VM), zu der als Waffengattung die Spezial-Küstenartillerieabteilung (SKA-Abteilung) von 1962 bis 1971, die Küstenraketenabteilung 18 (KRA-18) von 1980 bis 1983 und das Küstenraketenregiment 18 (KRR-18) von 1983 bis 1990 gehörten.

Die Bezeichnung KRT für eine Waffengattung der Flotte stammt, wie viele andere Begriffe in der Nationalen Volksarmee (NVA), aus der sowjetischen Militärwissenschaft.

Die Entwicklung der KRT vollzog sich selbstverständlich nicht im luftleeren Raum und auch nicht zufällig. Vielmehr waren dafür die politische und ökonomische Lage bestimmend.

Militärpolitische und ökonomische Aspekte der Entwicklung der Küstenraketentruppen
Dieses Thema wird nur kurz erörtert, da es ausführlich in der einschlägigen Literatur behandelt wird, es ist aber unerlässlich für unser Buch. Nur fünf Jahre nach dem Ende des Zweiten Weltkrieges begann bereits der nächste Krieg, diesmal in Korea. Hier standen sich die führenden, vorher gegen Deutschland und Japan noch verbündeten, Weltmächte erstmals offen feindlich gegenüber. Dabei unterstützten die USA mit UNO-Mandat direkt Südkorea, die Sowjetunion vor allem mit Waffen und China mit Truppen Nordkorea. Hier drohten die Amerikaner mehrmals mit dem Einsatz von Atomwaffen. In diesem Krieg wurde erstmals die amerikanische Rakete „Redstone" militärisch eingesetzt. Im Koreakrieg wäre auch fast die gerade in der Sowjetunion entwickelte Flügelrakete „KS-1 Kometa" eingesetzt worden. Auslöser dafür war 1953 der ungerechtfertigte Angriff amerikanischer Jagdflugzeuge auf eine diensthabende Kette sowjetischer Jagdflugzeuge „MiG-15" über neutralen Gewässern des Japanischen Meeres, bei dem drei sowjetische Piloten ums Leben kamen. Der Staatschef der Sowjetunion, J. W. Stalin, befahl daraufhin einen Vergeltungsschlag durch Bomber mit dem Einsatz der Flügelraketen „Kometa", ausgerüstet mit Kernsprengköpfen, gegen in diesem Gebiet dislozierte amerikanische Flugzeugträger. Zum Glück waren die Raketen noch nicht voll einsatzbereit und da man auch keine Eskalierung des Konflikts riskieren wollte, wurde der geplante Angriff abgeblasen.

Um ihrer durch die USA angestrebten Isolierung zu entgehen, unterstützte die Sowjetunion die Entwicklung von Staaten mit einer sozialistischen Gesellschaftsordnung in Europa nach dem Zweiten Weltkrieg. Das waren Polen, die ČSSR, Bulgarien, Ungarn, Rumänien, Albanien, Jugoslawien und später auch die DDR. Um dagegen ihren Weltherrschaftsanspruch durchzusetzen, wurden unter Führung der USA weltweit Militärblöcke gebildet, die sich gegen das sich bildende sozialistische Lager richteten. Dazu wurde bereits im März 1948 die Westeuropäische Union (WEU) mit fünf westeuropäischen Ländern sowie den USA und Kanada als Mitgliedern gegründet. Im April 1949 wurde dann der Vertrag über die Bildung der NATO durch zwölf Staaten unterzeichnet, dem 1952 noch die Türkei und Griechenland sowie 1955 die BRD beitraten. Es folgte die Gründung der Bundesrepublik Deutschland offiziell am 01.10.1949 im Westen und der Deutschen Demokratischen Republik am 07.10.1949 im Osten Deutschlands. Das bedeutete die Spaltung Deutschlands für längere Zeit. Die Grenze zwischen den beiden deutschen Staaten bildete nun gleichzeitig die Frontlinie des „Kalten Krieges", woraus sich auch besondere Verantwortungen und Verpflichtungen ergaben.

Nachdem die acht sozialistischen Staaten Europas bereits 1949 für ihre wirtschaftliche Zusammenarbeit den Rat für gegenseitige Wirtschaftshilfe (RGW) gegründet hatten, folgte das militärische Bündnis 1955, die Warschauer Vertragsorganisation (WVO), im Westen Warschauer Pakt genannt. Ein gemeinsames Oberkommando für die Streitkräfte dieser Staaten wurde gebildet. Die absolute Führungsrolle der Sowjetunion war dabei selbstverständlich. Sie stellte das mit Abstand größte Truppenkontingent und war der einzige Staat, der über strategische Waffensysteme – wie Atomwaffen, Bombenflugzeuge und Interkontinentalraketen – für den Einsatz verfügte. Dementsprechend waren der Oberkommandierende und sein Chef des Stabes immer sowjetische Marschälle bzw. Generäle. Außerdem war der Oberkommandierende gleichzeitig erster Stellvertreter des Ministers für Verteidigung der UdSSR und damit diesem unterstellt. Nachdem in der DDR am 01.03.1956 die NVA gegründet worden war, wurde sie 1958 in die Vereinten Streitkräfte der WVO integriert. Im Rahmen der Vereinten Streitkräfte der WVO wurde auch die Vereinte Ostseeflotte (VOF), im Frieden Verbündete Ostseeflotte genannt, ins Leben gerufen. Zu ihr gehörten die Baltische Flotte (BF) der Sowjetischen Seekriegsflotte (SSKF), die Polnische Seekriegsflotte (PSKF) und die VM der DDR. Für die hier angeführten einzelnen Flotten waren Operationszonen (OPZ) in der Ostsee festgelegt, in denen sie die Verantwortung für die Aufrechterhaltung eines günstigen operativen Regimes trugen.

1962 wurden in der NATO die Kommandobereiche neu festgelegt. Der für die VM relevante war der Kommandobereich Ostseezugänge, Baltic Approaches (BALTAP). Die für dieses Gebiet verantwortlichen Seestreitkräfte nannten sich entsprechend NAVBALTAP und umfassten die Marinen der BRD und Dänemarks. Mit Beginn der Kampfhandlungen war die Verstärkung durch norwegische und britische leichte Flottenkräfte geplant. Die Aufgaben des NATO-Bereichs NAVBALTAP waren wie folgt festgelegt:
- Blockade der Ostseemeerengen Sund und Belte, um die geplante Entfaltung der VOF in die Nordsee zu verhindern.
- Störung der Seeverbindungen der VOF in der Ostsee zur Verhinderung der Unterstützung ihrer Küstenfront.
- Bekämpfung und Vernichtung der Kräfte der VOF in der Ostsee soweit östlich wie möglich.

Ende der 1950er-Jahre erfolgte auf der Grundlage eines Beschlusses des Ministerrats der UdSSR die breite Einführung der Raketenbewaffnung in die Streitkräfte der Sowjetunion und anschließend der Staaten der WVO. Damit wurde weltweit eine militärtechnische Revolution eingeleitet. In der VM wurden dabei der Küstenraketenkomplex (KRK) „Sopka" mit zwei Startrampen für die Raketen „S-2" und insgesamt 15 Raketenschnellboote „Projekt 205" (NATO: OSA I) mit je vier Startrampen (Hangaren) für die Raketen „P-15" (NATO: STYX) eingeführt. Mit der neuen Raketenbewaffnung erreichte die VM im Vergleich der Gefechtsmöglichkeiten mindestens einen Gleichstand, wenn nicht sogar eine Überlegenheit über die Bundesmarine. Anfang der 1980er-Jahre wurde in der VM die nächste Generation der Raketenbewaffnung eingeführt. Das waren der KRK „Rubesh" mit den selbstfahrenden Startrampen (SSR) und die RSK „1241 RÄ", beide Waffensysteme ausgerüstet mit den Raketen „P-21/22". Bezüglich der Seezielraketen und besonders der KRK hatte die NATO die Entwicklung völlig verschlafen. Das Aufwachen begann erst mit ihrem ersten erfolgreichen Einsatz, als am 21.10.1967 das Flaggschiff der israelischen Marine, der Zerstörer „Eilat", mit vier Raketen „P-15" durch Raketenschnellboote der ägyptischen Marine auf die damals gewaltige Distanz von 130 kbl versenkt wurde. Jetzt begann beschleunigt die Entwicklung und Produktion von Seezielraketen, nach der westlichen Terminologie „Flugkörper". Erst Mitte der 1970er-Jahre wurden die französischen Raketen des Typs „Exocet" und amerikanische „Harpoon" in die Bewaffnung eingeführt und auch Zerstörer, Fregatten und Schnellboote der Bundesmarine wurden damit ausgerüstet. Daraus resultierte eine schnelle und wesentliche Veränderung des Kräfteverhältnisses mit klarer Überlegenheit der Bundesmarine über die VM. Mitte der 1980er-Jahre wäre sie in der Lage gewesen, beim ersten Einsatz durch Schiffskräfte ungefähr 312 und durch den Jagdbomber „Tornado" 70 Seezielraketen einzusetzen. Dagegen standen nur ungefähr 140 Seezielraketen der VM, eingesetzt durch Raketenschnellboote, Kleine Raketenschiffe, MFK und KRT.

Betrachten wir im Schnelldurchlauf die politischen Hauptereignisse vor allem in Europa, die die Entwicklung der KRT wesentlich beeinflussten, in Verbindung mit meiner persönlichen Entwicklung:

- Der im Westen sogenannte „Volksaufstand" in Ungarn 1956, die sozialistischen Staaten nannten das „Konterrevolution". Kurz vor diesem Ereignis hatte ich am 01.09.1956 meinen Dienst als 13-jähriger Kadett an der Kadettenschule der NVA in Naumburg begonnen.
- Am 13.08.1961 wurde die Berliner Mauer um die drei Westsektoren Berlins (amerikanischer, englischer und französischer Sektor) durch die DDR mit Einverständnis der Sowjetunion errichtet. Für mich hat dieses Datum, eine besondere Bedeutung: Nach dem Abitur an der Kadettenschule begann ich am 01.08.1961 den Dienst in der Schulbootbrigade der VM in Parow bei Stralsund als Matrose, da das neue Studienjahr an der OHS „Karl Liebknecht" der VM erst am 01.09.1961 anfing. Am Vormittag des 13.08.1961 wurde ich als Angehöriger der NVA feierlich vereidigt und erhielt meinen ersten „Landgang". Dieser wurde aber nach kurzer Zeit wegen der ausgelösten „EG" (Erhöhte Gefechtsbereitschaft) beendet. Nur zwei Tage später hatte ich eine Aussprache beim Chef Kader der VM, KzS Dagobert Teuber. Ich wurde darüber informiert, dass für mich am 01.09.1961 in der Sowjetunion in Baku ein Studium der Raketentechnik beginnen würde.
- Einmal stand die Welt unmittelbar am Rand einer atomaren Katastrophe. Das war die Kubakrise 1962. Um eine Invasion gegen Kuba zu verhindern, entschloss sich die UdSSR auf Bitten der kubanischen Regierung, kurzfristig auf der Insel

sowjetische Truppen mit einer Gesamtstärke von 44.000 Mann zu stationieren. Im Bestand dieser Truppen befanden sich strategische und taktische Raketen mit nuklearen Sprengköpfen, Bombenflugzeuge „IL-28" als Träger für Atombomben, vier Abteilungen des KRK „Sopka" mit den Raketen „S-2" und Raketenschnellboote „Projekt 183 R". Die vier Abteilungen mit dem KRK „Sopka" waren in der Lage, gleichzeitig eine Salve von acht Raketen „S-2", auch mit Kernsprengköpfen, gegen amerikanische Schiffsverbände einzusetzen, die zu dieser Zeit noch über keine effektiven Abwehrmittel verfügten. Die durch eine Eskalation der Lage entstandene äußerst ernste Situation löste hektische diplomatische Aktivitäten aus, die schließlich zum Erfolg führten. Die USA erklärten, dass sie Kuba nicht angreifen würden. Sie beendeten am 20.11.1962 ihre Seeblockade und zogen später ihre gerade erst in der Türkei stationierten strategischen Raketen wieder ab. Die Sowjetunion zog ihre Truppen von Kuba ab und am 20.11.1962 wurde in den Streitkräften der WVO die „Erhöhte Gefechtsbereitschaft" aufgehoben. Wenn man das Ergebnis betrachtet, muss man diese äußerst riskante, aufwändige und kostspielige Aktion der Sowjetunion als insgesamt erfolgreich bewerten. Zum Zeitpunkt dieser Krise hatte für mich das 2. Studienjahr an der Kaspischen Höheren Seekriegsschule „S.M. Kirow" begonnen. Wie ernst die sowjetische Führung die Lage einschätzte bewies die zeitweilige Dezentralisierung des gesamten Personalbestands – mehr als 1000 Mann – in das Gelände am Objekt der Hochschule. Hier gruben wir Schützengräben für unseren persönlichen Schutz. Es wurde mit einem amerikanischen Angriff und mit dem Einsatz von Atomwaffen gerechnet. Wir atmeten alle hörbar auf, als das vorbei war und wieder zum normalen Studium übergegangen wurde.
- Ein weiteres wichtiges politisches Ereignis war der sogenannte „Prager Frühling" 1968. Als die politische Lage in der ČSSR unübersichtlich wurde und zu eskalieren drohte marschierten am 21.08.1968 Truppen der WVO in Stärke von 500.000

KRK „Sopka" auf Kuba beim Beladen einer Startrampe mit der Rakete „S-2" (IN)

Mann, bestehend aus Kontingenten der sowjetischen, polnischen, ungarischen und bulgarischen Streitkräfte, in die ČSSR ein. Damit war das die größte Militäroperation in Europa seit dem Zweiten Weltkrieg. Die NVA wurde daran nicht beteiligt. Trotzdem standen an der Grenze der DDR zur ČSSR zwei Divisionen der NVA einsatzbereit. Außerdem war für alle Streitkräfte der WVO „Erhöhte Gefechtsbereitschaft" befohlen. Als Ergebnis dieser Aktion wurde in der ČSSR eine neue Regierung gebildet und die Lage normalisierte sich wieder. Die Truppen der WVO wurden später abgezogen. Am 01.03.1968 war ich als Kommandant des Raketenschnellboots „751" eingesetzt worden. Als am 21.08.1968 beim Übergang auf die „Erhöhte Gefechtsbereitschaft" in der 6. Flottille Alarm ausgelöst wurde, machten wir „See- und Gefechtsklar" und liefen innerhalb von 60 Minuten in den Dezentralisierungsraum Tromper Wiek aus. Dort führten wir verstärkte Gefechtsausbildung durch. Später erhielt ich den Befehl zum Einlaufen und hatte vier Gefechtsraketen zu übernehmen. Danach wurde wieder in den Dezentralisierungsraum ausgelaufen und wieder wurde verstärkte Gefechtsausbildung ausgeführt. Da sich die Periode der „EG" jedoch unerwartet lange hinzog und sich daraus Probleme der Sicherstellung der Schiffskräfte in See ergaben, wurde nach ein paar Tagen das Einlaufen in den Hafen Dranske befohlen. Erst nach drei Wochen, in denen wir ständig an Bord waren, wurde am 12.09.1968 die „EG" aufgehoben.

- Am 13.12.1981 verhängte der damalige Verteidigungsminister und spätere Ministerpräsident W. Jaruzelski über Polen das Kriegsrecht. Dazu geführt hatte eine ständige Verschlechterung der politischen und wirtschaftlichen Lage des Landes, die schließlich zur Unregierbarkeit und zu dieser letzten Konsequenz führte. Mit drastischen Maßnahmen wurde gegen streikende Arbeiter vorgegangen, um die staatliche Ordnung wieder herzustellen. Nach der Konsolidierung der Staatsmacht wurde im Juli 1983 das Kriegsrecht aufgehoben und W. Jaruzelski 1985 zum Staatsoberhaupt Polens gewählt. Seine Ernennung zum Marschall von Polen, die das polnische Parlament, der Sejm, vorgeschlagen hatte, lehnte er übrigens ab. In der Zeit, in der sich die Lage in Polen verschärfte, wurde vom 04.–12.09.1980 planmäßig eines der größten Manöver der Streitkräfte der WVO „Waffenbrüderschaft 80" im Norden der DDR durchgeführt. Ich nahm daran als Chef einer Schiffsschlaggruppe der VM teil und führte Einsätze im Zusammenwirken u. a. mit sowjetischen und polnischen Schiffsschlaggruppen durch. Wir erfüllten alle Aufgaben wie immer zuverlässig. Über die komplizierte Lage in Polen und ihre Ursachen war ich stets gut informiert, da ich während meiner Studienzeit in der Sowjetunion insgesamt acht Jahre auch mit polnischen Offizieren in einer Studiengruppe freundschaftlich zusammen gearbeitet hatte.

Entscheidend für die Militärpolitik der DDR, wie auch für alle anderen Staaten, war ihre Militärdoktrin. In ihr wurden Anschauungen über den Charakter eines möglichen Krieges sowie die Formen und Methoden seiner Führung fixiert. Außerdem enthielt sie Festlegungen über die Vorbereitung des Staates, der Bevölkerung, der Volkswirtschaft und der Streitkräfte auf den Krieg. Die Militärdoktrin der DDR ergab sich aus der Doktrin der WVO, die wiederum aus der der Sowjetunion resultierte. Sie wurde mit der Gründung der WVO erarbeitet und nach Korrekturen in den einzelnen Staaten für gültig erklärt. Bei Bedarf, wie z. B. Änderung der Strategie der NATO oder Einführung der Raketenbewaffnung, wurde sie präzisiert. Erst Ende der 1980er-Jahre, nach der Machtübernahme durch M. S. Gorbatschow in der Sowjetunion 1985, wurde eine neue Militärdoktrin erarbeitet. Die galt auch für die DDR, allerdings wurde sie hier nicht mehr in Kraft gesetzt. Auch in der bis dahin gültigen Militärdoktrin war festgelegt, dass die Streitkräfte der WVO keinen Krieg beginnen. Wenn aber der „Gegner" den Krieg beginnt, sollte nach erfolgreicher Abwehr unverzüglich auf ganzer Front zu aktiven Angriffsoperationen übergegangen werden. Das war jetzt alles anders. Es sollte für die Streitkräfte der WVO nur noch Verteidigungsoperationen geben, große Übungen wie „Waffenbrüderschaft", „Sapad", „Sewer" u. a. sollten nicht mehr durchgeführt werden, um den „Gegner" nicht zu provozieren. Ach ja, und das Wort „Gegner" war zu vermeiden. Einseitige drastische Abrüstungsmaßnahmen wurden durch die WVO bekanntgegeben und realisiert, zum Teil auf Kosten der Berufssoldaten. Anscheinend wollte man dabei nicht bemerken, dass die NATO nicht mitspielte. Sie nahm weder Abrüstungsmaßnahmen vor, noch verringerte sie die Zahl ihrer Übungen. Diese Militärdoktrin war also gegen alle bisherigen militärwissenschaftlichen Erkenntnisse und praktischen Erfahrungen rein defensiv aufgebaut. Im Widerspruch zu dem berühmten Zitat von Clausewitz „Angriff ist die beste Verteidigung" beinhaltete sie keine Aktionen, sondern nur Reaktionen. Sich gegen den militärischen Angriff eines „Gegners" nur zu verteidigen, ist eigentlich ein Zeichen der Schwäche und das Resultat kann nur eine Niederlage sein. Das Ende ist bekannt: Am 24.09.1990 trat die DDR aus der WVO aus und am 01.07.1991 wurde die WVO aufgelöst. Die unkontrollierten Reformen mit schließlich chaotischem Charakter führten zum Zusammenbruch und der Auflösung der UdSSR sowie zu schweren Schäden ihrer Wirtschaft und des Verteidigungspotenzials. Mit dem Ende der UdSSR war auch das Ende als Weltmacht, als wirksamer Gegenpol in der Weltpolitik zu den USA verbunden. Am 03.10.1990 hörte die DDR auf zu existieren, indem sie sich der BRD anschloss. Bereits einen Tag vorher wurde die NVA aufgelöst, die Verbände, Truppenteile und Einrichtungen mussten ihre Truppenfahnen abgeben. Das alles wurde so zügig inszeniert, dass eigentlich nur die Wenigsten von uns unmittelbar die Bedeutung dieser Abläufe begriffen. Erst später kam die Erkenntnis als Militär mit der Schlussfolgerung: Wir haben den (Kalten) „Krieg" verloren und mussten folgerichtig dem „Gegner" unsere Truppenfahne, das Symbol unserer Ehre, übergeben. Das Ganze war absolut kein Ruhmesblatt für uns.

Strukturelle und technische Entwicklung der Küstenraketentruppen

Die Entwicklung der Raketentechnik konzentrierte sich zu Beginn des 20. Jahrhunderts schwerpunktmäßig auf Deutschland mit dem auf diesem Gebiet führenden Wissenschaftler Hermann Oberth, auf die USA mit Robert Goddard sowie auf die Sowjetunion mit der wissenschaftlichen Gruppe „GIRD". Der erste Start einer Flüssigkeitsrakete in Europa erfolgte 1931 durch den deutschen Wissenschaftler Johannes Winkler. Im Zweiten Weltkrieg wurde vor allem in Deutschland die Entwicklung von Raketen, später von der deutschen Propaganda als sogenannte Vergeltungswaffen („V") bezeichnet, wesentlich forciert. Dazu wurde die „Heeresversuchsanstalt" in Peenemünde auf der Insel Usedom gebaut, die die gesamte Planung und Organisation bezüglich der Entwicklung und Produktion der Raketentechnik leitete. Hier erfolgte auch im Dezember 1942 der erste Start einer Flügelrakete, des ersten Marschflugkörpers der Welt, der „Fi-103" („V 1"), entwickelt durch die Firma Fieseler. Da diese Rakete über kein Starttriebwerk verfügte, benötigte sie für ihren Start eine Startrampe von 48 m Länge mit einer Steigung von 6 m. Später erfolgte ihr Start auch von Flugzeugen des Typs „He-111 H-22". Ihre Geschwindigkeit von 576 km/h und die Dienstgipfelhöhe 3000 m ermöglichten jedoch eine erfolgreiche Abwehr durch modernste Jagdflugzeuge, Flak und Fesselballons sowie die Vorwarnung. Insgesamt wurden im Zweiten Weltkrieg mehr als 10.000 „V 1" vorwiegend gegen die Städte London und Antwerpen eingesetzt.

Im Oktober 1942 wurde in Peenemünde die weltweit erste ballistische, gesteuerte und flugstabilisierte Rakete „Aggregat 4", abgekürzt „A 4", später „V 2" genannt, gestartet. Sie war die erste Rakete, die in den Weltraum flog. Entwickelt wurde sie von einem Team von Wissenschaftlern unter

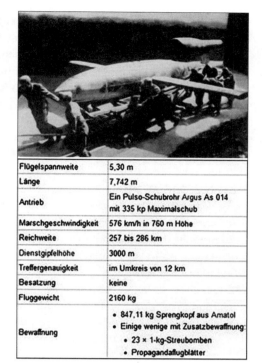

Flügelrakete „V 1" „Fi-103" wird auf die Startrampe geschoben, TTD der Flügelrakete „V 1" „Fi- 103" (IN/WS)

der Leitung Wernher von Brauns. Ausgehend von ihrer hohen Geschwindigkeit und Gipfelhöhe, gab es gegen sie keine Abwehrmöglichkeiten. Ein Nachteil war die verhältnismäßig große Abweichung des Einschlags vom geplanten Ziel. Eingesetzt wurden ungefähr 3200 „V 2", ebenfalls vorwiegend gegen London und Antwerpen.

Das Besondere an diesen Raketen „V 1" und „V 2" war, dass neben ihrem Einsatz auch die Produktion bereits eine große Zahl von Menschenleben forderte. Insgesamt waren das vor allem die Zivilbevölkerung der Zielgebiete sowie die Zwangsarbeiter und KZ-Häftlinge in den Rüstungsbetrieben Deutschlands. Auch der Masseneinsatz dieser „Vergeltungswaffen" konnte die Niederlage Deutschlands im Zweiten Weltkrieg nicht verhindern.

Die beiden Raketen „V 1" und „V 2" können wir aus technischer Sicht als Prototypen aller modernen Flugkörper, Flügelraketen und Raketen betrachten. So waren z. B. die ersten ballistischen Raketen der USA, die „Redstone", sowie der Sowjetunion, die „R-1", Kopien der „V 2".

Auf persönlichen Befehl J. W. Stalins wurden 1948 in der Seekriegsflotte der Sowjetunion (SSKF) die neuen Waffengattungen Marinefliegerkräfte (MFK) sowie Küstenraketen- und Artillerietruppen (KRAT) geschaffen, auf Russisch „Береговые Ракетно-Артиллерийские Войска" (БРАВ), deutsche Aussprache „Beregowyje Raketno-Artilerijskije Woiska" (BRAW). Bereits vor und während des Zweiten Weltkrieges gab es in der Sowjetischen Seekriegsflotte die Waffengattung Küstenartillerietruppen, jetzt kam die Raketenbewaffnung dazu. Unmittelbar nach dem Krieg begann die sowjetische Rüstungsindustrie ihre schon vor dem Krieg begonnenen Arbeiten zur Entwicklung von Flügelraketen fortzuführen. So entstand neben anderen die Flügelrakete „Kometa", als Antischiffsrakete eingesetzt von einem Trägerflugzeug „Tu-4" (NATO: BULL), einer Kopie der amerikanischen „B-29", später der „Tu-16" (NATO: BADGER) und „Tu-95" (NATO: BEAR), der Seefliegerkräfte. Sie war aus dem berühmten sowjetischen Jagdflugzeug „MiG-15" (NATO: FAGOT) entwickelt worden, mit geringeren Abmessungen, stärkerer Pfeilung der Tragflächen und natürlich ohne Piloten. Die Einführung in die Bewaffnung erfolgte 1953. Parallel dazu wurde an Varianten zur Bewaffnung der sowjetischen Kriegsschiffe und für die Küstenverteidigung gearbeitet. Das Ergebnis war 1957 die Flügelrakete „Strela", für die Bunker mit stationären Abschussrampen auf der Halbinsel Krim auf den Höhen von Kap Aya bei der Flottenbasis Sewastopol in die Felsen gesprengt waren. Wenig später, im Jahr 1958, wurde die mobile Variante, der weltweit erste Küstenraketenkomplex (KRK) „4-K-87" „Sopka" mit der Rakete „S-2" (NATO: SAMLET) in die sowjetische Seekriegsflotte eingeführt. Diese Rakete hatte eine Reichweite von 95 km, flog annähernd Schallgeschwindigkeit und trug einen Gefechtsteil mit 600 kg Sprengstoff (Angaben siehe Kapitel VIII, S. 246). Der Einsatz eines nuklearen Sprengkopfes von 15 kt TNT war möglich und wurde 1957 mit einer Luftdetonation praktisch erprobt.

Einen KRK kann man als ein System definieren, das aus einer oder aus mehreren Raketen, aus einer Startrampe, aus Transport-, Zielerfassungs-, Waffenleit- sowie aus Sicherstellungs- und Gefechtsführungstechnik besteht, und das aus dem Küstenstreifen heraus zur Bekämpfung von Überwasserkräften des „Gegners" eingesetzt wird. Die Raketen werden durch verschiedene automatische Lenksysteme gesteuert. Ihr Antrieb kann ein Feststoff-, Flüssigkeits- oder Turbinenstrahltriebwerk sein, womit Geschwindigkeiten von 0,9–3 Mach (1 Mach = Schallgeschwindigkeit) erreicht werden. Beim Start werden zur schnellen Beschleunigung auf die Marschgeschwindigkeit Feststoffstarttriebwerke (Booster) eingesetzt. Die Flughöhe der Raketen über der Wasserlinie ist vor allem im letzten Flugabschnitt minimal (Minimum ca. 4 m), um so ihr Auffassen und Bekämpfen unmöglich zu machen.

1962 wurde in den MFK der SSKF die Flügelrakete „KS-1" durch die „KSR-2" (NATO: KELT) mit verbesserten Parametern ersetzt. Etwas später wurden der KRK „Sopka" und die Rakete „S-2" aus der Bewaffnung der SSKF genommen.

Mitte der 1960er-Jahre erfolgte die Übernahme der Seezielrakete „P-35 B" „Progress" (NATO: SHADDOCK) in die Bewaffnung der SSKF für Überwasserschiffe, U-Boote, MFK und die KRAT als KRK „Redut". Der KRK bestand jetzt aus einer mobilen Startrampe auf Basis des geländegängigen Radfahrzeugs „ZIL-135 K" mit einem Einzelcontainer und den anderen Komponenten des Komplexes – Führung, Radar und Waffenleitanlage – auf weiteren Kraftfahrzeugen. Gegen diese Rakete gibt es kaum reale Abwehrmöglichkeiten.

Mit Beginn der 1980er-Jahre wurde der KRK „Rubesh" mit der Rakete „P-21/22" „Termit" (NATO: STYX mod.), bestimmt für die Vernichtung von Seezielen im Küstenvorfeld, in die Bewaffnung der KRAT eingeführt. Das war eine völlig neue Qualität. Die SSR – das ist eine wörtliche Übersetzung aus dem Russischen: „Самоходная

Пусковая Установка" (СПУ), deutsche Aussprache Samochodnaja Puskowaja Ustanowka (SPU) – ist hochmobil und kann alle Gefechtsaufgaben vollkommen selbstständig erfüllen. Alles ist an Bord des geländegängigen Fahrzeugs „MAZ-543 M": die Stromversorgung – eine Turbine –, die leistungsfähige Radarstation „Garpun" mit dem Abfragegerät „Nickel" der Freund-Feind-Kennungsanlage (FFK) „Nichrom", die Waffenleitanlage „Korall" mit der zusätzlichen Möglichkeit der Eingabe der durch Fühlungshalter oder den Komplex „Uspech" ermittelten Zieldaten, die Nachrichtenanlage und ein Doppelcontainer mit zwei Raketen. Die Reichweite der Rakete beträgt 80 km, sie fliegt fast mit Schallgeschwindigkeit und ihr Gefechtsteil enthält 360 kg Sprengstoff, der Einsatz eines nuklearen Gefechtskopfes von 15 kt TNT soll möglich sein. Bei dem Manöver „Waffenbrüderschaft 80" wurden diese beiden Küstenraketenkomplexe erstmals zu Demonstrationszwecken vorgeführt.

Wesentlich erhöht wurden die Gefechtsmöglichkeiten der KRK durch die Entwicklung eines Aufklärung-Schlag-Komplexes mit den Komponenten: KRK „Redut" und „Rubesh", Radarstation „Mys", Waffenleitsystem „Uspech" und den fliegenden Fühlungshaltern Hubschrauber „Ka-25 Z" und Fernaufklärungsflugzeug „Tu-95 R-Z". In den 1990er-Jahren wurden in den KRAT der Seekriegsflotte Russlands Küstenraketenbrigaden gebildet, ausgerüstet mit den KRK „Redut" und „Rubesh", die zurzeit durch inzwischen entwickelte KRK mit bedeutend verbesserten Parametern und damit wesentlich größeren Gefechtsmöglichkeiten – wie z. B. „Bal" – abgelöst bzw. ergänzt werden. Von den hier genannten KRK ist der „Rubesh" der einzige, bei dem sich alle für den Gefechtseinsatz notwendigen Komponenten auf der Startrampe befinden. Außerdem befördern seine Raketen die mit Abstand schwerste Sprengladung. Er befindet sich immer noch in der Ausrüstung der Seekriegsflotte Russlands und anderer Länder, wie Polen, Rumänien, Bulgarien, Vietnam, China u. a. (Vergleich der KRK siehe Abbildungen Seite 23 und 24).

In letzter Zeit wird in China an der Entwicklung eines KRK mit ballistischen Raketen Typ „DF-21" gearbeitet. Diese Raketen werden von SSR gestartet, haben eine Reichweite von über 2000 km und tragen einen Gefechtsteil mit einem Gewicht von 2 t. Ausgehend von der geringen Flugdauer und hohen Endgeschwindigkeit von 24.000 km/h ist eine Abwehr nahezu unmöglich. Ein Problem bleibt die aufgrund der hohen Geschwindigkeit eingeschränkte Möglichkeit der Steuerung auf das Ziel, Flugzeugträgergruppierungen der US-Navy, die sich immerhin mit einer Geschwindigkeit von bis zu 30 kn (56 km/h) bewegen. Daran wird aber gearbeitet, der Gefechtsteil soll in der letzten Flugphase steuerbar sein.

Auch bei den KRK hat die NATO die Entwicklung völlig verschlafen. Erst in jüngster Zeit wird an Komplexen gearbeitet, indem man z. B. Container mit den Raketen „Exocet-MM 40" und „RBS-15" der schwedischen Firma „Saab Bofors Dynamics" auf Kraftfahrzeugen installiert. Die letzte Version „MK-4" der Rakete „RBS-15" fliegt mit einer Geschwindigkeit von 0,9 Mach, einer minimalen Flughöhe von 2 m, sie hat eine Reichweite über 200 km und trägt einen Gefechtskopf mit einem Gewicht von 250 kg. Mit ihr wurden auch die neuen Korvetten „Typ Braunschweig" der Bundesmarine ausgerüstet. In letzter Zeit gibt es Versuche, sie als KRK in Schweden auf Lkw „Volvo" und in Finnland auf Lkw „Sisu" zu installieren. Auch die US-Navy unternimmt ähnliche Versuche mit der Rakete „Harpoon".

Auf der Basis der waffentechnischen und operativen Entwicklung in der SSKF begann Anfang der 1960er-Jahre die Einführung der Raketenbewaffnung in den anderen Flotten der Staaten der WVO, darunter auch in der VM der DDR, mit den Raketenschnellbooten „Projekt 205" (NATO: OSA I), ausgerüstet mit der Rakete „P-15" (NATO: STYX), sowie dem KRK „Sopka" mit der Rakete „S-2". In der VM entstand damit die neue Waffengattung Küstenraketentruppen – KRT. Die DDR erwarb diese Raketentechnik ausschließlich von der UdSSR. Die dafür benötigten enormen finanziellen Mittel mussten durch das Volk der DDR erarbeitet werden. Dazu einige Kosten im Vergleich:

- 1 Küstenraketenkomplex „Sopka" mit der Rakete „S-2" – 450 Millionen Mark der DDR
- 1 Startrampe des Küstenraketenkomplexes „Rubesh" mit der Rakete „P-21/22" – 27 Millionen Mark der DDR
- 1 Raketenschnellboot „Projekt 205" mit der Rakete „P-15" – 36 Millionen Mark der DDR
- 1 Kleines Raketenschiff „Projekt 1241 RÄ" mit der Rakete „P-21/P-22" – 77 Millionen Mark der DDR
- 1 Rakete „S-2" – 10 Millionen Mark der DDR
- 1 Rakete „P-15" – 0,5 Millionen Mark der DDR
- 1 Rakete „P-21/22" – 2 Millionen Mark der DDR

Die Bildung der mit dieser neuen Raketenbewaffnung auszurüstenden Einheiten war in der VM rechtzeitig, unter Beachtung der höchsten Geheimhaltungsstufe, vorbereitet worden.

Am 01.09.1961 begannen 45 Offiziersschüler, darunter auch ich, eingeteilt in je eine Klasse KRK „Sopka" mit der Rakete „S-2" und Raketenschnellbooten mit der Rakete „P-15" (nach einem Jahr alle „P-15") ein 5-jähriges Studium der Raketentechnik, Nautik und Navigation an der Kaspischen Höheren Seekriegsschule der Sowjetischen Seekriegsflotte „S.M. Kirow" in Baku, heute Hauptstadt des Landes Aserbaidschan. Gleichzeitig mit ihnen absolvierten 45 Offiziere einen 1-jährigen Lehrgang an der gleichen Lehranstalt mit gleichem Inhalt, der mit einem 1-monatigen Praktikum in der Stille-Ozean-Flotte für die „Seeleute" und in der Baltischen Flotte für die „KRT" beendet wurde. Ende des Jahres 1962 wurde in der VM die erste Raketentechnik durch diese Offiziere übernommen.

Die Geschichte der KRT der VM begann demzufolge 1962 mit der Indienststellung der SKA-Abteilung, die mit dem sowjetischen Küstenraketenkomplex „Sopka" und der Flügelrakete „S-2" ausgerüstet war. Der irreführende Name für diese Einheit kann nur aus Gründen der Geheimhaltung gewählt worden sein. Dieses System war weltweit der erste KRK überhaupt, sein Einsatz war aber sehr aufwändig und bei Gegnereinwirkung störanfällig. Eine Abteilung bestand aus mehr als 30 schweren Ketten- und Radfahrzeugen, aus einigen Kilometern Kabel und zwei schweren Startrampen, die Rakete „S-2" war ein umkonstruiertes Flugzeug.

Am 01.10.1962 wurde die SKA-Abteilung im Objekt Kühlungsborn in Dienst gestellt und der 4. Flottille unterstellt, noch ohne Technik und personell nicht voll aufgefüllt. Als Kommandeur wurde KL, später FK, Gerhard Nahlik eingesetzt, der gerade von dem Lehrgang aus der Sowjetunion zurückgekehrt war. Ende 1962 traf die Technik mit

Startrampe des Küstenraketenkomplexes "Sopka" mit Rakete "S-2"

Selbstfahrende Startrampe des Küstenraketenkomplexes "Redut"

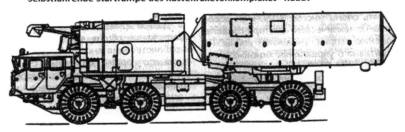

Selbstfahrende Startrampe des Küstenraketenkomplexes "Rubesh"

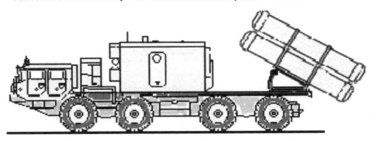

Selbstfahrende Startrampe des Küstenraketenkomplexes "BAL"

Seitenrisse der Startrampen von Küstenraketenkomplexen (WS)

Küstenraketenkomplex		4K87 "SOPKA"	4K44B "REDUT"	4K51 "RUBESH"	3K60 "BAL"
Bezeichnung					
US-Code / NATO- Bezeichnung		SSC-2B / SAMLET	SSC-1B / SEPAL	SS-C-3 / STYX	SSC-6 / STOOGE
1. Komponenten des Küstenraketenkomplexes					
Anzahl Startrampen einer Abteilung		2 - 4	15-18	4	4
Anzahl Startrampen einer Startbatterie		1	3	2	2
Startrampe		SR "B- 163"	SSR "SPU- 35B"	SSR "3R51M"	SSR "3S60"
Führungsfahrzeug		APL-598 "BURUN"	4R43 "SKALA"	1x R-142 auf GAZ-66	1-2 x Führungsfahrzeug RS-3 auf "MAZ- 7910" mit Radar "GARPUN-BAL"
Radarfahrzeug		ARM- 598 mit Radaranlage MR-10 "MYS" (Anhänger) mit Waffenleitanlage "BURUN" + Radarleitstation S- 1M auf "JAZ- 219"	MR-10 "MYS" (Anhänger) / Radarstation 4R43 "SKALA" + Zielzuweisungskomplex "USPECH"	Radaranlade "GARPUN" auf der SSR	ZU 32-25E und 1x Radarstation "POSITIV" + Nachrichtenfahrzeug
Nachlade- Tranportfahrzeug		Sattelauflieger "PR-15" mit je einer Rakete, Zugfahrzeug "SIL- 157B"	Sattelauflieger mit je einer Rakete, Zugfahrzeug "URAL- 375"	"KRAZ-255B" mit je 2 Raketen pro SSR und 1x Kran "ADK-125"	"BAS" oder "SIL" 8x8 mit je 4 oder 8 Raketen in einem Container pro SSR
2. Startrampen					
Fahrzeugtyp		B-163 mit Zugmittel AT- S	ZIL-135MB / BAZ-135MB	MAZ-543M	MAZ-7930
Anzahl Container		--	1	2	bis 8
Max. Zeitintervall zwischen Raketenstarts	(s)	--	--	15	3
Masse max.	(t)	--	22	40,215	40
Länge x Breite x Höhe	(m)	12,23 x 3,12 x 3,76	13,503 x 2,86 x 8,53	13,95 x 3,15 x 4,05	13,50 x 3,10 x 4,00
V max	(km / h)	35	40	60	60
Max. Entfernung von der Küste	(km)	1,5	8	8	10
Anzahl Raketen in einem Kampfsatz		8	30 - 36	16	64
Max. Entfaltungzeit	(Minuten)	30 (17)	30	15	10
Reichweite max.	(km)	230	270	650	850
Besatzung			5	5	6
3. Rakete					
Bezeichnung		S- 2	3M44 P-35B	P-21 / P-22	3M60 / CH-35
US-Code / NATO- Bezeichnung	(Typ)	SSC-2B / SAMLET	SS-N-3 / SHADDOCK	SS-N-2 Charlie / Delta STYX	AS-X-20 / HARPOONSKY (ident. Luft-Schiff Rakete)
Startmasse	(kg)	3419	4500	2523	600
Länge x Spannweite x Höhe	(m)	8,48 x 4,722 x 2,93	9,45 x 2,6 x 1,5	6,74 x 2,41 x 1,73	4,4 x 1,33 x 0,98
Max. Durchmesser	(m)	1,2	1,0	0,78	0,42
Gefechtsteil Masse, nuklear	(kg / kt)	600 / 15	1000 / 350	513 / 15	140 / -
Triebwerktyp		Turbotriebwerk	Turbotriebwerk	Zweistufig regelbares Flüssigkeits- Raketentriebwerk	Turbotriebwerk
Treibstoffart		Kerosin	Kerosin	Komponententreibstoff TG-2 und Oxydator	Kerosin
Starttriebwerk		1x Feststoffbooster	2x Feststoffbooster	1x Feststoffbooster	1x Tandem- Feststoffbooster
Lenkung		Funkkommando , Halbaktive Radarlenkung (Leitstrahl)	Autopilot, Funkkommando Radar- Bild ferngesteuert	Autopilot + aktive FuM- Zielsuchleinrichtung oder passive Infrarot- Zielsuchlenkung	Autopilot + aktive FuM- Zielsuchleinrichtung oder passive Infrarot- Zielsuchlenkung
Fluggeschwindigkeit	(m / s)	310	500 - 550	305	280
Flughöhe: Start / Marsch	(m)	400	4000 / 7000 / 400	250 / 50 / 25	200 / 10-15
Zielanflughöhe	(m)	--	100	25 - 50	3 - 5
Reichweite	(km)	15 - 95	25-300	8-80	120

Tabelle der TTD von Küstenraketenkomplexen (WS)

Klarmachen einer Rakete „S-2" des KRK „Sopka" zum Start (KS)

Bahntransport aus der Sowjetunion ein. Sofort begann mit Unterstützung sowjetischer Offiziere die Ausbildung und der Personalbestand erlernte zügig die Funktion, Bedienung, Wartung und Pflege der neuen Technik. Man muss unbedingt anmerken, dass der KRK „Sopka" entsprechend dem Stand der Technik nicht voll automatisiert war, d. h., hier war noch Handarbeit gefordert, richtige schwere körperliche Arbeit und das unter allen Bedingungen. Wenn man bedenkt, dass zum Herstellen der Einsatzbereitschaft der Abteilung die mehr als 30 zum Teil schweren Rad- und Kettenfahrzeuge, vor allem die beiden Startrampen, bewegt, an- und abgekoppelt, in die richtige Stellung gebracht und alle mit kilometerlangen, schweren Kabeln verbunden werden mussten, dann begreift man die Kompliziertheit des Dienstes. Jede Startstellung wurde pioniermäßig umfassend ausgebaut und vermessen, das waren zwei für die Gefechtsausbildung auf der Insel Rügen im Raum Prora und Saßnitz-Dwasieden, aber auch fünf für den Gefechtseinsatz, die nur vermessen waren und die allein der Kommandeur kannte.

Im Juni 1963 wurde erstmals eine Startbatterie in eine Startstellung entfaltet, mit Hin- und Rückmarsch. Das erfolgte über längere Strecken grundsätzlich mit Bahntransport oder mit Landungsschiffen auf dem Seeweg, d. h., es wurde jedesmal be- und entladen. Das wurde regelmäßig jährlich trainiert. Für die Verlegung einer Startbatterie mit der technischen Batterie mussten z. B. drei mittlere Landungsschiffe des Typs „Robbe" der VM eingesetzt werden. Für die verstärkte Gefechtsausbildung fand jährlich ein Feldlager über einen Zeitraum von sechs Wochen im Raum Prora und später auch Saßnitz-Dwasieden statt. Während dieser Feldlager nahm die Abteilung auch erfolgreich an taktischen Übungen der VM teil.

Am 07.10.1963 wurde der SKA-Abteilung mit einer feierlichen Zeremonie die Truppenfahne verliehen. Nachdem die Zulassung und die Verlegung mit den Landungsschiffen erfolgreich absolviert waren, erfolgte im Mai 1964 der erste faktische Waffeneinsatz der KRT der VM mit der Rakete „S-2" im Raketenschießgebiet der sowjetischen Flottenbasis Baltijsk (Pillau), der 1. Raketenschießabschnitt der SKA-Abteilung. Zwei Raketen wurden gestartet, nach dem Start der ersten hatten die Besatzungen gewechselt. Beide Raketen starteten und flogen normal, aber bei der Kontrolle wurden in der Seezielscheibe keine Treffer festgestellt. Die Ursache war anscheinend eine Verkleinerung der Reflexionsfläche der Scheibe durch die Raketeneinschläge der Schiffskräfte, die vorher auf die gleiche Scheibe geschossen hatten. Bei den noch folgenden drei Raketenschießabschnitten 1965, 1967 und 1969 waren alle sechs gestarteten Raketen Volltreffer. Im November 1964 erfolgte die Verlegung der Abteilung in das neu erbaute Objekt Schwarzenpfost mit einem Bahngleisanschluss, eine wesentliche Erleichterung für alle weiteren Verlegungen und für den Transport von Technik und Bewaffnung. Die große Bedeutung der SKA-Abteilung wurde 1965 durch die direkte Unterstellung unter das Kommando des Chefs der VM bestätigt. Ein Kampfsatz für den Gefechtseinsatz betrug sechs Raketen „S-2", insgesamt waren in Schwarzenpfost 20 Raketen eingelagert. Nach einem Raketenstart hätte die nächste Rakete durch die Startbatterie frühestens nach 60 Minuten gestartet werden können, wenn die Rampe in der Stellung verblieben wäre. Die SKA-Abteilung nahm mit sehr guten Ergebnissen an allen großen Übungen teil, darunter der Flottenübung „Taifun" 1967 und an dem Manöver „Waffenbrüderschaft 70" mit der vorhergehenden Kommandostabsübung „Baltik". Bei den letzten beiden Übungen wurde aus der Startstellung Peenemünde-Nord auf der Insel Usedom erstmals auf dem Territorium der DDR je eine Rakete „S-2" erfolgreich gestartet. 1968 war nach fünf Jahren die Nutzungsperiode für den Raketenkomplex abgelaufen. Für die weitere Nutzung wurde die gesamte Technik instandgesetzt und ihr weiterer Einsatz streng limitiert. Auch im sozialistischen Wettbewerb vollbrachte der Personalbestand Höchstleistungen, die drei Batterien wurden mehrmals als „Beste Einheit" ausgezeichnet.

Nachdem Anfang 1971 bei einer Überprüfung durch den Stab der VM ein weiteres Mal die Einschätzung „Gefechtsbereit" erreicht wurde, bereitete man langfristig die Auflösung vor. Auf der Grundlage des „Plans der Maßnahmen zur Außerdienststellung der SKA-Abteilung" erfolgte im Oktober 1972 unter der Führung des letzten Kommandeurs, KK Wolf-Peter Petruschka, die Übergabe des Objekts Schwarzenpfost an die 6. Flottille, und am 01.06.1972 die Herauslösung aus dem System der Gefechtsbereitschaft.

Erst nach fast 10-jähriger Pause wurde die Geschichte der Waffengattung KRT in der VM fortgesetzt. Über die Planung der Einführung des KRK „Rubesh" in der VM recherchierte u. a. Dr. Fritz Minow in seinem Buch „ Die NVA und die VM in den Vereinten Streitkräften". Ich sprach mit ihm persönlich ausführlich darüber und er führte zu diesem Thema aus:

Der CVM wollte einen neuen mobilen und autonom einsetzbaren KRK so schnell wie möglich für die VM einführen. Bereits in seinem am 03.08.1966 an den Chef des Hauptstabes der NVA übergebenen Grobperspektivplan der VM für 1970–1975 hieß es: „Ersatz des überalterten Küstenartilleriesystems „Sopka" durch ein Nachfolgesystem" (BA-MA 1). Die Anfrage nach einem Nachfolgesystem wurde bei einer Konsultation im März 1967 vom Oberkommandierenden der Sowjetflotte nur ausweichend beantwortet. Am 09.11.1968 schrieb der Minister für Nationale Verteidigung in Vorbereitung der materiellen Planung für die Jahre 1971–1975 an den Oberkommandierenden der VSK der WVO in einer Anfrage: „Wurde ein Nachfolgetyp des Küstenraketenkomplexes „Sopka" in der Sowjetunion entwickelt? Welche TTD, Parameter und personellen Forderungen weist er aus, ab wann ist er für die DDR lieferbar?" (BA-MA 2). Die Antwort von Marschall I. I. Jakubowski darauf lautete: „Der VM der DDR ein neues System zur Ablösung des KRK „Sopka" zu empfehlen, ist in den nächsten Jahren nicht möglich" (BA-MA 3). Als Vizeadmiral W. Ehm vom 25.–29.03.1969 zu einer Konsultation bei Flottenadmiral der Sowjetunion S. G. Gorschkow weilte, wurde im Abschlussbericht festgehalten: „Zum Ablöseprogramm der Küstenraketenbatterie „Sopka" wurde von sowjetischer Seite erklärt, dass eine endgültige Entscheidung über die Entwicklung von Küstenraketeneinheiten noch nicht getroffen wurde; eine derartige Entscheidung wird bis Mitte 1970 vorliegen. Vom Chef der Sowjetflotte wird vorgeschlagen, für den Perspektivzeitraum 1970 bis 1975 die Küstenraketenbatterie bis zum Beginn einer möglichen Umrüstung im Bestand der VM zu belassen. [...] Von sowjetischer Seite wurde mitgeteilt, dass Ersatzteile für das System in der Industrie nicht mehr gefertigt und auch nicht mehr vorrätig sind. Auf die eindeutige Erklärung des Chefs der VM, dass unter diesen Umständen ab 1971 kein System mehr im Gefechtsbestand der VM sein wird, brachte die sowjetische Seite die Bitte zum Ausdruck, alles im Bereich des Möglichen zu tun, um die Außerdienststellungsfrist weitestgehend zu verlängern. Ein Ablösetyp für das System wurde nicht genannt und soll auch nicht vorhanden sein. Gegenwärtig gibt es in der Sowjetunion Bestrebungen zur Entwicklung einer mobilen Variante der „P-15" (BA-MA 4). Während der gemeinsamen Übung „Wal-74" der verbündeten Ostseeflotten im September 1974 erhielt der Chef der VM von der Marineabteilung des Stabes der VSK die Information, dass ein neuer KRK für die VOF in der Erprobung sei und in Kürze dazu eine Konsultation erfolgen könne. Anfang Dezember 1974 wurde ich vom Chef der VM beauftragt, diese Konsultation im Stab der VSK mit den Beauftragten der SSKF vorzunehmen. Ausführlich wurde ich dabei über die TTD des neuen KRK „Rubesh", über dessen Einsatzprinzipien und über den Stellenplan informiert. Als Struktur für die Küstenraketentruppen war die Brigade und Abteilung vorgestellt worden. Bei der sofortigen Rücksprache über das SAS-Telefon legte Vizeadmiral W. Ehm fest, dass für die VM nur die Regimentsstruktur von Interesse sei, was ich der sowjetischen Seite übermittelte. Bereits am nächsten Tag legten die sowjetischen Offiziere eine Regimentsstruktur vor. Nach der Rückkehr aus Moskau übergab ich meinen Bericht dem Chef der VM. Mitte des Jahres 1978 wurde in Sewastopol den Vertretern der VOF der KRK „Rubesh" vorgestellt und zur Einführung empfohlen. Offenbar erfolgte von der DDR-Führung darauf keine Reaktion. Dementsprechend wurde im Brief des Oberkommandierenden der VSK vom 08.06.1979 an den Minister für Nationale Verteidigung der DDR, Armeegeneral H. Hoffmann kritisiert, dass von der NVA die Anfang 1979 vom Stab der VSK übergebene Empfehlung zur Einführung des mobilen KRK „Rubesh" im Entwicklungszeitraum 1981–1985 nicht beachtet wurde. Es hieß: „Nicht vorgesehen ist der Erwerb von beweglichen KRK „Rubesh" (BA-MA 4). Nach Erhalt dieses Briefes fand im Hauptstab der NVA eine Beratung statt, um eine Entscheidung zu den sowjetischen Empfehlungen zu treffen. Im Auftrag des Chefs der VM hatte ich die Notwendigkeit der Einführung des KRK „Rubesh" zu begründen und, wie Generalleutnant F. Streletz sagte, darzulegen, „warum die Aufstellung eines Regiments der KRT der VM wichtiger sei als die Ausrüstung eines Panzerregiments der Landstreitkräfte". Die NVA- und Parteiführung entschied sich schließlich für die Einführung des KRK „Rubesh" in der VM.

Als sich danach Vizeadmiral W. Ehm und Flottenadmiral der Sowjetunion S. G. Gorschkow am 15.01.1980 zu einer Beratung über die weitere Entwicklung der VM trafen, wurde im Protokoll am 21.01.1980 festgeschrieben: „Aufstellung eines KRR mit 8 Startfahrzeugen" (BA-MA 5). Auf Vorschlag der Führung der BRF wurde zur Übung „Waffenbrüderschaft-80" der VSK im September 1980 auf der Insel Usedom einem ausgewählten Personenkreis unter größter Geheimhaltung eine SSR des KRK „Rubesh" vorgestellt. Diese Vorführung war außerordentlich erfolgreich. Am 16.12.1980 bestätigte E. Honecker das von Armeegeneral H. Hoffmann und Marschall der Sowjetunion V. G. Kulikow unterschriebene „Protokoll über die Bereitstellung von Truppen und Flottenkräften der NVA der DDR in den Bestand der VSK und ihre Entwicklung in den Jahren 1981–1985". Dieses Protokoll sah die Einführung von SSR des KRK „Rubesh-Ä" und die Aufstellung eines KRR mit zwei Abteilungen zu je zwei Batterien (acht Startrampen) im Bestand der Stoßkräfte der VM vor.

Bei einem weiteren späteren Treffen des CVM, Admiral W. Ehm, mit dem Oberkommandierenden der SSKF, Flottenadmiral der Sowjetunion S. G. Gorschkow, soll dieser auch über den Einsatz der KRT der VM gesprochen haben. Dabei habe er vorgeschlagen, drei KRA aufzustellen – je eine für die drei Räume Westgrenze, Warnemünde, Rügen –, und später aus dem geplanten Regiment eine Brigade zu bilden. Zu dieser Brigade sollte noch eine Abteilung Raketen größerer Reichweite bis 300 km (KRK „Redut") gehören. Bis zu ihrer Einführung sei die Unterstellung einer Abteilung dieser Raketen von der BF unter die Führung der VM für den Gefechtseinsatz geplant.

Natürlich waren mir zur damaligen Zeit die hier geschilderten Ansichten des CVM und des Oberkommandierenden der SSKF nicht bekannt. Als ich aber im Sommer 1983 erstmals den gerade fertigen „STAN des KRR-18" studierte, waren dort drei KRA aufgeführt. Außerdem waren Garagenhallen für zwölf SSR geplant, die auch gebaut wurden. Allerdings blieb es bei der Bezeichnung Regiment. Anfang 1984, bei der praktischen Entwicklung der Einsatzplanung für das KRR-18 mit Wolfgang Schädlich, planten wir die gleichen Stellungsräume für die drei KRA: Kühlung, Darß, Halbinsel Wittow/Rügen. Bei einer Kommandostabsübung 1985 wurde der VM erstmals eine Abteilung des KRK „Redut" zugeteilt, deren Einsatz ich als Chef der KRT auf dem HGS des CVM planen durfte.

Ausgehend von den außerordentlich großen Gefechtsmöglichkeiten des KRK „Rubesh", die es gestatteten, von Startstellungen an der Küste der DDR jedes angreifende Seeziel des „Gegners" in der gesamten Operationszone der VM (Mecklenburger Bucht und Arkonasee bis Ausgang Fehmarnbelt – Eingang Sund – Insel Bornholm) zu vernichten, war die Einführung dieses KRR vollkommen logisch. Parallel dazu sollten RSK des Projekts „1241 RÄ" (NATO:TARANTUL) mit der gleichen Raketenbewaffnung übernommen werden, wodurch die Gefechtsmöglichkeiten der Stoßkräfte weiter gesteigert und die Organisation des Zusammenwirkens verbessert würden.

Wegen der günstigen territorialen Lage war die VM der DDR die erste Flotte im Ostseeraum, die mit diesem KRK „Rubesh" entsprechend einer Festlegung des Oberkommandierenden der SSKF, Flottenadmiral der Sowjetunion S. G. Gorschkow, ausgerüstet wurde. Sie führte auch mit dieser Bewaffnung das erste Gefechtsschießen durch, noch vor der BF der UdSSR.

Geplant wurde die Aufstellung eines KRR mit der Führung, mit drei Küstenraketenabteilungen, mit einer raketentechnischen Abteilung (RTA) und mit sicherstellenden Einheiten. Jede dieser

SSR des KRR-18 bereit zum Start der Raketen (IN)

KRA sollte aus zwei Startbatterien mit je zwei SSR sowie einem Nachrichten- und einem Sicherstellungszug bestehen. Um die Selbstständigkeit der Abteilungen, die in weit voneinander entfernten Stellungsräumen (Halbinsel Wittow/Rügen, Halbinsel Darß, Kühlung) operieren sollten, zu gewährleisten, wurde später die RTA aufgelöst und dafür den Abteilungen je eine raketentechnische Batterie (RTB) unterstellt. Als Objekt der ständigen Dislozierung war Schwarzenpfost vorgesehen, wo umfangreiche Um- und Neubauten geplant waren. Der „Stellenplan und Ausrüstungsnachweis" (STAN) des Regiments war an den der beiden Raketenbrigaden der Landstreitkräfte angelehnt, die zwar mit operativ-taktischen Raketen „8-K-14" (NATO: SCUD B) ausgerüstet waren, aber mit den gleichen Basisfahrzeugen „MAZ-543".

Das KRR-18 konnte vollkommen selbstständig handeln. Im vollen Bestand wäre es in der Lage gewesen, aus verschiedenen Startstellungen an der Küste der DDR gegen Seeziele in einer Salve gleichzeitig 24 Raketen zu starten. Wenn man berücksichtigt, dass ein Raketentreffer ausgereicht hätte, um ein Kriegsschiff der Klasse Zerstörer in der Mecklenburger oder in der Kieler Bucht oder in der Arkonasee zu vernichten, wird ersichtlich, über was für eine kampfstarke Stoßkraft die VM damit verfügte. Nach jedem Start konnten die SSR in kürzester Zeit mit Raketen für einen erneuten Einsatz beladen werden, so dass ein Wiederholungsschlag bereits nach 60 Minuten möglich war. Im Gefechtseinsatz standen drei Kampfsätze Raketen „P-21/P-22" zur Verfügung. Für diese Ausrüstung mit der neuesten Raketengeneration waren diesmal keine langfristigen Ausbildungsmaßnahmen notwendig. Inzwischen dienten in der VM viele qualifizierte Kommandeure und Raketenspezialisten, die ihre ausgezeichneten Kenntnisse beim Einsatz der Rakete „P-15" langjährig unter Beweis gestellt hatten. Die neuen Raketen „P-21/22" stellten eine Weiterentwicklung der „P-15" dar.

Laut Plan war in der ersten Etappe zunächst die KRA-18 aufzustellen, aus der dann das Regiment hervorgehen sollte. Begonnen wurde 1980 im Objekt Dänholm, als Kommandeur wurde FK K. Stippkugel eingesetzt, der während seines Dienstes in der SKA-Abteilung und als Kommandeur der RTA-6 die dafür notwendigen Kenntnisse erworben hatte. Im Oktober 1980 erfolgte die Übernahme der ersten beiden SSR des KRK „Rubesh" bereits im Objekt Schwarzenpfost, aber als „Untermieter", da es jetzt zur 4. Flottille gehörte. Am 15.12.1980 wurde die KRA-18 in Dienst gestellt. Mit Unterstützung sowjetischer Spezialisten wurde die Einsatzbereitschaft der Raketenbewaffnung hergestellt und der Personalbestand der beiden Startbatterien und der RTB ausgebildet.

Start einer Rakete durch eine SSR des KRR-18 (PG)

Das war sehr kompliziert, da die entsprechende Dokumentation dafür nur in russischer Sprache zur Verfügung stand. Der absolute Höhepunkt war der erste faktische Waffeneinsatz im Raketenschießgebiet der sowjetischen Flottenbasis Baltijsk. Im Juni 1982 wurde das erste Mal im Ostseeraum je eine Rakete „P-21" und „P-22" mit einer Startrampe des KRK „Rubesh" durch zwei Besatzungen der KRT der VM gestartet. Beide Raketen waren Volltreffer in der jeweiligen Seezielscheibe. Neben der Gefechtsausbildung mussten diverse Demonstrationshandlungen durch die Abteilung erfüllt werden, was sich auch später im Regiment fortsetzte. Mitglieder der Partei- und Staats- sowie der Armeeführung interessierten sich verständlicherweise für diese modernste Raketentechnik. Die Zielstellung der ersten Etappe konnte nicht vollständig erfüllt werden. Nur eine Startbatterie und die RTB waren gefechtsbereit, da 50 % der Hauptbewaffnung, zwei SSR, noch fehlten. Aber die Grundlagen waren vorhanden. Der gesamte Personalbestand hatte beim Meistern der neuen Raketenbewaffnung ausgezeichnete Leistungen erbracht und auch die beiden Besatzungen ohne Technik waren einsatzbereit.

Es begann die zweite Etappe: Der Aufbau des Regiments und seine Stabilisierung. Am 01.11.1983 wurde das KRR-18 feierlich mit den Herausgebern dieses Buches in Dienst gestellt: Mit mir als erstem Kommandeur und KL W. Schädlich als Stellvertreter des Kommandeurs für Raketenbewaffnung, sieben Monate später Stabschef des Regiments. Zu dieser Zeit wurden auch die 3. und 4. SSR übernommen und in die 1. KRA mit dem Kommandeur KK U. Lonitz, später KL Dietmar Braasch und danach FK Wolfgang Domigalle, eingegliedert. Damit erreichte die Abteilung erstmals ihre volle Gefechtsstärke. Nach Absolvierung der notwendigen Ausbildung war die 1. KRA gleichzeitig mit der neuformierten RTA, Kommandeur KL Dieter Eger, gefechtsbereit. Die tiefgründige Auswertung der Überprüfung der Gefechtsbereitschaft „Hanse 83" im Dezember 1983 beschleunigte die Entwicklung wesentlich. Danach erarbeitete ich gemeinsam mit meinem Stellvertreter für Raketenbewaffnung im Frühjahr 1984 im Verlauf eines Monats den ersten „Plan der Überführung des KRR-18 in höhere Stufen der Gefechtsbereitschaft", das wichtigste Dokument für den Gefechtseinsatz des Regiments. Dazu wurden alle möglichen Stellungsräume an der gesamten Küste der DDR unter Beachtung der höchsten Geheimhaltungsstufe persönlich erkundet. Nach seiner Bestätigung durch den Chef der VM wurde dieser Plan dann jährlich durch den Stabschef im Bestand einer speziellen Arbeitsgruppe des Stabes der VM präzisiert.

Im Mai 1984 wurde das erste Feldlager des Regiments im Bestand der 1. KRA im Gebiet Darßer Ort organisiert, was nachfolgend jährlich mit beiden Abteilungen in unterschiedlichen Gebieten zu verschiedenen Zeiten wiederholt wurde. Grund dafür war, dass ein eigenes Übungsgelände für die taktische Ausbildung ebenso fehlte wie Lehrgefechtstechnik und Ausbildungskabinette. Während dieses Feldlagers erfolgte überraschend ein Besuch des Ministers für Nationale Verteidigung, Armeegeneral Heinz

Hoffmann, in Begleitung des CVM. Der Minister verfolgte die Gefechtsübung der 1. KRA mit großem Interesse, er führte ausführliche Gespräche mit dem Regimentskommandeur, mit dem Abteilungskommandeur sowie mit den Besatzungen der SSR. Dieser höchste Besuch war äußerst erfolgreich und infolge seiner Auswertung wurde kurzfristig die Teilnahme einer Formation des KRR-18 an der größten Ehrenparade der NVA in Berlin am 07.10.1984, dem 35. Jahrestag der DDR, befohlen.

Im Juli 1984 absolvierte das KRR-18 erfolgreich seinen 1. Raketenschießabschnitt (RSA). Dabei wurde je eine Rakete „P-21" und „P-22" durch die RTA vor Ort geregelt, von den Besatzungen der KL Ralf Brennecke und Eckhardt Schmidtke übernommen und gestartet. Sie trafen direkt ihre Zielscheiben. Volltreffer! In der Folgezeit wurden die RSA jährlich ab 1984 bis 1989 nach dem gleichen Plan durchgeführt, wobei die SSR und die beiden Besatzungen ständig wechselten. Alle bei diesen sechs RSA gestarteten und selbst vorbereiteten zwölf Raketen waren ausnahmslos Volltreffer und eine Demonstration der hohen Meisterschaft des Personalbestands des Regiments.

Am 30.09.1984 erlebten wir den zweiten Höhepunkt im bisher kurzen, aber bereits äußerst ereignisreichen Leben des KRR-18: Die Verleihung der Truppenfahne durch den CVM Admiral W. Ehm, mit der wir dann stolz am 07.10.1984 zur Parade in Berlin an der Tribüne mit unseren SSR und Raketentransporteinrichtungen (RTE) vorbeidefilierten. Die Teilnahme an der Parade war eine hohe Ehre und eine außerordentliche Belastung, aber letztendlich ein unvergessliches Erlebnis für den teilnehmenden Personalbestand des Regiments. Wir erregten bei den zahlreichen internationalen Beobachtern beträchtliches Aufsehen, da der KRK „Rubesh" erstmals bei einer Parade vorgeführt wurde. Eine Formation des KRR-18 nahm noch einmal erfolgreich an einer Parade teil – der letzten der NVA am 07.10.1989, dem 40. Jahrestag der DDR. Damit war das erste Jahr im Leben des Regiments auch schon vorbei, alle zahlreichen Schwerpunkte wurden erfolgreich bewältigt und der Aufbau ging weiter.

1985 erfolgte die weitere Übernahme der Hauptbewaffnung. Im Februar wurden die 5. und 6., und bereits im Mai die 7. und 8. SSR übernommen und in die 2. KRA, Kommandeur KK Bernd Roesner und später FK Peter Schwarz, eingegliedert. Diese erreichte nun ebenfalls ihren Sollbestand und nach der entsprechenden Ausbildung und Überprüfung wurde sie noch zum Ende des 1. Ausbildungshalbjahres mit der Einschätzung „Gefechtsbereit" übernommen. Das KRR-18 war jetzt endlich zu 66 % einsatzbereit, es fehlte lediglich die Hauptbewaffnung für die 3. KRA, deren Übergabetermin unverständlicherweise bis zur Auflösung völlig offen blieb. Im Sommer 1985 feierten wir gemeinsam mit den Bauarbeitern den lang ersehnten Abschluss des Baugeschehens und bedankten uns damit bei ihnen.

Am 06.10.1985 wurde dem KRR-18 durch den CVM im Auftrag des Ministers für Nationale Verteidigung in Anwesenheit zahlreicher Ehrengäste der verpflichtende Ehrenname „Waldemar Verner" verliehen. Das war der dritte Höhepunkt im Leben des Regiments, alle relativ kurz hintereinander.

Die ständige, außerordentlich hohe Belastung des Personalbestands erforderte für die weitere Motivierung neben Belobigungen, Landgang und Urlaub auch die würdige Gestaltung von Feiertagen. Die wichtigsten waren jährlich der 1. März (Tag der NVA), der 1. Mai (Tag der Werktätigen) und der 7. Oktober (Tag der Republik). An diesen Tagen bot unser Regiment sowohl im Objekt als auch in der Gemeinde Gelbensande

Verleihung des Ehrennamens „Waldemar Verner" an das KRR-18 (LS)

gemeinsam mit der Schule und anderen örtlichen Organen Veranstaltungen an, die immer sehr gut besucht waren. Erstmals zum Abschluss des Ausbildungsjahres 1984/85 wurden alle Berufssoldaten des Regiments mit ihren Ehefrauen zum Regimentsball eingeladen, der dann zur jährlichen Tradition wurde. Das sollte ein kleines Dankeschön sein für die ständig hohe persönliche Einsatzbereitschaft unserer Berufssoldaten.

Neben den bereits angeführten Höhepunkten und Schwerpunkten sowie den normalen täglichen Aufgaben, waren jährlich eine Vielzahl von Kontrollen, Überprüfungen und Übungen zu absolvieren. Diese erforderten einen immensen zusätzlichen Kräfteeinsatz, da mindestens immer die Führung des Regiments und eine Küstenraketenabteilung teilnahmen. Das waren Kommandostabsübungen, Flottenübungen, Reedeübungen, Übungen der Stoßkräfte und andere, wie „Herbstwind", „Westnik", „Synchron", „Hanse", „Lüfter", „Sojus". Der Führungspunkt des Kommandeurs und die teilnehmenden Einheiten des Regiments glänzten dabei ausnahmslos mit guten und sehr guten Leistungen.

Im August 1987 wurde das KRR-18 durch die Inspektionsgruppe des MfNV inspiziert. Das Regiment war entsprechend vorbereitet, hatte vorher noch den 4. RSA erfolgreich durchgeführt, dessen ausgezeichnete Bewertung mit in das Gesamtergebnis einging. Dennoch, und obwohl der gesamte Personalbestand seine hohe Leistungsbereitschaft und -fähigkeit überzeugend unter Beweis stellte, lautete die abschließende Einschätzung nur „Gefechtsbereit mit Einschränkungen", Note „Befriedigend", ähnlich wie 1986 für Einheiten der 6. Flottille. Der Grund für diese übertrieben strenge und zum Teil ungerechtfertigte Bewertung ist unklar. Die Nachinspektion bereits im November ergab die abschließende Einschätzung „Gefechtsbereit" und die Note „Gut".

Am 01.12.1987 erfolgte ein Wechsel in der Dienststellung des Kommandeurs des

KRR-18 mit einer Musterung und der feierlichen Übergabe und Übernahme der Truppenfahne durch den neuen Chef der VM, Vizeadmiral Theodor Hoffmann. Ich wurde in den Stab der VM versetzt und als Kommandeur wurde FK Dr. Joachim Dix eingesetzt, der in verschiedenen Stabsdienststellungen, zuletzt als Leiter der Unterabteilung funkelektronischer Kampf (ELOKA) im Stab der VM, gearbeitet hatte.

Der Aufbau des KRR-18 war erfolgreich abgeschlossen und damit ging die zweite und längste Etappe zu Ende, in deren Ergebnis die Führung, zwei KRA und die sicherstellenden Einheiten bereit waren, alle Aufgaben zu erfüllen. Während der gesamten Aufbauphase war ein Widerspruch immer deutlicher geworden. Einerseits nahm das Regiment vor allem bei den RSA, Übungen und Manövern den dominierenden Platz ein, der ihm als kampfstärkstem Truppenteil der VM zukam, andererseits stand dazu im krassen Widerspruch der tägliche Dienst, bei dem erhebliche Schwierigkeiten mit unzureichender Unterstützung durch die Vorgesetzten bewältigt werden mussten. Das betraf vor allem fehlendes Personal und Technik sowie Ausbildungs- und Unterbringungsmöglichkeiten. Das lässt nur die Schlussfolgerung zu, dass bei der Planung der Aufstellung des KRR-18 schwere Versäumnisse zugelassen wurden, die auch im Weiteren trotz ständiger Hinweise des Kommandeurs nicht oder nur zum Teil und zögernd beseitigt wurden.

Es begann die dritte Etappe, die weitere Stabilisierung, die neben den oben angeführten jährlichen Aufgaben durch die Würdigung der ausgezeichneten Leistungen aller Angehörigen des Regiments u. a. im sozialistischen Wettbewerb gekennzeichnet war. So wurden beide KRA zweimal als „Beste Einheit" ausgezeichnet. Am 25.09.1989 erhielt das KRR-18 aus der Hand des Ministers für Nationale Verteidigung, Armeegeneral Heinz Keßler, ein Ehrenbanner des ZK der SED und wurde zum Ende des Ausbildungsjahres 1988/89 schließlich mit dem Titel „Bester Truppenteil" ausgezeichnet. Das war der vierte und fünfte Höhepunkt im Leben des Regiments.

Ende 1988 war KK Klaus-Peter Gödde in das Regiment als STKRB versetzt worden. Gleichzeitig verließ FK Wolfgang Schädlich nach 5 Jahren erfolgreichem Dienst in der Funktion des STKSC das Regiment und diente weiter im MfNV.

Am 23.01.1990 erfolgte erneut ein Wechsel in der Dienststellung des Regimentskommandeurs. KzS Dr. Joachim Dix wurde in den Stab der Flotte versetzt und als neuer Kommandeur wurde mit Wirkung vom 01.03.1990 FK Klaus-Peter Gödde eingesetzt. Die Kommandoübergabe nahm der neue CVM, VA Hendrik Born, vor.

Damit begann die vierte und letzte Etappe in der Geschichte des KRR-18 – die Auflösung. Gekennzeichnet war sie durch die allgemeine politische Entwicklung. Bereits Ende 1989 waren mit den friedlichen Demonstrationen bedeutsame Veränderungen in der gesellschaftlichen Entwicklung der DDR eingeleitet worden, die sich auch auf die Armee auswirkten. Der „Kalte Krieg" wurde beendet, das sorgfältig aufgebaute Feindbild und das Wehrmotiv gingen verloren, die ständig hohe Gefechtsbereitschaft wurde damit überflüssig. Erst schleichend, dann offen, begannen die Aufweichung und schließlich die scheibchenweise Beseitigung der Organisation, Struktur und Führung der NVA. Rückblickend kann man davon ausgehen, dass die Auflösung der NVA ab Beginn des Jahres 1990 vonseiten der BRD in Abstimmung mit der NATO bereits beschlossen war, nur nicht offen propagiert wurde. Gekennzeichnet war diese Entwicklung u. a. durch die Militärreform, durch die erhebliche Streckung der

Normen der Gefechtsbereitschaft und durch die Lockerung des Gefechtsdienstes, durch Entlassungen auf Wunsch sowie durch das Einstellen jeglicher Kontroll- und Überprüfungstätigkeit durch die Führungsorgane und der Übungstätigkeit. Der Grundwehrdienst wurde von 18 auf zwölf Monate verkürzt. Gleichzeitig wurde der Einsatz der Technik stark eingeschränkt. So war z. B. bereits zum Ende des Jahres 1990 die Konservierung von SSR vorzubereiten. Zur Beruhigung der sowjetischen und polnischen Waffenbrüder sowie unserer Berufssoldaten wurde im Juni 1990 eine letzte Übung organisiert. Das war die jährliche „Gemeinsame Geschwaderfahrt" von Schiffen der VOF, die bis dahin immer als ein Höhepunkt der Gefechtsausbildung galt. Aber die geplanten Angriffe der Stoßkräfte auf dieses Geschwader waren ohne eine zentrale Führung und dementsprechend nicht sehr erfolgreich. Das KRR-18 glänzte allerdings wie immer trotz stark dezimiertem Personalbestand bei allen Verlegungen und imitierten Raketenschlägen. Auf Verlangen der sowjetischen Seite erfolgte jetzt noch die vertraglich gebundene Übernahme der 9. und 10. SSR für die 3. KRA, bis dahin sehnlichst erwartet und nun völlig überflüssig. In dieser Lage hatte der letzte Kommandeur des KRR-18 ohne straffe militärische Führung durch seine Vorgesetzten, durch den Verlust wichtiger Führungsprinzipien und mit erheblich vermindertem Personalbestand, die Auflösung des Regiments vorzubereiten und vorzunehmen. Das war eine ungemein komplizierte und undankbare Aufgabe.

Am 10.09.1990 wurde die „Letzte Raketensalve" als Abschiedsveranstaltung durch das KRR-18 im Bestand von zehn SSR auf dem Truppenübungsplatz in der Rostocker Heide in Anwesenheit des gesamten noch verbliebenen Personalbestands, des letzten Kommandeurs, der beiden ehemaligen Kommandeure und ihrer Stellvertreter gestartet. Erstmals rollten zehn SSR in die befohlenen Startstellungen, die Turbinen wurden angelassen, die Radarstationen ausgefahren, Zielsuche, Begleitung, die Container wurden gerichtet und geöffnet. Es erfolgte der imitierte Start der Raketen, zuverlässig wie immer in den vergangenen sieben Jahren, doch mit einem wesentlichen Unterschied – es war der letzte.

Am 02.10.1990 wurde auf einer Musterung mit einer Personalstärke von nur noch 40 % die Truppenfahne des KRR-18 abgegeben.

Es war die kampflose Kapitulation eines der kampfstärksten und modernsten Truppenteile der VM, die vollständige Demontage. Damit war die Geschichte des KRR-18 und auch die der KRT der VM der DDR endgültig beendet. Das war der fünfte und zugleich letzte, aber auch einzige negative Höhepunkt im 7-jährigen relativ kurzen, aber überaus erfolgreichen und ereignisreichen Leben des Regiments. Die berufliche und militärische Laufbahn fast aller Berufssoldaten endete damit, was für sie und ihre Familien die Existenz infrage stellte. In kürzester Zeit mussten sie ihr gesamtes Leben völlig neu ordnen und sich nicht nur beruflich umorientieren. Das fiel selbstverständlich allen schwer, gelang der überwiegenden Mehrheit aber erfolgreich.

Die Auflösung des KRR-18 war im „Befehl des Bundeswehrkommandos Ost vom 16.11.1990 zur Auflösung von Truppenteilen und Dienststellen der Kategorie B" bis zum 31.03.1991 festgelegt (siehe Anhang, S. 356). Allerdings war bereits der größte Teil des Personals, die meisten auf eigenen Wunsch, bis zum Oktober 1990 entlassen worden. Eingesetzt wurde ein Nachkommando mit einer Stärke von 33 Mann unter Leitung von FK K.-P. Gödde, das die gewaltige Arbeit des Abschubs einer sehr großen

Abgabe der Truppenfahne des KRR-18 am 02.10.1990 (PG)

Menge an Technik und Bewaffnung, darunter hochbrisante Sprengstoffe und Raketentreibstoffe, bis zum 30.09.1991 zu regeln hatte. Das waren: 10 SSR des KRK „Rubesh", 68 Raketen „P-21/22", 30 t Ersatzteile für SSR und Raketen, 210 Kfz mit 30 Hängern, 50 t Kfz-Ersatzteile, 100 t Unterkunftsmaterialien u. a.

So tauchten auf einem Testgelände der US-Army in Kalifornien vier SSR mit Raketen auf, die für umfangreiche Tests mit faktischen Raketenstarts unter Teilnahme unserer ehemals besten Spezialisten eingesetzt wurden. Auch für das Objekt des KRR-18, das einen Wert von ungefähr 30 Millionen Mark der DDR darstellte und ebenfalls dem Volk der DDR gehörte, gab es keine Verwendung – es wurde eingeebnet, renaturiert.

Noch einige Gedanken zu komplizierten psychologischen Problemen, die mit dem Ende der VM verbunden waren. Als Berufssoldaten der VM der DDR hatten wir jahrzehntelang den „Kalten Krieg" gegen unseren wahrscheinlichen „Gegner", die Bundesmarine des NATO-Mitglieds BRD, geführt. Der Ablauf der militärpolitischen Geschichte, die Kriege in Korea, Vietnam, im Irak, in Jugoslawien, Afghanistan und in Libyen, beweist, dass sich aus diesem „Kalten" jederzeit ein „Heißer Krieg" hätte entwickeln können. Dank unserer ständig hohen Gefechtsbereitschaft verhinderten wir das. Entscheidend hat dazu auch der atomare Schutzschild der Sowjetunion beigetragen. Die DDR war Mitglied der WVO. Demzufolge war die VM Bestandteil der VOF. Die Bündnispflichten waren vertraglich festgelegt. Unsere modernste Raketenbewaffnung entwickelte, produzierte und lieferte die UdSSR. Hinter der Typenbezeichnung dieser Technik stand zwar immer der Buchstabe „Ä" von dem russischen Wort „экспортный" (Э), deutsche Aussprache „äksportnuij", für Exportvariante und damit fehlte die ge-

Überführung einer SSR des ehemaligen KRR-18 zu Tests in die USA 1992 (IN)

heimste Technik, aber auch in dieser Ausführung, die wir einsetzten, war es die weltweit modernste Bewaffnung. Wir selbst haben gemeinsam mit unseren sowjetischen und polnischen Waffenbrüdern an der Kaspischen Höheren Seekriegsschule „S.M. Kirow" und der Seekriegsakademie „Marschall A. A. Gretschko" der UdSSR studiert. Wir haben zusammen mit ihnen bei unzähligen Übungen, den RSA u. a. unsere Aufgaben erfüllt.

Am 24.09.1990 ist die NVA der DDR aus den VSK der WVO ausgeschieden.

Das Positive bleibt für uns aber immer: Wir haben bis zu unserem ruhmlosen Abschied unserem Volk entsprechend dem geleisteten Fahneneid den Frieden gesichert.

Abschließend stellen wir fest: Die Angehörigen der KRT der VM der DDR zeichnete immer ein enges Zusammengehörigkeitsgefühl, eine feste Kameradschaft und Disziplin sowie der ausgeprägte Stolz aus, zu dieser Truppe zu gehören. Die Ursachen dafür lagen in den äußerst komplizierten Bedingungen der Aufgabenerfüllung, der hohen Gefechtsbereitschaft und der großen Verantwortung für den jederzeit möglichen Einsatz eines gewaltigen Vernichtungspotentials.

Lothar Schmidt
Kapitel II Struktur, Organisation und Führung der Küstenraketentruppen

Einleitung

In der VM war die Waffengattung KRT zu verschiedenen Zeiten nur jeweils durch die SKA-Abteilung, die KRA-18 und das KRR-18 vertreten. Die Struktur, Organisation und Führung der SKA-Abteilung und der KRA-18 sind in den jeweiligen Kapiteln erläutert. Deshalb konzentriere ich mich hier auf das KRR-18. Eine Besonderheit bezüglich der Struktur der KRT bestand darin, dass im Stab der VM zu keiner Zeit ein Führungsorgan für diese Waffengattung existierte. Dessen umfangreiche Aufgaben wurden ab 1983 einfach zum Kommandeur des KRR-18 delegiert, der damit in der Praxis eine Doppelfunktion ausübte.

Truppenfahne des KRR-18 (PG)

Für das KRR-18 können wir bezüglich der Struktur, Organisation und Führung zwei Entwicklungsphasen unterscheiden. Die erste beginnt mit der Indienststellung und umfasst die ersten sechs Jahre. Die zweite ist das letzte Jahr vor der Auflösung der DDR und der VM. Dieses letzte Jahr war geprägt durch die erst schleichende, dann offene Aufweichung der NVA. Da man in dieser Lage nicht mehr von einer normalen Struktur, Organisation und Führung des KRR-18 sprechen konnte, behandeln wir hier deshalb nur die ersten sechs Jahre seiner Existenz. Das KRR-18 war bei seiner Indienststellung das einzige Regiment der VM. Die Bezeichnung Regiment stammt von den Landstreitkräften und ist für die Marine nicht typisch. Später kamen das Nachrichtenregiment 18 und, erst kurz vor der Auflösung der NVA, das Küstenverteidigungsregiment 18 dazu, wobei nur unser Regiment zu den Stoßkräften der VM gehörte.

Struktur und Organisation

Die NVA bestand aus folgenden Strukturelementen:
- Den 3 Teilstreitkräften: Landstreitkräfte, Luftstreitkräfte/Luftverteidigung, VM.
- Den Verbänden: 2 Armeen, Divisionen, Flottillen.
- Den Truppenteilen: Regimenter, Geschwader, Brigaden.
- Den Einheiten: Bataillone, Staffeln, Abteilungen, Kompanien, Ketten, Batterien, Panzer, Schützenpanzerwagen, Flugzeuge, Schiffe/Boote, Startrampen u. a.

Ein selbstständiger Truppenteil, so auch das KRR-18, war einem Verband gleichgestellt. In der VM gab es folgende Dienstgradgruppen:
- Die Admirale: Konteradmiral (KA), Vizeadmiral (VA), Admiral.
- Die Offiziere (O): Unterleutnant zur See bis KzS, hier auch die Stabsoffiziere ab KK aufwärts. Die Dienstzeit betrug mindestens 20 Jahre.
- Die Offiziere auf Zeit (OaZ) mit einer Dienstzeit von mindestens 3 Jahren, z. B. unser Regimentsarzt.
- Die Fähnriche (F): Fähnrich bis Stabsoberfähnrich (SOF) mit einer Dienstzeit von mindestens 15 Jahren.
- Die Berufsunteroffiziere (BU): Meister bis Stabsobermeister (STOM) mit einer Dienstzeit von mindestens 10 Jahren.
- Die Unteroffiziere auf Zeit (UaZ): Maat und Obermaat mit einer Dienstzeit von 4 Jahren.
- Die Soldaten auf Zeit (SaZ): Matrose bis Stabsmatrose mit einer Dienstzeit von 3 Jahren.
- Die Soldaten im Grundwehrdienst (GWD): Matrosen und Obermatrosen mit einer Dienstzeit von 18 Monaten.

Dazu gab es noch die Gruppe der Zivilbeschäftigten (ZB). Bis auf die Soldaten im GWD, die auf der Grundlage der allgemeinen Wehrpflicht zum Dienst eingezogen wurden, hatten sich alle freiwillig für ihren Dienst verpflichtet. Bezogen auf die Struktur konnte man drei Begriffe unterscheiden:
- Die Dienststellung: Die Bezeichnung der Funktion, die der Armeeangehörige laut „STAN" ausübte.
- Den Dienstgrad: Der Rang, den der Armeeangehörige laut Befehl erhielt.
- Die Planstelle: Der höchste Dienstgrad, den ein Armeeangehöriger in seiner Dienststellung laut „STAN" erreichen konnte. Für bestimmte, höhere Planstellen wurde die Absolvierung einer Militärakademie gefordert.

Wenn ein Armeeangehöriger den nächsthöheren Dienstgrad erhielt, sprach man von einer Beförderung im Dienstgrad, beim ersten Offiziers- und Admiralsdienstgrad von einer Ernennung. Die Laufzeiten zwischen zwei Dienstgraden waren zeitlich limitiert, so betrug sie z. B. vom KK zum FK vier Jahre. Nicht befördert wurden beim Erreichen dieser Zeit nur Armeeangehörige mit einer offenen Disziplinar- oder Parteistrafe, bzw. wenn sie nicht die erforderliche Planstelle hatten. Ein Zeitlimit galt nicht für die Dienstgrade KzS und Admirale. Das heißt, hier konnte man befördert bzw. ernannt werden, man musste es aber nicht. Beförderungen und Ernennungen erfolgten, ebenso wie Auszeichnungen, eigentlich nur an zwei Feiertagen im Jahr: am 01.03. – dem Tag der NVA, und am 07.10. – dem Jahrestag der DDR. Ausnahmen waren sehr selten. Die Beförderungen und Ernennungen waren immer mit einer Gehaltserhöhung verbunden. Bis zum Ende der 1970er-Jahre sah man in der VM hohe Dienstgrade wie KzS und Admiral noch sehr selten. Je näher der Zeitpunkt der Auflösung der NVA rückte, umso drastischer nahm die Anzahl der hohen Dienstgrade zu. Da wir nicht hinter der Sowjetunion zurückstehen wollten, wurde auch noch der Dienstgrad „Marschall" eingeführt, allerdings nur für den Kriegsfall. Es ist aber anzunehmen, dass an einer Ausnahmeregelung bereits gearbeitet wurde.

Auf dem Gebiet der Orden und Auszeichnungen gab es noch seltsamere Auswüchse. Ständig wurden neue Orden und Auszeichnungen erfunden, nur weil unsere höchsten

Vorgesetzten die anderen schon hatten. Der große deutsche Politiker Bismarck unterschied drei Klassen von Orden: Die erdienten, die erdinierten und die erdienerten. Das galt wohl auch für die VM, man kann es aber auf keinen Fall verallgemeinern. So trugen bestimmte Offiziere im Stab der VM eine bedeutend umfangreichere Ordensspange an der Uniformjacke als die Kommandeure der Verbände, Truppenteile und Einheiten. Die trugen dafür im Ausgleich eine erheblich größere Verantwortung. Auch dafür gibt es ein Sprichwort: Orden und Bomben fallen immer im Hinterland und treffen meist Unschuldige.

Minister für Nationale Verteidigung, CVM, Kommandeur des KRR-18 und der Kommandeur der 1. KRA (LS)

Als Grundlage für die Erläuterung der Struktur des Regiments dient der „STAN". Er unterlag höchsten Geheimhaltungsbestimmungen, war im Panzerschrank der VS-Stelle deponiert und durfte nur durch den Regimentskommandeur eingesehen werden. Der letzte war der am 01.12.1986 in Kraft getretene „STAN 90". Laut diesem Plan hatte das KRR-18 folgende Strukturelemente (siehe Strukturschema im Anhang, S. 355). Die Führung, die Gefechtseinheiten, die Einheiten der Gefechtssicherstellung sowie die Einheiten der materiellen, technischen und medizinischen Sicherstellung. Zur Führung gehörten insgesamt sieben ZB und 34 Armeeangehörige, davon 24 Offiziere, vier Fähnriche, fünf BS, ein UaZ. Alle Zahlen beziehen sich auf den täglichen Dienst, also Soll 1:

- Der Regimentskommandeur und seine 6 Stellvertreter.
- Die dem Kommandeur direkt Unterstellten: je 1 Oberoffizier für Kader (OOK) und für Finanzökonomie (OOF), letzterer mit 1 Hauptsachbearbeiter-ZB, 1 Leiter des Unterkunftsdienstes (UKD)-ZB, 1 Leiter der Geschäftsstelle.
- Der Stab: 3 Oberoffiziere (für Nachrichten (OON), für Inneren Dienst (OOID), für Organisation/Auffüllung (OOOA)), 1 Hauptfeldwebel, 1 Sachbearbeiter-ZB, VS-Stelle – 2, Chiffrierstelle – 1.
- Die Politabteilung: 4 Oberinstrukteure (für Parteiarbeit, für Propaganda, für Agitation, für kulturpolitische Arbeit), 1 Instrukteur für Jugendarbeit, Truppenbibliothek – 1 ZB.
- Der Stellvertreterbereich für Ausbildung: 1 Oberoffizier für chemische Dienste (OOCD), 1 Offizier für militärische Körperertüchtigung (OMKE).
- Die Technische Stelle: 1 Oberoffizier für Kfz-Dienst, 1 Techniker für Pionierausrüstung, 1 Sachbearbeiter-ZB.
- Die Raketentechnische Stelle: 3 Oberoffiziere (für Raketenbewaffnung, für Spezialtreib- und Schmierstoffe, für funktechnische Mittel), 1 Funkmeister, 1 Techniker für Wartung und Kontrollen, 1 Sachbearbeiter-ZB.
- Die Rückwärtigen Dienste (RD): 2 Offiziere (für Verpflegung (VO), für Bekleidung und Ausrüstung (B/A)), 1 Techniker für Bewaffnung und Munition, 1 Bearbeiter für Treib- und Schmierstoffe, 1 Schirrmeister für chemische Dienste, 1 Sachbearbeiter für Verpflegung-ZB, 2 Hauptsachbearbeiter-ZB, 1 Sachbearbeiter-ZB.
- Der Unterkunftsdienst: 6 ZB.

Zu den Gefechtseinheiten (drei KRA) gehörten insgesamt 278 Armeeangehörige, davon 36 Offiziere, 30 Fähnriche, 32 BU, 70 UaZ, 110 Soldaten im GWD:
- Die Führung mit dem Kommandeur, Stellvertreter für politische Arbeit (STPA), Stabschef (STSC), Stellvertreter für Raketenbewaffnung (STRB), Kfz-Techniker, Hauptfeldwebel, Kraftfahrer/Funker.
- 3 Küstenraketenabteilungen mit je
  - 2 Startbatterien mit je 2 SSR, Besatzung je 1 Offizier, 1 Fähnrich, 1 BU, 2 UaZ und je Startbatterie 1 Soldat im GWD.
  - 1 RTB, 2. KRA zusätzlich 1 Lagertransportgruppe.
  - Mit dem Nachrichtenzug.
  - Mit dem Sicherstellungszug.

Die Einheiten der Gefechtssicherstellung waren dem Stabschef des Regiments unterstellt. Dazu gehörten insgesamt 1 ZB und 43 Armeeangehörige, davon 1 Offizier, 1 Fähnrich, 3 BU, 8 UaZ, 30 Soldaten im GWD:
- Der Nachrichtenzug.
- Der Wachzug, im Soll 2 Wachkompanie.
- Die 23-mm-Flak-Batterie „ZU-23" nur im Soll 2.

Die Einheiten der Materiellen, Technischen und Medizinischen Sicherstellung waren jeweils einem Stellvertreter des Regimentskommandeurs unterstellt. Dazu gehörten insgesamt 4 ZB und 71 Armeeangehörige, davon 2 Offiziere, 6 Fähnriche, 8 BU, 22 UaZ und 33 Soldaten im GWD:
- Die Küche (Stellvertreter des Kommandeurs für Rückwärtige Dienste: STKRD).
- Das Verpflegungslager (STKRD).
- Das Bekleidungs- und Ausrüstungslager (STKRD).
- Der Kfz-Transportzug (STKRD).
- Der Kfz-Instandsetzungszug (Stellvertreter des Kommandeurs für Technik: STKT).
- Der medizinische Punkt des Regiments: Regimentsmedpunkt (STKRD).
- Die Feuerwache (STKRD).
- Die Instandsetzungsgruppe (STKRD).
- Die Reparaturgruppe (Stellvertreter des Kommandeurs für Raketenbewaffnung: STKRB).
- Der Lagertransportzug (STKRB).

Aus dieser Struktur ist u. a. ersichtlich, dass einfach von den drei Arten der Sicherstellung zwei, nämlich die Technische und die Rückwärtige, zusammengefasst wurden, um so Personal zu sparen. In der VM dienten an Bord der Kampfschiffe und -boote nur Freiwillige, Matrosen auf Zeit drei Jahre, meistens Abiturienten, also keine Soldaten im Grundwehrdienst mit einer Dienstzeit von 18 Monaten. Dazu kam ein hoher Prozentsatz an Berufssoldaten und UaZ. Im KRR-18 war es umgekehrt: Es dienten nur Soldaten im Grundwehrdienst, insgesamt ungefähr 40 % des gesamten Personalbestands, und keine Soldaten auf Zeit. Dazu kamen ungefähr 25 % UaZ und nur 35 % Berufssoldaten. Daraus ergaben sich erhebliche Probleme – nämlich die außerordentlich komplizierte Motivierung und Ausbildung der Matrosen im GWD zur Bedienung der modernsten Technik aufgrund ihrer um 50 % (!) kürzeren Dienstzeit. Da sie aber vorher noch ihre Grundausbildung in der Schiffsstammabteilung 18 absolvieren mussten, dienten sie demzufolge nur 15 Monate im Regiment.

Die Angaben über die personelle Stärke beziehen sich auf die Sollstärke im täglichen Dienst, bezeichnet als Soll 1. Beim Übergang auf den Kriegszustand erfolgte die Mobilmachung und damit galt Soll 2, d.h., es wurde zusätzliches Personal zugeführt und Technik übernommen. Der größte Teil der zusätzlichen Technik für Soll 2 war im Regiment eingelagert, wir nannten das „eingemottet". Ein weiterer Teil wurde von der Volkswirtschaft zugeführt.

Die Gesamtstärke des KRR-18 an Personal betrug 438 Armeeangehörige, 606 im Soll 2, die einer KRA 86 und 99 im Soll 2. Das ergab eine Differenz zwischen Soll 1 und Soll 2 für das Regiment von 168 Armeeangehörigen. Das sind 27 %, die eigentlich im täglichen Dienst fehlten. Diese Zahl ist viel zu hoch und beweist, dass die Personalstärke im Soll 1 unter dem für eine erfolgreiche Aufgabenerfüllung notwendigen Minimum lag.

An Technik verfügte das Regiment über zwölf (acht) Startrampen und drei Kampfsätzen an Raketen. Außerdem waren noch die Berge- und Pioniergruppen mit schwerer Technik ausgerüstet. Insgesamt hatte das Regiment einen Bestand von über 200 Kfz.

Dienstorganisation

Die Führung der Verbände, Truppenteile und Einheiten der NVA der DDR erfolgte grundsätzlich auf der Basis aller gültigen Gesetze der DDR, dabei an erster Stelle auf Grundlage der Verfassung und der spezifischen Bestimmungen für die NVA. Das waren vor allem der Fahneneid und eine Vielzahl von Dienstvorschriften, Befehlen und Anordnungen. Diese reglementierten das gesamte Leben aller Armeeangehörigen teilweise bis hinein in ihre Familien. Jährlich wurden zusätzlich durch die Vorgesetzten aller Stufen, beginnend beim Minister für Nationale Verteidigung, Direktiven, Befehle und Anordnungen für das jeweilige neue Ausbildungsjahr erlassen. In der NVA wurde der gesamte Dienst chronologisch nach Ausbildungsjahren und Ausbildungshalbjahren gestaltet. Ein Ausbildungsjahr (AJ) begann am 01.12. und endete am 30.11. des Folgejahres und wurde dann z.B. geschrieben als AJ 1983/84. In der Anordnung des Chefs der VM, z.B. AO 80/1983, waren die Aufgaben für die Verbände, selbstständigen Truppenteile und Einrichtungen für das Ausbildungsjahr, hier für das AJ 1983/84, festgelegt. Dazu wurden Pläne erarbeitet bzw. konkretisiert. Die darin festgelegten vielfältigen, sich oft wiederholenden Aufgaben landeten letztendlich alle bei den Kommandeuren der Truppenteile und Einheiten. Sie mussten diese präzisieren und sich selbst sowie die ihnen Unterstellten für die Erfüllung der darin aufgeführten Aufgaben motivieren.

Auf der Grundlage der Anordnung AO 80/83 des CVM wurden für das KRR-18 nach der Indienststellung die zahlreichen Dokumente erstmalig für das AJ 1983/84 erarbeitet. Sie wurden dann in den folgenden Jahren nur präzisiert bzw. überarbeitet, da sich bis auf die Hauptaufgaben und Termine wenig änderte. Im Einzelnen waren das folgende Dokumente:
- Die Anordnung Nr. 10/1983 des Kommandeurs über die Erfüllung der politischen und militärischen Aufgaben des KRR-18 im AJ 1983/84 (nachfolgend jährlich für die AJ 1984/85, AJ 1985/86 usw.).
- Der Kalenderplan der wichtigsten Maßnahmen für das AJ.
- Der „Plan zur Überführung des KRR-18 in höhere Stufen der Gefechtsbereitschaft".
- Der „Plan für die Durchführung der Politischen Arbeit, Gesellschaftswissenschaftlichen Weiterbildung (GWW) und der Politschulung".

- Die „Aufgabenstellung für den Sozialistischen Wettbewerb".
- Der „Plan der Gefechtsausbildung mit der Taktischen, Spezial- und Allgemeinmilitärischen Ausbildung (Militärische Körperertüchtigung (MKE), Schutz vor Massenvernichtungsmitteln (MVM)).
- Der „Stabsdienstplan".
- Die Kontrollpläne.

Dazu kamen Dokumente für die Ausführung von Hauptaufgaben, die zu den jeweiligen Terminen erarbeitet wurden:
- Der „Plan der Durchführung des 1. RSA des KRR-18" (nachfolgend jährlich).
- Der „Plan der Parade" und der damit verbundenen Verlegungen (1984 und 1989).
- Der „Plan zur Durchführung des Feldlagers" der 1. und der 2. KRA (jährlich).
- Die Pläne für Taktische Aufgaben, Übungen und andere laut Aufgabenstellung (halbjährlich).
- Entschlüsse des Kommandeurs auf der Grundlage von Gefechtsanordnungen.

Auch die „Aufgabenstellung für den Sozialistischen Wettbewerb" musste nach der Indienststellung des Regiments sorgfältig erarbeitet werden, da alle Kollektive neu formiert waren. Das Regiment konnte eigentlich den Kampf um den Titel „Bester Truppenteil" nicht führen, da es mit Kampftechnik und Personal nur zu 66 % vom Soll aufgefüllt war. Bis zur Auflösung fehlte die 3. KRA. Deshalb wurde diese Aufgabe nicht gestellt. Dafür führten die 1. KRA und die RTA, nach ihrer Formierung die 1. und 2. KRA, den Kampf um den Titel „Beste Einheit". Den erkämpften sie sich auch in den Ausbildungsjahren 1987/88 und 1988/89. Zum Ende des Ausbildungsjahres 1988/89 wurde das KRR-18 in Würdigung hervorragender Leistungen durch den Minister für Nationale Verteidigung mit einem Ehrenbanner des ZK der SED und im sozialistischen Wettbewerb dann doch mit dem Titel „Bester Truppenteil" ausgezeichnet. Eine insgesamt verdiente Auszeichnung für sechs Jahre harten, erfolgreichen Dienst.

Die Schwerpunkte aus den erarbeiteten Dokumenten, verbunden mit der Auswertung des sozialistischen Wettbewerbs, wurden dem gesamten Personalbestand auf einer Regimentsmusterung zu Beginn jedes AHJ bekannt gegeben.

Der erste „Plan der Überführung des KRR-18 in höhere Stufen der Gefechtsbereitschaft" wurde Anfang 1984 wegen der höchsten Geheimhaltungsstufe durch mich und meinem Stellvertreter, KL W. Schädlich, persönlich erarbeitet, (siehe Kapitel IV, S. 58).

Für die Gestaltung des Dienstes in den Verbänden, den selbstständigen Truppenteilen und den Einrichtungen der VM existierte ein Monatsrahmendienstplan, in dem die wichtigsten Maßnahmen auf die einzelnen Wochen wie folgt verteilt waren:
- 1. Woche: Spezialausbildung 3 Tage und Ausbildung der Ausbilder 1 Tag.
- 2. Woche: Taktische Ausbildung der Kräfte in See bzw. für das KRR-18 im Gelände.
- 3. Woche: Monatliche Wartung (W III) der Technik und Bewaffnung 3 Tage.
- 4. Woche: Politschulung der Unteroffiziere und Matrosen 2 Tage und Gesellschaftswissenschaftliche Weiterbildung (GWW) der Offiziere und Fähnriche 2 Tage sowie die Vorschulung der Schulungsgruppenleiter 1 Tag.

Die Zentralisierung des monatlichen Dienstablaufs erleichterte wesentlich die Führung sowie den Einsatz der Kräfte zur Anleitung, Kontrolle und Unterstützung. Im Regiment wurde der Tagesdienst nach dem Tagesdienstablaufplan gestaltet, der für die gesamte

Musterung des KRR-18 zur Verleihung der Truppenfahne 1984 (LS)

VM einheitlich war. Die Kommandeure und ihre Stellvertreter arbeiteten nach persönlichen, standardisierten Wochen- und Monatsrahmendienstplänen, in denen alle Maßnahmen, die für sie zutrafen, aufgeführt waren. Das war effektiv, da sich bestimmte Ereignisse im Dienst laufend wiederholten. Ein gravierender Nachteil des Planungssystems bestand darin, dass nur wenig Zeit für Pausen verblieb. Fast die gesamte Dienstzeit war bis auf die Stunde, manchmal auf die Minute, verplant. Das bedeutete, dass man von einer Maßnahme zur nächsten hetzte und dass bei nicht geplanten Ereignissen improvisiert werden musste. Zu dieser Art der Planung ein umformuliertes Zitat: Nur Dumme benötigen einen Plan – Genies beherrschen das Chaos!

Als wichtiges Führungsmittel in der NVA diente der sozialistische Wettbewerb, der bei seiner Einführung, obwohl von oben befohlen, noch den Anschein eines freiwilligen Wettbewerbs von Mann zu Mann und von Kollektiv zu Kollektiv hatte und zur Motivierung des Personalbestands für die Erfüllung der Aufgaben der Gefechtsausbildung und Gefechtsbereitschaft genutzt wurde. Ungefähr mit Beginn der 1970er-Jahre hatte er sich verselbstständigt und dominierte im Sinne der Vorgesetzten das gesamte militärische Leben. Unter der Losung: „Erfolge müssen organisiert werden", wurden die Ergebnisse zum Teil durch die Vorgesetzten manipuliert und am grünen Tisch geschönt. Mit diesen Methoden wurden ständig hohe Ergebnisse erzielt und gemeldet. Das war allgemein bekannt und wurde nicht nur durch unsere höchsten Vorgesetzten geduldet, sondern sogar gefördert.

Grundsätzlich galt in der NVA das Prinzip der militärischen Einzelleitung. Das beinhaltete, dass nur der Kommandeur das Recht hatte, für den gesamten ihm unterstellten Personalbestand Befehle zu erteilen und dafür auch die alleinige Verantwortung trug. Der STKSC hatte als einziger Stellvertreter das Recht, im Namen des Kommandeurs Weisungen zu erteilen. Gegen dieses Prinzip der militärischen Einzelleitung verstieß grundsätzlich unsere Partei, die SED, durch ihr Bestehen auf eine absolute Führungsrolle. Diese hatte auch der Kommandeur durchzusetzen und sie war durch die Tätigkeit der Parteikontrollkommissionen (PKK), der Parteigruppen und Parteigrundorganisationen sowie der Politorgane mit ihrer doppelten Unterstellung – einmal ihrem Kommandeur und dann dem vorgesetzten Politorgan – abgesichert. Das führte teilweise dazu, dass der Kommandeur kontrolliert wurde, da über dessen Führungstätigkeit sein Stellvertreter und Leiter der Politabteilung an das vorgesetzte Politorgan berichten musste.

In der NVA der DDR Berufssoldat zu sein bedeutete:
- Ein Leben ausschließlich auf der Grundlage von Befehlen, Anordnungen und Dienstvorschriften.
- Eine große Abhängigkeit von den Vorgesetzten.
- Die ständige Möglichkeit eines 24-Stunden-Dienstes, auch an Wochenenden und Feiertagen. Ein Freizeitausgleich war nicht vorgesehen.
- Die mögliche Versetzung zu jeder Zeit, an jeden Standort, auch ohne persönliches Einverständnis des Soldaten.
- Die komplizierte gleichzeitige Arbeit als Unterstellter und Vorgesetzter, als Pädagoge und Psychologe.
- Eine absolute Vorbildrolle im täglichen Dienst.
- Die unbedingte Durchsetzung der führenden Rolle der SED.

Das KRR-18 war dem Chef der VM direkt unterstellt, der die Führung über seine Stellvertreter und sein Führungsorgan, den Stab der VM, ausübte. Admiral Wilhelm Ehm war bereits im Rentenalter, aber äußerst vital. Als er Ende 1987 im Alter von 68 Jahren durch den 67 Jahre alten Minister für Nationale Verteidigung, Armeegeneral Heinz Keßler, in den Ruhestand versetzt wurde, war er 29 Jahre CVM gewesen. Entsprechend verfügte er über einen unglaublichen Erfahrungsschatz und als Mitglied des ZK der SED war er eine absolute Autorität und stand außerhalb jeder Kritik.

Am 01.12.1987 wurde Admiral W. Ehm in den Ruhestand versetzt. Sein Nachfolger wurde, wie allgemein erwartet, sein Stellvertreter und Chef des Stabes, VA Theodor Hoffmann. Aufgrund seiner hohen Sachkenntnis, durch sein korrektes Auftreten und weil er sich tatsächlich um alles kümmerte, genoss er bei den Angehörigen der VM großes Ansehen. Außerdem war er bekannt für sein konsequentes Verhalten und sein ausgezeichnetes Namensgedächtnis – viele Offiziere, ja selbst Unteroffiziere und Matrosen, sprach er mit Dienstgrad und Namen an. Für die Entwicklung des KRR-18 war dieser Chefwechsel positiv, hatte VA Th. Hoffmann doch den neuen Kommandeur persönlich ausgewählt und fühlte sich dementsprechend auch weiterhin für ihn besonders verantwortlich. Seinen Ausdruck fand das u. a. in seinem Besuch beim 6. und letzten RSA des KRR-18 im Jahr 1989, bei der Verleihung eines Ehrenbanners des ZK der SED an das KRR-18 (ebenfalls im Jahr 1989) als einzigem Truppenteil der VM, durch die Aus-

Musterung des Personalbestands im Feldlager beim 4. RSA 1987 durch den CVM (LS)

zeichnung als „Bester Truppenteil" und der jetzt endlich intensiveren Unterstützung bei der Lösung der Probleme der Arbeits- und Lebensbedingungen der Angehörigen des Regiments. Keine Frage: diese Auszeichnungen nach sechs Jahren erfolgreicher Arbeit waren hochverdient. VA Th. Hoffmann diente als CVM jedoch nicht einmal zwei Jahre. Als Ergebnis der Wende in der DDR Ende 1989 wurde die alte Führungsriege nicht nur im Politbüro und ZK der SED, sondern auch in der NVA abgelöst. Infolgedessen wurde völlig unerwartet der CVM, der kleinsten Teilstreitkraft der NVA, VA Th. Hoffmann, zum Admiral und Minister für Nationale Verteidigung der DDR ernannt.

Neuer und letzter CVM wurde am 01.11.1989 überraschend KA Hendrik Born, der Chef der 1. Flottille, der gleichzeitig zum VA befördert wurde. Allerdings war das bis zu seiner Entlassung am 24.09.1990 nur noch eine Art Gastrolle und spielte damit für das KRR-18 während der erst schleichenden und dann offenen Auflösung der NVA keine Bedeutung mehr.

Schwerpunktmäßig war die Führungstätigkeit des CVM auf die vier Verbände – 1., 4. und 6. Flottillen und 6. Grenzbrigade Küste – ausgerichtet, aber auch die direkt unterstellten Truppenteile – KRR-18, KSK-18, MHG-18, MFG-28, KVR-18 (ab 1990) – sowie die Schulen und Einrichtungen, wurden mit einbezogen. Als Führungsmethoden kamen bei der Arbeit mit den ihm unterstellten Kommandeuren zur Anwendung: Persönliche Anleitung und Aussprachen, Dienstbesprechungen, Berichterstattungen, Schulungen, Kontrollen, Überprüfungen und Erfahrungsaustausche. Die Schulungen fanden ein- bis zweimal im Ausbildungsjahr statt und waren auf die operative Ausbildung ausgerichtet. Sie beinhalteten Besuche bei Verbänden und Truppenteilen, z. B. bei der 43. Fla-Raketenbrigade und beim MFG 28, wobei ausführlich über die Bewaffnung und Einsatzprinzipien informiert wurde. Diese Schulungen trugen wesentlich zur Vertiefung der Kenntnisse der Kommandeure über die Gefechtsmöglichkeiten und die Organisation des Zusammenwirkens zwischen den Verbänden und Truppenteilen bei. Besondere Vorkommnisse, schwerwiegende Probleme und wichtige Informationen waren dem CVM durch den Kommandeur unverzüglich persönlich zu melden oder vorzutragen. Ansonsten hielt sich der Kommandeur an das Prinzip, bei Problemen und Fragen, die er selbst nicht lösen oder beantworten konnte, stets unten an der Leiter zu beginnen. Das heißt, sich zuerst kundig machen bei den betreffenden Offizieren des Stabes, dann bei den Leitern der Abteilungen und schließlich bei den Stellvertretern des CVM, bevor – wenn es nicht anders zu klären war – dem Chef das jeweilige Anliegen vorgetragen wurde. Mit dieser Methode hätte man eigentlich immer Erfolg haben müssen, da jeder der Angesprochenen verpflichtet war, den Regimentskommandeur bei seiner Arbeit zu unterstützen.

Zu den Führungsmethoden gehörten auch persönliche Besuche unserer Vorgesetzten im Regiment. Wie bereits erwähnt existierte im Stab der VM unverständlicherweise kein Führungsorgan für die KRT, was zur Folge hatte, dass der Regimentskommandeur doppelt belastet wurde. Offensichtlich gab es grobe Versäumnisse bei der Planung der Aufstellung des Regiments und im Weiteren, denn dieser Fehler wurde ja nicht korrigiert.

Im Stab der VM war die Arbeit so organisiert, dass bestimmte Offiziere außer den Abteilungsleitern entsprechend ihren Dienststellungen für die Zusammenarbeit mit dem KRR-18 verantwortlich waren und so die Aufgabenerfüllung immer aktiv unterstützten. Das waren von den Bereichen: Operativ: FK, später KzS, Dr. Harald Genzow; Ausbildung: FK Klaus Richter; Nachrichten: FK Bodo Schmidt, Org./Auffüllung: FK Klaus Schwenke; und von den RD: FK Eckhard Müller. Sie unterstützten den Kommandeur aktiv bei seiner Arbeit, aber sie waren nicht allein für das KRR-18 verantwortlich und auch sie konnten ihrem jeweiligen Vorgesetzten nur Vorschläge unterbreiten. Befugnisse, etwas zu ändern, hatten sie nicht. Die Zusammenarbeit mit ihnen war kameradschaftlich, oft auch freundschaftlich. Es gab nur wenige, die anscheinend nicht verstehen wollten, dass keine Personen, sondern das gesamte Regiment im Mittelpunkt unserer Arbeit stand.

Für die Organisation der politischen und Parteiarbeit in den Truppenteilen und Einheiten, die sowohl dem CVM als auch dem Chef des Stabes direkt unterstellt waren, war die Politabteilung beim Chef des Stabes verantwortlich, die durch ihren Leiter, KzS „Hein" Manschus, geführt wurde. Die Zusammenarbeit mit ihm war beispielhaft.

Personelle Entwicklung der Führung und der Küstenraketenabteilungen des Küstenraketenregiments 18

Die Besetzung der Planstellen der Führung und der KRA gestaltete sich wie folgt (siehe Anhang, S. 354). Entsprechend dem „STAN" waren die Dienststellungen des Kommandeurs (Planstelle KzS), seiner Stellvertreter, der Kommandeure der KRA und des Regimentsarztes (alle Planstelle FK), mit Absolventen einer Militärakademie zu besetzen. Der OOK und der OOF sowie die Offiziere der Politabteilung, des Stabes, der Bereiche und der RD hatten die Planstelle KK (Oberoffiziere) und auch KL.

Der Kommandeur des KRR-18 (K KRR-18) wurde von seinen Unterstellten „Der Alte" genannt. Bei den Landstreitkräften war das „Der Regimenter". Die Anforderungen an diese Dienststellung waren hoch und beinhalteten vor allem die Fähigkeit, eine sehr hohe Verantwortung für das Leben und die Gesundheit von maximal 600 Unterstellten sowie für Technik, Bewaffnung und Ausrüstung mit hohem Vernichtungspotential und im Wert von mehreren Hundert Millionen Mark Volkseigentum zu tragen. Dazu kamen Erfahrungen in der Arbeit als Kommandeur operativer Einheiten und Truppenteile, sowie umfangreiche Kenntnisse des Einsatzes der Raketenbewaffnung. Die Führungsmethoden des Regimentskommandeurs waren denen seines Vorgesetzten angeglichen, allerdings waren die Schwerpunkte verlagert. Der Kommandeur führte bedeutend mehr persönliche Gespräche mit seinen Unterstellten und leitete ihre Arbeit auch persönlich an. Täglich wurde bei Dienstbeginn beim OPD des Regiments kurz die Lage mit den Stellvertretern und den Kommandeuren besprochen. Freitags wurde die wöchentliche und am letzten Freitag des Monats die monatliche Lage auf der Grundlage eines Berichtsschemas im gleichen Kreis besprochen. Außerdem fanden regelmäßig Dienstbesprechungen zu ausgewählten Themen statt. Eine wichtige Methode war vor allem in der Aufbauphase die Beratung des Kommandeurs mit dem gesamten Führungskollektiv oder bei ausgewählten Themen mit dem jeweiligen dafür zuständigen Stellvertreter, wobei meistens der Leiter der Politabteilung und der Stabschef beteiligt waren. Diese Beratungen wurden wegen des Zeitmangels straff und effektiv geführt. Bei unterschiedlichen Meinungen wurde nach dem Grundsatz gehandelt: Überzeugung kommt vor dem Befehl. Deshalb kann davon ausgegangen werden, dass kein Befehl zu wichtigen Problemen erlassen wurde ohne vorherige ausführliche kollektive Beratung. Für seine direkten Unterstellten war der Regimentskommandeur jederzeit zu sprechen, für alle Angehörigen des Regiments existierte eine tägliche, offizielle Sprechzeit auch ohne vorherige Anmeldung. Mit der Indienststellung des KRR-18 am 01.11.1983 wurde ich als erster Kommandeur mit Befehl 96/83 des Ministers für Nationale Verteidigung eingesetzt. Ich verfügte über einen reichen Erfahrungsschatz verfügte: In der 6. Flottille hatte ich in allen Dienststellungen an Bord von Schnellbooten als Kommandeur erfolgreich gearbeitet, zuletzt drei Jahre als Stabschef und vier als Chef der 5. Raketen-Torpedo-Schnellbootbrigade. Ich hatte an insgesamt sechs RSA und unzähligen Übungen und Überprüfungen teilgenommen. Die Technik und der Einsatz der Raketenbewaffnung bildeten immer einen Schwerpunkt meines Studiums und Dienstes. Die theoretischen Grundlagen der Truppenführung waren mir an den Lehreinrichtungen Kadettenschule der NVA, Höhere Kaspische Seekriegsschule „S.M. Kirow" und Seekriegsakademie „Marschall A. A. Gretschko" der UdSSR vermittelt worden. Damit konnte ich alle oben aufgeführten Anforderungen erfüllen. Von der Führung des Regiments war ich der Einzige, der vorher in der Führungsebene Truppenteil gearbeitet hatte. Vier Jahre leitete ich als Regimentskommandeur erfolgreich den Aufbau des Regiments, der einen hohen persönlichen Einsatz erforderte, weil eine Vielzahl von gleichrangigen Aufgaben parallel erfüllt werden mussten. Es war ein überaus komplizierter Beginn, da alle Offiziere der Führung sowie die Kommandeure der KRA mit ihren Stellvertretern neu in ihren Dienststellungen waren. Das bedeutete, dass sie sich erst einarbeiten mussten.

Alle Kollektive mussten arbeitsfähig gemacht werden, aber gleichzeitig waren auch die durch den CVM für das laufende Ausbildungsjahr an das Regiment gestellten Aufgaben zu erfüllen – natürlich in guter Qualität. Dieses komplexe Riesenproblem erfolgreich zu lösen gelang nur dank hoher Einsatzbereitschaft und Initiative, die jeder Einzelne entwickelte, sowie wegen der hocheffektiven, kameradschaftlichen Arbeitsatmosphäre, die von Anfang an im Führungskollektiv durchgesetzt und auch für das gesamte Regiment charakteristisch war. Am 01.12.1987 wurde ich in den Stab der Flotte in die Dienststellung Flaggoffizier für operative Führung der VM versetzt. Als neuer Regimentskommandeur wurde FK Dr. Joachim Dix eingesetzt, am 07.10.1988 wurde er zum KzS befördert. Er war in seiner Dienstzeit als Nachrichtenoffizier und Funktechnischer Offizier in der 6. Flottille, sowie zuletzt, nach Absolvierung der Hochschule für Verkehrswesen „Friedrich List" in Dresden Sektion Militärisches Transport- und Nachrichtenwesen, als Leiter der Unterabteilung FEK im Stab der VM erfolgreich tätig. In einer Dienststellung als Kommandeur oder Stabschef hatte er bis dahin nicht gearbeitet, deshalb fehlten ihm für diese Tätigkeit praktische Erfahrungen. Tiefgründige Kenntnisse über den Einsatz der Raketenbewaffnung

Kommandeur des KRR-18 1983–1987 mit seinen Stellvertretern 1987 (LS)

und die Raketentechnik musste er sich erst erarbeiten. Da die Führung des Regiments jedoch bis auf den neuen Leiter der Politabteilung unverändert blieb, gelang es ihm mit ihrer Unterstützung, vor allem des erfahrenen Stabschefs, sich in relativ kurzer Zeit erfolgreich einzuarbeiten. In den zwei Jahren unter seiner Führung erfüllte das Regiment, aufbauend auf dem vorher in vier Jahren erreichten soliden Stand, alle Aufgaben in guter Qualität. Im Rahmen der Umstrukturierung der NVA wurde er am 23.02.1990 in den Stab der VM in die neu geschaffene Dienststellung Leiter der Abteilung Staatsbürgerliche Arbeit versetzt. Am 23.02.1990 wurde FK Klaus-Peter Gödde mit der Führung beauftragt und am 01.03.1990 als Kommandeur des KRR-18 eingesetzt. Er hatte nach Abschluss der Kaspischen Höheren Seekriegsschule „S.M. Kirow" in der RTA-6 der RD der 6. Flottille und nach Absolvierung der Militärakademie der NVA „Friedrich Engels" im Stab der RD der 6. Flottille als Leiter der Unterabteilung Raketen- und Waffentechnischer Dienst gearbeitet. Danach war er im Oktober 1988 als STKRB in das Regiment versetzt worden. Er verfügte über ausgezeichnete Kenntnisse der Raketentechnik. Allerdings hatte er vorher weder als Kommandeur noch als Stabschef operativer Einheiten oder Truppenteile gearbeitet und diente noch nicht einmal anderthalb Jahre im Regiment. Als seinen Nachfolger vorgeschlagen hatte ihn KzS Dr. J. Dix, der dabei unverständlicherweise seinen erfahrenen Stabschef, FK R. Brennecke, überging. Zum letzten Mal in der Geschichte des KRR-18 wurde, wie bei der Übergabe der Dienstgeschäfte des Regimentskommandeurs üblich, die Truppenfahne des Regiments übergeben, bevor sie, nur sieben Monate später, am 02.10.1990 für immer abgegeben werden musste und damit die Existenz des KRR-18 endete.

Das Besondere an der Dienststellung des Stellvertreters des Kommandeurs und Leiter der Politabteilung des KRR-18 (STKLPLA) war die doppelte Unterstellung. Er war sowohl dem Regimentskommandeur als auch dem Leiter der Politabteilung beim CS der VM direkt unterstellt. Demzufolge hatte er auch ständig an beide zu berichten. Das war, wie schon erwähnt, ein Verstoß gegen das Prinzip der militärischen Einzelleitung. Der erste Leiter der Politabteilung des KRR-18 war KK Hans-Joachim Helm. Er hatte nach Absolvierung der Militärpolitischen Akademie „W.I. Lenin" der UdSSR seinen Dienst in der KRA-18 begonnen und danach im Regiment fortgesetzt. Seiner mit Fleiß und Initiative geführten Arbeit ist es zu verdanken, dass die Politabteilung schnell ein Kollektiv wurde und zielstrebig die politische Ausbildung und Parteiarbeit gestaltete, um einen stabilen politisch-moralischen Zustand (PoMoZu) im Regiment zu erreichen. Damit hatte sie wesentlichen Anteil an der insgesamt guten Aufgabenerfüllung. Ein weiterer Schwerpunkt war die Kulturarbeit und unsere Patenschaftsarbeit mit den Schulen in Gelbensande und Rövershagen, den Kindergärten, dem Militärforst und mit der Kampfgruppe des Militärforst. Wir erinnern uns gern an unseren jährlichen Regimentsball, an dem alle Berufssoldaten des Regiments mit ihren Ehepartnern und Gästen teilnahmen. In Übereinstimmung mit der Planung der Abteilung Kader wechselte KK Hans-Joachim Helm zum 01.09.1986 in die Politabteilung beim CS. Für ihn übernahm KK Helmut-Michael Kubasch nach Absolvierung der Militärpolitischen Akademie „W.I. Lenin" der UdSSR die Dienststellung des STKLPLA des Regiments. Er hatte nach dem Raketentechnikstudium an der Kaspischen Höheren Seekriegsschule „S.M. Kirow" (mit W. Schädlich in einer Klasse) auf dem Schulschiff der VM als Stellvertreter des Kommandanten gearbeitet, war dann auf eigenen Wunsch in die Politlaufbahn gewechselt

Verleihung eines Ehrenbanners des ZK der SED durch den Minister für Nationale Verteidigung 1989 (JD)

und wurde als STPA in der KRA-18 eingesetzt. Ausgehend von dieser Entwicklung war er geradezu prädestiniert für die Arbeit als STKLPLA in unserem Regiment. Er stürzte sich mit Elan in seine neue Tätigkeit und arbeitete sich zielstrebig mit hoher Sachkenntnis und Initiative in kürzester Zeit ein. Von seinem Studium an der Militärpolitischen Akademie „W. I. Lenin" der UdSSR brachte er unmittelbar von der Basis die neuen Ideen „Glasnost" und „Perestroika" mit, die nicht nur in der Führung des Regiments auf offene Ohren stießen und die er in der Ausbildung sowie bei den täglichen Gesprächen mit dem Personalbestand ansprach. Wir wussten zu dieser Zeit noch nicht, dass diese Ideen bei der Regierung der DDR und damit auch unseren Vorgesetzten höchst unerwünscht waren. An unserem festgefahrenen, verknöcherten System durfte und sollte sich nichts ändern. Mit diesen neuen Arbeitsmethoden und seiner hohen Einsatzbereitschaft hatte er frischen Wind in das System der parteipolitischen Arbeit unseres Regiments gebracht. Im Zuge der Versetzung des Regimentskommandeurs wurde er aber gleich mit versetzt, nach noch nicht einmal einem Jahr erfolgreicher Tätigkeit in unserem Regiment, ohne Angabe eines konkreten Grundes und ohne sein Einverständnis. Zum 01.11.1987 wurde er in die politische Verwaltung der VM versetzt, wohl mit der Hoffnung, ihn dort mit seinen neuen Ideen besser kontrollieren zu können. Er wurde durch FK Rainer Schultz ersetzt, der nach Absolvierung der Militärakademie in der politischen Verwaltung der VM gearbeitet hatte. FK Schultz war ein besonnener und umsichtiger Politoffizier, der für den Kommandeur eine effektive Hilfe und Unterstützung war. Zwischen ihnen entwickelte sich eine echte Kameradschaft. Am 01.02.1990 wurde er wie alle Partei- und Politarbeiter entlassen, wobei einfach unberücksichtigt blieb, dass sie nicht nur für die Parteiarbeit verantwortlich waren, sondern dass alle auch erfolgreich gearbeitet hatten. Als Ersatz für die Politabteilung wurde auf Befehl entsprechend dem Vorbild der Bundeswehr die Arbeitsgruppe Staatsbürgerliche Arbeit gebildet, die aber nur noch für kurze Zeit existierte.

Letzter STKLPLA des KRR-18 mit seinen Mitarbeitern (WS)

Der Stellvertreter des Kommandeurs und Stabschef des KRR-18 (STKSC) war der erste Stellvertreter des Kommandeurs. Er vertrat ihn bei Abwesenheit und war der einzige, der das Recht hatte, in seinem Namen Befehle zu erteilen. Die Ansprüche an diese Dienststellung waren hoch, der Stabschef musste sowohl seine eigenen Arbeiten als auch bei Vertretung die des Kommandeurs mit erledigen. Allerdings trug allein der Kommandeur für alles die Verantwortung. Mit der Indienststellung des Regiments war FK Kurt Stippkugel der erste Stabschef. Er war der älteste Offizier des Regiments und hatte bereits als Stabschef der SKA-Abteilung gearbeitet. Zuletzt hatte er in der Funktion des Kommandeurs den Aufbau der KRA-18 geleitet. Die Situation war etwas kompliziert, da er erwartet hatte, als Regimentskommandeur eingesetzt zu werden. Trotzdem unterstützte er den Regimentskommandeur bei seiner Arbeit und half ihm mit seiner Erfahrung. Wegen der oben angeführten Probleme und seinem Dienstalter wurde er mit seinem Einverständnis zum 01.07.1984 in den Stab der VM versetzt. Eingesetzt als Stabschef wurde auf meinen Vorschlag KL Wolfgang Schädlich, am 07.10.1984 befördert zum KK, am 07.10.1988 zum FK. Er war nach Abschluss der Kaspischen Höheren Seekriegsschule „S.M. Kirow" als 1. Wachoffizier und Kommandant auf einem Raketenschnellboot gefahren und nach Absolvierung der Seekriegsakademie „Marschall A. A. Gretschko" der UdSSR als Stellvertreter des Kommandeurs für Raketenbewaffnung zunächst in der KRA-18 und mit der Indienststellung im Regiment eingesetzt worden. Damit hatte er die besten Voraussetzungen für seine neue Funktion, in die er sich schnell einarbeitete. Bei den Angehörigen seines Stabes, aber auch des gesamten Regiments genoss er hohes Ansehen. In seiner Ausbildung und Erziehung konzentrierte ich mich auf seine Befähigung, in Vertretung das Regiment zu führen und einmal mein Nachfolger zu werden. Nach dem Kommandeurswechsel unterstützte er den neuen Kommandeur effektiv bei der Einarbeitung. Zum 01.11.1988 wurde er auf eigenen Wunsch in das Ministerium für Nationale Verteidigung versetzt. Die Funktion des Stabschefs übernahm nach Absolvierung der Militärakademie „Friedrich Engels" der NVA KK Ralf-Michael Brennecke. Er hatte bereits in der KRA-18, danach im Regiment in allen Dienststellungen vom Kommandeur einer SSR bis zum Kommandeur einer KRA und nach Absolvierung der Militärakademie als STKA gearbeitet. Er war ein zuverlässiger Offizier, der an sich und seine Unterstellten hohe Forderungen zur Erfüllung der Aufgaben immer im Interesse des Regiments stellte. Verständlicherweise war er unzufrieden damit, dass er nicht von KzS Dr. J. Dix als sein Nachfolger für die Dienststellung des Regimentskommandeurs vorgeschlagen wurde, da er über alle Voraussetzungen dafür verfügte. Er war der letzte Stabschef des Regiments.

Der Stellvertreter des Kommandeurs für Raketenbewaffnung (STKRB) des KRR-18 war verantwortlich für die Hauptbewaffnung, also für die Raketentechnik und ihren Einsatz. Aus diesem Grund wurde er durch den Regimentskommandeur als 2. Stellvertreter ausgebildet. Schwerpunkt seiner Tätigkeit war in der Aufbauphase die Übernahme der Technik, darunter der SSR, von der sowjetischen Spezialistengruppe, die Erarbeitung der Dokumentation für die Bedienung und Wartung der Technik sowie die Spezialausbildung des Personalbestands. In der Zeit von Oktober 1983 bis Mai 1985 wurden sechs SSR mit den dazugehörigen Raketen und Ersatzteilen übernommen. Den Aufbau des Bereichs Raketenbewaffnung führte erfolgreich ab 01.11.1983 der erste STKRB KL Wolfgang Schädlich, er wechselte dann in die Dienststellung des Stabschefs (siehe S. 49). Mit der Führung wurde ab 01.07.1984 OL Frank Hösel, später KL, beauftragt, der als OORB von der Indienststellung bis zur Auflösung des Regiments eine ausgezeichnete Arbeit leistete. Bei jeder Übernahme von Raketentechnik und der Startrampen war er vonseiten des Regiments der verantwortliche Raketentechniker. An der Beseitigung von Störungen an der Raketentechnik arbeitete er hartnäckig und erfolgreich, nachdem die sowjetische Spezialistengruppe mit der Übergabe der 8. Startrampe im Mai 1985 unser Objekt verlassen hatte. Zu allen Problemen hatte er eine kritische Meinung, die er offen und deutlich bei jeder passenden und auch unpassenden Gelegenheit äußerte. Zum 01.09.1986 wurde KL Klaus-Dieter Glodschei als STKRB nach Absolvierung der Seekriegsakademie „Marschall A. A. Gretschko" der UdSSR eingesetzt. Er hatte vorher an der Kaspischen Höheren Seekriegsschule „S.M. Kirow" studiert und danach in der KRA-18 gearbeitet. Nach kurzer Tätigkeit im Regiment wurde er auf eigenen Wunsch zum 01.10.1987 als Dozent an die OHS der VM versetzt. Für ihn übernahm KK Bernd Roesner, der nach Absolvierung der Militärakademie „Friedrich Engels" der NVA erst in der 6. Flottille und ab November 1984 als Kommandeur der 2. KRA gearbeitet hatte, die Dienststellung des STKRB. Er war Kommandant eines Raketenschnellboots gewesen und kannte daher die Raketentechnik und ihren Einsatz sehr gut. Schnell arbeitete er sich in seine neue Dienststellung ein und erfüllte alle Aufgaben in guter Qualität. Zum 01.10.1988 wechselte er auf die Planstelle STKA. Die Dienststellung übernahm KK Klaus-Peter Gödde, der durch seine Tätigkeit in den RD der 6. Flottille, die dafür notwendigen Voraussetzungen besaß. Ihm fehlten praktische Erfahrungen zum Einsatz der Raketenbewaffnung, die er sich erarbeiten musste. Am 23.02.1990 wurde er mit der Führung des Regiments beauftragt und dann als Kommandeur eingesetzt. Bis zur Auflösung des Regiments übernahm diese Funktion jetzt wieder KL Frank Hösel.

Als Stellvertreter des Kommandeurs für Technik/Ausrüstung (STKT/A), später als Stellvertreter für Technik (STKT), arbei-

Der langjährige Stabschef des KRR-18 mit Offizieren des Stabes 1987 (WS)

tete KL Hans-Jürgen Galda, am 07.10.1984 befördert zum KK, am 07.10.1988 zum FK. Er war der Einzige der Stellvertreter, der von der Indienststellung bis zur Auflösung des KRR-18 in seiner Dienststellung arbeitete. Das hatte einen Grund: Er war unverzichtbar, es gab einfach keinen Ersatz für ihn. Er stammte aus den Landstreitkräften und wurde nach Absolvierung der Offiziershochschule „Ernst Thälmann" der Landstreitkräfte „Seemann", also in die VM versetzt. Hier arbeitete er in verschiedenen Einheiten, zuletzt im Kfz-Bataillon. Nach Beendigung des Studiums an der Militärakademie „Friedrich Engels" der NVA wurde er in das KRR-18 versetzt. Für den Kommandeur war er persönlich für alle Fragen, die die Zusammenarbeit mit den Landstreitkräften und die Entfaltung der Einheiten des Regiments betrafen, der erste Ansprechpartner. Das betraf solche Probleme, wie die Verlegung zur und die Teilnahme an der Parade, Verlegungen zu den RSA, vor allem das Be- und Entladen des Landungsschiffs, alle Kfz-Märsche, die Feldlager, Havarien und Störungen an der Kfz-Technik, die Beschaffung von Ersatzteilen („Goldstaub"), die Verbindung mit der 5. Raketenbrigade usw. Für das Regiment galt er als der beste Kfz-Spezialist der VM. Sein Stellvertreter war SOF Detlef Lehmann, der Fahnenträger des Regiments. Obwohl sie manchmal verschiedener Meinung waren, ergänzten sie sich hervorragend.

Stellvertreter des Kommandeurs für Rückwärtige Dienste (STKRD) des KRR-18 wurde mit der Indienststellung FK Bernd Moritz. Er hatte nach Absolvierung der Militärakademie „Friedrich Engels" der NVA als Stützpunktkommandant der RD in der 6. Flottille gearbeitet. Er baute die RD des Regiments auf, fügte die vielen verschiedenen Kollektive zusammen und erfüllte die Aufgaben mit hoher Sachkenntnis und Initiative. Diese Arbeit war sehr kompliziert, da die RD für ein großes Aufgabengebiet verantwortlich waren, aber nur über einen geringen Personalbestand verfügten. Nachdem wir die Zuversetzung von KL Reinhard Kullick als Offizier für Verpflegung in unser Regiment erreicht hatten, wurden die Probleme auf diesem Gebiet beseitigt. Jeder weiß, dass der politisch-moralische Zustand des Personalbestands wesentlich von seiner Verpflegung abhängt. Eine effektive Arbeit leistete der von unserem Personalbestand rege besuchte Regimentsmedpunkt mit dem Regimentsarzt OL Klaus Bibow, später OL Jean Dörrfeldt, dem Arzt (Feldscher) KK Jürgen Müller und ab 1986 der Zahnärztin Dr. S. Schmidt. Am 01.04.1988 wurde FK B. Moritz zu den RD der GST versetzt. Für ihn übernahm KzS Karl-Heinz Kräusche die Dienststellung. Er hatte langjährig als Stellvertreter für RD des Chefs der 6. Flottille gearbeitet und brachte dementsprechend einen großen Erfahrungsschatz nicht nur in die RD, sondern in das gesamte Regiment ein. Zum 01.05.1990 wurde er auf eigenen Wunsch in das Wehrbezirkskommando Rostock versetzt, die Planstelle im Regiment blieb frei.

Die Planstelle Stellvertreter des Kommandeurs für Ausbildung (STKA) wurde zum 01.12.1987 durch den „STAN 90" neu geschaffen und mit KK Ralf-Michael Brennecke besetzt, der den Grundstein für ein erfolgreiches Funktionieren des neuen Bereichs legte. Als er zum 01.10.1988 die Funktion des Stabschefs übernahm, ersetzte ihn FK Bernd Roesner, der vom STKRB für Raketenbewaffnung wechselte und hier seine gute Arbeit bis zur Auflösung des Regiments fortsetzte.

Als Oberoffizier für Kader des KRR-18 (OOK) arbeitete OL Sascha Teuber, später KL und KK, von der Indienststellung bis zur Auflösung des Regiments. Er verfügte über alle Eigenschaften, die für diese Funktion erforderlich waren: Er war verschwiegen, gewissenhaft, verlässlich, offen und ehrlich gegenüber seinem Kommandeur, und er war sehr gut über die Kaderarbeit nicht nur im Regiment, sondern auch in der gesamten VM informiert. Besonders wichtig war für den Kommandeur seine beratende Tätigkeit bei allen anstehenden Kaderfragen und da sich das Regiment im Aufbau befand, gab es die ständig. Er beriet seinen Kommandeur nicht nur in Kaderfragen, sondern auch bezüglich der Persönlichkeit und des Auftretens.

Die Dienststellung des Oberoffiziers für Finanzökonomie des KRR-18 (OOF) nahm nach Absolvierung des Studiums der Finanzökonomie an der Humboldt-Universität OL Frank Kretzschmann ein, später KL. Er erfüllte diese Aufgabe ebenfalls von der Indienststellung des Regiments bis zu seiner gewünschten vorzeitigen Entlassung im August 1990 während der Auflösungsphase der NVA. Auf dem Gebiet der Finanzökonomie musste sich der Kommandeur mit ihm so manchen Trick ausdenken, was die Finanzierung einiger Maßnahmen betraf – selbstverständlich alles rechtlich abgesichert. Dem Oberoffizier Finanzökonomie war eine Hauptsachbearbeiterin, die ZB Erika Düwel, zugeordnet, die ebenfalls sehr gute Arbeit leistete.

Die offizielle Bezeichnung war Leiter der Geschäftsstelle des KRR-18, im täglichen Leben war sie die Sekretärin des Regimentskommandeurs und arbeitete in seinem Vorzimmer. Von der Indienststellung bis zur Auflösung des Regiments arbeitete in dieser Funktion Stabsobermeister Petra Zülow. Sie informierte ihn über die Lage und Stimmung im Regiment und war ständig bemüht, ihm Arbeit abzunehmen. Nach Auflösung der NVA wurde sie in die Bundeswehr übernommen und diente u. a. in Afghanistan.

Als Leiter des Unterkunftsdienstes des KRR-18 (L UKD) arbeitete die ZB Kerstin Lindig. Sie hatte ein Architekturstudium absolviert und verfügte damit über gute Voraussetzungen für diese Tätigkeit. Für die Instandhaltung der Bauten in unserem Objekt sowie für die Kontrolle des Baugeschehens, für die später der STKRD verantwortlich gemacht wurde, unterstanden ihr nur fünf ZB.

Zu den wichtigsten Persönlichkeiten im KRR-18 gehörten die Kommandeure der KRA (K KRA). Ab der Indienststellung des Regiments 1983 begannen wir mit der Aufstellung der 1. KRA im Bestand von zwei SSR, bereits Ende Oktober 1983 wurden die nächsten zwei übernommen. Die Abteilung hatte damit den vollen Bestand erreicht und war nach Ausbildung und Überprüfung gefechtsbereit. Erster Kommandeur der 1. KRA wurde KK, später FK, Uwe Lonitz, der nach Absolvierung der Militärakademie „Friedrich Engels" der NVA bereits als Stabschef der KRA-18 die ersten beiden SSR mit übernahm. Er hatte Aufbauarbeit zu leisten und tat das zielstrebig und mit Initiative. Erfolgreich führte er seine Abteilung zum 1. RSA des KRR-18, zur Parade der NVA, in das erste Feldlager mit dem Besuch des Ministers für Nationale Verteidigung und zu anderen wichtigen Ereignissen. Am 01.12.1986 wurde er in die 4. Flottille versetzt. Seine Arbeit führte KL Dietmar Braasch weiter, der nach Absolvierung der Offiziershochschule für Luftverteidigung (Fla-Raketen) der UdSSR in Kiew ebenfalls in der KRA-18 seinen Dienst begonnen hatte. Sein ausgezeichneter Entschlussvortrag als Abteilungskommandeur vor dem CVM anlässlich der Übung „Synchron 87" ist im Regiment legendär geworden. Am 01.09.1988 wurde er zum Besuch der Seekriegsakademie „A. A. Gretschko" der UdSSR delegiert. Seine Dienststellung übernahm KK Wolfgang Domigalle, später FK, bis zur Auflösung der NVA. Er war 1984 zu uns aus der 6. Flottille versetzt worden, in der er als Kommandant eines Raketenschnellboots gedient hatte. Er war ein sehr flei-

Angehörige der 1. KRA kurz vor der Auflösung der NVA 1990 (PG)

ßiger Offizier, der es verstand, sich selbst und den ihm unterstellten Personalbestand für die Erfüllung jeder Aufgabe hoch zu motivieren.

Die 2. KRA hatte bereits 1985 vier SSR übernommen und war nach entsprechender Ausbildung und Überprüfung zum Jahresende mit Einschränkungen gefechtsbereit. Als ihr erster Kommandeur wurde KK Bernd Roesner eingesetzt, der erfolgreich den Aufbau der Abteilung leitete. Nach seiner Versetzung in die Führung des Regiments übernahm die Dienststellung zum 01.10.1987 KK, später FK, Peter Schwarz, genannt „Blacky". KK P. Schwarz stammte aus der RTA 6 der RD der 6. Flottille und hatte danach in der KRA-18 und im Regiment als Stellvertreter des Abteilungskommandeurs gearbeitet. Er verfügte über ausgezeichnete Kenntnisse bezüglich der Raketentechnik und ihres Einsatzes, die er effektiv in der Praxis anwendete. Bis zur Auflösung des Regiments war er Kommandeur der 2. KRA.

Die 3. KRA existierte nur auf dem Papier – vor allem bei Übungen auf der Karte wurde sie mit Vorliebe eingesetzt. Die Zuführung der vier SSR war schließlich für das Jahr 1990 geplant. Obwohl die Auflösung der NVA bereits begonnen hatte und die Lieferung storniert werden sollte, forderte die UdSSR laut Vertrag die Abnahme von zwei SSR. Sie wurden dann auch übernommen, bezahlt und nur kurze Zeit später verschenkt.

Der Vorsitzende der Betriebsgewerkschaftsleitung (BGL) des KRR-18 war Jürgen Berger, der in dieser Funktion von der Indienststellung bis zur Auflösung des Regiments arbeitete. Er gehörte nicht zur Führung, war aber für den Regimentskommandeur eine wichtige Persönlichkeit, denn immerhin arbeiteten im Objekt zwölf ZB, die alle Mitglieder des FDGB waren. Die Zusammenarbeit des Kommandeurs mit ihm war kameradschaftlich, obwohl er als Interessenvertreter der Gewerkschaft immer konsequent, aber im Interesse des Regiments auftrat. Er arbeitete wie seine Kollegen schon ewig im Objekt im Unterkunftsdienst und kannte daher alle Gebäude, Versorgungsleitungen und andere Einrichtungen wie seine Westentasche.

Der Offizier der Verwaltung 2000 (Militärabwehr) des Ministeriums für Staatssicherheit arbeitete in der unteren Etage des Stabsgebäudes in einem Zimmer, das mit einer Gittertür verschlossen und auch versiegelt war. Außen war ein Schild angebracht: „Ministerium für Staatssicherheit. Die Militärabwehr." In diesem für das Regiment exterritorialen Gebiet residierte der für das KRR-18 verantwortliche Offizier der Militärabwehr. Auch er gehörte nicht zur Führung und war dem Regimentskommandeur auch nicht unterstellt, aber eine enge Zusammenarbeit wurde gefordert und damit hatten wir keine Probleme. An den für ihn wichtigsten Maßnahmen des Regiments nahm er teil, mischte sich aber dabei nie in unseren Dienst ein.

Lothar Schmidt
Kapitel III Gefechtseinsatz der Küstenraketentruppen

Einleitung
Unter Gefechtseinsatz verstanden wir den Einsatz der Kräfte im Krieg, bei Kampfhandlungen. Unsere sozialistische Gesellschaftsordnung war gegen den Krieg als Form der Lösung politischer Konflikte. Aber aufgrund der damaligen angespannten Lage und um das Gleichgewicht der Kräfte aufrechtzuerhalten, bereiteten wir, die Streitkräfte der DDR, uns gewissenhaft auf einen möglichen Krieg vor, um damit den Frieden für unser Volk zu sichern. Das nannten wir Abschreckung eines wahrscheinlichen „Gegners". Der Gefechtseinsatz der SKA-Abteilung und der KRA-18 ist in den jeweiligen Kapiteln erläutert, so dass wir uns hier auf das KRR-18 konzentrieren.

Um die Streitkräfte eines Landes effektiv auf einen Krieg vorzubereiten, muss sich die Militärwissenschaft tiefgründig mit seinem möglichen Verlauf beschäftigen. Dazu wurden mit Hilfe von Rechnern, später Computern, verschiedene Modelle entwickelt und bei Übungen theoretisch durchgespielt. Im Weiteren wurden dann auch darstellende Kräfte, Stäbe, Truppenteile und Einheiten eingesetzt. Eine der bedeutendsten Übungen der Streitkräfte der WVO war aus dieser Sicht die umfangreiche Kommandostabsübung „Sojus 81" und „WAL 81" mit darstellenden Kräften in der Zeit vom 17.03.–07.04.1981. Ich nahm daran in der Funktion des Kommandeurs einer Schiffsschlaggruppe (SSG) nur mit dem Führerboot, einem RS-Boot, auf dem meine Führungsgruppe entfaltet war, teil. Geleitet wurde die Übung durch den Oberkommandierenden der Vereinten Streitkräfte, Marschall V. G. Kulikow.

Die Ergebnisse daraus wurden durch den CVM, Admiral W. Ehm, in einem Vortrag an der Militärakademie „Friedrich Engels" der NVA in Dresden 1982 ausgewertet. An der Erarbeitung dieses Vortrags war ich während meiner Dienstzeit im Stab der Flotte persönlich beteiligt. Die Ausführungen von Admiral W. Ehm wurden u. a. durch KzS a. D. Dr. Manfred Loleit in dessen Dissertation von 1982 (siehe Quellennachweis, S. 363) verarbeitet, woraus anschließend die Aufgaben für die KRT abgeleitet wurden. In meinen folgenden Ausführungen beziehe ich mich sowohl auf den Vortrag des CVM als auch auf die Dissertation von Dr. M. Loleit, sowie auf meine praktischen Erfahrungen aus der Teilnahme an Kommandostabsübungen. Dabei verwende ich die damals in der Militärwissenschaft üblichen Termini.

Planung von Kampfhandlungen
Als Ausgangslage für den Beginn eines Krieges wurde angenommen, dass der „Gegner", also die NATO, die Staaten der WVO angegriffen hat. Diese führten die geplanten Maßnahmen des Übergangs auf die Kriegsstruktur durch und die Streitkräfte, darunter die VOF, begannen planmäßig mit den ersten Operationen. Die VOF führte die 1. Seeoperation aus mit dem Ziel, die Angriffe des „Gegners" abzuwehren und zum Angriff überzugehen, um die Seeherrschaft in der Vorsundzone und Kieler Bucht zu erringen

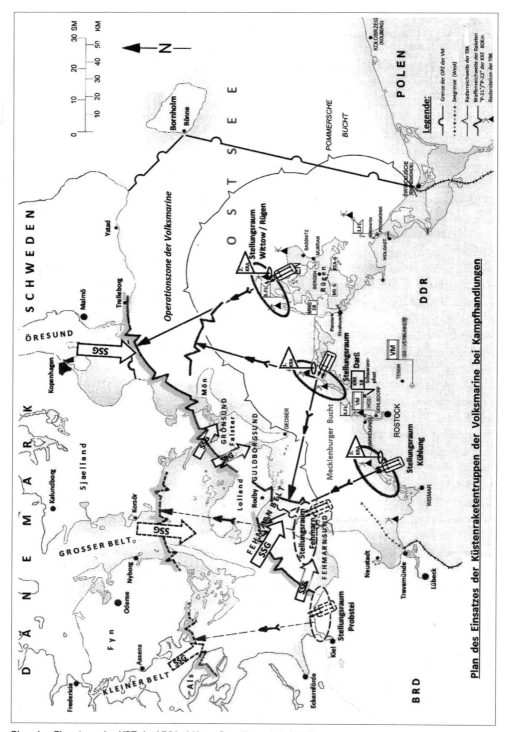

Plan des Einsatzes der KRT der VM bei Kampfhandlungen (LS/WS)

und somit günstige Bedingungen für die Einnahme der Inseln in der Sund- und Beltzone (BRD und Dänemark) zu schaffen, sowie den Durchbruch der VOF durch die Ostseemeerengen in die Nordsee (Atlantik) zu sichern.

Die 1. Seeoperation der VOF war in eine Nächste (NA) und eine Weitere Aufgabe (WA) unterteilt. Die Aufgabe der VM in der Nächsten Aufgabe (NA) bestand darin, die Schläge des „Gegners" abzuwehren, den Durchbruch seiner Schiffskräfte durch die Operationszone (OPZ) der VM in Richtung Osten zu verhindern und die operative Initiative in der OPZ der VM zu erringen. Mit der Erfüllung dieser Aufgabe rechnete man bis „T 3" (NATO: „D 3"), also drei Tage nach Beginn der Kampfhandlungen.

Die KRT der VM im Bestand von drei KRA hatten dabei in der 1. Phase, Abwehr der Angriffe des „Gegners", aus den Stellungsräumen Halbinsel Wittow auf der Insel Rügen – 2. KRA, Halbinsel Darß; – 1. KRA, Kühlung; – 3. KRA aus den Richtungen Fehmarnsund, Fehmarnbelt, Guldborgsund, Grönsund, Smaalandsfahrwasser und Öresund einlaufende Schiffsschlaggruppen des „Gegners" an der Grenze der OPZ der VM vor ihrem Waffeneinsatz gegen eigene Schiffskräfte zu bekämpfen. Die Raketenschläge waren auf maximale Distanz zu führen, um nach der Wiederherstellung der Gefechtsbereitschaft (60 Minuten) die nächsten Schläge führen zu können. Dabei war eine maximale Anzahl von Schiffen und Booten zu vernichten, um den „Gegner" entscheidend zu schwächen. Zur Aufklärung und zum Erreichen maximaler Schussdistanzen waren die Einsätze der KRA durch fliegende Fühlungshalter sicherzustellen.

In der 2. Phase, Übergang zum Angriff, blieben die Stellungsräume und Aufgaben für die KRT der VM unverändert, wobei die Raketenschläge auf Schiffsgruppierungen des „Gegners" jetzt im Zusammenwirken mit Schiffsstoßkräften geplant waren. Erwartet wurde eine Verlagerung des Schwerpunkts der Kampfhandlungen gegen Ende der 2. Phase nach Westen in die Mecklenburger Bucht. Damit verbunden war die Vorbereitung der Verlegung der 2. KRA in Richtung Westen.

Die Weitere Aufgabe (WA) der VM beinhaltete die Verlagerung der Hauptanstrengungen ihrer Stoßkräfte in Richtung Westen, in die Kieler Bucht und in die Beltzone, mit dem Ziel, die Seestreitkräfte des NATO-Kommandos Ostseeausgänge in der Mecklenburger und Kieler Bucht endgültig zu zerschlagen, sowie die Verlegung von Stoßkräften der VM in die Nordsee vorzubereiten. Zeitlich gesehen sollten diese Handlungen bis „T 7" abgeschlossen sein.

Eine wichtige Voraussetzung für die Erfüllung dieser Aufgabe war die Besetzung der Insel Fehmarn und der Küste der Kieler Bucht durch die Küstenfront der VSK im Verlauf ihrer Angriffsoperation. Für die KRT der VM ergaben sich daraus folgende Aufgaben:

- Verlegung der 2. KRA von der Insel Rügen in den Stellungsraum Westfehmarn auf der Insel Fehmarn (oder Probstei) mit der Aufgabe, Gruppierungen der Überwasserkräfte des „Gegners" in der Kieler Bucht und der Beltzone zusammen mit den anderen Stoßkräften der VM zu vernichten.
- Nach Beginn des Gefechtseinsatzes der 2. KRA in der Kieler Bucht Verlegung der 1. KRA vom Darß in den Stellungsraum Probstei (Schönberg-Holstein) mit der Aufgabe wie 2. KRA.
- Vorbereitung der Verlegung der 3. KRA aus der Kühlung in einen Stellungsraum an der Küste der Deutschen Bucht (Nordsee). Das galt ebenfalls nachfolgend für die 3. und 1. KRA.

An dieser Stelle ist ein Zitat des großen Strategen Generalfeldmarschall Graf Helmuth von Moltke angebracht: „Kein Schlachtplan überlebt die erste Feindberührung."
Um die Ergebnisse des Gefechtseinsatzes der KRT zu ermitteln, wurden ihre Gefechtsmöglichkeiten berechnet (Dissertation KzS Dr. M. Loleit 1982). Dabei wurden die günstigsten Abwehrmöglichkeiten der durch die KRT mit Raketenschlägen angegriffenen Schiffsgruppierungen des „Gegners" angenommen, es wurde also vom Idealzustand für die Abwehr ausgegangen. Dazu gehörte:

- Das rechtzeitige Ausmachen der anfliegenden Raketen.
- Der effektive Einsatz der gesamten möglichen Technik und Bewaffnung für die Raketenabwehr: Fla-Raketensysteme „Standard 1 A", „Sea Sparrow", „ASMD RAM" u. a. automatische radargesteuerte Artilleriesysteme Kaliber 127, 100, 76 mm, z. B. „OTO Melara Compact". Mittel der elektronischen Kampfführung (ELOKA): Stör- und Täuschanlage „FL 1 800 S", Düppeltäuschsystem „Wolke", Infrarottäuschsysteme.

Ausgehend von diesen Voraussetzungen ergaben sich für die KRT folgende Gefechtsmöglichkeiten:

- Beim Einsatz einer KRA mit einer Raketensalve aus 8 Raketen gegen eine Gruppierung mittlerer Überwasserstoßkräfte im Bestand von 3 Zerstörern/Fregatten des „Gegners" wurde mit der Vernichtung von 2 Schiffen gerechnet.
- Bei dem Einsatz einer KRA mit einer Raketensalve aus 8 Raketen gegen eine Gruppierung leichter Überwasserstoßkräfte im Bestand von 5 Raketenschnellbooten der Typen „143" und „148" des „Gegners" wurde mit der Vernichtung von 4 Booten gerechnet.

Diese angeführten Zahlen stellen immer das Minimum dar. Aber erstens bedeutete der Treffer einer Rakete „P-21/22" in ein Schiff/Boot aufgrund der immensen Sprengladung von 360 kg mit kumulativer Wirkung fast ausnahmslos die Vernichtung des Ziels, zweitens besaßen die Raketen eine Reflexionsfläche von nur ca. 0,2 m^2 und flogen die Ziele in einer Höhe von 25 m mit einer Geschwindigkeit von 312 m/s an. Ein Ausmachen durch die Radarstationen der Schiffsgruppierung des „Gegners" war somit erst ab maximal 20 km, das Begleiten und Bekämpfen erst ab maximal 10 km möglich, wobei der Einsatz der Artilleriesysteme auf ihre effektive Reichweite begrenzt war. Eine Störung der Zielsuchlenkanlagen der Raketen war so gut wie ausgeschlossen. Dazu kam, dass für die Abwehr die günstigsten Bedingungen vorausgesetzt wurden: Schönes Wetter, jeder wartete hochkonzentriert auf die anfliegenden Raketen, Technik und Bewaffnung waren in höchster Einsatzbereitschaft usw. Psychologische Aspekte, wie z. B. Angst, wurden überhaupt nicht berücksichtigt. Außerdem wurden entsprechend der Abwehrmöglichkeiten des „Gegners" einzelne Raketen oder Raketensalven mit bis zu acht Raketen aus verschiedenen Richtungen mit minimalen Intervallen gestartet.

Die Praxis automatischer der Möglichkeiten Artilleriesysteme zur Abwehr anfliegender Raketen habe ich selbst bei einem Raketenschießabschnitt 1980 im Schießgebiet der BF vor der Flottenbasis Baltijsk erlebt. Als Chef der 5. RTS-Brigade erhielt ich die Aufgabe, mit einem RS-Boot „Projekt 205" eine Rakete „P-15" auf – oder richtig über – einen Schiffsverband der VM zu schießen. Die Rakete war dementsprechend vorbereitet: Maximale Flughöhe 300 m, eingestellt maximale Flugdistanz 220 kbl (40 km), Gefechtsteil Beton, Zielsuchlenkanlage abgeschaltet. Die Startzeit, Schusspeilung und

Schussdistanz von 120 kbl (22 km) waren befohlen und wurden exakt eingehalten, worüber alle Schiffe des Verbands informiert waren. Zum Verband gehörte ein KS-Schiff „Projekt 1159" (NATO: KONI-Fregatte), mehrere UAW-Schiffe, Landungsschiffe, MSR-Schiffe, RS- und TS-Boote. Sie lagen vor Stop angeordnet in zwei oder drei Kiellinien querab (90°) zur Anflugrichtung der Rakete. Eingesetzt wurden nur die Artilleriesysteme Kaliber

SSR – die Hauptbewaffnung des KRR-18 (PG)

76, 57, 30, 25 mm, die automatische Artillerie war radargesteuert, also alle außer 25 mm. Das war eine Unmenge von Rohren, eingesetzt unter idealen Bedingungen: Alles war bekannt. Unter genauer Einhaltung der befohlenen Daten, der Zeit, Peilung und Distanz gab ich über UKW den Startbefehl, zur Sicherheit mit Angabe von Peilung und Distanz. Der Kommandant drückte den Startknopf und die Rakete verließ mit einem mächtigen Donnern den Hangar des RS-Boots. Kurze Zeit nach dem Start hörte ich das Gebrüll der Artillerie des Verbands und dann über UKW das Ergebnis: „Kein Treffer!", obwohl alle Schiffe und Boote die Rakete mit Radar aufgefasst und ihre Artillerie eingesetzt hatten. Keiner wollte das verstehen – aber das war eben die Praxis.

Die Grundlage für den Gefechtseinsatz mit Beginn von Kampfhandlungen bildete der „Plan zur Überführung des KRR-18 in höhere Stufen der Gefechtsbereitschaft". Dieser Plan, eine Stabskarte mit Anlagen, hatte die höchste Geheimhaltungsstufe. Er lag in der VS-Stelle des Regiments im Tresor in einem separaten Fach und durfte nur durch den Regimentskommandeur persönlich im Ernstfall, d. h. kurz vor oder bei Kriegsbeginn, nach Erhalt eines entsprechenden Signals vom Vorgesetzten, geöffnet werden. Er beinhaltete die Handlungen und Normzeiten für die Führung und die Einheiten des KRR-18 mit Beginn der Kampfhandlungen. Da unser Regiment erst in Dienst gestellt worden war, musste auch dieser Plan erstmalig erarbeitet werden. Dafür war eigentlich der Stab der VM verantwortlich. Da unsere Raketenbewaffnung und ihre Einsatzprinzipien in der VM noch relativ unbekannt waren, erhielten wir vom CVM den Befehl, diesen Plan zu erarbeiten. Wegen der höchsten Geheimhaltungsstufe war der Personenkreis, der diesen Plan einsehen durfte, streng begrenzt. Das bedeutete, dass diese Arbeit durch den Regimentskommandeur und seinen Stabschef persönlich erledigt werden musste. Im Frühjahr 1984 war ich demzufolge mit meinem Stellvertreter für Raketenbewaffnung, KL Wolfgang Schädlich (der wenig später Stabschef wurde), über einen Monat lang von früh bis spät mit dem Kübel „UAZ-469" – der Fahrer Obermatrose T. Günther war entsprechend vergattert – im Gelände mit Karte unterwegs. Abends, oft bis in die Nacht, verarbeiteten wir nur zu zweit die ermittelten Daten und trugen sie auf der Karte ein. Dabei handelte es sich um Positionen, Stellungen, Marschstraßen u. a., für das Führen von Kampfhandlungen, also für den „Ernstfall". Deshalb nannten wir alle damit verbundenen Bezeichnungen „scharf".

Ausgewählt, genau vermessen, errechnet, festgelegt und in die Karte eingetragen wurden dabei:
- Die Marsch- und Reservemarschrouten mit den Pausen für das Entfalten des Füh-

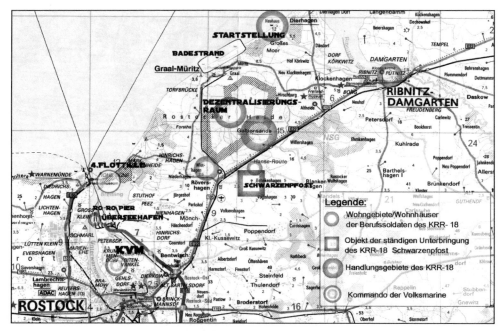

Karte der Umgebung des Objekts des KRR-18 (WS)

rungspunkts und des Reserveführungspunkts des Regimentskommandeurs, der SSR des Gefechtsdienstes und der drei KRA in die Stellungsräume.
- Der Stellungsraum für den Führungspunkt (FP) und den Reserveführungspunkt (RFP) des Regimentskommandeurs. Geplant hatten wir das Gebiet der Rostocker Heide.
- Die Stellungsräume für die SSR des Gefechtsdienstes und jede der 3 KRA:
  1. KRA – Halbinsel Darß mit den Hauptschussrichtungen Sund und Fehmarnbelt.
  2. KRA – Halbinsel Wittow auf der Insel Rügen mit der Hauptschussrichtung Sund.
  3. KRA – Kühlung mit den Hauptschussrichtungen Fehmarnbelt und Kieler Bucht.
  Für den Stellungsraum jeder KRA: Der FP des Kommandeurs, die technische Stellung, der Unterbringungsraum der Versorgungseinheit, mehrere Beladepunkte, mehrere Startstellungen mit den dazugehörigen Wartestellungen für die Startbatterien bzw. einzelnen SSR.

Alle Räume und Positionen wurden präzise vermessen, alle Zeiten für die Entfaltungen genau ermittelt und daraus dann errechnet, bis wann jede Einheit das Objekt Schwarzenpfost des KRR-18 verlassen haben musste. Für einen überraschenden Beginn der Kampfhandlungen ergab sich daraus aber auch die Zeit, zzgl. der Zeit für die Alarmierung und Heranholung des Personalbestands, bis zum Start der ersten Raketen aus den jeweiligen Startstellungen. Die dabei verwendeten Termini wurden der sowjetischen Gefechtsvorschrift entnommen, die später in unserer neuen Gefechtsvorschrift DV 246/0/027 mit verarbeitet wurden. Alle aufgeführten Angaben wurden durch uns mit Stabskultur auf die Karte gebracht, die dazugehörigen Anlagen erarbeitet und die gesamten Unterlagen auf dem VS-Dienstweg dem CVM übergeben. Nach eingehender

Überprüfung wurden sie dann, ohne wesentliche inhaltliche Änderungen – eine Anerkennung unserer ausgezeichneten Arbeit – im Stab der VM neu gefertigt und durch den CVM bestätigt. Wir erhielten eine Kopie, die im Tresor unserer VS-Stelle gelagert wurde. Damit hatten der Kommandeur und der Stabschef eine wahre Sisyphusarbeit erfolgreich bewältigt mit dem Vorteil, dass beide die Prinzipien des Einsatzes, die Marschrouten und die Stellungsräume genau kannten. Allerdings mussten wir Letzteres aus Gründen der Geheimhaltung sofort wieder vergessen. Die Vorbereitung auf den Gefechtseinsatz wurde durch die Ausbildung, das Training und durch Übungen geplant und organisiert.

Handlungen der Küstenraketentruppen

Beim Übergang auf höhere Stufen der Gefechtsbereitschaft und bei Beginn der Kampfhandlungen waren die Handlungen der Kräfte des KRR-18 wie folgt organisiert (diese Ausführungen stützen sich in erster Linie auf meine Erinnerungen an die Praxis, auf die Auswertungen von Kommandostabsübungen, Übungen, auf Überprüfungen, auf die Gefechtsausbildung und auf die DV 246/0/027):

1. Die Alarmierung und das Heranholen des Personalbestands erfolgte auf der Grundlage des „Plans der Maßnahmen zur Überführung des KRR-18 in höhere Stufen der Gefechtsbereitschaft". Die Handlungen waren abhängig von der Art der Alarmauslösung: Überprüfung, Übung oder Ernstfall. Dementsprechend öffnete der operative Diensthabende des Regiments (OPD) seinen Panzerschrank, entnahm das Kuvert mit dem ihm übermittelten Signal und arbeitete die darin festgelegten Maßnahmen laut Zyklogramm ab, oder er handelte bei Überprüfungen entsprechend den Befehlen des Leiters der Kontrollgruppe. Bei der Alarmierung wurde wie folgt gehandelt:
- Auslösen des akustischen Alarms für das gesamte Objekt.
- Benachrichtigung und Heranholen der Berufssoldaten, die außerhalb des Objekts wohnten:
  - Wohnblock Schwarzenpfost telefonisch und mit Läufer, Zeit bis Dienstbeginn 10 Minuten.
  - Wohngebiet Gelbensande telefonisch, mit Läufer und Kraftfahrzeugen, 30 Minuten.
  - Wohngebiet Rövershagen telefonisch, mit Läufer und Kraftfahrzeugen, 30 Minuten.
  - Wohngebiet Ribnitz telefonisch, mit Läufer und Kraftfahrzeugen, 40 Minuten.
  - Wohngebiet Rostock telefonisch und mit Kraftfahrzeug für den Regimentskommandeur den STKLPLA, den STKRD, den STKRB (ab 1988), 90 Minuten.

Das bedeutet, das ab 1988 von insgesamt sieben Offizieren der Regimentsführung nur drei direkt am Standort Objekt Schwarzenpfost/Gelbensande wohnten und damit auch nur diese jederzeit kurzfristig erreichbar waren – und das nicht nur bei Alarmierung. Nach 30 Minuten begann aber bereits die Entfaltung der ersten SSR des Gefechtsdienstes, nach 60 Minuten der zweiten sowie aller anderen Einheiten des Regiments … und das alles in Abwesenheit des Regimentskommandeurs und drei seiner Stellvertreter.

2. Die Führung der Einheiten des KRR-18 durch den Kommandeur im Gefechtseinsatz bestand in der persönlichen, ununterbrochenen Leitung der Vorbereitung und Ausführung von Gefechtshandlungen selbstständig und im Zusammenwirken mit anderen Kräften sowie in seiner ununterbrochenen Tätigkeit zur Aufrechterhaltung der Gefechtsbereitschaft und Kampfkraft dieser Einheiten. Der FP des Kommandeurs des KRR-18 wurde auf dem Hauptgefechtsstand (HGS, Bunker) des CVM in einem Raum entfaltet und nannte sich dann „FP des Chefs der KRT". Die Führungsgruppe bestand aus dem Regimentskommandeur, seinem STKLPLA und aus drei Lageoffizieren des Regimentsstabes. Darunter waren immer der OOID, KK Detlev Herms und der OOCD, KK Andreas Herfter. Auf Signal verlegten wir mit einemKraftfahrzeug, meistens einem „B-1000", vom Objekt Schwarzenpfost zum Kommando der VM in Rostock bis „X + 3 Stunden" und von dort aus Gründen der Geheimhaltung im Bestand der gesamten Gruppe mit Bussen zum HGS. Hier erhielt der Regimentskommandeur, der jetzt „Chef der KRT" genannt wurde, den Gefechtsbefehl des CVM. Auf dessen Grundlage fasste er den Entschluss für den Einsatz der Kampfeinheiten der KRT, er trug ihn dem CVM vor, der ihn dann nach entsprechenden Korrekturen bestätigte. Die sich aus diesem Entschluss ergebenden Aufgaben und Befehle wurden an den RFP des Kommandeurs des KRR-18 oder auch direkt an die FP der Kommandeure der KRA über gedeckte Nachrichtenverbindungen übermittelt. Diese Organisation der Führung war nur gut, da der Weg zum Vorgesetzten kurz war, sie hatte aber den Nachteil, dass der Kommandeur vom Regiment örtlich isoliert war, da er nur über Nachrichtenmittel führen konnte, ohne tieferes Wissen über die konkrete Lage der Einheiten zu haben. Außerdem waren die Nachrichtenverbindungen nicht ausreichend und instabil und so musste mit ihrem Ausfall, mindestens aber mit Störungen und folglich mit dem teilweisen, bzw. auch vollständigen Verlust der Führung mit Beginn der Kampfhandlungen gerechnet werden. In diesem Fall hatte der Stabschef das Regiment über den RFP zu führen. Diese Organisation war selbstverständlich nicht effektiv und auch unüblich, aber die Ursache dafür war, dass im Stab der Flotte kein Führungsorgan für die KRT existierte. Bei Übungen, Überprüfungen der Gefechtsbereitschaft und bei ähnlichen Einsätzen entfaltete der FP des Kommandeurs des KRR-18 im Stellungsraum anstelle der RFP, oder auch zusätzlich.

3. Der RFP des Kommandeurs des KRR-18 wurde durch den Stabschef geführt und mit einem Kommandeursstabswagen „LO-1801" („Schmetterling"), ab 1986 mit einem komfortableren „ZIL-131", dem Nachrichtenzug mit je einer mobilen Funkstation „R-142" auf dem Kfz „GAZ-66 " und „R-140" auf dem Kfz „ZIL-131" sowie sicherstellenden Einheiten in den laut Plan festgelegten Stellungsraum Rostocker Heide entfaltet. Die Führungsgruppe bestand aus den Stellvertretern des Kommandeurs, außer dem STKLPLA und dem STKRD, aus den Angehörigen des Stabes, der Politabteilung und der Bereiche, die bei Notwendigkeit auch zur Unterstützung und Sicherstellung der KRA eingesetzt wurden.

4. Die Führung der KRA erfolgte über die FP ihrer Kommandeure, die mit der gesamten Abteilung in die geplanten Stellungsräume entfalteten. Jeder Stellungsraum einer KRA hatte eine räumliche Ausdehnung von maximal 10 x 10 km (siehe Schema auf

Führungspunkt des Kommandeurs einer KRA des KRR-18 auf der Funkstation „R-142" (IN)

S. 67). Zu den Einheiten der Sicherstellung einer KRA gehörten der Nachrichtenzug mit einer mobilen Funkstation „R-142" auf Kfz „GAZ-66" und ab 1986 zusätzlich einer Funkstation „R-140" auf Kfz „ZIL-131" und der Sicherstellungszug. Das Personal des FP des Kommandeurs einer KRA bestand aus dem Kommandeur, seinem STKPA, dem Stabschef, dem STKRB und arbeitete in der „R-142". Laut sowjetischen Unterlagen und auch unserer daraus entwickelten DV 246/0/027 war anscheinend die Ausrüstung der FP der Kommandeure der KRA mit einem Führungsfahrzeug mit Radarstation geplant, wahrscheinlich vom Typ „Mys" bzw. „Garpun". Damit hätten die Kommandeure einen wesentlich besseren Überblick über die Lage auf dem Seeschauplatz erhalten und so ihre SSR bedeutend effektiver einsetzen können.

5. Die Entfaltung der 1. SSR des Gefechtsdienstes, die ständig mit einsatzbereiten Raketen beladen war, mit Neutralisationsfahrzeug und Regulierern aus dem Objekt in die Warte- oder unmittelbar in die Startstellung begann „X + 30 Minuten", wobei „X" die Alarmzeit ist. Die 2. SSR des Gefechtsdienstes folgte nach dem Beladen mit Raketen „X + 60 Minuten". Alle anderen Startrampen der KRA wurden, wenn nicht anders befohlen, vor der Entfaltung im Objekt mit Raketen beladen. Ansonsten erfolgte das Beladen auf den Beladepunkten sofort nach dem Erreichen des Stellungsraums und der Zuführung der Raketen durch die RTB. Welche Variante festgelegt wurde, hing vom Beginn der Kampfhandlungen ab. Bei einem überraschenden Überfall durch den „Gegner" hatte die sofortige Entfaltung Priorität, um damit die eigenen Kräfte den Schlägen des „Gegners" zu entziehen. Die Entfaltung einer KRA in einen Stellungsraum erfolgte durch den Marsch im Bestand von vier Kolonnen:
- 1. Kolonne: Die Kolonne der Gefechtseinheiten und der Einheiten der Gefechtssicherstellung (siehe Schema, S. 65).
- 2. Kolonne: Die Kolonne der Transport- und Nachladeeinheit, 4 RTE „KRAZ-255 B" mit je 2 Raketen, Autodrehkranen „ADK-125" u. a.
- 3. Kolonne: Die Kolonne der RTB.
- 4. Kolonne: Die Kolonne der RD.

Der Marsch der ersten beiden Kolonnen wurde immer geschlossen, der Marsch der beiden anderen wurde selbstständig vorgenommen. Dabei war ein Abstand zwischen den einzelnen Kfz von 25–50 m, und zwischen den Kolonnen von 3–5 km einzuhalten. Die Marschgeschwindigkeit betrug maximal 35 km/h am Tag und 25 km/h nachts. Der Kommandeur hatte alle Arten der Abwehr und des Schutzes sowie den Regulierungs- und Aufklärungsdienst zu organisieren. Der technische Schluss war für Reparaturen, Instandsetzungen und – wenn nötig – für das Abschleppen verantwortlich. Bei Erreichen des Stellungsraums hatten die Kolonnen in die Gefechtsordnung zu entfalten und die einzelnen Kraftfahrzeuge die ihnen befohlenen Stellplätze einzunehmen.

6. In den Stellungsräumen entfalteten die gefechtsbereiten Startrampen in die Warte- stellungen und ungefähr 15 Minuten vor dem Raketenstart in die Startstellungen. Das Ziel für den Raketenschlag und die Schlagzeit wurden durch den Kommandeur befoh- len, die Zielzuweisung erfolgte für jede Startrampe mit Peilung und Distanz oder es wurde Zielsuche in einem festgelegten Sektor befohlen. Nach Auffassen des Ziels durch die Radarstation und nach der Klassifizierung und Bestätigung durch den Komman- deur erfolgte der Start der Raketen: Startzeit gleich Schlagzeit minus Flugzeit der Ra- keten. Unmittelbar nach dem Start verließen die Startrampen ihre Startstellungen und marschierten zu den Beladepunkten. Nach dem Beladen mit Raketen, dem Betanken, der Versorgung und nach den Reparaturen (wenn welche nötig waren), wurde in die neue befohlene Wartestellung oder auch sofort in eine neue Startstellung entfaltet. Die SSR waren damit zum erneuten Einsatz ihrer Raketenbewaffnung bereit. Der zeitliche Abstand zwischen zwei Raketenschlägen derselben SSR betrug dabei ungefähr 60 Mi- nuten, abhängig von den Entfernungen der verschiedenen Stellungen.

7. Die Nachrichtenverbindungen zwischen den Führungspunkten und den Einheiten wurden über gedeckte KW- und UKW-Funknetze und optisch sowie nach Möglichkeit, wie z. B. in den Stellungsräumen, über Drahtnachrichtenverbindungen organisiert. Verantwortlich war der Stabschef des Regiments, der dafür den OON, KK Lutz Morn- hinweg und den Nachrichtenzugführer und späteren OON, KL Ralf Jähnig, mit den Nachrichtenzügen des Regiments und der Abteilungen einsetzte.

Dank der hohen Qualifikation und praktischen Fertigkeiten unserer OON sowie aufgrund ihrer ausgezeichneten Verbindungen zum Chef Nachrichten der VM, KzS Werner Simowitsch, gab es auf diesem wichtigen Gebiet, besonders nach der Ausrü- stung mit der notwendigen Technik und dem Einarbeiten verbunden mit diversen Trainings, immer weniger Probleme. Für den Nachrichtenverkehr wurden Schlüssel- mittel und eine Signaltabelle für den Raketenangriff genutzt, die auf der Grundlage der Signaltabelle der Raketenschnellboote selbst entwickelt wurde. Alle Kommandeure waren eingewiesen und entsprechend ausgebildet, um bei Verlust der Nachrichtenver- bindungen zum Vorgesetzten selbstständig ihre Einheiten im Gefecht zu führen und ihre Aufgaben zu erfüllen. Vorrangig für unsere Nachrichtenkräfte war der Aufbau des Telefonnetzes im Wohngebiet der BS unseres Regiments in Gelbensande, was in kürzester Zeit mit großen Kraftanstrengungen erfüllt wurde.

8. Im Objekt des KRR-18 verblieb das Nachkommando unter der Leitung des STKRD. Er war für die gesamte Versorgung aller entfalteten Einheiten des Regiments verant- wortlich, vor allem für das Zuführen von Raketen, Waffen und Munition, für das

Schema der 1. Kolonne beim Marsch einer KRA

Krad	Regulierer
	Kommandeur der Kolonne
„UAZ-452 T"	Vermessungs-Kfz, Kommandeur der KRA, Vermessungstrupp

1. Startbatterie

Startrampe „MAZ-543 M"	Batteriechef, Besatzung
Startrampe „MAZ-543 M"	Kommandant, Besatzung
„ZIL-131"	Neutralisations-Kfz „8-T-311" zur Bekämpfung von Feuer und Treibstoff-Havarien an den Raketen
„ZIL-131"	Funkstation „R-140" mit Stromaggregat, Nachrichtentrupp
„W-50"	Lkw Truppentransporter, Personal des Sicherstellungs- und des Nachrichtenzuges
„UAZ-452"	SAS-Fernsprech-Gerätesatz „P-240 T", Chiffriertrupp

2. Startbatterie

Startrampe „MAZ-543 M"	Batteriechef, Besatzung
Startrampe „MAZ-543 M"	Kommandant, Besatzung
„G-5"	Tank-Kfz

Technischer Schluss

„Tatra-813"	Bergegruppe, Kfz- und Pionierausrüstung
„GAZ-66"	Funkstation „R-142", Stabschef der KRA, Funktrupp
Krad	Regulierer

Schema der 1. Kolonne beim Marsch einer KRA (WS)

Versorgen mit Treib- und Schmierstoffen, für die Verpflegung, für Ersatzteile, für die Verwaltung der Lager sowie für die Verteidigung und den Schutz des Objekts. Dazu kam der Abschluss aller Aufgaben der Mobilmachung.

9. Mit Beginn der Kampfhandlungen – oder auch schon davor – wurde auf Signal die Mobilmachung ausgelöst. Damit gab es im KRR-18 folgende Veränderungen, Soll 2 laut „STAN":
- Die Gesamtstärke des Regiments erhöhte sich von 447 auf 608 Armeeangehörige.
- Der Wachzug wurde zur Wachkompanie mit 3 Zügen.
- Eine Flak-Batterie mit 2 Feuerzügen, 6 „Zu-23" mit Kfz „LO-1800", wurde aufgestellt.
- Zu der einen Pioniergruppe des Bereichs Technik kam eine zweite dazu.
- Eine zweite Kfz-Instandsetzungsgruppe wurde aufgestellt.
- Bei den RD wurde eine Instandsetzungsgruppe für Bewaffnung gebildet.

Der größte Teil der Technik, Bewaffnung und Ausrüstung für die zusätzlich aufzustellenden Einheiten war im Regiment eingelagert, „eingemottet", und wurde regelmäßig überprüft und gewartet. Der restliche Teil wurde aus der Volkswirtschaft zugeführt.

10. Für alle Gefechtseinsätze und auch Übungen der Kräfte des KRR-18 mussten die entsprechenden Dokumente erstellt werden: Entschlüsse, Befehle, Anordnungen, Pläne und andere. Da diese Arbeit sehr aufwändig war, wurden entsprechend meiner Anordnung formalisierte Dokumente angefertigt. Das heißt, nach einem Übungseinsatz vervollständigten wir die erarbeiteten Dokumente gründlich und lagerten sie ein. Beim nächsten Einsatz wurden sie dann nur anhand der konkreten Lage überarbeitet, und so konnte wertvolle Zeit eingespart werden. Beispiele dafür sind Maßnahmen wie Übungen, Entschlüsse des Kommandeurs, die jährlichen RSA, die Feldlager oder die beiden Paraden u. a.

Schlussfolgerungen für den Gefechtseinsatz aus der Praxis

Aus der Praxis der Planung und Organisation des Gefechtseinsatzes der KRT bei zahlreichen Übungen und Überprüfungen sowie der Gefechtsausbildung ergaben sich folgende Schlussfolgerungen:

1. Die Hauptmethode des Einsatzes der Raketenbewaffnung der SSR der KRT war die Führung überraschender Raketenschläge nach Angaben der eigenen Radarstation „Garpun" in den Grenzen der Waffenreichweite von 432 kbl (80 km). Die Grundlage dafür bildeten die außerordentlich hohe Mobilität, die autonomen Handlungen und das große Vernichtungspotential des KRK „Rubesh". Charakteristisch für die Handlungen der Kampfeinheiten der KRT waren dabei der schnelle, gedeckte Stellungswechsel und nach dem Raketeneinsatz das erneute zügige Beladen mit Raketen für die zweite und die folgenden Salven. In der NATO bezeichnet man diese Taktik vollkommen zutreffend als „Hit and run".

2. Bezüglich der Sicherstellung des Einsatzes der Raketenbewaffnung der SSR der KRT durch Fühlungshalter gab es folgende Schlussfolgerungen:
- Für den effektiven Einsatz der Raketenbewaffnung der SSR der KRT war die von unseren Vorgesetzten geforderte Methode mit Fühlungshalter nicht nur nicht not-

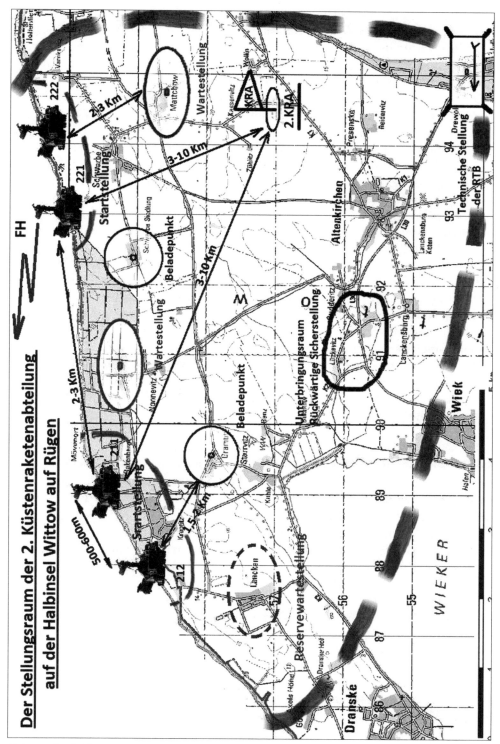

Schema des Stellungsraums der 2. KRA auf der Halbinsel Wittow der Insel Rügen (WS)

wendig, sondern auch ein Hindernis. Die eigene Radarstation „Garpun" der SSR sicherte von allen vermessenen Startstellungen an der Küste der DDR den Einsatz der Raketen auf maximale Distanzen mit hoher Präzision gegen große und mittlere Seeziele des „Gegners" sowie gegen kleine in der gesamten OPZ der VM bei einer Startposition ab einer Höhe von ungefähr 20 m über Normalnull (NN).
- Die Methode des Einsatzes der Raketenbewaffnung der Stoßkräfte der VM mit Fühlungshalter widersprach eigentlich allen taktischen Prinzipien der Führung, da nicht der Kommandeur der Kampfeinheit über die Vernichtung eines Ziels entsprechend seiner Gefechtsaufgabe entschied, sondern der Fühlungshalter – und das ohne jede Möglichkeit einer Kontrolle.
- Die praktische Ermittlung der Zieldaten und ihre Übermittlung durch den Fühlungshalter sowie die notwendigen Berechnungen waren durch die Einwirkung des „Gegners", aufgrund zeitlicher Verzögerungen, Störungen, schwieriger meteorologischer Verhältnisse, subjektiver Faktoren u. a. äußerst aufwändig und instabil, wodurch die Trefferwahrscheinlichkeit der Raketen wesentlich gesenkt wurde. Die geplante Automatisierung der Errechnung und Übermittlung der Werte hätte zwar die Zeit verkürzt, aber auf keinen Fall die angeführten Fehlerquellen beseitigt.
- Die technischen Beobachtungskompanien (TBK) waren für den Einsatz als Fühlungshalter für die KRT überhaupt nicht geeignet, da sie die Ziele, genau wie die SSR, nicht optisch klassifizieren konnten. Außerdem lagen ihre Auffassungsreichweiten unter denen der Radarstation „Garpun" der SSR.
- Der durch unsere Vorgesetzten geplante Einsatz der SSR als Fühlungshalter für die Schiffstoßkräfte stellte einen groben taktischen Fehler dar. Das hätte bedeutet, kampfstärkste Stoßkräfte zur Sicherstellung einzusetzen und sie damit leichtfertig der Vernichtung durch den „Gegner" auszusetzen.

3. Die wichtigste Gefechtssicherstellung für den Einsatz der Raketenbewaffnung der SSR der KRT war die taktische Aufklärung des Seegebiets mit dem Ziel einer zuverlässigen und eindeutigen, also optischen, Identifizierung aller Schiffskräfte des „Gegners". Die SSR konnten mit ihrer äußerst leistungsstarken Radarstation „Garpun" Seeziele in der gesamten OPZ der VM ausmachen, ihre Position und Bewegungselemente genau bestimmen, sie ungefähr klassifizieren und effektiv bekämpfen. Klassifizieren bedeutet hier, dass nach der Größe des Zielimpulses auf dem Radarschirm und der Auffassungsreichweite die Schiffsklasse annähernd bestimmt wurde, aber nur durch erfahrene Radarbeobachter. Identifizieren konnten sie ausgemachte Seeziele mit ihrer Radarstation durch den Einsatz des Abfragegerätes „Nickel" der Freund-Feind-Kennanlage (FFK-Anlage) „Nichrom". Wenn auf dem Radarbildschirm über dem Zielecho bei der Abfrage eine Markierung auftauchte, war das ein eigenes Schiff/Boot. War das nicht der Fall, bedeutete das aber keinesfalls, dass es ein gegnerisches Kriegsschiff war, schließlich waren noch andere Schiffe unterwegs.

Für die taktische Aufklärung war der Chef der Flotte verantwortlich. Da die KRT über keine eigenen Kräfte für die Aufklärung in See verfügten, hätte er ihnen die dafür notwendigen leichten Überwasserschiffskräfte und/oder MFK zuteilen bzw. selbst konkret die Aufklärung im Interesse der KRT organisieren müssen. Warum das in der Praxis jedoch nicht geschah und demzufolge bei Übungen auch nicht trainiert wurde,

Tabelle der Höhen über NN in den Stellungsräumen der Küstenraketenabteilungen

- Stellungsraum Kühlung (von Rerik bis Stoltera)   3.KRA
In Ufernähe im Durchschnitt 15-30 m
Rerik 15-20m   Buk (Bukspitze) 15-22m
Kühlungsborn 20m   landeinwärts schnell ansteigend bis 50m
Stoltera 13m   Bastorf (LF Buk Spitze) 78m

- Stellungsraum Halbinsel Darß (Graal Müritz bis Zingst)   1.KRA
Dünen im Mittel 3,5m
Erhebungen (weitläufig) im Raum Darßer Ort   7-8m
Neuhaus 12m

- Stellungsraum Halbinsel Wittow auf der Insel Rügen   (Kreptitz bis Arkona)   2.KRA
Durchgehend größte Erhebungen unmittelbar hinter Waldstücken in Ufernähe. Durchschnitt 25m
Varnkevitz   29m   Gellort   30m
Raum Arkona 45m   Schwarbe   29m
Putgarten   33m   Nonnevitz   12m
Bakenberg   20m   Lancken   14m

Auffassreichweiten eines Zieles vom Typ "143A" (H=12m) durch die Stoßkräfte der VM

Aufklärer	Antennenhöhe	Reichweite	
	m	kbl	Km
Torpedoschnellboot "Pr. 206"	6	119	22
Raketenschnellboot "Pr. 205"	9	146	27
Kleines Raketenschiff "Pr. 1241"	16	173	32
SSR "Rubesh" im SR Kühlung H=60m ü.NN	7	253	47
SSR "Rubesh" im SR Wittow H=45m ü.NN	7	227	42

Tabelle der Höhen und der Auffassreichweiten (WS)

entzieht sich meiner Kenntnis. Ich habe als Kommandeur des KRR-18 bei meinen zahlreichen Entschlussmeldungen zur Erfüllung von Gefechtsaufgaben immer wieder darauf hingewiesen. Anscheinend besaß dieses Problem für unsere Vorgesetzten keine Priorität, denn außer nichtssagenden Antworten erfolgte in der Praxis nichts. So griffen wir zur Selbsthilfe und verstärkten im Regiment die Ausbildung der Kommandeure der SSR bezüglich der Vertiefung der Kenntnisse über das Seegebiet und die Schiffserkennung sowie grobe Klassifizierung von Radarechos. Selbstverständlich konnte dieses für unseren Gefechtseinsatz wichtige Problem damit nicht geklärt werden und so übten auf Befehl unserer Vorgesetzten die KRA weiter den Einsatz mit Fühlungshaltern, vor allem mit TBK, und bei der Inspektion stellte das sogar die Aufgabe in der taktischen Ausbildung dar. Das entsprechende Desaster folgte unausweichlich (siehe Kapitel VI, S. 132).

Die SSKF hatte für die Führung ihrer Raketenkräfte das Aufklärungs-Schlagsystem „Uspech" (Erfolg) entwickelt. Dieses System war ähnlich dem System der NATO „AWACS" (siehe Kapitel VII, S. 169). Dieses System hätte alle hier aufgeführten Probleme der Aufklärung und Zielzuweisung ohne den Einsatz von Fühlungshaltern effektiv gelöst. Bis zur Einführung dieses Systems hätte den KRT für den Gefechtseinsatz eine Gruppe mit Radar ausgerüsteter Hubschrauber und speziell ausgebildeten Besatzungen zugeteilt werden müssen. Die MFK der VM wären nach entsprechender gemeinsamer Ausbildung mit den KRT ohne Probleme in der Lage gewesen, diese Aufgabe zu erfüllen.

4. Unsere Vorgesetzten forderten von uns vollkommen berechtigt, ständig die Maßnahmen der funkelektronischen Tarnung einzuhalten. Damit begründeten sie auch den geforderten Einsatz der SSR mit Fühlungshaltern. Das war allerdings sehr einseitig, da im Vordergrund immer die Erfüllung der Gefechtsaufgabe stand und es schlicht unmöglich war, die Gefechtsaufgabe beim Einsatz der SSR zuverlässig ohne die Abstrahlung von Hochfrequenz (HF), bzw. mit dem Einsatz von Fühlungshaltern zu erfüllen. Bei einer effektiven Gefechtssicherstellung, Aufklärung im Interesse der KRT betrug die Zeit für den maximalen Aufenthalt einer SSR in der Startstellung ungefähr 15 Minuten, davon 5 Minuten mit dem Einsatz der Radarstation. Das war minimal und wohl kaum ausreichend für eine aktive Bekämpfung durch den „Gegner". Die Radarstationen unserer SSR waren keinesfalls die einzigen, die bei möglichen Kampfhandlungen an der Küste der DDR mit Abstrahlung von HF arbeiteten. Da waren noch die Luftverteidigung, die Schiffskräfte, die TBK, sämtliche KW- und UKW-Sender u. a. Aus dieser Vielzahl von abstrahlenden Objekten die Frequenzen unserer SSR herauszufiltern, ihre Positionen zu ermitteln und diese Daten an Kampfeinheiten für eine effektive Bekämpfung in dieser äußerst minimalen zur Verfügung stehenden Zeit weiter zu geben, wäre damals einem Wunder gleich gekommen. Die Forderung nach unbedingter Funkstille galt eigentlich logischerweise nur bis zum Beginn der Kampfhandlungen, um die Positionen der Kampfeinheiten geheim zu halten. Danach mussten die Gefechtsaufgaben erfüllt werden, was ohne Radar und Funk unmöglich war. Richtig war dagegen die Methode, die auch in den KRT trainiert wurde: Im Stellungsraum einer KRA nur eine SSR mit Radarstation einzusetzen, die Zieldaten zu ermitteln und an die anderen drei SSR zu melden. Diese gaben die Daten in ihre Waffenleitanlage ein und waren damit klar zum Raketenstart mit der gleichen Präzision.

5. Die Raketen „P-21/ 22" „Termit" des KRK „Rubesh" stellten eine Weiterentwicklung der Rakete „P-15" dar und dementsprechend waren ihre taktisch-technischen Parameter deutlich verbessert. Das betraf vor allem die Erhöhung der Reichweite auf das Doppelte, was mit leicht vergrößerten Abmessungen und einem erhöhten Gewicht verbunden war. Eine Besonderheit stellten die bei der Lagerung und dem Transport um 90° nach unten abgeklappten Flügel dar, wodurch die Abmessungen des Startcontainers der Startrampe wesentlich geringer dimensioniert werden konnten. Nachdem die Rakete beim Start den Container verlassen hatte, wurden beide Tragflächen durch ein hydraulisches System automatisch in die waagerechte Lage gebracht. Des Weiteren war für die Rakete „P-22" der Infrarot-Zielsuchkopf „Snegir" entwickelt worden. Für das KRR-18 existierte der Befehl für die Ausrüstung jeder Startbatterie mit drei Raketen „P-21" und einer „P-22". Ein weiterer Vorteil war die geringe Flughöhe von 25 m und die Möglichkeit des Überfliegens von Hindernissen sowohl beim Start als auch während des weiteren Fluges. Da die Rakete gegen bewegliche Seeziele eingesetzt wurde, erfolgte der Start mit einem Vorhaltewinkel. Dieser wurde durch die Waffenleitanlage

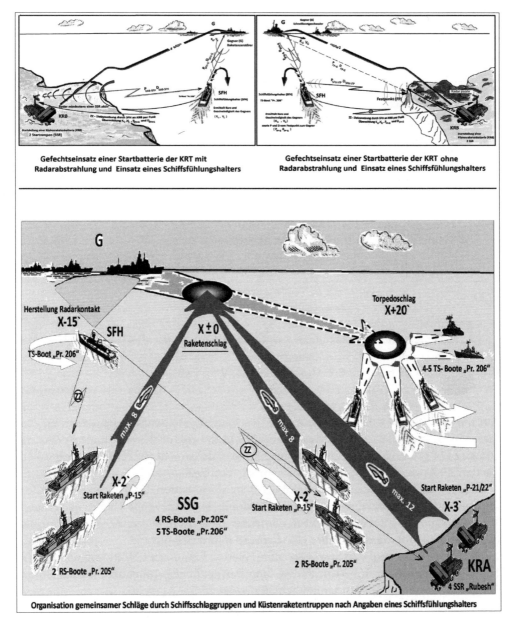

Gefechtseinsatz der KRT mit Schiffsfühlungshalter (HG/WS)

so berechnet, dass sich das Ziel im Moment des Einschaltens des Zielsuchkopfes der Rakete genau auf ihrem Kurs befand. Den damaligen Seezielraketen der NATO war die Rakete „Termit" bezüglich ihrer taktisch-technischen Parameter deutlich überlegen. Das betraf vor allem die große Reichweite, das automatische Zielsuchsystem, die geringe Störanfälligkeit gegenüber aktiven Störungen und die immense Sprengkraft des Gefechtskopfs mit 360 kg Sprengstoff „TGAG-5".

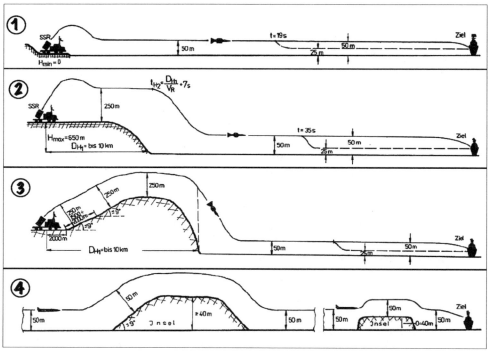

Mögliche Flugbahnen der Raketen „P-21/22" (DV 246/0/027)

Auf diesem Schema sehen wir die möglichen Flugbahnen der Raketen „P-21/22". Bei ihrer Geschwindigkeit von 312 m/s benötigte die Rakete für die maximale Reichweite von 432 kbl (80 km) 256 Sekunden Flugzeit. Das ist dementsprechend auch die Zeit, die den Zielen für die Abwehr der Raketen zur Verfügung stand.

Die Flugbahn 1 ist die normale Bahn bei einer Startposition der SSR unweit der Uferlinie und einer Höhe knapp über NN (Normalnull; das ist die Höhe über dem mittleren Meeresspiegel). Die Rakete fliegt nach dem Start zunächst mit einer Flughöhe von 50 m und geht dann auf die eingestellte Höhe von 50 m oder 25 m.

Die Flugbahn 2 zeigt den Start von einer Position bis zu einer Höhe von 650 m über NN. Die Flughöhe der Rakete nach dem Start beträgt über Land zunächst 250 m, dann über dem Wasser 50 m, und schließlich 50 m oder 25 m.

Die Flugbahn 3 zeigt den Start hinter Erhebungen an Land in einer Entfernung von der Uferlinie von maximal 10 km. Nach dem Passieren der Erhebung geht die Rakete auf die Flughöhe von 50 m und dann auf die eingestellten 50 m oder 25 m. Bei dieser Variante ist zu beachten, dass die schießende SSR auf die Übermittlung der Zielparameter von anderen SSR angewiesen ist, da sie mit ihrer eigenen Radarstation das Ziel nicht ausmachen kann.

Die Flugbahn 4 zeigt die Möglichkeit des Einsatzes der Raketen zum Überfliegen von Inseln und ähnlichen Hindernissen bis zu einer maximalen Höhe von 40 m. Auch hier benötigt die schießende SSR die Zieldaten einer anderen SSR. Dabei ist vor dem Ziel nur die Flughöhe 50 m möglich.

6. Der Schutz der Einheiten des KRR-18 auf dem Marsch, in den Stellungsräumen und im Objekt erfolgte in erster Linie durch eigene Kräfte, wobei Verstärkungen angefordert werden konnten. Nicht geklärt war aber, woher diese kommen sollten. Für die Luftverteidigung der gesamten Küste der DDR waren die Fla-Raketenbrigade 43, Gefechtsstand in Sanitz, und Jagdfliegerkräfte verantwortlich. Für die Verteidigung des Küstenstreifens, in den die Einheiten des Regiments entfalteten, wurden Truppenteile und Einheiten der Landstreitkräfte, der VM und der Territorialverteidigung eingesetzt. Das Zusammenwirken zwischen und mit diesen Kräften war nur theoretisch geklärt.

Den Schutz (nur Selbstverteidigung!), der Einheiten des Regiments stellten sicher:
- Für den FP des Regimentskommandeurs der Sicherstellungszug und der Nachrichtenzug, ausgerüstet mit Handfeuerwaffen.
- Für jede KRA ihr Sicherstellungszug, ausgerüstet mit Handfeuerwaffen, 1 „Fasta-4 M"-Abschussvorrichtung für 4 Fla-Raketen auf Kfz „LO-1800" und 1 (+1 im Soll 2) Fla-Rakete „Strela-2 M" für den Nahbereich, der Nachrichtenzug und die Versorgungsgruppe mit Handfeuerwaffen.
- Für das Objekt der Wachzug, Kompanie im Soll 2, ausgerüstet mit Handfeuerwaffen und 1 Flak-Batterie mit 6 „ZU-23"-Flak und Kfz „LO-1800" im Soll 2.

Für den Schutz vor einem möglichen Angriff mit Massenvernichtungsmitteln und von Diversanten auf dem Marsch sowie im Stellungsraum war jede Einheit selbst verantwortlich. Verstärkung konnte angefordert werden. Besonders gefährdet waren die SSR in den Wartestellungen und Startstellungen, da die Besatzungen außer dem Fahrer, der mit einer Maschinenpistole bewaffnet war, in der Gefechtskabine der Startrampe arbeiteten und damit „blind" waren für die Umgebung. Deshalb war für die Handlungen unserer Kampfeinheiten oberstes Gesetz: Ständig zügiger Stellungswechsel – „Hit and run!" Zu beachten war, dass bei laufenden Motoren und Turbinen durch die starke Wärmeabstrahlung die Stellungen der SSR enttarnt wurden. Deshalb mussten die Laufzeiten dieser Technik minimiert werden. Das gleiche galt für den Einsatz der Radartechnik und Nachrichtenmittel, Funkstille bei der Entfaltung, auf dem Marsch und im Stellungsraum, bzw. Abstrahlung nur auf Befehl minimal. Zur Tarnung der Einheiten in den Stellungsräumen wurden die entsprechenden Mittel sowie Scheinziele eingesetzt, wobei effektiv gehandelt werden musste. Durch Scheinziele durften reale Ziele nicht enttarnt und keine Zeit, Kräfte und Mittel mit überflüssigen Aktionen verschwendet werden.

7. Bei der Entfaltung der 2. KRA in den Stellungsraum Halbinsel Wittow auf der Insel Rügen musste ein Nadelöhr, der Rügendamm, passiert werden. Da nach Beginn der Kampfhandlungen mit dessen Zerstörung gerechnet wurde, war hier auf eine rechtzeitige Entfaltung zu achten. Außerdem befanden sich in diesem Stellungsraum der Gefechtsstand des Chefs der Schiffsstoßkräfte und diverse funktechnische Anlagen, die auf jeden Fall für den „Gegner" ein lohnendes Ziel darstellten. Deshalb war die Abteilung in diesem Raum stark gefährdet und zu zusätzlichen Manövern und Maßnahmen der Tarnung gezwungen. Das Problem der weiteren Verlegung in Richtung Westen sollte operativ gelöst werden und wäre, wenn überhaupt, wohl nur auf dem Seeweg möglich gewesen.

8. Das Zusammenwirken mit den Nachbarn des KRR-18 organisierte grundsätzlich der CVM über seinen HGS. Innerhalb der VOF und der VM war das Zusammenwirken konkret und wurde entsprechend trainiert. Für die Kräfte der KRT der VM betraf das die Schiffsstoßkräfte, die MFK, die 6. GBK und Sicherungskräfte. Das Zusammenwirken mit anderen Kräften, mit den Truppen der Landstreitkräfte und der Territorialverteidigung sowie mit den Kräften der Luftverteidigung wurde dagegen bei Kommandostabsübungen, selbst mit darstellenden Kräften, nur „durchgespielt". Das heißt, dem Regimentskommandeur und den Abteilungskommandeuren waren die konkreten Nachbarn in den verschiedenen Stellungsräumen, deren Lage, Handlungen und Trennungslinien, nicht bekannt.

9. Da bei offensiver Entwicklung der weiteren Kampfhandlungen die Entfaltung der Kräfte des KRR-18 in Richtung Westen mit dem Einsatz gegen Ziele in der Kieler und der Deutschen Bucht geplant war, wurde auch der Transport per Eisenbahn und Schiff vorbereitet. Bei den möglichen Marschrouten musste beim Passieren von Brücken Folgendes beachtet werden: Unten war eine minimale Höhe von 4,15 m nötig, oben eine Tragfähigkeit von mindestens 42 t. Der Eisenbahntransport der SSR wäre wegen ihrer Höhe nur im demontierten Zustand (Basisfahrzeug, Gefechtskabine, Container) möglich gewesen. Außerdem war das Forcieren von Wasserhindernissen sorgfältig zu planen. Mit meinem STKT, KK H.-J. Galda, und der Abteilung Org./Auffüllung des Stabes der VM berieten wir 1986 sogar über die Ausrüstung des Regiments mit dem Brückenlegepanzer „Biber". Das scheiterte an dem dafür erforderlichen zusätzlichen Personal und an fehlenden finanziellen Mitteln. Um klar zu machen, welche Probleme bei den Verlegungen gelöst werden mussten, führen wir die dafür wichtigsten Parameter der Hauptbewaffnung hier an: SSR: Gewicht – 40 t; Länge –14 m; Breite – 3,2 m; Höhe – 4,15 m; Wenderadius min. 13,5 m. Dazu verfügte jede Abteilung über 4 RTE „KRAZ-355 B" beladen mit je 2 Raketen, über die Pionier- und die Bergegruppen mit der entsprechenden schweren Technik (Panzerzugmaschine „MT-LB" und Pioniermaschine „BAT-M") und selbstverständlich über die umfangreiche restliche Technik. Eine KRA hatte eine Personalstärke von 100 Armeeangehörigen und Technik im Bestand von gesamt 4 SSR und 50 Kfz, der Marsch bei der Entfaltung wurde im Bestand von 4 Kolonnen durchgeführt. Im Vergleich dazu das KRR-18: 600 Armeeangehörige, 12 SSR, über 200 Kfz.

Gefechtsmöglichkeiten der Küstenraketentruppen im Vergleich

Um die Gefechtsmöglichkeiten des Einsatzes KRT noch einmal anschaulich darzustellen, vergleichen wir die Gefechtsmöglichkeiten einer Startbatterie der KRT mit denen eines kleinen Raketenschiffs (RSK) „1241 RÄ" (NATO:TARANTUL) der Schiffsstoßkräfte der VM und kommen dabei zu folgendem Ergebnis:
- Beide Einheiten verfügten über je 4 Raketen „P-21/22" sowie über eine Ausrüstung mit der gleichen Radarstation und Waffenleitanlage und handelten autonom.
- Das RSK war zusätzlich für die Selbstverteidigung mit automatischer Artillerie vom Kaliber 76 mm und 30 mm sowie mit Fla-Raketen und Düppelwerfern ausgerüstet – damit war es ein Schiff mit außergewöhnlich starker Bewaffnung.

Startbatterie der KRT und Kleines Raketenschiff (RSK) „1241 RÄ" beim Raketenstart (PG/HN)

- Die Reichweite der Raketen war zwar für beide gleich aber nicht die ihrer Radarstationen, da dafür ihre Höhe entscheidend ist. Davon ausgehend erzielten die SSR ungefähr um 30 % größere Auffassungsreichweiten gegenüber Seezielen und konnten den „Gegner" so auch auf größere Distanzen bekämpfen. Die Ursache dafür lag in der Auswahl höher gelegener Startstellungen, die z. B. auf der Halbinsel Wittow der Insel Rügen bis zu 40 m über NN lagen. Dagegen betrug die Höhe der Radarstation des RSK immer 16 m über NN, die der SSR 7 m über dem Boden. Damit war das RSK wie die RS-Boote beim Einsatz gegen kleine und zum Teil mittlere Ziele auf die Sicherstellung durch Fühlungshalter angewiesen, die SSR aber nicht.
- Die SSR konnten unter nahezu allen meteorologischen Bedingungen eingesetzt werden. Dagegen war der Einsatz der RSK bei Sturm, Nebel, Eis und anderen komplizierten Wetterlagen stark eingeschränkt oder sogar unmöglich.
- Nach dem Start der 1. Raketensalve, dem Beladen und der erneuten Einnahme einer Startstellung waren die SSR bereits nach 60 Minuten in der Lage, die 2. Raketensalve zu starten. Diese Zeit war für ein RSK utopisch. Es musste sich nach dem Raketenstart vom „Gegner" lösen, in einen Hafen einlaufen, 4 Raketen übernehmen, auslaufen und eine neue Startposition einnehmen. Bei günstigster Lage waren für alles mindestens 4 Stunden nötig.
- Die SSR konnten an Land gedeckt entfalten und waren für ihre Ziele unangreifbar. Für ein RSK gab es auf See keine Deckung – es war ungeschützt wie auf einem Präsentierteller. Außerdem waren die 4 Raketen einer Startbatterie auf 2 SSR verteilt, die von unterschiedlichen Startstellungen aus handelten und bei Angriffen des „Gegners", im Gegensatz zu dem RSK, kaum gleichzeitig vernichtet werden konnten. Folglich war die Überlebensfähigkeit einer Startbatterie bedeutend höher als die eines RSK.
- Die Kräfte und Mittel für die Sicherstellung der SSR befanden sich unmittelbar im Stellungsraum, d. h., alles war kurzfristig verfügbar. Die Sicherstellung eines RSK war überaus umfangreich und kompliziert, es war dafür immer ein Hafen nötig. Ein schwimmender Versorger hätte diese Aufgaben nur zum Teil erfüllen können.
- Der Personalbestand einer Startbatterie betrug 11 Armeeangehörige: 2 Offiziere, 2 Fähnriche, 4 BU und 3 Matrosen im GWD. Die Besatzung eines RSK bestand dagegen aus insgesamt 38 Armeeangehörigen: 6 Offizieren, 6 Fähnrichen und BU, 7 Unteroffizieren und 19 Matrosen auf Zeit, das waren 60 % mehr. Aus der Besatzung eines RSK hätte man demzufolge mindestens 2 Startbatterien mit Personal sicherstellen können.
- Zum Ende noch die Ökonomie: Ein RSK kostete 77 Mio., eine Startbatterie 54 Mio.

Mark der DDR, das sind 30 % weniger. Anstelle eines RSK hätten also 3 SSR angeschafft werden können mit einem höheren Kampfwert und bedeutend weniger Personal. Selbstverständlich waren auch die Kosten für den Einsatz, für die Unterhaltung, Instandhaltung und für die Instandsetzung eines RSK bedeutend höher als die einer Startbatterie der KRT.

Es ist schon erstaunlich, dass diese hier angeführten Tatsachen bei dem strengen Sparsamkeitsprinzip, das in der DDR herrschte, unsere Vorgesetzten anscheinend erst 1989 interessierten, als unbedingt die Finanzausgaben verringert werden mussten. Da wurde dann die Anzahl der als Ersatz für die RS-Boote des „Projekts 205" geplanten neuen RSK „151", deren Kosten noch höher waren als die des RSK „1241 RÄ", um acht gekürzt und stattdessen vier SSR für die Aufstellung der von Anfang an geplanten 3. KRA bestellt.

Taktisch-Technische Daten des Küstenraketenkomplexes „Rubesh"

Technik einer SSR des KRK „Rubesh" (IN/WS)

Taktisch - Technische Daten der Selbstfahrenden Startrampe (SSR) „3P-51 M" des Küstenraketenkomplexes „Rubesh"

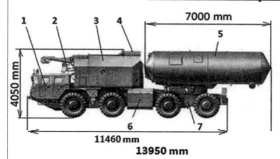
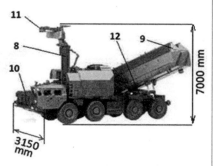

Hauptbestandteile der SSR

1. Fahrerkabine, 2 Arbeitsplätze
2. Antenne der Radaranlage in Marschlage
3. Gefechtskabine, 4 Arbeitsplätze
4. Gasturbine für die E- Versorgung
5. Doppelcontainer „KT-161" mit 2 Raketen
6. Kraftstoffbehälter, beidseitig je 350 l
7. Trägerfahrzeug „MAZ-543 M", 4 Achsen, Allradantrieb 8 Räder
8. Hydraulisch ausfahrbarer Mast der Antenne
9. Containerdeckel
10. V12 Dieselmotor „D12A-525"
11. Radarantenne ausgefahren, drehbar
12. Hydraulischer Antrieb zum Heben und Schwenken des Doppelcontainers horizontal 20°, vertikal 110°

Taktisch-technische Daten

Länge in mm :	13.950
Breite in mm :	3.150
Höhe in Marschlage in mm :	4.050
Höhe mit ausgefahrener Antenne in mm :	7.000
Bodenfreiheit in mm :	400
Spurbreite in mm :	2.375
Wattiefe in mm :	1.100 -1.300
Wendekreis in mm :	13.500
Steigfähigkeit in ° / % :	30 / 65
Überschreitfähigkeit in mm :	2.500
Radstand l.-4.Achse in mm :	7.700
Geschwindigkeit in km/h :	60
Aktionsradius in km :	650
Tankinhalt in l :	2x 350

Motortyp „MAZ-543 M":	D12A-525
Anzahl der Zylinder :	12
Motorleistung in PS / KW :	525 / 386
Max. Drehmoment in Nm : bei 1.200-1.400 U/min Diesel-	2150
Kraftstoffverbrauch in l /pro 100 km :	125
Masse ohne Raketen in kg :	34.995
Masse mit Raketen in kg :	40.215
Max. Ladekapazität in kg :	19.100
Masse der Ausrüstung und Raketen in kg :	18.300
Besatzung:	5

Bestandteile des Komplexes für eine KRA

- 4 SSR in 2 Startbatterien
- 4 Raketentransporteinrichtungen „KRAZ-255 B" mit je 2 Raketen für die zweite Salve
- 1 Autodrehkran „ADK-125"

Küstenraketenkomplex „Rubesh", TTD der SSR (IN/WS)

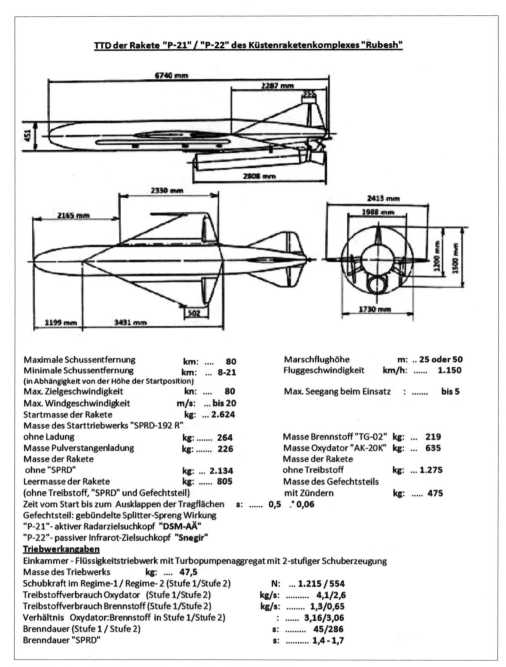

Dreiseitenriss und TTD der Raketen „P-21" und „P-22" (WS)

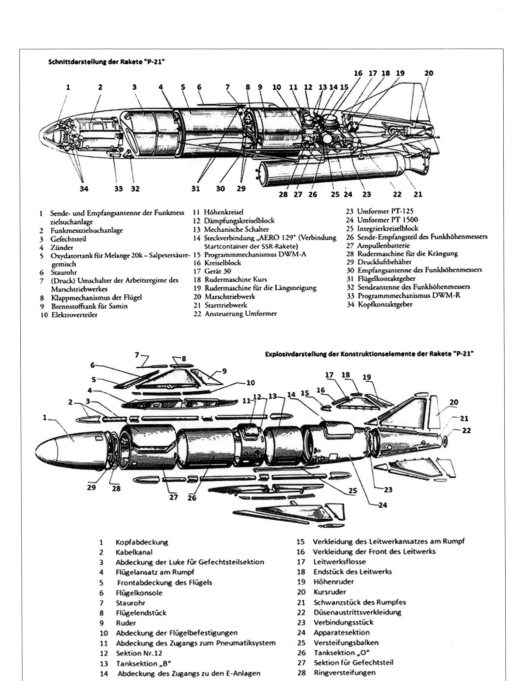

Schnitt- und Explosivdarstellung der Rakete „P-21" (HN/WS)

Wolfgang Schädlich
Kapitel IV
Gefechtsbereitschaft und Gefechtsdienst

Einleitung
Unter Gefechtsbereitschaft verstand man in der NVA der DDR, und damit auch in der VM, die Bereitschaft und Fähigkeit der militärischen Truppen, unter allen Bedingungen organisiert das Gefecht zu beginnen und die befohlenen Gefechtsaufgaben zu erfüllen. Unabdingbare Voraussetzungen für eine hohe Gefechtsbereitschaft waren ein ausgezeichneter politisch-moralischer Zustand, also die politische Zuverlässigkeit der Armeeangehörigen und ihre Motivation, eine effektive Gefechtsausbildung, die optimale Führungsqualität der Kommandeure und Stäbe, eine ständig hohe Einsatzbereitschaft der Kampftechnik und ein sehr gut funktionierendes System der Alarmierung.

Wie bereits erwähnt, verkürzte sich Mitte der 1970er-Jahre drastisch die zur Verfügung stehende Zeit für die Reaktion auf mögliche Angriffe. Die Reichweite und die Trefferwahrscheinlichkeit der Waffensysteme der NATO-Seestreitkräfte erhöhten sich in dieser Zeit sprunghaft. Als Reaktion auf diese Entwicklung wurde das gesamte System der Landesverteidigung der DDR grundlegend neu geordnet, was in allen Truppenteilen und Einheiten der NVA seinen Niederschlag in den „Plänen zur Überführung der Streitkräfte in höhere Stufen der Gefechtsbereitschaft" fand. Dementsprechend wurde in der NVA das System der Bereitschaft der Kräfte zum Gefechtseinsatz wesentlich überarbeitet und am 01.12.1971 der Gefechtsdienst in der VM eingeführt.

Grundlagen der Gefechtsbereitschaft
In den 1980er-Jahren waren für die NVA vier Stufen der Gefechtsbereitschaft festgelegt:
- Die „Ständige Gefechtsbereitschaft" (SG): Der Normalzustand der meisten Einheiten und Stäbe. Dabei mussten 85 % des Personalbestands im Objekt oder zumindest im Standort verfügbar sein, um im Alarmfall innerhalb weniger Minuten erste Gefechtsaufgaben erfüllen zu können.
- Die „Erhöhte Gefechtsbereitschaft" (EG): Erhöhen der Bereitschaft der Truppen zur Erfüllung von Gefechts- und Mobilmachungsaufgaben. Der gesamte Personalbestand wurde in die Kasernen befohlen und die Ausrüstung und Bewaffnung für die folgenden Stufen der Gefechtsbereitschaft vorbereitet.
- Die „Gefechtsbereitschaft bei Kriegsgefahr" (GBKG): Entfalten der Einheiten in die geheimen Dezentralisierungsräume, vollständige Entkonservierung und Klarmachen zum Verschuss (BS I) des gesamten Kampfbestands an Raketen im KRR-18. Das war die Vorbereitung auf die höchste Stufe der Gefechtsbereitschaft.
- Die Volle Gefechtsbereitschaft (VG): Herstellen der höchsten Bereitschaft aller Kräfte, um Gefechtsaufgaben zu erfüllen und die Mobilmachung abzuschließen. Zugeführt, kurzfristig umgerüstet und ausgestattet wurde dabei ein bedeutendes Kontingent an Technik aus der Volkswirtschaft, um nach fest vorgegebenen Plänen

militärische Transport-, Versorgungs- und Spezialaufgaben zu erfüllen. Im KRR-18 ist die Vorbereitung der Raketentechnik für den Gefechtseinsatz beendet, alle Raketen sind klar zum Verschuss und in die entsprechenden Stellungsräume der KRA transportiert. Alle SSR sind mit Raketen für die erste Salve beladen und befinden sich getarnt in den Stellungsräumen. Damit sind die Kampfeinheiten des KRR-18 bereit, Gefechtsaufgaben sofort zu erfüllen.

Ein Schwerpunkt beim Übergang auf höhere Stufen der Gefechtsbereitschaft war das unbedingte Einhalten der geplanten Zeiten und Normen durch die Führung und die Truppen. Für das KRR-18 galten z. B. beim Übergang in die „VG" aus der „SG" folgende ausgewählte Normzeiten:
- „X + 00:30" (Stunden : Minuten): Entfalten der 1. SSR
  des Gefechtsdienstes in eine befohlene Warte-/Startstellung.
- „X + 00:35": Ende der Benachrichtigung und der Heranholung
  des Personalbestands aus dem Wohngebiet Gelbensande.
- „X + 01:00": Entfalten der 2. SSR des Gefechtsdienstes
  in eine befohlene Warte-/Startstellung.
- „M + 03:00": Herstellen der Arbeitsbereitschaft
  des Empfangspunkts für die Mobilmachung im KRR-18.
- „X + 03:00": Besetzen des Führungspunkts des Chefs
  der Küstenraketentruppen auf dem HGS des STMCVM.
- „X + 05:00": Herstellen der Bereitschaft zur Überführung von
  Raketen in die BS II, Einrichten der Beladepunkte.
- „X + 07:40": Entfalten der 3. SSR der 1. KRA nach dem Beladen
  mit Raketen in den Stellungsraum Darß.
- „X + 08:50": Entfalten der 4. SSR der 1. KRA nach dem Beladen
  mit Raketen in den Stellungsraum Darß.
- „M + 10:00": Abschluss der Maßnahmen der Mobilmachung.
- „X + 23:00": Entfalten der ersten Kolonne der 2. KRA
  in den Stellungsraum Halbinsel Wittow/Rügen.
- „X + 31:30": Abschluss der Überführung aller Raketen in die BS I.
- „X + 37:00": Abschluss aller Maßnahmen zur Herstellung der „VG" im KRR-18.

Weitere Normzeiten und Handlungen waren in der jährlichen „Anordnung 01/198 … des Kommandeurs des KRR-18 über die Gewährleistung der ständigen Gefechtsbereitschaft und Überführung in höhere Stufen der Gefechtsbereitschaft" für das jeweilige Ausbildungsjahr aufgeführt. Die Auslösung von höheren Stufen der Gefechtsbereitschaft begann mit einem bis ins Detail durchorganisierten Alarmierungsplan. Ausgelöst wurde der Alarm auf Weisung des Ministers für Nationale Verteidigung durch das operative Führungszentrum des MfNV mittels gedeckter Nachrichtenverbindungen zu den Kommandos der Teilstreitkräfte, von dort weiter zu den unterstellten Verbänden, Truppenteilen, Einheiten und Einrichtungen. Die auszulösende Stufe der Gefechtsbereitschaft wurde mittels Kennwort übermittelt. Zu diesen Kennwörtern existierten bei den Diensthabenden der Einheiten versiegelte Kuverts, die dann geöffnet werden mussten. Die darin enthaltenden Befehle waren auszuführen. Dazugehörige Zyklogramme mit Normzeiten und Handlungen/Weisungen befanden sich ebenfalls unter Verschluss im Panzerschrank des entsprechenden Diensthabenden. Diese Dokumente wurden aktenkundig bei jedem Dienstwechsel übergeben. So waren auch im KRR-18 alle Handlungen mit Verantwortlichkeiten sowie Beginn- und Endzeiten in einem Zyklogramm genauestens erfasst, wie z. B.: Die Alarmierung des im Objekt befindlichen Personalbestands, die Handlungen zum Heranholen des Personals aus den umliegenden Wohngebieten, das Besetzen der Waffenkammer zur Ausgabe der Handfeuerwaffen, das Herstellen des Verdunklungszustands, die sofortige Verstärkung der Objektsicherung, die Handlungen zum Klarmachen der Gefechtstechnik. Der Meldefluss bei Beginn und Abschluss der entsprechenden Handlungen war ebenfalls darin festgelegt. Damit war beim Diensthabenden, der die ein- und ausgehenden Meldungen mit Uhrzeit in dieses Zyklogramm eintrug, ein ständiger Überblick über den Stand des erreichten Zustands der Einheiten gewährleistet. Beim Eintreffen des Kommandeurs konnte eine exakte Meldung zur Lage der eigenen Kräfte erstattet werden.

Das Heranholen des im Standort wohnenden Personalbestands konnte ganzheitlich oder teilweise befohlen werden. Das erfolgte im KRR-18 über die durch den Nachrichtenzug installierten Telefonverbindungen im Wohnort Gelbensande und durch Krad-Melder des Wachzugs sowie den strukturmäßigen Kraftfahrer für den Pkw des Kommandeurs mittels Alarmkarten, auf denen der zu benachrichtigende Personenkreis und dessen Adressen vermerkt waren. Diese Alarmkarten wurden ständig präzisiert und regelmäßig an dem sogenannten „Tag der Gefechtsbereitschaft" in der Praxis erprobt. Die im Standort wohnenden Angehörigen des Regiments wurden dann ebenfalls durch ein Codewort oder mit der Weisung, dass sie sich unverzüglich ins Objekt zu begeben hätten, alarmiert. In den 1980er-Jahren wurde dieses System des Heranholens mehrfach überarbeitet. Das war nötig, um die Aktivitäten bei der Erhöhung der Gefechtsbereitschaft geheim zu halten und je nach Lage gedeckt auszuführen. Das gedeckte Heranholen des Personals oder wichtiger Personen wurde im „Plan der Überführung des KRR-18 in höhere Stufen der Gefechtsbereitschaft" festgeschrieben. Dieser Plan wurde 1984 erstmalig durch den Kommandeur des KRR-18 und durch mich erarbeitet und im Weiteren jährlich mit dem Stab der VM präzisiert. Für die jährliche Abstimmung des „Planes der Überführung des KRR-18 in höhere Stufen der Gefechtsbereitschaft" war der STKSC des Regiments verantwortlich. Zu diesem Plan mussten umfangreiche Dokumente für alle Struktureinheiten des KRR-18 erarbeitet und ebenfalls präzisiert werden. Diese Arbeit oblag dem Stab. Für die Stabsoffiziere hieß das, mit mir so manche Zeit nach Dienstschluss gemeinsam in meinem Dienstzimmer zu verbringen. Während an einem Tisch notwendige, von einander abhängige Handlungen noch zeitlich abgestimmt wurden, begannen meine Mitarbeiter an anderen Tischen bereits die Pläne zu zeichnen und die Anlagen zu schreiben. Dafür, dass unser Stab gerade erst formiert worden war und außerdem keine Vorlagen für diese Dokumente existierten, erreichten wir 1984 eine beachtliche Qualität. Besonders stolz war ich immer auf die „Stabskultur" der erarbeiteten Dokumente. Sicher half uns dabei auch der äußerst glückliche Umstand, dass fast alle Offiziere über eine teilweise brillante Handschrift verfügten und grafische Darstellungen einfach liebten. Bei der 1987 stattfindenden Inspektion erhielt der Stab für diese Arbeiten berechtigt Anerkennung und Lob, sicherlich nicht nur wegen der hervorragenden Form, sondern auch wegen des exakten Inhalts der erarbeiteten Dokumente.

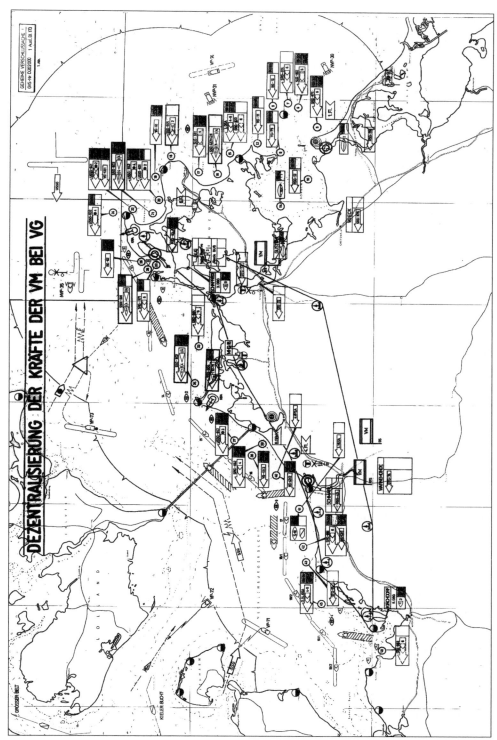

Plan der Dezentralisierung der Kräfte der VM bei „VG" (BA-MA)

Neben diesen Dokumenten mussten mit Indienststellung des Regiments auch die detaillierten Einsatzpläne für den Gefechtseinsatz der SSR, Startbatterien und KRA erstmals erarbeitet werden. Auf topografischen Karten wurden die Stellungsräume eingezeichnet, aus denen oder in welchen bei höheren Stufen der Gefechtsbereitschaft Gefechtshandlungen vorzunehmen waren. Diese Dokumente waren natürlich streng geheim und eigentlich vom Stab der VM zu erarbeiten. Dennoch wurde dem ersten Kommandeur des KRR-18, FK Lothar Schmidt, die Erarbeitung dieser Dokumente befohlen. Aufgrund der hohen Geheimhaltungsstufe dieser Unterlagen konnte der Stab des Regiments nicht eingewiesen werden. Ich wurde damals in meiner Dienststellung als STKRB zur Erfüllung der Aufgabe befohlen, da der Stabschef, Fregattenkapitän Kurt Stippkugel, erkrankt war. Dabei fuhren wir die zahlreichen in Frage kommenden Geländeabschnitte ab, um sie zu erkunden. Von der Insel Rügen bis Kühlungsborn begutachteten wir unter dem Aspekt eines möglichen Gefechtseinsatzes unserer Startrampen praktisch jeden Küstenabschnitt, der von uns anhand der topografischen Karte vorab ausgewählt wurde. Wir legten die „scharfen" Stellungsräume und die Marschrouten für alle Einheiten fest und entschieden uns für die Startstellungen, von denen aus die SSR am effektivsten zum Einsatz kommen sollten. Der Raketeneinsatz musste aus den „scharfen" Stellungen ungehindert und gedeckt erfolgen können, schnelle Manöver zur Einnahme und zum Wechsel der Räume sowie das Beladen der Startrampen mit Raketen und die Unterbringung der sicherstellenden Einheiten mussten möglich sein. Grundlage für diese Auswahl war die Gefechtsvorschrift DV 246/0/027 „Gefechtseinsatz der Küstenraketentruppen". Dabei wählten wir auch Stellungen aus, die zwar ideale Bedingungen für einen Einsatz boten, aber ohne umfangreiche pioniertechnische Vorbereitung nur schwer genutzt werden konnten. Unmittelbar vor Beginn der Kampfhandlungen hätten dann die entsprechenden Arbeiten, Rodungen von Waldstücken, das Planieren von Unebenheiten und die Schaffung von Durchfahrtrassen ausgeführt werden müssen. Jede Stellung wurde genau vermessen und der Anschluss an ein vorhandenes Telefonkabelnetz, sogenannte Anschalt- oder Abholpunkte, geplant. Außerdem wurden diese Stellungsräume in die Gesamtpläne zur Überführung der VM in höhere Stufen der Gefechtsbereitschaft übernommen und dabei mit den anderen Plänen koordiniert. Damit wurde das Zusammenwirken der Schiffskräfte, Fliegerkräfte und nicht zuletzt der im Küstenstreifen handelnden Kräfte der Landstreitkräfte vorab organisiert. Zu beachten war, dass in diesen Räumen die Organisation aller Arten der Gefechtssicherstellung – Aufklärung, Tarnung, funkelektronischer Schutz, Schutz vor MVM, Luftabwehr, Abwehr von Angriffen aus Richtung Land und natürlich die Organisation der dazu benötigten Nachrichtenverbindungen – gewährleistet sein musste. Im Ergebnis hatte der Kommandeur des KRR-18 dem CVM einen Entwurf aller Unterlagen zu übergeben. Deshalb waren auch die Anforderungen an die „Stabskultur" der Ausführung der Dokumente sehr hoch.

In der Gefechtsausbildung gingen wir damals davon aus, dass Aufgaben, die zu Friedenszeiten nicht trainiert werden, unter Gefechtsbedingungen kaum erfüllt werden können. Daraus resultierte die Notwendigkeit, die Kommandeure der KRA und der SSR mit allen geplanten Stellungen bekannt zu machen, ohne dabei die „scharfen" zu enttarnen. Das war übrigens auch laut DV 246/0/027 „Gefechtseinsatz der KRT" gefordert. Im Herbst 1984 wurde dann auch die erste Erkundung mit den Kommandeuren durchgeführt. An diese Maßnahme erinnere ich mich zwar sehr gut, allerdings sind es nicht sehr angenehme Erinnerungen. Bei der Besichtigung des Stellungsraums Darß machten wir kurz Rast auf einem Parkplatz in Ahrenshoop. Mittlerweile war ich als STKSC des Regiments eingesetzt worden und somit wurde mir vom Kommandeur die VS-Tasche mit den geheimen Unterlagen anvertraut. Diese stellte ich nach Verlassen des Fahrzeugs auf dem Kübel „UAZ-469", dem Geländekraftfahrzeug des Kommandeurs, hinter dem Scheinwerfer ab und behielt sie im Blick. Nach Beendigung der Pause setzten wir die Fahrt fort und nach kurzer Zeit stellte ich entsetzt fest, dass die Tasche fehlte. Ich informierte sofort meinen Kommandeur, wir kehrten um und nach erfolgloser Suche musste der Regimentskommandeur dem CVM den Verlust der VS-Tasche mit den Dokumenten melden. Inzwischen war die bei solchen „besonderen Vorkommnissen" übliche Maschinerie angelaufen und nicht mehr zu bremsen. Als wir nach der erfolglosen Suche im Objekt ankamen, erwarteten uns bereits Mitarbeiter der Militärabwehr (MfS), die sofort mit meiner Befragung begannen und mir die Weisung erteilten, unverzüglich einen schriftlichen Bericht zu verfassen. Mit zitternden Händen gelang mir das halbwegs. Jetzt traf aber die Meldung von der 6. GBK ein, dass die gesuchte VS-Tasche bei ihnen sei. Ein aufmerksamer Bürger, der als Grenzhelfer eingesetzt war, hatte sie gefunden und war zum Glück nicht so neugierig, hinein zu schauen. Er übergab die Tasche einer Dienststelle der 6. GBK im petschierten (versiegelten) Zustand ab. Das rettete mir damals den Dienstgrad und die Dienststellung. Die Tasche holten dann besagte Mitarbeiter der Militärabwehr ab und stellten nach entsprechender Kontrolle die Unversehrtheit der Petschaft (Siegel) fest, mein Kommandeur hatte sie petschiert (versiegelt). Nach disziplinarischer und parteilicher Auswertung war diese äußerst unangenehme Angelegenheit erledigt. Ich musste schnell wieder zurück zum Alltag finden, für den Stabschef gab es immer viel Arbeit.

Wie in vielen Erinnerungen von ehemaligen Angehörigen der NVA und in zahlreichen Publikationen veröffentlicht, wurde auch im KRR-18 der tägliche Dienst am stärksten durch die hohen Forderungen der „Ständigen Gefechtsbereitschaft", durch die Gewährleistung des Gefechtsdienstes und durch die regelmäßigen Trainings zum Übergang auf höhere Stufen der Gefechtsbereitschaft belastet. Diese Trainings fanden vor allem an den bereits erwähnten Tagen der Gefechtsbereitschaft einmal monatlich statt. Dabei wurde vor allem die Überführung der Kräfte in die Stufe „EG" trainiert, zu der u. a. gehörte:
- Alarmierung aller Armeeangehörigen des Truppenteils.
- Herstellen der Arbeitsbereitschaft des Stabes und der Nachrichtenkräfte.
- Herstellen der Bereitschaft zur Überführung von Raketen in die BS I.
- Klarmachen zum Entfalten des Gefechtsdienstes und der Kolonnen.

Im KRR-18 wurden zu diesen Tagen nach Vorgabe des Kommandeurs im Stab die entsprechenden Pläne erarbeitet, Kontrollgruppen festgelegt und eingewiesen. Diese hatten bei Alarmierung schwerpunktmäßig die Arbeit des Personalbestands zu überprüfen und einzuschätzen. Neben dem Einhalten der Normzeiten ging es vorrangig um das Erfassen von Schwachstellen und Problemen. Nach anfänglich notwendigen, sehr umfangreichen Auswertungen, verbesserten sich in der Folgezeit Schritt für Schritt die Handlungen des Personalbestands. In Anbetracht des hohen Anteils von Soldaten im GWD mit nur 15 Monaten Dienstzeit im Regiment wiederholten sich aber häufig die gleichen Fehler. Die „Neuen" waren gerade zuversetzt worden und kannten die Abläufe daher nur oberflächlich. Dieses Problem mussten wir auch bei der Gestaltung der Gefechtsausbildung ständig beachten. Somit konzentrierten sich unsere Trainingspläne schwerpunktmäßig auf den halbjährlichen Ab- und Zuversetzungsrhythmus der Soldaten im GWD. Zusätzlich wurde der Stand der Gefechtsbereitschaft durch häufige Inspektionen, Kontrollen, Übungen usw. überprüft und bewertet. Dadurch waren nicht nur die Ausbildung, sondern die gesamte militärische Tätigkeit im Regiment und vor allem das Privatleben der Berufssoldaten besonders stark belastet. Als Beispiel für den Ablauf einer solchen Überprüfung der Gefechtsbereitschaft berichtet Lothar Schmidt im Kapitel IX über die erste Überprüfung der Gefechtsbereitschaft des KRR-18 „Hanse 83".

Entsprechend der für die NVA befohlenen „Ständigen Gefechtsbereitschaft" hatten ständig 85 % des Personalbestands bei Auslösung einer höheren Stufe der Gefechtsbereitschaft anwesend zu sein, unabhängig von Krankheit, Urlaub oder Kommandierung. Es war die wichtigste Aufgabe jedes Vorgesetzten, diese Anwesenheit zu gewährleisten, auch am Wochenende und an Feiertagen. Diese außerordentlich hohen Forderungen der Gefechtsbereitschaft, die wir persönlich alle als notwendig und damit als selbstverständlich ansahen, erforderten vor allem von den Familien der Berufssoldaten aufgrund der hohen Belastungen und der damit verbundenen Entbehrungen viel Verständnis. Deshalb ist es nicht verwunderlich, dass wir im Regiment immer nach Möglichkeiten suchten, um diese komplizierten Bedingungen etwas aufzulockern, ohne dabei die Normen der Gefechtsbereitschaft in Frage zu stellen. Obwohl wir in Gelbensande, Rövershagen und Ribnitz-Damgarten nur etwa 10 km vom Ostseestrand entfernt wohnten, konnten wir diesen im Sommer nur selten nutzen. Für alle galt jederzeit, außer während des Urlaubs, die Norm: Verlassen des Objekts für den Gefechtsdienst nach 30 und für alle anderen nach 60 Minuten. Zu den genannten Zeiten mussten alle nicht nur persönlich marschbereit sein, sondern die meisten Berufssoldaten hatten sich auch noch um ihre Unterstellten und natürlich um die Technik zu kümmern. Schließlich kam zu diesem Problem aus den Reihen des Stabes ein Vorschlag, der in der Führung des Regiments diskutiert und nach eingehender Prüfung vom Kommandeur genehmigt wurde. Und so zogen dann ab Sommer 1984 sonntags, zu dieser Zeit wurde sonnabends noch gearbeitet, die Familien der Berufssoldaten mit Kind und Kegel mit ihren Privatautos an den Ostseestrand von Graal-Müritz. Dafür wurden jedes Mal vorher ein Verantwortlicher und dessen Aufenthaltsort am Strand festgelegt. Alle anderen lagerten in der Nähe.

Für die Alarmierung wurde ein UKW-Gerät vom Typ „UFT-435" mitgeführt (es gab ja noch keine Mobiltelefone). Die Urlauber in Graal-Müritz staunten nicht schlecht, als dort eine Gruppe von Familien anrückte, an einen Blechkasten mit vielen Knöpfen und den ungefähren Maßen 40 x 22 x 11 cm eine 4 m hohe Peitschenantenne montierte und über Sprechfunk, natürlich unter Verwendung von Decknamen, mit dem OP-Dienst des Regiments die Verbindung aufnahm. Danach konnte das übliche Strandleben entfaltet werden. Das war aber eine absolute Ausnahmeregelung. Außerdem war mir bekannt, dass der Regimentskommandeur in solchen Fällen seinen Vorgesetzten nicht immer um Genehmigung fragte, sondern das auf seine Kappe nahm. Er wusste, dass die Antwort auf derartige Anfragen meistens „Nein" gelautet hätte. Bei passender Gelegenheit (Berichterstattung u. a.) baute er allerdings dann die Information darüber beiläufig mit ein. So konnte er bei einer diesbezüglichen Nachfrage seinem Vorgesetzten antworten, dass er ihn darüber informiert habe, was dieser dann bestätigen musste.

Die in Folge der hohen Gefechtsbereitschaft herrschenden schwierigen Zustände für das gesamte Personal führten zu einer besonders starken Kameradschaft im Regiment. Jeder war immer bereit, dem anderen zu helfen und auch alle Kommandeure handelten bei schwierigen Lagen (wie z. B. der Teilnahme eines ihrer Unterstellten an einer Familienfeier oder bei der Lösung einer komplizierten Situation in der Familie), ausnahmslos verständnisvoll und unterstützten den betreffenden Armeeangehörigen. Dazu trug noch wesentlich bei, dass wir alle unter den gleichen Bedingungen in einem zusammenhängenden Wohngebiet wohnten: die überwiegende Mehrzahl in Gelbensande, ein Teil in Rövershagen, ein anderer Teil in einem Wohnblock am Objekt. Später kam noch Ribnitz-Damgarten dazu.

Während im KRR-18 planmäßig Elemente der Gefechtsbereitschaft trainiert wurden, waren Überprüfungen, Übungen oder Trainings in Verantwortung des Stabes der VM immer mit überraschender Alarmauslösung verbunden, d. h., ohne vorherige Information. Die vorzunehmenden Handlungen waren dabei mit zwei Ausnahmen identisch mit den Inhalten unserer Trainings. Letztere beinhalteten Mobilmachungsaufgaben und die Besetzung des FP des Chefs der KRT auf dem HGS des CVM.

Mobilmachung und Besonderheiten der Führung

Die Maßnahmen zur Vorbereitung und Sicherstellung der Mobilmachung erforderten einen sehr hohen Aufwand. Im KRR-18 betrug die Personalstärke laut „STAN 90" im täglichen Dienst im Soll 1 438 und nach der Mobilmachung im Soll 2 606 Armeeangehörige. Das heißt, es mussten 168 Reservisten und 21 Kfz bei der Mobilmachung eingegliedert werden. Diese Kfz wurden aus den umliegenden Betrieben und landwirtschaftlichen Produktionsgenossenschaften (LPG) abgezogen. Zusätzlich musste die Mobilmachungstechnik, die im Regiment eingelagert, d. h. „eingemottet", war, entkonserviert werden. Um die Volkswirtschaft nicht unnötig durch den Abzug von Arbeitskräften (Reservisten) und Technik zu belasten, fanden diese Übungen nur sehr selten statt. Bekannt ist die Übung „Lüfter 87", bei der dem KRR-18 Reservisten und Technik zugeführt wurden. Für einen Großteil der Abläufe bei dieser Übung war FK Bernd Moritz als STKRD verantwortlich. Er hatte die Arbeit des FP bezüglich der Mobilmachung zu organisieren und zu leiten. FK B. Moritz war von der 6. Flottille zuversetzt worden. Er hatte dort im Stab der RD gedient und kannte sich dementsprechend mit dieser Problematik sehr gut aus. Davon profitierten wir bei der Übung und damit hatte er an der Einschätzung „Mobilmachungsbereit" für unser Regiment großen Anteil. Jährlich erfolgte in Verantwortung des STKSC die Abstimmung mit dem Stab der VM bezüglich der Pläne zur Mobilmachung. Daran nahmen auch entsprechend ihrer Verantwortungsbereiche die STKRD und STKT teil.

Wie bereits erwähnt, beinhaltete die Herstellung höherer Stufen der Gefechtsbereitschaft in erster Linie auch die Herstellung der Führungsbereitschaft der Stäbe. Im Kapitel IX, S. 282 beschreibt Lothar Schmidt auch die Besonderheiten der Führung der KRT. Da ein Führungsorgan im Stab der Flotte fehlte, hatten der Kommandeur des KRR-18 und ausgewählte Offiziere des Stabes demzufolge den FP des Chefs der KRT auf dem HGS des CVM zu besetzen. Dieses Element der Gefechtsbereitschaft konnten wir nicht selbstständig trainieren. Der HGS war ein unterirdischer Bunker in einem Waldstück bei Tessin, der strengster Geheimhaltung unterlag. Der zutrittsberechtigte Personenkreis war stark eingeschränkt. Die Verlegung erfolgte bei Trainings generell gesammelt vom KVM aus. Da die Führung der Kampfeinheiten des KRR-18 vom HGS gewährleistet war, führte ich sie in meiner Funktion als Stabschef über den FP des Regimentskommandeurs, der mit zwei mobilen Stabes-Kfz „LO-1800" („Schmetterling"), den Funkstationen „R-140" auf dem Kfz „ZIL-131" und „R-142" auf dem Kfz „GAZ-66" im Gelände entfaltet wurde. Die Herstellung der Arbeits- und Führungsbereitschaft der FP trainierten wir ständig. Bei der Gefechtsausbildung der KRA wurde meistens ein mobiler FP entfaltet. Da der Kommandeur zu solchen Maßnahmen nicht den FP auf dem HGS besetzen musste, führte er die Kräfte von diesem, seinem eigentlichen Führungspunkt. Durch diese ständigen Trainings verfügte der Stab über solide Kenntnisse und Fertigkeiten bei der Organisation der Führung der Kräfte.

Gefechtsdienst

Der Gefechtsdienst bestand aus Kampfeinheiten, die entsprechend der Norm mit Gefechtsmitteln, mit materiellen Mitteln und mit Vorräten ausgerüstet und personell und technisch einsatzklar waren. Die Besatzungen mussten für die Erfüllung aller Haupt- und Nebenaufgaben ausgebildet und innerhalb kürzester Zeit in der Lage sein, entsprechend den festgelegten Bereitschaftsstufen aus den Basierungspunkten, den Dezentralisierungsräumen, aus den Objekten sowie von den Flugplätzen aus eingesetzt zu werden, um ein günstiges operatives Regime in der OPZ der VM zu schaffen bzw. aufrecht zu erhalten, oder um eine Aggression von See her abzuwehren. Daher hatte der Gefechtsdienst der VM ständig zur Erfüllung folgender Aufgaben bereit zu sein:
- Aufklärung
- Beobachtung und Unterstützung des Vorpostendienstes
- Begleitung von Schiffskräften des wahrscheinlichen „Gegners"
- Vernichtung von Schiffen, Flugzeugen und Küstenobjekten
  des wahrscheinlichen „Gegners"
- Schutz der Seegrenze, des Festlandsockels und die Unterstützung
  bei der Sicherung der Fischereizone
- Seenotrettung
- Sonderaufgaben

Zur Erfüllung dieser Aufgaben befanden sich Teile der Stoßkräfte der VM (der Gefechtsdienst) praktisch in ununterbrochener Sofortbereitschaft für den Gefechtseinsatz.

Betrachten wir die geschichtliche Entwicklung des Gefechtsdienstes in der VM: Ab 1971 wurden die Schiffsstoßkräfte der VM unter der Bezeichnung „Kampfkern 1" in ständiger hoher Gefechtsbereitschaft gehalten. Im Sommer lagen die Raketenschnellboote der 6. Flottille an der Pier 4 im Hafen Dranske, im Winter im Hafen Saßnitz auf der Insel Rügen. Letzterer wurde wegen des Fährbetriebs nach Skandinavien eisfrei gehalten. Anfänglich waren die Boote noch nicht mit Raketen ausgerüstet. Da das Ausrüsten der RS-Boote mit vier Raketen „P-15" jedoch zu viel Zeit kostete, entschied man dann, diese Boote ständig mit Raketen auszurüsten. Nach jeweils einem halben Jahr wurde die Brigade, die den Gefechtsdienst versah, gewechselt. Die Raketen wurden umgeladen oder entsprechend des Zyklus zur Wartung in die RTA-6 abgegeben und durch neue ersetzt. Mit der Einführung des Gefechtsdienstes wurde das System der Aufklärung und Beobachtung des Luft- und Seeraums reorganisiert und verstärkt. Später wurde zusätzlich eine möglichst gedeckte Entfaltung und Dezentralisierung der Kräfte in Spannungsperioden geplant. Im Laufe der Zeit wurden die Normzeiten für die Überführung der Kräfte in den Verteidigungszustand ständig verkürzt.

Einweisung der Besatzung der SSR des Gefechtsdienstes im KRR-18 (JD)

Wie sich bereits Mitte der 1970er-Jahre zeigte, hing der Einsatz der Gefechtsdiensteinheiten der 6. Flottille stark von den meteorologischen und seehydrografischen Bedingungen ab. Die Schnellboote verfügten über keine Eisklasse und der Waffeneinsatz bei schwerer See war kompliziert, manchmal sogar unmöglich. Im Gefecht mussten die Schnellboote teilweise innerhalb der gegnerischen Waffenreichweite manövrieren und waren damit äußerst gefährdet. Durch die Einführung in der VM des in der UdSSR neu entwickelten, modernsten mobilen KRK „Rubesh" Anfang der 1980er-Jahre – noch vor der BF –, konnten diese Nachteile kompensiert werden. Der Einsatz der KRT war unter nahezu allen Bedingungen möglich, sie konnten in kürzester Zeit gedeckt und außerhalb der gegnerischen Waffenreichweite eingesetzt werden. Nach der Übernahme der ersten SSR des KRK „Rubesh" durch die KRA-18 ergab sich deshalb 1981 die zwingende Notwendigkeit, sie unverzüglich in das System der ständigen Gefechtsbereitschaft, und ab Januar 1983 in den Gefechtsdienst einzugliedern.

Am 30.09.1981 wurde auf der Grundlage der Dokumente „Baltika" (das waren Dokumente des Oberkommandos der VOF zur Überführung der Flotten in den Kriegszustand) die KRA-18 im Bestand von zwei SSR mit Befehl des CVM in das System der Gefechtsbereitschaft eingegliedert. Damit waren mit sofortiger Wirkung folgende Aufgaben unter allen Lagebedingungen zu erfüllen:
- Eine Startbatterie im Bestand von 2 SSR hatte ständig für den Gefechtseinsatz bereit zu sein.
- Die RTB hatte dafür auf Befehl normgerecht 4 Raketen zum Verschuss klarzumachen.
- Der Transport- und Nachladezug hatte Raketen in befohlene Stellungsräume zu überführen, einen Beladepunkt einzurichten, zum Beladen der SSR mit Raketen der 2. Salve bereit zu sein und sonstige Transportaufgaben zu erfüllen.
- Der Führungszug hatte die befohlenen Nachrichtenverbindungen herzustellen, den Gefechtseinsatz sicherzustellen und den mobilen FP des Kommandeurs zu entfalten. Die Entfaltung und der Aufenthalt der Startbatterie in den Stellungsräumen waren sicherzustellen, zu sichern und zu verteidigen.
- Eine SSR ohne Raketen hatte ununterbrochen bereit zu sein, auf Befehl des OPD

der VM das Objekt zu folgenden Normzeiten zu verlassen und, wenn nicht anders befohlen, den Dezentralisierungsraum Willershäger Forst (bei Schwarzenpfost) einzunehmen:
- Ohne Ausrüstung mit Raketen nach 30 Minuten.
- Ausgerüstet mit Raketen nach 1 Stunde und 30 Minuten.

Zur Erfüllung dieser Aufgabe musste sich in der Gefechtsausbildung auf die Befähigung des Personals zum Einsatz von zwei SSR und auf die Vorbereitung von vier Raketen und deren Transport konzentriert werden. Dank der Unterstützung der sowjetischen Spezialisten, die sich zur Übergabe der Technik im Objekt Schwarzenpfost aufhielten, wurde dieses Ziel erreicht. In der ersten Abnahmegefechtsübung am 13.04.1981 erhielt der Personalbestand der KRA-18 die Einschätzung „Gefechtsbereit". Ab Oktober 1981 wurde jetzt jeweils wöchentlich die Technik überprüft, die Nummer der für den sofortigen Einsatz vorgesehenen SSR und der Name ihres Kommandeurs an den OPD der VM gemeldet. Da die SSR nicht mit Gefechtsraketen beladen war, wurden die zwei dafür vorgesehenen Raketen in der technischen Zone des Objekts gelagert und durch den Diensthabenden ständig kontrolliert. Das war eine komplizierte Aufgabe für die Angehörigen der KRA-18 und später des 1983 in Dienst gestellten KRR-18. Neben der Übernahme neuer Technik stand im Mittelpunkt die Aufgabe, die Armeeangehörigen zum Bedienen dieser Technik auszubilden, sowie die Hauptaufgabe, einen schnellen und zuverlässigen Gefechtseinsatz zu gewährleisten.

Die Zeit für die Ausbildung war faktisch nur begrenzt verfügbar. Laufend wurde Personal zuversetzt und aus der UdSSR eintreffende Raketentechnik übernommen. Somit lag der Schwerpunkt der Arbeit in der Formierung der Kollektive und der Befähigung des Personals für den effektiven Einsatz der neuen Technik und Bewaffnung. An ein geschlossenes Handeln und an die Erfüllung von Gefechtsaufgaben innerhalb einer Abteilung war zum Zeitpunkt der Formierung der KRA-18 in den Jahren 1981 bis 1983 nicht zu denken. Wenn man nunmehr den Zeitraum zwischen der Übernahme der ersten Technik und der Erfüllung der Aufgaben betrachtet, kommt man sogar als Außenstehender zu dem Schluss, dass diese in der Gefechtsausbildung nicht im vollen Umfang und nur mit enormem Kraftaufwand zu bewältigen waren. So zeigten sich auch bei Trainings und ersten Überprüfungen erhebliche Mängel. Dem damaligen Kommandeur FK Kurt Stippkugel und seinem Stabschef KK Uwe Lonitz kann man in keiner Weise Vorwürfe machen. Sie haben aus der Situation das Beste gemacht und trotzdem gute Ergebnisse in der Ausbildung des Personals erreicht. Es fehlten nicht nur Personal, Technik und Unterbringungsmöglichkeiten für die Raketen und die SSR. An Lehrgebäude, Kabinette und Lehrgefechtstechnik war überhaupt nicht zu denken. Notwendige Dokumentationen wie Betriebsanweisungen und Nutzungsinstruktionen der Technik waren nur in der Originalsprache, also in Russisch, vorhanden und mussten erst einmal übersetzt werden. Dazu leistete die Operativabteilung des Stabes der VM die notwendige Unterstützung.

Das Einhalten von Normzeiten und Sicherheitsbestimmungen bei der Gewährleistung der ständigen Gefechtsbereitschaft der zwei SSR war aus diesen angeführten Gründen sehr schwer. Erst Ende 1981 wurde eine provisorische Unterstellmöglichkeit für die ersten zwei SSR in Eigenleistung geschaffen. Vom provisorischen Zelt konnte in eine massive Kfz-Halle (deren Fussboden ausgeschachtet wurde um die nötige Höhe zu

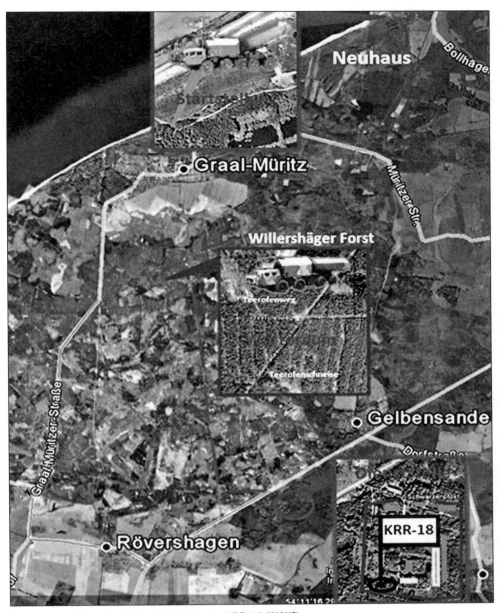

Karte der Entfaltung des Gefechtsdienstes des KRR-18 (IN/WS)

gewährleisten) umgezogen werden. Aufgrund fehlender seitlicher Abtrennungen war eine gesicherte Unterbringung der SSR, ausgerüstet mit Gefechtsraketen, noch immer nicht möglich. Bei der Betankung und beim Regeln der Raketen zeigten sich in der Praxis erhebliche Mängel in der technischen Ausrüstung, Fehler bei der Planung der technischen Zone, bis hin zur Unmöglichkeit, bestehende Sicherheitsbestimmungen einhalten zu können. Wir müssen immer wieder den Elan und festen Willen aller da-

SSR des KRR-18 in der Wartestellung Rostocker Heide (PG)

maligen Gründer der KRA-18 bewundern, die allen Schwierigkeiten zum Trotz ihre Aufgaben erfüllten. Für die unter diesen Bedingungen erbrachten Leistungen und Ergebnisse gebührt ihnen höchste Anerkennung.

Am 01.11.1983 wurde das KRR-18 in Dienst gestellt und die KRA-18 mit einer gefechtsbereiten Startbatterie und der RTB in das Regiment integriert. Als erster Regimentskommandeur wurde FK Lothar Schmidt eingesetzt, der bezüglich der Gefechtsbereitschaft und des Gefechtsdienstes über einen reichhaltigen Erfahrungsschatz aus seinem langjährigen Dienst in der 6. Flottille verfügte. Das traf auch auf andere Offiziere zu, die ebenfalls in den Schiffsstoßkräften gedient hatten, wie z. B. die KK B. Roesner, W. Domigalle, E. Schmidtke und G. Löffler.

Im KRR-18 wurde der Gefechtsdienst wesentlich effektiver gestaltet. Jetzt bestand der Gefechtsdienst aus zwei SSR. Davon war eine SSR ständig mit Raketen beladen und die zweite 30 Minuten nach Alarmierung bereit zum Beladen. Die mit Raketen beladene SSR wurde jeweils mit dem Neutralisations-Kfz „8-T-311" und 2 Krad-Regulierern im wöchentlichen Wechsel zum Gefechtsdienst befohlen. Der Personalbestand wurde vergattert und musste sich im Objekt aufhalten. Die Normzeit zum Verlassen des Objekts betrug für die SSR mit Raketen 30 Minuten und für die 2. Startrampe nach dem Beladen mit Raketen 60 Minuten.

Das bedeutete, dass bereits eine Stunde nach der Alarmierung die KRT der VM in der Lage waren, aus einer Startstellung in der Rostocker Heide zwei Raketen zu starten und damit zum Schutz der Seegrenzen der DDR einen möglichen „Gegner" zu bekämpfen.

Die SSR des Gefechtsdienstes konnten vollkommen selbstständig operieren. Sie verfügten über die dafür notwendige Nachrichten- und Schlüsseltechnik und benötigten keine zusätzlichen Mittel und Kräfte für den Einsatz der Raketenbewaffnung. Lediglich zur Gewährleistung der Sicherheit im Straßenverkehr mussten zwei Krad-Regulierer nach vorn und hinten absichern bzw. durch Stoppen des Gegenverkehrs die notwendige Fahrbahnbreite für die SSR gewährleisten. Das Neutralisationsfahrzeug „8-T-311" auf Kfz „ZIL-131" wurde für den Fall einer Treibstoffhavarie der Raketen sowie für die Bekämpfung möglicher Brände mitgeführt. Im Stellungsraum bewachten dann die Kraftfahrer die SSR. Für die täglichen Kontrollen des Zustands der Raketen und der SSR war der Diensthabende der technischen Zone verantwortlich, der die Ergebnisse seiner Kontrollen nach vorgegebenem Plan dem OPD des KRR-18 zu melden hatte. Bei Störungen oder Ausfällen war der Regimentskommandeur unverzüglich zu informieren und auf dessen Weisung hin bei Änderung des Einsatzklarzustands (EKZ) eine Ersatzstartrampe zu befehlen sowie eine Meldung an den OPD der VM abzusetzen. Die Führung der beiden SSR des Gefechtsdienstes bei ihrer Entfaltung und im Stellungsraum hatte der Kommandeur der jeweiligen KRA mit seinem FP auf der Funkstation „R-142" auf dem Kfz „GAZ-66" sicherzustellen. Dieses Fahrzeug wurde auf gesondertem Befehl in Marsch gesetzt. Das dazugehörige Führungs- und Nachrichtenpersonal durfte den Standort nicht verlassen. Entsprechend den Einsatzplänen war je nach Lage eine Verlegung vom Reservedezentralisierungsraum Rostocker Heide in die Startstellung Neuhaus vorgesehen. Diese Stellung gewährleistete den Raketeneinsatz in der Mecklenburger Bucht in die Richtungen Fehmarnbelt, Öresund, Grönsund und Smaalandsfahrwasser. Damit waren alle möglichen Kurse von Schiffen des „Gegners" in die OPZ der VM weitestgehend unter Kontrolle.

Ein weiterer Vorteil waren die auf See entfalteten Vorpostenschiffe und die technischen Beobachtungskompanien an der Küste der DDR, die mit ihren Radarstationen das gesamte Seegebiet kontrollierten. Damit konnten, wenn nötig, durch diese Kräfte Zielparameter an die SSR übermittelt werden. Diese brauchten dann ihre eigenen Radarstationen nicht einzuschalten, bzw. konnten die Abstrahlzeiten auf ein Minimum reduzieren, um eine mögliche Enttarnung zu verhindern. Die optische Tarnung erfolgte vorrangig unter Nutzung der natürlichen Gegebenheiten des Geländes und mittels Einsatz von Tarnnetzen an der Technik. Die Waldgebiete der Rostocker Heide und die Startstellung im Gebiet Neuhaus waren dazu aufgrund ihrer Geländebeschaffenheit – Wald, Dünen, Absperrungen – hervorragend geeignet.

Einsatz des Gefechtsdienstes

Im Herbst 1985 führte die NATO mit einem Kampfschiffsverband die Übung „BALTIC OPERATIONS" in der Ostsee aus. Mit neun Kampfschiffen und dem modernisierten Schlachtschiff USS „IOWA", Bordnummer 61, wurden Demonstrationshandlungen einschließlich des faktischen Artillerieschießens auf Seeziele in der Arkonasee vor der Insel Bornholm vorgenommen. Dieses Schlachtschiff war bereits mit Raketen des Typs

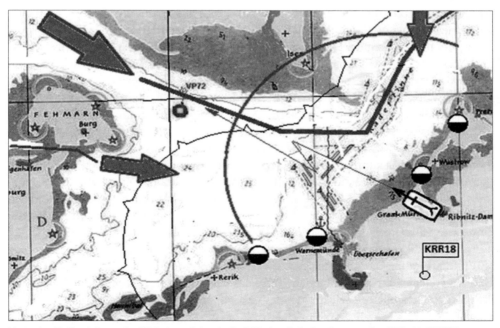

Karte der Zielbegleitung der USS „Iowa" durch die SSR des Gefechtsdienstes des KRR-18 (IN/WS)

„Tomahawk" ausgerüstet, die mit Nuklearsprengköpfen ausgestattet werden konnten. Internationalen Protesten (vor allem Schwedens und der Sowjetunion) zum Trotz, wurde vor den Seegrenzen der Staaten der WVO militärische Stärke demonstriert. Da die Haupthandlungen innerhalb der OPZ der VM stattfanden, befahl der CVM den Einsatz von Gefechtsdiensteinheiten der Stoßkräfte.

Die Schnellboote der 6. Flottille hatten dazu die optische Aufklärung zu übernehmen sowie den Kampfschiffsverband in See zu begleiten und zur Abwehr von Angriffen bereit zu sein. Die Gefechtsdienstkräfte des KRR-18 wurden direkt zum Einsatz in die Startstellung östlich Graal-Müritz befohlen. Da es sich um einen wichtigen Einsatz handelte, bei dem sich die Stellung unmittelbar hinter den Dünen befand und die Annäherung von unbefugten Zivilpersonen ausgeschlossen werden musste, wurde zur Sicherung und Bewachung eine Gruppe des Wachzugs eingesetzt. Aufgrund der Wichtigkeit dieser Aufgabe erhielt ich vom Kommandeur den Befehl, diesen Einsatz zu führen.

Die Verlegung und Entfaltung der Kräfte wurden laut Plan durchgeführt. Nach der Einnahme der Stellung begann die Besatzung der SSR auf Befehl unverzüglich mit der Zielsuche im zugewiesenen Sektor, der über Funk übermittelt worden war. Das Ziel konnte unmittelbar nach Einlaufen in die OPZ der VM durch die Radarstation „Garpun" unserer SSR aufgefasst und ununterbrochen begleitet werden. Wir staunten über das auffallend große Radarecho, das das Schlachtschiff auf dem Radarbildschirm erzeugte. Das Ziel wurde ohne Ausfälle und Unterbrechungen über den gesamten Zeitraum des Aufenthalts innerhalb der Reichweite der Radarstation durch die Besatzung der SSR begleitet. Für einen Start der Raketen hätten lediglich die Sicherheitsvorrichtungen für den Transport entfernt und die Vorstartkontrolle vorgenommen werden müssen.

Bei diesem Einsatz stellte ich bei allen Angehörigen überdurchschnittliche Leistungen fest. Mit hoher Disziplin und Können erfüllten alle Armeeangehörigen exakt die ihnen befohlenen Aufgaben. Angst, Unsicherheit oder Zweifel am eigenen Handeln gab es absolut nicht. Jedem war bewusst, dass es sich bei diesem Einsatz weder um ein Training, noch um eine Überprüfungsmaßnahme handelte. Zum Täglichen Gefechtsstand der VM bestand eine ständige Nachrichtenverbindung. Auf diesem Netz wurden alle Informationen über den aktuellen Standort, über den Kurs und die Geschwindigkeit des Verbands abgesetzt. Die Informationen über konkrete Handlungen wurden direkt von den zur optischen Aufklärung befohlenen Schiffskräften übermittelt. Wir hatten ständig Meldung über den bestehenden Radarkontakt zu erstatten sowie über die Bereitschaft zur Bekämpfung des Ziels. Erstmals erlebten wir in der Praxis ein enges Zusammenwirken mit Schiffsstoßkräften gegen einen Kriegsschiffsverband des „Gegners". Die Raketentechnik wurde allerdings nicht zum sofortigen Einsatz vorbereitet. Die Sicherheitsvorrichtungen durften nur auf Befehl entfernt werden und dieser wurde in diesem Fall nicht gegeben. Trotzdem war uns jederzeit bewusst, dass ein faktischer Einsatz der Raketenbewaffnung durchaus möglich war.

Erstmals hatten die Angehörigen des Gefechtsdienstes des KRR-18 mit einer ihrer SSR im Gefechtseinsatz erfolgreich ein reales Ziel begleitet, jederzeit für den Einsatz ihrer Raketen bereit.

Probleme und Ende der Gefechtsbereitschaft

Neben den hohen Belastungen und Entbehrungen für den zum Gefechtsdienst befohlenen Personalbestand ergab sich ein nicht unproblematischer und finanziell sehr teurer Umstand: Aus der ständigen Sicherstellung des Gefechtsdienstes mit Gefechtsraketen resultierte ein wesentlich verkürztes Nutzungsintervall für die Raketen. Im Unterschied zu der vollen oder teilweisen Konservierung und Einlagerung wurden diese Raketen mit der aggressiven Treibstoffkomponente „G" und dem Oxydator „O" (hochkonzentrierte Salpetersäure) betankt und an Bord der SSR bei einer hohen Luftfeuchte gelagert. Der Nutzungszyklus verringerte sich dadurch drastisch und schließlich musste entschieden werden: entweder Verschießen der Raketen zu RSA oder Verschrotten. Bei dem Preis einer Rakete von ca. 2 Mio. Mark der DDR war das ein wesentlicher ökonomischer Aspekt.

Für den faktischen Einsatz, d. h. für den Kriegszustand, waren die bereits erwähnten Gefechtsdokumente erarbeitet worden, in denen alle möglichen Startstellungen aufgeführt waren, die den Raketenstart in den Hauptschussrichtungen unbehindert ermöglichten. Die Startstellungen waren vermessen und mit Anschaltpunkten für Drahtnachrichtenmittel versehen worden. Zur Sicherstellung der SSR in der Startstellung befand sich an Bord der SSR ein optisches Visier, das mit einer Kompassanlage gekoppelt war. Ähnlich dem Prinzip der Kreuzpeilung zur Standortbestimmung in See bestimmte damit die SSR ihre genaue Startposition nach trigonometrischen oder markanten Festpunkten im Gelände. Zum Abhalten dieser Manöver gehörte zu jeder Abteilung ein Vermessungstrupp mit einem Kfz „UAZ-452 T". Die Angaben über die vermessenen Stellungen befanden sich auch in den unter Verschluss gelagerten Dokumenten jeder Küstenbeobachtungsstation. Im Gefecht hätten diese dann Angaben zu den mit Küsten-Radar-Stationen aufgefassten Zielen direkt für die Startstellungen umsetzen und über Nachrichtenverbindungen an die SSR übermitteln können. Für das Zusammenwirken mit Schiffen und Booten in See wurden andere Methoden entwickelt. Zur Sicherstellung der Handlungen der KRT wurden Schiffsfühlungshalter eingesetzt.

Ein Hauptproblem der Gefechtsbereitschaft bildeten die völlig unzureichenden Nachrichtenverbindungen für die Kampfeinheiten des KRR-18. Außerdem entsprach die Ausrüstung mit Nachrichtentechnik nicht dem hohen Niveau der Raketenbewaffnung. Erst im Laufe der Zeit konnten nur durch beharrliche Anstrengungen schrittweise Verbesserungen erreicht werden.

Auch die Taktische Ausbildung des Personals unter feldmäßigen Bedingungen außerhalb des Objekts war aus Gründen der Geheimhaltung nicht durchführbar, zumal die SSR anfangs nur nachts außerhalb bewegt werden durften. Erst auf dringende Bitten des Regimentskommandeurs änderte sich das und schließlich wurde uns 1984 durch den CVM auch die Nutzung militärischer Sperrgebiete zu Ausbildungszwecken gestattet, die der Kommandeur mit dem Stabschef dann gemeinsam erkundete. Trotzdem fehlte

SSR des KRR-18 in einer Startstellung, auf der Halbinsel Darß (LS)

ein eigenes Übungsgelände. Ein weiteres Problem war die ungenügende Information der Kommandeure der Kampfeinheiten des KRR-18 über die Lage in der OPZ VM. Bei der Indienststellung des Regiments existierte lediglich ein Offizier vom Dienst (OvD), der eine immense Anzahl von Aufgaben zu erfüllen hatte:
- Auslösen höherer Stufen der Gefechtsbereitschaft,
- Durchsetzen und Kontrolle des
  befohlenen Tagesdienstes,
- Organisation der Bewachung und des Schutzes unseres Objekts und der technischen Zone u. a.

Das Mitführen der Lage in der OPZ der VM war gar nicht geplant und wäre personell so auch nicht möglich gewesen. Außerdem bestand nachrichtenmäßig keine ununterbrochene Verbindung zum OPD der VM. In der Praxis sah das so aus, dass bei einer Alarmierung die notwendigen Informationen erst umständlich auf telefonischem Wege eingeholt werden mussten. Dadurch ging wertvolle Zeit verloren und befohlene Normzeiten konnten nicht eingehalten werden. Ausgehend von seinen Erfahrungen als Chef einer Raketen-Torpedoschnellbootbrigade befahl FK L. Schmidt nach dem Erkennen des Problems unverzüglich, dass der Operative Diensthabende (OPD) des KRR-18 als Vorgesetzter des OvD eingeführt wird. Dieser war aus den Reihen der Stabsoffiziere, der dem Kommandeur direkt unterstellten Oberoffiziere und der Offiziere mit Führungsfunktion der Küstenraketenabteilungen zu stellen. Sicherlich war das eine zusätzliche Belastung der Berufssoldaten, aber für den organisierten Übergang auf höhere Stufen der Gefechtsbereitschaft und für den geordneten und effektiven Einsatz der Kräfte zur Erfüllung der Aufgaben des Gefechtsdienstes ein dringend notwendiger Schritt. Bei der Durchsetzung dieses Befehls hatten wir die volle Unterstützung unserer Vorgesetzten. Der OPD des KRR-18 wurde durch den OPD der VM direkt geführt und hierfür wurden die dafür notwendigen Nachrichtenverbindungen organisiert. Der für diesen Dienst befohlene Personenkreis wurde entsprechend ausgebildet und nach bestandener Überprüfung der Kenntnisse bestätigt.

Damit wurde die Voraussetzung für das ununterbrochene Führen der Lage in der OPZ der VM geschaffen, ebenso wie für die entsprechende Auswertung und Information der unterstellten Kommandeure. Der Entschluss des Kommandeurs des KRR-18 für den effektiven Einsatz der ihm unterstellten Kampfeinheiten zur Erfüllung von Gefechtsaufgaben wurde dadurch wesentlich begünstigt und es wurde kostbare Zeit gewonnen. Die morgendliche Lage des Regimentskommandeurs mit seinen Stellvertretern, den Kommandeuren der KRA und der SSR wurde ab sofort im Dienstzimmer des OPD vorgenommen und begann mit dem Vortragen der Lage in der OPZ der VM und im KRR-18 durch den OPD. Das war ein Qualitätssprung in der Sicherung einer hohen Gefechtsbereitschaft.

Die wichtigste Überprüfung des Stands der Gefechtsbereitschaft und des Gefechtsdienstes im KRR-18 war die Inspektion durch das Ministerium für Nationale Verteidigung im August 1987. Bei der dabei zu absolvierenden Gefechtsaufgabe in der taktischen Ausbildung standen inhaltlich der Einsatz der KRT nach Angaben von land- und seegestützten Fühlungshaltern und deren Sicherstellung durch gedeckte Nachrichtenverbindungen im Mittelpunkt. Ein weiterer Schwerpunkt waren die Verbesserung der Tarnung im Gelände und die Sicherung der Überlebenskraft der

Einheiten bei Kampfhandlungen. Erneut bewies sich in der Praxis, dass der Einsatz der Raketenbewaffnung gegen ein Ziel unter Nutzung von Fremdparametern (Methode Fühlungshalter) mit viel zu großen Fehlern behaftet war. Wie schon mehrfach erwähnt, gelang es nicht einmal, den Zeitverzug bei der Ermittlung der Zieldaten und deren Übermittlung so zu verringern, dass ein Treffer zu erwarten war. Dazu existierte die Tabelle der zulässigen Datenalterung bei Einsatz von Fühlungshaltern aus der DV 246/0/027. Die grafische Auswertung der Position, des Kurses und der Geschwindigkeit von Zielen auf Seekarten und die nachfolgende verschlüsselte Übermittlung, teilweise über zwei Stationen dauerte viel zu lange und war zu ungenau, um schnelllaufende Ziele erfolgreich bekämpfen zu können. Das war ein Fakt, der uns bekannt war und auf den wir des Öfteren aufmerksam gemacht hatten, den aber keiner unserer Vorgesetzten wahr haben wollte, auch nicht die Inspektionsoffiziere.

Im Auswertebericht der Inspektion wurde festgestellt, dass die hohen Anforderungen an die Gefechtsbereitschaft des KRR-18 im Widerspruch zu den teilweise unzulänglichen Dienst-, Arbeits- und Lebensbedingungen der Angehörigen des Regiments stünden. Kritisch angemerkt wurde weiter die unzureichende Ausrüstung mit Personal und Technik, besonders Pionier- und Nachrichtentechnik. Diese Probleme waren der Führung des Regiments selbstverständlich bekannt und der Kommandeur hatte sie immer wieder bei seinem Vorgesetzten, dem CVM, angesprochen. Außerdem waren sie bereits bei früheren Kontrollen ausgewertet worden. Aber trotzdem wurden nie umfassende Maßnahmen zur Beseitigung dieser Mängel eingeleitet.

In der Folgezeit wurden bis November 1989 an dem bestehenden System des Gefechtsdienstes des KRR-18 keine Veränderungen vorgenommen. Da die Ausrüstung der 3. KRA mit SSR unmittelbar bevorstand, sollte dann die hohe Belastung des Personalbestands durch den Gefechtsdienst auf wesentlich breitere Schultern verteilt werden.

Im Herbst 1989 veränderte sich die innenpolitische Lage in der DDR drastisch. Den Veränderungen und Reformen konnte sich auch die NVA nicht entziehen. Für die VM bedeutete das erneut einen Wechsel des Chefs, umfangreiche Veränderungen in der Führungsstruktur und Erleichterungen für den Personalbestand im täglichen Dienst. Die ständig propagierte Bedrohung durch die NATO wurde vom Volk der DDR in diesem Umfang nicht mehr mitgetragen. Auch für das KRR-18 bedeutete das einen erneuten Wechsel des Kommandeurs und vor allem Veränderungen im System der „Ständigen Gefechtsbereitschaft". Mit Befehl Nr.111/89 des neuen CVM, Vizeadmiral Hendrik Born, wurden im November 1989 für die VM die Normzeiten und Handlungen beim Übergang auf höhere Stufen der Gefechtsbereitschaft korrigiert, d. h., sie wurden wesentlich gelockert.

Im KRR-18 wurde jetzt u. a. auch die für die Gefechtsbereitschaft so wichtige Funktion des OPD abgeschafft – keine Leute! Für den Gefechtsdienst des KRR-18 wurde z. B. die Normzeit zum Verlassen des Objekts für eine, nun auch nicht mehr mit Raketen beladene SSR, auf 60 Minuten festgelegt. Was war das für eine Waffe – eine SSR ohne Raketen. In der Folgezeit wurde die bis dahin erstrangige Bedeutung der Gefechtsbereitschaft und des Gefechtsdienstes laufend weiter abgewertet. Ausdruck dessen war die Verkürzung der Dienstzeit der Soldaten im GWD auf zwölf Monate, die Entlassung von Berufssoldaten auf eigenen Wunsch, die Entfernung der Militärabwehr und der Partei- und Politorgane aus der Armee usw.

Abschied mit erstmals zehn SSR des KRR-18 in Reihe und Glied (PG)

Schließlich war der Personalbestand so gering, dass von Gefechtsbereitschaft überhaupt keine Rede mehr sein konnte. Maßnahmen, die im KRR-18 durchgeführt wurden, um fehlendes Personal auf den SSR z. B. durch Stabsoffiziere zu ersetzen, waren eigentlich nur überflüssige Spielereien und Kampf gegen die Langeweile. Das wichtigste war aber jetzt, bei dem vorhandenen großen Vernichtungspotenzial an Bewaffnung und Munition im Regiment die Sicherheit zu gewährleisten. Schließlich wurden die Munition, Bewaffnung und die technische Ausrüstung schrittweise außer Dienst gestellt, übergeben und abtransportiert.

Am 24.09.1990 trat die DDR aus der WVO aus, am 02.10.1990 wurde auf der letzten Musterung des KRR-18 mit nur noch 40 % Personalbestand die Truppenfahne abgegeben. Da kein „Gegner" mehr vorhanden war, waren eine hohe Gefechtsbereitschaft und der Gefechtsdienst nun wirklich überflüssig und damit auch das KRR-18.

Zum Problem der äußerst hohen Gefechtsbereitschaft in der NVA zitiere ich, (siehe im Anhang, Literaturquelle Nr. 15., S. 362): „… Heute wird unter ehemaligen Angehörigen der NVA die Frage erörtert, ob die Forderungen an die GB und an das DHS notwendig und berechtigt waren. Dabei wird einerseits auf die niedrigere Einsatzbereitschaft der Bundeswehr (vor allem an den Wochenenden und den Feiertagen) verwiesen. Andererseits wird die hohe Einsatzbereitschaft bestimmter Flieger- und Raketenkräfte der NATO, vor allem der USA, kaum in Betracht gezogen. Einerseits wird auf das übersteigerte Sicherheitsbedürfnis der sowjetischen Führung verwiesen (nie wieder einen 22. Juni 1941 zuzulassen), andererseits sind die damaligen außen- und militärpolitischen Ziele der NATO, speziell jedoch der USA und der BRD, umstritten. Einerseits wird auf die in den 1970er-Jahren eintretende weltpolitische Entspannung verwiesen, andererseits ist nicht zu übersehen, dass trotzdem der Rüstungswettlauf auf beiden Seiten weiter gesteigert wurde. Welche dieser Sachverhalte sind als Kriterien heranzuziehen, um diese Frage eindeutig zu beantworten? Sie kann im Rahmen dieser Studie nicht beantwortet werden. Wir stellen lediglich fest: Die Forderung nach permanenter Erhöhung der ständigen GB entstand im sowjetischen Generalstab, unabhängig von der jeweiligen politischen Lage, gebunden an militärtechnische Parameter des potentiellen Gegners. Sie wurde von der NVA-Führung akzeptiert und mit deutscher Gründlichkeit radikal durchgesetzt …"

Sicher trifft auch zu, dass unsere Partei-, Staats- und militärische Führung wider besseres Wissen diese zum Teil übersteigerte hohe Gefechtsbereitschaft künstlich erzeugt hat, um damit wenigstens die Angehörigen der NVA vom Nachdenken über andere Probleme, wie z. B. der Wirtschaft und Demokratie, abzulenken.

Letztendlich wurde aber unser aller Hauptziel erreicht: Es ist gelungen, nach dem Zweiten Weltkrieg in Zentraleuropa einen Krieg zu verhindern.

Wolfgang Schädlich
Kapitel V Gefechtsausbildung in den Küstenraketentruppen

Einleitung

Die Gefechtsausbildung im KRR-18 fand entsprechend der in der NVA gültigen Grundsätzen, Prinzipien und Festlegungen statt. Sowohl die Ausbildungszeit als auch die entsprechenden Inhalte bis hin zur Nachweisführung waren streng reglementiert. Die Ziele und Inhalte spiegelten sich in den (in Kapitel II bereits genannten) militärischen Dokumenten und Befehlen wider, die von den jeweiligen Vorgesetzten – beginnend beim Minister für Nationale Verteidigung über den CVM bis zu den Chefs der Verbände und den Kommandeuren der Truppenteile und Einheiten – erlassen wurden.

Die Gefechtsausbildung bildete den Hauptinhalt des Handelns der Armeeangehörigen im militärischen Alltag und damit einen Schwerpunkt für die Gewährleistung der ständig hohen Gefechtsbereitschaft. Sie erforderte einen enormen planerischen und organisatorischen Aufwand und den Einsatz immenser materieller und finanzieller Mittel. Alle Angehörigen der NVA mussten außerordentliche Anstrengungen sowie persönliche Entbehrungen auf sich nehmen und damit verbundene hohe physische und psychische Belastungen. Durch die Forderung, die Ausbildung unter gefechtsnahen Bedingungen durchzuführen, waren Risiken nicht auszuschließen, die mitunter zu Vorkommnissen, Havarien, Beschädigungen und in einigen Fällen leider auch zu Unfällen mit tödlichem Ausgang führten, die sich zum Glück im KRR-18 nicht ereigneten. Trotzdem war die Ausbildung in dieser harten Form notwendig und bereitete die Armeeangehörigen auf ein erfolgreiches Handeln und damit auf das Überleben in einer möglichen militärischen Auseinandersetzung vor.

Zur Gefechtsausbildung im KRR-18 gehörten:
1. Die Allgemeinmilitärische Ausbildung (AMA) mit den Bestandteilen: Dienstkunde, Exerzierausbildung, Sanitätsausbildung, Schießausbildung an den Handfeuerwaffen, Ausbildung zum Schutz vor Massenvernichtungsmitteln (MVM), Militärische Körperertüchtigung (MKE).
2. Die Spezialausbildung (technische Ausbildung).
3. Die Taktische Ausbildung.
4. Die Operative Ausbildung.

Die Gesamtverantwortung für die Ausführung und Planung der Gefechtsausbildung lag im Regiment beim Kommandeur des KRR-18. Er prägte persönlich maßgeblich den Inhalt der Ausbildung. Für die detaillierte Organisation und Planung der Umsetzung zeichnete ich als Stabschef mit meinem Stab verantwortlich, wobei die einzelnen Stabsspezialisten für ihren jeweiligen Fachbereich zuständig waren. Sie hatten die Aufgabe, geeignete Ausbilder aus den Reihen der Unterstellten auszuwählen und auszubilden. Desweiteren hatten sie die Ausbildung anzuleiten, die Umsetzung zu kontrollieren, notfalls Hilfe zu gewähren und mir über besondere Probleme sowie über die erreichten Ergebnisse Meldung zu erstatten. Die eigentliche Ausbildung der Unterstellten wurde

SSR des KRR-18 bei der Fahrausbildung (WS)

in Verantwortung der Ausbilder vorgenommen. Die direkten Vorgesetzten aller Stufen waren für das Einhalten der vorgesehenen Ausbildungszeit und für das Abarbeiten der befohlenen Inhalte zuständig.

Zur Einschätzung des Ausbildungsstands dienten die sogenannten Normen der Gefechtsausbildung. Sie bildeten die Kriterien zur Bewertung von Übungen, Aufgaben und Handlungen der Armeeangehörigen und Einheiten an der Bewaffnung, Kampftechnik und Ausrüstung sowie im Gefecht. Die Inhalte der einzelnen Normen waren in sogenannten Normenkatalogen oder entsprechenden Dienstvorschriften exakt vorgegeben und der Ablauf darin klar definiert. Die Normen sollten eine einheitliche und objektive Bewertung des Ausbildungsstands der Armeeangehörigen und der Einheiten ermöglichen und darüber hinaus die Auszubildenden zu hohen Leistungen anregen.

Im Verlauf der Gefechtsausbildung waren zunächst die notwendigen Handgriffe und Tätigkeiten unter kontinuierlich steigender Belastung vorschriftsmäßig zu üben, erst danach durfte überprüft werden. Die Normenabnahmen erfolgten schwerpunktmäßig während der taktischen Ausbildung und wurden möglichst in deren Ablauf integriert. Meistens beinhalteten die Normen das Einhalten eines Zeitlimits. Neben der Zeit spielte das Einhalten von Ablaufreihenfolgen, von Sicherheits- und anderen militärischen Bestimmungen eine wesentliche Rolle. Erschwerte Bedingungen, z. B. extreme Temperaturen, Regen, Schneefall, Ausführung unter Schutzausrüstung u. a., wurden durch Zeitaufschläge berücksichtigt.

Wurde die Norm nach der Zeit zwar erfüllt, aber mit Fehlern, war bei der Bewertung die Note für jeden Fehler, soweit nicht anders festgelegt, um einen Grad zu senken. Die Note „Sehr gut" wurde z. B. vergeben, wenn die Norm vorschriftsmäßig, in vollem Umfang, unter Beachtung der Sicherheitsbestimmungen und der Folgerichtigkeit der vorzunehmenden Handlungen erfüllt wurde, die Werkzeuge, das Zubehör und die Technik richtig und entsprechend ihrer Funktion genutzt wurden und das geforderte Zeitlimit erfüllt war.

Aus allen Einzelnormen wurde ein Gesamtergebnis errechnet. Der Armeeangehörige bzw. die Einheit erhielt für mehrere Einzelnormen eines Ausbildungszweiges folgende Benotung:
- „Sehr gut": Nicht weniger als 50 % der Normen wurden mit „Sehr gut" und der Rest mindestens mit „Gut" bewertet.
- „Gut": Nicht weniger als 50 % der Normen wurden mindestens mit „Gut" und der Rest mindestens mit „Befriedigend" bewertet.
- „Befriedigend": 70 % der Normen, bei drei Normen mindestens zwei, wurden erfüllt.

Nach diesen festgelegten Kriterien wurden Gesamtnoten für den Armeeangehörigen, für die Einheiten, für das Führungsorgan bis hin zum Regiment ermittelt. Diese bildeten u. a. auch die Grundlage für die Auswertung von Überprüfungen und des

Sozialistischen Wettbewerbs. Somit waren die Ergebnisse für alle Armeeangehörigen untereinander vergleichbar und ermöglichten einen Wettstreit. Das angeführte System der Benotung wurde auch bei der in der NVA höchsten Überprüfungsart, der Inspektion, identisch angewendet. Allerdings setzte man hier bei der Bewertung der Struktureinheiten Prioritäten. In unserem Regiment waren dementsprechend die wichtigsten Einheiten das Führungsorgan mit Stab und Politabteilung und die waffengattungsbestimmenden KRA.

Allgemeinmilitärische Ausbildung

Die Dienstkunde spielte bereits in der Grundausbildung eines jeden Soldaten eine wesentliche Rolle. Hier wurden grundsätzliche militärische Bestimmungen und Inhalte von Dienstvorschriften gelehrt. Ähnlich wie bei Arbeitsschutzbelehrungen war dieser Unterricht sehr trocken und demzufolge nicht allzu beliebt. Zu den militärischen Grundsatzvorschriften gehörten:
- Die DV 010/0/003 „Innendienstvorschrift",
- die DV 010/0/004 „Wachdienstvorschrift",
- die DV 010/0/005 „Bekleidungsvorschrift",
- die DV 010/0/006 „Disziplinarvorschrift",
- die DV 010/0/007 „Urlaubsvorschrift", und die
- DV 010/0/009 „Geheimhaltungsvorschrift".

Für diese Ausbildung war laut seinen Dienstpflichten der Oberoffizier für Inneren Dienst (OOID) verantwortlich. Im Regiment bekleidete diese Dienststellung anfangs Kapitänleutnant Andreas Herfter, der vor seiner Zuversetzung im Kampfschwimmerkommando 18 gedient hatte. Er war ein absoluter Athlet mit vorbildlichem militärischem Auftreten und beherrschte alle Inhalte der Grundsatzdienstvorschriften. Vor allem im Umgang mit Handfeuerwaffen war er, wie kein anderer, geschult und trainiert. Das machte ihn bei der Ausbildung des Wachzugs und bei der Schießausbildung an den Schützenwaffen im Regiment eigentlich unentbehrlich. Mit der Abversetzung von Korvettenkapitän Uwe Eckert 1986 machte sich jedoch eine Neubesetzung der Planstelle des Oberoffiziers für Schutz vor MVM (OOMVM), sie wurde mit Einführung des „STAN 90" umbenannt in Oberoffizier für chemische Dienste (OOCH), im Stab erforderlich. Deshalb schlug ich dem Kommandeur vor, Kapitänleutnant A. Herfter auf die freigewordene Planstelle umzusetzen und Korvettenkapitän Detlev Herms aus der 1. KRA als OOID einzusetzen. Der Regimentskommandeur bestätigte diese Vorschläge. Zur Unterstützung des OOID wurde des Öfteren der Hauptfeldwebel des Stabes, Stabsoberfähnrich Jürgen Breitmoser, ausgehend von seinen reichhaltigen Erfahrungen auf diesem Gebiet zu Ausbildungsmaßnahmen im Regiment und zu Kontrollen eingesetzt.

Die Exerzierausbildung beinhaltete das Erlernen von militärischen Bewegungsarten eines einzelnen Soldaten und von Gruppen bis hin zur Zugstärke. Dabei bildeten militärische Zeremonielle einen Schwerpunkt. Die Ausbildung wurde in Verantwortung der Zugführer in allen Ebenen durchgeführt und ebenfalls vom OOID unterstützt. Grundlage bildete die DV 010/0/001 „Exerzieren". Die Exerzierausbildung fand meistens vor der Eisenbahnverladerampe im Objekt des KRR-18 statt. Hier war einfach der größte

Platz und man konnte ungestört ausbilden. Für die Vorbereitung von Zeremoniellen hatte man den Vorteil, dass die Abläufe so trainiert werden konnten, wie sie dann auch ausgeführt wurden. Dieser Ort wurde nämlich auch vorrangig für die Regimentsmusterungen zu besonderen Anlässen genutzt. Kurz vor den ersten beiden großen Zeremoniellen, der Indienststellung des KRR-18 am 01.11.1983 und der Verleihung der Truppenfahne am 30.09.1984, wurde die Exerzierausbildung wesentlich forciert. Wir wollten und durften uns bei diesen Veranstaltungen vor unseren Vorgesetzten und Gästen auf keinen Fall blamieren. Da wir aber insgesamt beim Aufbau des Regiments ganz andere Sorgen hatten – nämlich die Übernahme der neuen Technik, die Ausbildung zum Beherrschen der Bewaffnung und die Absicherung des Gefechtsdienstes –, musste die Exerzierausbildung zwangsläufig vernachlässigt werden.

Diesen Rückstand galt es dann unmittelbar vor den jeweiligen Höhepunkten kurzfristig aufzuholen und so trainierte das gesamte Regiment. Unser Kommandeur, Fregattenkapitän L. Schmidt, übte z. B. persönlich „bis zum Erbrechen" mit mir, dem Fahnenkommando und dem Ehrenzug. Er kannte den Ablauf, die Kommandos und die einzelnen Handlungen genau. Vor allem den Umgang mit dem Säbel, den der Kommandeur des Ehrenzugs und die beiden Fahnenbegleiter trugen, kannte außer ihm keiner unserer Offiziere. Dank unzähliger gemeinsamer Trainings gelang es uns, zu allen Feierlichkeiten ein sehr akzeptables militärisches Auftreten zu demonstrieren.

Die Sanitätsausbildung bildete die Grundlage für eine effektive erste medizinische Hilfeleistung und die Versorgung Verwundeter sowie für den richtigen Einsatz der persönlichen medizinischen Ausrüstung, die u. a. aus einem Schnellspritzenpaket „MSPK-12" bestand. Die Spritzen waren einfach zu handhaben. Man verabreichte sie sich einfach

Übergabe der Dienststellung des Regimentskommandeurs durch den CVM 1987 (LS)

selbst in den Oberschenkel durch den Kampfanzug hindurch. Bei Trainings mit Kochsalzlösung als Inhalt zitterten manch starkem Soldaten dann doch die Hände. Nicht selten wurden zu Ausbildungsmaßnahmen der Regimentsarzt, Oberleutnant Klaus Bibow, später sein Nachfolger Oberleutnant Jean Dörffeldt und der Feldscher Korvettenkapitän Jürgen Müller eingesetzt. Zeitlich beanspruchte die Sanitätsausbildung den geringsten Anteil an der Gefechtsausbildung.

Die Schießausbildung an den Schützenwaffen umfasste das Erlernen des richtigen Umgangs mit der strukturmäßigen Handfeuerwaffe. Für die Offiziere, Fähnriche und die Berufsunteroffiziere waren das die 9-mm-Pistole „Makarow" und für Unteroffiziere und Matrosen die 7,62-mm-Maschinenpistole AK 47 „Kalaschnikow". Weiterhin gehörte zur Schießausbildung die Ausbildung im Umgang mit Handgranaten und dem leichten Maschinengewehr.

Die theoretische Ausbildung zur Handhabung der Waffen sowie Zielübungen fand meist im Objekt Schwarzenpfost statt. Dabei wurden einzelne Normen trainiert und teilweise abgenommen. Die Ausbildung an der Waffe mit scharfem Schuss wurde auf dem Schießplatz des MSR-28 in Rövershagen ausgeführt.

Dazu waren verschiedene Schießaufgaben zu trainieren und abzulegen. Diese praktische Ausbildung war bei Matrosen und Unteroffizieren aus zwei Gründen sehr beliebt: Erstens wollte jeder Soldat die Funktion und Wirkung seiner Waffe persönlich kennenlernen, und zweitens existierte die reale Chance, durch ein sehr gutes Schießergebnis den knapp bemessenen Urlaub mit einem Sonderurlaub als Auszeichnung anzureichern. Das führte allerdings zu Problemen bei den Vorgesetzten, die aufgrund der ständigen hohen Gefechtsbereitschaft kaum den normalen Urlaubsanspruch ihrer Unterstellten realisieren konnten. Nicht zuletzt ging es auch um den Erwerb der Schützenschnur, eine der „fünf Soldatenauszeichnungen" im Sozialistischen Wettbewerb. Somit trug auch die Schießausbildung wesentlich dazu bei, den Personalbestand zu Höchstleistungen anzuspornen und einen realen Wettstreit untereinander zu organisieren.

Kapitänleutnant (später Korvettenkapitän) A. Herfter war als OOID auch für diesen Ausbildungszweig im Regiment verantwortlich. Er beherrschte, wie bereits erwähnt, den Inhalt der DV A 250/1/004 „Grundlagen des Schießens mit Schützenwaffen" aus dem Effeff und erzielte aufgrund seiner ausgezeichneten Ausbildung im KSK-18 nur hervorragende Ergebnisse beim Schießen. Er erkannte sofort bei jedem Schützen, welche Fehler er während des Schießens beging und korrigierte diese gemeinsam mit dem Auszubildenden. Ich selbst nahm mit meinem Stab an der Schießausbildung regelmäßig teil. Es war nicht immer leicht, eine Teilnahme aller Stabsangehörigen abzusichern, da das oft andere Aufgaben verhinderten. Allerdings war ich immer bestrebt, mit gutem Beispiel voranzugehen. Ich erinnere mich aber noch sehr genau an ein Handfeuerwaffenschießen, bei dem das absolut danebenging: Zur Normenabnahme im Pistolenschießen fuhr ich mit zwei Stabsoffizieren und der Sekretärin des Regimentskommandeurs, STOM Petra Zülow, zum Schießplatz Rövershagen. Die Ausbildung der KRA war gerade beendet und nun war der Stab an der Reihe. Auch ich musste an der Ausbildung teilnehmen und so meldete ich mich ordnungsgemäß bei SF J. Breitmoser zum Munitionsempfang. Danach übernahm KK D. Herms in der Funktion als Aufsichtshabender beim Schützen das Kommando und führte die Schützen bis zur Feuerlinie. An dieser übernahm KK A. Herfter als Leiter des Schießens das Kommando und befahl: „Zum Gefecht!" Nachdem ich wegen falschem Wortlaut meiner Meldungen bereits kritisiert und korrigiert wurde, wollte ich nun beweisen, dass man mit einer Pistole aus dieser geringen Entfernung von 25 m eine Klappscheibe in Mannsgröße wohl kaum verfehlen könne. Leider gelang mir das nicht, keine Scheibe fiel. Das bedeutete: Drei „Fahrkarten!". Ich bezweifelte natürlich sofort die Funktionstüchtigkeit der Klappscheiben. KK A. Herfter entkräftete dieses Argument augenblicklich mit einem kleinen Stein, den er auf die Scheibe warf und die sofort umfiel. Wie peinlich. Er hatte aber sofort erkannt, dass ich den Abzug der Pistole „verriss", d. h. einfach ohne Gefühl durchzog, und damit stets zu hoch schoss. Er übte mit mir persönlich und im Ergebnis gelang es mir sogar, zwei Scheiben von dreien erfolgreich zu bekämpfen. Damit war ich im Moment sehr zufrieden und erleichtert. Leider hielt das nicht lange an. Unmittelbar nach mir schoss STOM Petra Zülow. Ohne jegliche Hilfe traf sie ausnahmslos sofort alle Klappscheiben.

Dass deise Ausbildung damals sehr erfolgreich war, zeigte sich vor allem in der überdurchschnittlich hohen Anzahl verliehener „Schützenschnüre" zur Auswertung des Sozialistischen Wettbewerbs in den einzelnen Ausbildungshalbjahren. Während des gesamten Bestehens des KRR-18 kam es übrigens bei dieser doch gefährlichen Ausbildung zu keinerlei Vorkommnissen.

Das Ziel der Ausbildung im Schutz vor MVM (Schutzausbildung) bestand laut Gefechtsvorschrift der KRT in der Reduzierung der Folgen von Angriffen des „Gegners" mit dem Einsatz von Massenvernichtungsmitteln auf ein mögliches Minimum. Diese Ausbildung beinhaltete in erster Linie die Vermittlung umfangreicher theoretischer Kenntnisse über die verschiedenartigsten Kampfstoffe und Brandmittel. Gerade der Vietnamkrieg hatte gezeigt, dass der Einsatz solcher Mittel durch den „Gegner" in einer zukünftigen militärischen Auseinandersetzung durchaus als realistisch anzusehen war. Neben den theoretischen Grundlagen waren wesentliche Maßnahmen des Schutzes zu organisieren und zu trainieren. Dabei forderte die sichere und schnelle Handhabung der persönlichen Schutzausrüstung – der Truppenschutzmaske, des Schutzumhangs, der persönlichen Schutzbekleidung, des Dosimeters und des Entgiftungspäckchens – von jedem Armeeangehörigen ein gehöriges Maß an ausdauerndem und schweißtreibendem Training. Da für alle Handhabungen exakte Abläufe und Normzeiten vorgegeben waren und diese bei Überprüfungen ständig abverlangt wurden, hatte das Nichterfüllen von Normen nicht selten für einen Armeeangehörigen zur Folge, dass er auf seinen Landgang oder gar Urlaub verzichten musste und dafür bis zur nächsten Abnahme in seiner Freizeit üben durfte. Dementsprechend war diese Art der Ausbildung natürlich äußerst unbeliebt.

Die Schutzausbildung beinhaltete immer das Tragen der Schutzmaske und damit eine verbundene Atemnot, sowie das Anlegen eines schwer beherrschbaren Schutzumhangs oder eines schweißtreibenden gummierten Schutzanzugs. Sie fand meist im Gelände ohne Rücksicht auf die Witterungsbedingungen statt. Nicht selten lag man dabei im Dreck oder in Pfützen und kämpfte gegen einen Unsichtbaren, nicht greifbaren „Gegner". Man neigte schnell dazu, diesen „Gegner" als eigentlich harmlos zu bezeichnen und verstand manchmal nicht den Sinn dieser Ausbildung. Das „Unsichtbare" konnte im Gefecht aber durchaus zur Realität werden und über das Leben eines jeden Einzelnen entscheiden. Deshalb erforderte die Schutzausbildung stets eine erhöhte Einflussnahme durch alle Vorgesetzten und war nicht selten mit der Anwendung von militärischen Zwangsmaßnahmen verbunden. Für diesen Ausbildungszweig war im Stab der Oberoffizier für Schutz vor MVM, KK Uwe Eckert verantwortlich. Er war gut ausgebildet, erfüllte ausgezeichnet seine Dienstplichten und trug wesentlich dazu bei, diese Ausbildung im Regiment so gefechtsnah wie möglich zu gestalten. Ende 1986 endete seine aktive Wehrdienstzeit und er wurde in die Reserve versetzt. Allerdings blieb er unserem Regiment erhalten und arbeitete weiter als Zivilbeschäftigter im Unterkunftsdienst. Sein Nachfolger war, wie bereits oben erwähnt, KK A. Herfter. Er wurde vor dem Einsatz in die für ihn neue Dienststellung zur Ausbildung in den Stab der VM kommandiert. Dort wurden ihm durch Angehörige des Chemischen Dienstes die notwendigen Kenntnisse vermittelt. Nach seiner Rückkehr nahm er persönlich Normen in allen Einheiten ab und legte Schwerpunkte und Ziele für die Ausbildung individuell fest. Letzteres trug bei manchen Angehörigen des Regiments nicht unbedingt zur Steigerung seiner Beliebtheit bei. Aber bei ihm gab es keinerlei Kompromisse. Eine Normenabnahme führte immer zu einer klaren Note und nicht selten führte diese zu oben genannten unangenehmen persönlichen Konsequenzen.

Wesentlich komplizierter stellte sich die Ausbildung des Personals zur Beseitigung der Folgen eines Kernwaffeneinsatzes an der Technik im Gelände dar. Diese unterteilte sich in eine teilweise und eine vollständige Spezialbehandlung und wurde in der Taktischen Ausbildung im Komplex mit typischen Gefechtsaufgaben trainiert. Ziel war es, das Ergebnis eines Befalls mit radioaktiven oder chemischen Stoffen nach einem Einsatz so zu verringern, dass die Erfüllung weiterer Gefechtsaufgaben durch die Truppen gewährleistet war bzw. die Stoffe vollständig beseitigt wurden. Die im Regiment dafür vorhandene Technik zur Lösung solcher Aufgaben war allerdings völlig unzureichend. Zur Unterstützung der Kräfte waren strukturmäßige Trupps der Chemischen Abwehr der VM vorgesehen, die uns nicht unterstanden und deren Einsatz dementsprechend unsicher war. Der Einsatz und das Zusammenwirken mit einem dieser Trupps und der 1. KRA, Kommandeur FK U. Lonitz, wurde während der Übung „Testat 84", die in die Kommandostabsübung mit darstellenden Kräften „Herbstwind 84" im August 1984 integriert war, im Willershäger Forst mit der Gefechtsübung 432 „Schutz der Einheit vor chemischen Kampfstoffen" erst- und auch letztmalig trainiert. Dabei wurde eine Startbatterie einer teilweisen, und danach einer vollständigen Spezialbehandlung unterzogen. Die Aufgabe konnte wegen mangelnder Koordination nur mit äußersten Schwierigkeiten erfüllt werden. Aus heutiger Sicht muss man einschätzen, dass damals diesem Problem durch unsere Vorgesetzten nicht die nötige Aufmerksamkeit gewidmet wurde. Ein Zusammenwirken mit den Trupps der Chemischen Abwehr hätte öfter und vor allem mit jeder Startrampenbesatzung trainiert werden müssen. Offensichtlich reichten dazu aber die Kapazitäten der Kompanie Chemische Abwehr nicht aus, da diese mit noch weitaus mehr Einheiten der VM zusammenwirken mussten.

Im KRR-18 wurde mit dem Übergang auf höhere Stufen der Gefechtsbereitschaft der FP des Kommandeurs entfaltet und die Lage auf Karten geführt. Neben der ständigen Einschätzung des „Gegners" und der Lage der eigenen Kräfte und Mittel gehörte die Einschätzung und Darstellung der aktuellen Kernstrahlungs- und chemischen und bakteriologischen Lage (KCB-Lage) zur Aufgabe des Stabes auf dem FP. Fest-

Startrampe der 5. Raketenbrigade bei der Spezialbehandlung (IN)

legungen dazu waren in der Vorschrift A 046/1/001 „Methoden zum Berechnen des Bekämpfungsgrades bei Kernwaffenschlägen" verankert. Zusätzlich standen zahlreiche Tabellen bei den komplizierten Berechnungen zur Verfügung. Vom Stab der VM wurden dazu ständig wichtige Informationen über Funk auf dem Flotteninformationsnetz bereitgestellt und von uns auf Lagekarten eingezeichnet und mitgeführt. Bei Gefahr eines Kernwaffenschlags mussten zur Unterstützung des Entschlusses des Kommandeurs zum Einsatz der KRA Prognosen erstellt werden. Dazu gehörten z. B. die Berechnung des Grades der Zerstörungen anhand der Radien, ausgehend vom Zentrum der Detonation, und die Bestimmung der Abzugsrichtung der radioaktiven Wolke entsprechend dem aktuellen Höhenwetter. Die umfangreichen Berechnungen hatte der OOSMVM bzw. bei dessen Abwesenheit ein dazu befohlener Offizier des Stabes vorzunehmen. Dafür gab es kaum Freiwillige und – um ehrlich zu sein –, wir hätten gern auf diese Berechnungen verzichtet. Die Aufgaben zur Führung der KRT waren sehr umfangreich und die Anzahl an Stabsarbeitern war laut „STAN" schon minimal, aber aufgrund der Besetzung des HGS durch den Kommandeur mit zwei Stabsoffizieren zusätzlich eingeschränkt. Allerdings war geplant, die KCB-Lage im Gefecht vom HGS aus zu übermitteln. Dort werteten die Spezialisten des Stabes der VM die Lage aus und stellten sie u. a. dem FP des Chefs der KRT zur weiteren Verwendung durch alle Kräfte des KRR-18 zur Verfügung. Die Umsetzung der neuen Militärdoktrin 1986 führte allerdings auch zu Veränderungen auf dem Gebiet der Schutzausbildung. Verteidigungshandlungen traten in den Vordergrund und der bisher in erheblichen Dimensionen und mit überzogenen Sprengkraftwerten (kt) geplante Kernwaffeneinsatz durch eigene Kräfte und durch den „Gegner" wurde nunmehr weitgehend abgebaut.

So ernst wie die Ausbildung im Schutz vor MVM auch war, es gab natürlich auch immer Episoden, über die wir damals kräftig lachten, obwohl sie oft mit schlechter Benotung verbunden waren. Im Rahmen der Normenabnahmen wurde meistens mit Norm 1 begonnen. Sie beinhaltete das Aufsetzen der Truppenschutzmaske (TSM). Über eine dieser „Einlagen" bei der Überprüfung des Wachzugs erzählt der OOID, KK D. Herms: Zur Abnahme der Norm 1 stellte ich mich vor den jeweiligen Prüfling und gab das Kommando: „Gas!" Daraufhin hatte der Armeeangehörige den Atem anzuhalten, die Augen zu schließen, die TSM aus der Tasche zu entnehmen, vor das Gesicht zu ziehen, die Halteriemen über den Kopf zu streifen und danach hörbar auszuatmen. Für alle diese Handlungen standen nur 10 Sekunden zur Verfügung, um die Norm zu erfüllen. Selbstverständlich waren alle – vom Matrosen bis zum Offizier – sehr ehrgeizig und wollten möglichst die Note „Sehr gut" erreichen. Dazu durften 7 Sekunden allerdings nicht überschritten werden. Eine recht harte Normzeit, die unbedingt Training erforderte. In der umgehängten Schutzmaskentasche befanden sich aber nicht nur die TSM, sondern auch die Gummihandschuhe und der Schutzumhang. Die Norm wurde in Gruppen oder einzeln abgenommen. Nach der Zeitmessung wurde überprüft, ob die

Maske dicht am Gesicht anlag und die Riemen zum Festziehen nicht verdreht waren. An der Reihe war nunmehr der nächste Matrose. Auf das Kommando „Gas!" hielt er wie gefordert den Atem an und schloss die Augen. Dann griff er nach der TSM, irrte sich aber im Fach und entriss der Tasche einen Gummihandschuh aus dem vorderen, statt die TSM aus dem dahinterliegenden Fach. Diesen versuchte er sich mit geschlossenen Augen über seinen Kopf zu ziehen, was natürlich nicht gelingen konnte. Als er völlig entnervt auf mein Kommando aufgab und die Augen öffnete, verstand er im ersten Moment überhaupt nicht, warum rings um ihn alle vor Lachen fast auf dem Boden lagen. Aber als er in seinen Händen statt der vermeintlichen TSM einen Gummihandschuh erblickte, musste auch er lachen. Allerdings bedeutete das für ihn die schmerzliche Note „Ungenügend". Wir amüsierten uns noch lange danach und mussten bei nachfolgenden Abnahmen der Norm 1 immer erst einmal schmunzeln. Allerdings wurden dann vor den folgenden Normenabnahmen zur Sicherheit die Handschuhe in der Tragetasche nach unten gedrückt.

Mir persönlich passierte bei einer der ersten Überprüfungen der Gefechtsbereitschaft ein ähnliches Missgeschick mit einer TSM – oder besser: ohne meine TSM. Ich wurde als Stabschef vom Kommandeur zur Unterstützung der im Stellungsraum Darß entfalteten 1. KRA befohlen. Dazu begab ich mich mit dem Kraftfahrer des Kommandeurs und einem Kfz Kübel „UAZ-469" vom Objekt zum FP des Kommandeurs der 1. KRA, Fregattenkapitän U. Lonitz, der auf der Funkstation „R-142" auf dem Kfz „GAZ-66" entfaltet wurde. Dort waren die Kontrolloffiziere des Stabes der VM bereits mit der Bewertung der Handlungen unserer Kräfte beschäftigt. Es war Nacht und ich hatte Mühe, die Fahrzeuge im Wald zu finden. Das war aber auch positiv, bedeutete es doch, dass der Verdunkelungszustand und die Tarnung gut waren und somit sicherlich nicht kritisiert werden konnten. Als ich im Stellungsraum erschien, wurde ich sofort vom ersten Posten, der mit aufgesetzter TSM den Führungspunkt bewachte, gestellt und nach der Parole befragt. Die war mir aber leider nicht bekannt. Der Posten erkannte mich zum Glück und wies mich augenblicklich darauf hin, dass durch die Kontrolloffiziere die Gefechtseinlage „Gas!" gegeben worden war. Diese Einlage gehörte fast bei jeder Überprüfung dazu. Jetzt hatte ich aber ein Problem: meine TSM befand sich im Objekt, und die des Kraftfahrers des Kübels noch im strukturmäßigen Pkw des Kommandeurs. Was tun? Erscheinen auf dem FP ohne angelegte TSM würde sofort beanstandet und eine schlechte Benotung für die 1. KRA zur Auswertung nach sich ziehen. Das Ganze verursacht durch den Stabschef des Regiments! Fernbleiben ging auch nicht, schließlich hatte ich Befehle des Kommandeurs zu übermitteln. Blieb mir nur noch der Wachposten. Ich befahl ihm einfach, mir seine TSM zu übergeben und sich augenblicklich im Wald zu verstecken. Wer am Ende eines Härtekomplexes zur Überwindung der Sturmbahn seine schweißgebadete Schutzmaske, die er vorher 6 km getragen hatte, erneut aufsetzen musste, weiß, wie angenehm das ist. Ich aber setzte eine fremde Maske auf und war jetzt glücklich, überhaupt eine zu besitzen. Auf dem FP eingetroffen, übermittelte ich die Befehle und überzeugte mich vom exakten Handeln des Kommandeurs der 1. KRA. Der Posten ohne Schutzmaske blieb unentdeckt, mir sah keiner an, dass ich eine fremde TSM trug und somit endete diese Überprüfung mit der Einschätzung „Gefechtsbereit". Im Übrigen hatte ich anfänglich im KRR-18 des Öfteren Schwierigkeiten bei der Mitführung meiner persönlichen Ausrüstung. Ich diente davor auf einem Raketenschnellboot und war verwöhnt, da sich immer alles an Bord befand. Jetzt, an Land, musste man beim ständigen Wechseln des Kfz die Ausrüstung jedes Mal neu verstauen. Es dauerte seine Zeit, bis ich mich daran gewöhnt hatte.

Die Militärische Körperertüchtigung (MKE) besaß im KRR-18 einen hohen Stellenwert. Das Ziel und die Aufgaben der MKE bestanden darin, durch die Herausbildung sportlicher und militärsportlicher Fähigkeiten und Fertigkeiten, z. B. durch eine regelmäßige und systematische, harte und gefechtsnahe körperliche Ertüchtigung, bei allen Armeeangehörigen ein hohes physisches Leistungsniveau zu erreichen. Dabei sollte neben der physischen Leistungsbereitschaft auch die Fähigkeit zum kollektiven Handeln, Kühnheit, Mut, Risikobereitschaft, Selbstlosigkeit und Disziplin, anerzogen und gefestigt werden. Die MKE beinhaltete den Frühsport, die physische Ausbildung sowie physisches Training in bewegungsintensiven Zweigen der Gefechtsausbildung, wie der Taktischen Ausbildung. Grundlage dafür bildete die DV 010/0/002 „Militärische Körperertüchtigung". Bei taktischen Übungen im Gelände war sowieso die schnellste Art der Fortbewegung, der Laufschritt, vorherrschend. Die MKE war vielseitig und beinhaltete u. a. die Trainingsarten Ausdauer, Intervall, Lauf, Kraft, Schnelligkeit und Schwimmen, sowie die Sturmbahnausbildung und den Härtekomplex. Als Spezialist des Stabes war dafür der Offizier für MKE, Oberleutnant Stephan Georgi, zuständig, der direkt nach seinem Studium an der Deutschen Hochschule für Körperkultur und Sport (DHfK) Leipzig zuversetzt wurde. OL S. Georgi kümmerte sich mit Leib und Seele um die Gestaltung einer abwechslungsreichen und effektiven Ausbildung im Regiment. Diese Ausbildung war bei allen Angehörigen des Regiments sehr beliebt. Das war nicht in allen Einheiten und Truppenteilen automatisch der Fall. Die konsequente, aber auch interessante Ausbildung hing im Wesentlichen von der Einstellung der jeweiligen Vorgesetzten zum Sport ab. Ihre persönliche Teilnahme oder gar Leitung der MKE-Stunden entschied häufig über die Qualität der Ausbildung bei den Unterstellten. Unser Kommandeur, Kapitän zur See Lothar Schmidt, gehörte zu den Sportfanatikern. Es gab keine Ausbildungsstunde, an der er nicht teilnahm und nur wenige, die er nicht selbst leitete. Er war passionierter Ballspieler. Ob Handball, Volleyball, Fußball, Basketball oder Tischtennis, er beherrschte diese Sportarten einfach alle und konnte sich mit jedem darin messen. Das wirkte sich natürlich positiv auf die Ausbildung im Regiment aus. Die MKE war bei uns innerhalb von Gruppen in den Struktureinheiten organisiert. Zur Gruppe Führung gehörten der Regimentskommandeur, seine Stellvertreter, die Offiziere der Politabteilung und des Stabes sowie die Kommandeure der KRA und ihre Stellvertreter. Zu einer Ausbildungseinheit gehörte die Erwärmung, ein Ausdaueroder Kraftteil und am Ende meistens ein kollektives Ballspiel. Das Letztere nannten wir „freudbetont". Die Gruppe der Führung führte in der wärmeren Jahreszeit die MKE im und um das Objekt herum aus, in der Winterzeit in der Sporthalle der Schule POS Gelbensande, mit der wir einen Patenschaftsvertrag abgeschlossen hatten. Nach dem Aufwärmen und einem längeren Ausdauerlauf spielten wir vorrangig Volleyball. Oft wurde die Ausbildungszeit überzogen und endete erst, wenn die Mannschaft des Kommandeurs gewonnen hatte. Ein gewisser Ehrgeiz spielte in jedem Falle eine Rolle. Unserem Kommandeur gelang es, in seiner Gruppe respektable Ballspieler zu entwickeln. Ein sogenanntes „laienhaftes Rumgebolze" wurde von ihm in keiner Weise akzeptiert und es ging immer bis ans Limit. Auch außerhalb der MKE wurde im Regiment auf sportliche Aktivitäten sehr viel Wert gelegt. Halbjährlich fanden Wettkämpfe im Volleyball und Handball statt. Diese wurden, wie es sich für einen Regimentswettstreit gehörte, von der Eröffnung bis zur Preisverleihung mit entsprechendem Ablaufplan organisiert und fanden unter reger Teilnahme statt. Den Auswahlmannschaften unseres Regiments im Volleyball und Handball gelang es sogar, zu Wettstreiten innerhalb der VM anzutreten und dabei nicht die letzten Plätze zu belegen. Neben dienstlich organisierten Maßnahmen existierten im Regiment eine Volleyball- und eine Kegelmannschaft. Diese trafen sich wöchentlich einmal nach Dienst zum Training. Der Kegelmannschaft unter Leitung von Stabsfähnrich Jürgen Breitmoser gelang es, einige Pokale bei Meisterschaften in Empfang zu nehmen.

Nicht zuletzt zeigte sich der Erfolg der intensiven MKE-Ausbildung zur Inspektion 1987. Wie schon erwähnt, wurden vorrangig die Führung und die KRA auf dem Gebiet der Gefechtsausbildung inspiziert. So wurde der Stab geschlossen zur Normenabnahme in der MKE befohlen. Natürlich musste jeder Einzelne die geforderten Normen ablegen und daraus ergab sich am Ende die Note für das gesamte Führungsorgan. Diese Normenabnahme lief für unseren Stab hervorragend. Ich erinnere mich aber vor allem noch an den Handgranatenweit-Zielwurf. Jeder hatte bei dieser Disziplin drei Versuche. Die Normenabnahme fand auf dem freien Gelände an der Eisenbahnverladerampe statt. Als KK A. Herfter den ersten Wurf absolvierte, musste der Kontrolloffizier die Abnahme unterbrechen und die Handgranate im Wald suchen lassen. Die Wurfweite in Metern war sowieso nicht zu ermitteln, das ausgerollte Bandmaß reichte dazu bei weitem nicht aus. Er erhielt die Note 1, aber weitere Versuche wurden ihm strikt untersagt, unsere Handgranaten hätten wohl nicht ausgereicht.

Am härtesten war für alle die Normenabnahme 3000-m-Lauf, der als Kollektivnorm gewertet wurde. Demzufolge halfen hier keine Spitzenleistungen, sondern wichtig war, dass der Letzte innerhalb der Norm ins Ziel kam. Aber der Stab schaffte es mit der Note „Gut" und erzielte damit in der MKE das Gesamtergebnis „Sehr gut". Das rang damals sogar den sonst recht verschlossenen Inspektionsoffizieren Worte der Anerkennung ab. Dieses Ergebnis hatten wir auch unserem Kommandeur und seiner unbedingten Vorbildrolle und beharrlichen positiven Einstellung zur MKE zu verdanken. Man konnte in anderen Truppenteilen und Einheiten durchaus Vorgesetzte erleben, die dem Dienstsport unter Vorhaltung „wichtigerer dienstlicher Angelegenheiten" aus dem Weg gingen.

Mit der Versetzung von KzS L. Schmidt im Dezember 1987 änderte sich zum Glück auch auf dem Gebiet des Sports im Regiment nichts Wesentliches. Der neue Kommandeur, FK Dr. Joachim Dix, war zwar nicht so trainiert, nahm aber immer gern an der MKE teil und unterstützte unser inzwischen entwickeltes Bedürfnis nach sportlicher Betätigung. Besonders positiv war, dass er vom CVM die Genehmigung zur Nutzung der Sauna im KVM durch die Führung unseres Regiments erhielt. Das wurde dann so organisiert, dass wir nach Abschluss der MKE und Beendigung des Dienstes in der Sauna entspannten. Auch diese Maßnahme stellte eine sinnvolle Abwechslung dar und erfreute sich immer einer fast 100%igen Teilnahme.

Insgesamt war es uns gelungen, durch eine vielseitig und interessant gestaltete physische Ausbildung das Bedürfnis nach regelmäßiger sportlicher Betätigung bei der überwiegenden Mehrzahl unserer Armeeangehörigen zu wecken. Das bestätigen jeden-

Überwindung der Eskaladierwand der Sturmbahn beim Härtekomplex (HN)

falls Berichte ehemaliger Angehöriger des Regiments bei Besuchen oder Treffen über ihre sportlichen Aktivitäten nach ihrem aktiven Wehrdienst.

Wir dürfen dabei nicht vergessen, dass alle hier geschilderten Aktivitäten in der AMA im KRR-18 ohne eine eigene Ausbildungsbasis, also ohne Sportplatz, Sporthalle, Schießstand, Sturmbahn u. a., organisiert werden mussten. Die waren unverständlicherweise beim Aufbau des Regiments nicht eingeplant. In Eigenleistung konnten wir später kleinere Bauvorhaben, wie z. B. eine Kreistrainingsanlage und einen Handgranatenwurfstand, selbst errichten.

Die Krönung der Normenabnahme in der AMA war der bei allen gefürchtete Härtekomplex. Die Abnahme erfolgte einmal im Ausbildungshalbjahr und sollte die Armeeangehörigen an physische und psychische Höchstleistungen heranführen. Diese Norm bestand aus folgenden Teilen:
- Die Aufwärmübungen, Dauer 10 Minuten.
- Dem Krafttraining, Dauer 30 Minuten.
- Dem 15-km-Eilmarsch in voller Ausrüstung mit Waffe, davon 6 km (vom 4. bis 10. km) mit aufgesetzter Schutzmaske, maximale Zeit für die Bewertung „Erfüllt": 140 Minuten für den letzten Mann.
- Überwinden der Sturmbahn 200 m mit allen Hindernissen, zurück mit aufgesetzter TSM ohne Hindernisse, maximale Zeit für „Erfüllt": 5 Minuten für den letzten Mann (mit Waffe MPi-Holzattrappe).

Zwischen den einzelnen Teilen waren kurze Pausen von 5–10 Minuten für den Stationswechsel eingeplant. Das war eine Kollektivnorm, d. h., die Stoppuhren wurden angehalten, wenn der letzte Mann der Einheit das Ziel erreichte. Außerdem sollte während der Abnahme immer die Geschlossenheit der Einheit demonstriert werden und sich nicht ein disziplinloser Haufen durch die Gegend wälzen. Deshalb waren schon während der Vorbereitung vor allem die Vorgesetzten voll gefordert. Sie mussten ihre Unterstellten nicht nur motivieren und trainieren, sondern auch die Unterstützung der Schwächeren durch die Stärkeren organisieren. Das beinhaltete nicht nur das Tragen der Waffe, die MPi „Kalaschnikow", sondern auch das Schleppen durch zwei Mann, wenn es nicht mehr anders ging, was offiziell nicht gestattet war, aber geduldet wurde. Das galt auch für das Überwinden der Sturmbahn, vor allem das Forcieren der Eskaladierwand. Außerdem mussten sie bei der Abnahme selbst Vorbild sein und die Truppe anführen. Hier ging es für alle immer bis an die Leistungsgrenze. Deshalb wurde oft versucht, mit Tricks zu arbeiten, die aber mittlerweile den Kontrolloffizieren schon bekannt waren. Das waren z. B.: Beim Marsch abkürzen, bei aufgesetzter TSM den Schlauch nicht an den Filter anschrauben, sondern nur in die Tasche stecken, auf der Sturmbahn Hindernisse umlaufen u. a.

Spezialausbildung

Die Spezialausbildung wurde entsprechend der Verwendungen, also in den Fachrichtungen vorgenommen. Dabei wurden spezielle Kenntnisse vermittelt, die zur Bedienung, zur Wartung und Reparatur der Technik, sowie zur Einhaltung von Sicherheitsbestimmungen notwendig waren. Neben den theoretischen Kenntnissen war hier das richtige Bedienen der Technik der Schwerpunkt der Ausbildung.

Das Besondere im KRR-18 war, dass vor der Indienststellung kein Personal an der neuen Technik in der Sowjetunion ausgebildet wurde. Selbst unsere Ausbilder mussten sich alles im Selbststudium erarbeiten. Wir nutzten lediglich die zur Übergabe der SSR anwesenden sowjetischen Spezialisten, die mit Dolmetscher eine Spezialausbildung vornahmen, wozu sie aber nicht verpflichtet waren. Folge dieses komplizierten Ausbildungssystems in der Aufbauphase war eine erhöhte Anzahl von Störungen an der Kampftechnik, die zum größten Teil auf Bedienungsfehler aufgrund fehlender Kenntnisse zurückzuführen waren, aber auch auf das Fehlen von Lehrtechnik. Im Gegensatz dazu wurden die Besatzungen des ersten im Oktober 1984 in Dienst gestellten RSK „1241 RÄ" und auch der folgenden auf einem Lehrgang in der Sowjetunion ausgebildet.

Vom zeitlichen Ablauf her stand die Spezialausbildung monatlich eine Woche, vier Tage mit je sieben Ausbildungsstunden zur Verfügung. Dabei war es oft notwendig, in verschiedenen Spezialfächern parallel auszubilden. Da der Großteil der Armeeangehörigen ein Kfz zu führen hatte, mussten sie z. B. auch an der Kfz-Ausbildung teilnehmen. Außerdem besaßen die meisten Kfz Spezialaufbauten, deren Bedienung natürlich von den Kraftfahrern ebenfalls zu beherrschen war und wozu sie folglich auch befähigt werden mussten.

In Vorbereitung auf eine mögliche militärische Auseinandersetzung ging man richtigerweise u. a. auch davon aus, dass die Grundlage für ein erfolgreiches Handeln das Gewährleisten der gegenseitigen Ersetzbarkeit war. Daraus resultierte die Notwendigkeit, viele Armeeangehörige in noch weiteren Verwendungen auszubilden. Nicht zu vergessen ist hierbei der Umstand, dass im Regiment Soldaten im GWD nur 15 Monate ihren Dienst versahen. Somit schied nach jedem Ausbildungshalbjahr Personal aus und nicht ausgebildetes, neues Personal kam dazu. Das alles soll veranschaulichen, was für ein weites Spektrum die Spezialausbildung im KRR-18 beinhaltete und wie schwierig sie zu realisieren war. Insgesamt bedeutete das eine enorme Herausforderung für alle Vorgesetzten, die für die Planung, die Umsetzung und die Kontrolle der Ergebnisse verantwortlich waren. Für das auszubildende Personal hieß das, ständig an der Vervollkommnung ihres Wissens und ihrer Fertigkeiten zu arbeiten. Für die Spezialausbildung hatte ich im Stab nur für das Nachrichtenpersonal einen direkten Spezialisten. Die Ausbildung fand in Gruppen statt, deren Zusammensetzung nicht unbedingt den Kollektiven im Gefecht entsprach. Die ausschlaggebende Rolle spielte also die fachliche Richtung.

Extrem war diese Organisation bei der Kfz-Ausbildung. Hier wurden praktisch aus allen Bereichen des KRR-18 Ausbildungsgruppen gebildet. Diese Ausbildung wurde generell in Verantwortung des STKT, KL, später KK und FK, Hans-Jürgen Galda, vorgenommen. Mit Stolz kann FK H.-J. Galda behaupten, dass er wesentlich zur Gewährleistung der Mobilität des Regiments während seiner gesamten Dienstzeit beigetragen hat. Die Spezialausbildung auf raketentechnischem Gebiet wurde in Verantwortung

Justieren der Radaranlage „Garpun" einer SSR in der Startstellung Neuhaus (TK)

des STKRB vorgenommen. Für die einzelnen Spezialrichtungen fungierten als Ausbilder die jeweiligen Spezialisten des Bereichs. Ähnlich war es bei den Rückwärtigen Diensten.

Zur Spezialausbildung gehörte u. a. die Pionierausbildung. Sie beinhaltete die Ausbildung des Personals zur Schaffung von Schutzeinrichtungen, z. B. Schützengräben oder Deckungen für die SSR und Kfz, unter Nutzung der natürlichen Geländebeschaffenheit, sowie das Tarnen der Technik mit eigenen Mitteln. Diese Aufgaben wurden im Gelände, also meistens während der taktischen Ausbildung absolviert. Stark eingeschränkt waren wir allerdings dabei durch das Fehlen eines eigenen Übungsgeländes und wegen der Forderung, Flurschäden bei der Ausbildung unbedingt zu vermeiden. Die Pionierkräfte des Regiments und der KRA, ausgerüstet mit der Pioniermaschine „BAT-M", wurden deshalb zentral in Prora auf der Insel Rügen ausgebildet. Dort hatten sie die Möglichkeit, Sand von links nach rechts zu schieben, ohne dass Schaden entstand. Hier „tobten" sich die Kräfte jährlich einmal während eines Feldlagers kräftig aus.

Dass sich bei der Ausbildung an der Raketentechnik insgesamt keine ernsthaften Vorkommnisse ereigneten, ist das Ergebnis einer exakten Organisation. Immerhin hatte man es mit hochexplosiven Gefechtsteilen, mit deren Zündeinrichtungen, mit feuergefährlichen Ladungen für das Feststofftriebwerk, mit explosiven Pyroladungen und -patronen sowie nicht zuletzt mit hochgiftigen und ätzenden Flüssigkomponenten des Raketentriebwerks zu tun. Das Beherrschen und unbedingte Einhalten der Sicherheitsbestimmungen im Umgang mit solchen Stoffen bildete eine Grundvoraussetzung für das Handeln einer großen Anzahl von Angehörigen des Regiments. Letztendlich wurde dieses Wissen offensichtlich mit Erfolg in der Spezialausbildung vermittelt.

In diesem Zusammenhang erinnere ich noch einmal daran, dass die gesamte Ausbildung an der Gefechtstechnik ausgeführt werden musste, da weder Kabinette noch Lehrgefechtstechnik zur Verfügung standen. Erst später wurde mit der Errichtung einer Lehrbasis begonnen – und das wiederum in Eigenleistung.

Taktische Ausbildung

Die taktische Ausbildung war der Schwerpunkt der Gefechtsausbildung und diente der Herstellung der Geschlossenheit des Handelns aller an einem möglichen Gefecht teilnehmenden Kräfte. Sie beinhaltete sowohl die Theorie als auch die Praxis für das Üben von Gefechtsaufgaben in der für ein Gefecht typischen Zusammensetzung von Bedienungen, Einheiten und dem Führungsorgan bis hin zum komplexen Handeln des gesamten Regiments. Bei Übungen der VM wurde das Zusammenwirken mit Schiffsstoßkräften, MFK, Küstenverteidigungskräften und TBK der 6. GBK sowie mit Kräften der PSKF und der BF theoretisch und praktisch trainiert. Gleichzeitig wurden diese Übungen zur Überprüfung des Ausbildungsstands genutzt. Sie dienten damit als Kriterium der Wahrheit und halfen durch eine objektive und kritische Auswertung, Mängel und Schwachstellen aufzudecken. Der Stab hatte daraus Schlussfolgerungen abzuleiten und die Schwerpunkte für die weitere Gestaltung der Gefechtsausbildung festzulegen.

Im KRR-18 konzentrierte sich die taktische Ausbildung auf die Ausführung der in den Gefechtsvorschriften DV 246/0/027 „Gefechtseinsatz der KRT" und der DV 246/0/003 „Gemeinsame taktische Handlungen verschiedener Stoßkräfte der VM" vorgegebenen typischen Gefechtshandlungen. Die Inhalte der DV 225/0/006 „Vorbereitung, Durchführung und Auswertung des Funkmesswaffenleittrainings" sowie der DV 225/0/007 „Vorbereitung, Durchführung und Auswertung des Raketenschießens" bildeten die Grundlage für die Bewertung der Hauptaufgabe: den Raketeneinsatz.

Ausgehend von dem hohen Stellenwert des sicheren Beherrschens der Radarwaffenleittechnik und des Zusammenwirkens mit der Raketenwaffenleittechnik wurden diese Gefechtsaufgaben häufig einzeln trainiert. Dazu wurden Radarwaffenleittrainings an der Küste, meistens im Raum Neuhaus, im Rahmen der vorzunehmenden Justierungen der Radaranlage „Garpun" genutzt. Das hatte ganz einfach auch einen ökonomischen Hintergrund, denn dazu musste die SSR eine vermessene Stellung an der Küste einnehmen. Das erforderte die Planung eines erheblichen Teils des Dieselkraftstoffkontingents, da neben der Verlegung auch die Energieversorgung durch die Gasturbine zu gewährleisten war. In dieser Stellung musste natürlich auch die Bewachung der SSR sichergestellt sein, sofern sie nicht in einem militärischen Objekt lag. Demzufolge war es logisch, diese Aufgabe mit dem Üben der wichtigsten Handlungen im Gefecht zu verbinden.

Die taktische Ausbildung fand für Einzelaufgaben im Objekt Schwarzenpfost und für komplexe Aufgaben vorrangig im Gelände statt. Sie konzentrierte sich im Wesentlichen auf folgende Maßnahmen:
- „Tag der Gefechtsbereitschaft" einmal im Monat.
- Geplante Ausbildungs- und Wartungsmaßnahmen, wie z. B. die bereits erwähnte Justierung der Radaranlagen.
- Radartrainings in verschiedenen Stellungen an der Küste der DDR.
- Erprobungen der SSR im Rahmen der Übernahme der Technik auf dem Flugplatz Barth.
- Jährliche Feldlager für die beiden KRA auf der Halbinsel Darß oder der Insel Rügen und 1988 einmalig im Bestand des gesamten KRR-18 auf dem Übungsgelände der SSTA-18 Zitterpenigshagen.
- Jährlicher Raketenschießabschnitt des KRR-18 mit 1 SSR, 2 Besatzungen im Wechsel und 2 Raketenstarts – der einzige faktische Waffeneinsatz.

Außerdem nahm das KRR-18 an allen wichtigen Übungen der VM und der VOF teil. Inhalt war dabei vorrangig der Einsatz der KRT im Zusammenwirken mit SSK der 6. Flottille und MFK aus den Stellungsräumen auf der Insel Rügen und der Halbinsel Darß. Zahlreiche Überprüfungsmaßnahmen des Gefechtsdienstes, der KRA bis zur Überprüfung des gesamten Regiments u. a. bei „Hanse 83", „Wellenschlag 87" und zur Inspektion, wurden ausschließlich in Form von taktischen Übungen durchgeführt.

Mit der Übernahme der ersten zwei SSR des KRK „Rubesh" im Oktober 1980 stiegen die Anforderungen an die Ausbildung der Besatzungen rapide an. Während in der SKA-Abteilung noch sieben von insgesamt 33 Kfz für den Start einer Rakete benötigt wurden, vereinte nunmehr ein einziges Fahrzeug, die Selbstfahrende Startrampe (SSR), in sich alle Komponenten für den Einsatz von zwei Raketen in der ersten Salve.

Dazu kam, dass die Besatzung einer SSR nur aus fünf Angehörigen bestand. Es ist logisch, dass diese geringe Anzahl von Besatzungsmitgliedern über bedeutend umfangreichere Spezialkenntnisse verfügen musste als in der SKA-Abteilung, da hier die gesamte Technik auf der SSR konzentriert war. Außerdem erforderte das moderne Gefecht die Gewährleistung der gegenseitigen Ersetzbarkeit und damit musste jedes Besatzungsmitglied möglichst in der Lage sein, auch alle anderen Anlagen und Geräte zumindest bedienen zu können. Auf die fünf Besatzungsmitglieder verteilten sich alle Handlungen zum erfolgreichen Bekämpfen von Seezielen des „Gegners". Das war eine immense Anzahl von aufeinanderfolgenden einzelnen Aufgaben. Da die KRT zu den Stoßkräften der VM gehörten, hatten sie als erste zu Kampfhandlungen bereit zu sein, waren aber auch demzufolge vorrangig, noch vor allen anderen Kräften, der Einwirkung gegnerischer Waffen ausgesetzt. Daraus resultierte ein enorm hoher Anspruch an die Erfüllung von Aufgaben in kürzester Zeit mit effektiver Tarnung und Täuschung des „Gegners" zur Gewährleistung der eigenen Überlebensfähigkeit. Nicht selten war die Realisierung aller Aufgaben mit der vorhandenen unzureichenden personellen und technischen Ausstattung reine Theorie. Genauer wird dieser Aspekt im Kapitel VII, S. 165 erläutert.

Die im KRR-18 eingesetzten Offiziere waren mit anfänglichen Ausnahmen Absolventen der Offiziershochschule der VM. Das war vollkommen richtig, da unser Regiment zu den Stoßkräften der VM gehörte und die Gefechtsaufgabe darin bestand, gegnerische Seeziele im Zusammenwirken mit den SSK und den MFK in der OPZ der VM zu bekämpfen. Das Besondere war, dass die Kampfeinheiten der KRT gegen Schiffe auf dem Seekriegsschauplatz handelten, aber von Land aus. Das heißt, dieser Gefechtseinsatz erforderte nicht nur eine maritime, sondern auch eine „Landser"-Ausbildung. Letztere beinhaltete z. B. das richtige Verhalten im Gelände, die Pionierausbildung, die topographische Ausbildung, die Tarnung, die Organisation eines effektiven Schutzes und der Verteidigung von Einheiten im Gelände usw. Da wir uns das alles selbst erarbeiten und den Personalbestand dementsprechend ausbilden mussten, konnte das Ergebnis nicht vollkommen sein. Folgerichtig wurde das 1987 bei der Inspektion durch das Ministerium für Nationale Verteidigung auch festgestellt und kritisiert, was aber nur zum Teil seine Berechtigung hatte. Die Formulierung diesbezüglich lautete: „Unzureichende Beachtung der Überlebensfähigkeit der Kräfte des KRR-18 im modernen Gefecht!" Das stimmte natürlich immer.

Zu allen geplanten Übungen war, wie bereits erwähnt, der Einsatz seines mobilen FP durch den Kommandeur des Regiments befohlen. Damit war auch immer parallel die Taktische Ausbildung des Führungsorgans und der Nachrichtenkräfte gesichert. Allerdings war der Stab dadurch hoch belastet, da er an allen Ausbildungsmaßnahmen teilnehmen musste, auch wenn nur eine KRA entfaltete. Darüber hinaus wurden ständig Handlungen der Gefechts-, sowie der Speziellen und Rückwärtigen Sicherstel-

Ein durch den Stab des KRR-18 erarbeitetes Dokument von 1989, (Originalmaße 100 x 75 cm) (DH)

lungen in der Taktischen Ausbildung trainiert. Schließlich hatten in der Stufe „Volle Gefechtsbereitschaft" alle Einheiten des KRR-18 – bis auf wenige zur Bewachung und Organisation des Nachschubs im Objekt verbleibenden Kräfte – in die Stellungsräume zu entfalten und ihre Arbeit unter feldmäßigen Bedingungen zu realisieren. Das betraf das Regeln und Betanken der Raketen, das Beladen der SSR, die Bergung und Reparatur von beschädigter Technik, die Versorgung der Kräfte mit Verpflegung, Treibstoff und materiellen Mitteln bis hin zur Errichtung eines Feldlazaretts zur medizinischen Versorgung Geschädigter. Allerdings erfolgte aus Sicherheitsgründen zu Übungen keine tatsächliche Betankung von Raketen im Gelände. Diese wurde nur im Objekt des KRR-18 und in der RTA-6 in Tilzow auf der Insel Rügen vorgenommen. Dorthin verlegte dann der Tank-, Transport- und Nachladezug, z. B. bei der Durchführung des Feldlagers der 1. KRA 1986 auf der Halbinsel Bug der Insel Rügen. Somit konnte eine gefechtsnahe Taktische Ausbildung des Personals im Umgang mit faktischen Treibstoffkomponenten trotzdem gewährleistet werden.

Bei allen diesen geschilderten Maßnahmen wurde ein hoher Grad an Gefechtsnähe erzielt. Durch entsprechende Einlagen wurden bei der Ausbildung extrem harte Bedingungen geschaffen, die oft auch mit einem nicht zu unterschätzenden Risiko für alle Teilnehmer verbunden waren. Die Verantwortung dafür trug immer der Kommandeur des KRR-18 und es ist deshalb nicht verwunderlich, dass er hohe Anforderungen an die vorbereitende Planung der Ausbildung stellte. Mit der Anfertigung von zeitlich exakten Ablaufplänen, die wie immer in Stabskultur auf die Karten zu bringen waren, endete die Arbeit des Stabes keinesfalls. Meistens wurden besondere Lagebedingungen zur Übung vorab mit den Spezialisten ausführlich erörtert. Auch die Stellvertreter des Kommandeurs und die ihnen unterstellten Spezialisten wurden ständig mit in die Planungsarbeit einbezogen. Obwohl wir versuchten, die Ausbildung so real wie möglich an die Bedingungen eines modernen Gefechts anzupassen, war an der Küste der DDR ein tatsächlicher Einsatz der Raketen unmöglich. Der Seeraum war für die Reichweite von 80 km viel zu begrenzt und von der internationalen Schifffahrt sehr stark frequentiert. Deshalb fand der Raketenangriff wie üblich statt, aber der Raketenstart wurde nur imitiert. Anhand der dabei durch das Personal zu führenden Aufschreiberlisten konnte man jedoch die Handlungen für den Einsatz der Raketenbewaffnung einschätzen und bewerten. Das Erfolgserlebnis, der direkte Treffer im Ziel, fehlte allerdings.

Operative Ausbildung

Die Operative Ausbildung wurde in der VM nur in Verantwortung des CVM durchgeführt. Teilnehmer daran waren seine Stellvertreter, die Chefs der Flottillen, die Kommandeure der selbstständigen Truppenteile sowie der Schulen und Einrichtungen. Dazu gehörte auch der Kommandeur des KRR-18, da er dem CVM direkt unterstellt war. Zu einigen Maßnahmen wurden auch die Stellvertreter der Kommandeure befohlen. Diese Ausbildung wurde jährlich an drei zusammenhängenden Tagen in Form von Schulungen organisiert. Den Inhalt bildeten meistens der Gefechtseinsatz der Kräfte der VM, die Organisation des Zusammenwirkens zwischen ihnen und mit Kräften anderer Teilstreitkräfte sowie die Sicherstellung von Kampfhandlungen. Dazu gehörten sowohl Seminare, als auch Besuche in Verbänden und Truppenteilen mit Vorführung der Technik. Zu den letzteren Maßnahmen gehörten z. B. Besuche im MFG-28 in Laage und im Gefechtsstand der 43. Fla-Raketenbrigade in Sanitz. Die wichtigsten Inhalte und Ergebnisse aus diesen Schulungen wertete der Kommandeur des KRR-18 in der halbjährlichen Taktischen Ausbildung der Führung des Regiments aus. Der wesentlichste Teil der Operativen Ausbildung der Chefs und Kommandeure bestand jedoch in ihrer praktischen Arbeit bei Übungen, Überprüfungen und Kontrollen. Die Gesamtzahl dieser Maßnahmen betrug für das KRR-18 pro Ausbildungsjahr mehr als zehn Maßnahmen, das bedeutete ungefähr monatlich eine.

Erfahrungsaustausch mit der 5. Raketenbrigade der Landstreitkräfte

Um die Entwicklung vor allem der Gefechtsausbildung unseres Regiments zu beschleunigen, schlug KK H.-J. Galda 1984 dem Kommandeur des Regiments, KzS L. Schmidt, vor, sich ganz einfach mal die Organisation und Umsetzung der Gefechtsausbildung der 5. Raketenbrigade der Landstreitkräfte in Demen vor Ort anzuschauen (er hatte gute Beziehungen bis hin zur Führung dieser Brigade). Der Besuch musste natürlich durch den CVM und den Chef des Militärbezirks V genehmigt werden, was aber kurzfristig geschah. Der Termin wurde mit dem Kommandeur der 5. Raketenbrigade abgestimmt und so begaben sich der Kommandeur des KRR-18 und seine fünf Stellvertreter im Herbst 1984 mit einem Kfz „B-1000" nach Demen. Aus mehreren Gründen hatten wir diesen Verband für einen Erfahrungsaustausch ausgewählt:

- Die 5. Raketenbrigade gehörte zu den operativ-taktischen Kräften der Landstreitkräfte, also zu den Stoßkräften.
- Bei der vorhandenen Technik gab es einen hohen Grad an Übereinstimmung, der Komplex operativ-taktische Rakete (OTR) „Elbrus" hatte das gleiche Basisfahrzeug „MAZ-543" als Startrampe, aber mit zwei Fahrerkabinen, die Rakete „8-K-14" (NATO: SCUD B) hatte ein Flüssigkeitstriebwerk wie unsere Raketen mit den gleichen Treibstoffkomponenten.
- Die Nachrichtentechnik und die mobilen Führungspunkte waren nahezu identisch.
- Die Aufgaben der Sicherstellung und der rückwärtigen Versorgung ähnelten sich in hohem Maße.
- Die Geheimhaltungsbestimmungen waren genauso hoch, zum Teil sogar höher.
- Der Einsatz der Raketen war wie der unserer Küstenraketen an extrem strenge Normen und exakte Abläufe gebunden.

Die Struktur und gesamte Ausbildung war deshalb ähnlich, alles nur eine Stufe höher. Der Grund dafür lag im Gefechtseinsatz. Die 5. Raketenbrigade löste operativ-taktische Aufgaben mit dem Einsatz weitreichender Raketen. Der Einsatz mit nuklearen Sprengköpfen war möglich. Das KRR-18 dagegen löste taktische Aufgaben mit dem Einsatz von Raketen kürzerer Reichweite mit Gefechtsköpfen mit herkömmlichem Sprengstoff. In der NVA gab es nur zwei Raketenbrigaden mit OTR: die 5. im Norden der DDR und die 3. im Süden. Wir versprachen uns von einem Besuch bei dieser Brigade sehr viel und unsere Erwartungen sollten auch erfüllt werden. Schon bei unserer Ankunft wurden wir vom Kommandeur der 5. Raketenbrigade, Oberst Schlase, sehr kameradschaftlich empfangen. Oberst Schlase informierte uns darüber, dass der Zeitpunkt unseres Besuchs ideal gewählt sei, da die Brigade gerade die Gruppengefechtsausbildung der Einheiten auf dem angrenzenden Übungsgelände absolviere und die Abnahme zur Zulassung für den Raketeneinsatz bevorstünde.

Als erstes wurden uns die im Objekt vorhandenen Lehreinrichtungen vorgeführt. Das waren gut ausgestattete Lehrkabinette mit anschaulichem Lehrmaterial. Nach Stationen aufgebaut konnten hier alle Handgriffe, die für den Einsatz der Raketenbewaffnung erforderlich waren, von den Armeeangehörigen trainiert werden. Da es sich ausschließlich um Lehrtechnik handelte, war das Risiko einer möglichen Beschädigung der Gefechtstechnik, die bei uns für die Ausbildung eingesetzt werden musste, natürlich ausgeschlossen. Beeindruckend war für uns besonders die Vielzahl an vorhandenen Schnittmodellen, an Anschauungstafeln und die realistische Nachgestaltung einzelner Gefechtsstationen. Uns wurde erklärt, dass die Ausstattung des Lehrgebäudes zum Teil mit der Technik geliefert, ein großer Teil allerdings mit eigenen Mitteln erstellt worden war. Wir kamen nicht umhin, unsere Anerkennung darüber kund zu tun, wobei wir sofort erkannten, dass dieser Zustand trotz anstrengender Eigenleistungen für uns wohl utopisch war.

Danach begaben wir uns mit unserem „B-1000" auf das Übungsgelände der Brigade. Dazu nutzten wir einen separaten Kontrolldurchlass des Objekts, durch den aus Geheimhaltungsgründen, wie man uns erklärte, die Startrampen bei höheren Stufen der Gefechtsbereitschaft auf einem Waldweg zur Einnahme der befohlenen Bereitstellungsräume das Objekt verließen. Das alles lief in Normzeit ab, bei absoluter Tarnung und Geheimhaltung, also im Prinzip wie in unserem Regiment. Bis zum Einsatz der Rake-

Startrampe „9-P-17 M" mit der OTR „8-K-14" (IN)

tenbewaffnung vom „Gegner" unentdeckt zu bleiben, hatte auch für uns oberste Priorität. Wir staunten nicht schlecht, als man uns die im Gelände getarnte Technik vorführte, sie war eigentlich ohne Hinweis optisch überhaupt nicht auszumachen. Im Detail wurden uns praktische Maßnahmen der Tarnung der Technik unter Ausnutzung natürlicher Geländebedingungen sowie Maßnahmen der optischen und Infrarottarnung unter Einsatz einfacher Mittel demonstriert. Bei einer weiteren Station wurde das Startklarmachen der Raketen trainiert, wobei wir darauf aufmerksam gemacht wurden, dass dieser Abschnitt des Gefechtseinsatzes der neuralgische Punkt sei. Für die Startrampen war es ähnlich wie bei uns, sie mussten die getarnte Wartestellung verlassen und für den Start der Raketen einen offenen, vermessungstechnisch vorbereiteten Geländeabschnitt einnehmen. Natürlich war es erforderlich, dass der Aufenthalt in einem von Luftangriffen gefährdeten Gelände so kurz wie möglich gehalten wurde. Für den Start einer Rakete wurden in der Startstellung 20 Minuten benötigt. Deshalb galt es auf dieser Station die erlernten Handgriffe, die auf die Sekunde abgestimmt waren, in der Praxis richtig anzuwenden. Jeder Fehler führte unweigerlich zur Überschreitung der Normzeit und gefährdete damit die Erfüllung der Aufgabe. Eine perfekte Vorbereitung des Personals war deshalb die Grundlage. Erteilt wurde der Befehl zum Raketenstart vom FP, durch den festgelegt wurde, ob Ziele mit bereits vordefinierten Koordinaten oder Ziele, die durch Fern- und Spezialaufklärer per Funk übermittelt wurden, bekämpft werden sollten. Außer der Entscheidung über die Detonationshöhe musste noch die Art der Havariedetonation festgelegt und in das System eingespeist werden. Neben ausgezeichnetem militärischem Können waren herausragende ingenieurtechnische Kenntnisse Voraussetzung für einen erfolgreichen Raketenstart.

Nach einem imitierten Start führten die Startrampen einen Stellungswechsel durch. An einer nächsten Station, dem getarnten Beladepunkt, fand das Beladen der Startrampen mit Raketen statt. Das geschah mit spezieller Technik ähnlich unserer. Erschwerend für die Soldaten der Raketenbrigade war allerdings, dass der Gefechtskopf, der bei unseren Raketen bereits beim Klarmachen zum Verschuss wurde, hier extra montiert werden musste. Man erklärte uns, dass es neben konventionellen Gefechtsköpfen mehrere Varianten von nuklearen Gefechtsköpfen mit unterschiedlicher Sprengkraft von 20–500 kt sowie chemische Gefechtsköpfe gab. Der Transport der nuklearen Gefechtsköpfe erfolgte übrigens mit Spezialtechnik, sogenannten isothermischen Fahrzeugen. Die Nuklearsprengköpfe wurden von der GSSD verwaltet, zur Brigade gehörte ein sowjetischer Verbindungsoffizier. Alle Gefechtsköpfe erforderten spezielle Einstellungen, die durch den FP befohlen und unmittelbar vor dem Start eingegeben wurden. Bei einer möglichen Abweichung des Einschlags der Rakete bei ausgewählten Zielen von 450 m war die Vernichtung von Punktzielen mit konventionellen Gefechtsköpfen eigentlich reiner Zufall – d. h., bei einem Einsatz dieser Raketen war der Einsatz nuklearer Sprengköpfe geplant – die atomare Abschreckung! Im Gegensatz zu unserer Technik wurden die Raketen vor dem Start auf der Startrampe noch mit einer Komponente des Raketentreibstoffs betankt. Auch hierbei stand die strikte Tarnung der Technik und des Personals im Mittelpunkt der Ausbildung.

Im Weiteren zeigte man uns die Ausbildung von Spezialtruppen, u. a. die des meteorologischen Zugs. Dieser ermittelte die meteorologischen Daten, die für die Berechnung der Flugbahnen der Raketen benötigt wurden. Neben dem genauen Vermessen der Startstellung und der Ermittlung möglichst genauer Zielkoordinaten erarbeitete der meteorologische Zug wichtige Daten, um zu treffen. Die Raketen verfügten nicht wie unsere über eine Zielsuchlenkanlage. Das Ermitteln der Flugparameter war also erheblich wichtiger als bei uns und musste deshalb bis ins Detail geübt werden.

Besonders interessant war die Ausbildung eines Stellungsbauzugs. Unsere Pioniereinheit, ausgerüstet mit der Pioniermaschine „BAT-M", wurde – wie bereits erwähnt – in Prora auf Rügen zentral ausgebildet, da wegen des Fehlens eines eigenen Übungsgeländes der Einsatz dieser Technik mit erheblichen, unvertretbaren Flurschäden verbunden gewesen wäre.

Die Zeit verging wie im Fluge und so waren wir recht zufrieden, als wir die Einladung zum Mittagessen erhielten. Das Essen wurde in einem Zelt serviert, das innen überhaupt nicht an feldmäßige Bedingungen erinnerte. Mit weißen Tischdecken versehene Tische, ordentlich eingedeckt wie in einem 3-Sterne-Restaurant, die Wände des Zelts mit weißen Bettlaken verkleidet und natürlich ausreichend Backschafter, die uns umgehend das Essen servierten. Dieses fiel gegenüber dem Ambiente nicht ab. Ich mache es kurz: So beeindruckend das auch war, es hatte für uns keine Priorität und wir strebten in unserem Regiment bei der Ausführung der Feldlager einen solchen Zustand auch nicht an.

Die nachfolgende Besichtigung eines mobilen FP und einer entfalteten Nachrichtenstation war umso interessanter. Wenn auch der entfaltete FP auf der Basis eines KFZ vom Typ „URAL" wesentlich größer ausfiel als der bisher bei uns eingesetzte „Schmetterling" auf der Basis des „LO-1800", später „ZIL 131", gab es hinsichtlich der Zweckmäßigkeit der Aufgliederung in Arbeitsbereiche, der Ausstattung und der Organisation der Führung, etliches, was für uns von Interesse war. Ich glaube, dass sich die Spuren dieses Besuchs im Nachhinein gerade für die Arbeit auf unserem FP am deutlichsten widerspiegelten. Beeindruckend war noch der „Schlafwagen", ein Kfz vom Typ „Ural" mit Kofferaufbau, in dem Doppelstockbetten auf beiden Seiten eingebaut waren, insgesamt wahrscheinlich zwölf Schlafplätze für die Führung.

Obwohl in der Raketenbrigade bei der Übermittlung von Nachrichten zum größten Teil auf verschlüsselte Netze und Technik zurückgegriffen wurde, konnten wir uns einiges bezüglich der Organisation abschauen. Nicht zuletzt beeindruckte uns auch hier, wie die Tarnung der Technik, die Schaffung von Reserven und die weiträumige Trennung von Sende- und Empfangseinrichtungen organisiert wurden.

Insgesamt hatten wir persönlich einen vorbildlichen Verband der NVA erlebt. Diese Einschätzung bezog sich nicht nur auf den Personalbestand, der sich seiner außerordentlich hohen Verantwortung für den Einsatz der stärksten Bewaffnung unserer Armee vollkommen bewusst war. Beeindruckend war auch die hohe Motivation, die sich in der hervorragenden Organisation des Dienstes und dem sehr guten Stand der Disziplin und Ordnung widerspiegelte. Das brachte unser Kommandeur bei der Verabschiedung auch zum Ausdruck. Kurz nach unserem Besuch wurde die Brigade auf das

Marschkolonne einer Startbatterie OTR								
Hfw.-Kfz. „URAL-375"	Startrampe „9-P-117 M1"	Neutralisationsfahrzeug „8-T-311 M"	Feuerzug- „URAL"	Startrampe „9-P-117 M1"	Rechner-Kfz. „LO"	Fü-Kfz. „GAS-66"	Verm.-Kfz. „GAS-66"	Verm.-Kfz. „GAS-66"

Marschkolonne einer Startbatterie OTR (IN)

wesentlich modernere Raketensystem „Oka" (NATO: SS-23) umgerüstet. Aus Geheimhaltungsgründen wurde mit uns darüber allerdings nicht gesprochen.

Mit einer Unmenge von Eindrücken und Ideen für ihre Umsetzung in unserem Regiment kehrten wir in unser Objekt Schwarzenpfost zurück. Dort analysierten wir unverzüglich in der Regimentsführung gründlich die uns vermittelten Erfahrungen und erarbeiteten einen „Plan der Maßnahmen", in dem die für das Regiment aus unserer Sicht notwendigen Veränderungen bezüglich der Struktur, des Personals, der Technik und Bewaffnung sowie der Ausbildung festgehalten waren. Diesen Plan überreichte unser Kommandeur dem CVM zur Bestätigung und natürlich mit der Bitte um Hilfe und Unterstützung. Inhaltlich bildete dann dieses Dokument eine wichtige Grundlage für unsere weitere Arbeit beim Aufbau des KRR-18, u. a. auch für den „STAN 90". Dieser Besuch half uns damals, wesentliche Reserven in unserer Arbeit aufzudecken. Er gab uns Anregungen für die Organisation der Führung eines Gefechts von Land aus. Letztendlich vermittelte er jedem Stellvertreter für sein Gebiet eine Vielzahl verwertbarer praktischer Hinweise. In der Folgezeit flossen wesentliche Erkenntnisse aus der Auswertung dieses Besuchs in die Organisation und Umsetzung des gesamten Dienstes im KRR-18 ein. Besondere Reserven erkannten wir auch für die Gestaltung einer gefechtsnahen Ausbildung bezüglich der Sicherung der Überlebensfähigkeit und bei der Sicherstellung der Handlungen unserer Kräfte in einem modernen Gefecht. Insgesamt war dieser Erfahrungsaustausch eine Demonstration der engen, kameradschaftlichen Zusammenarbeit verschiedener Teilstreitkräfte und Waffengattungen der NVA.

Bedingungen für die Gefechtsausbildung

Studien ehemaliger Angehöriger der NVA und sogar von Offizieren der Bundeswehr, die die Ausbildungsbedingungen in der NVA nach personellen, materiellen, regionalen, und bildungsmäßigen Kriterien untersuchten, bestätigen, dass den Verbänden, Truppenteilen und Einheiten ab den 1980er-Jahren ein gut entwickeltes System von Ausbildungsbasen zur Verfügung stand. Nach ihrer Einschätzung entsprach das von der Regimentsausbildungsbasis bis zu den zentralen Ausbildungsbasen modernsten Anforderungen. Warum das alles ausgerechnet für den kampfstärksten Truppenteil der VM, das KRR-18, nicht zutraf, bleibt ein Rätsel. Darüber hinaus verfügte die NVA über hochmotivierte und qualifizierte Ausbilder. Die Grundlagen für das hohe Niveau der Gefechtsausbildung lagen in der soliden Allgemeinbildung, den in der vormilitärischen Ausbildung erworbenen Kenntnissen und Fertigkeiten sowie in der ausgezeichneten Leistungsbereitschaft und -fähigkeit aller Armeeangehörigen. Für die Ausbildung im

Gelände existierten die Standortübungsplätze mit Fahrschulstrecken, Schießständen u. a., sowie die Truppenübungsplätze. Besonders für die Standorte mit Raketentruppen waren die genannten Bedingungen normal, aber nicht für das KRR-18.

Wie stellten sich dagegen konkret die Bedingungen 1980 in der KRA-18 nach der Zuführung der ersten zwei SSR und ab 1983 mit der Indienststellung des um ein vielfaches an Personal und Technik angewachsenen KRR-18 dar? Für den Personalbestand hatte es unverständlicherweise keine vorbereitende Ausbildung in der Sowjetunion gegeben. Das stand im absoluten Gegensatz zu allen anderen Maßnahmen bei der Einführung neuer Technik. Damit waren im KRR-18 die Voraussetzungen für eine ordnungsgemäße Umsetzung der Spezialausbildung völlig unzureichend. Während der Aufbauphase der KRA-18 und später des Regiments lag der Schwerpunkt der Arbeit in der Eingliederung ständig neuen Personals und der Übernahme der neuen Technik. Infolgedessen waren keine Ausbilder vorhanden bzw. noch nicht ausgebildet. Technische Dokumentationen oder Vorschriften für die Ausbildung fehlten fast gänzlich oder lagen nur in russischer Sprache vor. Durch notwendige häufige Umbesetzungen war an ein geschlossenes Handeln nicht zu denken. Dringend erforderliche bauliche Maßnahmen zur sicheren Unterbringung der Raketentechnik befanden sich in der Planung bzw. waren noch nicht abgeschlossen. Für die Unterbringung der Armeeangehörigen reichte die Kapazität der Dienststelle überhaupt nicht aus. Demzufolge standen auch spezielle Räumlichkeiten für die Durchführung der Spezialausbildung noch gar nicht zur Verfügung. Die Ausbildung musste in den Unterkünften oder in kleinen Dienstzimmern der Baracke des Stabes der KRA-18 stattfinden. Das widersprach mitunter vollständig den Geheimhaltungsbestimmungen, die für diese Technik sehr hoch waren. Die Unterlagen für die Raketenbewaffnung trugen ausschließlich die Geheimhaltungsstufe „Geheime Verschlusssache!". Lediglich einige militärische Dokumentationen trugen den Grad „Vertrauliche Verschlusssache!". Es existierte keine Ausbildungsbasis und war auch nicht geplant, es gab weder ein Übungsgelände, noch Kabinette, weder einen Sportplatz noch einen Schießstand, oder einen Handgranatenwurfstand, eine Sturmbahn, eine Kreistrainingsanlage u. a. – nichts. Übrigens änderte sich dieser Zustand nur unwesentlich bis zur Auflösung des KRR-18. Positive Veränderungen konnten nur durch Eigenleistungen dank der unermüdlichen Initiative der Kommandeure und des Personalbestands erreicht werden.

Zum Üben fehlte die dazu notwendige Lehrgefechtstechnik. Lediglich zwei Schnittmuster der Rakete „P-21" und ein Tankmodell der Rakete „P-15", das aber wegen technischer Defekte nicht genutzt werden konnte, standen für die Spezialausbildung in der Raketenregelhalle der Technischen Zone zur Verfügung. Anschauungsmaterialien jeglicher Art waren ebenfalls nicht vorhanden. Unter diesen denkbar schlechten Bedingungen musste die Ausbildung organisiert werden. Eine Möglichkeit konnten wir allerdings nutzen, um die Ausbildung dennoch effektiver zu gestalten und um vor allem erst einmal die Ausbilder zu schulen. Das waren die sowjetischen Spezialisten, die sich zur Übergabe der SSR jeweils mehrere Wochen in unserem Objekt Schwarzenpfost aufhielten. Sie montierten aus den per Bahn oder Seetransport angelieferten Einzelkomponenten die SSR, justierten die Anlagen und stellten die volle Funktionstüchtigkeit der Technik und Bewaffnung bis zur Übergabe her. Dazu wurden für Erprobungen und Justierungen die Startstellung Neuhaus und der Flugplatz Barth genutzt. Da wir

Angehörige der KRA-18 mit sowjetischen Spezialisten (KS)

von Anfang an ein ausgesprochen kameradschaftliches Verhältnis zu den sowjetischen Spezialisten pflegten und unser Personal über Schulkenntnisse der russischen Sprache verfügte (einige aufgrund ihres Studiums in der UdSSR über perfekte), unterstützten uns die Spezialisten auf unsere Bitte hin mit Einweisungen, Schulungen, Vorführungen u. a. Außerdem arbeiteten unsere Spezialisten und die zukünftigen Besatzungen der SSR bei der Montage der Rampen selbstverständlich mit, wobei sie am meisten lernten. Also: „Learning by doing." Unser Personal schaute bei der Inbetriebnahme der Aggregate und Anlagen den Spezialisten nicht nur über die Schulter, sondern nervte sie mit ihren ständigen Fragen. Die sowjetischen Spezialisten dagegen wussten, dass wir ohne ihre Hilfe kaum in der Lage sein würden, diese außerordentlich komplizierte Technik zu bedienen und halfen uns gerne. Das war echte Freundschaft und nicht nur eine einfache Parole aus dem Politunterricht, für jeden Angehörigen unseres Regiments anschauliche und greifbare Praxis. Sie setzte bestimmt nachhaltiger den Gedanken der Waffenbrüderschaft in den Köpfen unserer Truppen fest, als das zahlreiche Unterrichtsstunden der Politschulung je hätten tun können. Dazu gehörte auch, dass unsere Besatzungen unter Aufsicht der Spezialisten zu jeder Inbetriebnahme der Technik die Geräte zuschalteten und dass die notwendigen Justierungsarbeiten gemeinsam vorgenommen wurden. Selbstverständlich bedankten wir uns für diese vertraglich nicht festgelegte Unterstützung. Wir organisierten nicht nur die ordentliche Unterbringung und Versorgung im Regiment, sondern auch Freizeitmaßnahmen wie Besuche und Einkäufe in Berlin und Rostock, die Teilnahme an Feierlichkeiten u. a. Die Führung des Regiments wusste, dass diese sowjetischen Spezialisten hochqualifizierte Ingenieure des Herstellerwerks und Offiziere der Seekriegsflotte der UdSSR waren, obwohl sie aus Gründen der Geheimhaltung darüber nicht sprechen durften. Bei allen Übernahmen von SSR engagierte sich vom Regiment z. B. OL Frank Hösel besonders. Ursprünglich war er für den Einsatz als Kommandeur einer SSR vorgesehen, demonstrierte aber bald überdurchschnittliches Interesse und Fähigkeiten bezüglich der Elektronik der Raketenbewaffnung. Frank Hösel entwickelte sich in der Folgezeit zu dem anerkannt besten Spezialisten auf dem Gebiet der Raketenbewaffnung in unserem Regiment. Er arbeitete nicht nur bei der Störungsbeseitigung erfolgreich, sondern vermittelte auch anderen sein Wissen. Während seiner von der Indienststellung bis zur Auflösung des Regiments ununterbrochenen Tätigkeit befähigte er viele Offiziere, Fähnriche und Unteroffiziere, als Ausbilder zu fungieren. Das ist auch ein Beispiel für das System der Organisation der Gefechtsausbildung in unserem Regiment: selbst lernen und das Wissen weitergeben. Eine andere Möglichkeit existierte nicht. Die hohe Motivation und die beachtlichen, im Selbststudium erworbenen Kenntnisse der Ausbilder führten wiederum zur Stärkung ihrer Autorität in den Augen der Auszubildenden.

Zu beachten ist außerdem, dass aufgrund der geringen Anzahl an Personal, das für den Gefechtseinsatz zur Verfügung stand, natürlich alle bei der Wartung und Instandhaltung benötigt wurden. Das heißt, dass auch der Kommandeur der SSR und der Batteriechef selbst mit Hand anlegen mussten. Damit ging ihnen im Gegensatz zur Arbeit anderer Vorgesetzten zwar wertvolle Zeit zur Vorbereitung der Ausbildung verloren, aber die gemeinsame Tätigkeit trug wesentlich zur Festigung der Kollektive bei. Dieses hier geschilderte Prinzip galt im Regiment eigentlich (ausgehend von der Minimalbesetzung laut „STAN") nicht nur auf dieser Kommandoebene, sondern auch für alle anderen, einschließlich des Regimentskommandeurs und seiner Stellvertreter.

Erfolgreich arbeiteten bei der effektiven Gestaltung der Gefechtsausbildung im KRR-18 eigentlich alle Ausbilder. Stellvertretend für sie nenne ich noch namentlich Stabsfähnrich Detlef Lehmann, STOM Frank Heuer, Gerald Helmecke, Ray Lebert und Jürgen Teichert.

Neben den in der Gefechtsausbildung allgemeinen Problemen muss man berücksichtigen, dass nach der Auflösung der SKA-Abteilung von 1972 bis 1980 praktisch keine Waffengattung KRT in der VM existierte. Es gab also außer dem ehemaligen Objekt der SKA-Abteilung Schwarzenpfost keine Basis, auf der man hätte aufbauen können. So musste Neuland beschritten und im Grunde noch einmal bei Null angefangen werden. Das war bei den taktischen und operativ-taktischen Raketenkräften der NVA anders. Sie bestanden bereits seit geraumer Zeit. Lediglich die technische Ausrüstung wurde laufend modernisiert. In der KRA-18 musste dagegen unter dem Kommando des Kommandeurs, FK Kurt Stippkugel, gewaltige „Pionierarbeit" geleistet werden, um eine, wenigstens annähernd den Sicherheitsbestimmungen entsprechende Unterbringung der Technik zu gewährleisten und mit ständig neuem und wechselndem Personal die Übernahme der Technik zu realisieren sowie für deren Bedienungen auszubilden. Bereits 1981 wurden die zwei SSR der KRA-18 in das System der ständigen Gefechtsbereitschaft eingegliedert und ab 01.01.1983 wurde mit einer SSR der Gefechtsdienst der Stoßkräfte der VM sichergestellt. Dazu waren vorher die Geschlossenheit zum Handeln und die Fähigkeit, die wichtigsten Gefechtsaufgaben einer Startbatterie durchzuführen, zu erfüllen, und in einer Abnahmegefechtsübung unter Beweis zu stellen.

Neben der Spezialausbildung wurde auch die Taktische Ausbildung durch unsere sowjetischen Spezialisten wesentlich unterstützt. Sie schlugen uns damals vor, nach Möglichkeit am Training der Gefechtsaufgaben im Gelände teilzunehmen, dabei unsere Handlungen zu beobachten und auszuwerten, was wir natürlich dankbar akzeptierten.

Montage einer SSR am Bahngleis im Objekt Schwarzenpfost 1990 (PG)

Letztendlich wollten auch sie nach den zahlreichen gemeinsamen Stunden mit unserem Personal bei der Montage und Wartung der Technik ein positives Endresultat demonstrieren und sicher sein, dass wir nach der Beendigung ihres Einsatzes diese modernste Technik auch meistern würden. Ihren Abschluss fand die Taktische Ausbildung am 13.04.1981 in der Abnahme der 1. Abteilungsgefechtsübung: „Die Vorbereitung und Übergabe von Raketen durch die RTB, das Beladen der SSR mit Raketen und die Durchführung des Gefechts" unter Teilnahme von Offizieren des Stabes der VM und der sowjetischen Spezialisten. Die Übung wurde erfolgreich mit der Einschätzung „Gefechtsbereit" abgelegt. Selbstverständlich resultierte aus dieser Abnahme ein Maßnahmenkatalog mit Schwerpunkten für die weitere Gestaltung der Gefechtsausbildung. Festgestellte Mängel wurden keinesfalls übersehen oder vertuscht. Dass die KRA-18 tatsächlich im Stande war, die Technik im Gefecht effektiv einsetzen zu können, bewies sie zweifelsfrei beim RSA 1982 in Baltijsk mit zwei gestarteten Raketen und klaren Treffern in der Seezielscheibe.

Mit der Indienststellung des KRR-18 am 01.11.1983 wurde an diese Leistungen angeknüpft und durch die bereits ausgebildeten Offiziere, Fähnriche und Berufsunteroffiziere weiteres Personal für die Besatzungen der SSR und Sicherstellungskräfte geschult. Im Weiteren wuchsen jetzt aber der Personalbestand und der Ausstattungsgrad mit Technik rapide an. Die Probleme, unsere Truppen und diese Technik ordnungsgemäß unterzubringen, wurden immer offensichtlicher und wuchsen sprunghaft.

In den Jahren 1984 und 1985 entspannte sich durch Bauarbeiten nach und nach die Lage. Endlich konnte unsere wichtigste Gefechtstechnik, die SSR, bisher provisorisch in zwei in Eigenleistung errichteten Zelten untergestellt, in den für zwölf SSR neu erbauten Kfz-Hallen untergebracht werden. Damit war die geforderte Sicherheit, vor allem für die SSR des Gefechtsdienstes mit Raketen, vollständig gewährleistet.

Durch den späteren Bau eines neuen Wirtschaftsgebäudes konnten wir das alte nutzen, um in Eigenleistung endlich mit der Errichtung von Lehrkabinetten zu beginnen. Diese waren zwar noch nicht qualitativ hochwertig ausgestattet – es mangelte noch immer an Schnittmodellen, Anschauungsmaterialien und Lehrgefechtstechnik –, stellten aber gegenüber den vorher herrschenden Bedingungen eine wesentliche Verbesserung dar. Als erstes war das Funkausbildungskabinett fertig, das durchaus schon mit ähnlichen Einrichtungen in den Flottillen mithalten konnte. Hierbei wurden wir allerdings auch wesentlich durch den Stab der VM unterstützt. Wahrscheinlich war das ein Ausdruck der guten Beziehungen unseres Nachrichtenoffiziers zum Chef Nachrichten.

Da ein eigenes Übungsgelände fehlte, war aufgrund der hohen Forderungen der Geheimhaltung der Technik und der stark limitierten Ressourcen an Treibstoffen und Motorenstunden eine effektive Taktische Ausbildung eigentlich praktisch unmöglich. Erst nach längerem, ständigen Nachfragen und Erinnern durch den Kommandeur des KRR-18 genehmigte der CVM Ende 1984 die Nutzung vorhandener militärischer Sperrgebiete zur Ausbildung der Einheiten des KRR-18. Und so inspizierte der Kommandeur, KzS L. Schmidt, mit mir 1985 die Sperrgebiete Darßer Ort und Zingst, das Übungsgelände für die Flak-Ausbildung der Kampfgruppen, auf die Tauglichkeit für Ausbildungszwecke der KRA. Das Gelände Darßer Ort nutzten wir dann jährlich für Feldlager im kompletten Bestand einer KRA. Dieses Gelände auf der Halbinsel Darß hatte von Schwarzenpfost aus die kürzeste Entfernung, es lag getarnt in einem weiträumig abgesperrten militärischen Gebiet und bot für eine Abteilung ausreichend Platz zur Entfaltung. Die Versorgung konnte vom Objekt aus ohne größeren Aufwand realisiert werden und das Kontingent an Motorenstunden und Dieselkraftstoff wurde nicht übermäßig belastet. Das Verlegen von Kräften in entferntere Räume, z.B. in den Raum Zingst, der durchaus für eine taktische Ausbildung geeignet war, bedeutete automatisch, dass für die eigentlichen Ausbildungsmaßnahmen dieses Kontingent schnell schrumpfte und am Ende eines Ausbildungsjahres weitere Ausbildungsmaßnahmen gefährdet waren.

Ein weiteres Problem ergab sich bei der Kfz-Fahrausbildung. Der Personalbestand wuchs ständig und mit ihm auch die Anzahl der Kraftfahrer. Der größte Teil von ihnen diente nur 18 Monate, d.h., er war nur 15 Monate im Regiment. Für jeden Kfz-Typ musste eine Typenzulassung für den jeweiligen Kraftfahrer erteilt werden. Ohne jemals mit diesem konkreten Kfz eine Fahrausbildung absolviert zu haben, war die Erteilung der Zulassung nicht möglich. Dafür standen dem Regiment schließlich erfahrene Ausbilder zur Verfügung, darunter die STOM S. Reiß, F. Heuer und Stabsfähnrich G. Höhne. Dafür mussten fremde Fahrübungsplätze in erheblicher Entfernung angefahren und die Nutzung weit im Voraus geplant und beantragt werden. Der Kommandeur des KRR-18 stellte dieses Problem in den Mittelpunkt einer Dienstberatung. Im Ergebnis waren wir uns einig, dass bei vorausgesetzter Genehmigung durch unseren Vorgesetzten und durch den zuständigen Militärforstwirtschaftsbetrieb mit eigenen Mitteln am Objekt ein Fahrausbildungsgelände geschaffen werden konnte. Der Antrag dazu wurde vom CVM genehmigt und der STKT/A hatte den entsprechenden Plan zu erarbeiten. Nach diesem Plan begannen wir 1985, als die Hauptkräfte unter Führung des Kommandeurs des KRR-18 am 2. RSA teilnahmen, mit den Vorbereitungsarbeiten. Das Gelände wurde abgesteckt und die erforderlichen Rodungen vorgenommen. Mit dem Einsatz der Pioniermaschine „BAT-M" ging die Arbeit gut voran und konnte sogar noch als Pionierausbildung abgerechnet werden. Insgesamt stellte das eine willkommene Abwechslung im täglichen Dienst dar. KK D. Eger, der zur Leitung der Arbeiten befohlen wurde, berichtete erstaunt darüber, mit welchem Elan unsere Truppen diese Arbeiten ausführten. Nach der Rückkehr der Kräfte vom Raketenschießen wurde das Ausbildungsgelände unter der Leitung von KK H.-J. Galda fertiggestellt. Fortan konnten wir flexibel, ohne Antrag und aufwändige Kfz-Märsche die Kfz-Fahrausbildung direkt am Objekt auf unserem eigenen Fahrübungsgelände realisieren. Außerdem errichteten wir 1987 noch eine Kreistrainingsanlage und einen Handgranatenwurfstand – wie immer im KRR-18 alles in Eigenleistung.

Mit der Indienststellung des KRR-18, mit der kurzfristigen Übernahme von sechs SSR und damit der vollständigen Ausrüstung der 1. und 2. KRA stand die Befähigung der Führungen des Regiments und der beiden Abteilungen, aller Besatzungen der SSR sowie der Sicherstellungs- und rückwärtigen Einheiten für den effektiven Einsatz der Raketenbewaffnung im Mittelpunkt des gesamten Erziehungs- und Ausbildungsprozesses. Neben dem bereits erreichten hohen Stand in der allgemeinmilitärischen Ausbildung und der spezialfachlichen Ausbildung des Großteils der Angehörigen unseres Regiments, ergaben sich immer mehr Probleme in der direkten Ausbildung an der Gefechtstechnik und beim Einsatz unter realistischen, gefechtsnahen Bedingungen. Probleme waren dabei neben den oben genannten objektiven Bedingungen, unter denen die Ausbildung erfolgte, u. a. noch folgende subjektive:
- Unzureichende Kenntnisse über das Verhalten im Gelände, vor allem die Möglichkeiten der Tarnung und Täuschung.
- Fehlende topografische Ausbildung.
- Mangelnde Erfahrungen bei der Organisation der Führung unter Feldbedingungen.

Für den Aufbau des Regiments war es deshalb zu Beginn günstig, dass einige der Offiziere und Berufsunteroffiziere bereits in Landdienststellungen ihren Dienst versehen hatten, bevor sie zu uns versetzt wurden. Dazu gehörte u. a. der STKT/A, KK Hans-Jürgen Galda. Er war uns mit seinem Wissen über den Einsatz von Truppen und Kampftechnik im Gelände um Längen voraus und so konnten wir oft von seinen Erfahrungen zehren. Als ein dem CVM direkt unterstellter Truppenteil erhielten wir zwar vonseiten unserer Vorgesetzten in dieser Hinsicht Unterstützung, allerdings war der Einsatz der KRT für die Offiziere des Stabes der VM, vor allem der Abteilungen Operativ und Gefechtsausbildung, wohl auch Neuland und bei ihnen deshalb nicht sehr beliebt. Im Mittelpunkt ihrer Tätigkeit standen eindeutig die Schiffsstoßkräfte. Schließlich dienten wir ja bei der Marine.

Nach dem Besuch in der 5. Raketenbrigade waren wir bestrebt, die Gefechtsausbildung, vor allem die Spezial- und Taktische Ausbildung durch das Einfließen der gewonnenen Ideen und Anregungen positiv zu verändern. Uns war klar, dass wir diese Veränderungen in erster Linie nur selbst initiieren konnten. In allen Bereichen diskutierten wir auf Dienstversammlungen dieses Thema. Unser Ziel sahen wir darin, möglichst alle Angehörigen des Regiments zum Gedankenaustausch anzuregen. Dass aus den Reihen der Unteroffiziere und Matrosen viele kluge Gedanken und Ideen zu Verbesserungen führten, bewiesen auch die zahlreichen Neuerervorschläge zur jährlich stattfindenden „Messe der Meister von Morgen" (MMM) im Rahmen des Sozialistischen Wettbewerbs. Neben vielen Ideen: Kraft- und Schmierstoffe einzusparen, die

Wartung und Instandsetzung zu verbessern sowie Abläufe zu optimieren, galt es unbedingt, diese Bewegung noch gezielter zur Verbesserung der Gefechtsausbildung zu nutzen. Das Potential war absolut vorhanden und zahlreiche Vorschläge wurden zügig in der Praxis realisiert.

So wurde z. B. der Verbesserungsvorschlag des STOM S. Reiss (der als Kfz-Schirrmeister in der 1. KRA diente), zusätzliche Schmiernippel am Fahrwerk des Kfz „ZIL-131" anzubringen, in der

Doppelstocklagerung von Raketen – ein Neuerervorschlag von K.-P. Gödde (PG)

gesamten NVA übernommen. Im Ergebnis konnte der Aufwand zur Umstellung dieser Fahrzeuge von der Sommer- auf die Winternutzungsperiode wesentlich verkürzt und der Verschleiß am Fahrwerk deutlich minimiert werden. Das in Eigenleistung erstellte Funkkabinett, das modernen Anforderungen entsprach, basierte ebenfalls auf einem ursprünglich vom Nachrichtenzug eingebrachten Neuerervorschlag. Auf der Neuererkonferenz des KRR-18 im November 1986, an der KzS Hein Manschus, der Leiter der Politabteilung beim CS der VM, als Gast teilnahm, wurden zahlreiche Exponate zur Veranschaulichung und Verbesserung der Spezialausbildung durch die Angehörigen der Einheiten vorgestellt. Besonders eifrig war dabei die 2. KRA unter ihrem Kommandeur, KK Berndt Roesner. Sie präsentierten eine Vielzahl selbst erarbeiteter Anschauungsmaterialien, um die Funktion der Technik zu verdeutlichen, bis hin zu Plakaten der Schiffs- und Flugzeugerkennung und deren Gefechtsmöglichkeiten als hilfreiches Lehrmaterial für die taktische Ausbildung und zur Vertiefung der Kenntnisse über den „Gegner". Hein Manschus lobte in seiner Rede auf dieser Konferenz die Armeeangehörigen, die durch ihr Mitdenken und durch ihre Initiative wesentlich zur Erhöhung der Kampfkraft und Gefechtsbereitschaft beitrugen. Er bescheinigte uns damals, dass nur dies der richtige Weg sei und wir unsere Unterstellten keinesfalls unterschätzen sollten. Wörtlich sagte er: „Vergesst nicht, dass diese Soldaten im anschließenden Zivilleben Gebäude, Schiffe und Anlagen errichten und aufgrund ihrer guten Ausbildung in der NVA nicht selten in Leitungsfunktionen eingesetzt werden. Warum sollte man dieses Potential nicht zur Lösung von schwierigen Aufgaben nutzen?" Es gelang uns schließlich, jeden mit ins „Boot" zu holen, um gemeinsam über die Möglichkeiten zur Verbesserung der Gefechtsausbildung nachzudenken. Erste positive Veränderungen zeigten sich dann auch direkt bei der praktischen Umsetzung der Taktischen Ausbildung im Gelände.

Auf den mobilen FP des Kommandeurs des KRR-18 und der Kommandeure der KRA wurden die Handlungen weiter optimiert. Die durch uns selbst erarbeitete Signaltabelle zur Durchführung eines Raketenangriffs in russischer Sprache wurde ausnahmslos von allen Besatzungen der SSR „im Schlaf" beherrscht und damit war das Zusammenwirken mit den SSK wesentlich sicherer, da diese Tabelle sich an die der Raketenschnellboote und kleinen Raketenschiffe anlehnte. Trotz aller Anstrengungen und Erfolge in der Gefechtsausbildung gab es selbstverständlich immer einzelne Probleme und mit dem 1986 erreichten guten Stand waren wir keineswegs zufrieden.

Vermessungskraftfahrzeug „UAZ-452 T" (IN)

Das betraf z. B. die Spezialausbildung unserer Vermessungsgruppen. Diese hatten die Aufgabe, die Startstellungen der SSR geodätisch und topografisch vorzubereiten. Das bedeutete, anhand von trigonometrischen Punkten des staatlichen geodätischen Netzes und topografischer Karten mit optischen Vermessungsgeräten und einer Kompassanlage die Position jeder einzelnen SSR in der Startstellung sowie den Kurswinkel zum Einfahren in die Stellung genau zu ermitteln und mittels Baken und Richtlatten, zu markieren. Darüber hinaus mussten die Basislinien zu benachbarten SSR oder den TBK in Grad und Entfernung bestimmt werden, um die durch eine SSR oder von Fühlungshaltern TBK durch ihre Radarstationen ermittelten Angaben zum Ziel umrechnen zu können. Diese Aufgaben erfüllte in jeder KRA jeweils eine Vermessungsgruppe bestehend aus einem Maat und zwei Obermatrosen mit einem Spezial-Kfz vom Typ „UAZ-452 T". In unserem gesamten Regiment existierte aber niemand, der dieses Personal hätte ausbilden oder die Ausbildung hätte anleiten können. Wir waren eben Seeleute und da war unser Ausbildungsprofil Navigation und nicht Topografie.

Allerdings muss man hier deutlich vermerken, dass dieses Problem, die Ermittlung eines genauen Startstandorts für die Berechnung der Flugbahn einer ballistischen Rakete außerordentlich wichtig war. Dagegen konnten für den Einsatz unserer Flügelraketen, die für den letzten Flugabschnitt mit einer eigenen Zielsuchlenkanlage ausgerüstet waren, diese Maßnahmen eigentlich vernachlässigt werden. Beim Raketeneinsatz der SSR nach Angaben der eigenen Radaranlage entfiel sogar das Einmessen einer Startstellung gänzlich. Lediglich der befohlene Schusssektor musste gewährleistet sein, und dafür der Kurs für das Einfahren der SSR in die Startstellung festgelegt werden. Dementsprechend stellte die Ausbildung dieser Vermessungsgruppen für uns kein Hauptproblem dar. Doch unsere Fehleinschätzung sollte sich rächen. Bei der Inspektion 1987 durch das MfNV wurde dieser Mangel in der Ausbildung selbstverständlich sofort festgestellt und negativ im Auswertebericht angeführt. Unverständlicherweise wurde diesem Thema allerdings die gleiche Rolle und Bedeutung wie in einer mit ballistischen OTR ausgerüsteten Raketenbrigade beigemessen, was, wie bereits dargelegt, überhaupt nicht der Realität entsprach.

Selbstverständlich interessierten sich unsere Vorgesetzten für den Stand der Gefechtsausbildung – aber nicht nur – und sie nahmen dazu u. a. persönliche Kontrollen vor. Über eine möchte ich an dieser Stelle berichten. Im August 1985 erhielt ich eines Morgens einen Anruf aus dem Stab der VM mit der Ankündigung eines Besuchs des CS der VM, VA Theodor Hoffmann. Der Kommandeur des KRR-18, Kapitän zur See

L. Schmidt, befand sich im Urlaub und somit begab ich mich in seiner Vertretung zum Kontrolldurchlass (KDL) unseres Objekts, um den hohen Besuch zu empfangen. Da es keine Vorkommnisse gab und alle anstehenden Aufgaben normal erfüllt wurden, hatte ich keinerlei Anlass zur Sorge. Selbstverständlich überprüfte ich den Zustand des Wachgebäudes, das äußere Erscheinungsbild des Postens und des OvD. Für den Besuch eines Admirals gab es schließlich immer noch etwas zu verbessern. Ich musste nicht lange warten – der Wagen fuhr vor, VA Th. Hoffmann stieg aus und ich erstattete ihm Meldung. In gewohnter Weise begrüßte der CS freundlich das anwesende Personal mit Handschlag. Er erkundigte sich nach dem Befinden der Wachhabenden und eröffnete mir, dass er als erstes die Unterkunft des mir als Stabschef direkt unterstellten Wachzugs sehen wolle, die sich unmittelbar hinter dem KDL befand. Das war eine Holzbaracke mit grünem Tarnanstrich, die in den frühen 1960er-Jahren erbaut worden war. Ich hatte aus Zeitgründen den Zustand der Unterkunft nicht mehr kontrolliert und deshalb wurde mir etwas unbehaglich. Dennoch war ich mir sicher, dass der Zugführer des Wachzugs, STOM Ronald Thimian, seine Führungsaufgaben wie immer erfüllt und für einen einwandfreien Zustand gesorgt hatte. So war ich das in meiner gesamten Dienstzeit von meinem mir unterstellten Wachzugführer gewöhnt. Ich nehme es voraus: Ich wurde auch dieses Mal nicht enttäuscht.

Somit geleitete ich VA Th. Hoffmann also zu dieser Baracke. Als wir das Gebäude betraten war ich sehr verwundert, dass der CS als erstes die Sanitär- und Waschanlagen begutachtete. Ein kurzer Blick in den Waschraum beruhigte mich. Das Reinschiff war ordnungsgemäß durchgeführt worden. Nunmehr wollte ich meinem Besuch die Zimmer der Matrosen zeigen. Weit gefehlt. VA Th. Hoffmann prüfte erstmal jeden Wasserhahn, jede Dusche, jeden Abfluss und jede Toilettenspülung auf Funktion. Dem CS entging meine Verwunderung nicht. Er erklärte mir ganz einfach: „Wissen Sie Genosse Schädlich, wir stellen sehr hohe Forderungen an unsere Unterstellten. Nicht selten bemängeln wir die Ordnung und Sauberkeit. Als Vorgesetzte tragen wir aber die volle Verantwortung dafür und haben die Pflicht, uns um die Belange unserer Soldaten zu kümmern. Dazu gehört in erster Linie, dass jedem Unterstellten auch das zuteil wird, was er zur ordnungsgemäßen Dienstdurchführung benötigt. Das beginnt eben morgens im Waschraum, wo jedem Wachsoldaten die Möglichkeit gegeben werden muss, sich vernünftig zu waschen. Der Soldat hat das zu bekommen, was ihm zusteht und das wiederum haben seine Vorgesetzten zu gewährleisten."

Anschließend erklärte er mir, dass der bauliche Zustand der Baracke sicherlich nicht den in der VM üblichen Standards entspreche, dass aber ein Neubau finanzielle Mittel fordere, die zurzeit nicht bereitstünden oder eher für andere Investitionen benötigt würden. Umso vorrangiger sei die Aufgabe, die vorhandene Substanz in einem funktionstüchtigen und sauberen Zustand zu halten. VA Th. Hoffmann versicherte mir aber, dass unser Problem bekannt sei und ganz sicher bei der Planung zukünftiger Baumaßnahmen berücksichtigt würde. Das beeindruckte mich nachhaltig und persönlich bemühte ich mich als Vorgesetzter auch weiterhin redlich, dieser von ihm hier geforderten hohen Verantwortung gerecht zu werden. Damit war der Besuch im Wachzug keinesfalls beendet. Natürlich interessierte VA Th. Hoffmann auch, wie die Matrosen auf den Stuben untergebracht waren. Wir betraten das erste 12-Mann-Zimmer, ausgestattet mit sechs Doppelstockbetten, zwölf Spinden für die Matrosen sowie einem Schrank für

Angehörige des Wachzugs des KRR-18 1990 (PG)

Reinschiffgeräte und zwei Tischen mit Stühlen. Beim Betreten ließ ich den Blick in die Runde schweifen und hoffte, eine ordentlich aufgeräumte Unterkunft demonstrieren zu können. Mir blieb fast das Herz stehen. Nicht etwa, weil vier Matrosen am Tisch saßen und zwei Wachsoldaten während ihrer Freiwache auf ihren Kojen ruhten, sondern weil ein Spind geöffnet war, von dessen Innentür uns eine hübsche, spärlich bekleidete junge Dame auf einem Bild anlächelte. Das war laut Innendienstvorschrift absolut nicht gestattet und ein Lieblingsthema für alle Vorgesetzten bei ihren Kontrollen. Auf Kommando nahmen die anwesenden Matrosen Grundstellung ein und der Zimmerälteste erstattete vorschriftsmäßig Meldung. Auch hier begrüßte VA Th. Hoffmann, bis auf die schlafenden Wachsoldaten, alle Anwesenden freundlich mit Handschlag, erkundigte sich nach eventuellen Problemen und nach der Erfüllung ihrer Aufgaben.

Das Zimmer sah den Umständen entsprechend sauber und aufgeräumt aus, was der Chef des Stabes auch bemerkte und wofür er die Matrosen lobte. Das stellte natürlich meine Wachsoldaten zufrieden und so gaben sie ihm bereitwillig Auskunft über ihren Dienst. Alles in allem eine entspannte Atmosphäre, was bei dem Besuch eines Admirals nicht unbedingt als normal anzusehen war. Als VA Th. Hoffmann einen Matrosen aufforderte, ihm seinen Spind zu zeigen, war mir klar, dass jetzt die erwarteten kritischen Worte folgen würden, denn die bewusste Dame lächelte uns immer noch an. Der Matrose öffnete seinen Spind – und ich traute mich gar nicht hinzuschauen. Er war allerdings in tadellosem Zustand, wie VA Th. Hoffmann auch sofort feststellte. Ein erneutes Damenlächeln blieb mir somit erspart. Der Chef des Stabes bedankte sich bei den Matrosen für ihren ordentlichen Dienst und verabschiedete sich in gewohnt höflicher Weise bei jedem Armeeangehörigen persönlich. Wir verließen das Gebäude und ich wartete immer noch auf kritische Bemerkungen bezüglich des Bildes, das meinem Besuch unmöglich entgangen sein konnte. Diese blieben aber aus. Stattdessen erklärte mir VA Th. Hoffmann mit einem unmissverständlichen Lächeln, dass meine Matrosen wohl gesunde junge Männer seien. Selbstverständlich hatte er das Bild bemerkt, es aber einfach wegen des guten Zustands der Ordnung und Sauberkeit und nicht zuletzt wegen der guten Moral, die die Angehörigen des Wachzugs demonstriert hatten, vernachlässigt. Sicher, Dienstvorschriften sollten eingehalten werden, aber das Leben war schließlich weitaus vielseitiger als eine Vorschrift es ausdrücken konnte. Fazit war letztendlich: Auf die Angehörigen meines Wachzugs konnte ich stolz sein, ich konnte mich in jeder Situation auf sie verlassen.

Im Anschluss an den Besuch des Wachzugs begaben wir uns in mein Dienstzimmer im Stabsgebäude und ich berichtete VA Th. Hoffmann über den Stand und die Probleme in der Gefechtsausbildung. Er gab mir wesentliche Hinweise für meine Arbeit und sagte mir zu einigen Fragen die Hilfe und Unterstützung der Offiziere des Stabes der VM zu. Damit endete der Besuch des Chefs des Stabes im KRR-18. Bevor VA Th. Hoffmann unser Objekt verließ, war der Wachzugführer, Stabsobermeister R. Thimian, bereits über das Ergebnis des Besuchs informiert und nahm die entsprechende Auswertung vor. Aber auch er bewahrte dabei Ruhe und arbeitete in erster Linie mit einem Lob für seine Unterstellten.

Über Begebenheiten dieser Art tauschte man sich natürlich bei späteren Treffen mit Angehörigen anderer Truppenteile aus. Dabei wunderte es mich nicht, dass viele Ähnliches zu berichten hatten. Nicht zuletzt wegen dieser seiner Sorge um die Belange der Menschen, die in der VM ihren Dienst versahen, besaß VA, später Admiral, Theodor Hoffmann ein außerordentlich hohes Ansehen bei der Truppe.

Inspektion

Da die Inspektion die wichtigste Kontrollmaßnahme in der Geschichte des KRR-18 auch für die Gefechtsausbildung darstellte, möchte ich darüber ausführlicher berichten.

Neben der Kontrolle der Zweckmäßigkeit der Organisation des täglichen Dienstes, der Arbeit des Kommandeurs und des Stabes sowie der Analyse des politisch-moralischen Zustands der Einheiten, bildete die Überprüfung der Handlungen zur Herstellung höherer Stufen der Gefechtsbereitschaft und des Stands der Gefechtsausbildung das Kernstück der Inspektion. Die Inspektion begann mit dem Auskunftsbericht des Kommandeurs des KRR-18 an den Leiter der Inspektionsgruppe, Generalmajor W. Käseberg. Daran nahmen die Inspektionsgruppe und die Stellvertreter des Regimentskommandeurs teil. Es war wie gewohnt ein prägnant und militärisch kurz formulierter Vortrag (wir waren selbstverständlich an seiner Erarbeitung beteiligt gewesen). Kapitän zur See L. Schmidt sprach dabei auch die uns bekannten Probleme und Mängel offen an und erläuterte deren Ursachen. Gleichzeitig informierte er über die eingeleiteten Maßnahmen zu deren Abstellung und den aktuellen Stand. Nach dem Vortrag wurden die Stellvertreter des Kommandeurs zu einzelnen Problemen befragt und ihre Kenntnisse über militärische Anordnungen, Befehle und Dienstpflichten überprüft. Dass dabei ein Stabschef sehr viele Fragen zu beantworten hat, liegt in der Natur der

VA Th. Hoffmann mit Admiral W. P. Iwanow im Objekt des KRR-18 1989 (JD)

Dinge. Er war praktisch für die Organisation des gesamten Dienstes zuständig. Die Befragung beinhaltete natürlich die Organisation der Gefechtsausbildung, die Handlungen bei der Herstellung höherer Stufen der Gefechtsbereitschaft und den Gefechtseinsatz der Raketenbewaffnung. Ich brauchte mich davor nicht zu fürchten, schließlich arbeitete ich bereits das vierte Jahr in der Funktion des Stabschefs, ich vertrat den Regimentskommandeur bei seiner Abwesenheit und hatte dementsprechend bei der Lösung aller Probleme beim Aufbau des Regiments führend mitgearbeitet. Aber weit gefehlt. Über den Gefechtseinsatz wurden mir dann Fragen gestellt, über die in keiner unserer Vorschriften und Dokumente etwas zu lesen war und die eindeutig aus der Praxis des Einsatzes der Raketentruppen der Landstreitkräfte stammten. Anscheinend musste bewiesen werden, dass „der an Land kämpfende Marineoffizier" für diese Arbeit nicht taugte, denn dafür waren allein die Landstreitkräfte zuständig. Ich wurde regelrecht vorgeführt. Aber das hatte ja Ursachen, nur sehr wenige Offiziere der Inspektion stammten aus der Marine und kein einziger hatte jemals vorher etwas mit den KRT zu tun gehabt. Ich will das nicht als Konflikt zwischen den Teilstreitkräften hoch spielen, aber ich wurde während der Inspektion das Gefühl nicht los, dass man uns schon beweisen wollte, dass wir von der Marine von Kampfhandlungen, die von Land aus geführt wurden, keine Ahnung haben konnten. Immerhin wurden die durch den Stab erarbeiteten Gefechtsdokumente als richtig, vollständig und zweckmäßig eingeschätzt. Bei der Kontrolle des Ausbildungsstands des Stabes in der MKE konnten wir sogar mit einem „Sehr gut" glänzen. Die KRA gaben ebenfalls ihr bestes. Bei den Normenabnahmen in der MKE und im Schutz vor MVM, die die Stabsspezialisten unter Aufsicht der Kontrolloffiziere vorzunehmen hatten, gab es nur gute und sehr gute Noten.

Bei der Kontrolle der Spezialausbildung gab es dann die ersten kritischen Bemerkungen und Hinweise, die sich allerdings vorrangig auf fehlende Ausbildungsmaterialien und Räumlichkeiten bezogen. Natürlich blieb auch das Problem der unzureichenden Ausbildung der Vermessungs- und Pioniergruppen nicht verborgen. Das konnte es schon deshalb nicht, weil es ja der Kommandeur in seinem Auskunftsbericht als problematisch in der Umsetzung erwähnt hatte. Leider wurde aus meiner Sicht die Rolle unserer Vermessungsgruppen total überbewertet. Anscheinend ging man eben von dem aus, was man kannte und das war ihre immense Bedeutung für die meteorologische und topo-geodätische Sicherstellung der Gefechtshandlungen der Raketenbrigaden der Landstreitkräfte. Die hätten ohne diese Sicherstellung ihre Raketen niemals ins Ziel bringen können. Bei uns stellte sich das dagegen ganz anders dar.

Den Höhepunkt und gleichzeitig Abschluss der Inspektion bildete die faktische Überprüfung der Handlungen der Einheiten des KRR-18 zur Herstellung höherer Stufen der Gefechtsbereitschaft und die Erfüllung einer Gefechtsaufgabe durch eine KRA aus dem Stellungsraum Darß im Zusammenwirken mit Technischen Beobachtungskompanien (TBK) der 6. GBK. Dazu wurde Gefechtsalarm ausgelöst und die Handlungen des Diensthabenden und die Heranholung des Personalbestands aus den Wohnorten sowie das Klarmachen des Gefechtsdienstes zum Einsatz entsprechend des „Plans der Überführung des KRR-18 in die Stufe Erhöhte Gefechtsbereitschaft" bei laufender Stoppuhr kontrolliert. Dem Regimentskommandeur wurde nach seinem Eintreffen im Objekt ein Gefechtsbefehl übergeben mit der Aufgabe, mit einer KRA aus dem Stellungsraum Darß zwei gegnerische Seeziele in der Mecklenburger Bucht nach Angaben von Landfühlungshaltern TBK zu vernichten. Dazu hatte der Kommandeur dem Leiter der Inspektionsgruppe seinen Entschluss für den Einsatz der Kräfte zur Erfüllung der gestellten Aufgabe nach Ablauf 1 Stunde zu melden. Das bedeutete für den Stab, sofort die entsprechenden Vorbefehle zu erarbeiten und nach ihrer Bestätigung durch den Kommandeur an die Einheiten weiterzuleiten, sowie kurzfristig die Lage, die Idee des Kommandeurs zur Erfüllung der Aufgabe, die erstellten bzw. präzisierten Marschskizzen und die Berechnungen der Gefechtsmöglichkeiten und andere Dokumente in Stabskultur auf einer Karte darzustellen. Der Zeitraum war zwar äußerst knapp, aber dank unserer vorgefertigten Karten und Dokumente – wir nannten das formalisiert – sowie der Zeichenkünste der Stabsoffiziere hatten wir damit keine Probleme. Sicher war das auch ein Ergebnis der bis dahin häufig stattgefundenen Trainings von Elementen der Gefechtsbereitschaft und der Maßnahmen der Taktischen Ausbildung, die ständig für die Arbeit des Führungsorgans auf dem FP genutzt wurden. Der Oberoffizier für Nachrichten organisierte während der Planungszeit die Nachrichtenverbindungen zu den TBK Darßer Ort und Wustrow. Von ihnen erhielt er die Information, dass sie bereits in ihre Aufgaben eingewiesen seien. Damit war klar, dass mit einem faktischen Entfalten und imitierten Raketenangriff gerechnet werden musste. Nach erfolgtem Entschlussvortrag des Kommandeurs erhielten wir dann auch den entsprechenden Befehl für einen Raketenschlag auf der Grundlage des bestätigten Entschlusses. Es folgte der Marsch einer KRA in den Stellungsraum Darß und die Entfaltung der FP des Kommandeurs des KRR-18 und des Kommandeurs der KRA.

Mit der Herstellung der Nachrichtenverbindungen zu den TBK Wustrow und Darßer Ort wurden deren Aufklärungsmeldungen auf den Lagekarten in den FP mitgekoppelt. Nach Erhalt des Befehls zur Bekämpfung eines faktischen Seeziels entfalteten die SSR in die Startstellungen, gaben nach Basisverbesserung die über Funk von der TBK eingehenden Zielwerte in die Waffenleitanlagen ein und imitierten auf Befehl einen Raketenstart. Bei der Inspektion wurde jede SSR mit ihren ermittelten oder erhaltenen und in die Waffenleitanlage eingegebenen Werten – Peilung und Distanz zum Ziel sowie Startzeit – anhand von sogenannten Aufschreiberlisten bewertet. Darin wurden generell während eines Raketenangriffs durch das Personal der SSR oder durch Kontrolleure Zeiten und Werte fest-

SSR in der Startstellung (IN)

gehalten, die anschließend zur Auswertung der Handlungen der Besatzungen dienten, praktisch wie eine Blackbox im Flugzeug. Der Raketenangriff wurde anhand dieser Listen danach grafisch auf Karten oder Planschetts dargestellt. Zur Zieldarstellung in See war wie üblich das Zielschiff/Torpedofangboot „B-74" „Libben" (NATO: KONDOR 1) der 6. Flottille eingesetzt. Der Kommandant des Zielschiffs, Korvettenkapitän Hahn, genannt „Hähnchen", hatte für diese Aufgabe wie immer einen Organisationsplan mit allen Positionen seines Schiffs, Zeiten, Kursen und Geschwindigkeiten erarbeiten müssen und die Inspektion verfügte natürlich über eine Kopie. Dementsprechend konnten die Kontrolloffiziere den genauen Standort des Schiffs zum Zeitpunkt jedes Raketenstarts der KRA oder einer SSR ermitteln. Verglichen mit unseren Angaben – Standort der KRA oder SSR, Schusspeilung und -distanz – ergab sich dann entweder „deckend", also Treffer, oder „daneben". Mit dieser Einschätzung konnte aber bei der Schießmethode mit Fühlungshalter eigentlich nur der Fühlungshalter bewertet werden und nicht unsere SSR, da sie ja bezüglich des Ziels völlig „blind" waren, d. h., ihre Radarstationen liefen ohne Abstrahlung. Dazu kam noch der Zeitfaktor, der bei dieser Methode immer eine bestimmende negative Rolle spielte. Das heißt, die Zieldaten veralteten mehr oder weniger schnell, da sich das Ziel ja ständig weiter bewegte. Die TBK brauchte natürlich Zeit für die Zielsuche, für das Ermitteln der Zieldaten, das Verschlüsseln und das Übermitteln an die SSR und diese noch mal für das Entschlüsseln und die Eingabe. Diese Schießmethode „mit Fühlungshalter" war also objektiv mit so viel Fehlern behaftet, dass Treffer in der Praxis entweder bei Idealbedingungen „konstruiert" oder nur theoretisch bei Übungen im „Trockenen", also auf der Karte, erzielt wurden. Außerdem ist anzunehmen, dass die Zielzuweisung durch die TBK in unserem konkreten Fall sowieso fehlerhaft war. Das Personal der Radarstation der TBK war genauso wenig wie unsere Besatzungen in der Lage, bei dem starken Schiffsverkehr im Seegebiet der Kadetrinne ohne optische Aufklärung das Zielschiff, das auf Befehl der Inspektion ohne eingeschaltetes FFK-Antwortgerät „Chrom" fuhr, unter den zahlreichen Radarechos genau zu identifizieren. Diese Tatsache und damit auch das Resultat, musste der Inspektion eigentlich bekannt gewesen sein. Also war das nur ein bedauerliches Versehen?

Der Einsatz der Raketenbewaffnung der SSR nach Angaben der eigenen Radarstation „Garpun" ergab natürlich bessere Resultate. Aber auch hier hatten wir keine Chance auf „Treffer", denn die Raketenbewaffnung der SSR wurde wiederum ohne Sicherstellung durch optische Aufklärung eingesetzt, obwohl der Regimentskommandeur bei seinem Entschlussvortrag diese gefordert hatte. Ohne optische Aufklärung des betreffenden Seegebiets durch Schiffs- oder Marinefliegerkräfte, über die die KRT nicht verfügten, sondern nur der Chef der Flotte, war diese Aufgabe überhaupt nicht lösbar. Und das musste die Inspektion eigentlich wissen. Und so gab es wieder die Einschätzung der Kontrolloffiziere „daneben", und der berechtigte Protest unseres Kommandeurs war selbstverständlich aussichtslos. Über diese ungerechte Einschätzung, anscheinend beabsichtigt, waren wir damals sehr aufgebracht, zumal wir wussten, dass die Besatzungen unserer SSR aufgrund der ständigen häufigen Trainings während der Taktischen Ausbildung sowie bei Übungen, Überprüfungen, etlichen Radartrainings und -justierungen im Rahmen der Übergabe neuer SSR durchaus verlässlich in der Lage waren, einen Raketenangriff mit ihren Startrampen „im Schlaf" erfolgreich durchzuführen. Letztendlich wurde das auch bei allen sechs RSA des KRR-18 durch zwölf reale Treffer demonstriert und damit zweifelsfrei bewiesen. Übrigens war der 4. RSA gerade erfolgreich abgeschlossen. Also im Ergebnis eine glatte, ich behaupte, bewusste Fehleinschätzung des Gefechtseinsatzes des KRR-18 durch die Inspektion und damit eine grobe Geringschätzung der ausgezeichneten Leistungen des Personalbestands besonders der FP und der KRA.

Das durch die Inspektion festgelegte Ergebnis dieses Gefechtseinsatzes ergab vollkommen ungerechtfertigt die Note für die taktische Ausbildung „Befriedigend". Da die Gesamtnote der Inspektion nie höher sein konnte als die Note der taktischen Ausbildung ergab die dann folgerichtig ebenfalls „Befriedigend". Im Auswertebericht nannte die Inspektion des MfNV für die Arbeit im KRR-18 folgende Probleme (Auszug aus der Chronik):

1. Richtiger und zweckmäßiger Einsatz der modernsten Raketentechnik im Zusammenhang mit weniger moderner Sicherstellungs- und Führungstechnik.
2. Ein Widerspruch zwischen den hohen Anforderungen an die Gefechtsbereitschaft des KRR-18 und den ungünstigen Dienst-, Arbeits-, und Lebensbedingungen der Angehörigen des Regiments.
3. Klärung und Lösung der Problematik moderner Militärtechnik und dem Fehlen von Trainern, einer Lehrbasis, Werkstattkapazität und pioniertechnischer Ausrüstung, sowie ungenügender Qualifikation der Reparaturkräfte.

Aus diesen Schwerpunkten ergaben sich im Grunde in erster Linie Aufgaben für unsere Vorgesetzten.

Nach den Ausführungen des Leiters der Inspektion, Generalmajor W. Käseberg, bei der Auswertung im Regiment war ich mit der Gesamteinschätzung der Überprüfung des Gefechtseinsatzes wie oben erläutert völlig unzufrieden. Unsere überdurchschnittlichen Leistungen beim Aufbau des Regiments waren – warum auch immer – einfach negiert worden. Die Leistungen der KRA wurden sehr ungerecht beurteilt. Die angesprochenen Mängel bezüglich der Maßnahmen zur Tarnung der eigenen Kräfte und der Täuschung des „Gegners" konnte ich gerade noch akzeptieren. Sie waren uns ja schon vorher durchaus bekannt, hatten aber ebenfalls objektive Ursachen, die wir nicht zu vertreten hatten. Ich sah hier vorrangig Mängel in der Ausrüstung unseres Regiments und die hatten unsere Vorgesetzten zu verantworten. Ohne ein Übungsgelände, ohne die Möglichkeit des Einsatzes von Pionierkräften und ohne die Ausstattung mit Mitteln zur Täuschung des „Gegners" blieben nur noch geringe Möglichkeiten für unser Personal, diese offensichtlich als besonders wichtig eingestuften Maßnahmen zu realisieren. Dass wir auf diesem Gebiet Reserven hatten, war uns bereits nach dem Besuch in der 5. Raketenbrigade durchaus bewusst. Die angeführten Mängel wirkten trotzdem zum Teil wie an den Haaren herbeigezogen und die Art und Weise der Bewertung der Taktischen Ausbildung war einfach eine Farce. Aber die Inspektion war beendet, die Bewertung stand fest und es galt, trotz alledem die entsprechenden Schlussfolgerungen für die Gefechtsausbildung abzuleiten. Also auf jeden Fall hieß das für uns alle erst einmal wieder deutlich noch mehr Arbeit.

Infolge der Auswertung der Inspektion und der deutlichen Hinweise in die Richtung der höchsten Vorgesetzten wurden diese jetzt aktiv. Auf Druck des CVM häuften sich Besuche durch Vorgesetzte und Offiziere des Stabes der VM. Der Verantwortliche für die KRT des Bereichs Ausbildung des Stabes der VM, FK Klaus Richter, der im Regiment wegen seiner offenen und ehrlichen Art sowie seiner ständigen konstruktiven Un-

Funkstation „R-140" beim Marsch im Gelände (IN)

terstützung sehr geachtet war, regte, sicher nicht aus eigenem Antrieb, eine Konferenz im KRR-18 zu Fragen des Gefechtseinsatzes an. Das war eigentlich das Letzte, was wir jetzt brauchten, denn es stahl uns nur wertvolle Zeit bei der Vorbereitung auf die Nachkontrolle. Diese Konferenz wurde dann auch im Regiment unter der Leitung des neuen Chefs für Ausbildung, KA E. Grießbach, mit der Führung und allen Kommandeuren, einschließlich der Kommandeure der SSR, abgehalten. Schon die Vorbereitung war sehr umfangreich – und dann wurden Vorträge gehalten, deren Inhalte wir alle bereits kannten, da das dort ausgeführte zu unserem Handwerkszeug gehörte. Was sich Hilfe und Anleitung nannte war eher das Gegenteil, aber unsere Vorgesetzten mussten ja schließlich vor der anstehenden Nachinspektion abrechenbare Maßnahmen melden. Solche Alibimaßnahmen erachtete ich damals als Aktionismus, sie halfen nicht, sondern belasteten uns. Es gab aber auch wirklich hilfreiche Unterstützung unserer Arbeit. Als Stabschef war ich damals z. B. sehr dankbar über die Einsätze der Offiziere des Bereichs Operativ des Stabes der VM. Meine Verantwortungsgebiete Gefechtsbereitschaft und Gefechtsausbildung waren einfach sehr umfangreich und schon geringe Fehler konnten unabsehbare Folgen haben. Außerdem galt es, ständig Veränderungen und Präzisierungen zu beachten und in die Dokumente einzuarbeiten. Da war es doch sehr positiv, wenn kompetente, erfahrene Mitarbeiter des übergeordneten Führungsorgans meine Arbeit kameradschaftlich begutachteten, auf Versäumnisse hinwiesen und Ratschläge gaben. Ich fühlte mich nach solchen Besuchen einfach sicherer.

Als Folge der Auswertung der Inspektion kam es zu einigen sofortigen, allerdings unzureichenden Änderungen in der Ausstattung des Regiments. Wir erhielten endlich die von uns schon lange geforderten Funkgerätesätze „R-140" auf Kfz „ZIL-131" auch für die Küstenraketenabteilungen. An eine Erweiterung der Pioniertechnik kann ich mich nicht erinnern. Auch personell gab es einige wesentliche und zweckmäßige Veränderungen. So wurde erstmals die Planstelle des Stellvertreters des Stabschefs durch einen Absolventen der Militärakademie, FK Christian Ludwig, besetzt. Bis zu diesem Zeitpunkt arbeitete der Oberoffizier für Organisation und Auffüllung, KK Wolfgang Schicht, zusätzlich in dieser Funktion. Gerade er war aber während der Formierung des Regiments in seiner Dienststellung zur Genüge ausgelastet. Dementsprechend übernahm jetzt FK C. Ludwig die Organisation und Nachweisführung der Gefechtsausbildung im Stab des Regiments. Ab 1987 wurde der durch den neuen „STAN 90" geschaffene Bereich des STKA durch FK R.-M. Brennecke erstmals besetzt. Ihm wurden der Oberoffizier für Chemische Dienste, vorher Oberoffizier für Schutz vor MVM, und der Offizier für MKE unterstellt. Somit gab es nunmehr im KRR-18 ein Organ, das sich ausschließlich mit der Gefechtsausbildung zu beschäftigen hatte.

In der folgenden Zeit galt es, sich auf die Nachinspektion vorzubereiten. Sie war in der Zeit vom 02.–06.11.1987 geplant. Auch das war wieder äußerst ungewöhnlich, in einem Zeitraum von nicht einmal drei Monaten sollten im KRR-18 die von der

Inspektion geforderten Veränderungen erreicht und alle angeführten Mängel beseitigt werden. Nicht einmal rein planerisch hatten wir einen Spielraum, da in diese Zeit die umfangreiche Auswertung des alten und die Vorbereitung des neuen Ausbildungsjahres fiel. Dazu kam noch die größte Übung des Jahres 1987, die Kommandostabsübung mit darstellenden Kräften „Sojus 87" im September, an der das KRR-18 teilzunehmen hatte.

Beladen einer RTE „KRAZ-255 B" mit Raketen (HN)

Damals sah ich das allerdings nicht als Problem an. Ich war ja sowieso der Meinung, dass der Großteil der im Auswertebericht aufgezählten Unzulänglichkeiten durch uns nicht zu beseitigen war und meine Einschätzung zum Ausbildungsstand der Angehörigen unserer 1. und 2. KRA fiel ja, wie schon erwähnt, wesentlich positiver aus. Aus meiner Sicht mussten wir auf dem Gebiet der Taktischen Ausbildung das Fahrrad nicht noch einmal neu erfinden. Deshalb gingen wir methodisch anders vor. Wir nahmen einfach bestimmte Probleme heraus, die die Inspektion besonders „liebte", und beschäftigten uns damit schwerpunktmäßig, um unsere Kräfte nicht zu verzetteln. Dazu gehörten vor allem effektivere Maßnahmen der Tarnung der Einheiten und Technik im Gelände und die intensive Ausbildung der Vermessungsgruppen. Dazu nutzten wir in erster Linie die Trainings von Elementen der Gefechtsbereitschaft, auch die KSÜ, sowie eine konzentrierte Spezialausbildung.

Bei der Nachinspektion selbst wurde dann mit etwas realistischeren Maßstäben gemessen. Der verbesserte Ausbildungsstand der Vermessungsgruppen und die ausgeführten Maßnahmen der Tarnung und Täuschung wurden anerkannt. Eine Startbatterie errichtete auf Befehl von KK W. Domigalle sogar eine Scheinstartstellung mit Winkelreflektoren und einem Holzofen zur Imitation von SSR durch Radarreflexionen und Infrarotwärmequellen. In der Führung schätzten wir diese Art der Tarnung als nicht effektiv ein, da sie äußerst aufwändig war und unsere Truppen nur von der Erfüllung der Hauptaufgabe ablenkte. Diesen Einfall zu diesem Zeitpunkt fanden wir allerdings genial, denn nun musste die Kontrollgruppe akzeptieren, dass wir uns tiefgründig auch mit diesen Problemen beschäftigten. Insgesamt hatten unsere Truppen einfach an Erfahrung gewonnen. Sie waren jetzt in der Lage, den Inspektionsoffizieren etwas vorzumachen, ihnen die Antworten zu geben, die sie hören wollten und ihnen das zu zeigen, was sie sehen wollten. Das entsprach eigentlich überhaupt nicht unserem Stil, aber wir duldeten das bewusst. Was sollten wir denn sonst machen? Hier wurde bewiesen, dass das Sprichwort „Der Erfolg heiligt die Mittel" leider zutraf. Anscheinend hatten wir auch alles richtig gemacht, denn die Nachinspektion war zwar im ähnlichen Stil wie die Inspektion verlaufen, aber mit einem anderen Ergebnis: „Gefechtsbereit" und Einschätzung „Gut".

Demnach war es uns also gelungen, innerhalb von nur etwa zwei Monaten die Zustände im KRR-18, aber vor allem die Gefechtsausbildung, wesentlich zu verbessern. So lautete jedenfalls die jetzt völlig reale Einschätzung und das war natürlich der Erfolg unserer Arbeit und nun mussten wir alle belobigt werden. Aber weit gefehlt.

Mitte November 1987 wurden überraschend alle Stellvertreter des Kommandeurs des KRR-18 in das KVM zu einer Aussprache mit dem CVM, Admiral W. Ehm, und seinen Stellvertretern befohlen. Wir wurden befragt, wie wir die Arbeit unseres Kommandeurs einschätzten. Das kam völlig unerwartet und es war auch total unmilitärisch und unpädagogisch, Unterstellte offen nach der Meinung über Ihren Vorgesetzten zu befragen. Aber natürlich nicht, wenn das der CVM tat. Dementsprechend gaben wir auch nur spärlich Auskunft. Keiner war bereit, sich über ernsthafte Mängel in der Führungstätigkeit unseres Kommandeurs zu beklagen, wie es anscheinend von uns erwartet wurde. Schließlich hatte er als militärischer Einzelleiter die volle Verantwortung für das Regiment zu tragen. Wie gesagt, kein Stellvertreter, obwohl durch den CVM dazu aufgefordert, äußerte sich negativ über die Arbeit des Kommandeurs. Sichtlich unzufrieden teilte der CVM uns dann einfach mit, dass er sich entschlossen habe, den Kommandeur des KRR-18, Kapitän zur See Lothar Schmidt und seinen STKLPLA, KK H.-M. Kubasch, zu versetzen. Man informierte uns darüber, dass die Nachfolger bereits ausgewählt seien und man von uns erwarte, dass wir diese in ihrer Arbeit zukünftig unterstützten. Somit kam es dann am 01.12.1987 zu den genannten Versetzungen. Eingesetzt wurden als Kommandeur FK Dr. Joachim Dix und als STKLPLA FK Rainer Schultz. Ich hatte damals keinen Grund, aber wie immer vor allem keine Zeit, über diese Maßnahme näher nachzudenken.

Nach dem Eintreffen des neuen Kommandeurs im Regiment war dann auch schnell die Phase des Kennenlernens beendet. FK Dr. J. Dix gelang es zügig, ein ähnlich herzliches und kameradschaftliches Verhältnis zu seinen Stellvertretern aufzubauen, wie es unter Kapitän zur See L. Schmidt bestand. Selbstverständlich war er vom Charakter her nicht mit seinem Vorgänger zu vergleichen. Er hatte einen anderen Führungsstil und auch ein ganz anderes Auftreten. Aber vom ersten Tag an stellte er genauso hohe Forderungen wie sein Vorgänger und kümmerte sich ebenso um alle Belange seiner Unterstellten. Natürlich fehlten ihm die Erfahrungen über die Führung von Kampfeinheiten im Gefechtseinsatz. Auch sein Wissen über die Raketentechnik wies erhebliche Lücken auf, um es vorsichtig zu formulieren.

Das lag ganz einfach daran, dass er aus einer ganz anderen Laufbahn stammte. Er war ausgebildeter Spezialist in der Nachrichtentechnik und der Organisation des FEK (ELOKA) und hatte auch in diesbezüglichen Funktionen gearbeitet. Einen solchen Spezialisten konnten wir für unser KRR-18 gut gebrauchen. Die Organisation der Nachrichtenverbindungen, vor allem bei der Führung der Kräfte vom HGS, erwies sich ja bekanntlich immer noch als äußerst problematisch. Vielleicht konnten wir mit ihm weitere Verbesserungen erreichen? Bei der Aufrechterhaltung einer hohen Gefechtsbereitschaft und der Organisation der Gefechtsausbildung gab es keinerlei Veränderungen.

FK Dr. J. Dix gelang es in kürzester Zeit, alle Stellvertreter für seine Ideen zu begeistern und dementsprechend unterstützten sie ihn bei seiner Arbeit. In der Gefechtsausbildung fanden verstärkt praktische Maßnahmen statt, bei denen er sich ein eigenes Bild über den Stand verschaffte. Ich hatte sofort das Gefühl, dass man ihm den Zustand, den er vorfinden würde, wohl sehr schwarz gemalt hatte. Auf jeden Fall ging die Arbeit im Regiment für uns ohne Pause und grundsätzliche Änderungen weiter. Neue Ideen, die er initiierte, beriet er vorab mit seinen Stellvertretern und danach wurden sie in die Praxis umgesetzt. So wurde u. a. im März 1988 erstmals ein Feldlager im gesamten Bestand des Regiments auf dem Übungsplatz Zitterpenigshagen, südlich der Stadt Stralsund, geplant und durchgeführt. Dafür erwirkte er eine Genehmigung beim CVM, nunmehr VA Theodor Hoffmann. Bis zu diesem Zeitpunkt war uns die Taktische Ausbildung im Gelände nur im Bestand der Führung, maximal einer KRA und Sicherstellungskräften, gestattet worden und der Gefechtsdienst durfte das Objekt nur auf besonderen Befehl verlassen. Die Genehmigung zur Nutzung des Übungsplatzes der SSTA-18 erhielten wir dank guter Beziehungen unseres neuen Kommandeurs auf dem kleinen Dienstweg. Dieses Feldlager erfüllte durchaus das angestrebte Ausbildungsziel, unter Gefechtsbedingungen das geschlossene Handeln des gesamten Regiments herzustellen. Es stellte hohe Anforderungen bezüglich der Planung und rückwärtigen Sicherstellung.

Zum Abschluss des Feldlagers wurde der Gefechtsdienst, wie immer überraschend, durch das MfNV überprüft. Die Aufgabe lautete, mit den zwei SSR aus den Stellungsräumen Darß und Barhöft im Zusammenwirken mit Schiffsstoßkräften der 6. Flottille unter Angaben von Fühlungshaltern eine gegnerische Schiffsschlaggruppe zu bekämpfen. Die Einschätzung der Kontrollgruppe nach der Erfüllung der Aufgabe lautete „Sehr gut". Damit wurde diese Ausbildung am Ende mit einem absoluten Erfolgserlebnis gekrönt. Für mich persönlich stellte das eine längst fällige Bestätigung des Könnens unserer Küstenraketenabteilungen und vor allem Besatzungen der SSR dar. Anscheinend wurde jetzt mit anderen Maßstäben gemessen und die bereits vorher demonstrierten hohen Leistungen real anerkannt. Man muss KzS (am 01.03.1988 wurde er befördert) Dr. J. Dix absoluten Respekt zollen, wie schnell er sich in das gesamte Problem der Führung eines Gefechts mit Raketen einarbeitete.

Im Mai 1988 unmittelbar nach dem Feldlager wurde erneut eine Gesamtkontrolle durch die Inspektionsgruppe des MfNV im Regiment vorgenommen. Die Note für das Hauptelement, der taktischen Übung, stand ja mit „Sehr gut" bereits fest. Jetzt mussten nur noch einmal alle Normenabnahmen so ablaufen wie bei der Inspektion. Und das geschah auch. Nunmehr erhielten wir die Einschätzung „Gefechtsbereit" und die Note „Sehr gut". Das war erst ein halbes Jahr nach der schlechten Einschätzung durch die Inspektion und den nachfolgenden Versetzungen des ersten Kommandeurs des KRR-18 und seines STKLPLA sowie nach dem Wechsel in der Funktion des CVM.

Ende des Jahres 1988 ergab sich für mich persönlich die Möglichkeit, in das MfNV in die Unterabteilung VM der Verwaltung operative Ausbildung und Gefechtsbereitschaft des Bereichs Operativ versetzt zu werden. Der Abschied vom KRR-18, das ich fünf lange Jahre als Stabschef mit aufgebaut hatte, fiel mir außerordentlich schwer. Ich war mir allerdings sicher, dass mein Nachfolger, KK R.-M. Brennecke, die Aufgaben erfüllen würde. Er hatte alle Stationen im Regiment durchlaufen: er war Kommandeur einer SSR gewesen, sowie Batteriechef und Kommandeur einer KRA und STKA. Somit war er für die Dienststellung des Stabschefs bestens gerüstet.

Die Zeit nach meiner Versetzung war dann in erster Linie durch die sich anbahnenden gesellschaftlichen Veränderungen in der DDR geprägt. Aber das Wichtigste war, dass, wenn auch sehr spät, endlich die hervorragenden Leistungen der Angehörigen des KRR-18 anerkannt wurden. Am 25.09.1989 erhielt das Regiment aus den Händen des Ministers für Nationale Verteidigung ein Ehrenbanner des ZK der SED und am Ende des Ausbildungsjahres 1988/89 wurde es als „Bester Truppenteil" ausgezeichnet. Darüber freute ich mich sehr, wenn auch nur aus der Ferne.

Raketenschießabschnitte

Mit der Einführung der Raketenschnellboote „Projekt 205" (NATO: OSA I), ausgerüstet mit vier Seezielraketen „P-15" und des Küstenraketenkomplexes „Sopka" mit der Rakete „S-2" – das war 1962 die Geburtsstunde der Küstenraketentruppen (KRT) der VM – wurden die jährlichen RSA der Verbündeten Ostseeflotten (VOF) im Bestand der Baltischen Rotbannerflotte (BF) der UdSSR, der Polnischen Seekriegsflotte (PSKF) und der VM der DDR ab 1964 zu einem festen Bestandteil und dem absoluten Höhepunkt der Gefechtsausbildung.

Insgesamt nahmen die KRT der VM an elf RSA teil, davon:
- Die Spezial-Küstenartillerieabteilung (SKA-Abteilung) –1964–1969 viermal.
- Die Küstenraketenabteilung 18 (KRA-18) –1982 einmal.
- Das Küstenraketenregiment 18 (KRR-18) –1984–1989 sechsmal.

Zusätzlich wurde durch die SKA-Abteilung bei den Übungen „Baltic" im August 1970 und „Waffenbrüderschaft 80" im Oktober 1970 zur Demonstration je eine Rakete gestartet. Die vier RSA der SKA-Abteilung werden im Kapitel VIII, S. 221 behandelt.

Der eine RSA der KRA-18 und die sechs RSA des KRR-18 waren im Ablauf bis auf geringfügige Unterschiede gleich. Deshalb möchte ich mich auf die Darstellung des 1. RSA des KRR-18 1984 beschränken, an dem ich persönlich teilnahm.

Die RSA wurden mit einigen Ausnahmen jährlich in den Monaten Mai bis Juli im Zeitraum von zehn bis 14 Tagen in einem Polygon, der durch nautische Mitteilungen veröffentlicht und als Sperrgebiet deklariert wurde, im Seegebiet nördlich Kap Taran der russischen Exklave Kaliningrad ausgeführt. Als Stationierungsort diente den teilnehmenden Einheiten die Flottenbasis Baltijsk (Pillau) der Baltischen Flotte. Zur Sicherung des Seegebiets wurden ca. 20 Kriegsschiffe (Korvetten, Fregatten, MSR-Schiffe und U-Jagdschiffe) der VOF eingesetzt. Erstmals nahm die VM 1964 mit den RS-Booten 711 und 712 sowie der SKA-Abteilung an einem RSA teil. Von den Booten wurde je eine Rakete „P-15" gestartet. Beide trafen ins Ziel. Die Raketen wurden bei den RSA im Gegensatz zu Gefechtsraketen mit einem mit Beton gefüllten Gefechtsteil ausgerüstet. Somit blieb die eigentlich vernichtende Wirkung durch die Detonation des mit herkömmlichem Sprengstoff „Trotylhexogenaluminium-Gemisch" versehenen Originalgefechtsteils aus. Die zur Zieldarstellung im Seegebiet verankerten Seezielscheiben konnten dadurch nach geringfügigen Instandsetzungsarbeiten wiederverwendet werden. Diese Scheiben bestanden aus einem ca. 45 m langen, mit Kork ausgeschäumten

Start einer Rakete des KRK „Rubesh" und einer Rakete „S-2" des KRK „Sopka" (PG/KS)

Einschlag der Raketen in den Rumpf der Seezielscheibe, Einschlag der Rakete in die Scheibe, Bild vom Hubschrauber (HN)

Metallrumpf und waren mit einem etwa 8 m hohen Netz, mit Radarreflektoren oder Wärmequellen bzw. kombiniert, versehen. Damit wurde für die Radarzielsuchlenkanlagen der Raketen „P-15" und „P-21" ein Seeziel von der Größe einer Fregatte imitiert. Für den späteren Einsatz der „P-22", die mit einem Infrarotzielsuchkopf ausgestattet war, wurden auf der Scheibe Dieselöfen als Wärmequelle installiert. Kurios war, dass die Reparatur der beim Schießen beschädigten Scheiben durch die verursachenden Flotten bezahlt werden musste – es gab also als Ergebnis immer ein lachendes und ein weinendes Auge.

Ein RSA war der einzige faktische Raketeneinsatz und somit der absolute Höhepunkt des Ausbildungsjahres, eine Demonstration des Beherrschens der Vorbereitung und des Einsatzes der Raketenbewaffnung vor den sowjetischen und polnischen Waffenbrüdern sowie vor unseren höchsten Vorgesetzten. Der Erfolg hing aber von sehr vielen Faktoren ab. So wurden im Unterschied zu den teilnehmenden RS-Booten, die ihre Verschussraketen klar zum Start an Bord mitführten, unsere zwei Verschussraketen zwar an Bord der SSR beim Transport mitgeführt, aber dann an die RTB der teilnehmenden KRA übergeben, die im Raum Baltijsk feldmäßig im Feldlager entfaltet war. Alle weiteren Handlungen liefen wie im Gefecht ab: Alarm, Einsatzbefehl, Regeln der Raketen durch die RTB, Beladen der SSR, Marsch der SSR in die Wartestellung, auf Befehl in die Startstellung, Befehl zum Raketenschlag, Zielsuche, Auffassen und Daten ermitteln, Start – und das alles in Normzeit.

Mit der Einführung des KRK „Rubesh" und nachfolgend der RSK „1241 RÄ" erreichten die neuen Raketen „P-21/22" die doppelte Reichweite der „P-15" und auch die Radarstation „Garpun" erreichte bedeutend größere Auffassungsreichweiten. Trotzdem wurde der Einsatz der Schiffsstoßkräfte auch weiterhin durch Fühlungshalter sichergestellt. Diese Methode, ursprünglich für die Erhöhung der Reichweiten gegen Raketenschnellboote des „Gegners" für die eigenen RS-Boote „Projekt 205" entwickelt, wurde auch jetzt für die RSK angewendet. Folgerichtig spiegelte sich der Einsatz von Fühlungshaltern auch bei der Ausführung der RSA wider. Dazu wurde ein ausgemustertes Torpedoschnellboot zur beweglichen ferngesteuerten Seezielscheibe umgebaut und das Raketenschießen nach Angaben eines in See befindlichen Schiffsfühlungshalters ausgeführt. Diese Seezielscheibe war sehr teuer und ihre Vernichtung musste unbedingt vermieden werden. Das wurde durch überhöht angebrachte Winkelreflektoren erreicht und die Treffer konnten in einem über dem Rumpf zwischen zwei Masten gespannten Netz nachgewiesen werden. Im Gegensatz dazu benötigten die SSR der KRT keine

Fühlungshalter, sondern stellten den Einsatz ihrer Raketenbewaffnung dank der erhöhten Startstellungen auf maximale Distanz mit der eigenen Radarstation sicher. Der Raketeneinsatz erfolgte bei allen sieben RSA des Küstenraketenkomplexes „Rubesh" der VM nur nach den durch die eigene Radarstation „Garpun" ermittelten Zieldaten auf eine Distanz von mehr als 325 kbl, 60 km – alle 14 gestarteten Raketen waren Treffer.

Die Zielstellung der RSA der VOF bestand in Folgendem:
- Die praktische Bestätigung der Beherrschung der Technik durch das Personal sowie des Funktionierens der Technik.
- Das Herstellen der Geschlossenheit der Besatzungen für den faktischen Einsatz der Raketenbewaffnung.
- Das Training des Zusammenwirkens der Verbündeten Ostseeflotten.
- Das Schaffen von Vertrauen in die eigene Kampfkraft und Technik.
- Das Vertiefen des Waffenbrüderschaftsgedanken in der Praxis.
- Die Demonstration der Verteidigungsfähigkeit der Seestreitkräfte der WVO in der Ostsee vor den Augen der NATO, die sich als ständiger Beobachter mit Aufklärungsschiffen (z. B. „Alster", „Oker" und „Oste" der Bundesmarine) im Seegebiet aufhielt, in glaubwürdiger und anschaulich überzeugender Form.

Zu jedem Raketenschießabschnitt wurden ein Leiter des RSA (BF), Leiter der RSA der Flotten und Leiter des RSA der Truppenteile eingesetzt. Meistens waren die Leiter des RSA der Flotten die Stellvertreter der Chefs für Ausbildung. Diese führten die teilnehmenden Einheiten vom Gefechtsstand auf Kap Taran über Funk. Die Auswahl der teilnehmenden Einheiten zum Raketenschießabschnitt wiederum wurde im entsprechenden Ausbildungsjahr getroffen.

Die Besatzungen und die Technik der Boote/Schiffe/SSR waren während der Vorbereitung zu überprüfen und zum Raketenschießen zuzulassen. Die Auswahl der zum Verschuss vorgesehenen Raketen wurde nach der Zeit, die sie in der BS I gehalten worden waren, getroffen. Das heißt, diejenigen Raketen, die der Nutzungsgrenze am nächsten lagen, wurden für den RSA freigegeben und vorbereitet. Eine endgültige Überprüfung der Raketen und der anderen Technik erfolgte unter der Teilnahme von Spezialisten der BF direkt in der Flottenbasis der BF bzw. im Feldlager der KRT.

Vom 18.06.–08.07.1982 nahm die KRA-18 erstmals mit dem in der VM eingeführten KRK „Rubesh" unter Führung von FK Kurt Stippkugel am Raketenschießen teil. Dabei wurde von der SSR mit der Bau-Nr. 502 je eine Rakete des Typs „P-21" und „P-22" erfolgreich von Land (Bryuster Ort) gegen die verankerten Seezielscheiben eingesetzt. Das KRR-18 führte seinen 1. RSA im Jahr 1984 unter Führung des Kommandeurs des KRR-18, FK L. Schmidt, mit der SSR 111 aus.

Seit 1983 wurden im KRR-18 in kurzen Abständen mehrere SSR übernommen. Das Personal musste laufend neu formiert und ausgebildet werden. Die Auswahl der teilnehmenden Kräfte konnte also nur auf die erfahrensten Besatzungen fallen. Das waren die der SSR 111 und SSR 112 mit den Kommandeuren Kapitänleutnant Ralf-Michael Brennecke und Kapitänleutnant Eckhard Schmidtke. In der Gefechtsausbildung wurde sich dann besonders auf die Ausbildung dieser Besatzungen konzentriert. Im Stab erfolgten unterdessen die Planungsarbeiten. Der „Plan der Durchführung des 1. RSA des KRR-18" musste erstellt und dem CVM zur Bestätigung vorgelegt werden. Da dieses Dokument erstmals erarbeitet wurde, legte unser Kommandeur neben der Exaktheit des Inhalts besonderen Wert auf eine universelle wiederverwendbare Form. Das Erarbeiten solcher formalisierten Dokumente brachte zwar anfänglich immer Mehraufwand mit sich, da sie aber dann bei zukünftigen Aufgaben lediglich präzisiert werden mussten, ergab sich insgesamt eine wesentliche Zeitersparnis.

Das Überführen der teilnehmenden Kräfte des KRR-18 in das Übungsgebiet des RSA erfolgte in zwei Etappen: 1) die Überführung des Vorkommandos und 2) die Überführung der Hauptkräfte mit der SSR. Das Vorkommando unter Leitung des STKRD, FK Bernd Moritz, wurde ca. eine Woche zuvor mit der Aufgabe der Errichtung des Feldlagers mit einem Landungsschiff der VM in Marsch gesetzt. Eine gewaltige Aufgabe, mussten doch schließlich alle Ausrüstungsgegenstände und materiellen Mittel auf Transportfahrzeugen verstaut und daraus vor Ort ein Feldlager für die Truppe mit ordentlichen Arbeits- und Lebensbedingungen errichtet werden. Neben den Zelten für die Unterbringung des Personalbestands mussten u. a. Sanitäranlagen, die Stellplätze für die Kfz, ein Volleyballplatz und vor allem das Gelände für die komplette technische Stellung der RTA, später RTB der KRA, zum Regeln der Raketentechnik ausgewählt und unter Berücksichtigung der Sicherheitsbestimmungen vorbereitet werden. Und das alles nur mit einer Handvoll Angehöriger der RD des Regiments, die diese Aufgabe mit Bravour lösten. Zur Überführung der Hauptkräfte wurde ein Landungsschiff der BF eingesetzt, da die neuen Landungsschiffe „108" der VM für den Transport von SSR wegen der zu niedrigen Einfahrt nicht eingesetzt werden konnten. Zum 2. RSA des KRR-18 wurde 1985 übrigens ein RoRo-Schiff der Deutschen Seereederei für den Transport bereitgestellt, da die BF für uns kein großes Landungsschiff frei hatte. Diese Schiffe waren sowohl für das Be- und Entladen sowie für den Seetransport unserer Technik nahezu ideal. Unsere Kfz konnten darin sogar wenden. Allerdings war ihr Einsatz in unserem Interesse nur im Verteidigungsfall bzw. bei besonderen Anlässen möglich.

Das Beladen des Landungsschiffs erfolgte im Überseehafen Rostock/ Warnemünde, an der RoRo-Pier. Auf der Grundlage des oben erwähnten Plans wurden Kolonnen zur Überführung vom Objekt Schwarzenpfost zum Überseehafen zusammengestellt, nachts unter Wahrung höchster Geheimhaltung in Marsch gesetzt und dann das Landungsschiff beladen. Zuerst wurden kleinere Transporteinheiten auf das Oberdeck verbracht, was leichter gesagt als getan war. Achtern befand sich eine gewaltige Stahlplattform, die nach unten geklappt wurde und somit dem Auffahren der Kfz auf das Oberdeck diente. Um dann vorwärts auf das Oberdeck zu fahren, mussten alle Fahrzeuge erst einmal rückwärts durch die geöffneten Bugklappen bis zum Heck manövriert werden, um dann in Etappen nach Absenken der Rampe die erhebliche Steigung nach oben zu überwinden. Wie sich später herausstellte, war das noch wesentlich leichter als das Entladen. Dabei wurden unsere Kraftfahrer bis an die Grenzen ihres Könnens und Mutes geführt. Natürlich hatten einige Fahrzeuge auch Anhänger. Diese wurden abgekoppelt und mit einem Traktor rückwärts in das Schiff und dann an Oberdeck transportiert. Was für eine Aufgabe – mit einem Anhänger rückwärts auf engstem Raum zu manövrieren.

In unseren Reihen diente Stabsobermeister Steffen Reiß als Schirrmeister – ein absoluter Profi im Umgang mit Kraftfahrzeugen aller Art und immer hart am Limit. Er brachte es fertig, mit zwei Anhängern rückwärts den Wendeplatz einzunehmen, um sie dann in einem Verbund auf das Oberdeck zu ziehen – und das in sagenhafter Geschwindigkeit. Vonseiten der Besatzung des Landungsschiffs genoss er nach diesen Demonstrationen absolute Hochachtung. Mir gegenüber äußerte der I. Wachoffizier des Schiffs, dass bei ähnlichen Aktionen in der Vergangenheit ihr Schiff im Innenraum meistens neu gepönt (gestrichen) und manchmal sogar technisch überholt werden musste.

Das Beladen des Landungsschiffs mit der SSR, ausgerüstet mit den zwei Verschussraketen, erwies sich als extrem kompliziert. Sie musste als letzte Einheit vorwärts schnurgerade an Bord gefahren und gleich hinter der Ladeklappe abgestellt werden, da weiter hinten die Höhe nicht ausreichte. Zusätzlich musste sogar Luft von den Rädern abgelassen werden, um die SSR um ein paar Zentimeter abzusenken. Wenn ich mich richtig erinnere, waren nach oben und zu beiden Seiten nur wenige Zentimeter frei. Das alles geschah natürlich unter der Regie des STKT/A, KL Hans-Jürgen Galda, dem absoluten Spezialisten. Seine Erfahrungen und vor allem praktischen Fähigkeiten bildeten oft den Garant für die erfolgreiche Erfüllung solcher Aufgaben. Letztendlich wurden das Beladen des Landungsschiffs, das seefeste Verzurren der Technik und die Überprüfung aller Sicherheitsbestimmungen ohne Vorkommnisse und Beschädigungen abgeschlossen. Wir alle, auch die Besatzung des Landungsschiffs, ahnten zu diesem Zeitpunkt allerdings noch nicht, welche Kräfte die SSR mit ihrem Gewicht von über 40 t beim Entladen entfalten und wie diese auf ein vermeintlich festgemachtes Schiff dieser Größe wirken könnten. Der Kommandant des Landungsschiffs begann mit dem Ablegemanöver und steuerte sein Schiff durch das Warnemünder Fahrwasser ins offene Seegebiet. Die Überfahrt erfolgte entspannt. Es war ruhige See und der Juliabend zeigte sich mit schönster Seefahrerromantik.

An Bord wurden wir herzlich aufgenommen, gut verpflegt und klönten mit unseren Waffenbrüdern. Der Kommandeur befahl mir wie immer, ein Wachsystem zu organisieren. Was die Fragen der Sicherheit anbelangte, gab es bei ihm keine Abstriche. Zur Erklärung führte er dazu ein russisches Sprichwort an: „Einmal im Jahr schießt auch ein Wasserrohr!" Überhaupt war er in allen Handlungen sehr vorausschauend und umsichtig. Ein gesundes Risiko scheute er allerdings nie. Nach dem Erreichen des Hafens Baltijsk wurde das Landungsschiff an einer Pier mit einer Betonauffahrt, die genau für die Bugentladung geeignet war, festgemacht. Aufmarschiert war ein Musikkorps der BF, das zu unserem Empfang flotte Märsche intonierte. Wir erhielten den Befehl zum Entladen unserer Technik. An der Pier warteten bereits unsere Betreuer (später beste Freunde) von der BF:
- der Kommandeur der Marineinfanteriebrigade der BF (MIBr) Gardeoberstleutnant (später Gardeoberst) Anatolij Otrakowski und seine Stellvertreter,
- der Stellvertreter des Chefs der KRAT der BF,
- der Kommandeur des Küstenraketenregiments (KRR) der BF Oberstleutnant Anatolij Butenko und seine Stellvertreter.

Das KRR der BF war verantwortlich für unsere Taktische und Technische Sicherstellung. Es war im Stützpunkt Donskoje stationiert und mit dem KRK „Redut" ausgerüstet. Das KRR sollte später zusätzlich mit dem KRK „Rubesh" ausgerüstet werden, aber wir hatten ihn schon und setzten ihn ein. Unsere sowjetischen Waffenbrüder fühlten sich bei der Ausrüstung mit der modernsten Raketenbewaffnung zurückgesetzt, trotzdem waren sie stolz auf unsere Leistungen beim Meistern ihrer sowjetischen Technik. Erst 1989 zum 6. und letzten RSA des KRR-18 kam ebenfalls eine SSR des KRK „Rubesh" des Küstenraketenregiments der BF zum Einsatz.

Auf dem Landungsschiff (LS)

Die MIBr der BF war für unsere Unterbringung im Feldlager, für die Betreuung und Sicherheit verantwortlich. Es war ein selbstständiger Truppenteil, in jeder Flotte der UdSSR gab es nur eine MIBr, allerdings mit einer Personalstärke von rund 3000 Mann. Zwischen den Offizieren der Führungen unseres KRR-18, des sowjetischen KRR und der MIBr entstand sofort ein herzliches Verhältnis, für die meisten von uns gab es keine Sprachbarriere, und so entwickelten sich echte Freundschaften, zumal wir uns jedes Jahr wieder sahen. Die gleichen Freundschaften entstanden aber auch zwischen den anderen Offizieren, Unteroffizieren und Matrosen und wurden so zu einem wichtigen Motiv unseres Dienstes.

Das Entladen des Landungsschiffs in Baltijsk begann mit der SSR, wobei sich eine Havarie ereignete. Ursache dafür waren Fehler der Besatzung des Landungsschiffs beim Festmachen. Die SSR befand sich in einer äußerst gefährlichen Lage, die jedoch durch das umsichtige Verhalten des Batteriechefs, KL R.-M. Brenecke, und des Fahrers, Obermaat F. Heuer, gemeistert wurde.

Über diese Havarie der SSR 111 erzählt Ralf-Michael Brennecke:
Als Fahrer unserer SSR sowohl für das Be- als auch das Entladen hatte ich Obermaat Frank Heuer befohlen, da er über bessere fahrerische Qualitäten verfügte als unser eigentlicher Kraftfahrer. Ich übernahm als Kommandeur der SSR die Einweisung des Kraftfahrers. In der Flottenbasis der BF Baltijsk angekommen, machte die Besatzung das Schiff an der Pier fest. Der Bug des Schiffs öffnete sich und die Ladeklappe wurde auf der Pier abgelegt. Dann kam der Befehl zum Entladen. Auf der Pier standen neben dem Orchester der Flottenbasis, das uns mit aufmunternden Märschen empfing, unsere sowjetischen Waffenbrüder: Die Führung der MIBr und der KRAT sowie unser Regimentskommandeur, FK L. Schmidt und seine Stellvertreter, außer dem Stabschef,

Meeting der Waffenbrüderschaft beim 4. RSA 1987 (LS)

KL W. Schädlich, und meinem Abteilungskommandeur, KK U. Lonitz, die sich auf dem Schiff hinter der SSR aufhielten. Alle warteten ungeduldig auf den Hauptdarsteller des RSA: Unsere SSR 111. Vor dem Entladen hatte ich mich gründlich mit den Gegebenheiten auf der Pier vertraut gemacht. Dabei fiel mir auf, dass sich ungefähr 2–3 m hinter der Pierkante eine stark ansteigende Böschung mit einem Winkel von ca. 45 Grad befand, auf die wir mit der SSR auffahren mussten, um auf die Straße zu gelangen. Ich befahl Obermaat F. Heuer, den Motor zu starten und nach meinen Signalen rückwärts vom Schiff zu fahren. Dann stellte ich mich vor unserer SSR auf die Ladeklappe des Landungsschiffs und gab das entsprechende Zeichen für die Rückwärtsfahrt. Nachdem die erste Hinterachse der SSR, insgesamt vier Achsen, die Böschung auf der Pier erreicht hatte, gab ich Signal, mehr Gas zu geben, um die Böschung zu überwinden. Das geschah aber nicht, sondern das hohe Gewicht der SSR drückte den Bug des Landungsschiffs von der Pier weg und die Ladeklappe rutschte von der Pierkante ins Wasser. Die Ursache dafür war, dass die Besatzung des Landungsschiffs die Festmacherleinen nicht richtig durchgeholt hatte. In Bruchteilen von Sekunden hatte ich die Lage erfasst und die Möglichkeit erkannt, dass meine SSR im Hafenbecken versinken könnte. Jetzt ging es nur darum, zu retten was noch zu retten war und dafür erkannte ich die einzige Chance: Zurück aufs Schiff. Ich gab das Signal „Zurück aufs Schiff!" und rannte selbst von der sich nach unten ins Wasser bewegenden Ladeklappe in den Laderaum. Obermaat F. Heuer hatte die äußerst gefährliche Lage ebenfalls erkannt, reagierte auf meine Zeichen sofort und absolut richtig und gab Gas, KL W. Schädlich und KK U. Lonitz mussten sich in Sicherheit bringen. In diesem Moment rutschten die Räder der hintersten Achse von der Pier und die Startrampe krachte erst mit dem Fahrzeugrahmen und dann mit dem Startcontainer auf die Pier, ich befahl sofort: „Stopp!, Motor aus!", und „SSR verlassen!" Alle Befehle wurden unverzüglich ausgeführt. Durch dieses Manöver des letzten Augenblick hatte ich in Zusammenarbeit mit Obermaat F. Heuer verhindert, dass die mit zwei betankten Raketen beladene SSR über die Pierkante abrutschen konnte und möglicherweise im Hafenbecken versunken wäre.

In diesem Augenblick wurde mir bewusst, wie das Resultat dieser Havarie für mich aussehen könnte: Kein Raketenstart für meine SSR beim 1. RSA des KRR-18 und das ohne eigenes Verschulden. Im Gegenteil, wir hatten durch unser besonnenes Handeln eine Katastrophe verhindert. Meine erste Reaktion war dementsprechend: Mit Tränen der Wut und Enttäuschung in den Augen nahm ich mein Käppi vom Kopf und warf es auf den Boden. Dann verschaffte ich mir einen Überblick über die Lage: Die SSR lag mit dem Startcontainer auf der Pierkante, die erste Achse stand auf der Ladeklappe zur Hälfte im Wasser und die restlichen drei Achsen hingen in der Luft. Das heißt, das gesamte Gewicht der SSR von über 40 t lagerte auf der vordersten Achse und dem Startcontainer, der in Marschlage nur von zwei Stahlbolzen, Durchmesser ca. 5 cm, an der Startrampe gehalten wird, die jetzt dieses hohe Gewicht tragen mussten. Insgesamt war die Lage der SSR stabil: Die Leinen des Landungsschiffs waren straff und die Ladeklappe in der äußersten unteren Lage, sie konnte aber aufgrund der hohen Belastung ohne fremde Hilfe nicht angehoben werden. Die Hauptfrage war, ob und wie lange die erwähnten beiden Bolzen die Last tragen würden, ohne abzuscheren. Deshalb musste die Bergung zügig erfolgen. Meinen Vorgesetzten brauchte ich die Havarie nicht zu melden, sie hatten aus nächster Nähe alles selbst beobachtet. Unser Regimentskommandeur war genauso ungehalten wie ich, hielt sich aber in Gegenwart der sowjetischen Kommandeure zurück. Zur Klärung der Sachlage stellte er für die sowjetischen Kommandeure in russischer Sprache fest, dass die Schuld für die Havarie eindeutig nur bei der Besatzung des sowjetischen Landungsschiffs liegen würde, die das Schiff nicht vorschriftsmäßig an der Pier festgemacht hatte. Er dankte mir für mein umsichtiges Verhalten, durch das ich eine mögliche Katastrophe verhindert hatte. Danach legte er gemeinsam mit den sowjetischen Kommandeuren fest, dass erstens für die Bergung schnellstens ein Kran mit einer Tragkraft von mindestens 100 t benötigt würde, um die Ladeklappe mit der Startrampe anzuheben und dass zweitens nach der erfolgreichen Bergung Spezialisten des KRR der BF gemeinsam mit unseren Spezialisten den Einsatzklarzustand für den Gefechtseinsatz der havarierten SSR überprüfen und eventuell notwendige Reparaturen durchführen müssten. Das alles bestätigten die anwesenden Kommandeure sofort und leiteten die dafür notwendigen Maßnahmen ein. Es wurde ein Schwimmkran angefordert.

Unseren sowjetischen Waffenbrüdern war die ganze Angelegenheit äußerst peinlich, da ihnen bewusst war, dass unterlassene Handlungen ihrer Schiffsbesatzung die Ursache der Havarie waren. Deshalb jagte ein Befehl den anderen, um schnellstens die Folgen zu beseitigen. Ich hatte die ganze Zeit über nur Augen für meine SSR, immer mit der Angst, die Bolzen könnten abscheren und die SSR im Wasser versinken.

Unser Regimentskommandeur meldete telefonisch dem Leiter des Schießens der VM, KA L. Heinecke, die Havarie und die eingeleiteten Maßnahmen für die Bergung der SSR, die dieser bestätigte. Kurze Zeit später erschien KA L. Heinecke in Begleitung des Kommandeurs der Flottenbasis

SSR 112 beim Beladen des Landungsschiffs in Baltijsk beim 5. RSA 1988 (PG)

Baltijsk auf der Pier, um sich persönlich über den Ablauf der Bergung zu informieren. Nach dem Eintreffen des Schwimmkrans wurden an der Ladeklappe Steuerbord und Backbord je eine Stahltrosse befestigt und am Kranhaken angeschlagen. Auf Kommando zog der Kran an, hob die Ladeklappe mit der SSR hoch und legte sie auf der Pier ab, während das Landungsschiff „kleine Fahrt voraus" machte. Die Leinen des Schiffs wurden durchgeholt, was diesmal alle Vorgesetzten sorgfältig überprüften. Endlich stand unsere SSR wieder normal auf allen vier Achsen und nach kurzer Überprüfung wiederholten wir das Entlademanöver, diesmal ohne Vorkommnisse, und fuhren auf die Pier. Trotzdem liefen die Maschinen des Schiffs beim Entladen sicherheitshalber immer auf „kleine Fahrt voraus", jedes Risiko sollte vermieden werden.

Während die Führung des KRR-18, der 1. KRA und ich anschließend sofort die Schäden an der Startrampe begutachteten, wurden die restliche Technik des Regiments entladen und die Kolonnen zum Abmarsch in unser Feldlager formiert.

Nach meiner Einschätzung hatte unsere SSR insgesamt trotz der außergewöhnlich hohen Belastung die Havarie recht gut überstanden. Um aber die sichere Ausführung der geplanten Raketenstarts garantieren zu können, musste der Container der SSR justiert und einige Schweißarbeiten ausgeführt werden. Dazu verlegten wir, wie vorher festgelegt, mit OL F. Hösel und Obermaat F. Heuer, reguliert durch sowjetische Militärpolizei, in das Objekt Donskoje des sowjetischen KRR. Hier wurden in der technischen Basis alle notwendigen Arbeiten sorgfältig ausgeführt, nach deren Abschluss wir mit unserer SSR, wieder sicher geleitet durch die Militärpolizei, in das Feldlager unseres Regiments auf dem Gelände der sowjetischen MIBr verlegten. Dort meldeten wir uns beim Regimentskommandeur zurück, der, nachdem er dem CVM die Havarie telefonisch gemeldet hatte, bereits mit der Formulierung des üblichen Abschlussberichts über dieses besondere Vorkommnis beschäftigt war.

Er erzählte uns, dass ihn der Kommandeur der sowjetischen Landungsschiffsbrigade, ein ihm bekannter Kapitän zur See, besucht hatte, um sich für die nachlässige Arbeit seiner Besatzung zu entschuldigen. Er hatte ihn auch darüber informiert, dass er den Kommandanten des Landungsschiffs wegen Verletzung seiner Dienst- und Aufsichtspflichten von seiner Dienststellung entbunden habe.

Nach besagter nicht unproblematischer Entladung des Landungsschiffs verließen wir das Hafengelände von Baltijsk und fuhren in Kolonnen zum Übungsgelände, wo uns die Angehörigen des Vorkommandos empfingen und mit einem bis ins letzte Detail eingerichteten Feldlager überraschten. FK B. Moritz meldete dem Kommandeur die Einsatzbereitschaft und Bezugsfertigkeit des Feldlagers. Die folgenden Tage waren der unmittelbaren Vorbereitung der Technik zum Einsatz und zahlreichen Treffen mit unseren sowjetischen Gastgebern gewidmet. Bei der Vorbereitung der Raketen standen uns sowjetische Spezialisten zur Seite. Durch die RTA, später RTB, wurden die zum Einsatz vorgesehenen Raketen in die BS I überführt. Diese vorbereitenden Aufgaben erfüllten die Angehörigen der RTA unter dem Kommando von Kapitänleutnant Dieter Eger zuverlässig in gewohnt ruhiger Atmosphäre. Das Personal beherrschte die Technik und war bedingt durch die Aufgaben der Wartung des gesamten Kampfbestands an Raketen im Objekt des KRR-18 sehr gut trainiert. Ich erinnere mich noch an die Worte des vonseiten der BF zu unserer Unterstützung eingesetzten Vertreters der KRT: „Vielleicht

Feldlager der KRA-18 im Gebiet der Flottenbasis Baltijsk (KS)

hätte ich lieber mein gesamtes Personal mitbringen sollen, das hätte hier wohl noch etwas von unseren deutschen Freunden lernen können." Unsere sowjetischen Waffenbrüder luden uns in die Sauna ein, verabredeten Sportwettkämpfe und zeigten uns die nähere Umgebung. Das Finale der Wettkämpfe war immer das Tauziehen zwischen der MIBr und dem KRR-18, das wir zum größten Ärger unserer Freunde jedes Mal gewannen. Der Kommandeur der MIBr meinte entnervt zu unserem Kommandeur: „Gegen deine deutschen Panzer haben wir sowieso keine Chance!"

Zum absoluten Höhepunkt während des Aufenthalts bei den RSA zählte natürlich für jeden ein Ausflug nach Kaliningrad, Königsberg, der mit einer ausgiebigen Stadtrundfahrt und der Besichtigung der Sehenswürdigkeiten sowie einem Einkaufsbummel verbunden war. Ich erinnere nur an eine Sehenswürdigkeit: Das Grab des großen deutschen Philosophen Immanuel Kant.

Vor dem Schießen erkundeten wir die doch erhebliche Fahrtroute und die Beschaffenheit des Stellungsraums sowie besonders der Startstellung. Der Nachrichtenoffizier, Oberleutnant Ralf Jähnig, überzeugte sich von den bereitgestellten Nachrichtenverbindungen zu den FP der Kommandeure des KRR-18 und der 1. KRA und präzisierte den Plan für die Entfaltung der Nachrichtentechnik.

Drei Tage vor dem Raketenschießen begab sich der Kommandeur zur Einweisung und Lagebesprechung nach Baltijsk. Dort wurden die Kommandanten und Kommandeure in den exakten Ablauf, in die Sicherheitsbestimmungen, über das Verhalten bei Havarien, in die nautische Lage im Seegebiet und über Sektoren und die Position der Zielscheiben eingewiesen. Nach seiner Rückkehr wurde das Personal im Detail instruiert. Zwei Tage vor dem Schießen wurde der gesamte Ablauf mit allen teilnehmenden Kräften noch einmal durchgespielt. Das Schießen selbst wurde unter gefechtsnahen Bedingungen durchgeführt, d.h. die SSR, die Führungsfahrzeuge und die Nachrichtentechnik wurden nach Auslösen von Gefechtsalarm zum Bryuster Ort in einen getarnten Stellungsraum entfaltet. Auf Signal verlegte die Startbatterie, dargestellt durch die SSR 111, in die Startstellung und begann mit der Zielsuche im befohlenen Sektor. Der Kommandeur des KRR-18 erhielt vom Gefechtsstand des Leiters des Schießens den Befehl, die aufgefassten Ziele mit jeweils einer Rakete zu bekämpfen.

Vom FP des Kommandeurs wurden dann die entsprechenden Befehle und Weisungen an den Kommandeur der 1. KRA, KK Uwe Lonitz, und von dort an den Kommandeur der SSR 111, Kapitänleutnant R.-M. Brennecke weitergegeben, der damit seine Erzählung beendet:

Nach mehreren Einweisungen, Trainings und Überprüfungen schlug für uns am 05.07.1984 die Stunde der Wahrheit – das Raketengefechtsschießen. Gewiss hatten wir alles für den Erfolg getan und Optimisten waren wir immer, aber insgeheim spürte ich doch noch eine leichte Unsicherheit infolge der Havarie. Als ich nach dem Einfahren in die Startstellung, dem Auffassen und Begleiten des Ziels mit der Radarstation und Erhalt des Startbefehls vom FP den Startknopf drückte und die erste Rakete („P-21") mit gewaltigem Donnern den Startcontainer verließ, verfolgten wir angestrengt mit der Radarstation die Flugbahn unserer Rakete, da wir in der Gefechtskabine saßen und somit keine optische Sicht hatten. Wir konnten keine Unregelmäßigkeiten feststellen. Ein kurzer Jubel zur Entspannung, dann wechselten wir in der inzwischen eingenommenen Wartestellung die Besatzungen. Die Besatzung der SSR 112 übernahm unter dem Kommando von Kapitänleutnant E. Schmidtke unsere SSR 111 zur Erfüllung ihrer Gefechtsaufgabe. Nach der Einnahme der Startstellung und Erhalt des Startbefehls verließ auch die zweite Rakete („P-22") normal den Startcontainer in Richtung Ziel. Nach einer für uns viel zu langen Wartezeit gratulierte uns der Regimentskommandeur, der inzwischen die Erfolgsmeldung von dem sowjetischen Beobachtungshubschrauber erhalten hatte, zu zwei direkten Treffern in den Scheiben. Mir fiel ein Stein vom Herzen, trotz vieler Hindernisse und komplizierter Situationen hatten wir mit hohem persönlichem Einsatz unsere Gefechtsaufgabe optimal erfüllt: Zwei Raketen gestartet – zwei Treffer!

Nach dem ersten Start hieß es auch für die Besatzung des FP des Kommandeurs des KRR-18 abwarten. Kurze Zeit später empfingen wir vom eingesetzten Beobachtungshubschrauber die Meldung „мишень горит!" – „die Scheibe brennt". Damit war klar,

Start! (LS)

KRT	RSA	Leiter RSA	Zeitraum	K Abteilung	Startbatterie/SSR	K Startbatterie/SSR	Besatzung	K RTA/RTB	Starts	Ergebnis
SKA- Abt.	1.RSA	KK Nahlik	11.05.1964	KK Nahlik	1.Startbatterie	KL Krause		KL Hirsch	2 "S-2"	Kein
					2.Startbatterie	KL Stippkugel				Treffer
	2.RSA	KK Nahlik	26.05.1965	KK Nahlik	1.Startbatterie	KL Krause		KL Rastig	2 "S-2"	Treffer
					2.Startbatterie	KL Rochnia				
	3.RSA	KK Nahlik	19.05.1967	KK Nahlik	1.Startbatterie	KL Krause		KL Rastig	2 "S-2"	Treffer
					2.Startbatterie	KL Rochnia				
	4.RSA	KK Nahlik	25.05.-05.06.1969	KK Nahlik	1.Startbatterie	KK Krause		KL Dorn	2 "S-2"	Treffer
					2.Startbatterie	KL Rochnia				
KRA- 18	1.RSA	FK Stippkugel	18.06.-08.07.1982	FK Stippkugel	SSR 502	OL Glodschei	SSR 502	KL Eger	1 "P-21"	Treffer
						OL Brennecke	SSR 602		1 "P-22"	Treffer
KRR- 18	1.RSA	FK Schmidt	18.07.-28.07.1984	1. KRA	SSR 111	KL Brennecke	SSR 111	KL Eger	1 "P-21"	Treffer
				KK Lonitz		KL Schmidtke	SSR 112		1 "P-22"	Treffer
	2.RSA	KzS Schmidt	06.07.-20.07.1985	2. KRA	SSR 221	L C. Walter	SSR 221	KK Schwarz	1 "P-21"	Treffer
				KK Roesner		L Ulrich	SSR 222		1 "P-22"	Treffer
	3.RSA	KzS Schmidt	01.07.-19.07.1986	1. KRA	SSR 122	OL Rabe	SSR 122	KL Gaedecke	1 "P-21"	Treffer
				KK Lonitz					1 "P-22"	Treffer
	4.RSA	KzS Schmidt	08.06.-19.06.1987	2. KRA	SSR 121	KK Löffler	SSR 121	KL Gaedecke	1 "P-21"	Treffer
				KK Roesner					1 "P-22"	Treffer
	5.RSA	KzS Dix	1988	1. KRA	SSR 112	L U.Walter	SSR 112	OL Stricksner	1 "P-21"	Treffer
				KL Braasch		OL Rolle			1 "P-22"	Treffer
	6.RSA	KzS Dix	1989	2. KRA	SSR 222	OL Mißberger	SSR 222	KL Gaedecke	1 "P-21"	Treffer
				FK Schwarz					1 "P-22"	Treffer

Raketenschießabschnitte der KRT der VM (LS)

dass zumindest eine Rakete das Ziel getroffen und offensichtlich der Resttreibstoff den Brand der Scheibe verursacht hatte. Später stellte sich heraus, dass auch die zweite Scheibe getroffen wurde und das Netz an Oberdeck ein Loch aufwies. Der Kommandeur durfte stolz, immer noch schwitzend von der hohen psychischen Anstrengung, die Glückwünsche und Anerkennung vom Leiter des Schießabschnitts der VM, KA L. Heinecke und den sowjetischen Waffenbrüdern in Empfang nehmen.

Die Leiter des jeweiligen Schießabschnitts ließen es sich nicht nehmen, den Angehörigen des KRR-18 im Feldlager jedes Mal einen Besuch abzustatten und mit ihnen persönlich zu sprechen – 1984 war das Konteradmiral L. Heinecke.

Nicht selten weilten unter den Beobachtern der RSA die Chefs der Flotten persönlich, 1987 Admiral W. Ehm und 1989 VA Th. Hoffmann. Der Besuch unseres Feldlagers stand dabei immer fest auf ihrem Plan und war sicher ein außergewöhnlicher Höhepunkt für die Angehörigen unseres Regiments. An dem Erfolg eines RSA waren letztendlich vom Matrosen bis zum Offizier alle Angehörigen des Regiments beteiligt – natürlich auch die im Objekt Schwarzenpfost Verbliebenen.

Die restlichen Tage wurden mit gegenseitigen Treffen zwischen den Angehörigen des KRR-18 und der MIBr der BF ausgefüllt. Parallel dazu begannen die Vorbereitungen zur Rückverlegung nach Warnemünde und in das Objekt Schwarzenpfost. Als sehr eindrucksvoll empfanden wir damals eine Vorführung der Marineinfanteristen. Uns wurde ihr hoher Ausbildungsstand in der Nahkampfausbildung hautnah demonstriert. Es erfüllte jeden von uns mit Stolz, solche Waffenbrüder an seiner Seite zu wissen. Beim Abschied auf der Pier der Flottenbasis Baltijsk dankten wir unseren Waffenbrüdern der MIBr und des KRR der BF für ihre Unterstützung und für die freundschaftliche Zusammenarbeit und wurden ihrerseits wieder mit Musik verabschiedet: Bis zum nächsten Jahr! Das Beladen des Landungsschiffs, die Überfahrt und Rückverlegung in das Objekt

Kolonne des KRR-18 auf dem Marsch in den Stellungsraum beim 5. RSA 1988 (PG)

verliefen wie geplant. Der Abschied von der Besatzung des Landungsschiffs der BF war ebenfalls herzlich, wie zwischen langjährigen, guten Freunden üblich.

Angekommen in unserem Objekt Schwarzenpfost wurde der, durch die Abgase der Raketenstarts stark gezeichnete Container der SSR 111, von den Besatzungen mit Stolz vorgeführt. Die beiden entsprechenden Sterne für jeden faktischen Raketenstart wurden von der Besatzung der SSR eigenhändig neben der Kabinentür angebracht. Auch das gehörte fortan zur Tradition unseres Regiments. Zu besichtigen ist diese SSR übrigens heute noch im Militärhistorischen Museum Dresden. Selbstverständlich fand der Erfolg beim RSA auf einer Regimentsmusterung mit Verlesen eines Befehls über Belobigungen und Auszeichnungen seinen würdigen und verdienten Abschluss für alle Angehörigen des KRR-18.

Das Regiment nahm von 1985 bis 1987 unter Führung des Kommandeurs des KRR-18, Kapitän zur See Lothar Schmidt, erfolgreich an drei weiteren RSA teil. 1988 und 1989 leitete Kapitän zur See Dr. Joachim Dix als Kommandeur die letzten beiden RSA des KRR-18, natürlich ebenfalls mit vollem Erfolg. Der Verlauf war bei allen folgenden RSA des KRR-18 mit dem des 1. RSA 1984 identisch.

Als Stabschef hatte ich allerdings in der Zukunft wie üblich den Kommandeur in seiner Abwesenheit zu vertreten und so während der RSA im Regiment anwesend zu sein.

Alle RSA der KRT der VM endeten, außer dem 1. RSA der SKA-Abteilung, mit erfolgreichen Starts und Treffern der Raketen. Die RSA der VOF trugen wesentlich zum Vertrauen in die Technik und in das eigene Können bei. Sie unterstützten damit das Erreichen eines hohen politisch-moralischen Zustands bei den Angehörigen des KRR-18. Das zeigte sich vor allem bei der erfolgreichen Bewältigung aller komplizierten Aufgaben, die insgesamt noch vor dem Regiment standen.

Mit dem 6. RSA des KRR-18 im Jahr 1989 endete die Tradition der Teilnahme der VM an den RSA der VOF. 1989 endete auch die Gefechtsausbildung im KRR-18. Über die letzte Maßnahme der Taktischen Ausbildung, an der das KRR-18 in diesem letzten Jahr teilnahm, berichtet Klaus-Peter Gödde im Kapitel IX, S. 335.

Dass es tatsächlich die letzte war, konnte zu diesem Zeitpunkt niemand wissen. Aber auch hier wurde leider wieder in der Praxis das erhebliche Risiko des Gefechtseinsatzes der Stoßkräfte mit der Sicherstellung durch Schiffsfühlungshalter bewiesen. Durch die fehlerhafte Übermittlung von Daten durch den Schiffsfühlungshalter konnte die befohlene Aufgabe zur Bekämpfung von Schiffskräften des „Gegners" durch Raketenschnellboote und kleine Raketenschiffe der 6. Flottille nicht erfüllt werden. Die aus dem Stellungsraum Wittow der Insel Rügen handelnde KRA konnte dagegen nach Radarangaben der eigenen SSR die befohlene Aufgabe erfüllen.

Im Sommer 1989 wurde dem KRR-18 ein Computer vom Typ „EC-1834" aus DDR-Produktion zugeteilt. Dieser Computer mit dem Betriebssystem „DCP V. 320", ein abgewandeltes DOS-Betriebssystem, sollte vorrangig notwendige Berechnungen der Gefechtsmöglichkeiten automatisieren und vor allem zur Unterstützung bei der Berechnung von Zielparametern der Angaben von Fühlungshaltern dienen. Aber dieser einzige Rechner war keine große Hilfe, da jede SSR – oder zumindest die FP der KRA – diese Rechner unter mobilen Einsatzbedingungen benötigt hätten. Aber es war ein erster Schritt in die richtige Richtung der Automatisierung von Führungsprozessen. Für die Gefechtsausbildung bedeutete das nunmehr einen Spezialausbildungszweig mehr: Ausbildung in elektronischer Datenverarbeitung. Das Problem löste sich allerdings für diesen einen PC völlig unproblematisch. Jeder jüngere Berufssoldat und vor allem diejenigen, zu deren Handwerk der Raketeneinsatz gehörte, stürzten sich förmlich auf diese neue Technik. Auch hier ist das besondere Engagement von Kapitänleutnant Frank Hösel zu nennen. Der Rechner wurde im Regiment in die Verantwortung des Bereichs des Stellvertreters für Ausbildung übergeben. Dort wurde er dann umgehend für die oben genannten Probleme eingesetzt. Ein durchaus akzeptables und hilfreiches Ergebnis war z. B. die Berechnung der Gefechtsmöglichkeiten beim Einsatz der Raketen „P-21" gegen Schnellbootkräfte des „Gegners". Daraus ergab sich aber noch ein Problem: die Organisation und Durchsetzung der für die NVA geltenden Geheimhaltungsbestimmungen im Umgang mit diesen elektronischen Datenträgern. Die DV 010/0/009 „Geheimhaltungsvorschrift" musste also dementsprechend präzisiert werden. Daraus resultierte eine erneute Belehrung des Personalbestands. Somit wären wir wieder am Anfang dieses Kapitels – die Dienstkunde als Zweig der Allgemeinen Ausbildung in der Gefechtsausbildung.

Nach dem nochmaligen Wechsel des Kommandeurs Anfang 1990 wurden Maßnahmen der Gefechtsausbildung nur noch äußerst spärlich, meistens als Alibi, organisiert. So wurde u. a. eine gemeinsame Übung mit dem gerade in die VM eingegliederten KVR-18 durchgeführt. So eine Übung des Zusammenwirkens mit einem Mot.-Schützenregiment hatten wir uns immer gewünscht, da das in den Stellungsräumen ja unsere Nachbarn waren. Aber das spielte sich vorher lediglich auf Karten bei Stabsübungen ab. Mit der direkten Unterstellung unter das Kommando des CVM, nunmehr VA Hendrik Born, wurde eine gemeinsame Übung keinesfalls Realität, allerdings wurden gemeinsam demonstrative Handlungen vorgeführt. Diese Vorführung – vor der BBC – war Fern jeder Realität und hatte für die Gefechtsausbildung keine praktische Bedeutung mehr.

Abschlussveranstaltung des KRR-18, zum ersten Mal mit Familien vor einer SSR (PG)

Die Abschlussveranstaltung des KRR-18 am 10.09.1990 auf dem Schießplatz Rövershagen mit zehn SSR war dann die absolut letzte Maßnahme, die man als Gefechtsausbildung hätte bezeichnen können. Sie demonstrierte unter Anwesenheit des ehemaligen Kommandeurs der KRA-18 sowie der beiden ehemaligen Kommandeuren des KRR-18 und ihrer Stabschefs noch einmal in beeindruckender Weise den gleichzeitigen gemeinsamen Einsatz von zehn SSR. Hier konnten wir persönlich und unsere Frauen das erste Mal mit einer SSR über das Gelände fahren – ein unvergessliches Erlebnis! Diese Maßnahme wurde mit einem gemeinsamen Beisammensein und dem Ausbringen von Toasts durch die Gäste, in denen die Leistungen aller Angehörigen letztmalig gebührend Erwähnung fanden, abgeschlossen.

Helmut-Michael Kubasch
Kapitel VI Parteipolitische Arbeit

Einleitung

Mein Dienst in der VM begann mit dem Studium an der Kaspischen Höheren Seekriegsschule „S.M. Kirow", das ich mit Sonderdiplom abschloss. Danach diente ich als Stellvertreter des Kommandanten des Schulschiffs der VM. Nach meinem Wechsel in die Politlaufbahn wurde ich als STKPA der KRA-18 eingesetzt. Nach Absolvierung der Militärpolitischen Akademie „W. I. Lenin" der UdSSR mit Diplom diente ich als STKLPLA des KRR-18 und beendete meinen Dienst 1990 in der politischen Verwaltung der VM. In meinem zweiten Beruf arbeite ich seitdem als Dozent. Unmittelbar nach Abschluss meines Studiums an der Militärpolitischen Akademie „W.I. Lenin" in Moskau begann ich am 01.09.1986 meinen Dienst als STKLPLA des KRR-18 in Schwarzenpfost. In dieser Dienststellung arbeitete ich bis zum 01.12.1987. Meine Ausführungen in diesem Buch über die politische Arbeit beziehen sich auf diesen Zeitraum. Der Standort und das Regiment waren mir nicht ganz unbekannt, hatte ich doch bereits den Aufbau in den Jahren 1981 bis 1983 als STKPA in der KRA-18 begleitet. Beschäftigten sich ehemals zwei Offiziere mit der politischen Arbeit in der Abteilung, waren es jetzt insgesamt sechs Mitarbeiter, fünf Offiziere und eine Zivilangestellte, die die Politabteilung (PA) des Regiments bildeten.

Die Politabteilung war ein dem Kommandeur direkt unterstellter Bereich, der Leiter der PA einer seiner Stellvertreter. Fachlich war der Leiter der Politabteilung dem Leiter der Politabteilung des KVM unterstellt. Die Politabteilung des KVM erfasste u.a. alle dem CVM und CS direkt unterstellten Truppenteile und Einheiten. Dort nahm ich an den monatlichen Dienstberatungen und den Schulungen der Vorschulungsleiter für die politische Schulung teil.

Die Struktur der Politabteilung im Regiment spiegelte die inhaltlichen Schwerpunkte wider, mit denen sich die parteipolitische Arbeit befasste. So gab es verantwortliche Offiziere für die politische Bildung, für die Parteiarbeit, die Jugendarbeit, die Arbeit in den Sportgruppen und für die materielle Sicherstellung. Der Begriff „Parteipolitische Arbeit" drückte das allgemeine Verständnis über den Inhalt der politischen Arbeit in der NVA und deren wichtigsten Träger aus. Inhalt der politischen Arbeit im Regiment war die Motivierung der Angehörigen des Regiments zu hohen Leistungen im Gefechtsdienst und in der Ausbildung. Als Maßstab für das Erreichen dieses Ziels wurde neben den konkreten Ausbildungsergebnissen auch der erreichte politisch-moralische Zustand der Angehörigen des Regiments verstanden. Es verging wohl keine Dienstberatung, auf der der Leiter der PA nicht zum „PoMoZu" (politisch-moralischen Zustand) sprechen musste. Delegiertenkonferenzen der Parteiorganisationen in der NVA, Arbeitsberatungen, Schulungen und viele andere Veranstaltungen waren diesem Thema gewidmet. Es ging darum, diesen politisch-moralischen Zustand selbst zu definieren und vor allem die Faktoren herauszufinden, die ihn beeinflussen. Es war ein weites Feld auch für uns als PA des Regiments, hier unsere Aufgaben (jeder in seinem Bereich) herauszufinden und gemeinsam zu lösen.

Führung der KRA-18 (UL)

Den Schwerpunkt der Tätigkeit der PA sah ich in der ideologischen Arbeit. Es ging darum, bei den Armeeangehörigen die Ideologie des Marxismus-Leninismus zur Grundlage eines politisch motivierten Handelns zu machen. Die Notwendigkeit einer hohen Gefechtsbereitschaft, der Verteidigungsfähigkeit des sozialistischen Aufbaus überhaupt, wurde aus der Konfrontation der beiden politischen Systeme abgeleitet. Unser Gesellschaftssystem, das Gesellschaftssystem der Staaten der WVO, stand für den Fortschritt. Der Kapitalismus war das reaktionäre System, von dem potentiell in Gestalt der NATO die Bedrohung durch einen neuen Krieg ausging. Dieser Krieg würde geführt werden, um alte gesellschaftliche Verhältnisse wiederherzustellen. Dem galt es vorzubeugen: „Eine Revolution ist nur dann etwas wert, wenn sie sich auch zu verteidigen versteht!" (Lenin). Außerdem galt es auch klar zu machen, dass es etwas gab, was wert war, verteidigt zu werden – die Errungenschaften des sozialistischen Aufbaus. Sichere Arbeitsplätze, wachsende Einkommen und damit verbunden eine Erhöhung des Lebensstandards, niedrige Mieten, ein funktionierendes Gesundheitssystem, ein europaweit anerkanntes effizientes Bildungssystem und vieles andere waren zweifelsohne beachtenswerte Leistungen. Sie als Errungenschaften zu vermitteln und begreiflich zu machen, fiel mitunter schwer. Zum einen lag es daran, dass es für die jungen Menschen, die als Wehrpflichtige zu uns kamen, Selbstverständlichkeiten waren; zum anderen wohl auch daran, dass ein Erleben des anderen Gesellschaftssystems z. B. auf Reisen bekanntermaßen unmöglich war. Somit fehlte damals ein wichtiges Element für eine Bewertung: der erlebte Vergleich mit einem anderen Gesellschaftssystem.

Den Aufbau des Sozialismus führte die Sozialistische Einheitspartei Deutschlands (SED) an. Sie verstand sich als Vorhut der Arbeiter- und Bauernklasse. Dadurch war es nur selbstverständlich, dass Hauptinhalte in der ideologischen Arbeit im KRR-18 die Propagierung der Arbeit, der Ergebnisse und der führenden Rolle dieser Partei waren. Darum auch der Begriff „Parteipolitische Arbeit".

Politische Bildung

Die politische Bildung nahm im System der politischen Arbeit einen wichtigen Platz ein. Die Armee wurde als ein Instrument der Machtausübung der herrschenden Klasse verstanden und der Dienst in der NVA war somit eine zutiefst politische Angelegenheit. Das galt es besonders den jungen Armeeangehörigen klar zu machen, die bei uns im KRR-18 ihren Dienst versahen. Für sie spielte dieser politische Hintergrund im Allgemeinen keine Rolle. Wehrdienst war für sie eine Pflichtübung, weg von zu Hause, in ungewohnter Umgebung, stets eingebunden in einen streng reglementierten Tagesablauf. Ein wenig besser gestaltete sich die Situation im Regiment dadurch, dass sich ein Großteil der Armeeangehörigen zu einem längeren als den Pflichtwehrdienst von 18 Monaten verpflichtet hatte. Dies war der Tatsache geschuldet, dass die moderne und technisch anspruchsvolle Raketentechnik, über die das Regiment verfügte, qualifizierte und länger dienende Armeeangehörige verlangte.

Geführt wurde die politische Schulung durch den Offizier für Agitation und Propaganda, KL Jürgen Zöger. Er leitete die Schulungsgruppenleiter der poltischen Schulung an zwei Tagen im Monat an. Schulungsgruppenleiter der politischen Bildung waren die militärischen Vorgesetzten der Gruppen oder Abteilungen. In jenen Jahren waren das hauptsächlich sehr junge Offiziere, die gerade erst die Offiziersschule beendet hatten und im KRR-18 ihre erste Offiziersdienststellung antraten. Ihre pädagogischen und methodischen Fähigkeiten, an zwei Tagen im Monat die Politschulung mit ihren unterstellten Matrosen und Unteroffizieren durchzuführen, begannen sich erst zu entwickeln. Sie sollten in den Schulungen die Politik der Partei offensiv vertreten – vor Unterstellten, die nicht wesentlich jünger waren als sie selbst und mindestens ebenso viele Fragen zum politischen Tagesgeschehen hatten. „Glasnost" (Transparenz) und „Perestroika" (Umgestaltung) waren die meistgebrauchten Wörter jener Zeit und viele unterschiedliche Interpretationen gab es, was diese „Glasnost" bedeutete und wie oder ob die „Perestroika" überhaupt auch in der DDR zu gebrauchen sei. Keine leichte Aufgabe für den Offizier für Agitation und Propaganda, die Schulungsgruppenleiter auf ihren Einsatz vorzubereiten, die Linie der Partei zu vertreten, Antworten auf deren Fragen zu finden, Zweifel an der Richtigkeit der Parteipolitik zu zerstreuen oder Argumente für politische Entscheidungen zu finden.

Ich war zum Zeitpunkt des Beginns der „Perestroika" beim Studium in Moskau und konnte die Umbrüche in der Sowjetunion selbst erleben. Ich erinnere mich an die vielen Berichte in der Zeitung „Prawda", die über bisher nicht genannte Probleme in der Wirtschaft, der Armee und vielen anderen Bereichen des gesellschaftlichen Lebens berichteten. Erschüttert haben mich seitenlange Artikel über Schicksale von Menschen, die in der Zeit des Stalinismus verfolgt, eingekerkert und umgebracht worden waren. Auch an uns in der Leninakademie, der höchsten Bildungsstätte für Politoffiziere in der Sowjetunion, ging dieser Umbruch nicht vorbei. Der Unterricht wurde offener und kritischer. Mit diesem Willen zur Umgestaltung kam ich aus dem Studium zurück und versuchte, diesen Geist in die Politabteilung und über die Parteiorganisationen auch in das Regiment hineinzutragen. Da wir als PA die politische Schulung als Schwerpunkt der politischen Arbeit im Monat gemeinsam vorbereiteten, haben wir dabei auch ganz bewusst zu „Glasnost" und „Perestroika" Stellung bezogen. Wir sahen in „Glasnost" und „Perestroika" Mittel und Wege, die auch wir in der DDR zu nutzen und zu gehen hatten.

Abschluss eines Patenschaftvertrags mit der Schule POS Rövershagen 1986 (LS)

Wir betrachteten es als Chance, die Schwierigkeiten in der DDR offen zu diskutieren und uns in deren Lösung einzubringen.

Ein Baustein des politisch-moralischen Zustands war also der Grad des politischen Bewusstseins der Angehörigen des Regiments, ein anderer die Einsatz- und Leistungsbereitschaft in der Gefechtsausbildung und im Gefechtsdienst. Der Sozialistische Wettbewerb wurde hier als Instrument zur Mobilisierung der Angehörigen des KRR-18 zu hohen Leistungen betrachtet. Man ging dabei von der Überzeugung aus, dass der Wettstreit um das beste Ergebnis ein wirksames Motiv ist, sich selbst Höchstleistungen abzuverlangen. Jeder einzelne Armeeangehörige, die Einheiten des Regiments und das Regiment selbst sollten nach entsprechender Beratung die Verpflichtung übernehmen, den Kampf um den Titel „Bester" zu führen. Dieser Wettbewerb wurde von den Kommandeuren aller Ebenen im Regiment geführt und von der Politabteilung und den gesellschaftlichen Organisationen (SED, FDJ und ASV) begleitet. Die PA hatte die Aufgaben, neben der in der Politausbildung erfolgten ideologischen Begründung einer hohen Gefechtsbereitschaft, eine wirksame Propagierung der Ergebnisse im sozialistischen Wettbewerb zu gestalten, die Unterstützung des Wettbewerbs durch die Partei und die gesellschaftlichen Organisationen zu koordinieren und Einfluss auf die Gestaltung von solchen Arbeits- und Lebensbedingungen zu nehmen, die die Erfüllung der Verpflichtung förderten. Der Offizier für Agitation und Propaganda organisierte in Zusammenarbeit mit dem verantwortlichen Offizier für materielle Sicherstellung, KK Peter Barten, den Aufbau einer „Straße der Besten" und die Möglichkeit, auch in den Unterkünften selbst auf Wandzeitungen zu verfolgen, auf welchem Stand die Erfüllung der Verpflichtung war. Die Offiziere für Parteiarbeit (KK Reinhard Herrmann) und Jugendarbeit (Oberleutnant Jürgen Slomka) mobilisierten ihrerseits die Parteigrundorganisationen und FDJ-Grundorganisationen, auf ihre Mitglieder erzieherischen Einfluss zu nehmen und übernommene Verpflichtungen trotz Schwierigkeiten auch zu erfüllen. Besonders in den Parteiorganisationen nahm die Verwirklichung der Vorbildrolle der Genossen einen wichtigen Platz ein und war oft Gegenstand von Parteiveranstaltungen. Hier wurde auch die Möglichkeit genutzt, den Kommandeuren ihre Verantwortung im sozialistischen Wettbewerb zu verdeutlichen. Dabei ging es vor allem um die bessere Organisation der Ausbildung durch die Kommandeure, die Überwindung von Engpässen in der materiellen Sicherstellung und die Verbesserung der Arbeits- und Lebensbedingungen der Angehörigen des Regiments.

Partei- und FDJ-Arbeit

Die Parteiarbeit im KRR-18 erfolgte in den Parteigruppen und Parteigrundorganisationen. Die Struktur der Parteiorganisation im Regiment spiegelte im Wesentlichen auch seine militärische Struktur wider. Die Parteileitungen wurden seitens der Politabteilung durch den Oberinstrukteur für Parteiarbeit, KK Reinhard Herrmann, angeleitet. Dazu fanden monatliche Beratungen mit den Parteisekretären statt. Hier erfolgte in der Regel eine Einweisung in die Schwerpunkte des Plans der politischen Arbeit des Regiments für den jeweiligen Monat. Diese Schwerpunkte bildeten dann die Grundlage der monatlichen Arbeitspläne der Parteiorganisationen. Die Mehrzahl der Parteimitglieder waren Offiziere, Unteroffiziere und Zivilangestellte. Nur vereinzelt traf man auf den Parteiversammlungen auch Parteimitglieder in Matrosendienstgraden. Herzstück der Parteiarbeit sei die „ideologische Arbeit", war ein geflügeltes Wort jener Zeit. Und so beschäftigte man sich auf den monatlichen Parteiversammlungen u. a. damit, die Beschlüsse der Parteitage, der Tagungen des ZK der SED und der Delegiertenkonferenzen der Partei in der NVA zu studieren und zu überlegen, wie man sie in der eigenen militärischen Tätigkeit umsetzen konnte.

Kampfprogramme wurden aufgestellt, nach Diskussionen angenommen und zur Grundlage der Tätigkeit der jeweiligen Parteigrundorganisation gemacht. Von jedem Mitglied der Partei wurde erwartet, dass es offensiv die Positionen der Partei vertrat, also auch das tägliche politische Gespräch mit Nichtparteimitgliedern führte. Die Diskussionen unter den Genossen in dieser Zeit wurden nach und nach offener und kritischer. Es wurde allerdings auch immer schwieriger, die nicht zuletzt durch „Perestroika" und „Glasnost" deutlicher hervortretenden Mängel und Fehler zu erklären. Vieles wurde mit den „Mühen der Ebene" frei nach Berthold Brecht erklärt, die es beim Aufbau des Sozialismus zu überwinden galt. Die „Mühen" wurden jetzt offener benannt und man wollte daran glauben, dass sie im Zuge der Umgestaltung des sozialistischen Systems, zu der Gorbatschow aufgerufen hatte, zu überwinden waren Diese Bequemlichkeit, das sich Zufriedengeben mit diesen allgemeinen Argumenten, das nicht noch viel kritischere Hinterfragen der Ursachen der Missstände wurde später dadurch bestraft, dass es dann nicht mehr möglich war, diese Missstände im System zu beseitigen.

Eine große Anzahl der Angehörigen des KRR-18 waren Jugendliche – Matrosen, Unteroffiziere und Offiziere. Die meisten von ihnen waren Mitglieder der Freien Deutschen Jugend (FDJ). Die Jugendarbeit im Regiment wurde daher als eine weitere Möglichkeit angesehen, über die unmittelbare politische Schulung hinaus, die politische Bildung der jungen Armeeangehörigen zu entwickeln und auf die Jugendlichen erzieherisch Einfluss zu nehmen. So war ein möglicher Bestandteil der Verpflichtungen im Rahmen der Bestenbewegung das Erringen des Abzeichens für gutes Wissen. In Freizeitzirkeln wurden die FDJ-ler zu verschiedenen aktuellen Themen geschult und auf die Prüfungen im Rahmen des Abzeichens für gutes Wissen vorbereitet. Einmal monatlich stattfindende FDJ-Versammlungen der FDJ-Grundorganisationen beschäftigten sich mit den verschiedensten Themen. Jahrestage, aktuell-politische Ereignisse wie z. B. die Entwicklung in der Sowjetunion im Zeichen von „Glasnost", die Entwicklungen in der DDR, die Auseinandersetzung mit den Leistungen der FDJ-ler im Rahmen der Gefechtsausbildung und des Gefechtsdienstes waren häufig Gegenstand lebhafter politischer Diskussionen.

Ein wichtiger Inhalt der FDJ-Arbeit, die vom Instrukteur für Jugendarbeit angeleitet wurde, war ebenso die interessante und abwechslungsreiche Gestaltung der Freizeit. Das KRR-18 war in der Rostocker Heide stationiert, im Objekt Schwarzenpfost. Einziges öffentliches Verkehrsmittel war die Eisenbahn mit Haltepunkt Schwarzenpfost. Gehalten wurde am Tag dreimal. Landgang war deshalb und wegen der hohen Gefechtsbereitschaft also eher selten möglich. Umso interessierter war man an Veranstaltungen nach Dienst im Objekt. In Freizeitplänen, aufgestellt von den jeweiligen FDJ-Leitungen, fand man dann mehr oder weniger interessante Angebote. Die Truppenbibliothek des Regiments (Leiterin die Zivilbeschäftigte Petra Jähnig), Klubräume in den Abteilungen, Sportanlagen, regelmäßige Kinoveranstaltungen, Fernsehgeräte und vieles andere wurden in die Gestaltung der Freizeit ebenfalls intensiv einbezogen.

Abschließende Gedanken

Als ich am 01.09.1986 meinen Dienst im KRR-18 antrat, lagen genau 15 Jahre Dienst in der NVA hinter mir. So stand ich 33-jährig, ausgebildet als Raketenwaffen- und Politoffizier vor einer neuen Herausforderung – der Leitung der Politabteilung des KRR-18. „Was tun?", um mit Lenin zu sprechen. Was macht ein Leiter der Politabteilung? Er leitet seine Mitarbeiter an. Das waren 1986 im KRR-18 alles Offiziere, die schon Erfahrungen in der politischen Arbeit in ihrem Bereich hatten und auf die ich mich in meiner Arbeit stützen konnte. Die Grundlage dieser Arbeit bildete der monatlich zu erstellende Plan der politischen Arbeit. Es galt, die Arbeit meiner Mitarbeiter zur Umsetzung seiner Schwerpunkte zu koordinieren. Der Leiter der Politabteilung war einer der Stellvertreter des Regimentskommandeurs. Die Arbeit mit dem Regimentskommandeur, KzS L. Schmidt, und seinem Stabschef, KK W. Schädlich, war sehr intensiv. Ich nahm an allen wichtigen Beratungen teil und es wurden meine Meinung und Vorschläge eingefordert. Meine Einschätzung des politisch-moralischen Zustands der Angehörigen des Regiments, erarbeitet im Kollektiv der Politabteilung, bildete eine wichtige Grundlage für die Entscheidungsfindung des Kommandeurs. Im Laufe der Zeit begann ich dann immer stärker, meinen Wirkungskreis auch außerhalb der Politabteilung und der Führung des Regiments zu suchen. Ich ging in die Abteilungen, schaute mir die Gefechtsausbildung ebenso an wie die Lebensbedingungen der Armeeangehörigen. Meine Ausbildung als Raketenwaffenoffizier half mir, die Leistungen in der Gefechtsausbildung richtig einzuschätzen und die Probleme in den KRA zu erkennen. Ich nahm an fast allen Versammlungen der Partei-, FDJ- und Gewerkschaftsorganisationen teil. Diese Arbeit unmittelbar „vor Ort" hat mir sehr geholfen, den Inhalt der politischen Arbeit immer genauer zu bestimmen und die Arbeit selbst effektiver zu gestalten.

Am 01.12.1987 wurde ich, nachdem ich mich in meine neue Dienststellung gut eingearbeitet hatte, entgegen meinen eigenen Vorstellungen, in die politische Verwaltung der VM versetzt.

Kapitel VII Sicherstellung

Lothar Schmidt
Einleitung
Die allseitige Sicherstellung der Truppen im Gefecht beinhaltete die Organisation und Durchsetzung von Maßnahmen, die auf das Aufrechterhalten einer hohen Gefechtsbereitschaft der Truppen, auf das Erhalten ihrer Kampffähigkeit und auf die Schaffung günstiger Bedingungen für die erfolgreiche und termingerechte Erfüllung der gestellten Aufgaben gerichtet waren. Diese Sicherstellung wurde ununterbrochen bei der Vorbereitung, im Verlauf und nach dem Gefechtseinsatz durchgeführt. Sie wurde auf der Grundlage des Entschlusses des Kommandeurs organisiert und durch alle Waffengattungen und Dienste sowie bei komplizierten Maßnahmen, die eine spezielle Vorbereitung des Personalbestands und den Einsatz von Spezialtechnik erforderten, durch Truppenteile und Einheiten von Spezialtruppen sowie durch die RD verwirklicht.

Die Organisation der allseitigen Sicherstellung des Gefechts war eine der grundlegenden Pflichten der Kommandeure, Stäbe, Chefs der Waffengattungen, der Spezialtruppen und Dienste. Die durch sie vorgenommenen Maßnahmen mussten der Idee für das Gefecht entsprechen und die Konzentration der Hauptanstrengungen der sicherstellenden Kräfte in der entscheidenden Richtung und auf dem entscheidenden Gebiet sowie die Möglichkeit eines schnellen Manövers in Abhängigkeit von der sich entwickelnden Lage vorsehen.

Zur allseitigen Sicherstellung der Truppenteile und Einheiten beim Gefechtseinsatz gehörten die Gefechtssicherstellung, die Technische Sicherstellung sowie die Rückwärtige Sicherstellung. Alle Arten der Sicherstellung tiefgründig zu erläutern würde sicher den Rahmen unseres Buches sprengen. Deshalb soll im Weiteren nur zu den für die KRT wichtigsten Stellung bezogen werden. Außerdem ergab sich, ausgehend von der minimalen personellen Besetzung, in der Praxis die Notwendigkeit, Angehörige des Regiments in Doppelfunktionen für mehrere Arten der Sicherstellung einzusetzen.

Die Kräfte der Sicherstellung hatten für den Einsatz der Einheiten des KRR-18 alle Arten der Sicherstellung für den Personalbestand mit Technik, Bewaffnung und Ausrüstung sowie für die Vorbereitung des Handlungsgebiets zu gewährleisten, und dabei folgende Aufgaben zu erfüllen:
1. Bei der Sicherstellung des KRR-18, vor allem der Führung:
   - Sicherstellung des Objekts Schwarzenpfost des KRR-18.
   - Sicherstellung der Entfaltung der FP des Kommandeurs des KRR-18.
   - Sicherstellung der FP und RFP des Kommandeurs des KRR-18 bei ihrer Arbeit im Stellungsraum
   - Unterstützung der KRA bei ihrer Sicherstellung.
2. Bei der selbstständigen Sicherstellung der KRA:
   - Sicherstellung der einzelnen Kolonnen beim Marsch zur Entfaltung.
   - Sicherstellung der KRA im Stellungsraum und der einzelnen Elemente: FP, Warte- und Startstellungen der SSR, Technische Stellung der RTB, Beladepunkte, Raum der RD.

Kolonne der Sicherstellung des KRR-18 zum RSA: „W-50", „R-140", „KRAZ-255 B" (PG)

Start einer Rakete, Ansicht von vorn (IN)

Für die umfassende Sicherstellung der Kampfeinheiten des KRR-18 beim Gefechtseinsatz standen laut „STAN" insgesamt 426 Armeeangehörige und sechs ZB zur Verfügung (Soll 2). Für die Sicherstellung des KRR-18 waren das insgesamt 244 Armeeangehörige und sechs ZB.

Die Einheiten der Gefechtssicherstellung mit insgesamt 143 Armeeangehörigen und 1 ZB:
Der Nachrichtenzug (NZ) mit insgesamt 26 Armeeangehörigen und 1 ZB in folgendem Bestand:
- Die Führung des NZ – insgesamt 2 Armeeangehörige und 1 ZB.
- 2 Funktrupps mit je 1 „R-140" auf Kfz „ZIL-131" – insgesamt 10 Armeeangehörige (für mehrere KW- und UKW-Verbindungen).
- 1 Funktrupp der Führung mit 1 „R-142" auf Kfz „GAZ-66" – insgesamt 3 Armeeangehörige (für KW- und UKW-Verbindungen).
- 1 SAS-Fernsprechtrupp mit 1 SAS-Fernsprechgerätesatz „P-240-T" mit 1 Kfz „UAZ-852" (SAS russisch: „Засекречивающая Аппаратура Связи (ЗАС) – verschlüsselnder aNachrichtenapparat) – insgesamt 4 Armeeangehörige.
- 1 Kommandeurs-Nachrichtenbetriebstrupp (KNBT) mit 1 Kommandeurs-Nachrichtenbetriebsgerätesatz (Drahtnachrichtenverbindungen) auf Kfz „LO-1800" – 7 Armeeangehörige. Zusätzliche Technik: 1 Stabes-Kfz „ZIL-131" („Schmetterling"), je 1 Elektroaggregat „GAD-20" und „GAD-40".

Die Wachkompanie mit insgesamt 79 Armeeangehörigen in folgendem Bestand:
- Die Führung der Wachkompanie – insgesamt 4 Armeeangehörige.
- 3 Wachzüge – insgesamt je 25 Armeeangehörige, Technik und Bewaffnung: Pistolen, MPi-K, LMG, Handgranaten, UKW-Geräte „UFT-435".
- Die 23-mm-Flak-Batterie mit insgesamt 38 Armeeangehörigen in folgendem Bestand:
- Die Führung der Batterie mit 1 Lkw „W-50", 1 Batteriebefehlsstelle 80, „UFT 435" – insgesamt 5 Armeeangehörige.
- 2 Feuerzüge mit je drei 23-mm-Flak mit Kfz „LO-1800", 1 KW-Funkgerät, 1 Flak-Fernrohr – insgesamt je 16 Armeeangehörige.

Die Einheiten der Materiellen, Technischen und Medizinischen Sicherstellung mit insgesamt 101 Armeeangehörigen und fünf ZB:
- Die Küche mit der stationären Küche im Wirtschaftsgebäude des Objekts, 2 Feldküchen „FKü-180", 2 Wassertransportbehältern – insgesamt 4 Armeeangehörige und 1 ZB.
- Das Verpflegungslager mit 2 Kühlanhängern – 2 Armeeangehörige.
- Das Bekleidungs- und Ausrüstungslager – 1 Armeeangehöriger.
- Der Kfz-Transportzug mit 1 Kübel „UAZ-469", 1 Pkw „Wartburg", 1 Kfz „B-1000", 1 Kraftomnibus „LO-3000", 5 Lkw „W-50", 1 Wassertransport-Kfz „ZIL-131", 1 Tank-Kfz „G-5" mit Anhänger, 1 Fäkalien-Kfz „W-50", 1 Rundfunk-Kino-Einrichtung auf Kfz „LO-1800", 6 Lkw-Anhänger, 2 Stabes-Kfz „LO-1800" („Schmetterling"), 1 „Multicar" – insgesamt 14 Armeeangehörige.
- Der Kfz-Instandsetzungszug im Bestand von 3 Gruppen mit Werkstatt auf Kfz 2 „MTO" auf Kfz „URAL-375 D", 1 „MRS", 1 „MRM", 2 Ladestationen „MZA" auf Kfz „LO-1801", 2 Dieselschweißaggregate, 2 „GAD-40", 1 Kfz „B-1000", 1 Krad, 1 Kübel „UAZ-469", 1 KW-Gerät – insgesamt 18 Armeeangehörige.
- Die Bergegruppe mit 1 Panzerzugmaschine „MT-LB" (nur auf dem Papier!) 2 Radzugmittel „Tatra-813", 2 Tieflader, 1 Schwerlastanhänger, 1 E-Aggregat, 1 Beleuchtungssatz, 1 KC-Aufklärungssatz, 1 Motorkettensäge, 1 KW-Gerät – insgesamt 4 Armeeangehörige.
- 2 Pioniergruppen mit je: 1 Pioniermaschine „BAT-M", 1 Radzugmittel „Tatra-813", 1 Tieflader, 1 Wasserfilterstation 2 mit Bohrgerät – insgesamt je 5 Armeeangehörige.
- Das Kfz-Lager mit 1 Lkw „W-50", 1 Lkw-Anhänger, 1 „B-1000" – insgesamt 2 Armeeangehörige.
- Der Regimentsmedizinische Punkt mit 1 stationären Ambulanz, 1 stationären Stomatologie, 1 Bettenstation (8 Betten), 1 Sanitäts-Kfz „LO-1800", 1 Sanitäts-Kfz „B-1000", 1 Feldsanitätsausrüstung – insgesamt 6 Armeeangehörige und 4 ZB.
- Die Feuerwache mit 2 Tankfeuerlösch-Kfz „W-50" – insgesamt 11 Armeeangehörige.
- Die Instandsetzungsgruppe für Handfeuerwaffen – insgesamt 3 Armeeangehörige.
- Die Reparaturgruppe für die Raketenbewaffnung mit 1 schiffselektronischen Werkstatt im Container auf Kfz „Tatra-148", 1 Kfz „B-1000" – insgesamt 6 Armeeangehörige.
- Der Lagertransportzug mit insgesamt 20 Armeeangehörigen in folgendem Bestand: Der Zugführer – 1 Armeeangehöriger.
Die Lagertransportgruppe mit 4 RTE, Kfz „KRAZ-255 B", 2 Autodrehkrane „ADK-125", 6 Lkw „W-50", 6 Lkw-Anhänger, 1 Radschlepper, 1 E-Gabelstapler, 1 Lagertransportwagen – insgesamt 13 Armeeangehörige.
- Die Gruppe für die Raketentreibstoffe – insgesamt 4 Armeeangehörige.
- Die Technische Gruppe mit 1 KC-Aufklärungssatz – insgesamt 2 Armeeangehörige.

Für ihre selbstständige Sicherstellung standen einer KRA insgesamt 68 Armeeangehörige zur Verfügung:
- Der Nachrichtenzug mit insgesamt 16 Armeeangehörigen in folgendem Bestand:

- Der Zugführer mit UKW-Gerät „UFT-435" – 1 Armeeangehöriger.
- 1 Funktrupp mit „R-140" auf Kfz „ZIL-131", 1 „GAD-20" – insgesamt 5 Armeeangehörige.
- 1 Funktrupp der Führung mit „R-142" auf Kfz „GAZ-66" – insgesamt 3 Armeeangehörige.
- 1 KNBT mit Kommandeurs-Nachrichtenbetriebsgerätesatz – insgesamt 7 Armeeangehörige.

Der Sicherstellungszug mit insgesamt 20 Armeeangehörigen in folgendem Bestand:
- Der Zugführer mit UKW-Gerät „UFT-435" – 1 Armeeangehöriger.
- Die Vermessungsgruppe mit 1 Vermessungs-Kfz „UAZ-452 T", 1 Motorkettensäge – insgesamt 3 Armeeangehörige.
- Die Sicherungsgruppe mit 1 FLA-Raketenstartanlage „Fasta 4 M" auf Kfz „LO-1800", 1 Funkmessspeiler „9 S-13", 8 Krad, 1 UKW-Funkgerät „UFT-435" – insgesamt 6 Armeeangehörige.
- 1 KC-Aufklärungsgruppe mit 1 Aufklärungs-Kfz „UAZ-469" – insgesamt 4 Armeeangehörige.
- 1 Versorgungsgruppe mit 1 Lkw „W-50", 1 Lkw-Anhänger, 1 Tank-Kfz „G-5" mit Anhänger, 1 Sanitäts-Kfz „LO-1800", 1 Feldküche, 1 Kühlanhänger, 1 Wassertransportbehälter – insgesamt 6 Armeeangehörige.

Für die Raketentechnische Sicherstellung, das Regeln und das Zuführen der Raketen sowie das Beladen der SSR im Stellungsraum, die zu jeder KRA gehörende Raketentechnische Batterie (RTB) mit 32 Armeeangehörigen (2. KRA:51).

Bereits aus der Bezeichnung der Einheiten ist ersichtlich, dass für das KRR-18, um Personal zu sparen, gleich zwei Arten der Sicherstellung, nämlich die technische und die Rückwärtige, zusammengefasst wurden.

Außerdem beziehen sich die angeführten Zahlen des Personals auf den Gefechtseinsatz, also Soll 2. Und obwohl sie bereits das absolute Minimum darstellen – es ist ja bedeutend mehr Technik als Personal –, waren es im täglichen Dienst 27 % weniger.

Interessant für eine Armee ist immer das Verhältnis der Angehörigen der kämpfenden Truppe zu dem „Rest". Zu diesem „Rest" gehören keinesfalls nur die Truppen für die Sicherstellung, sondern noch bedeutend mehr Angehörige künstlich aufgeblähter übergeordneter Ministerien, Kommandos, Stäbe, Lehreinrichtungen und anderer Institutionen. Laut Untersuchungen der deutschen Zeitung „Wirtschaftswoche" ergaben sich im Juli 2011 in Europa folgende Zahlen:
- Für die Bundeswehr der BRD wurde ein Verhältnis von 1 : 50 (35 Armeeangehörige und 15 ZB) errechnet.
- Für die Streitkräfte Großbritanniens 1 : 13 (9 Armeeangehörige und 4 ZB).
- Für die Streitkräfte Frankreichs 1 : 10 (8 Armeeangehörige und 2 ZB).

Aus diesen Zahlen wird deutlich sichtbar, wo gespart werden muss.

Für die ehemalige NVA liegen uns keine verlässlichen Zahlen vor, aber 1 : 10 könnte man annehmen. Für den selbstständigen Truppenteil KRR-18 ergab sich ein Verhältnis von ungefähr 1 : 3,5, was auf den hohen Automatisierungsgrad zurückzuführen war. Eine SSR mit diesem gewaltigen Vernichtungspotenzial hatte nur eine Besatzung von fünf Armeeangehörigen.

Wolfgang Schädlich
Gefechtssicherstellung
Einleitung

Die Gefechtssicherstellung beinhaltete die Organisation und Durchsetzung von Maßnahmen, die auf das Verhindern eines überraschenden Überfalls des „Gegners", auf das Abschwächen der Effektivität seiner Schläge sowie der Schaffung günstiger Bedingungen für das organisierte und rechtzeitige Eintreten der eigenen Truppen in das Gefecht und seine erfolgreiche Führung gerichtet waren. Wir unterschieden folgende Arten der Gefechtssicherstellung: Aufklärung, Tarnung, Schutz vor Massenvernichtungsmitteln (MVM), Ingenieursicherstellung (Einsatz Nachrichtenmittel und FEK), Sicherung und Selbstverteidigung. Verantwortlich für die Organisation der Gefechtssicherstellung im KRR-18 waren der Kommandeur, der dafür den Stab einsetzte..

Dazu wurden folgende Aufgaben gestellt:
- Das ständige Aufrechterhalten einer hohen Gefechtsbereitschaft aller Kräfte der KRT zur offensiven Abwehr von überraschenden Schlägen des „Gegners", d.h., die Gewährleistung des rechtzeitigen Eintritts der Küstenraketenabteilungen (KRA) in das Gefecht.
- Die zügige und gedeckte Überführung der KRA in höhere Stufen der Gefechtsbereitschaft und ihre rechtzeitige Entfaltung in die Stellungsräume Kühlung, Halbinsel Darß und Halbinsel Wittow auf der Insel Rügen bei einer unmittelbaren Bedrohung oder spätestens mit Beginn der Kampfhandlungen.
- Die Gewährleistung der ununterbrochenen Führung der KRT unter allen Lagebedingungen vom Erhalt bis zum erfolgreichen Erfüllen der Gefechtsaufgabe.
- Das unbedingte Nutzen der taktischen Vorteile des KRK „Rubesh", die es gestatteten, innerhalb kürzester Zeit gedeckt und für den „Gegner" überraschend in der gesamten Tiefe der Operationszone (OPZ) der VM selbstständig und im Zusammenwirken mit den anderen Stoßkräften massive Raketenschläge gegen seine Überwasserkräfte zu führen.

Vermessungsschiff „Jasmund" bei der Aufklärung der NATO-Übung „Northern Wedding" (IN)

Welche immensen Anstrengungen des Personalbestands zur Erfüllung dieser Aufgaben notwendig waren, ist in den vorangegangenen Kapiteln ausführlich beschrieben. Auch die hervorragenden Gefechtseigenschaften der Raketenbewaffnung der KRT wurden bereits ausgiebig erörtert – wie z. B. die hohe Mobilität und Unabhängigkeit, die Möglichkeit des Einsatzes unter nahezu allen meteorologischen Bedingungen, die hohe Trefferwahrscheinlichkeit und das gewaltige Zerstörungspotential der Raketen „P-21/22" sowie die Möglichkeit der Führung von Wiederholungsschlägen in kürzester Zeit. Trotz dieser starken Seiten, die die Führung eines Gefechts wesentlich begünstigten, existierten auch objektive Schwachstellen beim Gefechtseinsatz der KRT. Das waren in erster Linie:

- Die begrenzten Möglichkeiten der Aufklärung von Schiffskräften des „Gegners" nur mit Radar, keine Möglichkeiten der visuellen Aufklärung der Formation des Verbands, seines Bestands und der konkreten Schiffstypen. Daraus resultierte die Notwendigkeit der Sicherstellung durch Aufklärungskräfte der Flotte.
- Die enormen Anforderungen an die Gewährleistung einer ununterbrochenen Führung und ihre Sicherstellung mit stabilen, gedeckten Nachrichtenverbindungen. Es musste gleichzeitig die Führung von 3 KRA mit je 2 Startbatterien mit je 2 SSR (insgesamt 12 SSR) im Küstenstreifen von der Kühlung über die Halbinsel Darß bis zur Halbinsel Wittow auf der Insel Rügen sichergestellt werden.
- Die Gefahr der optischen, akustischen, infraroten und funkelektronischen Enttarnung der SSR. Die Ursachen dafür waren die Wärmeabstrahlung und der Geräuschpegel der Motoren und Gasturbinen zur E-Versorgung sowie die HF-Abstrahlung bei eingeschalteten Radaranlagen „Garpun", Funkstationen und Freund-Feind-Kennanlagen. Die einzige wirksame Maßnahme dagegen war die radikale Kürzung der Einsatzzeiten der entsprechenden Technik.
- Die Notwendigkeit der rechtzeitigen und organisierten Zuführung von Raketenkampfsätzen zum erneuten Beladen der SSR in den Stellungsräumen nach dem Gefechtseinsatz.
- Durch die küstennahe Lage der Stellungsräume und ihre räumlich begrenzte Ausdehnung bestand die Gefahr von Angriffen aus der Luft und von Diversanten, für deren erfolgreiche Abwehr eigenes Personal und Mittel nicht ausreichend zur Verfügung standen. Die Entfaltung der KRA in vorwiegend bewaldeten Gebieten zur Tarnung führte zu einer erhöhten Gefahr beim Einsatz von Brandmitteln durch den „Gegner".
- Die nur ungenügenden Möglichkeiten und Mittel der KRA in ihren Stellungsräumen, die Folgen des Einsatzes von MVM durch den „Gegner" zu beseitigen. Hier war die unbedingte Unterstützung durch Spezialeinheiten der VM notwendig.

Um die negativen Auswirkungen dieser hier aufgeführten Schwachstellen beim Gefechtseinsatz der KRT weitestgehend zu kompensieren und somit ideale Voraussetzungen für die Realisierung der insgesamt überragenden Gefechtseigenschaften der SSR zu schaffen, ergab sich die zwingende Notwendigkeit, die KRT durch eigene und zugeteilte Kräfte umfassend sicherzustellen.

Aufklärung

Als wichtigste Art der Gefechtssicherstellung beinhaltete die Aufklärung die Ermittlung aller Angaben über den „Gegner", deren tiefgründige Analyse und das Übermitteln der

Ergebnisse an die Kommandeure und Stäbe aller Ebenen. Für das erfolgreiche Führen eines modernen Gefechts musste man den „Gegner", die ihm zur Verfügung stehenden Kräfte und Mittel sowie den möglichen Charakter seiner Handlungen kennen. Nur mit einer zielstrebigen und aktiven Aufklärung konnten Gefechtsaufgaben erfolgreich mit minimalen Verlusten erfüllt werden. Dagegen war eine schlecht organisierte Aufklärung immer die Hauptursache für den Misserfolg von Gefechtshandlungen der Streitkräfte, vor allem von unnötigen Verlusten an Menschen und Material, auch bei der unbeteiligten Zivilbevölkerung. Davon zeugen zahlreiche Beispiele aus dem Zweiten Weltkrieg. In der VM wurde die Aufklärung im Stab der Flotte in Verantwortung des Chefs des Stabes (CS) der VM organisiert. Die Abteilung Aufklärung hatte die Aufgabe, Angaben über den „Gegner", über seinen Bestand, die Stationierung seiner Kräfte und Mittel sowie über seine Vorhaben und das mögliche Gebiet der Kampfhandlungen zu sammeln und auszuwerten. Dazu war die Zusammenarbeit mit dem Stabsorgan Operativ zu organisieren. Der Leiter des Stabsorgans Aufklärung war für die Planung und Umsetzung der ununterbrochenen Aufklärung verantwortlich. Er hatte ständig die Lage zu kennen und bereit zu sein, dem CVM und dem CS den Bestand und Zustand des „Gegners" und seiner Gruppierungen, das Vorhandensein von Kernwaffen und die Möglichkeiten ihres Einsatzes zu melden.

Im KRR-18 existierte kein spezielles Aufklärungsorgan. Die Aufklärung wurde im Wesentlichen durch den Stab des KRR-18 geführt und wie folgt organisiert: Im täglichen Dienst wurde die Lage in der OPZ der VM vom Operativen Diensthabenden (OPD) des KRR-18 auf einer Lagekarte grafisch mitgeführt und ständig präzisiert. Entsprechende Informationen erhielt der OPD vom Täglichen Gefechtsstand der VM über eine Drahtnachrichtenverbindung, das Sondernetz „S-1". Alle Meldungen für und von Einheiten der VM in See wurden über das Flotteninformationsnetz, einer KW-Funkverbindung verschlüsselt gesendet, durch die Funker unseres Regiments empfangen und sofort an den OPD weitergeleitet. In erster Linie liefen über dieses Netz Meldungen über Schiffsbewegungen durch die in der ständigen Gefechtsbereitschaft mit Schiffseinheiten der 1. und 4. Flottille, der 6. GBK sowie der BF und der PSKF besetzten Vorpostenpositionen. An der Küste wurde die Beobachtung des Seeraums durch die Technischen Beobachtungskompanien (TBK) vorgenommen. Diese verfügten über optische Aufklärungsmittel, über Radarseeraumbeobachtungsstationen und über passive Funkbeobachtungsstationen zur Ortung von HF-Quellen (Radarstationen und Funkstationen) von Schiffen in See. Bei unklarer Lage oder Konzentrationen von NATO-Kriegsschiffen, z. B. bei Übungen, wurden zusätzlich Hubschrauber des MHG-18 oder Schnellboote der 6. Flottille zur Aufklärung eingesetzt, die ihre Meldungen ebenfalls auf diesem Netz und zusätzlich über ein UKW-Netz zur nächstgelegenen TBK absetzten, sofern diese Verbindung bestand. Letztere hatten meistens die Aufgabe, die Schiffsgruppierungen des „Gegners" visuell aufzuklären und zu dokumentieren, d. h., deren Bestand, Formation, Bordnummern und Handlungen zu ermitteln und wichtige Ziele optisch und mit Radar zu begleiten.

Bei Auslösung höherer Stufen der Gefechtsbereitschaft wurden zusätzliche Vorpostenpositionen besetzt und das System der Aufklärung verstärkt. Außerdem gehörte zum Bestand der VM die sogenannte Vermessungsschiffsabteilung mit den Schiffen „Hydrograph", „Komet", „Meteor" und „Jasmund", die zur Aufklärung der Seestreit-

TBK Dornbusch auf der Insel Hiddensee, links der Leuchtturm, in der Mitte der Turm mit der Radarstation, rechts der Beobachtungsturm (IN)

kräfte des „Gegners" auch außerhalb der OPZ der VM eingesetzt wurden. Über solche speziellen Aufklärungsschiffe verfügten natürlich auch die anderen Flotten der VOF, die BF und die PSKF. Die gesammelten Informationen wurden gegenseitig ausgetauscht. Diese Aufklärungsschiffe verfügten über spezielle Ausrüstungen zur optischen und Funkaufklärung und natürlich über Personal, das zur Erfüllung dieser Aufgaben besonders ausgebildet war. Nicht zuletzt wurden auch Fischereifahrzeuge und die Schiffe der DSR zur Gewinnung von Daten über den „Gegner" eingesetzt.

Neben der Führung der Lage durch den OPD des KRR-18 wurden die Stellvertreter des Kommandeurs sowie die Kommandeure der KRA und der SSR täglich zur morgendlichen Lagebesprechung des Kommandeurs des KRR-18 in die konkrete Lage in der OPZ der VM eingewiesen. Damit waren die Einheiten des Regiments mit den für einen möglichen Gefechtseinsatz notwendigen Informationen versorgt. Grundlage dafür war auch, dass die Offiziere den „Gegner" gut kannten, d. h., über ein fundiertes Wissen der Schiffs- und Flugzeugtypen der Bundesmarine und der Seestreitkräfte Dänemarks sowie deren Bewaffnung und Gefechtsmöglichkeiten verfügten. Diese Kenntnisse wurden in der Taktischen Ausbildung vermittelt und regelmäßig überprüft. Erstaunlich war für uns immer wieder, dass wir den wahrscheinlichen „Gegner" besser kannten als die Schiffs- und Flugzeugtypen und deren Bewaffnung und Gefechtsmöglichkeiten unserer Verbündeten, also der BF und PSKF. Der Grund dafür war einfach: Angaben über die eigene Bewaffnung unterlagen der strengsten Geheimhaltung und waren damit nur einem begrenzten Personenkreis zugänglich. Das führte natürlich zu Problemen, wie z. B. bei einer Kommandostabsübung auf dem HGS des CVM, als dem Chef der VM durch die BF zur Unterstützung der Kampfhandlungen in der Richtung Belte/Kattegat eine Einheit des KRK „Redut" und Raketenfliegerkräfte für den Einsatz gegen mittlere und große Schiffsgruppierungen des „Gegners" unterstellt wurden. Die Planung des Einsatzes des KRK „Redut" wurde logischerweise dem FP des Chefs der KRT übertragen. Ich erinnere mich noch gut daran, dass wir nicht einmal die Bezeichnung der Raketen „P-35 B" und auch nicht deren taktisch-technische Daten, wie Reichweite, Flughöhe, Bereitschaftszeiten u. a. kannten. Über die Ausrüstungsvarianten des Gefechtskopfes existierten ebenfalls keinerlei Angaben. Unter dem Deckmantel größter Verschwiegenheit konnte unser Kommandeur wenigstens ihre maximale Reichweite von 300 km in Erfahrung bringen. Wir waren aber gezwungen, den Einsatz einschließlich der konkreten Verluste der Schiffskräfte des „Gegners" einzuplanen, da anschließend die nicht vernichteten Ziele mit dem Erreichen der Waffenreichweite durch unsere SSR bekämpft werden mussten. Wenig fundiert waren dementsprechend unsere Berechnungen, aber eine Kommandostabsübung wurde vorrangig auf Karten geführt, selten wurden darstellende Einheiten und gleich gar nicht KRT der BF faktisch einbezogen. Aus meiner Sicht war das allerdings ein Beispiel dafür, wonach die in der NVA bestehenden strengen Geheimhaltungsbestimmungen die Beachtung eines wesentlichen Grundsatzes bei der Führung des Gefechts erschwerten oder gar verhinderten: Das Wissen über die Handlungen und Möglichkeiten der Nachbarn bei der Entschlussfassung des Kommandeurs für den Einsatz seiner Kräfte.

Bezüglich der Aufklärung nach Auslösung höherer Stufen der Gefechtsbereitschaft war in der Gefechtsvorschrift „DV 200/0/027 Gefechtseinsatz der KRT" festgelegt:

Vom Erhalt der Gefechtsaufgabe bis zur Kontrolle der Resultate des Schlags war die Aufklärung im Seegebiet in einer Aufklärungstiefe von 130–140 km durch die KRA mit dem Einsatz der eigenen Radarstation „Garpun" und mit Unterstützung von Schiffsführungshaltern zu organisieren mit dem Ziel:

- Die Überwasserschiffskräfte des „Gegners" auf große Entfernungen auszumachen, um die KRT rechtzeitig zu entfalten und den Raketenschlag auf maximale Schussentfernung zu führen.
- Den Bestand, die Marsch- oder Gefechtsordnung der Gruppierungen, die Scheinziele, die Maßnahmen des FEK sowie das System der Luftabwehr des „Gegners" zu erkennen.
- Die georteten Ziele mit Radar zu begleiten und die für den Raketenschlag notwendigen Angaben zu ermitteln.
- Die Resultate des Raketenschlags festzustellen.

Ohne eine umfassende Sicherstellung waren diese Aufgaben durch die KRT nicht zu lösen.

Für die KRT war es sehr wichtig, über ein mögliches Einlaufen von Schiffen/Booten des „Gegners" in die OPZ der VM ständig informiert zu sein, um die Kräfte rechtzeitig zu alarmieren und gedeckt in die Stellungsräume zu entfalten. Die Bekämpfung von Seezielen auf die maximale Distanz von 80 km setzte voraus, dass die SSR rechtzeitig in die Startstellungen entfaltet wurden. Die Zeiten der Verlegung der KRA in die Stellungsräume Kühlung, Darß und Wittow auf Rügen betrugen je nach Lage der Warte- und Startstellungen mindestens 2,5 bis 4 Stunden. Lediglich die Startstellung Neuhaus im Stellungsraum Darß war innerhalb 1 Stunde zu erreichen. Erst nach Einnahme der Startstellungen konnten die SSR die Radarantennen auf die Höhe von 7 m ausfahren und mit der Zielsuche im befohlenen Sektor des Seegebiets beginnen. Im Kapitel III wurde bereits erwähnt, dass die Zielsuche, also das Einschalten der Radaranlage „Garpun", aus Gründen der Tarnung möglichst nur durch eine SSR erfolgen sollte. Das war die SSR, deren Startstellung die größte Höhe über NN hatte, um dadurch die maximale Auffassreichweite der Ziele zu gewährleisten. Bis zu diesem Zeitpunkt waren die KRT auf die Sicherstellung mit Aufklärungsangaben durch fremde Quellen angewiesen.

Nach dem Einschalten der Radaranlage wurden auf der SSR im Regime „Rundumsuche" oder „Suche in einem befohlenen Sektor" alle auf dem Radarbildschirm sichtbaren Radarechos als Ziele geortet und gemeldet. Nach einer Freund-Feind-Kennungs-

Fernaufklärungsflugzeug „Tu-95 RZ" und Aufklärungshubschrauber „Ka-31" der SKFR (IN)

abfrage konnten eigene Kräfte identifiziert werden. Alle weiteren verbleibenden Echos wurden als mögliche Ziele klassifiziert. Darunter konnten außer den Schiffskräften des „Gegners" aber auch andere Schiffe sein. Außerdem bestand immer die Möglichkeit, dass der „Gegner" in der Formation seiner Schiffsgruppierung neben Versorgungsfahrzeugen auch „Scheinziele", d. h. spezielle, mit Winkelreflektoren ausgerüstete Boote, mitführt. Damit wird klar, dass die KRT ohne eine effektive Sicherstellung durch Aufklärungskräfte nicht in der Lage sein konnten, das für sie befohlene Ziel zu bekämpfen. Nur mit Einsatz einer Radarstation konnte man keine ausreichende Information über die Lage auf dem Seeschauplatz erhalten.

Die Schiffsstoßkräfte der 6. Flottille hatten diese Probleme nicht, hier wurden meistens Torpedoschnellboote (TS-Boote) „Pr.206" zur Aufklärung und zum anschließenden Fühlungshalten im Interesse der Schiffsschlaggruppen (SSG) eingesetzt, die zu ihrem Bestand gehörten. Über die Probleme des Einsatzes der Raketenbewaffnung mit Fühlungshaltern wurde in vorangegangenen Kapiteln ausführlich berichtet.

Die Sowjetische Seekriegsflotte (SSKF) hatte für die Führung ihrer Raketenkräfte das Aufklärungs-Schlagsystem „Uspech" entwickelt, das auch erfolgreich in der BF eingesetzt wurde. Dieses System war ähnlich dem der NATO „AWACS" und bestand aus dem fliegenden Radarfernaufklärer „Tu-95 RZ" (NATO: BEAR D), mit einer maximalen Fluggeschwindigkeit von 995 km/h und einem Aufklärungsgebiet von ungefähr 10 Millionen Quadratkilometern, aus Hubschraubern des Typs „Ka-25 Z" und „Ka-31" mit Radarstationen zur Aufklärung und Zielzuweisung sowie der Bodenstation. Der Hubschrauber „Ka-31" befand sich ab 1983 in der Bewaffnung der SSKF. Er konnte sein Fahrwerk einziehen und eine maximale Geschwindigkeit von 255 km/h erreichen. Die maximale Flughöhe betrug 3700 m. Unter dem Rumpf war er mit einer flachen, 6 m breiten, ausklappbaren und drehbaren Radarantenne ausgerüstet, mit der er bei einer Fluggeschwindigkeit von 100 km/h Kampfflugzeuge in einer Entfernung von 150 km und Seeziele bis zu 200 km orten konnte. Das Radarsystem gestattete die gleichzeitige Verfolgung von bis zu 40 Zielen. Die Bodenstation erhielt die Zieldaten von den fliegenden Aufklärern, wertete sie aus und übermittelte sie als Zielzuweisung an die Raketenkräfte der Flotte. Dieses System war auch für den Einsatz der Stoßkräfte der VM geplant und hätte alle hier aufgeführten Probleme der Aufklärung, Zielzuweisung und des Fühlungshaltens effektiv lösen können. Erstmals wurde das System „Uspech" in der VM durch die BF zur Übung der Stoßkräfte der VM im Mai 1986 eingesetzt. Dazu wurde die Bodenstation im Raum Kap Arkona auf der Insel Rügen entfaltet. Da das System noch in der Entwicklung war, unterlag es der strengsten Geheimhaltung, so dass Angehörige der VM keinen Zugang erhielten. Aufgrund der komplizierten Wetterlage – es war Sturm –, konnten die Schiffsstoßkräfte nicht aus ihrem Hafen auslaufen und so kam nur die 1. KRA der KRT unter ihrem Kommandeur, FK U. Lonitz, zum Einsatz aus dem Stellungsraum Halbinsel Südbug auf der Insel Rügen, wo sie auch zu dieser Zeit ihr Feldlager durchführte.

Torpedoschnellboot „Projekt 206" der VM als Schiffsfühlungshalter (VM)

Über die befohlenen Nachrichtenverbindungen wurden die Zieldaten übermittelt, in die Waffenleitanlagen der SSR eingegeben und auf Befehl erfolgte der imitierte Raketenschlag. Der Einsatz der KRT wurde als Erfolg gewertet und bewies die Möglichkeit und Notwendigkeit der effektiven Sicherstellung durch das System „Uspech".

Mit der Einführung des KRK „Rubesh" und etwas später der RSK „1241 RÄ" mit der Raketenbewaffnung „P-21/22" in der VM vergrößerte sich die Waffenreichweite um das Doppelte. Zur Sicherstellung dieser großen Schussdistanz waren die SSR und RSK mit der wesentlich leistungsstärkeren Radarstation „Garpun" ausgerüstet. Damit konnten jetzt im Vergleich mit den Radaranlagen „Rangout" der Raketenschnellboote des „Projekts 205" erheblich größere Auffassreichweiten gegen Seeziele erreicht werden. Da diese Reichweite in erster Linie neben der Leistung der Station von der quasioptischen Sicht (Erdkrümmung) abhängig ist, waren die Höhen der Radarstation und des Ziels die wichtigsten Parameter. Die Höhe der Radarstation betrug bei den RSK 16 m über der Wasserlinie (NN), bei den SSR 7 m über dem Boden. Da die Startstellungen der SSR immer in größeren Höhen über NN ausgewählt wurden, erreichten ihre Radarstationen dementsprechend auch größere Reichweiten als die der RSK und lagen mitunter sogar über der maximalen Reichweite ihrer Raketen. Das galt z. B. für die Stellungsräume Halbinsel Wittow auf der Insel Rügen und für Kühlung bei Kühlungsborn. Für die RSK blieb das alte Problem zum Teil bestehen: Sie konnten die jetzt größere Reichweite ihrer Raketenbewaffnung im Gefecht gegen die Raketenschnellboote des „Gegners" nicht voll ausschöpfen und ihr Einsatz wurde dementsprechend weiter durch Fühlungshalter sichergestellt.

Im Juni 1987 bei der Übung der Stoßkräfte der VM wurde erstmals der Hubschrauber „Mi-14 PL" als Fühlungshalter erprobt. Die Resultate waren gut, aber die Fehler blieben unverändert. Jedenfalls blieb es bei einigen Erprobungseinsätzen und das Zusammenwirken von Hubschraubern des Marinehubschraubergeschwaders 18 (MHG-18) mit Schiffsstoßkräften und KRT zur Sicherstellung des Raketeneinsatzes wurde dann unverständlicherweise eingestellt. Gerade für den Gefechtseinsatz der KRT wäre die Sicherstellung durch Aufklärungshubschrauber notwendig gewesen. Vielleicht war aber die Einführung des modernen sowjetischen Aufklärungs- und Schlagsystems „Uspech" zu diesem Zeitpunkt bereits geplant?

Um wenigstens das Problem der Veralterung der Parameter des Ziels zu lösen, wurden in der 6. Flottille erhebliche Anstrengungen unternommen, um den Prozess der Datenberechnung mithilfe von Computern zu automatisieren und damit zu beschleunigen. Mit dem für diesen Zweck im Rahmen der Neuererbewegung erstellten Programm konnte der zeitliche Ablauf zur Ermittlung der Schussparameter wesentlich verkürzt werden. Die aufgeführten Fehlerquellen blieben jedoch unverändert.

Entgegen der Gefechtsvorschrift entschloss sich der Kommandeur des KRR-18 in seinen Entschlüssen zur Erfüllung von Gefechtsaufgaben überwiegend für den Einsatz der Raketenbewaffnung nach Angaben der eigenen Radarstationen „Garpun" der SSR. Er kannte die Probleme aus persönlicher Erfahrung. Dabei wurde (wie bereits erwähnt) angestrebt, nur eine SSR zur Zielsuche auf eine erhöhte Position zu entfalten und als Fühlungshalter für die KRA einzusetzen.

Tarnung
Die Tarnung beinhaltete einen Komplex von Maßnahmen zur Täuschung und Verhinderung der Ermittlung von realen Angaben über die Zusammensetzung, die Lage und den Zustand der Gefechtsbereitschaft sowie die Handlungen und Pläne der eigenen Streitkräfte durch den „Gegner".

Das wohl bekannteste Beispiel einer erfolgreichen Planung und Ausführung operativer Tarnung in der Militärgeschichte bildet die Landung der Alliierten Truppen in der Normandie im Zweiten Weltkrieg. Hier gelang durch das Einhalten strengster Geheimhaltung bei der Planung und Vorbereitung sowie durch die gedeckte Ausführung von Truppenbewegungen die gezielte Desinformation und Täuschung. Den „Gegner" solange in Unkenntnis über Ort und Zeitpunkt der Anlandung zu halten, bis ihm die Möglichkeit zur Organisation einer effektiven Verteidigung genommen wurde, was letztendlich zum Erfolg entschied. Wir unterschieden folgende Arten der Tarnung:
- Die optische Tarnung: Tarnfarben, Geländeausnutzung, Bewegungsarmut, Vermeiden des Abhebens vom Hintergrund.
- Die akustische Tarnung: Vermeiden von Geräuschen.
- Die thermische Tarnung: Abschirmen von Körperwärme und Geräteabstrahlung.
- Die elektromagnetische Tarnung: Verhindern von Abstrahlung elektro-magnetischer Wellen in die Richtung des „Gegners".
- Die Tarnung von Rauch, Abgasen und Ausdünstungen chemischer Stoffe.

In der VM war für die operative Tarnung das Stabsorgan Operativ mit folgenden Aufgaben zuständig:
- Die Planung der operativen Tarnung, der Desinformation und Bekämpfung der gegnerischen Aufklärung.
- Die Anleitung der Ausarbeitung der Dokumente für die gedeckte Truppenführung.
- Die Planung und Ausrüstung der unterstellten Truppen mit Tarnmitteln sowie die Kontrolle des Einsatzes dieser Mittel.

Die Erfüllung dieser Aufgaben begann bereits in Friedenszeiten. Eine der wichtigsten Maßnahmen war dabei die Geheimhaltung, die in der NVA durch Vorschriften geregelt war. Sie betraf vor allem Informationen über die Stärken, den Zustand, die Stationierung, Ausrüstung und Bewaffnung sowie über geplante Handlungen der Truppen beim Übergang in höhere Stufen der Gefechtsbereitschaft. Die dazu festgelegten Maßnahmen waren äußerst streng und zum Teil auch überzogen, so dass mitunter auch Aufgaben nicht ordnungsgemäß erfüllt werden konnten, weil die dafür notwendigen wichtigen Informationen für die ausführenden Kräfte nicht zugänglich waren. Aber die Geheimhaltung bildete nun einmal das wichtigste Mittel zur Tarnung der eigenen Streitkräfte im Frieden. Uns war bewusst, dass der „Gegner" bestrebt war, Informationen aller Art zu sammeln. Nicht selten erlebten wir, dass sich alliierte Fahrzeuge im Sperrgebiet unseres Objekts aufhielten, obwohl die Zufahrt für Militärmissionen verboten war, was auch durch Schilder gekennzeichnet war. Der zuständige Mitarbeiter der Verwaltung 2000 unseres Regiments informierte uns damals darüber, dass der „Gegner" detaillierte Kenntnisse über unser Regiment und dessen Bewaffnung besitze. Es wurde sogar vermutet, dass einige Informationen von Angehörigen des KRR-18 stammten, was sich dann allerdings nicht bestätigte. Wachsamkeit und Geheimhaltung hatten also durchaus seine Berechtigung.

Neben der Gewährleistung der Geheimhaltung gehörte die rechtzeitige Ausrüstung der Truppen mit Mitteln, die beim Gefechtseinsatz zur Tarnung eingesetzt werden konnten, zu einer der vorrangigsten Aufgaben der Vorbereitung der Streitkräfte auf einen Krieg. Das waren die Ausrüstung der Armeeangehörigen mit entsprechender Tarnbekleidung, die Ausstattung der Technik, der Bewaffnung und der Gebäude mit Tarnanstrichen sowie die Ausrüstung mit Tarnmitteln, wie z. B. Tarnnetzen, Attrappen, Tarnscheinwerfern an Kraftfahrzeugen, Verdunkelungsblenden u. a.

Für eine effektive Tarnung waren im KRR-18 der Kommandeur und sein Stab verantwortlich. Bereits in seinem Entschluss zur Lösung der befohlenen Gefechtsaufgabe hatte der Regimentskommandeur in seiner Idee zur Führung des Gefechts Maßnahmen und Vorkehrungen zur Gewährleistung einer effektiven Tarnung der eigenen Kräfte und Handlungen darzulegen, deren detaillierte Planung und Umsetzung der Stab zu organisieren hatte. Auch für diese Art der Gefechtssicherstellung verfügte der Stab des KRR-18 über keinen ausgebildeten Spezialisten.

Die direkten Maßnahmen der Tarnung waren in der DV 246/0/027 festgelegt, in der es wörtlich hieß: Die Tarnung erfolgt sowohl im Stationierungspunkt als auch während des Marsches, im Warteraum und im Stellungsraum mit den Zielen:
- Die Wahrscheinlichkeit des Ausmachens durch den „Gegner" zu verringern.
- Das Regiment und die Einheiten gedeckt zu entfalten.
- Die Aufklärung der Gefechtsordnung zu erschweren oder zu verhindern.

Die Tarnung im Stationierungspunkt musste die Ausmachmöglichkeiten durch funkelektronische und optische Mittel des „Gegners" herabsetzen. Wenn die Marschrouten der Kolonnen ausgewählt und die Marschzeit bestimmt wurden, ist die Geheimhaltung der Entfaltung oder Verlegung zu berücksichtigen. Der Marsch hat nach Möglichkeit nachts zu erfolgen. Die Tarnung im Warte- und Stellungsraum wird dadurch erreicht, dass die natürlichen Umweltbedingungen sowie die strukturmäßigen und nichtstrukturmäßigen optischen, Infrarot- und Radartarnmittel genutzt werden und das Personal sich gefechtsmäßig verhält. Zur Tarnung der Startstellungen sind in der Gefechtsordnung Scheinstartstellungen und Reservestartstellungen vorzusehen sowie Wechsel der Startstellungen vorzunehmen.

Das liest sich alles sehr logisch, aber in der Praxis waren diese Festlegungen der Vorschrift nur schwer umzusetzen und meistens mit einem riesigen Aufwand verbunden. Oft war eine effektive Tarnung der SSR gar nicht möglich, da ja ständig der

Tarnung einer SSR des KRK „Rubesh" im Gelände (IN)

sofortige Stellungswechsel gewährleistet sein musste. Die getarnte Unterbringung der Technik im Objekt war nach Fertigstellung des Garagenkomplexes in der Technischen Zone unseres Objekts gesichert. Natürlich konnte durch Luftaufklärung unschwer ermittelt werden, dass sich in diesen langen Betonbauten große Fahrzeuge verbergen könnten. Wir gingen aber davon aus, dass bei der Gefahr eines Luftangriffs, also nach dem Beginn der Kampfhandlungen, die KRA das Objekt bereits verlassen hatten. Natürlich besaßen das Stabsgebäude, die Raketenbunker, Baracken und die Raketenregelhalle einen Tarnanstrich. Dieser war bereits vorhanden, bevor die KRA-18 das Objekt bezog. Für die Neubauten im Objekt galt das allerdings nicht, wurde aber später nachgeholt.

Im Objekt achteten wir bei Alarmauslösung streng darauf, dass nachts alle Fenster der Gebäude abgedunkelt wurden, die Straßenbeleuchtung im Objekt ausgeschalten blieb sowie die Formierung der ersten Kolonnen seitlich der Straßen im Schutz von Bäumen oder Gebäuden und auf mehrere Objektstrassen verteilt erfolgte. Die Kraftfahrzeuge sollten möglichst ohne Beleuchtung bewegt werden, bzw. wenn nötig lediglich mit Abblendlicht. Die bei allen Kraftfahrzeugen vorhandenen Tarnscheinwerfer schränkten die Abstrahlung von Licht stark ein. Diese Maßnahmen waren u. a. direkt bei den Diensthabenden in den Tabellen der ersten Handlungen nach Auslösung höherer Stufen der Gefechtsbereitschaft festgelegt und waren demzufolge abzuarbeiten und abzumelden. Ob nachts oder am Tag, wir waren immer bestrebt, formierte Kolonnen so schnell wie möglich in Marsch zu setzen, um sie einer möglichen Aufklärung aus der Luft im Objekt schnellstens zu entziehen. Die Pläne der Überführung, vor allem die Zeiten zum Verlassen des Objekts, waren allerdings so knapp bemessen, dass es äußerster Anstrengungen bedurfte, um diese befohlenen Normen einzuhalten.

Die größten Schwierigkeiten der Tarnung unserer Kolonnen begannen beim Verlassen des Objekts. Unser Objekt Schwarzenpfost besaß lediglich eine befestigte Ausfahrt und zwar auf die F-105 (B-105). Vorher war jedoch noch der Bahnübergang der Bahnlinie Rostock–Stralsund zu forcieren und die war damals stark frequentiert. Dementsprechend waren die Bahnschranken oft geschlossen und die Auffahrt auf die F-105 somit die erste echte Herausforderung. Unter diesen Bedingungen eine Verlegung geheim zu halten war kaum möglich. Es konnte immer der Fall eintreten, dass unsere SSR vor geschlossenen Schranken standen und die Reisenden der vollbesetzten Urlauberzüge uns begeistert zuwinkten, zumal die Personenzüge am Haltepunkt Schwarzenpfost hielten. Wenn die Schranken geöffnet waren bestand das Problem der Auffahrt auf die F-105. Vor allem im Sommer hatten unsere Regulierer Schwerstarbeit zu leisten. Aufgrund der zahlreichen Urlauber bildeten sich bei der Absperrung schnell beidseitig Pkw-Kolonnen von beachtlicher Länge. An diesen fuhren wir dann mit unseren SSR vorbei und wieder wurde gewunken, alle waren begeistert von dieser gewaltigen Technik. Wann bekommt man so etwas schon mal zu sehen? Der absolute Höhepunkt dieses Szenario trat aber ein, wenn sich beim Passieren des Bahnübergangs die Schranken senkten und die Kolonne der SSR dadurch getrennt wurde. Dann musste der erste Teil auf den Rest warten und spätestens jetzt konnte von „Gedeckter Verlegung" oder Geheimhaltung keine Rede mehr sein. Wenn wir mit den SSR, maximale Breite 3,2 m, auf den damaligen Fernverkehrsstraßen marschierten, musste der Gegenverkehr durch unsere Regulierer gestoppt und auf die äußerst rechte Spur gewiesen werden. Allerdings war damals weniger Verkehr und die Kraftfahrer verhielten sich bedeutend disziplinierter, so dass unsere Regulierer damit kaum Probleme hatten. Bei der Wahl der Marschrouten hatten wir keine Alternativen. So musste z. B. die 2. KRA nach der Alarmauslösung innerhalb kürzester Zeit in den Stellungsraum Wittow auf der Insel Rügen entfalten und das war nur möglich über die F-105, über den Rügendamm und die F-96. Für die 1. KRA existierten zwar Waldwege zur Entfaltung in den Stellungsraum Darß, aber die konnten durch die SSR nur mit höchstem Risiko befahren werden. Letztendlich ereignete sich ja die Havarie der SSR bei der Überprüfung „Hanse 83" genau auf solch einem Waldweg. Auch für uns galt immer die Forderung, die Sicherheit im öffentlichen Straßenverkehr nicht zu gefährden. Damit waren solche Maßnahmen der Tarnung, wie Fahren ohne Beleuchtung und schnelles Passieren von gut einsehbaren Abschnitten, zu Übungen einfach nicht möglich. Auch das Prinzip, Marschkolonnen durch Auseinanderziehen vor möglichen Luftangriffen zu schützen oder diese zu erschweren, konnte im Interesse des sicheren Straßenverkehrs ebenso wenig beachtet werden und musste theoretisch für das richtige Handeln im Ernstfall gelehrt und erklärt werden.

Zum Thema der gedeckten Entfaltung der KRA muss an dieser Stelle angemerkt werden, dass wir angehalten waren, in Friedenszeiten keinesfalls in die „scharfen Stellungsräume" zu entfalten, die wir eigentlich gar nicht kennen durften. So wurde der Stellungsraum Kühling nicht ein einziges Mal genutzt. Dafür hätten wir aber auch mit unseren SSR durch die Stadt Rostock fahren müssen und die Geheimhaltung vergessen können. Neuralgische Punkte aus der Sicht der Tarnung waren immer die Auffahrt auf die F-105 und deren Abschnitte in Richtung West und Ost, die Durchfahrt der Städte Rostock und Stralsund sowie das Nadelöhr Rügendamm.

Die Tarnung in den Stellungsräumen geschah im Wesentlichen vorab durch die Auswahl von Abschnitten, in denen die natürliche Tarnung durch Wald und Bodenrelief genutzt werden konnte. Für das Einrichten der Technischen Stellung der RTB und der Beladepunkte waren in den Plänen mitunter sogar landwirtschaftliche Einrichtungen, Gehöfte und kleinere Wohnansiedlungen vorgesehen. Gerade die an der Küste häufig anzufindenden LPG boten mit ihren Gehöften und Stallanlagen äußerst günstige Bedingungen zur Tarnung unserer Kräfte. Ich erinnere mich noch gut daran, wie eine SSR bei der Überprüfung des Gefechtsdienstes durch das MfNV zum Abschluss des Feldlagers im März 1988 ihre Wartestellung in einem Freilandgüllesilo auf einem Feld bezog. Die Rampe war in einer Senke umgeben von Betonmauern

SSR beim Start einer Rakete – Enttarnung durch Feuer und Geräusch (IN)

hervorragend getarnt und geschützt. In dieser Senke sammelte sich aber leider auch kniehoch die Gülle. Da die Rundumsicherung organisiert und die Raketenbewaffnung im Container zum Einsatz klargemacht werden musste, war das Personal gezwungen, die SSR zu verlassen. Die Folgen konnte man dann nach der Rückkehr bei der Meldung des Kommandeurs der SSR auf dem FP des Kommandeurs des KRR-18 deutlich riechen. Trotzdem wurde er wegen gutem taktischem Verhalten gelobt.

Die Maßnahmen zur Tarnung in den Stellungsräumen bestand in der Tarnung der Technik mittels Tarnnetzen oder natürlichen Tarnmitteln, Sträuchern, Ästen usw. Das Personal tarnte sich zusätzlich zur Tarnbekleidung, dem Kampfanzug „ein Strich – kein Strich", mit Zweigen und Gräsern und Blättern. Dazu existierten für die Stahlhelme Netzüberzüge, die das Anbringen ermöglichten. Alle überflüssigen Geräusch- und Lichtquellen wurden vermieden bzw. auf ein Minimum reduziert. Die zur Stromversorgung benötigten Aggregate wurden möglichst abgedeckt, um ihre Schallpegel und Wärmeabstrahlung zu dämmen. Auch hier mussten in Friedenszeiten Einschränkungen in Kauf genommen werden. Es war untersagt, Flurschäden zu verursachen, oder gar ganze Bäume zu Zwecken der Tarnung zu roden.

Die Tarnung der SSR in den Startstellungen gestaltete sich schwieriger. Sie sollten möglichst aus Richtung See optisch und wärmestrahlungsmäßig nicht ausgemacht werden können. Gleichzeitig musste aber der Sektor für den Start der Raketen von Hindernissen frei sein. Die SSR, die als Fühlungshalter für die KRA geplant war, wurde auf einer Position mit der möglichst größten Höhe eingesetzt. Damit war ihre Tarnung wesentlich komplizierter. In jedem Fall war das oberste Prinzip der schnelle Stellungswechsel. Deshalb galt es, innerhalb kürzester Zeiten die Raketensalve auszuführen und danach die Startstellungen unverzüglich zu verlassen. Das war in der Praxis auch umsetzbar. Für den effektiven Einsatz ihrer Raketenbewaffnung benötigten die SSR minimal 5 und maximal 15 Minuten Aufenthaltszeit in der Startstellung. Sie in dieser Zeit zu orten und erfolgreich zu bekämpfen, war in der damaligen Zeit fast unmöglich. Außerdem war immer der pioniertechnische Ausbau der Stellungen geplant, der neben der Tarnung auch den Schutz der Technik, der Bewaffnung und Ausrüstung gewährleisten sollte. Aber auch das konnte in Friedenszeiten aus den bereits angeführten Gründen nur geplant und nicht erprobt werden. Der kritischste Moment für die SSR in einem Gefecht war eigentlich der Start der Raketen. Der beim Zünden des Starttriebwerks erzeugte Feuerstrahl war noch aus großen Entfernungen optisch wahrnehmbar. Zur Bekämpfung der SSR in der Startstellung wären danach allerdings nur noch 1–2 Minuten verblieben.

Zur Tarnung der Kräfte in den Stellungsräumen war zur Täuschung des „Gegners" auch das Errichten von Scheinstellungen vorgesehen. Strukturmäßig war geplant, dafür aufblasbare Startrampenattrappen einzusetzen, mit denen das KRR-18 in Auswertung der Inspektion ausgerüstet werden sollte. Tatsächlich erfolgte aber nur die Ausrüstung mit Win-

Funkstation „R-140" auf Kfz „Zil-131" bei der Arbeit (IN)

kelreflektoren. Diese sollten die gleiche Radarreflexion erzeugen wie die SSR und somit als Scheinziele für die Radaraufklärung des „Gegners" dienen.

Trotz aller Bestrebungen und Anstrengungen konnte das Problem der ausreichenden Tarnung unserer SSR im Gefecht nur befriedigend gelöst werden. Ursache bildeten objektive Gründe, wie die Lage des Objekts, das Verkehrsnetz, das kaum Möglichkeiten zur Tarnung während eines Marsches zuließ, und natürlich die gewaltigen Dimensionen der SSR, die eine optische Tarnung erschwerten. Darüber hinaus war das Regiment mit eigenen Mitteln nur bedingt in der Lage, diese Aufgaben effektiv zu lösen. Die Kräfte, die zur Sicherstellung hätten eingesetzt werden müssen, waren einfach nicht vorhanden, auch nicht mit der Auffüllung nach der Mobilmachung, also im Soll 2. Das wird auch in den folgenden Ausführungen deutlich.

Ingenieurtechnische Sicherstellung

Die ingenieurtechnische Sicherstellung beinhaltete im KRR-18 den Einsatz der Nachrichtenmittel und der Mittel für den Funkelektronischen Kampf (FEK–ELOKA). Betrachten wir zunächst den Einsatz der Nachrichtenverbindungen, der im Regiment durch die bereits in der Einleitung aufgeführten Kräfte und Mittel sichergestellt wurde. Der Einsatz der Nachrichtenmittel hatte eine ununterbrochene Führung unter schwierigsten Bedingungen zu gewährleisten. Für die Organisation war der Kommandeur des KRR-18 über seinen Stab verantwortlich. Die Grundlage bildeten dafür der Entschluss des Kommandeurs und die Nachrichtenanordnung des CVM. Für die direkte Durchsetzung war der Stabschef verantwortlich. Im Stab des KRR-18 war dazu der Plan der Nachrichtenverbindungen zu erarbeiten. An der Erarbeitung dieses Plans und an seiner Durchsetzung war maßgeblich der Oberoffizier für Nachrichten (OON) des KRR-18 beteiligt. Diese Funktion erfüllte mit der Indienststellung des Regiments KK Lutz Mornhinweg, später KL Ralf Jähnig. Die wichtigste Art der Nachrichtenverbindungen zur Führung im Gefecht waren die Funkverbindungen. Die Organisation der Nachrichtenverbindungen hatte im Gefechtseinsatz zu gewährleisten:

- Die Verbindung mit dem übergeordneten Stab und den unterstellten Einheiten.
- Die Verbindung mit den Kommandeuren und den Stäben der zusammenwirkenden Verbände und Einheiten.
- Den Empfang und die Abgabe von Meldungen über die Luft-, Land- und Seelage sowie hydrometeorologische Lage.

Diese Aufgaben erstreckten sich über den gesamten Zeitraum eines Gefechts: Vom Beginn der Überführung in höhere Stufen der Gefechtsbereitschaft im Objekt, über die Entfaltung der KRA in die Stellungsräume und zur Einnahme der Startstellungen und Erfüllung der Feueraufgaben bis zum Ende des Gefechts. Daraus wird ersichtlich, dass die Nachrichtenverbindungen unter enorm hohen mobilen Anforderungen sicherzustellen waren. Die Nachrichtenkräfte mussten bereit sein, die Verbindungen den sich ständig verändernden räumlichen Lagebedingungen anzupassen. Die Nachrichtenverbindungen des Kommandeurs des KRR-18 waren während der Entfaltung der KRA, im Stellungsraum und im Gefecht zum HGS des CVM und zu den KRA über UKW, KW und Drahtnachrichten zu organisieren. Die Verbindungen der Kommandeure der KRA zu den Startbatterien waren nach Möglichkeit durch Drahtnachrichten und über UKW zu organisieren.

Wenn man nunmehr bedenkt, dass der Kommandeur des KRR-18 im Gefecht als Chef der KRT von seinem FP auf dem HGS die Führung zu gewährleisten hatte und der Stabschef den mobilen FP mit dem Stab im Gelände entfaltete, wird klar, welch hohe Anforderungen an die Nachrichtenkräfte gestellt wurden. Laut „STAN" verfügten wir bei Personal über Mindestbesetzung und es fehlte Technik und Ausrüstung. Dazu kamen die Schwierigkeiten, dieses ganze System durch unseren OON vom HGS aus organisieren zu müssen. Die dortigen Nachrichtenkräfte unterstanden ihm nicht und die Nachrichtentechnik auf dem HGS war anfänglich für solche Aufgaben überhaupt nicht ausgelegt.

Für die Organisation von Drahtnachrichtenverbindungen wurde durch die Kabeltrupps der Kommandeurs-Nachrichten- und Betriebstrupps (KNBT) eine entsprechende Verbindung untereinander hergestellt bzw. es wurden Abholpunkte (Aufschaltpunkte) von bereits vorhandenen Kabeltrassen und Telefonverbindungen genutzt. Bei der Auswahl der „scharfen" Stellungsräume waren diese Abholpunkte in die Einsatzpläne eingearbeitet worden. Für einige Stellungsräume waren die Errichtung bzw. die Aufschaltung der Verbindungen und Abholpunkte erst mit dem Übergang auf höhere Stufen der Gefechtsbereitschaft vorgesehen. Mitunter bedeutete das, dass der Kabeltrupp über kilometerweite Strecken bei Wind und Wetter mit schweren Kabeltrommeln auf dem Rücken durch unwegsames Gelände schnellstens die Verbindungen herzustellen hatte und nicht selten sofort wieder einholen musste, da ein Wechsel der Stellung befohlen wurde. In militärischen Sperrgebieten wie z. B. im Raum Darßer Ort, ließen unsere Trupps die Kabel dann einfach liegen, da die Wahrscheinlichkeit einer erneuten Nutzung sehr hoch war.

Unser ehemaliger Oberoffizier für Nachrichten, Ralf Jähnig, berichtet über einige Besonderheiten der Organisation der Nachrichtenverbindungen im KRR-18:
Als ich meinen Dienst in der KRA-18 begann, war unsere Nachrichtentruppe noch mit der alten Generation Nachrichtentechnik Funkgerätesatz „R-118 BM 3" ausgerüstet und damit für die neuen Aufgaben nur ungenügend vorbereitet. Die Bedingungen für die technische Ausbildung hielten keinem Vergleich mit dem NB-18 stand. Alle Schulungsmaßnahmen mussten grundsätzlich an der Gefechtstechnik erfolgen, wodurch erhebliche Ausfälle bei eventuellen Bedienungsfehlern riskiert wurden. Mit der Indienststellung des KRR-18 gab es dann drei Nachrichtenzüge. Wir errichteten in Eigenleistung eine stationäre Nachrichtenzentrale (Fernsprech-/Fernschreib-Zentrale, Spezialnachrichten, Funk) in dem neu gebauten Unterkunftsgebäude, in dem alle Nachrichtenverbindungen aufliefen. Die Spezialnachrichtenstelle realisierte die gedeckten Drahtfernsprechverbindungen für den Kommandeur. Dort wurde die gesamte operative Technik inklusive Betriebsunterlagen für die Schlüsselverbindungen im Gefechtseinsatz vorbereitet. Diese Stelle war auch für das Erstellen und Absetzen der sogenannten Blendfunksprüche (Tarnung/Täuschung des „Gegners") verantwortlich, alles war streng abgesichert.

Außerordentlich wichtig für die Gewährleistung einer hohen Gefechtsbereitschaft war der Aufbau eines Telefonnetzes im Standort Gelbensande, wie immer in Eigenleistung. Von der Fernsprechzentrale aus konnten die Berufssoldaten mit Telefonverbindungen für ihre Wohnungen versorgt werden, die beiden ZB Frau Reiß und Frau

Jedaschko hatten dort alles voll im Griff. Mit hoher Einsatzbereitschaft aller Angehörigen unseres Regiments wurde entlang des Bahngleises und der F-105 ein ca. 6 km langes unterirdisches Telefonkabel von unserem Objekt Schwarzenpfost in das Wohngebiet verlegt. Zusammen mit Stabsobermeister Ralf Jedaschko verkabelten und versorgten wir in stundenlanger Kleinarbeit das gesamte Wohngebiet über einen selbst gefertigten Telefonverteiler mit Telefon- und Alarmleitungen. Wir hatten die „leise" Variante (Klingel) gewählt, damit konnte ein allgemeiner Alarm vermieden werden, der die gesamte Bevölkerung geweckt hätte.

UKW-Funkgerät der SSR „R-123 M" und Gerät „T-219" (SAS) zum Verschlüsseln der Sprüche (IN)

Im Gefechtseinsatz bestand unser Hauptproblem darin, Nachrichtentechnik der Landstreitkräfte und der Marine in geeigneter Weise zu verbinden. Aufgrund der hohen Mobilität der SSR musste auch das Nachrichtensystem schnell und sicher auf veränderte Lagen reagieren können. Eine besondere Aufgabe war die Stabilisierung der Funkverbindungen zu Fühlungshaltern auf See, Torpedoschnellbooten und Raketenschnellbooten, um damit gedeckt und schnell gesicherte Angaben über das jeweilige Ziel zu erhalten. In der ersten Zeit war das eine heikle Angelegenheit, weil nur KW-Funkverbindungen mit Sprechtafeln für die Verschleierung des Inhalts der Sprüche zur Verfügung standen. Davon ausgehend modernisierten wir gemeinsam mit einer Arbeitsgruppe des Chefs Nachrichten der VM unsere Nachrichtentechnik. Wir erhielten nun die Funkgerätesätze „R-140" auf dem Kfz „ZIL-131", „R-142" auf dem Kfz „GAZ-66" und damit verbunden auch die neueste Funk- und Schlüsseltechnik der VM. Eine andere Variante war die Sicherstellung der UKW-Boden-Luftverbindung mit den Marinehubschraubern. Insgesamt war unser System sehr flexibel und variantenreich ausgelegt. Im Bereich der mobilen Drahtnachrichtenverbindungen hatten wir die sogenannten Kommandeurs-Nachrichtenbetriebstrupps (KNBT) eingeführt. Der Führung stand auch ein SAS-Fernsprechtrupp „P-240 TM" (Spezialnachrichten-Schlüsselverbindungen) für den Feldeinsatz zur Verfügung. Die SSR waren mit dem Panzerfunkgerät „R-123 M" und dem Verschlüsselungsgerät „T-219" für den Funkverkehr ausgerüstet. Durch die hohe Einsatzbereitschaft der gesamten Nachrichtentruppe gelang es uns in Eigenleistung, ein effektives Ausbildungskabinett zu schaffen. Damit konnten wichtige Elemente der fernmeldetechnischen Ausbildung ohne Nutzung der Gefechtstechnik trainiert werden.

Die Belastung der Nachrichtentruppe im Einsatz war extrem hoch. Unter allen Witterungsbedingungen mussten zuverlässige Nachrichtenverbindungen garantiert werden. Das waren keine Sandkastenspiele, sondern hier musste alles auf den Punkt in Echtzeit vorhanden sein. Alle beteiligten Nachrichtenzüge, Regimentsführung und KRA, waren zum befohlenen Termin der Herstellung der Betriebsbereitschaft auf große Entfernungen und unter unterschiedlichen Bedingungen startklar und stellten zuverlässig die Nachrichtenverbindungen sicher. Die Kommandeure konnten sich immer voll auf uns verlassen und so wurden alle Aufgaben erfüllt.

Im Prinzip hatten wir immer einen heißen Draht in Reserve, falls es wirklich einmal einen Engpass geben sollte. Am härtesten traf es uns bei komplizierten meteorologischen Verhältnissen, Schnee, Eis oder starkem Wind, wenn die Kabeltrupps kilometerweit zu Fuß im Gelände die Drahtverbindungen über die Abholpunkte verlegen und aus Tarnungsgründen eingraben mussten. Auch der Aufbau der umfangreichen Antennenanlagen im Gelände unter ständigem Zeitdruck war kein Vergnügen. Dabei kam es oft vor, dass gerade alles aufgebaut war und plötzlich der Befehl kam, in einen anderen Stellungsraum zu wechseln. Aufgrund unserer kleinen Funktionseinheiten war an Schlaf kaum zu denken. Da halfen manchmal nur ein Topf heißer Kaffee und die kameradschaftliche gegenseitige Aufmunterung in der Truppe.

Auf den stark frequentierten Funkverbindungen mit höherer Sendeleistung wurden die Rufzeichen täglich gewechselt. Alle Übungen fanden natürlich auf Trainingsfrequenzen statt und wenn nötig erfolgte ein Wechsel. Zur Sicherstellung einer hohen Funkgefechtsbereitschaft wurden alle Elemente regelmäßig mit den Funktrupps trainiert. Die pünktliche Verbindungsaufnahme mit anderen Truppenteilen, z. B. dem Marinehubschraubergeschwader, war ein festgelegter Bewertungsfaktor. Die Entfaltung von Elementen der Nachrichtenzentrale nach festgelegten Normen gehörte zur regelmäßigen Ausbildung, was natürlich nicht gerade das Lieblingsprogramm unserer Nachrichtentruppe darstellte. Sorgen bereiteten mir die Organisation der Nachrichtenverbindungen für den auf dem HGS des CVM entfalteten FP des Chefs der KRT, besetzt durch unseren Regimentskommandeur. Hier standen mir meine eigene Truppe und Technik nicht zur Verfügung, ich war auf fremdes Betriebspersonal angewiesen, das sich wirklich sehr bemühte, aber mit den Besonderheiten des Einsatzes der Einheiten unseres Regiments einfach nicht vertraut war. So war die Anzahl der Verbindungsmöglichkeiten zu unseren in den Stellungsräumen entfalteten Kampfeinheiten zu Beginn eingeschränkt. Erst später kam die zusätzliche Nachrüstung mit unserer spezifischen Funktechnik. Hier war ich isoliert und konnte damit notwendige Hilfe und Anleitung nur eingeschränkt an die Truppe weitergeben. Ich fühlte mich unter Feldbedingungen bei meiner Truppe einfach wohler.

1987 nahm unser KRR-18 an einer Übung unter den Bedingungen des FEK teil. Eine Funkstöreinheit der VM hatte die Aufgabe, unsere Funkverbindungen niederzuhalten. Das führte innerhalb kürzester Zeit zum Totalausfall aller KW-Funkverbindungen, wodurch sich sofort eine sehr komplizierte Situation entwickelte. Nur durch ein technisches Manöver in einem sehr schmalen, noch verfügbaren Frequenzbereich konnten wir die Nachrichtenverbindungen dann wieder neu organisieren.

Der funkelektronische Kampf (FEK– ELOKA) war ein örtlich und zeitlich auf Aufgaben und Ziele abgestimmter Komplex von Maßnahmen und Handlungen für das Beschaffen von Informationen über die funkelektronische Ausrüstung und Systeme der Truppenführung des „Gegners", für ihre Vernichtung und Niederhaltung sowie für den Schutz der eigenen funkelektronischen Ausrüstung vor der Aufklärung und Einwirkung durch Mittel des Funkelektronischen Kampfes des „Gegners". 1904 wurden erstmals Mittel des FEK im Russisch-Japanischen Krieg bei der Schlacht um Port Artur zur Anwendung gebracht. Durch Funkstationen des russischen Panzerkreuzers „Pobjeda" und die Küstenstation „Solotaja Gora" wurden erfolgreich gezielt Funkstörungen gegen die Telegrafiefunkverbindung der Beobachter eingesetzt, die für die Korrektur

Mobile Störstationen „R-330" und „R-378" im Einsatz (IN)

des Artillerieschießens der japanischen Schiffe zuständig waren. Der FEK untergliederte sich in die Handlungen:
- zur zeitweisen Unterbrechung der Arbeit der funkelektronischen Ausrüstung des „Gegners" – funkelektronische Störung.
- zur langfristigen oder dauerhaften Zerstörung und Niederhaltung der funkelektronischen Ausrüstung des „Gegners" – Gewalteinwirkung.

Zu den Hauptbestandteilen des FEK zählten: Der funkelektronische Schutz, die funkelektronische Aufklärung und die funkelektronische Niederhaltung.

Das Stabsorgan FEK, das war die selbstständige Unterabteilung FEK, hatte in der VM alle Angaben über die funkelektronische Lage zu sammeln und auszuwerten sowie in Abstimmung mit dem Stabsorgan Operativ den FEK vorzubereiten und seine Ausführung zu kontrollieren. Der Leiter der Unterabteilung FEK hatte auf der Grundlage des Entschlusses des CVM den „Plan des Funkelektronischen Kampfes" zu erarbeiten. Er hatte weiterhin an der Ausarbeitung des „Plans der operativen Tarnung und der Maßnahmen zur Funktäuschung" teilzunehmen sowie die Vorbereitung des Schutzes der eigenen funkelektronischen Mittel zu organisieren, und musste bereit sein, den „Plan des Funkelektronischen Kampfes" dem CVM zu melden. Zur Erfüllung dieser Aufgaben war dem Leiter der Unterabteilung FEK im Stab der VM das Bataillon FEK der VM direkt unterstellt – bis Dezember 1987 arbeitete in dieser Funktion der ehemalige Kommandeur des KRR-18, FK Joachim Dix. Im Interesse des Gefechtseinsatzes des KRR-18 hatten die Kräfte des Bataillons FEK als wichtige Art der Gefechtssicherstellung die Führungsverbindungen der Kräfte und die Mittel des „Gegners" zu stören, günstige Bedingungen für die Führung und den Einsatz der KRA zu schaffen sowie die funkelektronischen Mittel der KRT vor der Aufklärung und Einwirkung des „Gegners" zu schützen.

Während die elektronische Niederhaltung mit speziellen Kräften und Mitteln im Interesse der KRT stattfand, waren die Einheiten des Regiments für den funkelektronischen Schutz selbst verantwortlich. Demzufolge war im KRR-18 der Kommandeur verpflichtet, im Entschluss auch Maßnahmen zur Erfüllung der Gefechtsaufgabe festzulegen, um den funkelektronischen Schutz durch die eigenen Kräfte zu gewährleisten. Für ihre Organisation und die Planung der Ausführung war natürlich der Stab verantwortlich. Die im KRR-18 vorhandenen funkelektronischen Mittel untergliederten sich in:

- Alle Nachrichtenmittel, die Funkwellen im Kurzwellen (KW)- oder Ultrakurzwellenbereich (UKW) sendeten und empfingen: Die Funkstationen „R-142", „R-140", die mobilen UKW-Sprechfunkgeräte „UFT-435", die Panzerfunkgeräte der SSR „R-123 M".
- Alle funktechnischen Mittel, die Radarwellen (also hochfrequente Funkwellen im Zentimeterbereich) sendeten und/oder empfingen: Die Radaranlagen „Garpun" der SSR, die dazugehörigen Empfänger „Nickel" der Freund-Feind-Kennanlage, die Raketen „P-21", die mit einer aktiven Radarzielsuchlenkanlage (ZSLA) ausgestattet waren, die dazugehörigen Apparaturen für die Kontrolle und Wartung „KIPZ" sowie der Funkmesspeiler „9 S-13" des Fla-Raketensystems „Fasta-4 M" (Soll 2).

Neben den genannten aktiven und passiven funkelektronischen Mitteln mussten die physikalischen Eigenschaften der gesamten Technik bezüglich möglicher Radarreflexionen und Infrarotabstrahlungen (Wärme) bekannt sein, um einer möglichen Aufklärung des „Gegners" mit funktechnischen Mitteln durch geeignete Maßnahmen der funktechnischen Tarnung entgegenwirken zu können.

Im täglichen Dienst beinhaltete die funktechnische Tarnung in erster Linie, die Geheimhaltung von Frequenzen und Kanälen der funktechnischen Anlagen und Mittel des KRR-18, die für einen Gefechtseinsatz vorgesehen waren (Gefechtsfrequenzen), zu gewährleisten. Das geschah in erster Linie durch die Nutzung von Übungs- oder Reservefrequenzen und -kanälen. Für die Wartung und Überprüfung der Zielsuchlenkanlagen der Raketen „P-21" hatten die Arbeiten grundsätzlich im Objekt innerhalb der Raketenregelhalle und unter feldmäßigen Bedingungen innerhalb des Raketenregelzelts zu erfolgen. Diese waren gegen die Abstrahlung von HF-Wellen abgeschirmt (Faradayischer Käfig). Somit konnten keine elektromagnetischen Wellen nach außen gelangen und damit vom „Gegner" auch nicht aufgeklärt werden. Etwas schwieriger gestaltete sich die Geheimhaltung der Gefechtsfrequenzen der Radaranlagen der SSR „Garpun". Während Übungen und Trainings wurden Übungsfrequenzen genutzt. Darüber hinaus erfolgte das Abstimmen der Anlagen mittels Äquivalent, d. h. einer technischen Vorrichtung innerhalb der Anlage, die es gestattete, die Anlage ohne Abstrahlung abzustimmen. Damit war gewährleistet, dass die Anlage nur für die Aufklärung, also für die Ortung von Seezielen zugeschaltet wurde und nicht während einer notwendigen Abstimmung der „Gegner" bereits die Möglichkeit erhielt, den Standort der SSR zu ermitteln. Die Radaranlagen mussten periodisch überprüft und justiert werden. Dazu war es zwingend notwendig, Gefechtsfrequenzen zu nutzen. Für die Übergabe von SSR wurde die Justierung und Abstimmung der Radaranlagen durch die sowjetischen Spezialisten meistens in der Startstellung Neuhaus vorgenommen. Um dabei die Geheimhaltung der Frequenzen zu gewährleisten musste sichergestellt sein, dass sich in der Zone der Abstrahlung keine Aufklärungskräfte des „Gegners" befanden. Das wurde in der VM mittels sogenannter „Grün- und Rotzeiten" organisiert. Durch die Aufklärung und die Kräfte des FEK wurde ermittelt, zu welchen Zeiten mit Überflügen von Aufklärungssateliten oder Verkehrsflugzeugen nichtsozialistischer Staaten zu rechnen war oder ob sich z. B. Luftaufklärer sowie Aufklärungsschiffe des „Gegners" (wie „Oker", „Alster" und „Oste" der Bundesmarine) innerhalb der OPZ der VM befanden. Bei „Rotzeiten" war das Zuschalten eigener funktechnischer Mittel mit Gefechtsfrequenzen untersagt.

Bei „Grünzeiten" konnten Arbeiten entsprechend ausgeführt werden. Diese Zeiten wurden per Funk oder über Drahtnachrichtenverbindungen vom OPD der VM eingeholt. Die Arbeit mit Gefechtsfrequenzen war zeitlich auf ein Minimum zu begrenzen und die Abstrahlung hatte nicht rundum, sondern in Sektoren zu erfolgen, die als sicher galten. Bei höheren Stufen der Gefechtsbereitschaft wurden Schaltregimes für die funk- und funktechnischen Anlagen durch die Übermittlung von Signalen befohlen. Diese Signale waren einheitlich und lagen auf allen Führungspunkten und bei den Funktrupps bereit.

Beim Gefechtseinsatz der SSR beinhaltete die funkelektronische Tarnung folgende Maßnahmen:
- Die mittels Signal übermittelten befohlenen Funkregimes „Völlige Funkstille" oder „Teilweise Funkstille" waren unverzüglich einzuhalten.
- Abstimmungen der Radaranlagen „Garpun" zur Vorbereitung des Einsatzes hatten generell auf Äquivalent zu erfolgen.
- Die Schaltzeiten der Radaranlagen waren auf das absolute Minimum zu beschränken und die Abstrahlung hatte nach Möglichkeit nur in Sektoren zu erfolgen.
- Beim Feststellen aktiver Störungen gegen die Radaranlage „Garpun" war unverzüglich auf Reservefrequenzen zu wechseln.

Deshalb besaßen die Radartrainings während der Gefechtsausbildung einen enorm hohen Stellenwert.

Beim Einsatz von Startbatterien und KRA war möglichst nur eine SSR zur aktiven Zielsuche einzusetzen. Die zweite SSR der Startbatterie oder die verbleibenden drei SSR beim Einsatz einer KRA hatten die Angaben der zielsuchenden SSR zu nutzen. Diese SSR arbeitete also als Fühlungshalter im Interesse der KRT. Die Übermittlung der Daten hatte nach Möglichkeit über Drahtnachrichtenmittel zu erfolgen. War das aus Zeitgründen nicht möglich, kamen UKW-Funkverbindungen zum Einsatz. Diese verfügten lediglich über eine Reichweite von maximal 30 km (in bewaldeten Räumen noch weniger) und wurden deshalb durch den „Gegner" nicht so leicht aufgeklärt wie KW-Funkverbindungen. Bei der Sicherstellung des Einsatzes der KRT durch Schiffsfühlungshalter und TBK mit der Methode Fühlunghalten nach Festpunkten, konnten – wie bereits erläutert – alle SSR mit Daten versorgt werden, ohne ihre Startstellungen durch Abstrahlung zu enttarnen.

Die Übermittlung von Daten an die SSR erfolgte unter Beachtung der Regeln der taktischen Funktarnung. Dabei sollten die KRA bis zum ersten Raketenschlag nur Daten empfangen, aber nicht senden. Die Übermittlungszeit wurde durch die Anwendung von Signaltabellen verkürzt und der Inhalt verschleiert. Bei UKW-Sprechfunkverbindungen war der Einsatz von SAS-Gerätesätzen zur automatischen Ver- und Entschlüsselung von Inhalten zu nutzen. Um den „Gegner" zu täuschen, wurden Winkelreflektoren zum Imitieren von SSR in Scheinstellungen eingesetzt. Im Abschnitt Tarnung wurde bereits erwähnt, dass zur Komplettierung des Einsatzes von Winkelreflektoren gleichzeitig Infrarotköder zum Vortäuschen von Wärmestrahlung der Motoren und Gasturbinen der SSR zum Einsatz gebracht wurden.

Für den Raketeneinsatz war festgelegt, dass eine Salve aus Raketen mit unterschiedlichen Frequenzeinstellungen der ZSLA bestehen sollte. Damit wurde dem „Gegner" die Gegenwirkung erschwert, da er mehrere Frequenzen hätte stören müssen. Bei der

Aufklärung einer Frequenz wäre die Arbeit der ZSLA der verbleibenden Raketen in der Salve nicht gefährdet gewesen. Desweiteren war die Einstellung der Einschaltentfernungen der Zielsuchlenkanlagen der Raketen vor dem Start an Bord der SSR zu optimieren. Das Einschalten der ZSLA der Rakete erfolgte nach dem Ende des autonomen Flugabschnitts, währenddessen keine funkelektronische Gegenwirkung erfolgen konnte. Danach begann die aktive Zielsuche und damit bestand für den „Gegner" die Möglichkeit der funkelektronischen Störung. Diese Zeit musste also so gering wie möglich gehalten werden, aber immer mit der Garantie, dass das Ziel auch aufgefasst wurde.

Bei Führungsverlust hatte der Batteriechef oder Kommandant der SSR selbstständig diese Aufgabe auszuführen. Beim Einsatz der KW-Funkverbindungen vom FP des Chefs der KRT (Kommandeur des KRR-18) auf dem HGS des CVM, dem FP des Kommandeurs (Stabschef) in einem Stellungsraum, der Kommandeure der KRA in den drei Stellungsräumen Darß, Wittow und Kühling sowie zu den sicherstellenden Einheiten, beinhaltete die Funktarnung einen Komplex organisatorischer und technischer Maßnahmen, die auf die Sicherheit und Geheimhaltung bei der Nutzung dieser Nachrichtenverbindungen gerichtet waren.

Die Funktarnung war von den Nachrichtentruppen zur Gegenwirkung gegen die funkelektronische Aufklärung des „Gegners" zu führen und mit dem Ziel zu organisieren, dem „Gegner" die Bestimmung des Standorts von Funkstationen, das Abhören, Aufnehmen und Dekryptieren von Geheimtexten sowie die Identifizierung von Strahlungsquellen im gesamten Frequenzbereich zu verhindern bzw. zu erschweren.

Das wurde erreicht durch:
- Das Verkürzen der Sendezeiten der Funkmittel.
- Das Arbeiten der Funkmittel mit erforderlicher Minimalleistung.
- Das Nutzen von Antennen mit Richtcharakteristik (HGS).
- Das Nutzen von Frequenzen, auf denen die funkelektronische Aufklärung durch den „Gegner" erschwert war.
- Die Entfaltung aller abstrahlenden Nachrichtenmittel räumlich abgesetzt von den FP.
- Den Wechsel der Betriebsunterlagen bei jeder Verlegung der FP und Einheiten.
- Das Verschleiern der Intensität und der Zeiten der Übertragung durch Scheinfunkverkehr.
- Das Einhalten der Verfahren des Parolenaustauschs sowie des sicheren Einsatzes der SAS- und Chiffriergeräte.
- Die Begrenzung des Umfangs der zu übertragenden Nachrichten auf das absolut notwendige Minimum.

Die Sicherstellung der Nachrichtenverbindungen und die Gewährleistung aller oben genannten Maßnahmen des FEK im KRR-18 bildeten eine enorme Herausforderung für das Personal. Nur die hohe fachliche Qualifikation, der ausgezeichnete Ausbildungsstand und der intensive persönliche Einsatz eines jeden Einzelnen ermöglichten letztendlich die Erfüllung dieses umfangreichen Aufgabenkomplexes. Das mag für einen Leser in der heutigen Zeit, wo „Handys" und „Navigationsgeräte" für die persönliche Ausstattung selbstverständlich sind und eine Kommunikation in ausgezeichneter Qualität und nahezu unbegrenzt möglich ist, nur schwer nachvollziehbar sein. In Friedenszeiten wird sicher auch kein „Gegner" versuchen, diese Verbindungen zu unterbinden, in einer eventuell möglichen militärischen Auseinandersetzung wären „Handy" und „Navi" aber nur noch wertlose Schmuckgegenstände. Nicht umsonst werden auf militärischem Gebiet ständig neue modernste Nachrichtensysteme entwickelt und in den Streitkräften eingesetzt, deren Umfang in mobilen Varianten aber noch immer den Einsatz von Kfz fordert. Dass diese natürlich viel leistungsfähiger sind als unsere Technik vor über 20 Jahren steht außer Zweifel.

Schutz vor Massenvernichtungsmitteln

Der Schutz vor Massenvernichtungsmitteln (MVM) beinhaltete einen umfangreichen Komplex taktischer und spezieller Maßnahmen, um die Einwirkung von Kern-, chemischen und bakteriologischen Waffen sowie von Brandmitteln auf die eigenen Streitkräfte zu verhindern oder maximal abzuschwächen. Ziel war, ihre Kampfkraft zu erhalten und damit zu gewährleisten, dass sie ihre Aufgaben erfüllten. Die Art und der Inhalt der Maßnahmen hing vom Charakter der Gefechtshandlungen, von den zur Verfügung stehenden Kräften sowie von den Mitteln und der Zeit ab.

Zu den Hauptmaßnahmen des Schutzes vor MVM gehörten:
- Die rechtzeitige Aufklärung der Vorbereitung des „Gegners" zum Einsatz von MVM.
- Die Dezentralisierung der Kräfte und der periodische Wechsel von Stellungsräumen.
- Die vorbeugende Ausführung von immunisierenden Maßnahmen bei allen Armeeangehörigen, um Epidemien zu vermeiden, bzw. um Quarantänemaßnahmen bei Erkrankungen vorzunehmen.
- Das rechtzeitige Bereitstellen und Verabreichen von Gegenmitteln gegen bakteriologische Kampstoffe (Impfstoffe, Antibiotika).
- Der pioniertechnische Ausbau der Stellungsräume und die Vorbereitung der Marschrouten zum Stellungswechsel.
- Die umfassende Nutzung von natürlichen Möglichkeiten zum Schutz und zur Tarnung.
- Die Warnung der eigenen Kräfte über den unmittelbar bevorstehenden Einsatz von MVM durch den „Gegner" und den geplanten Einsatz eigener Kernwaffen.
- Die Information der eigenen Kräfte über einen möglichen bevorstehenden radioaktiven, chemischen und bakteriologischen Befall.
- Die teilweise und vollständige Entaktivierung, Entgiftung und Entseuchung sowie andere spezielle prophylaktische Maßnahmen.
- Die Ermittlung der Folgen des Einsatzes von MVM durch den „Gegner".
- Die Beseitigung der Folgen des Einsatzes von MVM.

Das rechtzeitige Erlangen von Erkenntnissen über die Vorbereitung des „Gegners" zum Einsatz von MVM war eine der vorrangigsten Aufgaben der Aufklärung. Diese wurde meistens mit allen verfügbaren Mitteln geführt. Dabei waren in erster Linie das Mitführen von MVM, deren Gruppierung innerhalb der gegnerischen Streitkräfte, ihre genauen Standorte (Koordinaten) sowie die Stufe der Bereitschaft zu ihrem Einsatz und der beabsichtigte Einsatzplan aufzuklären, um zu gewährleisten, dass die eigenen Kräfte rechtzeitig gewarnt wurden und um die Vorbereitung wichtiger Schutzmaßnahmen zu ermöglichen. Bei der Vorbereitung von Kampfhandlungen wurden die eigenen Kräfte so dezentralisiert, dass Verluste und Ausfälle durch den Einsatz von MVM maximal gesenkt sowie die Führung der eigenen Kräfte und die Erfüllung der Aufgabe gewährleistet waren.

Gewöhnlich dezentralisierte man Gefechtseinheiten so, dass mit einem möglichen Einsatz einer Kernwaffe nicht gleichzeitig zwei benachbarte Einheiten vernichtet werden konnten. Je weiter entfernt eine Gefechtseinheit von der bestehenden Grenze zwischen den feindlich gegenüberstehenden Streitkräften (Front) handelte, umso mehr stieg die Wahrscheinlichkeit, dass Kernwaffen mit größerer Detonationsstärke eingesetzt wurden. In diesem Zusammenhang war der rechtzeitige – oder nach einer Verlegung – der unverzügliche pioniermäßige Ausbau eines Stellungsraums sehr wichtig. Damit konnte effektiv das Vernichtungspotenzial von MVM gesenkt und in einigen Fällen sogar gänzlich ausgeschlossen werden. Bestand zum Pionierausbau eines Stellungsraums keine Möglichkeit, konnte dennoch die geschickte Auswahl des Geländes einen hohen Grad an Schutz gewährleisten. So hätten z. B. durch die Unterbringung der Kräfte in Bodensenken und Schluchten eventuelle Verluste eigener Kräfte beim Einsatz von MVM durch den „Gegner" bis auf die Hälfte gesenkt werden können. Bei der Unterbringung in Waldabschnitten war zu beachten, dass dadurch eine erhöhte Gefahr für die Kräfte bei einem Einsatz durch Brandmittel bestand und dass umstürzende Bäume das Personal und die Technik gefährden konnten. Entsprechende Gegenmaßnahmen waren unverzüglich vorzunehmen und einzuplanen. Die Kommandeure und Stäbe hatten anhand der Informationen vom Vorgesetzten oder von der eigenen Aufklärung sofort diejenigen Einheiten vor einem Einsatz von MVM zu warnen, die sich innerhalb der direkten Waffeneinwirkzone oder in Abhängigkeit von den hydrometeorologischen Bedingungen innerhalb der Abzugsspur des radioaktiven, chemischen und bakteriologischen Niederschlags befanden. Die Warnung der Kräfte vor einem Einsatz von MVM erfolgte durch ein einheitliches Signal auf allen Nachrichtenkanälen mit höchster Dringlichkeitsstufe. Innerhalb der Einheiten war dieses Signal unverzüglich optisch und akustisch an alle Angehörigen weiterzuleiten, um die rechtzeitige Nutzung der persönlichen Schutzausrüstung und das Aufsuchen von Schutzanlagen und -bauten sowie schützender Geländeabschnitte zu gewährleisten.

In den Einheiten war die KCB-Lage ununterbrochen aufzuklären. Dazu war die ständige Beobachtung, Kontrolle und Auswertung der Kernstrahlungs-, chemischen und bakteriologischen Lage mit allen zur Verfügung stehenden eigenen Mitteln zu gewährleisten. Der Stab musste die KCB-Lage anhand aller gesammelter Meldungen auf einer Lagekarte mitführen, auswerten und prognostizieren. Nach dem Einsatz von MVM waren der Grad der Auswirkung, der Umfang der Kontaminierung und die weitere Ausbreitungsrichtung zu ermitteln. Um die Folgen zu begrenzen und zu beseitigen und um die Einsatzbereitschaft der Kräfte wiederherzustellen, mussten geeignete

Flak-Geschütz „ZU-23" (IN)

Maßnahmen eingeplant und ausgeführt werden. Desweiteren waren zur Erfüllung der Gefechtsaufgaben durch die Kommandeure Entscheidungen über den Aufenthalt, über das Forcieren oder über das Umgehen kontaminierter Gebiete zu treffen, die der Stab durch Berechnungen und Vorschläge vorzubereiten hatte.

Die Beseitigung der Folgen des Einsatzes von MVM durch den „Gegner" wurde mit dem Ziel der Abschwächung der Einwirkung und zur Wiederherstellung der Gefechtsbereitschaft der eigenen Kräfte vorgenommen. Sie hatte unmittelbar nach der Einwirkung mit teilweisen Maßnahmen zu beginnen und war nach der Erfüllung der Gefechtsaufgabe in vollem Umfang vorzunehmen. Sie umfasste folgende Maßnahmen:
- Die Aufklärung des Umfangs der Einwirkung von MVM.
- Die Einleitung von Rettungsmaßnahmen.
- Die Dosimetrie und chemische Kontrolle.
- Entaktivierung, Entgiftung und Entseuchung der Technik und Ausrüstung (Spezialbehandlung).
- Sanitäre Maßnahmen mit dem Personal.
- Markieren und Absperren kontaminierter Gebiete und Abschnitte und Übermittlung der Koordinaten an den Vorgesetzten.

Alle Maßnahmen der Vorbereitung der Einheiten des KRR-18 auf einen eventuellen Einsatz von MVM wurden im Kapitel V ausführlich erläutert. Für die Vorbereitung und Planung war der Stab des KRR-18 verantwortlich. Der entsprechende Stabsspezialist war der Oberoffizier für Chemische Dienste (OOCD).

Im Regiment wurde die KCB-Lage auf dem FP des Chefs der KRT auf dem HGS, auf dem im Raum Darß entfalteten FP des Kommandeurs (Stabschef) und auf den FP der Kommandeure der KRA in den Stellungsräumen Darß, Wittow und Kühlung mitgeführt. Zum Schutz der Einheiten vor MVM war in den Einsatzplänen eine Dezentralisierung aller Elemente der Gefechtsordnung vorgesehen (siehe Karte S. 67) Stellungsraum der 2. KRA). Zum Schutz des Personals diente in erster Linie die persönliche Schutzausrüstung aller Armeeangehörigen. Einige Fahrzeuge verfügten über technische Schutzeinrichtungen, Filter- Ventilationsanlagen. Der pioniermäßige Ausbau der Stellungen war durch die Pioniergruppen der KRA und des Bereichs Technik mit ihren Pioniermaschinen „BAT-M" zu gewährleisten. Zur KC-Aufklärung verfügten die KRA über je eine KC-Aufklärungsgruppe, ausgerüstet mit einem Spezial-Kfz „UAZ-469". Zur sofortigen teilweisen Entaktivierung und Entgiftung (die teilweise Spezialbehandlung), standen die Feuerlösch- und Neutralisations-Kfz der RTB zur Verfügung. Darüber hinaus befanden sich vereinzelt Tornistersprühgeräte in den Einheiten. Für die teilweise und vollständige Spezialbehandlung war die Unterstützung durch die strukturmäßigen Trupps der chemischen Abwehr der VM eingeplant. Über die Schwierigkeiten und Anstrengungen, diese Sicherstellung zu gewährleisten wurde umfangreich im Kapitel V berichtet.

Sicherung und Selbstverteidigung

Die Sicherung und Selbstverteidigung stellte einen Komplex von Maßnahmen dar, um einen plötzlichen und unerwarteten Überfall des „Gegners" zu verhindern, ebenso wie das Eindringen gegnerischer Diversanten- und Aufklärungskräfte in die Stellungsräume der eigenen Kräfte. Das Hauptelement jeder Sicherung und Selbstverteidigung bildete die Organisation eines permanenten Wachdienstes auf dem Marsch und in jeder beliebigen Stellung. Zur Erfüllung dieser Aufgabe konnten unterstellte sowie zur Unterstützung befohlene Kräfte und benachbarte Einheiten eingesetzt werden. In Abhängigkeit des Charakters der zu erfüllenden Gefechtsaufgaben unterschied man mobile und in Gefährdungsrichtungen vorgelagerte und entfaltete Wacheinheiten, Stand- und Streifenposten sowie Feldwachdienste zur unmittelbaren, ständigen Bewachung und Verteidigung vor Ort. Grundlage für die Planung der Sicherung bildete die Einschätzung der Lage. Sie musste Auskunft darüber geben, aus welchen Richtungen, in welchem Umfang und mit welchen Mitteln eine Einwirkung des „Gegners" auf die eigenen Kräfte zu erwarten war und welche eigenen Objekte, Mittel oder Kräfte dabei vorrangig einer Gefahr ausgesetzt waren. Schwerpunkt war dabei der Ausschluss eines überraschenden Überfalls durch den „Gegner" von Land, Luft und See durch die Warnung der eigenen Kräfte. Diese Aufgabe war ohne die Organisation der Aufklärung, des FEK und einer zuverlässigen Luftverteidigung nicht zu lösen.

Die Sicherung und Selbstverteidigung im KRR-18 beinhaltete:
- Die Sicherung der Gefechtseinheiten auf dem Marsch, im Stellungsraum und in den Startstellungen. Dazu gehörten neben der Sicherung der SSR die Sicherung der FP und der Sicherstllungskräfte.
- Die Sicherung aller Sicherstellungseinheiten auf dem Marsch und in den Stellungsräumen. Dazu gehörte besonders die Sicherung der Entfaltung der RTB und der Beladepunkte zur Versorgung der SSR mit dem 2. und 3. Kampfsatz an Raketen.
- Die Sicherung der im Objekt verbleibenden Einheiten, der Technik, Bewaffnung und Ausrüstung.

Für die Planung des Schutzes und der Selbstverteidigung war der Stab des KRR-18 verantwortlich. Dazu wurde der „Plan der Sicherung und Selbstverteidigung" erstellt, der auf dem Entschluss des Kommandeurs des KRR-18 zur Erfüllung der Gefechtsaufgabe basierte.

Dieser Plan hatte laut Gefechtsvorschrift zu enthalten:
- Die Elemente der Gefechtsordnung.
- Die Kräfte und Mittel zur Sicherung und Selbstverteidigung.
- Die zu sichernden Objekte, die Postenbereiche: Stand- und Streifenposten, Feldwachen.
- Die Verteidigungsabschnitte und deren pioniermäßigen Ausbau.
- Die Signale und Handlungen beim Überfall durch einen Luft- oder Landgegner.
- Die Luftraumbeobachtung.
- Kernstrahlungs- und chemische Aufklärung und Beobachtung.
- Die einzusetzenden Nachrichtenmittel.

Beim Einsatz des Regiments und der Einheiten in besonders gefährdeten Räumen waren vom Kommandeur zusätzliche Kräfte und Mittel beim CVM anzufordern. Die Selbstverteidigung wurde generell als „Rundumverteidigung" organisiert.

Die Luftverteidigungsmittel waren nach Möglichkeit so in der Gefechtsordnung anzuordnen, dass sich angreifende Luftangriffsmittel, unabhängig von ihrer Angriffsrichtung, im zentralisierten Feuer befanden. Geht man nunmehr von der Situation aus, dass im Regiment mehr Fahrzeuge vorhanden waren, als eigentlich durch das vorhandene Personal hätten bewegt werden können, blieb zur Erfüllung dieser Aufgabe nur ein Minimum an Personal übrig. Der Vorteil der Gefechtseigenschaften der SSR, dass lediglich eine Besatzung von fünf Angehörigen den Gefechtseinsatz ermöglichte, erwies sich hier als Nachteil. Im täglichen Dienst wurden die Aufgaben der Bewachung des Objekts des KRR-18 durch einen Wachzug sichergestellt. Zusätzlich war die gesamte Technische Zone durch einen Elektrozaun abgesichert. Mit Auslösen der „Vollen Gefechtsbereitschaft" wurde der Wachzug auf eine Wachkompanie erweitert, Soll 2. Diese splitterte sich allerdings in Wachgruppen auf, die Aufgaben der Sicherung im Objekt, im Stellungsraum Darß für den FP des Kommandeurs (Stabschef) des KRR-18 und der 1. KRA, für die 2. KRA im Stellungsraum Wittow/Rügen und für die 3. KRA im Stellungsraum Kühlung erfüllen sollten. Um die Selbstverteidigung gegenüber Luftangriffen zu gewährleisten standen im Objekt eine Flak-Batterie mit zwei Feuerzügen zu je drei 23-mm-Flak-Geschützen mit dem Kfz „LO-1800", Soll 2, jeder KRA ein Vierfachstarter mit Raketen „Fasta-4 M" auf dem Kfz „LO-1800" und Boden-Luft-Raketen „Strela" zur Verfügung. Das war für eine KRA, die ihre vier SSR, den FP, den Nachrichtenzug und die gesamte Technische Stellung der RTB auf große Entfernungen von einander in einem Stellungsraum zu sichern hatte, sehr wenig. Bezüglich der Luftverteidigung verließen wir uns auf das an der Küste gut ausgebaute Luftverteidigungssystem der NVA und der Gruppe Sowjetischer Streitkräfte in Deutschland (GSSD). Dieses System umfasste Luftverteidigungszonen, die durch den Einsatz von Luftaufklärungs-Radarstationen, Jagdfliegerkräften, Fla-Raketen und Artillerie geschützt werden sollten. Dazu existierte bereits zu Friedenszeiten ein umfangreiches, gut koordiniertes diensthabendes System der Luftverteidigung. Die Stellungsräume der KRA befanden sich innerhalb dieser Zonen.

Besonders schwierig gestaltete sich die Sicherung und Selbstverteidigung während der Entfaltung der KRA. Da bei den Märschen der einzelnen Kolonnen (jede KRA hatte drei) Beobachtungs- und Aufklärungssektoren sowie das dafür verantwortliche Personal auf den jeweiligen Kfz befohlen wurden, war die Aufklärung durch verstärkte Beobachtung nur mit Einschränkungen gewährleistet. Die Warnung über ausgemachte Bedrohungen war über UKW-Sprechfunk und akustische sowie Lichtsignale organisiert. Bei einem möglichen Angriff hätten die Einheiten zur Selbstverteidigung lediglich ihre Handfeuerwaffen nutzen können. Die Verlegung von Streitkräften wäre allerdings im Krieg durch spezielle Sicherungs-, Regulier- und pioniertechnische Kräfte auf den Straßen unterstützt worden. Ein vorausfahrender einzelner Krad-Regulierer hätte kaum Möglichkeiten gehabt, die Kolonne zu warnen, geschweige denn sie zu verteidigen. Zur allgemeinen Aufklärung wurde bei der 1. Kolonne der KRA auch ihr KCB-Aufklärungstrupp mit dem Kfz „UAZ-469" eingesetzt. Innerhalb der Stellungsräume wurden in vorrangig gefährdeter Richtung die zwei zur Unterstützung zugeteilten Wachgruppen entfaltet. Sie hatten die Aufgabe, Sektoren und Abschnitte zu beobachten, bei Aufklärung von Handlungen des „Gegners" die eigenen Kräfte zu warnen und möglichst durch Einsatz ihrer Handfeuerwaffen, Pistolen, MPi, LMG und Handgranaten ein Vordringen des „Gegners" zu den Kampfeinheiten zu verhindern bzw. zu verzögern. Für diese Gruppen wurden auf dem Plan der Sicherung und Verteidigung, den die Stäbe der KRA erstellten, Positionen festgelegt, die eine gute Einsichtnahme der gefährdeten Abschnitte und die Beobachtung des Luftraums unter gleichzeitiger Wahrung ihrer maximalen Deckung gewährleisteten. Der pioniermäßige Ausbau dieser Positionen war vorgesehen.

Fla-Raketenschütze mit „Strela" und Startvorrichtung für Fla-Raketen „Fasta-4 M"
auf dem Kfz „LO-1800" (IN)

Um einen unbemerkten Durchbruch von Kräften des „Gegners" zu verhindern, war innerhalb des Stellungsraums ein Wachdienst in unmittelbarer Nähe rund um jede Stellung organisiert, die sogenannte „Rundumverteidigung". Diese wurde mit eigenen Kräften der jeweiligen KRA organisiert. Der Wachdienst patrollierte als Doppelposten innerhalb befohlener Abschnitte bzw. besetzte neuralgische Punkte, aus deren Richtung ein „Gegner" erwartet werden konnte. Direkt an den SSR, am FP des Kommandeurs der KRA und den mit Raketen beladenen RTE wurden Streifen- und Standposten zur Bewachung eingesetzt.

Der Kommandeur des KRR-18 hatte in seinen Entschlussvorträgen den CVM immer um Unterstützung ersucht, da die im Regiment vorhandenen Kräfte für einen sicheren Schutz der Kampfeinheiten in keinem Fall ausreichend waren. Natürlich wurde das durch den CVM immer zugesagt. Ob das praktisch auch wie geplant abgelaufen wäre, musste zum Glück nie bewiesen werden. Eigentlich sollte diese Aufgabe das in Küstenrichtung eingesetzte MSR-28 – später KVR-18, das allerdings für Seelandungen vorgesehen war – sowie die dort handelnden Truppenteile und Einheiten der eigenen Landstreitkräfte übernehmen. Daraus resultierten notwendige Abstimmungen, die die Stäbe vorzunehmen hatten. Dabei wären die Räume festgelegt, die Nachrichtenverbindungen untereinander organisiert sowie Signale und Parolen vereinbart worden bis hin zum gegenseitigen Austausch von Verbindungsoffizieren. Leider wurden gemeinsame Handlungen dieser Art bis 1990 nie geübt und trainiert. Lediglich zu Kommandostabsübungen wurde der Einsatz auf Karten durchgespielt. Erst mit der Eingliederung des KVR-18 in die VM kam es kurz vor der Auflösung der NVA zu einer gemeinsamen Übung und Vorführung unter Teilnahme der BBC auf dem Truppenübungsplatz des KVR-18. Dabei zeigte sich, dass das KVR-18 unter dem Kommando von Fregattenkapitän Dieter Tappert durchaus in der Lage war, unsere Kräfte zu verteidigen.

Aus dieser kurzen Beschreibung geht hervor, dass die Gewährleistung einer effektiven Sicherung und Verteidigung der Einheiten des KRR-18 im Gefechtseinsatz ohne

Unterstützung nicht zu realisieren gewesen wäre. Da damit aber nur theoretisch gerechnet werden konnte, bestand auch hier die oberste Priorität in der Nutzung der eigenen Möglichkeiten. Wenn wir uns schon nicht umfassend verteidigen konnten, hatten wir doch immer noch die Möglichkeit, uns aufgrund der hohen Mobilität unserer Kräfte den Angriffen des „Gegners" zu entziehen. Der effektivste Schutz vor Angriffen bestand immer im schnellen Wechsel der Stellungen und einer optimalen Tarnung. Zumindest wurde dem „Gegner" dadurch das Aufklären und Bekämpfen unserer Kräfte wesentlich erschwert.

Lothar Schmidt
Technische Sicherstellung
Einleitung

Die technische Sicherstellung beinhaltete die Organisation und Durchsetzung von Maßnahmen, die auf das rechtzeitige Ausrüsten der Truppen mit Technik und Bewaffnung, auf ihre Sicherstellung mit Kampfsätzen und Ausrüstung, auf die Aufrechterhaltung einer ständig hohen Bereitschaft der Technik und Bewaffnung für den Gefechtseinsatz, sowie auf die unverzügliche Wiederherstellung ihrer Einsatzbereitschaft und Wiedereingliederung

SSR – geballte modernste Technik (IN)

in den Kampfbestand nach Beschädigungen, Störungen und Havarien gerichtet waren.

Zur richtigen Nutzung der Technik, Bewaffnung und Ausrüstung gehörten ihre Vorbereitung auf den Einsatz, die technische Wartung sowie ihr Transport und die Lagerung. Die Vorbereitung der Technik und Bewaffnung auf den Einsatz schloss die Kontrolle ihres Zustands, notwendige Handlungen der technischen Wartung, Arbeiten zum Schaffen technischer Reserven und das Gewährleisten ihrer Zuverlässigkeit beim Gefechtseinsatz ein. Die technische Wartung war auf den effektiven Einsatz der Technik, Bewaffnung und Ausrüstung und auf die ständige Gewährleistung ihres einsatzklaren Zustands gerichtet. Beim Einsatz der Technik, Bewaffnung und Ausrüstung waren immer die technischen Normen und Regeln sowie die Sicherheitsbestimmungen zu beachten.

Zur Technischen Sicherstellung gehörten:
- die Raketentechnische Sicherstellung,
- die Technische Sicherstellung der Systeme und Mittel für die Nachrichtenverbindungen,
- die Kfz-technische Sicherstellung,
- die Pioniertechnische Sicherstellung,
- die Chemietechnische Sicherstellung,
- die Technische Sicherstellung der Rückwärtigen Dienste,
- die Artillerietechnische Sicherstellung,
- die Panzertechnische Sicherstellung.

In diesem Kapitel behandeln wir ausführlich nur die beiden für das KRR-18 wichtigsten Arten der Technischen Sicherstellung: Die Raketentechnische und die Kfz-technische Sicherstellung. Die Panzertechnische Sicherstellung entfällt, da zur Ausrüstung des Regiments keine Panzer gehörten. Die Chemietechnische Sicherstellung wurde bereits im Kapitel V behandelt. Die Technische Sicherstellung der Systeme und Mittel für die Nachrichtenverbindungen gehörte im KRR-18 zur Raketentechnischen Sicherstellung. Die Pioniertechnische und die Technische Sicherstellung der Rückwärtigen Dienste waren der Kfz-technischen Sicherstellung zugeordnet.

Klaus-Peter Gödde
Raketentechnische Sicherstellung
Die Raketentechnische Sicherstellung beinhaltete die Pflege, Wartung, Lagerung und den effektiven Einsatz der Raketenbewaffnung, ihre unverzügliche Bergung bei Beschädigungen, Störungen und Havarien sowie die schnelle Wiederherstellung ihrer Einsatzbereitschaft und Wiedereingliederung in den Kampfbestand. Sie gehörte zur Technischen Sicherstellung. Auf der Abbildung, S. 193 sehen wir den mobilen Teil der Großtechnik für die Raketentechnische Sicherstellung der Raketen „P-21/22" – sechs Spezialkraftfahrzeuge und ein fahrbares Aggregat. Nicht abgebildet sind das Raketentransportfahrzeug (RTE) vom Typ „KRAZ-255B" und der Autodrehkran „ADK-125", mit denen die Raketen zu den Beladepunkten in den Stellungsräumen transportiert und an die SSR des KRR-18 übergeben wurden.
Abgebildet ist folgende Technik:
1. Die Rakete „P-21" auf dem Lagertransportwagen.
2. Die mobile Prüf- und Kontrollapparatur auf dem Kfz „ZIL-131 M" – „KIPZ-PRÄ", Russisch: Контрольно-Измерительные Приборы и Запчасти (КИПЗ) Kontroll- und Messgeräte sowie Ersatzteile.
3. Die „KIPZ-PRÄ", der mobile Werkzeug-, Geräte- und Ersatzteilwagen Kfz „ZIL-131 M".
4. Die „AKC-4-255 B", die Auftank- und Transportanlage für Oxydator auf dem Kfz „KRAZ-255 B".
5. Das „GAD-40", das mobile Stromversorgungsgerät mit 40 kWh.
6. Der „DIKO-90/350", der Dieselkompressor auf dem Kfz „W-50/LA/A".
7. Der „8-T-311 M", das Neutralisations- und Spülfahrzeug auf dem Kfz „ZIL-131 M".
8. Die „9-G-29 M", die Auftank- und Transportanlage für Brennstoff auf dem Kfz „ZIL-131 M".

Dazu gehörten noch die Raketentransporteinrichtung (RTE) „KRAZ-255 B" und der Autodrehkran „ADK-125". Diese Technik wurde bei höheren Stufen der Gefechtsbereitschaft bzw. mit Beginn der Kampfhandlungen im Bestand der Küstenraketenabteilungen (KRA) mit dem entsprechenden Personal in die Stellungsräume verlegt, dort entfaltet und damit wurden auf der Grundlage des Entschlusses des Kommandeurs alle Maßnahmen der Raketentechnischen Sicherstellung ausgeführt. Zusätzlich gab es einen doublierenden stationären Technikteil im Objekt Schwarzenpfost. Alle Kräfte und Mittel für die Raketentechnische Sicherstellung gehörten im KRR-18 zum Bestand der Raketentechnischen Abteilung (RTA), später der Raketentechnischen Batterien (RTB) in den KRA, sowie zur Werkstatt des Bereichs Raketenbewaffnung. Die Matrosen,

Mobile Technik für das Klarmachen der Raketen „P-21/22" zum Verschuss   (PG)

Unteroffiziere, Fähnriche und Offiziere dieser Einheiten erfüllten ihre Funktionen in beiden Varianten parallel – sowohl in der stationären unter Garnisonsbedingungen im Objekt Schwarzenpfost, als auch in der mobilen mit Beginn der Kampfhandlungen.

Zum Zeitpunkt des Beginns der Aufstellung der KRA-18 gab es weder Startrampen noch Raketen oder sonstige spezialtechnische Ausrüstung. Im Objekt Schwarzenpfost existierten lediglich zwei Baracken. In der einen war das Personal des Stabes, der Startbatterie und die Waffenkammer, in der anderen das Personal der gesamten RTB untergebracht. Die KRA-18 war „Gast" im Objekt, das der RTA-4 gehörte. Die RTB wurde als Strukturelement der KRA-18 im Sommer 1980 aufgestellt. Im Zeitraum vom Juni 1980 bis März 1981 wurden vier Eisenbahntransporte mit insgesamt 37 Raketen „P-21", fünf Raketen „P-22", zwei Lehrmodellen und einem Schnittmodell der Rakete in Frankfurt/Oder übernommen und bis auf das Bahngleis des Objekts Schwarzenpfost begleitet. Zum Zeitpunkt der Übernahme des Objekts Schwarzenpfost durch die KRA-18 im Dezember 1980 waren vorhanden: ein „KIPZ", ein Bodenausrüstungssatz „N-4-R" und zwölf Raketen „P-21/22". Das war die Voraussetzung für den Beginn der Spezialfachlichen Ausbildung. Sieben Spezialisten aus dem sowjetischen Herstellerwerk unter der Leitung von Herrn Tyschtschinski übergaben vom 16.–18.10.1980 Spezialtechnik an die Startbatterie und an die RTB. Höhepunkt war dabei die Zuführung der ersten beiden SSR Nr. 502 und 602 im Oktober 1980. Die Montage der SSR und ihre Übergabe an die Besatzungen sowie die Unterweisung in die Bedienung und Wartung wurden ebenfalls durch sowjetische Spezialistengruppen vorgenommen.

Vom 23.02. bis 21.04.1981 führte eine Gruppe sowjetischer Spezialisten sowohl den endgültigen Aufbau des Regelbereichs als auch eine intensive spezialfachliche Ausbildung mit den Angehörigen der RTB durch. Die Spezialistengruppe bestand aus drei Angehörigen der Sowjetarmee und zehn zivilen Fachleuten unter der Leitung von A. E. Babkow.

Weitere Eckpunkte bei der Ausrüstung der KRA-18 mit Spezialtechnik waren:
- Die Übernahme der Auftank- und Transportanlagen (ATA) des Tankzugs in Oderberg und ihre Überführung in das Objekt Schwarzenpfost.
- Der Baubeginn zur Erweiterung der Technischen Zone im Objekt, einschließlich der Tankplätze und des Raketentreibstofflagers.
- Die Übergabe eines mobilen Geräts zur Außenstromversorgung der SSR im Dezember 1981 an die Startbatterien zur Nutzung. Damit konnte der limitierte Betrieb der Turbinen („Gerät 42") der SSR nutzungsschonend und effektiver ausgeführt werden.
- Die Übergabe eines Dieselkompressors „DIKO 90/350" auf dem Kfz „W-50 LA/A" zur Erzeugung von Hochdruckluft mit vorschriftsmäßigem Taupunkt im August 1981 an die RTB.

Das im November 1981 von der RTA-6 zu Betankungsübungen übergebene Tankmodell einer Rakete „P-15" konnte aufgrund technischer Mängel nicht genutzt werden. Die RTB der KRA-18 wurde von KL Dieter Eger geführt, sein Stellvertreter war OL Peter Schrepper. Die Zugführer des 1. bis 4. Zugs waren entsprechend: OL Jörg Gaedecke, OL Reuter, Obermaat Delitzscher und Fähnrich Klaus Streso. Bis zum Juni 1982 wurde in der Struktur, die von der RTA-6 übernommen wurde, ausgebildet und gearbeitet, wobei die Tankübungen des 3. Zugs im Objekt der RTA-6 in Tilzow auf der Insel Rügen durchgeführt wurden.

Mit der Indienststellung des KRR-18 am 01.11.1983 entstanden zwei KRA. Die ehemalige RTB der KRA-18 wurde jetzt zu einer Raketentechnischen Abteilung (RTA) als selbstständiges Strukturelement des KRR-18 aufgestockt, die die Aufgabe hatte, beide aufgestellten KRA raketentechnisch sicherzustellen. Erster Kommandeur war KL Dieter Eger, danach KL Dietmar Braasch. Diese Struktur wurde 1985 geändert: aus der RTA wurden zwei RTB gebildet, die den KRA unterstellt wurden. Diese Umstrukturierung hatte der Regimentskommandeur beim CVM beantragt, da beim Übergang auf höhere Stufen der Gefechtsbereitschaft der selbstständige Einsatz der KRA aus verschiedenen, weit voneinander entfernten Stellungsräumen geplant war. Die RTB der 1. KRA führte OL Siegmar Stricksner, die der 2. OL J. Gaedecke. Ab 1984 waren Teile der RTA, später der RTB, unter den Bedingungen der ständigen Gefechtsbereitschaft in den Gefechtsdienst integriert. Sie wurden gemeinsam mit den Kräften der KRA donnerstags um 14:00 Uhr für eine Woche vergattert. Das bedeutete: Kein Landgang, kein Urlaub, und bei Auslösung einer höheren Stufe der Gefechtsbereitschaft „flinke Füße", um die äußerst knappen Zeitnormen einzuhalten.

Mit Beginn der Auflösung des KRR-18 im Jahr 1990, als die ersten Spezialisten die Truppe verließen, wurde aus den verbleibenden Kräften und Mitteln eine RTK gebildet, die die gleichen Aufgaben bei der Raketentechnischen Sicherstellung wieder zentral vornahm.

Die Technische Sicherstellung der SSR erfolgte in der Anfangsphase durch die Besatzungen selbst, wobei größere Pro-

Rakete „P-21" auf dem Lagertransportwagen (IN)

bleme nicht auftraten, da die Technik fabrikneu war. In dieser Zeit bis 1984 wurden einzelne und versierte Spezialisten für die Behebung von Störungen und für jährliche Kontrollen und Justierungen eingesetzt, darunter u. a. die OL Frank Hösel und Jörg Gaedecke. Sie übernahmen in der Folgezeit auch die Ausbildung der Spezialisten der RTA-6, nach deren Übergang auf die Ausbildung an den neuen Raketentypen „P-21/22". Diese Offiziere hatten die Kriterien der Klassifizierungsstufe I des Raketenwaffentechnischen Dienstes für die Systeme erfüllt und waren deshalb berechtigt, Reparaturen selbstständig vorzunehmen sowie Personal auszubilden.

Schwerpunkt der Raketentechnischen Sicherstellung des KRR-18 waren die drei folgenden Komponenten: die Raketen „P-21/22", die SSR des KRK „Rubesh" und die technischen Mittel des Nachrichtentechnischen Dienstes. Sie alle dienten der Erfüllung der Hauptaufgabe – der Bekämpfung von Überwasserzielen des „Gegners". Dementsprechend war die Sicherstellung im Regiment organisiert, die RTB/RTA/RTK waren für die Wartung der Raketen und ihre Überführung in den verschussklaren Zustand verantwortlich. Dabei war der Lagertransportzug für die Lagerung aller Raketen einschließlich der Raketenmunition, Gefechtsteil, Pyropatronen, Zünder, Pulverstangen u. a., aber auch für die Lagerung und Aufbewahrung der herkömmlichen Schützenwaffen- und Pioniermunition verantwortlich. Die Werkstatt des Bereichs Raketenbewaffnung stellte die Wartung und Instandsetzung der Spezialaufbauten der SSR – also Gefechtskabine, Antennenanlage und Raketencontainer – sicher. Die funktechnischen Mittel gehörten ebenfalls zum Verantwortungsbereich des STKRB. Diese Dienststellung besaß doublierenden Charakter, so wie im Prinzip die aller Stellvertreter des Kommandeurs. Einerseits waren sie Stellvertreter des Kommandeurs und konnten nach Befehlserteilung oder Aufgabenstellung Vorgesetzter für alle Angehörigen des Regiments sein, andererseits waren sie Organisatoren und fachliche Ansprechpartner für alle Fragen und Probleme, die ihren Verantwortungsbereich betrafen. Als erster STKRB in der KRA-18 diente KK Uwe Lonitz. Der erste STKRB im KRR-18 war KL Wolfgang Schädlich, der letzte KL Frank Hösel. Die Einsatzbereitschaft aller Kraftfahrzeuge, auch der des Bereichs Raketenbewaffnung, wurde durch die Kfz-technische Sicherstellung gewährleistet, für die der STKT/A verantwortlich war.

Die Nutzung der Raketen „P-21/22" unterlag einer strengen Lebensplanung und Geheimhaltung. In der gesamten Zeit wurden die Raketen gemäß den in den Dienstvorschriften festgelegten Wartungszyklen gepflegt und gewartet. Diese lapidar anmutende Aussage ist mit einer unvorstellbaren Menge an Maßnahmen, Handlungen, also mit viel Arbeit und dem Einsatz ganz spezieller Kräfte und Mittel verbunden, so dass es kompliziert ist, die Raketentechnische Sicherstellung mit wenigen Sätzen zu beschreiben. Eine Rakete ist ein hochtechnologisches Produkt (siehe „Taktisch-Technische Daten", S. 77) und besteht u. a. aus Massen an elektronischen Baugruppen und Schaltkreisen, aus elektromechanischen, hydraulischen, Hochdruck-, pyrotechnischen und flüssigen Treibstoffkomponenten, die extrem toxisch und explosiv sind.

Der Sprengstoff, von dem sich 365 kg im Gefechtsteil befinden, ist wohl der gefährlichste Bestandteil, der aber im Vergleich den geringsten Wartungsaufwand erfordert. Der Gefechtsteil war eigentlich nur ein Klotz aus Stahl, allerdings gefüllt mit dem hochbrisanten Sprengstoff „TGAG-5", der aus einem Trotyl-, Hexogen- und Aluminiumgemisch mit 5 % Golowax als Stabilisator bestand. Die Gefahr, die von dem 475 kg schweren Teil ausging, wurde zwar fachmännisch und sicherheitstechnisch stets berücksichtigt, aber eigentlich nie richtig emotional wahrgenommen. Damit dieses Teil in ein Kriegsschiff des „Gegners" einschlägt, dort zündet und es vernichtet, wird überhaupt dieser ganze Aufwand betrieben.

Die RTB der KRA-18 bestand aus vier Zügen, deren erste Zugführer waren:
- 1. Zug: Elektronische Sicherstellung (Zielsuchlenkanlage, Autopilot und Höhenmesser) – L Andreas Rohde, später OL S. Stricksner.
- 2. Zug: Antriebssysteme/Raketenendmontage (Gefechtsteil, Pyrotechnik, Druckluft, Starttriebwerk) – OL Fred Kliesch, später OL Peter Rübesam.
- 3. Zug: Tankzug (Oxydator- und Brennstoffgruppe) – Fähnrich Ewald Helmecke.
- 4. Zug: Lager- und Transportzug – OL Joachim Gottschling, später OL Ralf Steinbach.

Analog dem Aufbau der RTB der KRA-18 waren dann auch die RTA/RTB des KRR-18 strukturiert:
- Zug Elektronische-/Elektroausrüstung.
- Zug Antriebssysteme/Raketenendmontage.
- Kfz-Transportzug für Raketentreibstoffe.
- Transport- und Nachladezug.
- Lager- und Transportgruppe nur für die 2. KRA mit dem Stellungsraum Halbinsel Wittow auf der Insel Rügen.

Die RTA des KRR-18 hatte eine Personalstärke von 60 Armeeangehörigen, später die der RTB jeder KRA eine von 32 (2. KRA:51). Die gesamte Spezialfachliche Ausbildung aller Angehörigen des Raketen- und Waffentechnischen Dienstes (RWTD) und des Nachrichtenfunktechnischen Dienstes (NFTD) wurde vollständig in Eigenregie des STKRB vorgenommen, wobei die Anleitung in enger Zusammenarbeit mit dem Fachdienst des KVM erfolgte. Die jahrelangen Erfahrungen der 6. Flottille bei der Nutzung der Rakete „P-15" konnten mit Ausnahme der Betankung nur gelegentlich in den Ausbildungsprozess einbezogen werden. Diesbezüglich hätten nicht geringe Einsparpotentiale genutzt werden können. Warum dies nicht geschah ist im Nachhinein nicht eindeutig erklärbar. Auch nach Einführung der RSK, Projekt „1241 RÄ", in der 6. Flottille, ebenfalls ausgerüstet mit den Raketen „P-21/22", wurden nur vereinzelte Erfahrungsaustausche organisiert, die aber keinesfalls den Ablauf der Ausbildung sowohl im KRR-18, als auch in der RTA-6 dominierten. Die Wartung der Raketen „P-21/22" wurde im Grunde genommen im KRR-18 eigenständig erlernt und ausgeführt. Die gesamte Technik der einzelnen Züge befand sich auf speziell dafür ausgerüsteten Kfz. Bei den planmäßigen Wartungsarbeiten an den Raketen wurden diese Fahrzeuge an die Regelhalle herangefahren und deren Ausrüstung, Kontroll- und Prüfapparatur zur Wartung entnommen und eingesetzt. Nur für die Zielsuchlenkanlagen, den Autopiloten, den Höhenmesser, die Zündanlage

Regelarbeiten an der Rakete mit der stationären Kontroll- und Prüfapparatur „DK-150" (PG)

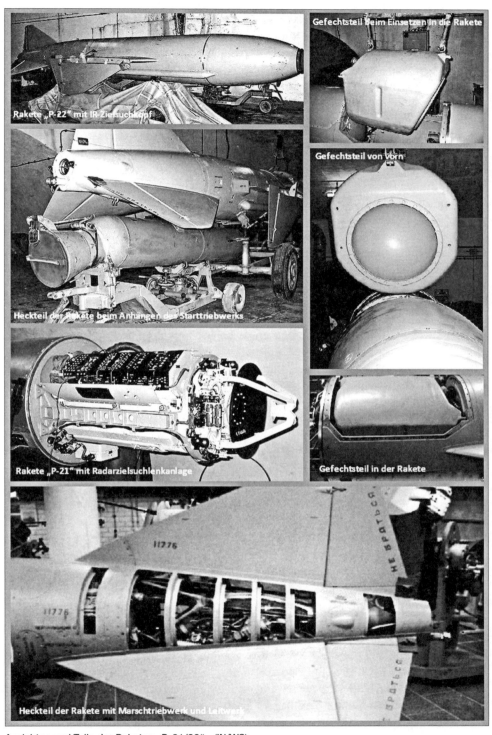

Ansichten und Teile der Raketen „P-21/22"   (IN/WS)

und die Zeitmechanismen der Raketen gab es zusätzlich eine doublierende spezielle Prüf- und Kontrollapparatur, die stationär in der Regelwerkstatt stets einsatzbereit aufgebaut war – die „DK-150" (siehe Abbildung, S. 196). Die gleiche Technik befand sich aber auch auf den schon erwähnten zwei Spezial-Kfz – den „KIPZ". Die Regelhalle und die Raketenmontagehalle waren mit stationären Krananlagen zum Ein- und Ausbau der Gefechtsteile, zum Umsetzen der Raketen vom Lager- auf den Arbeitswagen und zurück sowie für andere Hebearbeiten ausgerüstet.

Der Wartungszyklus war in der der Fachdienstvorschrift DV 200/01/010 festgelegt. Als Grundregel für die Wartungszyklen galt: Raketen der Bereitschaftsstufe I (BSI) werden halbjährlich, der BS II jährlich und der BS III alle zwei Jahre gewartet. Das heißt, je höher der Grad der Bereitschaft für den Gefechtseinsatz, desto kürzer der Wartungszyklus.

Drei Kampfsätze, davon zwei Truppenvorrat, mit jeweils 48 Raketen in unterschiedlichen Bereitschaftsstufen mussten also jährlich im Objekt Schwarzenpfost und im Objekt Hanshagen, ein Kampfsatz operativer Vorrat, technisch gewartet werden. Das ist ein beträchtlicher Arbeitsumfang, rechnet man noch die Zeit dazu, die für die permanente spezialfachliche Ausbildung an der Lehrgefechtstechnik aufgebracht werden musste. Die Handlungen bei den technischen Arbeiten setzten ein sehr hohes spezialfachliches Wissen auf den Gebieten Radioelektronik, Radar-, Elektro- und Hochdrucktechnik sowie Hydraulik, Pyrotechnik und Mechanik voraus. Für das Ausbildungsjahr 1986/87 ist der Umfang der Wartungsarbeiten im KRR-18 überliefert:
- 139 Technische Wartungen an den Raketen der BS I – halbjährlich.
- 48 Technische Wartungen an den Raketen der BS II – jährlich.
- 23 Technische Wartungen an den Raketen der BS III – alle 2 Jahre.

Für die Lagerung der Raketen, des Zubehörs und der Ersatzteile war der Lager- und Transportzug (LTZ) verantwortlich. Die Angehörigen dieser Einheit kontrollierten täglich, wöchentlich und monatlich in den Raketenhallen und Munitionsbunkern in der Technischen Zone des Objekts Schwarzenpfost des KRR-18 und gewährleisteten das vorschriftsmäßige Einhalten der Lagerbedingungen. Dabei wurden Lagerbedingungen für die Raketen geschaffen, die sich kaum von den Wohn- und Lebensbedingungen unserer Armeeangehörigen unterschieden. Die relative Luftfeuchte durfte 70 % nicht übersteigen und die Lagertemperatur musste sich im Bereich von + 5 bis + 35 °C bewegen. Bei Abweichungen von diesen Lagerbedingungen wurden Sofortmaßnahmen ergriffen, um die vorschriftsmäßige Lagerung zu gewährleisten, z. B. durch Lüften oder Heizen.

Zu den Aufgaben des Lager- und Transportzugs gehörten sowohl der Transport der Raketen zu den planmäßigen Wartungsarbeiten, als auch alle Raketentransporte im Objekt Schwarzenpfost beim Übergang in höhere Stufen der Gefechtsbereitschaft, d. h., bei der Überführung der Raketen in die BS I. Bei der Alarmstufe „Gefechtsbereitschaft bei Kriegsgefahr", bei der die KRA in ihre befohlenen Stellungsräume laut „Plan der Überführung des KRR-18 vom Friedens- in den Kriegszustand" entfalteten, führte der Transport- und Nachladezug der jeweiligen RTB die Raketen mit und sorgte für den kontinuierlichen Nachschub. Die Lagerkapazität für die Raketen in der Technischen Zone des Objekts war von Beginn an sehr begrenzt. Deshalb wurde eine Doppellagerung eingeführt – zuerst als doppelter Boden, dann durch die Doppellagerung im Huckepackverfahren bei allen Raketen der BS III. Dabei bestand die Gefahr, dass eine

Rakete beim Herunternehmen oder beim Hochsetzen mittels Gabelstapler abstürzte – ein besonderes Vorkommnis mit viel Ärger und noch mehr zusätzlicher Arbeit bei der Wiederherstellung der technischen Einsatzbereitschaft. Im KRR-18 ereignete sich allerdings keine ähnliche Havarie.

Die Raketen der BS III wurden im konservierten Zustand gelagert: Die Raketen befanden sich in speziell zugeschnittenen Gummihüllen, in denen durch Zukleben und Luftabsaugen ein Vakuum erzeugt wurde. Zusätzlich waren sie mit einer Stoffpersenning umhüllt, so dass die Lagerbedingungen innerhalb der Verpackung über das Jahr weitestgehend konstant blieben. Durch eingepackte 20 Stück à 5 kg schwere Silikagelbeutel wurde die Restfeuchtigkeit absorbiert. Als Indikatoren dieses Mikroklimas dienten fünf Blaugelpackungen in einer perforierten Plexiglaspatrone an unterschiedlichen Stellen der Raketen, die sich hinter Sichtfenstern befanden und monatlich kontrolliert werden mussten. Färbte sich ein Indikator rot, wurde die Konservierung überprüft und wiederhergestellt. So war immer reichlich Arbeit vorhanden.

Die Raketentreibstoffkomponenten wurden in Verantwortung des Treib- und Schmierstoffdienstes, der zu den RD des Regiments gehörte, gelagert und bereitgestellt, obwohl die Betankungen der Raketen und alle Lagerarbeiten – Umpump- und Neutralisationsarbeiten sowie Probeziehen und Kontrollfunktionen – im Raketentreibstofflager wiederum durch das Personal der RTB ausgeführt wurden. Die Bestandsführung, die Versorgung und Qualitätsüberwachung der Raketentreibstoffe sowie die gesamte fachliche Aus- und Weiterbildung erfolgte in Verantwortung des Oberoffiziers für Treib- und Schmierstoffe, KL Rüdiger Flemming. Zur Qualitätsüberwachung existierte ein im Raketentreibstofflager eingerichtetes chemisches Labor mit allen notwendigen Ausrüstungsgegenständen, Laborgeräten und Chemikalien, sowie Umkleide- und Duschräumen – alles strikt getrennt nach den beiden Treibstoffkomponenten.

Im Ausgleich dafür war der STKRB mit seinem Bereich für alle Schützenwaffen, für die reaktiven Panzerabwehrgeschosse, für die tragbaren Luftabwehrraketen vom Typ „Strela-2 M" sowie für die gesamte Schützenwaffen-, Pionier- und Signalmunition verantwortlich. Dementsprechend gehörten die Aufbewahrung der Waffen und der Munition in den Waffenkammern, ihr Zustand und die Kontrollen zu den Aufgaben des Bereichs Raketenbewaffnung, für die der Techniker für Bewaffnung und Munition unmittelbar verantwortlich war.

Die Hauptbewaffnung des KRR-18 war die SSR des KRK „Rubesh Ä" mit zwei Raketen „P-21/22", die ein hochentwickeltes technologisches Waffensystem darstellt. Es besteht aus dem geländegängigen Basisfahrzeug „MAZ-543 M", aus der Gefechtskabine mit der ausfahrbaren Radarantenne und dem Startcontainer „KT-161". In der Gefechtskabine befinden sich die Radaranlage „Garpun BÄ", die Raketenwaffenleitanlage „Korall BÄ", die Vorstartkontrollgeräte „RPK BÄ", das Empfangsgerät „Nickel" der Freund-Feind-Kennanlage „Nichrom", die Elektroanlage mit der Turbine „Gerät 42" sowie das UKW-Empfangs- und Sendegerät „R-123". Der Buchstabe „Ä" bei den technischen Bezeichnungen bedeutet auf Russisch „äksportnij" -Exportvariante. Die Über- und Inbetriebnahme der ersten SSR wurde durch sowjetische Spezialisten begleitet, die alle Systeme sorgfältig überprüften und justierten. Sie mussten auch erst Erfahrungen in der Praxis sammeln, da gleichzeitig mit der Übernahme dieses Waffensystems in die Bewaffnung der Sowjetischen Seekriegsflotte begonnen wurde. Auch

Beladen einer RTE Kfz „KRAZ- 255 B" mit Raketen durch einen Autodrehkran „ADK-125" (PG)

bei der Nutzungsverlängerung zehn Jahre später notierten sie akribisch unsere Nutzungserfahrungen und den Zustand der Systeme und Anlagen.

Das Urteil der Prüfungskommission ergab 1988 eine anerkennende Bewertung der Arbeit des Personals. Nicht nur den Besatzungen der SSR, sondern auch den Angehörigen der Bereiche Raketenbewaffnung und Technik wurde ein hoher spezialfachlicher Qualifikations- und Wissensstand bescheinigt. Dass die SSR immer einsatzbereit waren, ist auch das Verdienst des Werkstattpersonals dieser Bereiche. Die Truppe, die zur Wartung und Instandsetzung aller spezialtechnischen Systeme der SSR – also außer Kfz und darüber hinaus noch aller funktechnischen Systeme – zur Verfügung stand, bestand lediglich aus drei Unteroffizieren und zwei Oberoffizieren. Sie und die Besatzungen der SSR stellten im Grunde genommen alle Maßnahmen der Raketentechnischen Sicherstellung annähernd zu 100 % sicher.

Im Vergleich zu ähnlichen Waffensystemen der Luftstreitkräfte/Luftverteidigung gab es im KRR-18 keine Industrieleistungen bei der Ausführung von Haupt- oder periodisch-vorbeugenden Instandsetzungen. Diese Tatsache verdient eine hohe Anerkennung, denn diese Art der Technischen Sicherstellung war mit einem hohen Arbeitsaufwand und einer autodidaktischen Ausbildungsweise verbunden. Betrachtet man vergleichsweise unkompliziertere Technikeinheiten wie Krantechnik, Druckgefäße, Tank- oder Hochspannungsanlagen, existierten dafür zivile oder militärische Strukturen in der NVA und in der Volkswirtschaft. Diese kannten sich mit dieser Technik aus und führten nach festgelegten Technologien alle Zulassungs- und technischen Überwachungs- und Instandsetzungsarbeiten fachgerecht aus.

Das Werkstattpersonal des Bereichs Raketenbewaffnung sammelte im Laufe der Jahre einen großen technischen Erfahrungsschatz, es eignete sich sehr spezielle Fähigkeiten und Fertigkeiten an und setzte sie in der täglichen Arbeit im KRR-18 ein. Das galt auch für die Angehörigen der Startbatterien, der RTB und der Nachrichtenzüge.

Die bei Reperaturen benötigten Ersatzteile und Spezialwerkzeuge wurden entweder aus den mitgelieferten Ersatzteil-, Werkzeug- und Zubehör-Sätzen (EWZ-Sätzen) der SSR „STO-51" entnommen oder über den raketenwaffentechnischen Dienst der VM in einem langfristigen, sich oft über Monate hinziehenden Bestell- und Lieferverfahren, über den Spezialimport aus der UdSSR bezogen. Oft mussten wir zwischenzeitlich technisch improvisieren oder Notlösungen finden. Der befohlene Koeffizient der technischen Einsatzbereitschaft (KTE) der SSR betrug 0,75, für Nachrichtentechnik 0,98, für Raketen sogar 1,0, das bedeutete eine ununterbrochene 100%ige technische Einsatzbereitschaft. Diese Festlegungen wurden zu jedem Zeitpunkt gewährleistet, für uns gab es immer nur zwei Möglichkeiten: Den EKZ 1,0 halten oder ihn wiederherstellen, egal welchen Arbeitsaufwand das erforderte.

Oft dauerten Reparaturarbeiten bis spät in die Nacht und wurden auch am Wochenende fortgesetzt. Unter diesen Bedingungen entwickelten unsere Spezialisten ein hohes Improvisationsvermögen und erledigten erfolgreich nahezu alle Arbeiten in Eigenregie. Wenn es herkömmliche Reparaturen waren, wie Argonschweißarbeiten, wurden die Kapazitäten in der benachbarten 4. Flottille oder in einer der Instandsetzungsbasen der VM in Anspruch genommen. Gelegentlich mussten auch Kapazitäten der Volkswirtschaft, z. B. des Dieselmotorenwerks Rostock, genutzt werden. Das betraf vor allem Reparaturen an Druckluft- und Hydraulikleitungen der SSR, z. B. Schweißen und Abdrücken. Im Vergleich zu anderen Truppenteilen, Verbänden oder Teilstreitkräften war aber diese Inanspruchnahme von Dienst- und Serviceleistungen ziviler Einrichtungen und Betriebe durch das KRR-18 auch aufgrund des geringen Baualters der Technik sehr bescheiden.

Im KRR-18 wurden unterschiedliches funktechnisches Personal und funktionstechnische Mittel wie KW- und UKW-Sender, Fernsprech- und Richtfunkanlagen, sowie Leitungsbau- und Betriebstrupps zur Gefechtssicherstellung eingesetzt. Das waren einzelne Geräte bis hin zu kompletten Gerätesätzen und Spezial-Kfz. Die technische Sicherstellung dieser Anlagen und Geräte des Nachrichten- und Funktechnischen Dienstes (NFTD), also deren Prüfung, Wartung und Instandsetzung, wurde ebenfalls in Zuständigkeit des Bereichs Raketenbewaffnung realisiert. Diese ungewohnte Zuordnung zu einem Bereich, der grundsätzlich raketentechnisch ausgerichtet war, ist verständlich und hat sich im gesamten Truppenleben und bei der Aufgabenerfüllung auch als richtig erwiesen. Dafür war dem STKRB der Oberoffizier für Funktechnische Mittel, KK Lutz

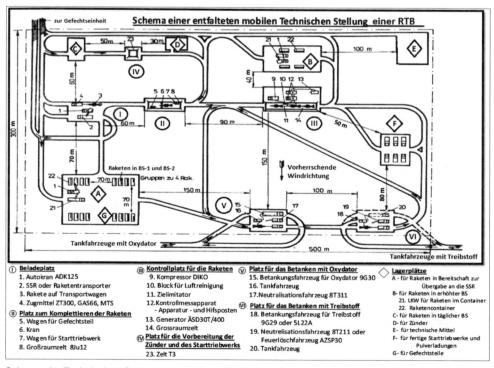

Schema der Technischen Stellung einer RTB im Stellungsraum einer KRA (DV)

Mornhinweg, später Oberleutnant Frank Bochmann, unterstellt. Sie arbeiteten eng mit dem Oberoffizier Nachrichten KL Ralf Jähnig zusammen. Bei auftretenden Problemen kamen wiederum die gleichen Angehörigen der Werkstatt des Bereichs Raketenbewaffnung im Regiment zum Einsatz. Im Gegensatz zum RWTD war der NFTD in seiner materiellen Basis wesentlich besser aufgestellt. Die Geräte und Anlagen dieses Dienstes befanden sich in allen Teilstreitkräften, Waffengattungen und Diensten der NVA und konnten so zentral beschafft und instandgesetzt werden. Deshalb wurde die Sicherstellung über den Nachrichten- und Funktechnischen Dienst im KVM organisiert und in der Instandsetzungsbasis 18 (IB-18) auf dem Dänholm realisiert.

Die Überführung von Raketen in den verschussklaren Zustand war das eigentliche Ziel der Raketentechnischen Sicherstellung. Raketen zum Verschuss klarzumachen und mit diesen die befohlenen Überwasserziele erfolgreich zu bekämpfen, das war nicht nur der Kampfauftrag für die Besatzungen der SSR, sondern auch der Raketenspezialisten der RTB. Raketen wurden unter Garnisons- und feldmäßigen Bedingungen zum Verschuss vorbereitet. Nur die Raketenbetankung fand niemals außerhalb der zugelassenen Tankplätze des Objekts Schwarzenpfost statt. Aus Umwelt- und Sicherheitsgründen hat keiner der Kommandeure des KRR-18 die Betankung in den Stellungsräumen bei Übungen in einem seiner Entschlussvorträge dem CVM vorgeschlagen, es wäre auch nie genehmigt worden.

Ansonsten wurden alle Elemente der Überführung von Raketen aus dem konservierten Zustand der BS III bis I unter allen räumlichen und zeitlichen Bedingungen bis zur Perfektion trainiert und durchexerziert, tags wie nachts, im Sommer wie im Winter, im Objekt Schwarzenpfost, in den verschiedenen Stellungsräumen, in Feldlagern und in der Sowjetunion zu den jährlichen RSA. Auch bei der Vorbereitung zum faktischen Raketeneinsatz wurden alle technologischen Abläufe unter gefechtsmäßigen Bedingungen und bei Einhalten aller Sicherheitsbestimmungen, wie Brand- und Explosionsgefahr, Satellitenaufklärung, HF-Abstrahlung, Toxizität und Umweltschutz, durchgeführt.

Die beiden Verschussraketen zum jährlichen RSA wurden auf der Grundlage ihrer Lebensendeplanung ausgewählt und nach einer 1-jährigen Befüllzeit mit den Raketentreibstoffkomponenten in das Feldlager des KRR-18 im Schießgebiet Kap Taran schon betankt zugeführt, bordapparaturmäßig nochmals auf Herz und Nieren überprüft, an die SSR übergeben und verschossen. Alle insgesamt 14 Raketen, die durch die KRA-18 (2) und durch das KRR-18 (12) zu den RSA verschossen wurden, waren direkte Treffer in den Scheiben. Damit wurde die außerordentlich hohe Qualifikation der Führung, der Besatzungen der SSR und des Personals der RTA/RTB sowie der anderen sicherstellenden Einheiten eindrucksvoll nachgewiesen.

Die erste Überführung von Raketen „P-21" aus der BS III in die II fand im Februar 1982 in der KRA-18 im Objekt Schwarzenpfost statt. Damit wurde der Stand der Gefechtsbereitschaft, vor allem für den Anlauf der Handlungen bei der Überführung in höhere Stufen der Gefechtsbereitschaft, wesentlich erhöht. Gleichzeitig wurde aber auch das Intervall für periodisch-vorbeugende Wartungen der überführten Raketen um die Hälfte verkürzt, von zwei Jahren auf ein Jahr zzgl. aller Maßnahmen, die sich aus den wöchentlichen Funktionskontrollen an den Raketen der BS II im Rahmen des Gefechtsdienstes ergaben. Alle Elemente der Vorbereitung der Raketen zum Verschuss wurden sowohl bei jedem monatlichen Training von Elementen der Gefechtsbereitschaft, bei

Übungen zur Überführung des KRR-18 in höhere Stufen der Gefechtsbereitschaft sowie bei Überprüfungen und Kontrollen vollständig oder teilweise einbezogen.

Im KRR-18 waren alle Sicherstellungshandlungen, die im Zusammenhang mit der Vorbereitung von Raketen zum Verschuss standen, exakt und straff normiert und stellten somit einen sehr hohen Anspruch an die Fähigkeiten aller Angehörigen der RTB und des Bereichs Raketenbewaffnung. Der Kampf um die Einhaltung der Normzeiten stand immer im Mittelpunkt der Motivierung und Ausbildung des Personalbestands.

Für Gefechtsraketen „P-21/22" des Kampfsatzbestands galten folgende Bereitschaftsstufen:
- BS I: Rakete entkonserviert und geregelt, Gefechtsfrequenz eingestellt, beide TS-Komponenten aufgetankt, Hochdruckluft bis zum Nenndruck aufgefüllt, mit Gefechtsteil und geladenem Starttriebwerk versehen, ohne elektrische und mechanische Zünder; Pyropatronen eingebaut im Treibstoff-Luft-System, Pulverstarter, Ampullenbatterie und Schubregler, – auf SSR, RTE oder Arbeitswagen.
- BS II: Rakete entkonserviert, Gefechtsfrequenz eingestellt, unbetankt, Hochdruckluft aufgefüllt, mit Gefechtsteil versehen, ohne Starttriebwerk, ohne elektrischen und mechanischen Zünder; Pyropatronen eingebaut im Treibstoff-Luft-System, Pulverstarter, Ampullenbatterie und Schubregler, – auf Arbeitswagen.
- BS III: Rakete langfristig konserviert, Gefechtsfrequenz eingestellt, – auf Lagertransportwagen.

Der Umfang und Ablauf aller Maßnahmen zur Überführung von Raketen aus der BS III in den verschussklaren Zustand BS I unter Garnisonsbedingungen wird aus folgender Kurzbeschreibung der dazu notwendigen Handlungen mit Angabe der Normzeiten ersichtlich. Dabei sind: „X"– der Zeitpunkt der Alarmauslösung und z. B. „X+15" – die Zeit vom Moment der Alarmauslösung bis zum Zeitpunkt des Abschlusses der befohlenen Aufgabe in der dafür vorgeschriebenen Normzeit in Minuten:

1. Transport und Übergabe einer konservierten Rakete BS III durch den Lagertransportzug an den 2. Zug in der Regelhalle15: „X + 15"
2. Entkonservierung der Rakete, Umladen auf Transportwagen und Übergabe an den 1. Zug: „X + 30"
3. Transport und Übergabe aller Komplettierungsteile für die Rakete: Gefechtsteil, Starttriebwerk, Pulverstangen, Zünder, Übertragungsladung, Pyropatronen, EWZ-Satz 1:1 zur Entkonservierung an den 2. Zug in der Endmontagehalle 23:„X + 30"
4. Kontrolle aller vorgeschriebenen Parameter für die Zielsuchlenkanlage, Autopilot, Höhenmesser, Elektro- und Zündausrüstung, Zeitmechanismen einschließlich Komplexkontrolle durch den 1. Zug: „X + 120"
5. Entkonservierung und Überprüfung aller unter Punkt 3 aufgezählten Komplettierungsteile: „X + 120"
6. Transport und Betankung der Rakete der BS II mit Oxydator „Melange-20 k" auf dem Tankplatz: „X + 30"
7. Transport und Betankung der Rakete der BS II mit Brennstoff „Samin" („TG-02") auf dem Tankplatz: „X + 30"
8. Transport und Raketenendmontage, Einbau aller Komplettierungsteile außer Zünder und Auffüllen mit Hochdruckluft: „X + 60"
9. Transport zur Raketentransporteinheit und Beladen des Kfz „KRAZ-255B" mit zwei Raketen: „X + 60" oder

Übergabe von verschussklaren Raketen durch die RTB an eine SSR beim 5. RSA des KRR-18 1988 (PG)

10. Transport der Raketen zum Beladepunkt und Übergabe an die SSR: „X + 60"
11. Übergabe des Raketenbegleitdokuments an den Kommandeur der übernehmenden SSR, auf jeder Station wurden alle festgestellten und geänderten Parameter in dieses Dokument eingetragen: „X + 60"

Insgesamt ergab sich für die Überführung der ersten Rakete aus der BS III in die BS I – klar zum Verschuss, unter Garnisonsbedingungen, ohne Ausfälle oder Störungen – eine Gesamtzeit von 10 Stunden und 15 Minuten, für die nächsten unter Berücksichtigung parallel ablaufender Handlungen 6 Stunden und 45 Minuten. Der weitere Ausstoß verschussklarer Raketen erfolgte dann im 30-Minuten-Takt.

Diese oben aufgeführten Handlungen waren unter stationären Bedingungen im Objekt Schwarzenpfost der Idealzustand, es gab betonierte Transportwege, alle Ausrüstungen und Lagerbestände waren sofort verfügbar, zusätzliche Reparaturkapazitäten standen zur Verfügung, alle Werkstätten waren beheizt, der Weg zu den Mahlzeiten war nicht weit, das Essen wurde durch unsere Zivilbeschäftigten zubereitet usw. Es kann sich aber wohl jeder vorstellen, wie hoch die Anforderungen an den Personalbestand waren, um das alles in winterlichen Zeiten irgendwo im Wald der Rostocker Heide zwischen 3:00 Uhr und 4:00 Uhr morgens genauso gut und schnell vorzunehmen. Das ist das, was Sicherstellung, egal welcher Art, auszeichnen muss.

Die Einheiten, die im KRR-18 die Raketentechnische Sicherstellung durchführten, nahmen selbstverständlich im vollen Umfang an der politischen und Gefechtsausbildung teil. Das bedeutete politische Schulung und GWW, der ganze Komplex der Allgemeinmilitärischen Ausbildung über Schutznormen, Militärische Körperertüchtigung bis hin zum Schießen und Härtekomplex. Da eine Vielzahl von Kfz bewegt werden musste, darunter hauptsächlich Spezial-Kfz, waren außerdem alle Normen der Kfz- und Militärkraftfahrerausbildung, vom Kolonnenmarsch über die Geländelehrbahn bis hin zum Kfz-Appell, abzulegen.

Hans-Jürgen Galda
Kfz-technische Sicherstellung

Mein Dienst in der NVA begann als Unteroffizier in der Kfz-Werkstatt 8 in Rostock. Danach absolvierte ich die Offiziershochschule „Ernst Thälmann" der Landstreitkräfte und diente in der Wartungskompanie 18 und im Kfz-Bataillon 18 der VM. Nach dem Abschluss der Militärakademie „Friedrich Engels" der NVA mit Diplom begann mein Dienst in der Funktion als Stellvertreter für Technik/Ausrüstung (STKT/A), später Stellvertreter für Technik (STKT), des Kommandeurs des KRR-18 bis zur Auflösung der NVA. In meinem daran anschließenden, zweiten Beruf arbeite ich als Kfz-Sachverständiger.

Die Kfz-technische Sicherstellung beinhaltete die Aufrechterhaltung einer ständig hohen Einsatzbereitschaft der Kfz-Technik, ihren effektiven Einsatz und die unverzügliche Bergung bei Beschädigungen, Störungen und Havarien sowie die schnelle Wiederherstellung ihrer Einsatzbereitschaft und Wiedereingliederung in den Kampfbestand. Sie gehörte zur technischen Sicherstellung. Im KRR-18 bestand sie aus:
- der Ausbildung und Weiterbildung des Personalbestands,
- der Wartung und Instandsetzung der Technik und Ausrüstung,
- der Materiellen Sicherstellung mit Kfz-technischem Gerät,
- der Bergung der Technik und Ausrüstung bei Beschädigungen, Störungen und Havarien,
- der Pioniersicherstellung (Besonderheit für das KRR-18).

Die Ausbildung und Weiterbildung betraf neben dem Personal des Bereichs des STKT vor allem die Militärkraftfahrer des Regiments. Sie war aufgrund der Typenvielfalt und der hohen Anzahl von Spezial-Kfz äußerst vielschichtig. Die Ausbildung der Militärkraftfahrer (die Fahrschule) war in den 3-monatigen Grundausbildungslehrgang an der SSTA-18 für die Matrosen und an der Unteroffiziersschule in Parow für die Unteroffiziere eingeschlossen. Die Ausbildung der Fahrer für die SSR „MAZ-543 M" erfolgte grundsätzlich nur an der Militärtechnischen Schule (MTS) in Prora auf einem Fahrschulwagen, d. h., ohne Gefechtskabine und Container. Deshalb ist es nur zu verständlich, dass den meisten Matrosen, nachdem sie im KRR-18 angekommen waren und vor der SSR standen, erstmal das Herz in die Hosen rutschte, wenn sie daran dachten, dass sie diesen „Koloss" fahren sollten. Das war dann eine komplizierte Erziehungsaufgabe für die Vorgesetzten: Selbstvertrauen und Sicherheit mussten bei unseren neuen Rampenfahrern geschaffen werden. Nach den ersten Fahrten war es dann genau umgekehrt: Da waren sie mit ihren SSR die „Könige" auf den Straßen und auch im Gelände. Die Ausbildung der Fahrer für die Pioniermaschinen „BAT-M" erfolgte ebenfalls an der MTS in Prora. Die Hebezeugführer für die Krane „ADK-125" mussten einen entsprechenden Lehrgang in der SSTA-18 oder in der 6. GBK absolvieren. Für die Kraftfahrer der schweren

Größtes und wichtigstes Kraftfahrzeug im KRR-18 – die SSR (LS)

Radzugmittel „Tatra-813" mit Schwerlasttieflader bis 60 t wurde die Spezialausbildung im KRR-18 organisiert.

Die Weiterbildung beinhaltete vor allem die Typenschulung und die Ausbildung der sogenannten „Doppelfunktioner", die fast ausschließlich durch unsere Ausbilder im KRR-18 durchgeführt wurde. Da die Fahrschule für alle Militärkraftfahrer auf dem Lkw „W-50" stattfand, mussten sie nach Ankunft im Regiment für den jeweiligen Typ des Kfz, das ihnen zugeteilt wurde, erstmal ausgebildet werden. Wir müssen immer daran denken: die Kraftfahrer sollten nicht nur ihr Kfz fahren, sondern auch seine Pflege, Wartung und bei Notwendigkeit Reparaturen vornehmen. Insgesamt gehörten zu unserem Regiment über 200 Kfz, darunter über 30 verschiedene Kfz-Typen mit oder ohne Spezialaufbau und Anhänger.

Eine Besonderheit war die Ausbildung der „Doppelfunktioner". Da die meisten Kfz unseres Regiments Spezialaufbauten hatten, mussten die Kraftfahrer gleichzeitig auch diese bedienen können. Das waren z. B. die Tankfahrzeuge „G-5", bei denen die Kraftfahrer gleichzeitig Tankwarte waren, die Krane „ADK-125", bei denen die Kraftfahrer außerdem Kranführer waren, oder die Köche, die die Lkw „W-50" mit der angehängten Feldküche fahren mussten und als Auszeichnung dafür anschließend noch kochen durften.

Als Ausbilder für die Militärkraftfahrer des KRR-18 standen eigentlich alle Berufssoldaten des Stellvertreterbereichs Technik, wie z. B. mein Stellvertreter, OL Frank Salzwedel, sowie der Transportzugführer der RD und die Zugführer der Sicherstellungszüge der KRA zur Verfügung. Dazu kamen ausgebildete und geprüfte Fahr- und Hilfsfahrlehrer wie z. B. die Stabsobermeister Steffen Reiss, Frank Heuer, Silvio Prasser, Erik Pellegrin und andere. Ich und mein Zugführer des Instandsetzungszugs, Stabsoberfähnrich Detlef Lehmann, waren die einzigen im KRR-18, die die Berechtigung zur Führung aller Kfz-Typen des Regiments und für die Ausbildung der Fahrzeugführer hatten.

An dieser Stelle ist eine Erklärung zur Kfz-Technik des KRR-18 angebracht. Aus den hohen Anforderungen der Technischen Sicherstellung des Einsatzes der modernsten Raketenbewaffnung des Regiments ergab sich vollkommen logisch eine sehr hohe Anzahl von Spezial-Kfz, die in der Lage sein mussten, schwere und gefährliche Lasten – wie Raketen, Raketentreibstoffe, Munition, Benzin, Diesel u. a. – im Gelände an jeden Ort zu transportieren. Dazu kam die Aufgabe der Bergung beschädigter und havarierter Technik unter den gleichen Umständen. Da in der DDR außer den Lkw „LO" und „W-50", die nur für den normalen Transport geeignet waren, keine anderen geländegängigen Fahrzeuge zur Verfügung standen, mussten alle anderen Kfz aus der Sowjetunion importiert werden. Daraus ergab sich eine weitere Besonderheit: Die sowjetischen Kfz „URAL", „ZIL", „GAZ" und „UAZ" waren – außer dem „KRAZ-255 B" – ausnahmslos mit Vergaserkraftstoff (Benzin) angetriebene Fahrzeuge, die störanfälliger waren als Diesel-Kfz und dementsprechend eine höhere Wartungsintensität erforderten. Aber es gab noch eine Besonderheit: Als einziger Truppen-

Bergung einer „KRAZ-255 B", siehe Skizze (JG)

teil der NVA war das KRR-18 noch mit dem bereits aus der Ausrüstung gestrichenen Tank-Kfz „G-5" ausgerüstet. Da ist er wieder, der große Widerspruch in unserem Regiment zwischen der modernsten Raketenbewaffnung und der überhaupt nicht damit übereinstimmenden Sicherstellung! Bei der Erarbeitung des „STAN 90" wurde uns im Austausch für den „G-5" der Sattelauflieger „W-50" angeboten. Wir mussten ablehnen, da er nicht geländetauglich war und so blieb es bei unserem „G-5".

Ein weiteres Problem war das Basisfahrzeug unserer Hauptbewaffnung, der „MAZ-543 M", ausgerüstet mit einer Variante des Motors des Panzers „T-55". Für diesen Motor war eine Nutzungsdauer von 12.000 km festgelegt. In der Praxis erreichten wir aber nie mehr als 8000 km bis zum notwendigen Motorwechsel. Das lag nicht nur an dem üblichen Kurzstreckenbetrieb, sondern hatte auch allgemeine technische Ursachen. Außerdem wurde der Motor zum Teil zur Ersatzstromerzeugung für die Hydraulik und bei den laut Instruktion geforderten häufigen Funktionsproben eingesetzt, um Betriebsstunden für die Gasturbine zu sparen. Durch diesen oftmals zeitlich begrenzten Betrieb war der Verschleiß hoch und die Abgasanlage verrußte. Das führte nach einiger Zeit dazu, dass beim Fahren in Waldgebieten durch herausfliegende glühende Rußteilchen kleine Brände entstanden. Die wurden jedoch durch die aufmerksamen Besatzungen der SSR sofort bemerkt und gelöscht. Nach dem ersten notwendigen vorzeitigen Motorwechsel berieten wir über vorbeugende Maßnahmen. Im Ergebnis wurde für die SSR ein Limit von 2000 Fahrkilometern und 500 Motorstunden insgesamt pro Jahr festgelegt. Außerdem mussten alle SSR ab sofort einmal im Halbjahr einzeln im Wechsel mit höherer Geschwindigkeit nachts die Autobahnstrecke von Rostock Ost bis Laage und zurück fahren, um die Abgasanlage „frei zu brennen".

Zur Wartung und Instandsetzung der Technik und Ausrüstung gehörten die planmäßigen Wartungen Nr. I und Nr. II. Im Gegensatz zur sonstigen Technik und Bewaffnung, die in regelmäßigen Zeitabschnitten gewartet wurde – täglich die Wartung Nr. I, wöchentlich die Wartung Nr. II und monatlich die Wartung Nr. III –, wurden die Wartungen der Kfz-Technik nach der Anzahl der gefahrenen Kilometer festgelegt und waren für die verschiedenen Kfz-Typen unterschiedlich. Zusätzlich gab es entsprechend der Jahreszeiten die Vorbereitung der Nutzungsperiode Sommer bzw. Winter. Von großer Wichtigkeit waren die technische Jahresüberprüfung und die damit verbundene Zulassung der Kraftfahrzeuge für die neue Nutzungsperiode.

Der monatliche Höhepunkt für den Stellvertreterbereich Technik war der Parktag. Hier musste jeder Militärkraftfahrer sein Kfz nach natürlich tiefgründiger Vorbereitung in einwandfreiem Zustand zur Kontrolle vorstellen. In erster Linie wurde dabei die Funktionstüchtigkeit des Kfz, aber auch des Spezialaufbaus kontrolliert. Zusätzlich wurden die Kenntnisse der Kraftfahrer und die Pflege des Kfz überprüft. Dazu gehörte noch die Kontrolle der Funktionstüchtigkeit und Vollzähligkeit sowie die vorschriftsmäßige Lagerung der EWZ-Sätze (Ersatzteile und Werkzeug).

Ausgebauter Motor der SSR „MAZ-543 M" (JG)

Jährlich wurde durch die Angehörigen des Stellvertreterbereichs Technik die Kfz-Technik der Mobilmachungsreserven, d. h. die im Regiment „eingemottete" Technik, überprüft und gewartet. Sie musste in einem ständig einsatzbereiten Zustand sein. Nach dem Erreichen einer bestimmten Anzahl der gefahrenen Kilometer (dieser Fall trat bei uns allerdings nie ein), oder nach einer für den Kfz-Typ festgelegten Zeit, wurde die planmäßige Instandsetzung durch den STKT geplant. Realisiert wurde sie durch die dafür zuständige Industrie der DDR oder durch die Zentrale Kfz-Werkstatt 18 (ZKW-18) der VM in Ladebow.

Die Materielle Sicherstellung mit Kfz-technischem Gerät wurde im KRR-18 durch die Lager des Stellvertreterbereichs Technik organisiert. Das waren das Kfz-Ersatzteillager und das Lager für Pioniertechnik für die ständig benötigten Ersatzteile sowie mehrere Container für die Truppenvorräte. In diesen Lagern waren auch die wichtigsten Ersatzteile für den Gefechtseinsatz gelagert. Aufgrund der angespannten Lage (häufige Störungen u. a.), waren wir aber gezwungen, bei Notfällen und dann nur auf meinen Befehl, doch ab und zu Teile für dringende Reparaturen aus den Truppenvorräten zu entnehmen. Im Austausch wurden dafür die verschlissenen Teile eingelagert, die dann bei der nächsten Lieferung neuer Ersatzteile ausgewechselt wurden. Die Ersatzteillage in der VM war insgesamt gesehen prekär und oft konnten wir dringend benötigte Teile nur durch meine guten Beziehungen zur 5. Raketenbrigade und zu anderen Einheiten beschaffen, obwohl wir sie bei Bedarf über den vorgeschriebenen Dienstweg sofort anforderten. Aber sie wurden meistens erst nach längerer Wartezeit und mehrmaligem Nachfragen geliefert.

Bei Ausfällen, Störungen und Havarien wurde die Bergung der Technik und Bewaffnung durchgeführt. Dazu gehörten das Bergen der ausgefallenen Technik und Bewaffnung sowie das anschließende Abschleppen und der Transport zu den Reparaturstützpunkten. Hier wurden sie instandgesetzt. Für diese Aufgaben stand eine Bergegruppe mit zwei schweren Radzugmitteln „Tatra-813", zwei Tiefladern und einem Schwerlastanhänger zur Verfügung. Mit diesen Mitteln war aber die Bergung einer SSR nur unter einfachsten Bedingungen möglich. Die Auswertung der Havarie der SSR bei der Überprüfung „Hanse 83" hatte eindeutig ergeben, dass für die Bergung einer SSR unter allen Bedingungen nur ein Bergepanzer „T-55 T" geeignet war. Wir hatten daraufhin die Aufnahme eines Bergepanzers in den „STAN 90" für die Ausrüstung der Bergegruppe des KRR-18 gefordert. Stattdessen wurde uns eine Panzerzugmaschine „MT-LB" zugeteilt, die für die Bergung von „BMP" geplant, aber nicht für Panzer und schwere Startrampen geeignet war. Die Krönung aber war: Sie stand nur auf dem Papier. Damit waren wir bei schweren Havarien unserer SSR auf die Unterstützung der Landstreitkräfte angewiesen.

Die Pioniersicherstellung wurde mit dem Ziel organisiert, günstige Bedingungen für die Handlungen der Truppen und die Verbesserung ihrer Verteidigung gegen alle Kampfmittel des „Gegners" zu schaffen sowie ihm Verluste zuzufügen und seine Handlungsmöglichkeiten durch den Einsatz von Pioniermitteln einzuschränken. Dafür existierte im täglichen Dienst im KRR-18 eine Pioniergruppe, ausgerüstet mit einer Pioniermaschine „BAT-M", einem schweren Radzugmittel „Tatra-813" und einem Tieflader. Auch jede KRA verfügte über eine Bergegruppe und Pioniergruppe mit der gleichen Ausrüstung. Die wichtigste Aufgabe der Pioniergruppen bestand in der

Schweres Radzugmittel „Tatra-813" mit Tieflader und Pioniermaschine „BAT-M" (IN)

umfassenden technischen Vorbereitung der Stellungsräume der KRA. Dazu gehörte das Schieben von Schutzwällen für die Warte- und Startstellungen der SSR und die FP, das Planieren der Beladepunkte und von Wegen vor allem für die technische Stellung der RTB u. a. Da die Stellungen nicht enttarnt werden sollten, durften die Arbeiten erst mit Beginn von Kampfhandlungen durchgeführt werden. Eine zusätzliche Aufgabe war die Unterstützung der Bergegruppe bei ihrer Arbeit, da deren schwere Technik dafür nicht ausreichte (siehe oben). Einsätze der Instandsetzungsgruppe mit „B-1000" und der Werkstatt auf dem Kfz „URAL-375" sowie auch der Berge- und Pioniergruppen erfolgten außer bei der Ausbildung zur Sicherstellung von Handlungen der KRA bei Übungen, Überprüfungen und bei den jährlichen Feldlagern.

Um die hier aufgeführte Vielzahl von Aufgaben zu erfüllen, standen dem STKT nur ein Personalbestand von insgesamt 37 Armeeangehörigen im Gefechtsfall, Soll 2, zur Verfügung. Im täglichen Dienst, Soll 1, waren das aber nur 16 Armeeangehörige, dafür kamen vier Zivilbeschäftigte dazu, die als Mechaniker, Schlosser und Elektriker arbeiteten. Das sollte ausreichend sein für die Kfz-technische Sicherstellung von zwölf SSR und über 200 Kfz des KRR-18.

Trotz dieser hohen Anzahl von Kfz und schwerer Technik, dem schnellen Wechsel (wegen des GWD) und der geringen Ausbildungszeit der Militärkraftfahrer, ereigneten sich im Verlauf von sieben Jahren im KRR-18 nur ein schwerer Unfall mit Todesfolge und nur wenige andere Unfälle. Alle diese Unfälle waren unverschuldet. Das war in erster Linie das Ergebnis der ausgezeichneten Arbeit aller Vorgesetzten bei der Ausbildung und Motivierung des Personalbestands, aber auch des hohen Verantwortungsbewusstseins und Könnens der Militärkraftfahrer.

Besonders möchte ich noch unsere Regulierer erwähnen. Sie saßen bei jedem Wetter, tagsüber und nachts, Sommer wie Winter, auf ihren Krads und erfüllten vorbildlich ihre Aufgaben zur Regulierung des Verkehrs im Interesse unserer SSR, der anderen schweren Technik und der Kolonnen bei den Kfz-Märschen.

Karl-Heinz Kräusche
Rückwärtige Sicherstellung
Einleitung

Die rückwärtige Sicherstellung (Logistik) umfasste die Gesamtheit aller Maßnahmen, die ausgeführt wurden, um die Truppen mit allen Arten von materiellen Mitteln und fachbezogenen Leistungen sicherzustellen. Ziel war, ihre Kampffähigkeit ununterbrochen aufrechtzuerhalten und günstige Bedingungen für die erfolgreiche Erfüllung der gestellten Aufgaben zu schaffen. Sie stellte die materiellen, medizinischen, transport- und unterkunftsmäßigen Bedürfnisse der Truppen in ihren Standorten sowie bei der Entfaltung, der Vorbereitung, während des Gefechtseinsatzes und danach sicher.

Unsere gut organisierten und technisch ausgerüsteten Rückwärtigen Dienste (RD) waren in der Lage, erfolgreich einen großen Umfang komplexer Aufgaben der Rückwärtigen Sicherstellung zu lösen und die Sicherstellung der Truppen mit allem Notwendigen für das tägliche Leben und das Gefecht unter allen Bedingungen zu gewährleisten.

Der Bedarf der Truppen an materiellen Mitteln nimmt in Verbindung mit dem weiteren Anwachsen und der qualitativen und quantitativen Verbesserung der technischen Ausrüstung der Truppenteile und Einheiten und des Umfangs des Gefechts ständig zu. Es existieren Analysen, denen zufolge für einen Soldaten durchschnittlich pro Tag im Zweiten Weltkrieg ungefähr 20 kg, aber in den lokalen Kriegen der 1970er-Jahre bereits 90 kg an materiellen Mitteln benötigt wurden.

Um rechtzeitig und vollständig den Bedarf der Einheiten des KRR-18 an materiellen Mitteln unter den Bedingungen des Gefechts und eines möglichen Einsatzes von MVM durch den „Gegner" sicherzustellen, mussten genügend Reserven geplant und zweckmäßig gelagert werden. Die dazu notwendige Beurteilung der Versorgungslage beinhaltete die Bestandsüberwachung und Berechnung des Verbrauchs und der Verluste. Die Reserven wurden als Truppenvorräte (TV) im KRR-18 und Operative Vorräte (OV) in den zentralen Lagern und Basen gestaffelt gelagert und bei Bedarf den Kampfeinheiten (KRA) zugeführt. Die Kampfeinheiten des KRR-18 erhielten die materiellen Mittel entsprechend ihres realen Bedarfs, bei zugeteilten Ressourcen unter Berücksichtigung der Schaffung von exakt festgelegten Reserven. Diese wurden vor jedem Gefechtseinsatz auf Entschluss des Kommandeurs des KRR-18 in Abhängigkeit vom Charakter und dem Umfang der Gefechtsaufgabe, dem erwarteten Verbrauch der materiellen Mittel sowie den Möglichkeiten ihrer Zuführung und der Nutzung örtlicher Ressourcen festgelegt.

Im täglichen Dienst, Soll 1, betrug die personelle Stärke des Regiments 438 Armeeangehörige, davon 71 in dem RD. Das bedeutete, dass ein Armeeangehöriger der RD sechs Angehörige des KRR-18 sicherzustellen hatte. Dieses Verhältnis von 1:6 lag weit unter den sonst gebräuchlichen Zahlen, angestrebt wurde in den modernen Armeen 1:3. Im Gefechtseinsatz, Soll 2, war dieses Zahlenverhältnis für die RD noch ungünstiger. Die Rückwärtige Sicherstellung war eng mit der Technischen Sicherstellung verbunden und schloss einen breiten Komplex von Maßnahmen ein. Dazu gehörten folgende Arten der Sicherstellung: Materielle Sicherstellung, Medizinische Sicherstellung, Transportsicherstellung, Sicherstellung mit Unterkunft, Brandschutz.

Materielle Sicherstellung

Das Ziel der Materiellen Sicherstellung bestand in der rechtzeitigen und vollständigen Versorgung der Truppenteile und Einheiten mit materiellen Mitteln und beinhaltete:
- Die Beschaffung, Übernahme und Lagerung der materiellen Mittel.
- Die Bereitstellung, Zuführung und Übergabe der materiellen Mittel an das KRR-18 und an die KRA nach festgelegten Normen oder Bedarfsanforderungen.
- Die Schaffung notwendiger Reserven, deren Lagerung, Wartung und Dezentralisierung.

Zu den materiellen Mitteln gehörten Verpflegung, Bekleidung und Ausrüstung (B/A) sowie Treib- und Schmierstoffe X (T/5). Die Materielle Sicherstellung wurde ununterbrochen norm- und zeitgerecht nach Plänen und Anordnungen der zuständigen Vorgesetzten vorgenommen. Diese waren verantwortlich für die effektive Nutzung der materiellen Mittel. Betrachten wir die konkrete materielle Sicherstellung im KRR-18.

Durch den Verpflegungsdienst wurde die Essensversorgung als Frischverpflegung und Truppenvorrat sichergestellt. Dazu gehörte die tägliche Beschaffung, kurz- und langfristige Lagerung sowie Zubereitung von Nahrungsmitteln und die Bereitstellung von Trinkwasser im Objekt sowie beim Gefechtseinsatz in den Stellungsräumen der KRA. Dafür standen im täglichen Dienst, Soll 1, ein Personalbestand von sieben Armeeangehörigen und drei Zivilbeschäftigte sowie folgende Einrichtungen und Technik zur Verfügung:
- 1 Großküche mit 3 Speisesälen und 1 Verpflegungslager im Objekt des KRR-18,
- 3 Feldküchen, 3 Wassertransportanhänger, 1 Kühl-Kfz und 1 Kühlhänger.

Im Regiment wurden Tagesverpflegungssätze (TVS) für insgesamt bis zu 47 Tagen gelagert, davon waren: bis zu 7 TVS laufende Versorgung, bis zu 30 TVS Mindestvorrat (ohne Frischverpflegung) à 310 Portionen lagerfähige Lebensmittel, 10 TVS Truppenverpflegung à 420 Portionen als Komplekte.

Der B/A-Dienst war für die Bekleidung und Ausrüstung (B/A) des Personalbestands verantwortlich. Das waren: Dienstbekleidung, Felddienstbekleidung, Sportbekleidung, die Zusatzbekleidung, wie z. B. Schutz- und Arbeitsschutzbekleidung, Koch- und Küchenwäsche, Bettwäsche, die Arbeitskombinationen, Zelte und Zelteinrichtungen.

Zum Personalbestand gehörten ein Armeeangehöriger und zwei Zivilbeschäftigte. Die Lagerung erfolgte im B/A-Lager, in zahlreichen Nebenräumen, Containern und gesondert als Mobilmachungsreserve im Objekt des KRR-18.

Die Vorräte unterteilten sich in: Ausgleichs- und Verpassungsbestände zum größenmäßigen Ausgleich (gesamtes Sortiment), Tauschbestände (Koch- und Küchenwäsche, Bettwäsche, Handtücher und Zusatzbekleidung), Truppenvorräte.

Die Staffelung der zu haltenden Truppenvorräte richtete sich nach dem „STAN" und den unterschiedlichen prozentualen Anteilen (zwischen 5 % und 50 %) in den einzelnen Kategorien, wie Kopfbedeckung, Ober- und Kampfbekleidung,

Feldküche „FKü" im Einsatz
bei der SKA-Abteilung (KS)

Tank-Kfz „G-5" (IN)

Unterbekleidung, Schuhwerk und Zusatzbekleidung. Die Truppen- und Mobilmachungsvorräte wurden gesondert gelagert und beinhalteten nur Gegenstände der Kampfbekleidung.

In Verantwortung des Treib- und Schmierstoffdienstes wurden Vergaser- (Benzin) und Dieselkraftstoffe, Raketentreibstoffe sowie Öle, Fette und Spezialflüssigkeiten gelagert und bereitgestellt. Besonders hohe Anforderungen bestanden bei der Lagerung und Qualitätsüberwachung der Raketentreibstoffe. Zum Personalbestand gehörten fünf Armeeangehörige und folgende Einrichtungen und Technik im täglichen Dienst, Soll 1, im Objekt des KRR-18: 1 Tankstelle, 1 Treibstofflager, 1 Tank-Kfz „G-5" mit Tankhänger.

Im Objekt des KRR-18 wurden folgende Auffüllungen gelagert: Vergaserkraftstoff (VK) 3 Auffüllungen (AF) je Kfz, 1 AF sind ungefähr 22.000 l,

Dieselkraftstoff (DK) 1,3 AF, je Kfz, 1 AF sind ungefähr, 36.000 l Raketentreibstoffe, zahlreiche Öle, Fette und Spezialflüssigkeiten.

Medizinische Sicherstellung
Die Medizinische Sicherstellung im KRR-18 beinhaltete die ärztliche und zahnärztliche Betreuung der Armeeangehörigen durch den Medizinischen Dienst während des täglichen Dienstes im Regimentsmedpunkt des Objekts bzw. beim Gefechtseinsatz und bei der Ausbildung in den Stellungsräumen der KRA. Die Sanitätsausbildung in den Einheiten wurde durch medizinisches Personal unterstützt. Für den Gefechtseinsatz wurde das Personal für die Bergung von Verletzten und Geschädigten, deren medizinische Erstversorgung im Zusammenwirken mit den Kampfeinheiten und ihren Transport in zentrale medizinische Einrichtungen durch Kräfte des Regiments ausgebildet. Im täglichen Dienst, Soll 1, gehörten zum Personalbestand sechs Armeeangehörige und vier Zivilbeschäftigte sowie der Regimentsmedpunkt im Objekt mit folgenden Einrichtungen und Technik: eine Ambulanz, eine Bettenstation, eine Zahnstation, zwei Sanitätskraftwagen: ein Kfz „LO-1800" und ein Kfz „B-1000", eine Feldsanitätseinrichtung.

Transportsicherstellung
Die Transportsicherstellung wurde im KRR-18 durch den Transportzug gewährleistet. Der Einsatz der Fahrzeuge erfolgte vorrangig zur Sicherstellung der täglichen Versorgung und zur Abholung von Vorräten. Im Gefechtseinsatz lag der Schwerpunkt des Transports auf der Zuführung von materiellen Mitteln für die KRA in den Stellungsräumen. Zum Personalbestand gehörten im täglichen Dienst, Soll 1, neun Armeeangehörige und ein Zivilbeschäftigter sowie folgende Technik: Ein Pkw „Wartburg" für den Regimentskommandeur, ein Kübel „UAZ-469" für den Regimentskommandeur, zwei Kleintransporter „B-1000", fünf Transport-Lkw „W-50" und sechs Hänger, ein Wassertransport-Kfz, drei Spezial-Kfz „LO-1800": Zwei Stabskom („Schmetterling") und eine Rundfunk-Kinoeinrichtung „RKE-75".

Sicherstellung mit Unterkunft

Die Sicherstellung mit Unterkunft beinhaltete im täglichen Dienst die Bereitstellung und den Erhalt der normgerechten Unterbringung der Armeeangehörigen in den Gebäuden des Objekts. Dazu gehörte die Ausrüstung der Unterkünfte, Stabsgebäude und Ausbildungsanlagen mit Mobiliar, die Instandhaltung und die Beheizung der Gebäude, die Bereitstellung von Elektroenergie, Wasser und festen Brennstoffen, z. B. für die Zeltöfen, sowie die Kontrolle des Brandschutzes und des Eisenbahnanschlusses. Für diese Aufgaben war der Unterkunftsdienst (UKD) des KRR-18 verantwortlich. Zum Personalbestand gehörten im täglichen Dienst sechs ZB und folgende Einrichtungen im Objekt des KRR-18: Das Heizhaus, die Wasser- und Abwasseranlagen, die Trafostation, die E-Anlagen und das Möbellager.

Außerdem gehörte die Objektfeuerwache als Strukturelement zu den RD mit einer Stärke von elf Armeeangehörigen und zwei Tanklöschfahrzeugen TLF „W-50" sowie einem Tanklöschanhänger TLA.

Besonderheiten der rückwärtigen Sicherstellung im Küstenraketenregiment 18

Einige Besonderheiten der rückwärtigen Sicherstellung im KRR-18 möchte ich noch anmerken:

Mit der Indienststellung des KRR-18 am 01.11.1983 galt es, eine stabile rückwärtige Sicherstellung für eine Marineeinheit zu organisieren, die sich ausschließlich an Land bewegte. Die Struktur für RD im KRR-18 wurde auf der Grundlage von Erfahrungen aus den sowjetischen KRAT und der vormaligen KRA-18 abgeleitet. Erfahrene Angehörige aus der KRA-18 und anderen Sicherstellungseinheiten der VM haben gemeinsam ein funktionssicheres Versorgungssystem aufgebaut. Dabei galt es täglich, ob mit oder ohne langjährige praktische Erfahrung, die Aufgaben zu erfüllen. Alle Angehörigen der RD hatten keine Probezeit. Nicht umsonst heißt es: wie die Verpflegung, so die Bewegung. Das aber betrifft im übertragenen Sinne alle Sicherstellungsarten. Die Rückwärtige Sicherstellung mit Verpflegung, Bekleidung und Ausrüstung sowie mit Treib- und Schmierstoffen musste vom ersten Tag an funktionieren. Auch die medizinische Betreu-

5. RSA des KRR-18 1988 im Feldlager (PG)

ung, der Brandschutz und die Transportsicherstellung der täglichen Versorgungsprozesse wurden aus dem Stand gewährleistet. Die Unterkunft sowie die Dienst-, Funktions- und Ausbildungsräume hatten einen geordneten Dienst zu gewährleisten. Dazu gehörte die normgerechte Bereitstellung von Mobiliar, Sanitäreinrichtungen, Wärme und Strom.

Alles andere hätte Unzufriedenheit in der Truppe und reichlich Ärger mit den Vorgesetzten ergeben. Soweit die Theorie, in der Praxis verlief dieser Prozess aber nicht reibungslos. Es gab immer diese oder jene Versorgungslücke bzw. Verzögerungen in der Rückwärtigen Sicherstellung. In diesem dynamischen Prozess war das Sicherstellungspersonal in einer außerordentlich angespannten Situation. Deshalb waren viel Initiative, Sachkenntnis und organisatorisches Geschick im Führungsprozess und in der praktischen Arbeit gefragt. Dieser schwierigen Situation hatten sich der STKRD und seine Fachoffiziere, Fähnriche und Fachunteroffiziere vom ersten Tag an zu stellen. Damit war aber auch jeder Armeeangehörige und Zivilbeschäftigte der RD, oft als Einzelkämpfer oder in Doppelfunktion, täglich stark belastet. Die Friedensstärke der Führung und der Einheiten der RD (Soll 1) unterlag einem strengen Sparzwang. Sie betrug (soweit ich mich erinnere) insgesamt sechs Offiziere, zehn Fähnriche und Berufsunteroffiziere, 29 Soldaten auf Zeit und Wehrpflichtige sowie 17 Zivilbeschäftigte. Erschwerend wirkten sich die verhältnismäßig geringe Personalstärke der RD sowie die dem damaligen Auffüllungssystem geschuldete etappenweise Zuführung des Personals aus. FK Bernd Moritz, KK Rüdiger Flemming, Stabsfähnrich Dieter Neumann, Stabsobermeister Ray Lebert, – stellvertretend genannt für viele andere – sind Aktivisten dieser ersten Stunden. Nahezu für alle, ob mit oder ohne Erfahrungen in der Rückwärtigen Sicherstellung, waren die Aufgaben in dem geforderten Umfang als RD eines Regiments neu. Sie wurden ins kalte Wasser geworfen und mussten sofort schwimmen – über Wasser halten reichte da nicht aus. Viele Erkenntnisse mussten in der täglichen Arbeit gewonnen und mit der persönlichen Weiterbildung am Arbeitsplatz abgestimmt werden. Daher war es auch besonders schwierig, alle Anforderungen an die allseitige und umfassende militärische Ausbildung zu erfüllen. Bei der politischen Bildung wurden sowieso keine Abstriche geduldet und die Allgemeinmilitärische Ausbildung sollte auch nicht vernachlässigt werden. Dies galt auch für die „kleinen militärischen Freuden" wie Frühsport, Reinschiff und Verschönerung der großflächigen Außenreviere, für die FDJ- und Sportarbeit u.Ä. Bei der Bewertung der Ausbildungsergebnisse und im Sozialistischen Wettbewerb erfolgte die Abrechnung exakt nach den vorgegebenen Bewertungskriterien. Einen Bonus für die Angehörigen der RD gab es nicht. Daraus entstand wiederholt ein Interessenkonflikt: Für die rückwärtigen Sicherstellungsaufgaben war die Motivation hoch, bei allen anderen militärischen Pflichten herrschte eher verhaltene Begeisterung oder Lustlosigkeit. Dabei wurde oft übersehen, dass die „Versorger" vor Dienstbeginn oder nach Dienstschluss auch noch gebraucht wurden. Die Essenzubereitung begann vor dem Wecken und betankt wurde nach Rückkehr in die Dienststelle, d. h. auch nach Dienstschluss. Inventuren oder andere wichtige Lagerarbeiten gingen oft weit über die Dienstzeit hinaus. Und besondere Freude kam auf, wenn Kontrollen vorbereitet, Zuführungen eingelagert und Mängel beseitigt werden mussten. Da reichten oft die Regeldienstzeit und das strukturmäßige Personal nicht aus. In Tag- und Nachtarbeit und als „Allemannsmanöver" des verfügbaren Personals wurde der Normzustand hergestellt.

Mit der Dienstübernahme als STKRD des KRR-18 im April 1988 erlebte ich diese Situation hautnah. Die Besonderheiten des Dienstes in den RD waren für mich nicht neu. Die unmittelbare Nähe zum Personalbestand aufgrund der strukturellen Gegebenheiten einerseits und die verständliche Distanz der Armeeangehörigen und Zivilbeschäftigten zum neuen wesentlich älteren Vorgesetzten andererseits waren für mich jedoch eine neue Herausforderung.

Dabei war meine persönliche Unterbringung im Objekt in den ersten Wochen vorteilhaft. Die Maate und Matrosen meines Bereichs lernte ich außerhalb der täglichen Dienstpflichten in zwanglosen Gesprächen oder beim Freizeitsport kennen und damit auch ihre Meinungen und Sorgen. Obwohl von deren Vorgesetzten kritisch beäugt, konnte ich mir in relativ kurzer Zeit ein tiefgründiges und realistisches Bild über die RD machen. Diese, meine Nähe zu den unteren Dienstgradgruppen schaffte aber auch eine gewisse Unsicherheit bei deren Vorgesetzten. Sie unterstellten mir zeitweilig, dass ich meine dienstlichen Forderungen nur nach der Meinung der Matrosen ausrichtete. Für mich war aber wichtig, dass ich meine Lagebeurteilung nicht nur nach dem Auskunftsbericht meines Vorgängers, den Informationen meines Führungskollektivs und den Ergebnissen im täglichen Dienst treffen konnte. Im Ergebnis meiner Zustandsanalyse hatte ich ein gutes Gefühl über die fachspezifische Leistungsfähigkeit meines Bereichs, aber auch eine gewisse Sorge über die Unterschätzung der allgemeinmilitärischen Pflichten. Es war demzufolge weniger mühevoll, die Angehörigen der RD für die täglichen Sicherstellungsprozesse zu motivieren. Die Beschaffung und Lagerung sowie die Versorgung mit materiellen Mitteln wie Verpflegung, Treib- und Schmierstoffen, Bekleidung und Ausrüstung wurden als ihre Hauptaufgabe verstanden. Um diese zu erfüllen, herrschte ein hoher Grad an Bereitschaft, Verantwortung und Initiative. Bei der verhältnismäßig dünnen Personaldecke war das gegenseitige Vertreten und Helfen ausgeprägt. Häufig brachten Erfindungsreichtum und mitunter Improvisation den Erfolg.

Auch wenn das oft von Außenstehenden kaum bemerkt wurde, die RD des KRR-18 waren eine gut funktionierende zielorientierte Gemeinschaft, die auf die Handlungsfähigkeit und das Wohlergehen des gesamten Regiments ausgerichtet war. Ich glaube, dieser vorherrschende Anspruch an unsere Sicherstellungsaufgabe führte letztendlich zu dem besonderen kollegialen Verhältnis zwischen den Armeeangehörigen und Zivilbeschäftigten, aber auch zwischen Vorgesetzten und Unterstellten in unserem Bereich. Wir waren stolz auf unsere Ergebnisse. Ganz anders sah es bei unserem Personal mit der Lust auf politische Bildung und Allgemeinmilitärische Ausbildung aus. Hier suchte und fand man viele Lücken, um diesen Anforderungen zu entgehen oder um sie nur halbherzig zu erfüllen. Also entwickelte sich eine Gratwanderung zwischen den kompromisslosen, ununterbrochenen und normgerechten Sicherstellungsaufgaben und der Erfüllung der allgemeinmilitärischen Pflichten für mich als Vorgesetzten. Aber allein Befehlsgewalt brachte wenig bis gar nichts. Vor allem die Fachoffiziere waren von meinen Forderungen, die allseitigen militärischen Anforderungen durchzusetzen, nicht gerade begeistert. Es fiel mir auch in der Folgezeit schwer, die Ausgewogenheit der Anforderungen an den Dienst in den RD verständlich zu machen.

Doch die tägliche, engagierte Arbeit und das sich entwickelnde kollektive Handeln aller Verantwortungsträger auf der Grundlage langjähriger Erfahrungen und der Sachkenntnis vor allem der Fachoffiziere, Fähnriche und Meister sowie der immer fleißigen Zivilbeschäftigten gewährleisteten letztendlich den erwarteten Erfolg.

Der Regimentskommandeur erkannte meine Erfahrungen an und nahm deshalb nur bedingt auf die Rückwärtige Sicherstellung Einfluss. Das ist durchaus normal und verständlich, hatte er doch Priorität auf die Gefechtsaufgabe des Regiments zu richten. Außerdem setzte er voraus, dass dieser Stellvertreterbereich auch ohne unmittelbare Einflussnahme erwartungsgemäß störungsfrei funktionierte. Wir rückten eigentlich mehr oder weniger nur ins Blickfeld, wenn etwas nicht funktionierte. Eine weitere unabdingbare Voraussetzung für eine erfolgreiche Arbeit war das gut abgestimmte Zusammenwirken mit allen Stellvertretern und deren Bereichen. Sehr hilfreich war dabei die Achtung der Tätigkeit des „Nebenmanns", denn daraus entwickelte sich ein sehr kameradschaftliches bis freundschaftliches Verhältnis zueinander. Die Zusammenarbeit mit dem Kfz-technischen und dem Raketentechnischen Dienst war sachbedingt besonders intensiv. Über meine Tätigkeit als STKRD kann ich mit einem gewissen Stolz feststellen, dass die Zusammenarbeit mit dem Kommandeur und allen Stellvertretern vertrauensvoll und konstruktiv war. Auch eine gute Zusammenarbeit mit den RD des KVM und der 4. Flottille war ausgeprägt. Besonders hilfreich war die Bereitschaft, dieses für die Kampfkraft der VM wichtige Regiment aufmerksam und umfassend zu unterstützen sowie die Tatsache, dass ich durch meine langjährige Tätigkeit in den RD viele Führungs- und Fachkräfte persönlich kannte. Es bedurfte keiner besonderen Bemühungen, Rat und Tat zu erbitten. Das war für mich ein guter Rückhalt.

Das Aufrechterhalten einer ständig hohen Gefechtsbereitschaft war für mich und meine unmittelbar unterstellten Fachoffiziere und Fachunteroffiziere ein besonderer Schwerpunkt, der viel Verantwortung und Fachkenntnisse erforderte. Für die Gefechtsbereitschaft des Regiments oblag den RD die umfangreiche Pflicht, Truppenvorräte an Verpflegung, Treib- und Schmierstoffen sowie Bekleidung und Ausrüstung für die

Versammlung der Parteigruppe der Führung beim 5. RSA 1988 (PG)

ersten Tage nach Ausbruch von Kampfhandlungen zu lagern und bereitzustellen. Dazu wurden alle erforderlichen materiellen Mittel für die ersten Tage normgerecht gelagert. Der Umfang war erheblich und erforderte einen hohen Aufwand an Bestandspflege – wie die Einhaltung der Lagerbedingungen und die Pflege und Wälzung mit dem bereits erwähnten geringen Personalbestand. Außerdem mussten Mobilmachungsreserven unter den gleichen Lagerbedingungen, aber mit einem hohen Grad an Geheimhaltung aufgestellt und gehalten werden. Die besonders geheim zu haltende Arbeit mit diesen materiellen Mitteln durfte nur von einem eng begrenzten Personalbestand geleistet werden und schränkte damit die Verfügbarkeit von Wartungspersonal stark ein. Änderungen der Normen, neue Produkte oder der Ablauf der Lagerfristen brachten mitunter viel Arbeit. Und nicht immer war durchgängig das nötige Verständnis entwickelt, kurzfristig und mitunter außerhalb der Dienstzeit den Normzustand an Reserven wiederherzustellen und zu halten. So wurde manchmal versucht, mit mir um Terminstellungen zu feilschen. Ich machte bei diesen Forderungen keine Zugeständnisse. Nach dem Auslösen von Gefechtsalarm hatten auch die RD enge Normzeiten und alle Hände voll zu tun, um die eigenen Aufgaben zu erfüllen und um die festgelegten Elemente der Rückwärtigen Sicherstellung zu entfalten. Für die Verlegung in einen Dezentralisierungsraum war eine Normzeit von 6 Stunden festgelegt. Teile des Verpflegungs-, des T/S- und des medizinischen Dienstes hatten die Beladung und Verlegebereitschaft der festgelegten Mittel zu gewährleisten und normgerecht das Objekt zu verlassen. Der Rest der Armeeangehörigen und die Zivilbeschäftigten verblieben unter Führung des STKRD als Nachkommando im Objekt, um die Funktionsfähigkeit der Dienststelle zu sichern und den Nachschub zu organisieren. Gleichzeitig war ein großer Teil des Personals laut „Plan der Überführung des KRR-18 vom Friedens- in den Kriegszustand" mit der Herstellung der Mobilmachungsbereitschaft und ggf. mit der Mobilmachung selbst befasst und stand dem STKRD erst frühestens ab „M" + 10 Stunden zur Verfügung. Die Rückwärtige Sicherstellung war also stabil im erforderlichen Umfang auch unter diesen Bedingungen mit wenig Personal im geplanten kooperativen Zusammenwirken mit den Gefechtseinheiten zu gewährleisten.

Bei den Überprüfungen der Gefechtsbereitschaft waren wir trotz der angeführten Probleme dank der Initiative und des guten Ausbildungsstands unserer Armeeangehörigen immer „Gefechtsbereit". Typisch für diese Phase war aber auch, kurzfristig diesen oder jenen Mangel aus der Vorbereitung auf die Enthaltung der Gefechtseinheiten auszubügeln. Irgendwelche materiellen Mittel oder Ersatzteile fehlten den zur Verlegung bereitstehenden Gefechtseinheiten, vor allem der 2. Staffel, immer in letzter Minute. Oder plötzlich traten an der Ausrüstung Defekte bzw. Defizite auf, so z. B. bei Schutzausrüstung, Bekleidung oder Schmierstoffen, aber auch bei Zeltstangen und Zeltöfen. Manchmal wussten wir, dass das keine objektiven Mängel waren. Es lag eine Schlamperei beim jeweiligen Verantwortlichen vor. Doch im Interesse der Gesamtaufgabe konnten wir in dieser Situation keine Mängeldiskussion führen, wir mussten handeln. Grundsätzlich halfen wir auch gern, aber unsere Möglichkeiten waren in dieser Phase begrenzt. Vieles lief dabei auf dem kleinen Dienstweg unter alten „Kampfgefährten". Der STKRD sollte davon nichts erfahren. Das war gelegentlich ein Trugschluss, wurde aber dann erst nach der Wiederherstellung der Gefechtsbereitschaft erörtert.

Höhepunkte in der Gefechtsausbildung des KRR-18 waren die RSA in der Ausbildungsbasis der BF in Baltijsk. Diese waren der reale Gradmesser für die erfolgreiche Führung und für das komplexe Zusammenwirken aller Strukturelemente des Regiments. Der scharfe Raketenstart war die Krönung einer intensiven Gefechtsausbildung und deren allseitiger Sicherstellung. Die Rückwärtige Sicherstellung war dabei zwar nicht entscheidend für den Erfolg, aber ohne sie war ein Gesamterfolg auch nicht möglich. Zu den langfristigen und kontinuierlichen Vorbereitungsaufgaben gehörte die materielle Absicherung der Handlungen der Gefechtseinheiten mit allen materiellen Mitteln, um Personal und Technik in einen funktionsfähigen, aber auch äußerlich ansprechenden Zustand zu versetzen. Bis auf den letzten Knopf sollte alles vorzeigewürdig sein. Für die Angehörigen der RD wurde die komplexe Vorbereitung der beteiligten Kräfte und die unmittelbare Sicherstellung im Feldlager auf dem sowjetischen Übungsgelände eine große Herausforderung, doch mitunter auch sehr „nervig", weil den Akteuren immer noch etwas fehlte und sofort gebraucht wurde. Die Aussicht auf eine Seefahrt und die Teilnahme an der Stunde der Wahrheit für das Regiment motivierte das Personal der RD jedoch auch zu besonderer Sorgfalt und Umsicht. Manch einer entwickelte plötzlich noch mehr Initiative, erhielten doch nur die Besten eine Chance mitzufahren, denn auch vor Ort war eine qualitätsgerechte und routinierte Sicherstellung der Verpflegung und des Treibstoffs gefragt.

Eine sichere Bank im Rückwärtigen Sicherstellungsprozess waren die Zivilbeschäftigten, die mit ihren reichen Berufserfahrungen und einer vorbildlichen Arbeitsauffassung in allen schwierigen Situationen ein Garant für Stabilität und Qualität der Versorgung bildeten. Vor allem in der täglichen Organisation bildeten sie mit einem Anteil von ca. 25 % des Sicherstellungspersonals oft den Rückhalt. Mit ihrer großen Berufs- und Lebenserfahrung vermittelten sie Fachkenntnisse und Verhaltensnormen für die meist jüngeren Armeeangehörigen aller Dienstgradgruppen und Dienststellungen. Für mich waren sie ernsthafte und kooperative Partner bei der Lösung der vielfältigen Aufgaben, in der Sacharbeit aber auch bei der Einflussnahme auf die Entwicklung unserer Matrosen und Maate, der jüngeren Meister und Offiziere. Ob in der praktischen Arbeit, in persönlichen Gesprächen oder in den Mitgliederversammlungen unserer Parteigrundorganisation – ihre kritische Meinung war wichtig. Sie wirkten ausgleichend. Ihre Qualitätsansprüche, ihre Zuverlässigkeit und ihre Verhaltensnormen hatten erhebliche Vorbildwirkung. Ihr Wirken als Kollege oder als väterlicher Freund hatte oft nachhaltigeren Einfluss auf das Verhalten der Matrosen und Unteroffiziere, als die militärische Ausbildung und Erziehung. Das heißt: Ohne unsere Zivilbeschäftigten wäre eine stabile und qualitätsgerechte Rückwärtige Sicherstellung kaum möglich gewesen. In allen Fachdiensten wirkten die Zivilbeschäftigten stabilisierend. Hervorzuheben sind die Kolleginnen und Kollegen in der Großküche, im B/A-Lager, im Regimentsmedpunkt oder im Unterkunftsdienst/Heizhaus. Für mich war z.B. die solide und kameradschaftliche Pflichterfüllung von Beate Kraatz als Sachbearbeiterin in der Führung RD mit ihrem großes Verständnis und der umsichtigen Hilfe bei der Organisation und Nachweisführung der Sicherstellungsprozesse eine entscheidende Vorrausetzung für meine tägliche Arbeit, vor allem in der Einarbeitungsphase. Sie hielt mir den Rücken frei und wirkte als ein wichtiges Bindeglied in der Führung der RD.

Nach nur knapp eineinhalb Jahren war meine Tätigkeit im KRR-18 beendet. Eine neue zeitbedingte und interessante Aufgabe im WBK im Interesse der Überführung der

NVA in den zivilen Bereich folgte. An das leistungsstarke Kollektiv und die erfolgreiche Zusammenarbeit erinnere ich mich gern. Deshalb möchte ich mich an dieser Stelle bei allen Angehörigen des Regiments, vor allem bei den „Rückwärtigen" bedanken. Aus den Erinnerungen und Berichten ehemaliger Genossen möchte ich einige Bemerkungen aus der Sicht der RD über die Außerdienststellung und Auflösung, also zum glanzlosen Ende eines so stolzen Truppenteils machen. Im September 1990 wurde das Regiment unter dem Thema „Die letzte Salve" entfaltet. Auch die RD hatten dazu ihren Beitrag zu leisten. Die „Gefechtsübung" der RD bestand in der Ausrichtung eines Abschiedstreffens unter feldmäßigen Bedingungen in einem 25-m-Zelt. Mit einer schmackhaften und allgemein gelobten Festtafel wurde ein würdiger Abschluss auch in dieser speziellen Form der Rückwärtigen Sicherstellung unter Feldbedingungen erreicht.

Nach jahrelanger komplexer rückwärtiger Sicherstellung reduzierte sich die Tätigkeit der Angehörigen der RD in den letzten Monaten der Existenz des Regiments vorrangig auf die stabile Versorgung der wenigen verbliebenen Kräfte mit Verpflegung und mit Treib- und Schmierstoffen, sowie auf das Verbringen der materiellen Mittel nach Vorgaben. Alle Bestände an materiellen Mitteln und Technik wurden mehr oder weniger organisiert oder zum Verramschen in zentrale Lager der NVA und in zivile Bereiche abgeführt. Dazu wurden laufend per Fernschreiben Mittel, Mengen und Zielorte genannt und es musste kurzfristig verladen und verlegt werden. Da kam oft Unverständnis und Wehmut beim Rest des Personalbestands und den Zivilbeschäftigten auf. Die Auflösung wurde immer massiver vorangetrieben und wir wurden zu unserem eigenen Totengräber. Die Schwerpunkte verlagerten sich ab Mitte des Jahres 1990 radikal, als ständig Besuchergruppen auftauchten und laufend personelle Veränderungen – also Versetzungen und Entlassungen – anstanden. Die Hauptaufgaben der RD waren nun die Sicherstellung von Begrüßungs- und Abschiedsessen, die Bereitstellung von Kaffee und Kuchen, die Organisation von Grillpartys und anderer, bisher im Freizeitbereich angesiedelter Tätigkeiten.

Für die Unterstützung bei der Erarbeitung meines Beitrags bedanke ich mich bei Peter Schaarschmidt. Ein besonderer Dank gilt Frank Keil. Durch seine Mitarbeit habe ich mich an viele längst vergessene Details wieder erinnert.

Kapitel VIII Gründung der Küstenraketentruppen der Volksmarine

Lothar Schmidt
Einleitung

In den folgenden Kapiteln behandeln wir die Geschichte der Entwicklung der KRT der VM. Sie begann mit der Ausrüstung der VM der DDR mit der modernsten Raketenbewaffnung, der „P-15" und der „S-2". Das erfolgte auf Beschluss der Exekutive der WVO und nachfolgend der Regierung der DDR. Die Ausbildung der dafür erforderlichen Kader wurde rechtzeitig geplant und umgesetzt.

Am 01.10.1962 wurde die neue Waffengattung der VM aus der Taufe gehoben: Die KRT. Ausgerüstet mit dem weltweit ersten KRK „Sopka" und der Rakete „S-2" wurde die Spezial-Küstenartillerieabteilung in Dienst gestellt. Nach neun Jahren erfolgreicher Erfüllung der Aufgaben erfolgte am 01.12.1971 ersatzlos die Außerdienststellung. Die Ursachen dafür lagen im moralischen und technischen Verschleiß sowie im Fehlen eines Nachfolgemusters in der Raketenbewaffnung.

Es folgten neun Jahre Geschichte der VM ohne die Waffengattung KRT. Die Planung zur Einführung des KRK „Rubesh" in der VM ist in Kapitel I, S. 27 ausführlich beschrieben. Am 15.12.1980 wurde schließlich die KRA-18 als Bestandteil der KRT der VM in Dienst gestellt und mit dem modernsten KRK „Rubesh" und den Raketen „P-21/22" ausgerüstet. Die Entwicklung vom Komplex „Sopka" zum „Rubesh" kann man als Quantensprung bezeichnen.

Aber die Entwicklung ging weiter zum schlagkräftigsten Truppenteil der VM weiter: am 01.11.1983 erfolgte die Indienststellung des KRR-18. Beginnend mit einer gefechts-

Die Startrampen des KRK „Sopka" und des KRK „Rubesh" im MHM in Dresden (PG)

bereiten Startbatterie und einer RTB, erfüllte das Regiment sieben Jahre im Bestand der Führung – zweier KRA und Sicherstellungskräften – erfolgreich alle Aufgaben. In der Phase der beginnenden Auflösung 1990 wurden sogar noch zwei SSR für die von Anfang an geplante 3. KRA eingegliedert. Am 02.10.1990 wurde die Truppenfahne des KRR-18 abgegeben. Damit endete die Existenz der KRT der VM.

Entsprechend der chronologischen Reihenfolge beginnen wir mit der Darlegung der Geschichte der SKA-Abteilung. Da die damit verbundenen Ereignisse zeitlich gesehen am weitesten zurückliegen, sind Berichte darüber demzufolge auch am kompliziertesten. Deshalb hat Klaus-Peter Gödde die Chroniken tiefgründig ausgewertet und Gespräche mit ehemaligen Angehörigen der Abteilung geführt. Wesentlich unterstützt hat ihn bei seiner Arbeit FK a.D. Kurt Stippkugel, ehemaliger Stabschef der SKA-Abteilung.

Klaus-Peter Gödde
Spezial-Küstenartillerieabteilung 1962–1972
Einleitung

Warum sich die Führung der VM der DDR Anfang der 1960er-Jahre für die Einführung einer neuen Waffengattung – die KRT mit der SKA-Abteilung – entschied, wurde in Kapitel I, S. 22 dargelegt. Den Begriff „Spezial-Küstenartillerieabteilung" wählte man wohl aus Gründen der Geheimhaltung, richtig bezeichnet war es ein KRK, und zwar der erste weltweit. Die Einsatzmittel dieses KRK sind Flügelraketen, die im Unterschallgeschwindigkeitsbereich fliegen. Diese flugzeugähnlichen Geschosse (vom Jagdflugzeug „MiG-15" abgeleitet) wurden nicht durch Piloten, sondern durch automatische Lenksysteme gesteu-

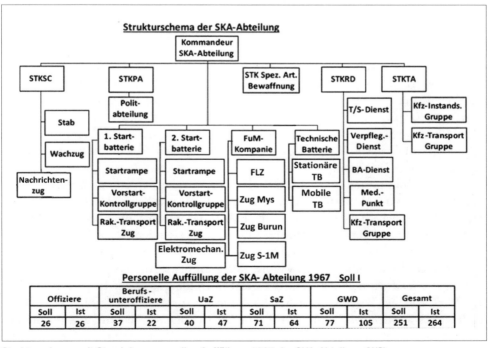

Strukturschema mit Stand der personellen Auffüllung 1967 der SKA-Abteilung (WS)

ert. Da sie außer dem Pulver-Starttriebwerk kein direktes Raketentriebwerk als Antrieb besaßen, sondern ein herkömmliches Flugzeugturbinenstrahltriebwerk, wurden sie aus dieser technischen Sichtweise in der Fachliteratur auch als Flugkörper bezeichnet.

Die zweite Bodenversion übernahmen die KRAT der SSKF zwischen 1957 und 1959 als Komplex „4-K-87" (NATO: SAMLET). Der Exportpreis der UdSSR für eine Abteilung mit zwei Startbatterien des Komplexes „Sopka" schwankt für 1961 in der Literatur zwischen 45–48 Millionen MDN (Mark der Deutschen Notenbank, DDR).

Die auf den folgenden Seiten beschriebene Geschichte der SKA-Abteilung habe ich anhand der im Militärarchiv Freiburg studierten Dokumente zusammengestellt und durch Gespräche mit ehemaligen Angehörigen dieser Abteilung und Zeitzeugen präzisiert und ergänzt. Den vorliegenden Beitrag widme ich in erster Linie ihren ehemaligen Angehörigen!

Schwieriger Beginn

Mit Beginn ihrer Aufstellung am 02.01.1962 wurde die SKA-Abteilung am Standort Kühlungsborn stationiert. Mit Befehl Nr. 121/62 des CVM wurde sie am 01.10.1962 offiziell in Dienst gestellt. Während der Indienststellung bestand noch keine materielle Auffüllung, d. h., die Technik war noch nicht zugeführt worden. Das Auffüllen mit Personal war zum Beginn des Ausbildungsjahres 1962/63 ebenfalls noch nicht abgeschlossen. Eine Vielzahl von Offizieren der neu aufzustellenden Einheit, unter ihnen die KL Domke, Nahlik, Möller, die OL Krause, Rochnia, Schikatzki, Giegler, Pietsch, Stippkugel, Petruschka, Höger, Rastig, Dorn, Freiberger, sowie die Leutnante Kautz, Jurke, Fischer und andere, befanden sich ab August 1961 auf einem Vorbereitungskurs an der Höheren Kaspischen Seekriegsschule „S.M. Kirow" in Baku (Aserbaidschan). Dort wurden sie ausgebildet und auf den neuen KRK „Sopka" vorbereitet – acht Monate in Theorie und Technik in Baku und zwei Monate Praktikum nahe der lettischen Küstenstadt Ventspils an der Ostsee.

Ende 1962 trafen die ersten Importe der Spezialtechnik aus der UdSSR ein. Es herrschten gerade an diesen Tagen extrem winterliche Bedingungen. Die Technik wurde auf dem Schienenweg über die Rangierbahnhöfe Neubukow und Kröpelin aus der UdSSR zugeführt. Von Kröpelin nach Kühlungsborn erfolgte die Überführung auf dem Straßenweg. Trotz Glatteis, Schnee und Kälte wurde die neue Bewaffnung ohne Vorkommnisse nach Kühlungsborn überstellt. Es war die erste bestandene Feuerprobe für die jungen Militärkraftfahrer der SKA-Abteilung. Es gibt eine Episode aus jenen Tagen, bei der wegen der Vielzahl von Transporten ein Regulierer auf einer Kreuzung „vergessen" wurde. Nachdem gegen 21:00 Uhr die Aktion beendet war, wurde der Posten erst um 5:00 Uhr am nächsten Morgen in die Dienststelle zurückgebracht. Er hatte bei wahrhaft unangenehmen Temperaturen bis zur verspäteten Ablösung seinen „Posten" gestanden.

Anfang Januar 1963 wurde die Kampftechnik übernommen und im gleichen Monat begann auch die Ausbildung der Mannschaften und Unteroffiziere auf den einzelnen Gefechtsstationen. Eine Aufstellung der wichtigsten Kampftechnik der SKA-Abteilung, die TTD und die Beschreibung des Funktionsprinzips des KRK „Sopka" sind am Ende dieses Kapitels S. 243 aufgeführt. Zur Übernahme der Technik und für die Gefechtsausbildung befand sich eine sowjetische Unterstützungsgruppe mit bis zu zehn Angehörigen in den ersten Monaten im Objekt Kühlungsborn. Diese Gruppe wurde

Vorbeimarsch des Personalbestands der SKA-Abteilung nach einer Musterung (KS)

in der Folgezeit schrittweise reduziert. Ein ganzes Jahr lang aber beriet Oberstleutnant Alexejewskij den jungen Kommandeur KL Nahlik beim Einsatz der Radarstation „S-1 M", die zur Leitstrahlsteuerung der Rakete diente und damit eine Schlüsselstellung im Gefechtseinsatz einnahm. In den beiden Startbatterien wurden die Offiziere der SKA-Abteilung durch Hauptmann Sorokin unterstützt, die Radarspezialisten wurden von Hauptmann Iwanow angeleitet und beraten. Trotz der sowjetischen Unterstützungsgruppe wurde die gesamte Ausbildung ausschließlich durch die Offiziere der VM vorgenommen, d. h., die Verantwortung lag einzig und allein auf der deutschen Seite. Zur SKA-Abteilung nach Kühlungsborn wurden auch zwei Offiziere der Luftstreitkräfte/Luftverteidigung (die OL Paech und Borde) versetzt. Sie waren ausgebildete Flugzeugturbinenspezialisten und trugen dann stolz die blaue Uniform der Marine. Die Besatzungen machten sich mit der Technik, mit ihrer Bedienung sowie der Wartung und Pflege vertraut. Alle waren dabei hoch motiviert und waren ständig bemüht, ihr Bestes zu geben, damit in kürzester Zeit die SKA-Abteilung in der Lage war, Gefechtsaufgaben selbstständig zu erfüllen. Die ersten zwei Abteilungsgefechtsübungen (AGÜ) wurden trainiert und bereits im Februar 1963 abgenommen. Ihr Hauptinhalt war das Besetzen der Gefechtsstationen (GS) und das Klarmachen zum Gefecht. Im März erhöhte sich die Anzahl der abzulegenden AGÜ schon auf fünf, vom Auslösen des Gefechtsalarms bis zum imitierten Start der ersten Raketensalve.

Die gesamte mitgelieferte Dokumentation war in russischer Sprache verfasst. Diese, einschließlich der notwendigen Dienstvorschriften für den Gefechtseinsatz des gesamten Komplexes, wurde von Offizieren der SKA-Abteilung übersetzt, durch die sowjetischen Spezialisten vor Ort präzisiert und mit wertvollen Nutzungserfahrungen ergänzt.

Im Mittelpunkt der Anstrengungen bei der Gefechtsausbildung stand von Anfang an vor allem der Kampf um das Einhalten und Unterbieten der Normzeiten. Im April 1963 wurden zum ersten Mal im Rahmen einer AGÜ das Klarmachen zum Marsch und die Entfaltung der Abteilung im Gelände ausgeführt. Dabei konnten die Normen unterboten werden, wobei besonders die Funkmesskompanie (FMK-Radar) hervorgehoben wurde, die die Norm für das Klarmachen zum Marsch erstmals in 46 Minuten und die Entfaltung in 40 Minuten schaffte. Bei weiteren AGÜ war zu verzeichnen, dass die Norm für das Klarmachen zum Gefecht ständig mit 4–6 Minuten unterboten, die Zeit vom Kommando „Zum Gefecht" bis zum Kommando „Start" dagegen nicht immer eingehalten werden konnte. Oft waren es nur 1–2 Minuten über der Norm. Die Aufgabe I konnte erstmalig mit der Note „Gut" abgelegt werden. Sie beinhaltete neben dem Kfz-Marsch und einer Reihe von Grundelementen bei der Nutzung der Hauptbewaffnung auch Elemente der Allgemeinmilitärischen Ausbildung (AMA), wie z. B. Exerzierausbildung, Schutz vor MVM, MKE sowie spezialfachliche Überprüfungen.

Ausbildungshöhepunkte

Am 20.05.1963 erfolgte die Unterstellung der SKA-Abteilung unter die Führung der 4. Flottille, 1965 wurde sie dem CVM direkt unterstellt. Vom 18.–20.06.1963 fand erstmalig eine AGÜ unter erschwerten, gefechtsmäßigen Bedingungen statt. In der Zeit vom 17.–20.07.1963 wurden Verladeübungen von Teilen der SKA-Abteilung mit einem Landungsschiff der VM in Warnemünde durchgeführt. Ebenfalls im Juli 1963 wurden Mannschaften und Unteroffiziere mit der MPi „K" (Kalaschnikow) ausgerüstet. Im August 1963 wurde die Aufgabe II abgelegt und vom 01.–07.08.1963 eine Radarübung durchgeführt. Die Aufgabe II beinhaltete die Herstellung höherer Stufen der Gefechtsbereitschaft, einen Kolonnenmarsch, das Beziehen einer Feuerstellung und das Erfüllen einer Gefechtsaufgabe zur Bekämpfung von Überwasserkräften des „Gegners". Dazu gehörten außerdem der Härtekomplex und die Normenüberprüfungen im Schutz vor MVM sowie weitere Normen und Aufgaben der AMA. An dieser Übung in Saßnitz nahmen die Besatzungen der Radarstationen „S-1M" und „Burun" mit ihrer Technik teil. Die Besatzungen trainierten das Zusammenwirken mit der 6. GBK und einem Zielschiff der 1. Flottille aus ihren Stellungen auf der Insel Usedom. Diese Radarübung wurde vom abnehmenden Stab der 4. Flottille als erfolgreich eingeschätzt.

Beladen eines Landungsschiffs „Robbe" der VM mit Technik der SKA-Abteilung zum RSA (KS)

Anfang September 1963 nahm die SKA-Abteilung an einer taktischen Übung im Raum Peenemünde teil. Bei dieser Übung wurde das Zusammenwirken mit der Raketenschnellbootsbrigade (RS-Brigade), einer Torpedoschnellbootsabteilung (TS-Abteilung) und einer Hubschrauberkette zur Bekämpfung gegnerischer ÜW-Kräfte überprüft. Als taktischer Hintergrund der Übung wurde eine gewaltsame Aufklärung des Küstenvorfeldes der DDR durch

Truppenfahne der Spezial-Küstenartillerieabteilung

darstellende Kräfte in See druchgeführt. Um die Effektivität der Tarnung der Kräfte der SKA-Abteilung einzuschätzen, vor allem der Feuerstellungen, wurde ein tieffliegender Hubschrauber eingesetzt. Von diesem konnten die 1. Startbatterie, die FMK und der FP nicht ausgemacht werden, was positiv im Auswertebericht erwähnt wurde. Ebenfalls wurde in diesem Bericht die Arbeit der Besatzung der Radarstation „Mys" hervorgehoben. Die Station schuf mit ihrer Arbeit wesentliche Grundlagen zum Führen eines erfolgreichen Gefechts. Durch die Arbeit dieser Besatzung konnte der Abteilungsstab die Lage auf dem Seeschauplatz ununterbrochen einschätzen und ein Gefecht erfolgreich planen und ausführen. Als der zur Zieldarstellung eingesetzte Schiffsverband in den Schusssektor einlief, erfolgte sofort der imitierte Start der ersten Raketensalve. Die Kontrolloffiziere schätzten ein, dass mit den imitierten zwei Raketensalven mindestens ein Kampfschiff des Verbands „vernichtet" wurde. Bei der Auswertung der Übung wurden durch den CVM die Leistungen der SKA-Abteilung mit „Gut" bewertet. Der Leiter der Übung kam zum Ergebnis, dass die guten Leistungen des Stabes und der Besatzungen wesentlich zum Gelingen der gesamten taktischen Übung beigetragen hatten. Eine große Anzahl von Angehörigen der Abteilung wurde durch den CVM und durch den Chef der 4. Flottille belobigt.

Auf Beschluss des Ministerrats der DDR wurde am 07.10.1963 der SKA-Abteilung die Truppenfahne verliehen. Die materielle Auffüllung der SKA-Abteilung war zu Beginn des Ausbildungsjahres 1963/64 in den wichtigsten Ausrüstungs- und Bewaffnungsarten abgeschlossen. Nach einer Überprüfung durch den Stab der VM, der Abnahme der Aufgabe II und einer Radarübung erwarb die SKA-Abteilung die Zulassung zum Raketengefechtsschießen. Die Abteilung erhielt die Note „Gut". Bemängelt wurden die erzielten geringen Radarauffassreichweiten der Station „Burun" bei der Radarübung.

Der 1. RSA der SKA-Abteilung wurde in der ersten Hälfte des Monats Mai 1964 in der Sowjetunion vor der Flottenbasis Baltijsk ausgeführt. Dorthin wurden die beteiligten Kräfte mit einem Landungsverband der VM verlegt. Nach einer kurzen Vorbereitungsperiode wurde die Schießaufgabe mit zwei Gefechtsraketen „S-2" am 11.05.1964 ausgeführt. Leiter des Schießens war der sowjetische General Moslew. Obwohl Treffer der Raketen in der Seezielscheibe nicht nachgewiesen werden konnten, bewertete er den erreichten Ausbildungs- und Vorbereitungsstand der SKA-Abteilung positiv. Die Ursachen des Nichttreffens der beiden Raketen beim ersten Schießen waren nach den durch sowjetische Spezialisten vorgenommenen Untersuchungen nicht auf Fehler des Personals oder der Technik zurückzuführen. Es wurde angenommen, dass die Zerstörungen an den Winkelreflektoren der Seezielscheibe durch den vorherigen Beschuss durch andere Teilnehmer des Raketenschießens zu einer Verminderung der für die „S-2" notwendigen Reflexionsfläche geführt hatten. Die Truppe war natürlich enttäuscht, konnte sich aber während des gesamten Aufenthalts im Übungsgebiet viele wertvolle Hinweise für den Gefechtseinsatz aneignen.

Die 1. und 2. Startbatterie, die TB, die FMK und Obermaat Lothar Wolf wurden in Auswertung des 1. RSA durch den CVM mit dem Leistungsabzeichen der NVA ausgezeichnet. Ein Souvenir besonderer Art brachte die SKA-Abteilung vom ersten Raketenschießen in die Heimat zurück. In einer verwegenen Nacht- und Nebelaktion wurde durch den Obermaat Hell das ausgebrannte, mehrere Zentner schwere Starttriebwerk, der SPRD, im vorgelagerten Sumpfgebiet geborgen und ins Feldlager zurückgebracht. Es fand anschließend im Traditionskabinett der SKA-Abteilung einen würdigen Platz.

Ende der 2. Dekade im Juni 1964 entsandte die Führung der SKA-Abteilung ein Arbeitskommando unter Leitung von KL K. Stippkugel in den Raum Prora auf der Insel Rügen, um eine Pioniereinheit beim Bau einer Feuerstellung für den KRK „Sopka" fachlich zu beraten und zu unterstützen. Ende Juni 1964 verlegte die gesamte Abteilung in zwei Eisenbahntransporten in das Feldlager nach Prora. Dort wurden bis zum 11.07.1964 die pioniertechnischen Arbeiten abgeschlossen. Jetzt konnte die Gefechtsausbildung unter realen, gefechtsnahen Bedingungen in diesem Raum erfolgen. Das Feldlager endete mit einer Gefechtsübung, die durch eine Kontrollgruppe des Stabes der VM und Offiziere des Stabes der 4. Flottille abgenommen wurde. Zu dieser Abnahme wurden ein Küstenschutzschiff der 6. Flottille, ein Rettungsschiff und drei MLR-Schiffe der 1. Flottille als Zielschiffe und Fühlungshalter eingesetzt. Die Auswertung ergab die Note „Gut". Die Feuerstellungen wurden als mustergültig und sehr zweckmäßig bewertet. Kritisch wurde seitens der Kontrollgruppe die mangelhafte allgemeine Ordnung im Zeltlager angesprochen. Damit konnte die Truppe leben, denn die Ordnung im Feldlager wurde in der Folgezeit verbessert. Am 25.07.1964 verlegten die Hauptkräfte der SKA-Abteilung wieder nach Kühlungsborn zurück, die TB aber zog sofort in das neue Objekt Schwarzenpfost ein. Die Hauptkräfte und die restliche Technik und Ausrüstung folgten nach Baufertigstellung im November 1964 ebenfalls von Kühlungsborn in den neuen Standort.

Im August 1964 fiel durch eine Havarie die Radarleitstation „S-1 M" für den gesamten Monat aus. Mit großen Anstrengungen wurde an der Beseitigung der Störung gearbeitet. Der Schwerpunkt der Spezialausbildung konzentrierte sich nach Auswertung der Havarie auf das Durcharbeiten von elektrischen Schaltungen, auf die Fehlersuche und die Beseitigung von Störungen. Um die Scharte mit der havarierten Radarleitstation auszuwetzen, bereitete sich die SKA-Abteilung auf die bevorstehende Flottenübung mit dem Ziel vor, diese Übung erstmals mit der Note „Sehr gut" abzuschließen. Vom 07.–14.09.1964 nahm die SKA-Abteilung an der Flottenübung der VM teil, verlegte in den Raum Prora und stellte die Bereitschaft zur Erfüllung befohlener Feueraufgaben her. Obwohl am 11.09.64 die zur Zieldarstellung eingesetzten Stoßkräfte der 6. Flottille und am darauffolgenden Morgen der Landungsverband der 1. Flottille nicht im Schusssektor und außerhalb der Radarreichweite lagen und damit nicht bekämpft werden konnten, wurden die Handlungen der gefechtsbereiten Batterien mit „Sehr gut" eingeschätzt.

Im Februar 1965 absolvierte die SKA-Abteilung ihre erste Winterübung. Dazu verlegte die Abteilung in zwei Eisenbahntransporten in den Übungsraum Prora.

„Knollendrehen" auf Kap Arkona und die FMK beim 2. RSA (KS)

Im Mai 1965 fand der 2. RSA statt. Und wieder gab es ein Problem: Ein Landungsschiff war für den geplanten Seetransport ausgefallen. Deshalb wurde am 15.05.1965 ohne Gefechtstechnik nach Baltijsk verlegt. Zu allem Übel geriet das Landungsschiff mit den Angehörigen der SKA-Abteilung auf der Überfahrt noch in schwere See. Dennoch gab es nur zeitweilige geringe Ausfälle. Das Feldlager wurde errichtet und am 18.05.1965 übernahmen die Teilnehmer des RSA die Technik von den sowjetischen KRAT. Alles lief in guter Zusammenarbeit ab, gegenseitige Hilfe und Anleitung bestimmten die Vorbereitungen zum Raketenschießen. Am 26.05.1965 war es endlich so weit. Leider traten auch hier laufend Verzögerungen auf. Von 10:00 Uhr bis 18:00 Uhr zogen sich die Schießunterbrechungen hin – eine sehr hohe psychische und physische Belastung für die Besatzungen. Der Start und Flug beider Raketen verliefen dann aber normal. Es waren zwei Treffer, wobei die erste Rakete direkt in den Rumpf der Seezielscheibe einschlug – Note: „Sehr gut". Der Funkmessgast, Obermaat Urban, in der Station „S-1M" war der erste Angehörige der SKA-Abteilung, der sicher eine Rakete ins Ziel leitete. Vom Flottillenchef wurden die Teilnehmer am RSA mit einer Trefferprämie von 5000 Mark ausgezeichnet. Durch den Minister für Nationale Verteidigung wurde am 01.06.1965 die gesamte Abteilung im Rahmen einer feierlichen Musterung mit der Verdienstmedaille der NVA in Bronze ausgezeichnet.

Sofort nach dem RSA begannen die Vorbereitungsmaßnahmen für ein 6-wöchiges Sommerfeldlager. Dazu wurden am 20.07.1965 die 1. und 2. Startbatterie der SKA-Abteilung zum Ausbau einer neuen Feuerstellung in Saßnitz-Dwasieden mit Unterstützung des Marinepionierbataillons 18 der VM abkommandiert. Abgelöst wurden sie am 01.07.1965 durch die TB und FMK. Die zweite Feuerstellung war fertig und nahtlos begann auch das Feldlager in Prora. Gleichlaufend begann leider damit – wie kann es auch anders sein – die Schlechtwetterperiode. Es regnete und regnete. Planmäßig erfolgte die Rückverlegung nach Saßnitz-Dwasieden. Der Kolonnenmarsch und die anschließende Spezialbehandlung im Schutz vor MVM, die teilweise Entgiftung der Kfz und Technik sowie die vollständige sanitäre Behandlung des teilnehmenden Personalbestands, wurden unter voller Schutzausrüstung ausgeführt – ein gutes Beispiel für eine gefechtsnahe Ausbildung. Oft ging dabei die Ausbildung bis an die Grenze des Leistungsvermögens eines jeden Einzelnen – sie bildete aber eine gute Vorbereitung auf die darauffolgende taktische Übung der Verbände der VM. Diese fand im Zeitraum vom 20.–28.08.1965 statt. Einheitsweise verlegten die Kräfte und Mittel der SKA-Abteilung von Dwasieden

Beladen der Startrampe mit der Rakete „S-2" (KS)

nach Prora. Dort erfolgte zur Erfüllung der gestellten Aufgaben die Unterstellung unter das 29. Mot.-Schützenregiment. Erstmals erhielt der Kommandeur der SKA-Abteilung den Befehl, Diversanten abzuwehren. Dazu wurden darstellende Kräfte aus dem KSK-18 eingesetzt. Durch die rechtzeitige und zügige Verlegung der Einheiten nach Dwasieden konnten imitierte Zerstörungen an der Kampftechnik verhindert werden. Dort erfolgte der Feuerbefehl auf einen Landungsverband. Mit zwei Salven konnten 60 % der darstellenden Kräfte des „Gegners" vernichtet werden.

Der Einsatz von Kampfschwimmern gegen landgestützte Einheiten der VM gehörte zu den Übungsinhalten dieser Spezialeinheit bei Überprüfungen und Übungen. KK Pietsch, der selbst 1971 in das KSK-18 versetzt wurde, konnte dort aus erster Hand erfahren, dass Schutz, Sicherung und Verteidigung bei seiner ehemaligen Truppe offensichtlich gut organisiert waren. Beim Schutz von Verladeübungen und Eisenbahntransporten, aber auch bei der Sicherung von Feldlagern zeichnete sich die SKA-Abteilung besonders aus. Nur einmal konnte eine Imitation einer Sprengladung an einem Waggon unbemerkt durch einen „subversiven Kämpfer" angebracht werden. Das passierte, als nach dem Anrucken der Lokomotive die Wache auf die Waggons aufsprang. Diesen Moment der Unaufmerksamkeit nutzte der Kampfschwimmer aus. Auch bei einer Übung im Entfaltungsraum nahe dem Leuchtfeuer Bastorf, suchte an der dortigen Schmalspurbahnstrecke des „Molly" ein als Eisenbahner verkleideter Kampfschwimmer (Leutnant Müller) nach Pilzen. So wurde die Truppe beobachtet, aufgeklärt und je nach Einsatzbefehl bekämpft oder lediglich nur bewertet. Bei ihrer Gesamteinschätzung bestätigten die Kampfschwimmer allerdings der SKA-Abteilung generell einen sehr hohen Stand des Schutzes.

Auch im Folgejahr wurde ein kurzes Winterlager im Februar 1966 durchgeführt und der Stand der Gefechtsausbildung in der Übungsfeuerstellung Saßnitz-Dwasieden überprüft. Die Ergebnisse waren gut, bis auf die 2. Startbatterie, die die Abnahmeübung der Aufgabe I am 25.02.1966 wiederholen musste. Damit hatten alle Einheiten der SKA-Abteilung die Forderungen für die Übernahme in den Kampfkern I erfüllt. Wegen des Einsatzes sowjetischer Werkspezialisten wurde die Abnahme der Aufgabe II auf Anfang Mai 1966 verlegt. Diesmal überprüfte die Kontrollgruppe des Stabes der VM neben den Kenntnissen der Offiziere, Unteroffiziere und Matrosen die faktische Herstellung der festgelegten Stufe der Gefechts- und Marschbereitschaft sowie die Ausführung des Kolonnenmarsches nach Prora, das Beziehen der Feuerstellungen und den Stellungswechsel nach Dwasieden. Die SKA-Abteilung konnte insgesamt ein gutes Ergebnis erzielen, lediglich bei der Besatzung der Radarstation „Mys" kam es zu einer Zeitüberschreitung von 30 Minuten. Da sich die Radarsicht zusehends verschlechterte, musste gegen 3:30 Uhr am 05.05.1966 die Gefechtsübung abgebrochen werden. Die anschließende Überprüfung im Schutz vor MVM brachte nur unbefriedigende Ergebnisse. Deshalb erfolgte am 26.05.1966 eine nochmalige Überprüfung des Schutzes vor MVM durch den

Stab der VM im Rahmen einer Isotopenübung. Bei dieser Übung wurde radioaktives „Cu-64" eingesetzt. Obwohl es nur gering strahlte und eine sehr kurze Halbwertzeit besaß, stellte es damals ein sehr gefechtsnahes Mittel zur Ausbildung im Schutz vor MVM dar. Der Wissenstand und demzufolge die Ergebnisse der Abnahme der Isotopenübung hatten sich nur unwesentlich verbessert und konnten lediglich befriedigen. Sicherlich war das mit ein Grund, weshalb der Stab der VM wiederholt die Gefechtsbereitschaft der SKA-Abteilung überprüfte. Die Vorgesetzten wollten wissen, ob die Kommandeure, Polit- und Parteiarbeiter die notwendigen Schlüsse gezogen und Maßnahmen eingeleitet hatten, um Bestleistungen anzustreben. So wurde z. B. vom 13.–14.06.1966 die „VG" hergestellt und es fand eine taktische Übung statt. Die Verlegung erfolgte in einen unvorbereiteten Stellungsraum auf der Halbinsel Südbug der Insel Rügen. Der Marsch der Einheiten auf die Insel Rügen fand in zwei getrennten Transporten statt: Radtechnik verlegte auf der Straße, Kettentechnik per Eisenbahntransport bis nach Neu-Mukran. Vom Südbug verlegte die SKA-Abteilung anschließend wieder nach Saßnitz-Dwasieden, um dort eine Radarübung mit wechselseitiger Zielübergabe zwischen den Radarstationen des NB-18 und der „Mys" der SKA-Abteilung durchzuführen.

Im Juli 1966 führte die SKA-Abteilung das Sommerfeldlager in Dwasieden durch. Dorthin verlegte die Einheit in zwei Eisenbahntransporten. Im Feldlager wurde die Isotopenübung im Zusammenwirken mit dem Zug Chemische Abwehr der VM absolviert, dieses Mal mit guten Ergebnissen. Auch an der Übung der VOF vom 21.–27.07.1966 nahm die Abteilung teil. Diesmal stand der Schutz eines Landungsverbands, der in der OPZ der VM formiert wurde, im Mittelpunkt der Aufgabenstellung an die SKA-Abteilung. Um diese Aufgabe zu erfüllen, verlegten die Startbatterien und die Kräfte der Gefechtssicherstellung in den Raum Prora und imitierten erfolgreich Raketenschläge auf zwei, durch eigene Schiffskräfte dargestellte Ziele. Die Auswertung durch den CVM ergab die Note „Gut".

Die Schwerpunkte für das neue Ausbildungsjahr 1966/67 waren in der AO 50/66 des CVM festgelegt und wurden in seinem Plan durch den Kommandeur der SKA-Abteilung, FK Nahlik, präzisiert. Exakt nach diesem Plan erfolgte die Umsetzung der Ausbildungsmaßnahmen. Die Radarfeuerleitübung wurde unter Berücksichtigung des zeitweiligen Ausfalls der Stationen „Mys" und „S-1 M" mit „Gut" eingeschätzt. Auch die jährlichen Aufgaben I und II wurden erfolgreich abgenommen und damit die Truppe zum Raketenschießen zugelassen. Mit drei Landungsschiffen der VM verlegten am 15.05.1967 Personalbestand und Technik der SKA-Abteilung nach Baltijsk und bezogen das Feldlager bei Donskoje. Für das Raketenschießen am 19.05.67

Personalbestand der 1. und 2. Startbatterie beim 2. RSA 1965 (KS)

wurde die Aufgabe gestellt, genau 20 Minuten nach dem Start der ersten Rakete einen Wiederholungsschlag auszuführen. Der Ablauf sah also vor, dass die 1. Startbatterie den Feuerbefehl erhielt, die Startstellung bezog, den Raketenstart durchführte und in die Wartestellung zurückverlegte. Dort übernahm die Besatzung der 2. Startbatterie die Technik und wiederholte die gleiche Aufgabe – alles in 20 Minuten. Der erreichte Ausbildungsstand brachte folgende Zeiten: Die berechnete Zeit von „Abteilung zum Gefecht" bis zum „Start" waren für die 1. Startbatterie 9,5 Minuten und für die 2. Startbatterie 10 Minuten. Beide Raketen trafen in die Mitte der Seezielscheibe, Note „Sehr gut". Am 20.05.1967 befand sich die Truppe schon wieder auf See mit Kurs Warnemünde.

Der hohe Ausbildungsstand konnte auch Monate später bei der Teilnahme an der Flottenübung „Taifun" im Zeitraum vom 15.–31.08.1967 erneut unter Beweis gestellt werden. KA J. Streubel, der CS, bewertete die Leistungen der SKA-Abteilung mit der Note „Sehr gut".

Trotz ausgezeichneter Ausbildungsergebnisse hatte sich in dieser Zeit die Dienstorganisation in der TB und in der FMK verschlechtert. Ungenügende innere Ordnung bei den Unteroffizieren, Verstöße gegen Befehle und DV sowie Landgang- und Urlaubsüberschreitungen charakterisierten diese Monate. Die Behandlung in den militärischen Kollektiven – eine übliche Maßnahme zur Auswertung von Vorkommnissen – erfolgte in unzureichender Qualität. Mit vereinten Anstrengungen gelang es, den hohen Stand der militärische Ordnung und Disziplin zum Ende des Jahres 1967 wiederherzustellen. Erstmalig seit Bestehen der SKA-Abteilung wurde ein faktisches Schießen mit einer Panzerbüchse (Reaktives Panzergeschoss – RPG) ausgeführt. Geschossen wurde die 1. und 2. Schulübung. Das Ergebnis ging nicht über ein „Befriedigend" hinaus. Ein panzerbrechendes Geschoss ist eben kein „intelligenter Flugkörper".

Das Jahr 1968 begann mit eisigen Zeiten. Schneestürme brachten den Eisenbahn- und Straßenverkehr im Januar 1968 im gesamten Bezirk Rostock zum Erliegen. Auch Angehörige der SKA-Abteilung beteiligten sich in Tag- und Nachteinsätzen an der Aufrechterhaltung von Verkehrsknotenpunkten im Kreis Rostock-Land.

Nach fünf Jahren Nutzung des KRK „Sopka" lief deren Frist aus und die Technik musste für eine weitere Nutzungsperiode zugelassen werden. Somit stand 1968 die Nutzungsverlängerung des KRK im Mittelpunkt des Truppenlebens. Aufgrund einer im April 1968 angefertigten Kapazitätsanalyse für den noch zu erbringenden Arbeitsumfang wurde festgestellt, dass die errechnete Zeit für die Instandsetzung nicht eingehalten werden konnte. Als Endtermin für die Instandsetzung wurde daraufhin der 31.08.1968 vorgeschlagen und durch den Stab der VM bestätigt. Das für Juli/August 1968 geplante Feldlager der SKA-Abteilung wurde deshalb gestrichen. Zwei Instandsetzungsgruppen, welche gemeinsam mit Technologen des VEB Instandsetzungswerks Pinnow (IWP) den gesamten Komplex überprüften und instandsetzten, arbeiteten Tag und Nacht insgesamt 4206 Arbeitsstunden und gewährleisteten damit, dass die SKA-Abteilung sieben Tage früher, d. h. am 24.08.1968, wieder voll einsatzklar gemeldet werden konnte. In diesem Zusammenhang wurden besonders die Leistungen und der Einsatz von KL Fischer, der Obermeister Wilhelm und Montag, der STOM Berndt und Hell, sowie des KL Petruschka und des Meisters Stießel hervorgehoben. Sie arbeiteten mitunter bis zu 40 Stunden am Stück, um die Gefechtstechnik zu überprüfen und instandzusetzen.

Abteilungsmusterung im Objekt Schwarzenpfost (KS)

So eisig das Jahr 1968 meteorologisch begann, so heiß spitzten sich die politischen Ereignisse in der zweiten Hälfte des Jahres zu. Die Entwicklung in der ČSSR bestimmte im August 1968 wesentlich das Truppenleben. Mit Beginn der Intervention von Streitkräftekontingenten mehrerer Teilnehmerstaaten der WVO am 21.08.1968 wurde in der SKA-Abteilung – so wie in vielen anderen Verbänden, Truppenteilen und Einheiten der VM – die Stufe „EG im Objekt" ausgelöst. Die Angehörigen der SKA-Abteilung bewiesen in dieser Zeit eine hohe Einsatzbereitschaft beim Abschluss der stattfindenden Instandsetzungsarbeiten und diskutierten mit hohem politischen Sachverstand über die Ereignisse in der ČSSR in den Parteigruppen, Kampfkollektiven und auch abends auf den Unteroffiziers- und Mannschaftsstuben.

Der 4. RSA fand im Zeitraum vom 25.05.–5.06.1969 statt. Diesmal musste ein verankertes Seeziel bekämpft werden und erstmalig ein weiteres, in Fahrt befindliches, größeres Ziel. Wieder wurden zwei Raketen geschossen und trafen das Ziel.

Zum Ende des Ausbildungsjahres 1968/69 traten erstmals wesentliche Einschränkungen in der Nutzung der Kampftechnik in Kraft. Diese Maßnahmen hatten zum Ziel, die Nutzung der Technik zu limitieren, um sie für weitere Jahre einsatzbereit zu halten. Das waren Maßnahmen wie z. B. Einschränkung der Ausbildung an der Technik oder Kfz-Märsche ohne Kampftechnik. Außerdem wurde der Kampfsatz mit sechs Raketen neu festgelegt. Insgesamt befanden sich im Objekt Schwarzenpfost ca. 20 Raketen.

Zur Erhöhung des Schutzes und der Selbstverteidigung wurden 1969 zusätzlich zwei 14,5-mm-Fla-MG zugeführt.

Wenn der Befehl für die Gefechtsausbildung in der Regel kurz und ausreichend definiert war, so ist anzumerken, dass mit Beginn der 1970er-Jahre die politischen Maßnahmen in den Streitkräften und damit auch in der SKA-Abteilung in den Befehlen und Anordnungen der Truppenkommandeure wesentlich umfangreicher und dominierender wurden. Die DDR befand sich in ihrer stärksten wirtschaftlichen Entwicklungsphase und das durchdrang das gesamte politische und gesellschaftliche

Leben. Die Bedeutung des Sozialistischen Wettbewerbs und politischer Höhepunkte am laufenden Band prägten seit dieser Zeit immer intensiver das Truppenleben, auch in der SKA-Abteilung. Dazu gehörte, dass die FMK und die 2. Startbatterie mit dem Titel „Beste Einheit" durch den CVM und 82 „Beste" und 24 weitere „Beste Einheiten" ausgezeichnet wurden. Die Politschulung und GWW wurden, oft zum Leidwesen aller Teilnehmer, nahezu perfektioniert und übertrieben parteipolitisch praktiziert. Aber auch das kulturelle Leben in der SKA-Abteilung erfuhr eine spürbare Erweiterung, z. B. durch Kabarett, Fotozirkel, Kapelle und Singgruppe. Auch das sportliche Leben in der SKA-Abteilung erfuhr ab den 1970er-Jahren eine ungeahnte Entfaltung: Bei Kreis- und Bezirksmeisterschaften im Luftgewehrschießen belegte die SKA-Abteilung vordere Plätze. In der Leichtathletik bestiegen Meister Neumann und Meister Ackermann mehrmals für die SKA-Abteilung das Siegerpodest. Im Fußballpokalturnier des Kreises Rostock-Land – 1. Platz, und bei der Bestenermittlung der gesamten VM im III. Fernwettkampf – Meister Neumann 4. Platz, die gesamte Mannschaft der SKA – 5. Platz. Die Dienststelle Schwarzenpfost der SKA-Abteilung war Träger einer Reihe von Patenschaften, so mit der Polytechnischen Oberschule, mit der Gemeinde und dem Kindergarten Rövershagen. Viele Angehörige und Elternteile der Schüler waren ehrenamtlich im Elternbeirat und im Elternaktiv tätig, arbeiteten aktiv im Ortsausschuss der Nationalen Front und auch im Dorfklub. Die Dienststelle hatte in der Gemeinde einen anerkannten und guten Ruf. So entstand die Straßenbeleuchtung auf der rechten Seite der Fernverkehrsstraße 105 in Rövershagen in Richtung Stralsund durch freiwillige Arbeitseinsätze der SKA-Abteilung.

Vom 17.–30.08.70 wurde ein Feldlager in der topographisch vermessenen Feuerstellung in Peenemünde Nord entfaltet. Die SKA-Abteilung nahm an der Kommandostabsübung „Baltic" mit erstmaligem faktischen Raketenstart auf dem Territorium der DDR teil. Damit begannen auch die Vorbereitungen zur Teilnahme am Manöver „Waffenbrüderschaft 70". An diesem großen Manöver nahm die SKA-Abteilung vom 29.09.–17.10.1970 teil und auch hier erfolgte der Start einer Rakete aus der Feuerstellung in Peenemünde. Beide Raketen schoss die 1. Startbatterie.

Vom großen Manöver zum täglichen Kampf um gute Ausbildungsergebnisse: Beim Schießabschnitt des Fla-Zugs (2 Bedienungen) erfüllte die Mannschaft von Maat Cichy die Schießaufgaben, die Bedienung unter Maat Weiß schafft das Ausbildungsziel nicht wegen der Vernachlässigung der Feuerkorrektur durch den Gewehrführer und wegen Unzulänglichkeiten in der Ausbildung zur Bekämpfung tieffliegender Luftziele. Auch der folgende Schießabschnitt in der Zeit vom 07.–11.12.1970 kam über ein ungenügendes Ergebnis nicht hinaus. Der Bericht der Kontrollgruppe des Stabes der VM unter Leitung von FK Urban zur Abnahme der Aufgabe II kommt zu ähnlichen Feststellungen: Durch den Kommandeur der SKA-Abteilung und seine Einheitskommandeure sowie durch die gesellschaftlichen Organisationen wurde es nicht verstanden, alle Angehörigen zur erfolgreichen Ablegung der Aufgaben unter schwierigen Bedingungen zu befähigen. Disziplin und Ordnung konnten zu dieser Zeit ebenfalls nicht befriedigen. Erneut bestanden ernsthafte Mängel in der Dienstorganisation. Eine ununterbrochene Führung konnte nicht gewährleistet werden. Als Folge mangelnder praxisgebundener Ausbildung, oberflächlicher Kontrolltätigkeit und mangelhaftem Verantwortungsbewusstsein kam es zu Ausfällen beim Kfz-Marsch sowie zu einem Unfall eines Tankwagens „Ural" mit Hänger. So erscheint die erteilte Note „Befriedigend" nahezu schmeichelhaft, denn das Ergebnis war gleichzusetzen mit der Nichtzulassung zum Raketengefechtsschießen. Es wurde umgehend begonnen, systematisch das physische und psychische Leistungsvermögen der gesamten Truppe zu steigern. Es ist anzunehmen, dass aufgrund dieser Situation der Kommandeur der SKA-Abteilung für das folgende Ausbildungsjahr den Befehl 12/71 erließ, der zur Verbesserung der AMA die Bildung von zwei Ausbildungskompanien vorsah. Dazu wurden die besten Ausbilder befohlen und eingesetzt.

Die Panzerbüchsenübungen wurden im Juli 1970 nun erstmalig auf dem Schießplatz Tarnewitz mit „Sehr gut" absolviert. Es ging aufwärts, die aufgetretenen Mängel und Unzulänglichkeiten wurden im 2. AHJ 1969/70 abgestellt. Die Offiziere und Angehörigen des Stabes wurden durch FK Thiele aus dem Stab der VM fachlich geschult. Durch die AO 20/70 des CVM wurden militärökonomische Einsparungen vorgegeben. Es bestand die Forderung an die SKA-Abteilung, 80 t Braunkohlenbriketts und 12,6 % Elektroenergie (33.756 kWh) einzusparen, sowie zur Werterhaltung Eigenleistungen in Höhe von 8000 Mark zu erbringen. Am 06.02.1971 überprüfte eine Kontrollgruppe des Stabes der VM unter Leitung des CS, KA G. Hesse, den Stand der Gefechtsbereitschaft. Schwerpunkte bildeten: Alarmierung, Benachrichtigung und Heranholung des Personalbestands, Herstellung der Marschbereitschaft und Marsch der Einheit zur Verladerampe sowie eine Überprüfung der Besatzung der Radarstation „Mys" im Rahmen einer Radarübung in Kühlungsborn. Trainiert und überprüft wurden: Die Seeraumbeobachtung, Zielauffassung, Klassifizierung und Zielverfolgung sowie Kommando- und Meldesprache. Das erreichte gute Ergebnis bestätigte, dass die Angehörigen der Abteilung die Lehren aus der Vergangenheit gezogen hatten. Die SKA-Abteilung war gefechtsbereit.

Außerdienststellung

Die AO 30/71 des CVM beinhaltete, dass im AJ 1971/72 die SKA-Abteilung auf die Außerdienststellung vorzubereiten war. Mit Wirkung vom 01.12.1971 trat der Plan der Maßnahmen zur Außerdienststellung der SKA-Abteilung in Kraft. Dieser war auf der Grundlage des „STAN-Nr.5031/3" für die Zeit vom 31.10.1971–30.10.1972 in drei Etappen gegliedert. Demzufolge hatte FK Nahlik zum 30.11.1971 das Kommando an KK Petruschka zu übergeben. KK Petruschka hatte entsprechend der Aufgabenstellung als Schwerpunkt der Führungstätigkeit Kaderaussprachen mit allen Offizieren und Berufssoldaten über ihre Perspektive zu führen. Aus dieser Maßnahme entstehende Stimmungen, Meinungen und Schwierigkeiten sollten in der Führungstätigkeit vorrangige Beachtung finden. Der Personalbestand war zum 01.12.1971 im Soll von 285 auf 264 zu senken. Dazu wurden folgende Stationen nicht mehr neu besetzt: Der Fla-MG-Zug und die Radar-Station „Mys". Neu aufgenommen wurde der Lagerbezirk I, der dem Versorgungs-und Ausrüstungslager 18 (VAL-18) unterstellt wurde. Trotz Auflösung war die Ausbildung entsprechend den besonderen Gegebenheiten weiterzuführen. Vom 14.–17.02.1972 wurden Elemente der Aufgabe I abgelegt. Erreicht wurden gute bis befriedigende Ergebnisse. Vom 18.–20.04.1972 wurden Elemente der Aufgabe II mit durchgehend guten Ergebnissen abgenommen.

Ab diesem Zeitpunkt begann der Prozess der Außerdienststellung der SKA-Abteilung. Am 24.04.1972 wurden die 1. Startbatterie und eine Brandschutzgruppe aufgelöst.

Ab 01.05.1972 erfolgte die schrittweise Abberufung der Kfz-Technik. Anfang August 1972 wurde eine Startrampe „B-163" mit einer Rakete „S-2" als Modell an die SSTA übergeben, am 15.08.1972 wurde die zweite Startrampe „B-163" mit einer Rakete „S-2" dem Armeemuseum Dresden übergeben. In der Zeit vom 05.08.–15.09.1972 wurde täglich mit den Einheitskommandeuren eine Kurzlage zur Organisation des Dienstes für den nächsten Tag vorgenommen. Das war nötig, weil der Personalbestand so reduziert war, dass nur das Objekt gesichert und der Arbeitsdienst ausgeführt werden konnte. Bis zum 30.11.1972 war der Funktrupp „Proliw" aufzulösen und der Personalbestand der motorisierten und stationären TB war zu einer TB zusammenzufassen.

Am 12.09.1972 wurde in einer Beratung beim CS der VM festgelegt, dass die Übergabe des Objekts Schwarzenpfost an die 6. Flottille in der Zeit vom 15.–25.10.1972 zu erfolgen hat. Dazu hatte der Kommandeur der SKA-Abteilung einen Maßnahmeplan zu erarbeiten und zum 30.10.1972 das militärische Zeremoniell der Dienststellenübergabe zu organisieren und auszuführen. In der AO 45/71 des CVM wurde angewiesen, dass der Lagerbezirk LB I bis 01.11.1972 im Unterstellungsverhältnis VAL-18 verblieb. Der Radarzug wurde zum 01.06.1972 an die FMK des NB-18 personell und materiell übergeben. Am 01.06.1972 wurde die SKA-Abteilung auf Weisung des Chefs des Hauptstabs der NVA aus dem System der Gefechtsbereitschaft herausgelöst. Alle genannten Festlegungen wurden bis zum 30.10.1972 erfüllt und umgesetzt. Im Januar 1972 wurde aus allen Parteigruppen der Einheiten der SKA-Abteilung eine gemeinsame Parteigrundorganisation mit 54 Mitgliedern und sieben Kandidaten gebildet.

Wie in vielen Jahren zuvor, wurden auch im letzten Jahr der Existenz der SKA-Abteilung Angehörige zur Erfüllung volkswirtschaftlicher Aufgaben abkommandiert, u. a. in das Erdölverarbeitungswerk Schwedt und in die Landwirtschaft.

Wolfgang Mainka
Dienst in der Spezial-Küstenartillerieabteilung
Einleitung

Vom 16.12.1962–29.11.1965 habe ich, Jahrgang 1943, in der SKA-Abteilung der VM gedient; heute bin ich Rentner. Schon als Kind träumte ich davon, später mit einem Schiff über die Meere zu fahren. Dementsprechend war alles, was mit der Seefahrt zusammenhing, für mich interessant. Noch während der Lehrzeit meldete ich mich für den freiwilligen Dienst bei der VM und wurde schließlich im November 1962 einberufen.

Die ersten Tage auf der Flottenschule der VM in Parow bei Stralsund waren äußerst stressig. Einen solchen strengen Tagesablauf war ich bis dahin nicht gewöhnt. Am Tag der Kommissionierung kam dann die Ernüchterung. Da im November 1962 vor dem Hintergrund der Eskalierung der politischen Lage mehr als die sonst übliche Anzahl angehender Soldaten eingezogen wurde, bestand ein Überangebot. Unsere Gruppe trat unglücklicherweise als letzte zur Kommissionierung an – fast alle gewünschten Posten waren also schon besetzt. Durch die Funktauglichkeitsprüfung war ich leider durchgefallen. Da stand ich nun vor der Kommission. Ein paar höhere Dienstgrade blätterten in meinen Unterlagen. Dann die Entscheidung: Küche.

Ich, für den nichts anderes in Frage kam als die Seefahrt, sollte drei lange Jahre Kartoffeln schälen, Suppen umrühren und schmutziges Geschirr abwaschen!? Für mich brach eine Welt zusammen, ich wollte wieder nach Hause. Ich hatte den Beruf eines Dampflokschlossers gelernt. Meine Lehrkumpels, auch Dampflokschlosser, waren für den Dienst auf den Küstenschutzschiffen in Saßnitz vorgesehen. Und ich sollte in die Küche. Ich gab mir alle Mühe, die Offiziere der Kommission umzustimmen. Vielleicht hatten sie Mitleid, oder waren einsichtig, jedenfalls änderten sie die Küche in Feuerwehr mit der Begründung: „Na gut, gehen Sie zur Feuerwehr, da haben sie auch mit Maschinen zu tun." Und so landete ich bei der Feuerwehrtruppe. Dort war ich der Jüngste und der einzige Freiwillige. Die meisten waren Mitte 20 oder älter und hatten zum Teil schon Familie. Aufgrund der gerade erst eingeführten Wehrpflicht wurden ja zuerst beson-

Stabsmatrose Wolfgang Mainka

ders die älteren Semester bevorzugt einberufen. Die Motivation war natürlich entsprechend. Bei der infanteristischen Ausbildung blieb mancher gleich erstmal einfach liegen: „Genosse Maat, ich kann nicht mehr!" Jetzt war guter Rat teuer. Der Genosse Maat war nur ein halbes Jahr älter als ich und damit jünger als seine anderen Schützlinge. Außerdem hatte er gerade erst die Maatausbildung beendet. Also konnte er nur so reagieren: „Genosse Matrose, erholen Sie sich 1 Minute, dann machen wir weiter." Er gab sich auch redliche Mühe, den Älteren Links- und Rechtswendungen sowie den Gleichschritt beizubringen. Nur Herumkommandieren hätte ohnehin nichts gebracht. Auch wenn ich das Küken war, ich fühlte mich wohl in der Truppe. Ein Wort noch zur Kantine in der Flottenschule Parow. Noch nie hatte ich eine solche verqualmte und knackenvolle Bude erlebt wie hier. Als lebenslang konsequenter Nichtraucher hat mich das ungemein negativ beeindruckt. Die in diesem Qualm oberkörperlosen Gestalten werde ich nicht vergessen.

Zum Ende der Grundausbildung bekam unsere Feuerwehrtruppe ihre Marschbefehle. Da gab es schon lange Gesichter. Einige gingen nach „Neue Technik Kühlungs-

Abteilungsmusterung im Feldlager (KS)

born", einige nach „Neue Technik Peenemünde". Durch meine Kameraden wurde mir das dann so übersetzt: „Neue Technik bedeutet Raketen, da bist du in den A… gekniffen! Geheimnisträger, da bist du nur auf der Platte. Mustertruppe, kaum Ausgang, selten Urlaub!" Am 16.12.1962 nahm unser Maat die ihm anvertrauten frisch ausgebildeten Matrosen und brachte uns nach Kühlungsborn. Inzwischen hatten wir schon richtigen Winter. In der alten Wehrmachtsdienststelle, einige Zeit auch Flottenschule II der VM, wartete die neu zusammengestellte SKA-Abteilung auf die Anlieferung der „Neuen Technik". Unsere kleine Feuerwehrtruppe war erstmal der TB unterstellt. Man brachte uns in den Räumen über der Kombüse unter und ließ uns in Ruhe. Die TB hatte erstmal mit sich zu tun, die Anlieferung der Technik stand ja an. Dazu musste noch einiges organisiert werden. Die nächsten Tage verbrachten wir mit Vorbereitung und Einrichten der Unterkünfte, mit Fegen und Saubermachen, mit Spinde und Kojen bauen. Allerdings hatte uns noch niemand gesagt, für wen. Die Tage bis Weihnachten vergingen. Die Urlaubsscheine waren schon geschrieben, für mich auch einer.

Da gab es plötzlich Aufregung. Die „neue Technik" war da und musste in die Dienststelle gebracht werden (es muss der 22./23.12.1962 gewesen sein). Sofort wurde allen der Urlaub gestrichen sowie auf den Bahnhöfen Kühlungsborn und Bad Doberan die Fasturlauber wieder eingefangen. Und dann ging es bis in die Nacht. Ich war kurzerhand als UvD-Läufer eingeteilt worden und dadurch nicht so gestresst. Die Außentemperaturen hatten in den letzten Tagen ziemlich angezogen. Es gab dadurch schon die ersten Erfrierungen. Ich denke, die Bekleidung entsprach in diesen Tagen wohl noch nicht den realen Erfordernissen. Kulani, Knobelbecher und Käppi waren da wohl nicht ganz zweckmäßig. Soweit ich mich erinnere waren Watteanzüge, Filzstiefel, Pelzmützen noch nicht für das gesamte Personal vorhanden, bzw. bei der Marine verpönt. Wir waren eben Seeleute und ein Seemann friert nicht – der zittert höchstens vor Wut.

Und dann wurde das Weihnachtsfest nachgeholt. Dieses Weihnachtsfest hat wohl noch kein „Damals dabei gewesener" vergessen. Unsere sowjetischen Ausbilder waren begeistert und Towarischtsch Kapitan Sorokin meinte beeindruckt: „Deutsche Weihnacht – Schöne Weihnacht!" Das habe ich heute noch im Ohr. Silvester gab es dann doch endlich den ersten Urlaub. Der ganzen Familie musste ich mich in meiner schönen Marineuniform vorstellen. Mein Großvater war besonders stolz auf mich.

Einsatz als Richtkanonier

Anfang Januar 1963 stellte ich beim Chef der TB einen Versetzungsantrag zur „kämpfenden" Truppe, der dann auch genehmigt wurde. Ich wurde als Richtkanonier in die 1. Startbatterie versetzt. Der Januar begann für mich mit Eingewöhnen in eine Truppe, in der sich fast alle schon von der Flottenschule oder der Laufbahnausbildung kannten. Natürlich waren die meisten ausgebildete Artilleristen, während ich als Ungelernter, als Feuerwehrmann, dazu kam. Mit der Technik kamen die sowjetischen Instrukteure. Für die Startrampen „B-163" und die Raketentransportfahrzeuge „PR-15" waren es Unteroffiziere. Die Jungs hatten alle die gleichen grünen Anzüge an, waren aber alle nette Kerle. Zuerst mussten wir uns mit der Technik bekannt machen, dazu kamen theoretische Unterweisungen. Der Winter 1962/63 war der seit langem kälteste an unserer Ostseeküste. Soweit der Blick reichte, eine einzige Eisfläche. Die Ostsee soll bis zu den dänischen Inseln zugefroren gewesen sein. Unter diesen Bedingungen war die praktische Ausbildung an unserer offenen Technik entsprechend hart. Besonders die Bedienungen der Startrampen hatten ständig blaue Nasen. Man konnte auch nicht immer mit Handschuhen arbeiten. Wir beneideten die Besatzungen der Vorstartkontroll-Kfz und der Radarstationen. Aber wir durften noch nicht mal zum Aufwärmen dort hinein. Wir hätten ja was abgucken können. Die zwei Startrampen standen in geringem Abstand nebeneinander. Als dann später die Triebwerke der Raketen „S-2" auf den Startrampen angelassen wurden, schmolzen Schnee und Eis. Allmählich wuchs aber dafür hinter den Rampen die Eisdecke immer schneller und höher. Das bereitete wieder den Fahrern der Raketentransportfahrzeuge Probleme beim Andocken an die Rampe. Wenn die Hänger dabei seitlich wegrutschten, war wieder mal Zeit zum Eishacken. Dann standen wir fast alle in einer Reihe und bearbeiteten mit Spaten das Eis.

Natürlich hatte die Kühlungsborner Bevölkerung gesehen, dass sich in der Dienststelle am Rieden (See) was getan hatte. Die Kolonnenfahrten der schweren Technik durch Kühlungsborn-West waren sicherlich nicht unbemerkt geblieben. Als dann die russisch sprechenden Jungs in ihren grünen Anzügen mit den „Seemollis" in den Gaststätten auftauchten, machten sich viele Bürger ihren Reim darauf. Später, als dann öfter die Turbinen der Raketen „S-2" liefen, wurde noch mehr gemunkelt. Das Eis hielt sich auf der Ostsee fast bis Ostern. Bei entsprechendem Wetter wurden die Sportstunden und andere Bewegungsübungen an den Strand verlegt. Während draußen auf der See noch die letzten Eisschollen schwammen, wagten sich die ersten Mutigen schon mal ins Wasser – als Mutprobe.

Der Ausbildungstand festigte sich, die Instrukteure verließen uns und wir machten unser Ding allein. Wir lernten den Umgang mit der Technik bis zum Automatismus. Deshalb wurde beinahe täglich geübt, auch, oder besonders, unter widrigen Bedingungen. Dazu gehörte auch die Ausbildung im Schutz vor MVM. Wer gedient hat weiß, was es bedeutet, unter Schutzmaske anstrengende körperliche Arbeit zu leisten. Und da wurde auch schon mal versucht, sich die Sache leichter zu gestalten, wie z. B. durch das Abschrauben des Schlauchs vom Filter. Natürlich blieb das selten unentdeckt, irgendwann kamen unsere Vorgesetzten immer dahinter. Außerhalb des Technikparks standen die leeren Container, in denen die Raketen „S-2" transportiert worden waren. Sie waren innen mit besten 3 mm dicken Sperrholztafeln verkleidet und dienten zur Lagerung aller möglichen Dinge. Da kam doch tatsächlich jemand auf die Idee, einen dieser Container für die Schutzausbildung zu nutzen und mit Tränengas zu füllen. Und so passierte es, dass beim Marsch von der Ausbildung in die Unterkunft in Höhe der Container des Öfteren das Kommando „Rechts schwenkt, marsch!" gegeben wurde. Dann ging es in diesen Kasten und das waren für viele von uns die Minuten der Wahrheit. Länger als 3 Minuten konnte keiner die Luft anhalten.

In die SKA-Abteilung kam ich als potentieller Feuerwehrmann und ließ mich selbst in eine Gefechtseinheit versetzen. Später habe ich oft an der Richtigkeit meines Entschlusses gezweifelt, wenn wieder mal außerplanmäßiges Wacheschieben angesagt war. Wir hatten zwar eine Wacheinheit, aber ihre Technik mussten die Gefechtseinheiten selbst bewachen. Das bedeutete für uns, mindestens einmal wöchentlich, wenn nicht öfter, auf Wache zu ziehen. Dabei konnten die Jungs von der Wacheinheit uns beim Üben über die Mauer zusehen. Diese Mauer grenzte den ehemaligen dahinterliegenden Campingplatz vom Fahrzeugpark ab. Vermutlich wegen der Stationierung der

Überfahrt der SKA-Abteilung zum RSA mit einem Landungsschiff „Robbe" der VM (WM)

SKA-Abteilung wurde der Campingplatz noch mehr zurückverlegt, um so eine breitere Pufferzone zu schaffen. Diesen ca. 300 m breiten grünen Streifen nutzte die SKA-Abteilung, um Infanterieübungen auszuführen. Eines Tages war auch die 1. Startbatterie wieder mal dran, „Sprung auf, vorwärts!" zu üben. Wir sausten in Schützenlinie durch den Busch. Dieser Streifen war ja nach der Verlegung des Campingplatzes schon wieder ziemlich zugewachsen. Auf das Kommando „Stellung, Eingraben!" mussten wir uns eingraben. Um Zeit und Kraft zu sparen war dabei jeder bestrebt, bereits vorhandene Löcher u.Ä. zu nutzen. Alle waren am Buddeln, da schrie plötzlich jemand zwischen den Büschen „Scheiße". Er hatte recht. Er hatte sich in eine Kuhle geworfen, die sich als eine ehemalige, aber nur leicht zugeschüttete Toilettengrube erwies. In der Folgezeit hieß er bei uns nur noch der „Goldsucher".

In das Frühjahr 1963 fiel eine Maßnahme, die auch dem letzten klar machte, dass wir eine landgestützte Kampfeinheit der VM waren. Das war die farbliche Umwandlung unserer Bekleidung: Unsere Stahlhelme wurden grün gespritzt und wir bekamen Flecktarnanzüge verpasst. Dazu erfolgte die Umrüstung von der „MPi-41" auf die „MPi-K" („Kalaschnikow"). Für manchen „Seemann" war das wirklich das „Aus". Aber die Marinen anderer Staaten hatten ja auch Landeinheiten. Unsere Reaktion darauf war einfach: Die Tarnjacken wurden nicht geschnürt, die Magazintasche locker hinten getragen und die „Kalaschnikow" trugen wir über der Schulter am langen Riemen lässig in Hüfthöhe, immer feuerbereit wie ein Cowboy mit seinem Colt. Diese neue, durch

Personal der SKA-Abteilung vor dem Ehrenmal in Kaliningrad beim 2. RSA der VM 1965 (WM)

uns erfundene Anzugsordnung wurde natürlich nicht lange geduldet. Das Herbstmanöver bei Peenemünde auf der Insel Usedom empfinde ich heute noch als kleines Abenteuer. Ich kann mich nicht erinnern, dass wir dort in Zelten geschlafen hätten. Dabei war es doch schon ziemlich frisch, Anfang September. Wir haben uns Reisig in unsere Zeltbahnen gestopft, in einer Ecke geschlafen, mit kaltem Ostseewasser rasiert. Für die Tarnmaßnahmen wurde ein halber Wald verstümmelt, bzw. versetzt. Es war schon interessant, in einem mit Reisig zugedecktem Loch zu hocken und den über uns kreisenden Beobachtungshubschrauber ins Visier zu nehmen.

Raketenschießabschnitte und Dienstende

Das Jahr 1964 ist mir hauptsächlich durch den 1. Raketenschießabschnitt der VM in Erinnerung geblieben. Alle diese Maßnahmen unterlagen immer einer hohen Geheimhaltung. Ein Raketenschießen sollte schon 1963 stattfinden, wurde aber wegen der angespannten internationalen Lage abgesetzt. Diejenigen, die für diese wichtigste Ausbildungsmaßnahme ausgesucht wurden, waren hoch motiviert und bereit, ihr Bestes zu geben. Für mich waren dieser erste Auslandseinsatz und die damit verbundene Seereise beeindruckend. Nach der Überfahrt auf dem Landungsschiff der VM in die Flottenbasis Baltijsk im Kaliningrader Gebiet fuhr unsere Fahrzeugkolonne sofort nach dem Entladen unerkannt (!?) in das Schießgebiet bei Donskoje, im Nordosten des Kaliningrader Gebiets. Da auf den dortigen Landstraßen keine Kettenfahrzeuge fahren durften, wurde unsere schwere Technik von Lkw „KRAZ-214" gezogen. Der Transport unseres Personalbestands erfolgte auf mit Planen abgedeckten Lkw. Es war für uns alle doch schon eine besondere Situation, als NVA-Angehörige, aber trotzdem eben als deutsche Soldaten, fast 20 Jahre nach dem Zweiten Weltkrieg dort wieder militärisch zu agieren. Wir waren uns dieser komplizierten Situation durchaus bewusst und unser Auftreten war dementsprechend vorbildlich. Dieser 1. RSA der VM 1964 war eigentlich wie ein größeres Manöver angelegt. Es war der erste Gefechtseinsatz der neuen Raketen „P-15" und „S-2". Mit uns im Feldlager lag eine polnische Abteilung des KRK „Sopka". Außer Raketenschnellbooten der VM sollten ebenfalls polnische schießen. Die Vorübungen liefen zufriedenstellend ab, es kam der Tag der Wahrheit. Als Richtkanonier gehörte neben dem Auftanken auch der Austausch einer normalen Sicherung gegen eine Brückensicherung in der Rakete zu meinen Aufgaben. Das Auftanken war ja kein Problem, 80 l Kerosin rein in die Rakete und zuschrauben. Die nicht maximale Betankung war eine reine Sicherheitsmaßnahme. Um jetzt die oben genannte Sicherung auszuwechseln, musste ich mir das Werkzeug, einen Zehner-Maulschlüssel, zur Sicherheit mit einer Schnur am Handgelenk festbinden, die beiden Befestigungsmuttern lösen, die Sicherung durch die Wartungsklappe (Durchmesser 10–12 cm) heraus fädeln, die Brückensicherung durch die Öffnung zurück fädeln, die Muttern wieder darauf drehen und anziehen. Dieser Vorgang wurde protokolliert, der erfolgte Wechsel dieser Sicherung diente als letzter Beweis dafür, dass die Rakete startbereit war. Wir haben beide mächtig geschwitzt, mein Zugführer und ich. Wenn mir eines dieser Teile in die Zelle der Rakete gefallen wäre, hätte man das ganze Heckteil abziehen müssen, um es wieder zu finden. Dann folgten das Beladen der Startrampe, die Zielsuche und alle weiteren Handlungen. Als Letztes erfolgte die Startfreigabe und der Vogel zischte los. Wir konnten noch sehen, wie das Startriebwerk abfiel. Danach schoss die 2. Startbatterie. Kurze Zeit nach dem 2. Start kam die Hiobsbotschaft: Kein Treffer. Aus dem FLZ kam die Nachricht, dass unsere Raketen normal auf das Ziel eingeschwenkt seien, dann aber ins Wasser gestürzt wären. Mit einem Fernglas konnte man das auch optisch beobachten. Alle waren fassungslos und enttäuscht: Was war geschehen? Warum hatten unsere Raketen nicht getroffen? Nach der Auswertung wurde der angetretenen Abteilung mitgeteilt, dass dieses Negativergebnis auf organisatorische Fehler zurückzuführen sei. Die Raketen der RS-Boote hätten die Ziele so zerschossen, dass für unsere Raketen nicht mehr genügend Reflexionsfläche übrig blieb. Großer Appell, dann Einschiffung und Heimreise. Auf der Überfahrt nach Warnemünde kamen wir in schlechtes Wetter und es ereignete sich noch eine Havarie: Beim Ankern fuhren zwei Landungsschiffe bei dunkler Nacht und Nebel auf das führende auf. Große Aufregung und viel Arbeit, aber am Morgen ging es weiter. Das war der Abschluss des 1. Raketenschießabschnitts der SKA-Abteilung.

Im 2. Ausbildungshalbjahr 1963/64 wurde eine Gruppe von Angehörigen der SKA-Abteilung den Marinepionieren der VM zugeteilt, um am Ausbau einer Feuerstellung für den KRK „Sopka" auf der Insel Rügen in der Gegend um Prora mitzuwirken. Die Pioniere machten die grobe Arbeit: Bäume fällen und Stellungen für die einzelnen Fahrzeuge ausschieben bzw. -baggern. Für uns blieb die „Restarbeit": Stubben roden und die Wände für die Unterstände absteifen. Eigentlich eine schöne norddeutsche Landschaft. Aber nach ein paar Tagen waren einige Buchen weg und dafür große Löcher in der Landschaft, nur die Stubben waren noch da. Eine Buche, die bereits mehrere hundert Jahre alt war, hatte einen Stammdurchmesser von bis zu 80 cm und einen Wurzelbereich von ca. 8 m Länge. Da in der Nähe dieser Stellung ein trigonometrischer Punkt aufgebaut war, durfte nicht gesprengt werden, jedenfalls nicht gleich. Wir mussten uns nur mit Handarbeit unter den Wurzeln durchbuddeln. Die Hauptwurzeln waren manchmal so stark wie mittlere Bäume. Dann wurden Stahltrossen durch die Löcher unter den Stubben durchgezogen, die „AT-S" angespannt und versucht, das Ganze herauszuziehen. Wenn diese Methode nicht erfolgreich war, wurden noch mehr Löcher gebuddelt, eine zweite „AT-S" angespannt und noch mal gezogen. Wenn der Stubben sich immer noch nicht regte, wurde er erstmal in Ruhe gelassen. Die Tage vergingen, der Fertigstellungstermin drückte, eine Lösung musste her. Sprengen. Die Genehmigung wurde erteilt. Die Ladungen wurden angebracht und gezündet. Dieser Gewalt hielt auch kein Stubben mehr stand. Dann hatten auch die „AT-S" leichteres Spiel. Die Stubben wurden mehrere hundert Meter weggezogen, die dicken Stammteile durfte sich der Förster holen, das Kronenholz wurde nur zur Seite geschoben. Unsere Aktionen im Wald waren wahrscheinlich so geheim abgelaufen, dass der Kommandeur der Garnison Prora davon nichts gemerkt hatte. Nachdem die Stellung fertig war, zog die SKA-Abteilung ein und führte das erste Sommerlager aus. Inzwischen war das Gelände auch umzäunt, um Zuschauer und Pilzsucher fernzuhalten. Wir bauten unsere Zelte auf und führten den Dienstbetrieb aus. Der Kasernenwachdienst wurde in einen Streifendienst umgewandelt. Nun wussten die Proraer Kommandeure wahrscheinlich nicht, dass inzwischen auch „Seemollis" in ihrem Wald waren. Und so wurden ihre Truppen weiter so ausgebildet wie bisher, auch im Schießen aus dem fahrenden SPW. Deshalb wurde dem Streifendienst erlaubt, sich hinter Bäumen zu verstecken, wenn es unten auf der Wiese knallte. Seitdem weiß ich, wie es sich anhört, wenn eine MG- oder MPi-Garbe durch die Bäume zwitschert. Es kam auch vor, dass sich mal eine Kugel in Richtung Zelte verirrte. Ein Kamerad fand in den Decken seines Feldbetts mal ein Geschoß der Einheitspatrone 43. Zum Glück haben die Jungs in dieser Zeit nur tagsüber geschossen, wenn wir selbst bei der Ausbildung waren. Als dann aber eines Tages eine Kugel den Schutzmaskenfilter unseres Kommandeurs in seiner Abwesenheit durchlöcherte, platzte ihm der Kragen. Er beschwerte sich und seitdem hatten wir Ruhe.

Seit einiger Zeit kursierten unter uns Gerüchte über die Verlegung der SKA-Abteilung nach Schwarzenpfost. Ende 1964 war es dann soweit, wir zogen um. Die neue Dienststelle mag ja für die SKA-Abteilung die bessere Alternative zu Kühlungsborn gewesen sein, für den Personalbestand war sie es nicht. Das Objekt lag mitten im Wald, der so feucht war, dass das Gelände erst melioriert werden musste. Es gab einen Bahnhaltepunkt Schwarzenpfost, an dem aber nicht jeder Zug hielt. Züge die nicht halten brauchten, fuhren bei der Durchfahrt etwas langsamer und der Zugschaffner warf dem diensthabenden Bahnbeamten die Zeitungen oder die Post in die Arme. Die Unterbringung der Mannschaften erfolgte in einer Massenunterkunft, in einer Holzbaracke. Etwa 50 Soldaten lebten und schliefen hier in einem Raum. Nebenan war gleich die Kantine. Wenn jemand vom Landgang oder aus dem Urlaub kam, nahm der natürlich den letztmöglichen Zug. Entsprechend spät kam er dann in der Dienststelle an. Ein Schalterklick in der Baracke, und meist wurden alle sofort wach.

Im Mai 1965 fuhr die SKA-Abteilung zum 2. RSA in die Sowjetunion, wieder zur Flottenbasis Baltijsk in das Feldlager Donskoje. Diesmal ohne eigene Großtechnik, da kein Landungsschiff der VM zur Verfügung stand. Das Schießen mit der von der BF geborgten Startrampe verlief erfolgreich, beide Raketen trafen ins Ziel. Nach diesem Erfolg wurde selbstverständlich auch ein Manöverball organisiert. Bei dieser Gelegenheit kamen wir das erste Mal mit der Bevölkerung des Ortes Donskoje zusammen. Im Klubhaus spielte die Musik, wer wollte, konnte mal das Tanzbein schwingen. Die russischen Mädels waren uns gegenüber aber ziemlich zurückhaltend. Überhaupt hätten wir gern mehr Kontakt zur Bevölkerung gehabt. Im Feldlager tauchten öfter mal die Schulkinder auf, um Bernsteine gegen Abzeichen jeder Art zu tauschen. So wechselten allmählich alle möglichen Abzeichen – vom einfachen Anstecker bis zur Leistungsspange – die Besitzer. Die Kinder unterschieden aber schon nach Wertigkeit. Kurioserweise war bei ihnen das Klassifizierungsabzeichen mit der Zahl III mehr wert als mit der I, der bei uns höchsten Klasse. Als kaum jemand noch Abzeichen hatte, tauchte ein Junge mit einem schönen, teilbearbeiteten Bernstein auf. Da trennte auch ich mich von meinem Klassifizierungsabzeichen. Den wirklichen Höhepunkt bildete für uns eine Exkursion nach Kaliningrad. Die Stadt war noch erschreckend stark von den Auswirkungen des Krieges gezeichnet. Und wir fielen auch auf in unserer deutschen Marineuniform. Der Rückmarsch der SKA-Abteilung verlief diesmal ohne Vorkommnisse. Der Alltag in Schwarzenpfost hatte uns wieder, mit Wacheschieben, Sommerlager usw. Ich

Start der Rakete „S-2" von der Startrampe „B-163" (Modell WM)

war nun Entlassungskandidat (EK) und bereitete mich schon auf das Leben nach der Dienstzeit vor. Am 29.11.1965 war für mich die SKA-Abteilung Geschichte.

Nach der Wiedervereinigung begann sich in meinem Kopf der Plan festzusetzen, die Technik meiner ehemaligen Raketeneinheit im Modell darzustellen. Ich begann mit der Rakete „S-2" und danach weiter mit der Startrampe, alles im Maßstab 1:72, d. h., dass z. B. die Länge der Rakete „S-2" von 7,90 m beim Modell nur noch 11 cm beträgt. Nach den Angaben von Kameraden baute ich dann die gesamte Technik einer Startbatterie der SKA-Abteilung in Modellen. Bei den meisten meiner Modelle habe ich kleine Funktionen eingebaut: „Marschlage" oder „Gefechtslage", Räder und Antennen drehbar u. a. Alle Modelle meines Projekts KRK „Sopka" sind als Demonstration der Feuerstellung einer Startbatterie auf einer speziellen Geländeprofilplatte positioniert, siehe Abb. S. 244.

Lothar Schmidt
Ausrüstung, Einsatzprinzipien und TTD des Küstenraketenkomplexes „Sopka"

Technische Ausrüstung der SKA-Abteilung mit dem KRK „Sopka":
1. Ein Führungspunkt des Kommandeurs der SKA-Abteilung der Stabskom auf dem Kfz „LO-1800".
2. Eine Feuerleitzentrale (FLZ), Hängerfahrzeug „APL-598" bestand aus dem Verbund der Leitstrahlstation „S-1 M" und der Radarbegleitstation „Burun". Die FLZ mit der Radarleitstrahlstation „S-1 M" leitete die Vorbereitung der Rakete „S-2" zum Start, das Richten der Startrampe nach den Angaben der Station „S-1 M", den Start der Raketen und ihre Lenkung auf das Ziel. Die Geräte der FLZ waren in der Kabine des Hängerfahrzeugs „APL-598" untergebracht, das durch ein Kettenzugmittel „AT-S" gezogen wurde. In dieser Kabine befanden sich auch die Geräte der Richtstrahlstation „S-1 M" außer den Empfangs-/Sende- und Antennenblöcken, die in den Antennenturm integriert waren.
3. Eine Radarstation „Mys", Hängerfahrzeug „APL-598" diente zur Seeraumbeobachtung, Zielsuche, zum Auffassen von Überwasserzielen und der Übergabe der Ziele und ihrer Daten an die FLZ und weiter an die Station „Burun".
4. Eine Radarzielbegleitstation „Burun", Hängerfahrzeug „APL-598" war bestimmt für die Zielbegleitung und das Ausrichten der Station „S-1 M" auf das Ziel.
5. Ein Antennenturm der Radarleitstrahlstation „S-1 M" auf dem Kfz „KRAZ-219" erreichte in der Gefechtslage aufgerichtet eine Höhe von 11,01 m.
6. Zwei Startrampen „B-163" konnten vertikal zwei Stellungen einnehmen: Die Marschlage mit 0° und die Gefechtslage mit +10° Anstellwinkel. Horizontal konnte die Startrampe in der Startstellung 360° gedreht werden. Zum Beladen gab es zwei Varianten: Die Rakete wurde entweder mit einem Elektromotor, der an der Startrampe montiert war oder manuell mit einer Handkurbel auf die Startrampe gezogen. Die Startrampe wurden durch Kettenfahrzeuge „AT-S" geschleppt.
7. Vier Raketentransportfahrzeuge „PR-15" mit Zugfahrzeugen „ZIL-157 B" für den Transport der Raketen „S-2" diente der Sattelauflieger „PR-15" mit dem Zugfahr-

zeug „ZIL-157 B". Das Transportfahrzeug hatte einen Kupplungsmechanismus für das Anschlagen an die Schienen der Startrampe und eine Vorrichtung für das Anhängen des Starttriebwerks „SPRD-34 m 6" an die Rakete.
8. Zwei Vorstartkontrollwagen „PPK" ein Koffer auf Kfz „ZIL-157
9. Zwei Stromversorgungshänger „ÄSD-30".
10. Zwei Kabelhänger.
11. Zwei Tank-Fahrzeuge „TZ-200" auf Kfz „MAZ-200" („Büffel") für das Auftanken der Raketen „S-2" mit Flugturbinentreibstoff.
12. Ein Feuerlöschfahrzeug „G-5".
13. Acht Mittlere Kettenzugmittel „AT-S" (davon 1 für Fahrschule und Reserve).
14. Zwei Elektrostationen „ÄSD-20" für die Radarstation „Mys" und die TB.
15. Zwei Imitatoren (Prüfstation) für die Startbatterien.
16. Ein Kontroll- und Prüfwagen für die technische Batterie.
17. 20 Flügelraketen „S-2".
18. Ein Funktrupp „Proliw" auf dem Kfz.
19. Zwei Feldküchen „FKü".
20. Diverse Transportmittel Lkw.

Alle schweren Hängerfahrzeuge: Zwei Startrampen „B-163", FLZ „S-1 M", Radarstationen „Mys" und „Burun", Stromversorgungshänger „ÄSD-30", zwei Kabelhänger (nur mit einer „AT-S"), wurden durch die mittleren Kettenzugmittel „AT-S" gezogen.

Das Funktionsprinzip des KRK „Sopka" mit der Rakete „S-2"

Die Radarstation „Mys" führte die Zielsuche im Seegebiet durch. Beim Ausmachen eines Ziels wurde „Gefechtsalarm" ausgelöst. Nach den Angaben der Station „Mys" wurde die Radarzielbegleitstation „Burun" auf das Ziel gerichtet und verfolgte es im „Regime halbautomatische Zielbegleitung". Dann wurde die Radarleitstrahlstation „S-1 M" nach den Angaben der Station „Burun" auf das Ziel ausgerichtet, aber noch nicht zugeschaltet. Die Startrampen wurden beladen, indem die Raketentransportwagen rückwärts heranfuhren und andockten, die Raketen auf die Rampen gezogen und mit speziellen Feststellschrauben arretiert wurden. Danach wurde der vertikale Zusatzkiel befestigt und die gesamten Kabelverbindungen angeschlagen. Nach dem Kommando von der FLZ wurde nach den berechneten Angaben des Waffenleitsystems das Marschtriebwerk gestartet und auf volle Umdrehungen hochgefahren. Dann erfolgte der Start mit der Zündung des Starttriebwerks.

Die Flugbahn der Rakete „S-2" bestand aus:
- Dem Startabschnitt: Der Start der Rakete unterstützt durch das Feststoffstarttriebwerk, die Einnahme der Flughöhe mittels Steuerung durch den Autopiloten und der autonome Flug nach Programm bis zum Moment des Kontakts der Rakete mit dem Leitstrahl der Radarleitstation „S-1 M".
- Dem Marschabschnitt: Der Flug der Rakete „S-2" auf dem Leitstrahl der Station „S-1 M", bei dem durch den Autopiloten die Höhe stabilisiert wurde. Die Bordapparatur „S-3" arbeitete im „Regime A".
- Dem Abschnitt der Selbstzielsuche und Selbstlenkung: Die Bordapparatur „S-3" arbeitete im „Regime B". Die Zielsuchlenkeinrichtung steuerte die Rakete mittels reflektiertem Radarecho des Ziels der Station „S-1 M" in das Ziel (siehe Abb. S. 244).

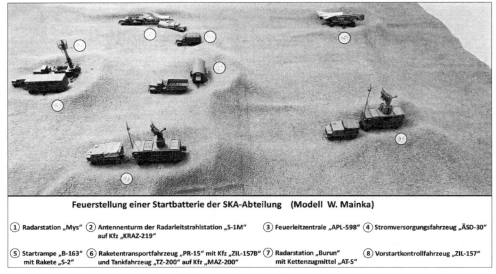

Feuerstellung einer Startbatterie der SKA-Abteilung (Modell W. Mainka) (WM)

① Radarstation „Mys" ② Antennenturm der Radarleitstrahlstation „S-1M" auf Kfz „KRAZ-219" ③ Feuerleitzentrale „APL-598" ④ Stromversorgungsfahrzeug „ÄSD-30"
⑤ Startrampe „B-163" mit Rakete „S-2" ⑥ Raketentransportfahrzeug „PR-15" mit Kfz „ZIL-157B" und Tankfahrzeug „TZ-200" auf Kfz „MAZ-200" ⑦ Radarstation „Burun" mit Kettenzugmittel „AT-S" ⑧ Vorstartkontrollfahrzeug „ZIL-157"

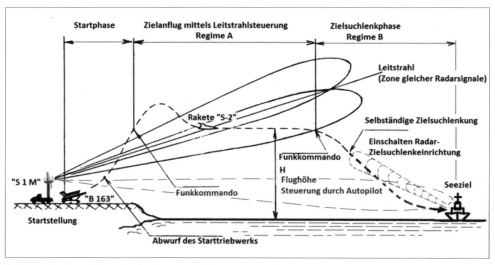

Schema der Darstellung der Lenkung der Rakete „S-2" auf ihrer Flugbahn (IN/WS)

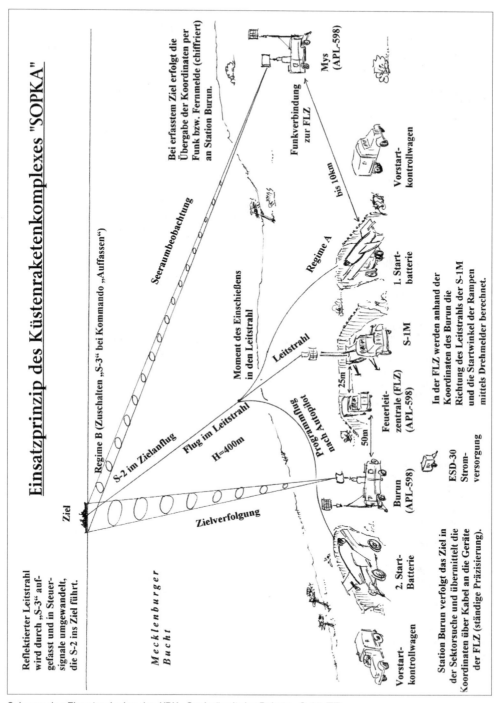

Schema des Einsatzprinzips des KRK „Sopka" mit der Rakete „S-2" (TZ)

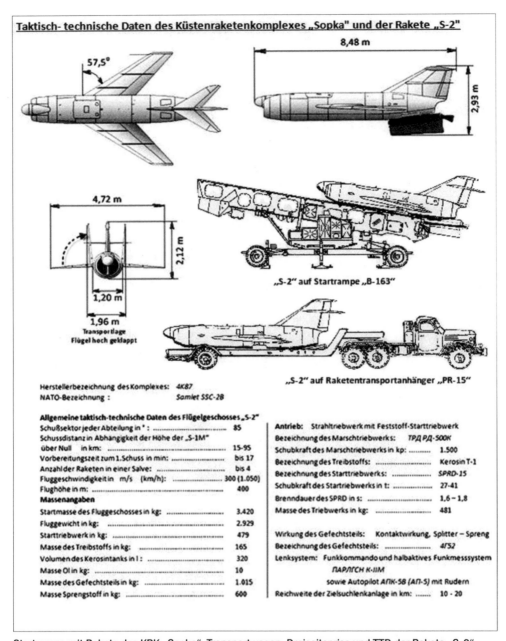

Startrampe mit Rakete des KRK „Sopka", Transportwagen, Dreiseitenriss und TTD der Rakete „S-2" (WS)

Angaben zur Startrampe "B-163"

Länge m :	12,235		
Breite (Marschlage) m :	3,1	..... (einsatzbereit) m :	5,4
Höhe (Marschlage) m :	2,95	..... (einsatzbereit) m :	3,765
Startwinkel ° :	10	Masse ohne Rakete t :	15
Schwenkbereich +/- ° :	174		
Länge der Startschiene m :	10		
Max. Marschgeschwindigkeit			
- auf Straßen km/h :	35	Anzahl der Achsen :	2
- im Gelände km/h :	18-20	Anzahl der Räder :	8
Zeit zur Herstellung des Einsatzzustandes aus der Marschlage min :	30	Kettenzugmittel :	"AT-S"
Horizontales Richten			
- elektromechanisch mit "SPU-12"		Richtgeschwindigkeit °/s :	0,5
- manuell mittels Handrad			
Einnahme Ladewinkel °/s :	3,5		
Lademechanismus: Winde mit Trosse, elektromechanisch/ manuell			

Angaben zur Radarausrüstung (Funkmess) des Komplexes "Sopka"

Radar - Seeraumbeobachtungsstation "Mys"

Typ Hängerfahrzeug : ...."APM-598"   Masse t: ... 14,8 Kettenzugmittel: "AT-S"
Drehgeschwindigkeit Rundumsicht   U/min: 6
Sektorsuche Anzahl **Bewegungen/min** in beliebige Richtungen: 20-300
Koordinatenmessbereich in der Entfernung   kbl: 5-1.000
Koordinatenmessbereich im Azimut   °: 0-360
Impulsfolgefrequenz:
- für den Entfernungsbereich 100-500 kbl   Hz: 1.240
- für den Entfernungsbereich 1.000 kbl   Hz: 604
Das Umschalten von einer Arbeitsfrequenz erfolgt automatisch bei Einwirken
von Rauschstörungen oder manuell nach Beobachtung des Operators am Radarschirm
Empfindlichkeit des Empfängers   Watt : 12
Einschaltzeit aus Nulllage   min : 5
Max. Betriebsdauer der Station   h : .... 24 (danach 2-3 h Pause)

Radarbegleitstation "Burun"

Typ Hängerfahrzeug : ... "APM-598"   Masse t: ... 14,8 Kettenzugmittel: "AT-S"
Maximale Reichweite der Station: ... (quasi optische Sicht): Bei Höhe 300 m ca.200 km
Impulsfolgefrequenz
- für den Entfernungsbereich 0-160 kbl   Hz: 3.725
- für den Entfernungsbereich 0-320 kbl   Hz : 2160
Max. Geschwindigkeit der Ziele   kn : 60
Tote Zone   km : 1,5
Ununterbrochene Funktionsdauer   h : 5-8

Radarleitstrahlstation „S-1M"

Zielunterscheidungsgenaugkeit in der Entfernung   km : 200
Zielunterscheidungsgenaugkeit im Höhenwinkel   °: 3,5
Genauigkeit der Entfernungsbestimmung am Radarbildschirm
bei einer Entfernung von 200 km   km : 4-5
Einschaltzeit aus Nullage   min: 12
Höhe Antenne (auf "KRAZ-219")   m : 11,01
Unterbringung der Station: Bestandteil der Feuerleitzentrale

TTD der Technik des KRK „Sopka" (WS)

Kurt Stippkugel
Geschichte der Küstenraketenabteilung 18 von 1980–1983

Kommandeur Kurt Stippkugel, FK a.D., begann seinen Dienst 1953 in den damaligen Seestreitkräften, später VM. Nach Absolvierung der Seeoffiziersschule diente er als Kommandeur eines Gefechtsabschnitts auf Minenleg- und Räumschiffen. 1961 nahm er an dem 1-jährigen Speziallehrgang Raketentechnik in der Sowjetunion teil. Anschließend diente er als Batteriechef und Stabschef in der SKA-Abteilung. Nach dem Abschluss der Militärakademie „Friedrich Engels" der NVA übernahm er als Kommandeur die RTA-6. Ab 1980 leistete er als Kommandeur der KRA-18 Pionierarbeit bei der Einführung des KRK „Rubesh". Nach der Indienststellung des KRR-18 wurde er als Stabschef eingesetzt. Seinen Dienst in der NVA beendete er im Stab der VM, auf eigenen Wunsch wurde er aus Altersgründen 1985 entlassen. Kurt Stippkugel wurde 1977 als „Verdienter Angehöriger der NVA" ausgezeichnet. Hier ist sein Bericht:

Die VM erhielt zur Erhöhung der Kampfkraft Anfang der 1980er-Jahre einen modernen sowjetischen KRK zum Schutz der Seegrenzen der DDR. Auf der Grundlage der AO 18/79 des CVM begann im Spätsommer 1979 der zweite Aufbau der KRT der VM, diesmal mit dem sowjetischen KRK „Rubesh".

In kürzester Zeit sollte eine KRA mit vier SSR ausgerüstet und in Dienst gestellt werden. Die Aufstellung der KRA wurde in dieser Anordnung in drei Etappen eingeteilt. Der Aufbau der KRA war vor allem vom Zugang der Raketen, der SSR und des gesamten raketentechnischen Zubehörs abhängig. Die Zuführungen waren aber auf Regierungsebene geregelt und lagen somit nur bedingt im Planungsbereich des KVM.

1. Etappe: 01.05.–30.11.1979. Mit Wirkung zum 01.09.1979 erfolgten die ersten personellen Zuführungen. Die Unterbringung wurde zuerst im KVM sichergestellt. Die erste Zuführung von Matrosen und Unteroffizieren erfolgte erst zum 01.12.1979,

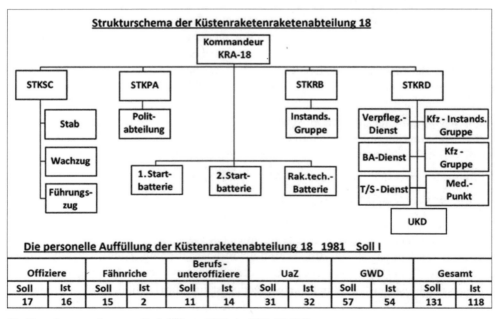

Strukturschema und personelle Auffüllung 1981 der KRA-18 (WS)

Vorbeimarsch der KRA-18 (KS)

und damit wurde der Standort nach Stralsund in die SSTA-18 verlegt. Die erste Etappe war somit durch die sukzessive personelle Zuführung der ersten Angehörigen der aufzustellenden Einheit gekennzeichnet. So entstand auch die erste Parteigrundorganisation der KRA, die PGO 118, mit 18 Mitgliedern und zwei Kandidaten, die sich mit dem weiteren Zulauf der Mitglieder und Kandidaten vergrößerte und in vier weitere Grundorganisationen aufgliederte. Der Auftrag, den die SED in dieser Zeit dem Kommandeur, FK Kurt Stippkugel, und seinem STKPA, KL Helmut Kubasch, sowie der gesamten Grundorganisation stellte, unterschied sich in nichts vom militärischen Auftrag: schnellstmöglich und geordnet die Truppe zu formieren.

2. Etappe: 01.12.1979–31.07.1980. In dieser Etappe wurde die Zuführung von Personal fortgesetzt. Selbst ein Plan zur Überführung der Abteilung vom Friedens- in den Kriegszustand wurde erstmals erarbeitet und in Kraft gesetzt, obwohl noch keine Kampftechnik übernommen war. Bis Mai 1980 fand verstärkt die Allgemeinmilitärische Ausbildung statt. Am 29.04.1980 wurde die Abteilung in die Dienststelle Gelbensande verlegt. Das gesamte Personal wurde in einer einzigen Baracke untergebracht. Die KRA war Gast der RTA-4, die in dieser Dienststelle Hausherr war. So nutzten die Angehörigen der KRA-18 alle Einrichtungen der RTA-4. Auch die Verpflegung, Bekleidungsausrüstung, die Betankung der Kfz sowie die medizinische Versorgung wurden durch die RTA-4 sichergestellt. Die Zusammenarbeit war beispielhaft, dennoch war die Unterbringung der Kfz und anderer Technik stark eingeschränkt. Zu diesem Zeitpunkt war die KRA-18 erst zur Hälfte personell aufgefüllt. Auch die Kfz waren noch nicht zugeführt. Lediglich fünf Kfz von 54 geplanten befanden sich im Bestand der neuen Einheit. Ab Juni 1980 wurde begonnen, die ersten Gefechtsraketen „P-21" und „P-22", aber auch Lehrmodelle und ein Schnittmodell für die Ausbildung in Frankfurt/Oder abzuholen.

3. Etappe: 01.08.1980–30.11.1981. Die letzte Etappe war von der Zuführung der Raketen, von zwei SSR und der dazugehörigen Raketenmunition sowie der abschließenden personellen Auffüllung gekennzeichnet. Im Oktober 1980 wurden die ersten beiden SSR zerlegt in jeweils drei Hauptteile – Basisfahrzeug, Gefechtskabine und Startcontainer – per Eisenbahntransport unter strengster Geheimhaltung über den Bahngleisanschluss der Dienststelle Schwarzenpfost zugeführt. Mit dem Eintreffen der Gefechtstechnik im Oktober 1980 trafen auch die sowjetischen Werkspezialisten und Militärangehörigen ein, die die Technik zur Übergabe an die deutsche Seite vorberei-

teten und einsatzfähig machten. Somit begann der nächste und wichtigste Schwerpunkt für die junge Einheit: die spezialfachliche Ausbildung des Personalbestands der Start- und der Technischen Batterie. Weitere Intensivausbildungslehrgänge mit sowjetischen Spezialisten fanden vom Februar bis April 1981 statt. Die Ausbildung des Personalbestands hatte, im Gegensatz zum Vorgängertyp „Sopka", grundsätzlich in der DDR zu erfolgen. Auch der Aufbau des Regelbereichs für die Raketen wurde nun endgültig abgeschlossen – zusammen mit einer intensiven spezialfachlichen Ausbildung der Angehörigen der TB. Die Matrosen, Unteroffiziere und Offiziere lernten dankbar alle Details und technischen Tipps von den sowjetischen Spezialisten. Verständigungsschwierigkeiten gab es diesbezüglich nicht. Unter Leitung des STKRB der KRA-18, KK Uwe Lonitz, wurde die Übernahme der Gefechtstechnik vollständig abgeschlossen. An seiner Seite standen auch Raketenspezialisten der neu aufgestellten KRA-18, die über mehrere Jahre in der Sowjetunion im Fachgebiet Seezielraketen ausgebildet worden waren, wie z. B. die OL Schrepper, Offizier für Radar- und Waffenleittechnik, und K.-D. Glodschei, Chef der 1. Startbatterie, sowie die KL H. Kubasch, STKPA und D. Eger, Chef der TB. Die erste selbstständige Verlegung von zwei SSR in die Radarstellung der 6. GBK nach Neuhaus fand am 11. und 12.11.1980 statt. Dort erfolgte erstmalig die Justierung der Radaranlagen „Garpun" der beiden SSR.

Am 15.12.1980 wurde die KRA-18 offiziell in Dienst gestellt. Nachdem sich der Personalbestand die Grundlagen des Raketeneinsatzes theoretisch und praktisch angeeignet hatte, mussten die Startbatterien, die zu dieser Zeit aus je einer SSR bestanden, durch Batteriegefechtsübungen (BGÜ) beweisen, dass sie auch selbstständig und zusammen die Gefechtsaufgaben erfüllen konnten. Somit erhielt der Chef der 2. Startbatterie, OL Brennecke, am 06.04.1981 zum Thema „Übernahme und Übergabe von Raketen und Vorbereitung der SSR zum Marsch, Marsch in eine Startstellung und die Handlungen im Gefecht" eine konkrete Aufgabenstellung, die er fachlich und führungsmäßig in seinem Entschluss dem Kommandeur der KRA-18 zu melden und anschließend auszuführen hatte. Seine Einheit erreichte die Note „Gut". Am Folgetag musste die 1. Startbatterie unter Führung von OL Glodschei die gleichen Handlungen zum selbigen Thema abarbeiten und erhielt die Note „Befriedigend". Auch die TB hatte ihre Kenntnisse und Fertigkeiten zum Thema „Teilweise Überführung von Lehrgefechtsraketen aus der BS III in die BS I unter stationären Bedingungen" unter Beweis zu stellen. Eine Woche später, am 13.04.1981, fand unter Anwesenheit und Kontrolle durch sowjetische Spezialisten die erste AGÜ der KRA-18 als Abnahmeübung unter dem Thema „Die Vorbereitung und Übergabe von Raketen, die Beladung der SSR und die Durchführung des Gefechts" statt. Auch der Stab der KRA-18 begann in der Folgezeit, organisiert verschiedene Stabstrainings auszuführen, um seine Führungsqualitäten zu entwickeln und zu festigen. So fand unter der Leitung des Kommandeurs der KRA-18 ein Stabstraining zum Thema „Die Erarbeitung der Gefechtsdokumente für die Durchführung eines Raketenschlags" am 16.06.1981 statt. Zum Abschluss des Ausbildungsjahres 1980/81 fand vom 10.–13.11.1981 eine AGÜ unter mobilen Bedingungen unter der Leitung des Kommandeurs der KRA-18 zum Thema „Der Einsatz einer Startbatterie zur selbstständigen Bekämpfung gegnerischer Überwasserkräfte" statt. Im Detail wurden folgende Handlungen abgenommen: Beladen einer SSR, Verlegen der Kolonne, Radarübungen auf reale Ziele aus der Stellung Neuhaus, Beziehen eines Raums und Organisation von Schutz, Sicherung und Verteidigung im Raum Willershagen, Regeln von Raketen, Wiederherstellung der Gefechtsbereitschaft. Mit Ende der dritten Etappe war die Abteilung zu 88,3 % personell aufgefüllt. Von den geplanten 57 Kfz befanden sich 47 Fahrzeuge im Bestand. Am 30.09.1981 wurde die KRA-18 in das System der Gefechtsbereitschaft der VM eingegliedert und am 05.11.1981 wurde dem CVM gemeldet, dass die Aufstellung der KRA-18 sowie die Herstellung der Geschlossenheit der militärischen Kollektive in der neuen Kampfeinheit im geplanten Umfang abgeschlossen waren.

Nach 10-jähriger Unterbrechung traten erstmals die KRT der VM im Rahmen der Übung „Herbstwind 81" wieder in Aktion. Die KRA-18 nahm an dieser Übung, die unter der Leitung des CVM stand, im vollen Bestand in der Zeit vom 14.–19.09.1981 teil und verlegte in den Raum Willershagen. Die Übung deckte schonungslos Mängel und Unzulänglichkeiten auf: Die vorhandenen Nachrichtenmittel und -kräfte gewährleisteten nicht das Zusammenwirken mit anderen Flottenkräften, die Ausrüstung des FP des Kommandeurs der KRA-18 war noch unvollständig, die Kräfte und Mittel zur Sicherung des Entfaltungsraums waren nicht ausreichend, der Ausbildungsstand des Radarpersonals entsprach noch nicht den geforderten Normen, die Betankung von Raketen war nicht gewährleistet, die Startstellungen der SSR waren nicht vermessen, die Medizinische Sicherstellung der Abteilung entsprach nicht den Forderungen. Das war nach dem ersten Einsatz der KRA-18 eine harte Kritik für den Kommandeur, für seine Stellvertreter und die Einheitskommandeure. Sie nahmen sich aber dieser Problemstellung an, berieten in den militärischen und Parteikollektiven und unternahmen gewaltige Anstrengungen, diese Mängel zu beseitigen. Oft wurde bis in die Nacht hinein gearbeitet, persönliche Entbehrungen wurden auf sich genommen und die Belange der Familien der Berufssoldaten größtenteils hintangestellt.

Somit besaß ab diesem Zeitpunkt die VM wieder eine Waffengattung, deren Kampfkraft und Mobilität der „Gegner" auf dem geschlossenen Seekriegsschauplatz westliche Ostsee berücksichtigen musste. Die strikte militärische Geheimhaltung des Aufbaus der KRA-18 trug aber wesentlich dazu bei, dass die NATO lange Zeit über ihre Existenz keine Kenntnisse hatte. Für das neue Ausbildungsjahr 1981/82 wurden die erforderlichen Führungsdokumente bis zur Ebene Batterie und selbstständiger Zug mit folgenden Schwerpunkten erarbeitet bzw. präzisiert:

- Die Gewährleistung des Gefechtseinsatzes der Startbatterie unter allen Lagebedingungen.
- Die normgerechte Überführung der Raketen in den Verschusszustand durch die RTB.
- Die Zuführung der Raketen der zweiten Salve für die SSR, Einrichtung eines Beladepunkts im Gelände und Erfüllung weiterer Transportaufgaben durch den Transport- und Nachladezug.
- Die Sicherstellung des FP, stabiler Nachrichtenverbindungen und des Schutzes durch den Führungszug.

Die noch nicht abgeschlossene Ausrüstung der Abteilung mit Nachrichtenmitteln behinderte auch noch zu diesem Zeitpunkt erheblich die Organisation des Zusammenwirkens mit anderen Stoßkräften. Neben diesen Ausrüstungsproblemen gab es erhebliche Erschwernisse bei der Ausbildung des Personals, denn durch die zugeführte

Technik war schon zu diesem Zeitpunkt die Dienststelle Schwarzenpfost überbelegt. Eine Erweiterung der Dienststelle, besonders der Technischen Zone (TZ) auf die Belange der neu aufgestellten KRA-18 war geplant und wurde nun Schritt für Schritt durch Baubetriebe in Angriff genommen. Das Baugeschehen behinderte die Ausbildung während der gesamten Bauzeit, deshalb wurde u. a. auch nachts ausgebildet. Der Geheimhaltung der Bauvorhaben und des Eintreffens der Technik wurde größte Aufmerksamkeit geschenkt. Folgende Bauvorhaben wurden begonnen:
- die überdachten Tankplätze und die Tanklager für Oxydator und Brennstoff,
- das chemische Labor mit separaten Umkleide- und Duschräumen für das Betankungspersonal,
- die Raketenmontage- und Regelhallen sowie weitere Arbeitsräume,
- das Unterkunftgebäude für drei KRA,
- die betonierten Verbindungsstraßen zwischen den einzelnen Lagerhallen, Bunkern und den oben genannten neuen Gefechtsstationen,
- die Wohnungen für die Berufssoldaten in Gelbensande.

Um die zwei SSR vor der Witterung und der steten Satellitenaufklärung durch den „Gegner" zu schützen, wurden sie bis zur Fertigstellung der großen Garagenhallen provisorisch unter einem original russischen Großraumzelt abgestellt.

Außerdem wurde die RTA-4 schrittweise nach Warnemünde verlegt und die damit freiwerdenden Räumlichkeiten wurden von der KRA-18 übernommen.

Mit dem neuen Ausbildungsjahr begann, trotz Einschränkungen durch das Baugeschehen, die planmäßige und aufbauende Gruppen- und Zugausbildung, gefolgt von Normenüberprüfungen in der Spezialausbildung sowie von taktischen Übungen der Einheiten und die Ablegung der Aufgabe 1. Gleich mit Beginn des zweiten Halbjahres erfolgte die Taktische Ausbildung der gesamten Abteilung in Vorbereitung auf den ersten faktischen Waffeneinsatz. Am 03.06.1982 verlegten Teile der RTB im Rahmen eines Kolonnenmarsches zu faktischen Betankungsübungen in die RTA-6 und erfüllten mit der Note „Sehr gut" die erste scharfe Betankung mit den Raketentreibstoffkomponenten. Tage später erhielt die KRA-18 nach einer taktischen Übung vom 08.–10.06.1982 mit der Bewertung „Sehr gut" auch die Zulassung zum RSA. Das erste Raketenschießen im Juni 1982 war ein Höhepunkt im Leben der Abteilung. Es gab eine vorbildliche Zusammenarbeit mit den Angehörigen der BF bei der Überführung in das Schießgebiet und während des gesamten Aufenthalts in der Sowjetunion. Das endgültige Klarmachen der Raketen zum Schuss und die letzten Kontrollen wurden gemeinsam mit Offizieren der RTB des KRR der BF unweit der Ortschaft Donskoje (früher Palmnicken) ausgeführt. Es gab während des faktischen Waffeneinsatzes an der Technik keinerlei Störungen oder Ausfälle.

Nach der gründlichen Auswertung des RSA galt es, den taktischen Einsatz der einzelnen Einheiten weiter zu entwickeln und zu verbessern. Insgesamt zeigten alle Matrosen, Unteroffiziere, Fähnriche und Offiziere eine hohe Disziplin und vorbildlichen Einsatzwillen. Trotz der weiterhin andauernden Unzulänglichkeiten bei der Unterbringung in der Kaserne zeigten die einzelnen Kollektive eine hohe militärische Meisterschaft. Bei den Märschen der SSR und anderer Technik wurde vorwiegend die Nachtzeit genutzt. Sie erfolgten zum Einmessen nach geographischen Punkten, zum Aufklären, Klassifizieren und Begleiten von Zielen aus verschiedenen Feuerstellungen und auf besonderen

Befehl zur Verlegung in Warteräume und Übungsfeuerstellungen. Das Zusammenwirken mit anderen Kräften wurde vor allem mit Schiffen verschiedener Flottillen, mit Radarstationen der 6. GBK, mit dem KSK-18 zur Diversantenabwehr, vor allem aber mit Schiffsschlaggruppen zur Führung gemeinsamer Schläge in der OPZ der VM organisiert. Der Stellungswechsel der SSR in der Normzeit und das Beladen der SSR mit Raketen wurden vorwiegend in der Dienststelle unter einfachen und komplizierten Bedingungen trainiert.

Führung der KRA-18 (KS)

Gleichzeitig mit der taktischen und spezialtechnischen Ausbildung wurde der Allgemeinmilitärischen Ausbildung sowie der politischen Schulung große Aufmerksamkeit geschenkt. Das personelle Auffüllen der KRA war zum Ende des Ausbildungsjahres 1981/82 weitestgehend abgeschlossen und betrug 92,5 %. Die Abteilung war somit personell gefechtsbereit. Im Juli 1982 wurde der erste Stabschef der KRA-18, KL Bitzer, versetzt. An seine Stelle trat nun KK Uwe Lonitz. Mit der Indienststellung der KRA-18 entstand bei den VOF, dem MfNV und bei der Partei und Regierung ein reges Interesse für die neue Waffengattung der VM, und dementsprechend häuften sich die Besuche: Der Befehlshaber der VOF, Admiral Michailin, der Minister für Nationale Verteidigung, Armeegeneral Heinz Hoffmann, Günter Mittag und andere. Der Aufbau der KRA-18 hatte wesentliche Bedeutung für die spätere Entwicklung des KRR-18 mit einer großen Feuerkraft.

Uwe Lonitz erinnert sich an Episoden seines Dienstes in der KRA-18: Im Juli 1979 war ich während meines Studiums an der Militärakademie im Praktikum in der RTA-6 in Tilzow auf Rügen, deren Kommandeur jetzt FK Kurt Stippkugel war. Für mich völlig überraschend teilte er mir nach 14 Tagen mit, dass er Befehl habe, ab sofort eine neue Einheit, ausgerüstet mit modernsten Küstenraketen, aufzubauen. Nach Abschluss meines Studiums an der Militärakademie meldete ich mich im September 1980 zum Dienstantritt als STKRB in dieser neuen Einheit – der KRA-18. Wenig später fand eine große gemeinsame Übung der VOF, das Manöver „Waffenbrüderschaft 80", im Küstengebiet der Insel Usedom statt. Ohne genau zu wissen, worum es sich überhaupt handelte, fuhren FK K. Stippkugel, sein Stabschef KK J. Bitzer und ich laut Befehl auf die Insel. Vorher erhielten wir einen extra für diese Übung ausgestellten Ausweis und einen vom CS der VM unterschriebenen Dienstauftrag. Nach längerem Suchen wurden wir von zwei sowjetischen Offizieren hinter zwei Sanddünen zu großen Tarnnetzen geführt. Jetzt sahen wir zum ersten Mal unsere zukünftige Hauptbewaffnung, die SSR, und waren sofort begeistert. Die sowjetischen Offiziere erklärten uns kurz die einzelnen Komponenten dieses „Raketenschnellboots auf Rädern", taten aber dabei sehr geheimnisvoll.

Nach der Übernahme der ersten zwei SSR war unser Hauptproblem ihre Unterbringung. Sie mussten ständig getarnt werden, passten aber in keine der vorhandenen Kfz-Hallen. Vom Stab der VM erhielten wir ein großes Zelt, aber die Höhe reichte nicht aus, wir brauchten für unsere SSR Zelte mit einer Höhe von mindestens 4,50 m. Die

Erster Start einer Rakete des KRK „Rubesh" im Ostseeraum durch die KRA-18 der VM 1982 (KS)

Offiziere der Startbatterien ließen sich etwas einfallen: sie entwickelten ein System zum Aufstocken aus Metallrohren. Damit war die Höhe ausreichend und dieser Eigenbau diente dann zwei Jahre als Unterkunft für unsere SSR.

Im Dezember 1980 fuhr ich nach Graal-Müritz in die dortige Produktionsgenossenschaft des Handwerks (PGH) und wir konstruierten und bauten dort gemeinsam ohne „Geheimnisverrat" eine transportable Verteilertafel für die mobile Außenstromversorgung der SSR. Das war ein bedeutender Fortschritt. Die Ausbildung wurde wesentlich erleichtert, Betriebsstunden für die Turbine gespart und es war sogar eine Steckdose für den Tauchsieder vorhanden.

Bei der Spezialausbildung unseres Personalbestands durch die sowjetischen Spezialisten mussten wir teilweise mühsam mit Spezialwörterbüchern übersetzen. Umso erstaunter war ich, als ich am 21.04.1981 die sowjetischen Spezialisten nach Berlin-Ostbahnhof zum Zug nach Moskau brachte und mich ungefähr 10 Minuten vor der Abfahrt der Leiter der Gruppe in beinahe akzentfreiem Deutsch ansprach und mir Ratschläge für meinen weiteren Dienst gab.

Im Frühsommer 1982 fuhr ich in die 1. Flottille nach Peenemünde. Aufgabe war die Besichtigung eines Landungsschiffs „Projekt 108" der VM für die Überführung einer SSR nach Baltisk zur Vorbereitung des RSA der KRA-18. Mit Bandmaß und Zollstock wurde mehrmals gemessen, trotzdem fehlten einige Zentimeter Höhe bei der Auffahrt in das Landungsschiff. Damit waren wir bei der Verlegung auf die Unterstützung durch die sowjetische BF angewiesen.

Viele notwendige und praktische Hilfsmittel wurden für den RSA von uns selbst entwickelt und hergestellt. Für die Vorbereitung und Durchführung des Feldlagers wurde z. B. ein „Donnerbalken" für acht Mann gebaut, der danach noch mehrere Jahre im Einsatz war. Im Frühjahr 1983 konnten wir zwei große Kfz-Hallen von der RTA-4 übernehmen, um endlich die SSR aus dem Zelt in eine feste Halle zu stellen. Aber auch da fehlten wieder 20 cm an der Höhe. Mit hohem körperlichen Einsatz vor allem des Personals der beiden Startbatterien wurde der Beton unten aufgestemmt und so die Einfahrt in die Garagen ermöglicht. Im Verlauf des Jahres übernahmen wir die gesamte Dienststelle und auch die Bauarbeiten für den Raketenbetankungsplatz und die Technikgaragen gingen ihrem Ende zu. Beim Betankungsplatz stellten wir noch kurz vor der Fertigstellung fest, dass die Baufirma die ganze Anlage seitenverkehrt gebaut hatte. Wir mussten also mit den Raketen immer erst eine zusätzliche Schleife fahren, um die technologisch richtige Reihenfolge beim Betanken einzuhalten.

Kapitel IX Geschichte des Küstenraketenregiments 18, 1983–1990

Lothar Schmidt
Einleitung

Im Mittelpunkt unseres Buches steht die Geschichte des KRR-18. Der Grund dafür ist, dass es der einzige Truppenteil und dazu noch der schlagkräftigste der KRT in der VM war. Außerdem endet mit seiner Liquidierung nicht nur die Geschichte der KRT, der VM und der NVA, sondern auch die unseres Staates – der DDR.

In den folgenden Kapiteln berichten die drei ehemaligen Kommandeure des KRR-18 über ihren Dienst. Bezogen auf ihre Dienstzeit im Regiment kann man die Entwicklung des KRR-18 in drei Zeitabschnitte unterteilen:

1. Der Aufbau und die Stabilisierung des KRR-18 von der Indienststellung am 01.11.1983, beginnend mit einer Startbatterie und einer RTB, alle gefechtsbereit, bis zum 01.12.1987, Dauer 4 Jahre und 1 Monat, Kommandeur FK, später KzS, Lothar Schmidt, mit folgenden Höhepunkten:
- Indienststellung des KRR-18 am 01.11.1983.
- Formierung der Kollektive der Führung und der Einheiten.
- Schaffen der Grundlagen für die Organisation des Dienstes.
- Rekonstruktion des Objekts mit Neubauten.
- Übernahme und Eingliederung der gesamten Raketenbewaffnung, darunter 8 SSR (2 von der KRA-18) und 3 Kampfsätze Raketen „P-21/22".
- Organisation der Gefechtsbereitschaft und des Gefechtsdienstes.
- Verleihung der Truppenfahne am 30.09.1984.
- Teilnahme an der größten Ehrenparade der NVA zum 35. Jahrestag der DDR am 07.10.1984 in Berlin.
- Verleihung des Ehrennamens „Waldemar Verner" am 06.10.1985.
- Durchführung von 4 RSA mit dem Start von insgesamt 8 Raketen – alle Treffer.
- Übergang auf den „STAN 90" ab 01.12.1986.
- Erfolgreiche Teilnahme an zahlreichen Übungen, Überprüfungen, Inspektion, Demonstrationen.

Im Ergebnis waren die Führung, zwei KRA und die Sicherstellungskräfte des KRR-18 gefechtsbereit.

2. Die weitere Stabilisierung des KRR-18 vom 01.12.1987, beginnend mit der Führung, zwei KRA und Sicherstellungskräften – alle gefechtsbereit, bis zum 23.02.1990, Dauer 2 Jahre und 3 Monate, Kommandeur FK, später KzS, Dr. Joachim Dix mit folgenden Höhepunkten:
- Verleihung eines Ehrenbanners des ZK der SED am 25.09.1989.
- Auszeichnung mit dem Titel „Bester Truppenteil" im sozialistischen Wettbewerb am Ende des Ausbildungsjahres 1988/89.
- Teilnahme an der letzten Ehrenparade der NVA zum 40. Jahrestag der DDR am 07.10.1989.

- Durchführung von 2 RSA mit dem Start von 4 Raketen – alle Treffer.
- Erfolgreiche Teilnahme an Übungen, Überprüfungen, Demonstrationen.
- Beginn der Auflösung der NVA mit der Militärreform: Auflösung der Militärabwehr und der Politorgane, vorzeitige Entlassung von Soldaten im GWD, Abbau der Gefechtsbereitschaft und des Gefechtsdienstes u. a.

Im Ergebnis waren die Führung, zwei KRA und die Sicherstellungskräfte des KRR-18 mit Einschränkungen gefechtsbereit.

3. Die Auflösung des KRR-18 vom 23.02.1990, beginnend mit der Führung, zwei KRA und Sicherstellungskräften, alle mit Einschränkungen gefechtsbereit, bis zum 02.10.1990, Dauer 8 Monate, Kommandeur FK Klaus-Peter Gödde mit den Höhepunkten:
- Keine Überprüfungen und Kontrollen durch das MFNV und das KVM.
- Teilnahme an der einzigen und letzten Übung der VM 1990: Handlungen der Stoßkräfte gegen das „Gemeinsame Geschwader".
- Übernahme von zwei Startrampen am 29.06.1990.
- Weitere Entlassung von Berufssoldaten und Soldaten im GWD.
- Abschiedsveranstaltung des KRR-18 am 10.09.1990.
- Abgabe der Truppenfahne auf der letzten Regimentsmusterung mit nur noch 40 % des Personalbestands am 02.10.1990.

Im Ergebnis hatten das KRR-18 und damit auch die KRT der VM aufgehört zu existieren.

Lothar Schmidt
Erinnerungen des Kommandeurs des Küstenraketenregiments 18, 1983–1987

Abschied von Bord und Ausgangslage für die neue Aufgabe

Vier lange Jahre diente ich als Kommandeur des KRR-18. Rückblickend möchte ich sagen, dass es die besten und erfolgreichsten, aber auch anspruchsvollsten Jahre waren von insgesamt 34 meiner Dienstzeit in der NVA von 1956 bis 1990. Beginnend mit dem Einsetzen als erster Regimentskommandeur ist es mir gelungen, entsprechend der Aufgabenstellung aus einer Startbatterie und einer RTB ein gefechtsbereites Regiment im Bestand der Führung, zweier KRA und sicherstellenden Einheiten aufzubauen. Auf keinen Fall möchte ich Ereignisse aus dem Leben unseres Regiments nüchtern und chronologisch aufzählen. Dafür haben wir die „Zeittafel" aus der Chronik als Zusammenfassung der wichtigsten Daten der Geschichte der KRT zusammengestellt (siehe Anhang, S. 351). Vielmehr möchte ich meine persönlichen Erinnerungen, Eindrücke und Meinung real und kritisch darlegen. Ich konzentriere mich auf die Höhepunkte und versuche zugleich den Ablauf des Dienstes in einem der schlagkräftigsten Truppenteile der VM mit all den Schwierigkeiten der gleichzeitigen Erfüllung einer sehr großen Anzahl von zum Teil gleichrangigen Aufgaben darzustellen. Außerdem schildere ich Einzelheiten aus meinem persönlichen Leben, um damit an das komplizierte Familienleben unserer Berufssoldaten zu erinnern. Anmerken möchte ich, dass viele kritisch angeführte Probleme mir erst jetzt in dieser Schärfe bewusst geworden sind. Das liegt daran, dass ich während meiner Dienstzeit aus Zeitmangel nicht darüber nachdachte und ich mir das sowieso hätte sparen können, weil das Ansprechen dieser Probleme bei meinen Vorgesetzten wenig geändert hätte und sie die Kritik keinesfalls vergessen hätten. Ich habe das mehrmals selbst erlebt. Diese Situation wird eindeutig durch die folgende Anekdote erklärt, die ich während meines Studiums an der Akademie der Sowjetischen Seekriegsflotte hörte. In der Grundsatzdienstvorschrift einer Armee steht: § 1 Der Vorgesetzte hat immer Recht! § 2 Der Unterstellte hat nie Recht! § 3 Im Zweifelsfall ist nach § 1 zu entscheiden!

Mit diesen wichtigen Paragrafen hatte ich oft Schwierigkeiten. Ausgehend von meiner soliden Bildung und den umfassenden praktischen Erfahrungen in allen Dienststellungen an Bord vom 1. Wachoffizier bis zum Brigadechef sowie wegen meinem ehrlichen und offenen Charakter war ich für einige meiner Vorgesetzten mit meinen eigenen Ideen, Vorstellungen und häufigen, auch mitunter unangenehmen, Fragen ein unbequemer, aufmüpfiger Unterstellter.

Nach der Wende und der damit verbundenen Entlassung aus der Bundesmarine blieb mir kaum die Möglichkeit zum Philosophieren. Meine gesamten psychischen und physischen Kräfte musste ich in meinen neuen Beruf investieren, um mich erst so schnell wie möglich und dann laufend in unserer völlig veränderten Gesellschaft zu behaupten. Jetzt nehme ich mir die Zeit dafür und hier ist das Ergebnis:

Nachdem ich zuletzt drei Jahre als Stabschef und vier Jahre als Chef der 5. Raketen-Torpedoschnellbootbrigade in der 6. Flottille der VM in Dranske auf der Insel Rügen meinen Dienst versehen hatte, beantragte ich Anfang 1982 meine Versetzung in den Standort Rostock: Meine Familie wohnte in Rostock und der Chef der 6. Flottille, KA Joachim Dönitz, mit dem mich eine sehr gute Zusammenarbeit verband, sollte versetzt werden. Mit seinem designierten Nachfolger bestanden schwerwiegende Probleme im gegenseitigen Verständnis, die zu einer langfristigen Konfrontation mit viel Ärger führen mussten, in der ich als Verlierer vorprogrammiert war und denen ich so aus dem Weg gehen wollte. Nach über elf Jahren harten aber erfolgreichen Dienstes in der 6. Flottille wurde ich mit allen Ehren verabschiedet– es war für mich ein schwerer Abschied von Bord.

Im April 1982 begann ich meinen Dienst als Oberoffizier in der Abteilung Operativ im Stab der VM, KVM, in Rostock. Stellvertreter des CS für operative Arbeit und damit mein Vorgesetzter war KA Theodor Hoffmann, den ich von unserer gemeinsamen Arbeit in der 6. Flottille gut kannte und als mein Vorbild verehrte. Er hatte mich bei meiner kurzfristigen Versetzung unterstützt und für meinen Einsatz extra eine neue Dienststellung in seinem Bereich geschaffen. Die Arbeit war interessant. Ich arbeitete mit ehemaligen Studien- und Dienstkameraden zusammen, den FK Harald Genzow, Claus Opitz und Bruno Hampel. Ungewohnt war für mich die geregelte, beinahe normale Arbeitszeit. Eigentlich hätte ich zufrieden sein müssen, endlich hatte ich mehr Zeit für meine Familie. Aber das Gegenteil war der Fall: Mir fehlte die Arbeit mit der Truppe, die direkte Verantwortung für Unterstellte. So ist auch verständlich, dass ich sofort reagierte, als ich Anfang 1983 von FK H. Genzow darüber informiert wurde, dass die Indienststellung eines KRR mit der Raketenbewaffnung „P-21/P-22", die verbesserte „P-15", mit Standort Schwarzenpfost/Gelbensande, ungefähr 20km östlich Rostock, geplant war und dafür noch der Kommandeur gesucht würde. Mein Interesse

Minister für NV, CVM, Kommandeur des KRR-18 und der Kommandeur der 1.KRA 1984 (LS)

war sofort geweckt und ich fragte ihn, ob er mir die Erfüllung dieser Aufgabe zutrauen würde. Da er meine Frage positiv beantwortete und auch meine anderen Kameraden zustimmten, machte ich mir ernsthafte Gedanken über dieses Problem. Das war eine riesige Aufgabe – ein neuer Truppenteil mit modernster Bewaffnung sollte aufgebaut werden.

Ich wusste aus meinem langjährigen Dienst, dass von dem Kommandeur eines selbstständigen KRR, das zudem mit eigenem Objekt zu formieren war, hohe Anforderungen gestellt und Voraussetzungen gefordert werden, die ich erfüllen musste. Ausgehend von einer Selbstanalyse und nach intensiven Überlegungen sowie nach Rücksprache mit meiner Frau entschloss ich mich, diese anspruchsvolle Aufgabe anzugehen. Es war schon immer mein Wunsch gewesen, Kommandeur eines selbstständigen Truppenteils zu sein, d.h. direkt dem CVM unterstellt, dazu noch mit eigener Dienststelle. Ungefähr im März 1983 trug ich KA Th. Hoffmann meinen Wunsch vor, als Kommandeur des künftigen KRR-18 zu arbeiten. Im persönlichen Gespräch musste ich ihm einige Fragen beantworten, er gab Hinweise und Ratschläge. Schließlich sagte er mir, dass er meinen Wunsch unterstützen und darüber mit dem CS, VA Gustav Hesse, und dem CVM, Admiral Wilhelm Ehm, sprechen würde.

Am 24.05.1983 wurde ich zur Kaderaussprache zum CVM befohlen. Teilnehmer war der Chef Kader der VM, KzS Dagobert Teuber. Ich begründete zunächst meinen Wunsch. Admiral W. Ehm kannte selbstverständlich meine Entwicklung in der VM und nahm darauf Bezug. Er stellte mir Fragen, wies mich auf Schwerpunkte und Schlussfolgerungen aus meiner bisherigen Dienstzeit hin und erläuterte mir die bevorstehende Aufgabe. Die Aussprache endete mit seiner Feststellung, dass er mich dem Minister für Nationale Verteidigung für den Einsatz in die Dienststellung Kommandeur des KRR-18 vorschlagen werde. Entscheidend dafür waren meine Leistungen als Kommandeur während meiner Dienstzeit in der VM. Während der Aussprache überraschte mich der CVM mit der Information, dass er sogar schon eine Wohnung für meine Familie in Gelbensande reserviert habe. Das war unmittelbar beim Objekt Schwarzenpfost des neuen Truppenteils. Ich bedankte mich für seine Fürsorge, bezweifelte aber in Gedanken, dass sich meine Familie über den Umzug freuen würde. Wir wohnten in Rostock, dort war die Arbeitsstelle meiner Frau und unsere Kinder gingen hier in die Schule. Für mich war der Umzug schon aus Gründen der Gefechtsbereitschaft eine Selbstverständlichkeit. Der Kommandeur eines operativen Truppenteils musste ständig und nicht nur telefonisch erreichbar sein. Brauchte ich von Rostock ca. 90 Minuten von der Benachrichtigung bis zum Eintreffen im Objekt, so waren das von Gelbensande ein paar Minuten. Außerdem wurde durch das gemeinsame Wohnen in Gelbensande das Zusammengehörigkeitsgefühl aller Berufssoldaten und ihrer Familien gefördert, auch die Probleme in unserer Freizeit waren dadurch die gleichen. Ich kannte das bereits von meinem Dienst in der 6. Flottille und dem damit verbundenen Wohnen in Dranske. Während meiner Dienstzeit im Regiment gab es diesbezüglich auch keine Sonderregelungen. Der Regimentskommandeur und seine direkten Unterstellten wohnten alle in Gelbensande, dazu kamen noch als Wohnorte für die anderen Berufssoldaten zusätzlich der Wohnblock am Objekt Schwarzenpfost, in Rövershagen und später Ribnitz-Damgarten. Die Entscheidung des CVM über meinen geplanten Einsatz als Kommandeur des KRR-18 war meinem direkten Vorgesetzten, KA Th. Hoffmann, bekannt. Deshalb unterstützte er mich, indem er mir eine längerfristige Vorbereitung auf die Arbeit in dieser Dienststellung ermöglichte. Unter anderem erteilte er die Weisung, mich in den „Stellenplan und Ausrüstungsnachweis des KRR-18" („STAN") einzuweisen. Das geschah unter höchster Geheimhaltung durch FK Klaus Schwenke, mit dessen kameradschaftlicher Hilfe ich einen tieferen Einblick in die Personal- und Organisationsfragen erhielt. Im Wesentlichen war dieser „STAN" abgeleitet von dem der beiden Raketenbrigaden der Landstreitkräfte, die mit den gleichen Basisfahrzeugen „MAZ-543", aber mit operativ-taktischen Raketen (OTR) (NATO: SCUD B) ausgerüstet waren. Allerdings waren der Personalbestand und auch die Sicherstellungstechnik auf ein Minimum zusammengestrichen worden. Das führte dann in der Praxis zu großen Problemen, die aber, obwohl dringend erforderlich, nie vollständig beseitigt wurden.

Bei unseren zahlreichen Gesprächen über das neue Regiment fielen mir Besonderheiten auf, die ich aus meiner früheren Tätigkeit, zuletzt als Brigadechef in der 6. Flottille, nicht kannte. Während an Bord nur Freiwillige dienten, ein hoher Prozentsatz an BS und der Rest UAZ 4 Jahre, war es im KRR-18 beinahe umgekehrt. Hier dienten ungefähr 40 % des Personalbestands als Soldaten im GWD 18 Monate, 25 % als UAZ und nur 35 % als Berufssoldaten. Daraus ergaben sich Probleme bezüglich der Motivierung und Meisterung der modernsten Technik aufgrund der um 50 % (!) kürzeren Dienstzeit. Außerdem fiel mir auf, dass der Personalbestand insgesamt auf der Basis des Minimums festgelegt war. Die Ursachen dafür lagen darin, dass das KRR-18 bis zur Auflösung der NVA der einzige Truppenteil der VM blieb, der vollkommen neu in Dienst gestellt wurde. Da die maximale zahlenmäßige Stärke der Teilstreitkraft VM aber festgeschrieben war und auf keinen Fall überschritten werden durfte, mussten alle für das neue Regiment geplanten Stellen in anderen Truppenteilen und Einheiten gestrichen werden.

Ich hatte allerdings noch ein persönliches Problem: Meine Frau war noch nicht über unseren, durch den CVM bereits festgelegten, Umzug nach Gelbensande informiert. Neben den zahlreichen Nachteilen gab es für unsere Familie aber auch einen wesentlichen Vorteil. Wir konnten unsere kleine Wohnung in Lütten-Klein gegen eine größere in Gelbensande eintauschen. Die Zeit lief, ich musste in dieser Angelegenheit dringend handeln. Und so lud ich meine Frau an einem Sonntag im Juli, natürlich bei schönem Wetter, zu einem gemeinsamen Besuch in „meine" zukünftige Umgebung Gelbensande ein. Wir wanderten durch den Ort am Waldrand der Rostocker Heide und besichtigten das große, fast fertige Wohngebiet. Alles gefiel meiner Frau, aber sie zog noch keine persönlichen Schlussfolgerungen daraus. Ich hielt mich noch zurück, wollte das Ganze taktisch klug vorbereiten. Wenig später führten wir dann darüber eine ausführliche Aussprache. Ein positives Argument war die größere Wohnung. Außerdem konnte ich bei meiner durch den anstrengenden Dienst wesentlich eingeschränkten Freizeit bei der geringeren Entfernung zwischen Dienststelle und Wohnung bedeutend schneller und öfter bei meiner Familie sein. Dagegen standen der Umzug aus dem geliebten Rostock und die tägliche Fahrt mit dem Auto oder Zug zur Arbeitsstelle für meine Frau bzw. Schule für unseren Sohn nach Rostock und zurück. Schließlich einigten wir uns auf den Umzug und auch die Kinder waren einverstanden. Die Kosten für die monatliche Miete (warm) dieser Wohnung in Gelbensande betrugen übrigens 125 Mark der DDR. An einem anderen Wochenende konnten wir die für uns vorgesehene Wohnung Rosinenberg 13 besichtigen. Diesmal wurden wir durch den Kommandeur der KRA-18, ab 01.11.1983 Stabschef des Regiments, FK Kurt Stippkugel, und seinen Politstellvertreter, später STKLPLA des Regiments, KK Hans-Joachim Helm, empfangen und geführt. Kurt erklärte uns, dass er diese Wohnung ursprünglich für sich vorgesehen hatte, nun aber doch nicht umziehen würde und sie mir deshalb zur Verfügung stünde. Ich fertigte schnell eine Skizze mit dem Grundriss der Wohnung an. Wir bedankten uns, fuhren nach Hause und begannen mit der Planung, wie wir die Wohnung einrichten wollten, mit der Planung des Möbelkaufs und des Umzugs. Der erfolgte dann im Oktober. KA Th. Hoffmann unterstützte mich auch weiterhin, indem er mich bereits ab 01.10.1983 von meiner bisherigen Dienststellung im Stab der VM freistellte. So konnte ich meinen Dienst in der neuen Dienststelle bereits einen Monat vor der Indienststellung des Regiments antreten. Außerdem musste ich in dieser Zeit noch meinen Umzug von Rostock nach Gelbensande bewältigen. Im Ergebnis war die Familie, das wichtige Hinterland eines Offiziers, erstmal zufrieden und akzeptierte voll meine Konzentration auf den komplizierten Dienst.

Im Objekt Schwarzenpfost wurde ich als der zukünftige Kommandeur vorgestellt. Daraus konnten keine Probleme resultieren. Da das KRR-18 noch nicht existierte, gab es demzufolge auch noch keinen Kommandeur, und so verhielt ich mich. Aus meiner bisherigen Dienstzeit war bekannt, dass ich an meine Unterstellten hohe Forderungen an die Aufgabenerfüllung stellte. Was weniger beachtet wurde war mein, für mich persönlich äußerst anstrengendes, wichtigstes Führungsprinzip: Vorleben und Vormachen. Immer Vorbild sein. Alles, was ich von meinen Unterstellten forderte, galt zuerst auch für mich. Diesen einen Monat Vorlauf nutzte ich, um mir einen Überblick über den Personalbestand zu verschaffen, über die Struktur und Organisation des Dienstes, die modernste Raketentechnik sowie das umfangreiche Baugeschehen. Dabei war ich ständig im Objekt unterwegs, sah mir alles an und führte zahlreiche persönliche Gespräche. Abschließend erarbeitete ich für mich eine persönliche Analyse der Ausgangslage und der sich daraus ergebenden Aufgaben. Diese war sehr umfangreich, konnte aber aufgrund der geringen Zeit nicht tiefgründig sein. Für mich bildete sie anschließend die Grundlage für die Bewältigung der anstehenden, vielfältigen Probleme.

In dieser Analyse kam ich zu folgenden Schlussfolgerungen:
- Zu meinen zukünftigen unmittelbaren Mitarbeitern hatte ich einen ersten positiven Kontakt hergestellt.
- Im Regiment waren 12 Planstellen für ZB vorgesehen, die der KRA-18 alle übernommen. Die noch freien Stellen wurden größtenteils durch Frauen unserer

Führung des KRR-18 mit dem Kommandeur der RTA-4 1984 (LS)

Berufssoldaten besetzt. Sie waren alle Mitglieder des FDGB und bildeten eine Gewerkschaftsgruppe unter der Leitung des gewählten Vorsitzenden Jürgen Berger. Die Zusammenarbeit mit der Gewerkschaft musste ich noch lernen.
- Im politisch-moralischen Zustand des Personalbestands gab es noch erhebliche Mängel. Die Ursachen lagen in der kurzfristigen Zusammenführung der Armeeangehörigen aus vielen verschiedenen Einheiten. Das traf auch auf die Führung des KRR-18 zu. Daraus ergab sich auch das Hauptproblem: Für uns alle war alles neu, die Umgebung, die Kameraden, die Unterstellten, die Vorgesetzten, die Technik und Bewaffnung. Der Schwerpunkt unserer Arbeit konnte demzufolge nur sein: Den Personalbestand unverzüglich zu lehren, unter einem einheitlichen Kommando und nach einheitlicher Idee zu handeln, sich dabei auf die schnelle Formierung der vielen verschiedenen Kollektive zu konzentrieren und sich die notwendigen theoretischen Fachkenntnisse anzueignen. Weiterhin stellte ich einen unbefriedigenden Zustand der militärischen Disziplin und Ordnung fest. Neben objektiven Ursachen lag das auch zum Teil an Mängeln in der Erziehungsarbeit der Vorgesetzten.
- Zwei wesentliche Argumente wurden für die Motivierung des Personalbestands zur Erfüllung der Aufgaben nicht oder nur ungenügend genutzt. Das war der Stolz auf die Zugehörigkeit zur Marine überhaupt und zum wichtigsten Truppenteil der Stoßkräfte der VM mit modernster Raketenbewaffnung im Besonderen. Die Ursachen dafür lagen in der Führung der KRA-18, die einseitig den Dienst als „Landeinheit" herausstellte und die gewaltigen Gefechtsmöglichkeiten der neuen Raketenbewaffnung nicht voll erkannt hatte. Hier mussten dringend Marinetraditionen und die Raketentechnik populär gemacht werden, der Dienst danach organisiert und u. a. der Rahmendienstplan für die fahrenden Einheiten der VM mit seemännischen Begriffen eingeführt werden. Dazu gehörte auch das Erarbeiten einer Si-

gnaltabelle für den Raketenangriff der SSR in russischer Sprache, entlehnt von den Raketenschnellbooten, sowie der Rollen für die Besatzungen der SSR.

- In der Kaderarbeit konzentrierte sich der Kommandeur der KRA-18 auf den Einsatz von Absolventen der OHS der Landstreitkräfte als Kommandeure der SSR. Die Ersten hatten ihren Dienst bereits angetreten. Auch daraus ergab sich die ungenügende Pflege von Marinetraditionen, da sie ihnen ja nicht bekannt waren. Das war ebenfalls zu ändern. Grundsätzlich sollten nur Absolventen der OHS der VM eingesetzt werden, vorzugsweise aber auch die Absolventen der Kaspischen Höheren Seekriegsschule „S.M. Kirow" in Baku, die, ausgehend von ihren ausgezeichneten Spezialkenntnissen, wichtige Dienststellungen im Regiment einnahmen. Dazu gehörten sowohl der langjährige STKSC, FK WolfgangSchädlich, der spätere STKLPLA, KK Helmut-Michael Kubasch, der STKRB, KK Klaus-Dieter Glodschei, der letzte Regimentskommandeur, FK Klaus-Peter Gödde, der Kommandeur der RTA, KL Dieter Eger, als auch Spezialisten wie die KL Frank Thomas, Ralf Bochmann und Oliver Padel; ich im Übrigen auch. Außerdem nahm ich mir vor, dafür zu sorgen, dass erfahrene Offiziere von den Schiffsstoßkräften zu uns versetzt würden.

- Absolut begeistert war ich von der neuen Kampftechnik. Unsere Hauptbewaffnung, die SSR des KRK „Rubesh" war das Beste, was für mich als Kommandeur und Raketenspezialist vorstellbar war. Man konnte sie als „Raketenschnellboot auf Rädern" bezeichnen (hörte ich von U. Lonitz), für den Gefechtseinsatz war alles an Bord. Die neue Rakete „P-21/22" war gegenüber der alten „P-15" in ihren taktisch-technischen Parametern erheblich verbessert. Allerdings hatten wir erst 2 SSR im Bestand, die Übernahme der nächsten beiden war aber bereits Ende Oktober 1983 und die der nächsten vier im folgenden Jahr 1984 geplant. Die RTA war personell und technisch noch nicht voll einsatzbereit. Es fehlte an wichtiger Sicherstellungstechnik und Personal.

- Bei der Durchführung und Sicherstellung der Gefechtsausbildung stellte ich ebenfalls Mängel fest. Da unverständlicherweise eine Ausbildungsbasis mit Lehrkabinetten, Ausbildungsunterlagen, Lehrgefechtstechnik, Übungsgelände, Sportanlagen u. a. völlig fehlte und auch nicht geplant war, musste die Ausbildung an der Gefechtstechnik stattfinden. Das führte in der Folge zwangsläufig zu erhöhtem Verschleiß und schließlich zu Störungen. Außerdem gab es erhebliche Einschränkungen bei der Ausbildung aufgrund der höchsten Geheimhaltungsstufe. So durften die SSR außerhalb des Objekts anfangs nur nachts bewegt werden, also alles unter erschwerten Bedingungen. Weder im Objekt noch in den angrenzenden Waldgebieten war ein eigenes Übungsgelände vorhanden und auch nicht geplant. In der Ausbildung wurden Handlungsabläufe zu wenig trainiert, dadurch fehlte der notwendige Automatismus. Für die Spezialausbildung und Instandsetzung gab es keine Dokumentation, bzw. die bestehende war nur in russischer Sprache. An Übersetzungen wurde gearbeitet.

- Das Objekt Schwarzenpfost war Anfang der 1960er-Jahre für die SKA-Abteilung, also unsere Vorgänger, ausgerüstet mit dem KRK „Sopka", gebaut worden. Ich selbst war während eines Praktikums 1962 hier gewesen. Die Lage war äußerst günstig, ungefähr 20 km von Rostock entfernt in Richtung Stralsund, an der Hauptverkehrsstraße F-105 (heute B-105), die an der Küste in Ost-West-Richtung verläuft. Parallel dazu verlief die Bahnlinie, von der ein Anschlussgleis in unser Objekt führte. Der Nachteil war, dass diese Bahnlinie zwischen dem Objekt und der Straße lag. So musste bei der Entfaltung der Kampfeinheiten in Richtung Küste immer ein beschrankter Bahnübergang passiert werden, der ungefähr 15 Stunden am Tag geschlossen war. Das war beim Gefechtseinsatz unbedingt immer zu beachteten. Für den Einzug des KRR-18 waren umfangreiche Neu- und

SSR des KRR-18 in der Startstellung klar zum Start der Raketen (PG)

Umbauten mit einem Wert von insgesamt ca. 25 Millionen Mark der DDR geplant. Schwerpunkt war ein Neubau der Technischen Zone mit dem Lager und Regelbereich für die Raketen, den Garagen für die 12 SSR und den Werkstätten wie ein Unterkunftsgebäude, später wurde ein neues Wirtschaftsgebäude errichtet. Das Baugeschehen lief auf Hochtouren und behinderte natürlich den Dienstbetrieb. Es gab einen Terminverzug, die Übergabe der ersten Bauten sollte im Frühjahr 1984 erfolgen. Gegenüber solchen Standorten wie Dranske und Peenemünde hatte Schwarzenpfost durch die geringe Entfernung zur Bezirkshauptstadt Rostock klare Vorteile. Unsere Matrosen und Maate konnten ihren Landgang bis Rostock ausdehnen. Auch die Urlauber konnten ihre Heimatorte schnell erreichen. Das alles war sehr wichtig, da unbedingt ein Ausgleich für die extreme Belastung des Personalbestands durch die hohe Gefechtsbereitschaft geschaffen werden musste. Die dem Regiment zur Verfügung stehenden Wohnungskontingente in Schwarzenpfost, Rövershagen, Gelbensande und später noch in Ribnitz-Damgarten boten ausreichend Wohnraum für die ca. 150 BS und ihre Familien. In den Wohngebieten mussten vor allem durch intensive Zusammenarbeit mit den örtlichen Organen die Lebensbedingungen unserer Familien verbessert werden, um die komplizierte Situation, die durch den harten Dienst der Männer bestand, zu entspannen.

Das war die Ausgangslage beim Aufbau des KRR-18 (wobei ich nur die wichtigsten Probleme angeführt habe). Ausgehend von dieser Analyse begann ich mit Unterstützung meiner Stellvertreter, der mir unmittelbar Unterstellten und aller anderen BS sowie mit Beteiligung aller Matrosen und Maate und der ZB unverzüglich mit der komplizierten Arbeit.

Indienststellung und Formierung des Regiments, erste Überprüfung „Hanse 83"

Am 01.11.1983 war endlich der wichtige Tag gekommen, der erste und zugleich wichtigste Höhepunkt in der 7-jährigen Existenz unseres selbstständigen Truppenteils – die Indienststellung des KRR-18. Die Vorbereitung war wegen der vielen anstehenden Aufgaben und der noch fehlenden Erfahrung kompliziert. Da der CVM verhindert war, leitete sein CS, VA Gustav Hesse, die Zeremonie. Er wurde von dem Vertreter des VOK, dem sowjetischen Admiral W. W. Michailin, dem STCCPV der VM, KA

Empfang des Kommandeurs bei der Indienststellung des KRR-18 (LS)

Hans Heß, und dem Leiter der Politabteilung beim CS, KzS Hein Manschus begleitet. Außerdem nahm als Vertreter der örtlichen Organe der Vorsitzende des Rates des Kreises Rostock-Land (Landkreis Rostock), Günter Waldschläger, teil. Für große Vorbereitungen und Einladung von weiteren Gästen hatte uns einfach die Zeit gefehlt. Das gestalteten wir bei unserem nächsten großen Höhepunkt, der Verleihung der Truppenfahne, schon auf bedeutend höherem Niveau. Sehr schwierig waren diese Zeremonielle schon aus Gründen der Geheimhaltung: Durfte Technik gezeigt werden und wenn ja, welche? Ich empfing die Gäste am KDL unseres Objekts. Das war verhältnismäßig unkompliziert, da ich alle, außer Günter Waldschläger, kannte. Der Musterungsplatz war der Betonplatz vor der Eisenbahnverladerampe. Dort war das Regiment, nach Einheiten gegliedert, angetreten. Meldung an mich machte mein STKRB, KL.W. Schädlich. Der Stabschef FK K. Stippkugel, war erkrankt. Nach der Meldung schritten wir die Front ab und nahmen dann unseren Platz vor der Antreteordnung ein. Ich begrüßte den Personalbestand und beglückwünschte ihn zur Indienststellung. Die Truppen antworteten mit einem dreifachen „Hurra". Dann kam VA G. Hesse mit den Gästen und es wiederholte sich der Ablauf. Ich machte Meldung, wir schritten die Front ab und der CS begrüßte und beglückwünschte das Regiment. Nach dem „Hurra" wurde der Befehl zur Indienststellung verlesen und nach dem Kommando „Rührt Euch!" hielt er eine kurze Ansprache. In meiner Antwortrede dankte ich für das Vertrauen, dass unsere Führung in uns setzte und gelobte im Namen des Regiments, getreu dem Fahneneid unsere Aufgaben zu erfüllen. Dann führte ich stolz das erste Mal in seiner Geschichte das KRR-18 zum Vorbeimarsch, viele sollten noch folgen. Anschließend lud ich VA G. Hesse, seine Begleitung und G. Waldschläger zu einem kurzen Imbiss in die Chefmesse, d. h. den Speisesaal der Führung, ein. Meine Stellvertreter nahmen ebenfalls daran teil. Es wurden Toaste ausgebracht auf die Partei- und Staatsführung, die SED, die VM, das Regiment und wir unterhielten uns angeregt. Besonders der Vertreter des VOK, Admiral W. W. Michailin, betonte die große Schlagkraft unseres gerade in Dienst gestellten Truppenteils. Nach ungefähr 2 Stunden verabschiedeten sich der CS, seine Begleitung und G. Waldschläger, ich begleitete sie zum KDL. Dann saßen wir noch mit meinen Stellvertretern, den Kommandeuren und anderen direkt Unterstellten zusammen und feierten diesen denkwürdigen Tag.

Als Kommandeur eines selbstständigen Truppenteils war ich dem CVM, Admiral Wilhelm Ehm, direkt unterstellt. Er war bereits im Rentenalter, aber äußerst vital. Ich kannte ihn persönlich bereits von meiner Zeit auf der Kadettenschule und aus den Erzählungen meines Vaters, KzS Musikdirektor Ludwig Schmidt. Während meiner Arbeit in den verschiedenen Kommandeursdienststellungen in der 6. Flottille, als Nationalitätenältester und Klassenältester an der Seekriegsakademie in Leningrad (St. Petersburg) hatte er mich in regelmäßigen Abständen besucht und mit mir Gespräche geführt. Bei

Im Gespräch mit dem CVM und Hein Manschus 1984 (LS)

den Begegnungen mit ihm war ich stets hochkonzentriert. Er erwartete militärisch korrektes, aber aufgeschlossenes Verhalten und unbedingten Respekt gegenüber seiner Person, was für mich alles selbstverständlich war. Und: Er vergaß nichts. In den Gesprächen duzte er mich, was ich als Ehre ansah. Stets wirkte er erzieherisch auf mich ein, selbst mit ironischen Bemerkungen, aber trotzdem väterlich. Bei besonderen Ereignissen verlangte er eine sofortige, persönliche Information. An diese, meine langjährigen Erfahrungen hielt ich mich bei der Zusammenarbeit mit meinem direkten Vorgesetzten.

Erwähnen möchte ich noch die beispielhafte Zusammenarbeit mit KzS Hein Manschus, dem Leiter der PA beim CS.

Nach unserem größten Feiertag gingen wir unverzüglich wieder zur Tagesordnung über. Das war das Abarbeiten der sich aus meiner Analyse ergebenden Aufgaben, die inzwischen mit Unterstützung meiner Stellvertreter zu einem Konzept wurden:

- Erarbeiten der Normen der Gefechtsbereitschaft und ihre Sicherstellung auf ständig hohem Niveau, Organisation und Gewährleistung des Gefechtsdienstes.
- Laufende Übernahme und Eingliederung von neuem Personal. Formierung und Festigung aller Kollektive: Führung, Stab, Politabteilung, Bereiche Technik/Ausrüstung und Raketenbewaffnung, RD, UKD, KRA, RTA, Batterien, Züge, Gewerkschaftsgruppe.
- Ständige Übernahme neuer Technik, ihre Eingliederung, Einsatz und Wartung.
- Erarbeiten der gesamten Dokumentation für den Dienst, die Ausbildung und den Einsatz des KRR-18.
- Ausbildung, Schulung und Einarbeitung des Personals.
- Übernahme des neu erbauten Objekts, seine zweckmäßige Nutzung und laufende Instandhaltung. Die effektive Unterbringung des Personalbestands und der Technik.
- Erfüllung der täglichen Aufgaben.
- Langfristige Planung und Aufbau einer Ausbildungsbasis in Eigenleistung.
- Gewährleistung ordentlicher Dienst- und Lebensbedingungen für den gesamten Personalbestand im Objekt und für die Familien der Berufssoldaten im Standort.
- Herstellen und Aufrechterhalten einer ständigen, effektiven Zusammenarbeit mit den örtlichen Organen und Einrichtungen: Kreisleitung der SED, Rat des Kreises, Gemeinden, Schulen, Kindergärten, Militärforst u. a.

Diese vielen, gleichrangigen Aufgaben mussten gleichzeitig erfüllt werden, viele von ihnen laufend. Außerdem kamen ständig neue hinzu. Trotzdem musste eine Priorität festgelegt werden, die aber immer variabel sein musste. Das liest sich alles möglicherweise widersprüchlich, ist es aber nicht – das war die Realität.

Die Festigung des politisch-moralischen Zustands des Personalbestands, besonders die Durchsetzung einer straffen Disziplin und Ordnung, war dabei z. B. ein ständiger Schwerpunkt, wie bereits genannt. Die Anzahl der Disziplinarverstöße nahm zu. Die Gründe dafür lagen vor allem rechnerisch im zahlenmäßig wachsenden Personalbestand. Dazu kam, dass alle Vorgesetzten entsprechend meiner Aufgabenstellung höhere Forderungen an ihre Unterstellten stellten und keine Verstöße mehr tolerierten.

Ende Oktober 1984 wurden zwei SSR übernommen und in den Bestand der 1. KRA eingegliedert. Bis zum Jahresende musste die Gefechtsbereitschaft hergestellt sein, damit das Regiment endlich über eine einsatzbereite Abteilung verfügte. Unabhängig davon dauerte das Baugeschehen im Objekt noch über ein Jahr.

Der wichtigste Bestandteil der hohen Gefechtsbereitschaft war der Gefechtsdienst. Er konzentrierte sich in der VM schwerpunktmäßig auf die Stoßkräfte. Während meiner Dienstzeit in der 6. Flottille hatte ich ausgiebig Gelegenheit, ihn in allen Varianten kennenzulernen. Als Kommandant eines Raketenschnellboots mit vier einsatzklaren Raketen lag ich an der berühmten Pier 4 im Hafen Bug/Dranske auf Rügen. Jede 2. Woche hatte ich ununterbrochen an Bord zu sein, immer bereit zum Auslaufen innerhalb von 60 Minuten nach Alarmauslösung unter allen Bedingungen. Im Winter bei Eis war der Liegeplatz im Hafen Saßnitz. Als Brigadechef hatte ich spätestens 60 Minuten nach der Alarmierung mit verkürzter Führungsgruppe und den Schnellbooten des Gefechtsdienstes oder auch im Bestand der gesamten Brigade auszulaufen. Im KRR-18 fand der Gefechtsdienst von der Indienststellung an mit einer SSR ohne Raketen an Bord statt. Die Besatzung, mit Kommandeur fünf Mann, hatte sich im Objekt aufzuhalten. Beim Auslösen von Alarm wurde die SSR sofort mit zwei Raketen beladen, die sich im Lager in BS I befanden. Bis 60 Minuten nach Alarmauslösung hatte sie das Objekt zu verlassen. Nach meiner Beratung mit der Führung und im Stab der VM erfolgte auf meinen Vorschlag ab 1984 eine Veränderung dieser Organisation: Der Gefechtsdienst im Regiment bestand nun aus einer SSR mit zwei einsatzklaren Raketen an Bord, einem Neutralisations-Kfz „8-T-311" und zwei Regulierern mit Krad. Dadurch verringerte sich die Normzeit wesentlich. Jetzt hatte die Startrampe mit Begleitung bereits 30 Minuten nach Alarmauslösung das Objekt zu verlassen und war nach 60 Minuten aus der nächstgelegenen Startstellung bereits klar zum Gefechtseinsatz der zwei Raketen. Damit waren die Kräfte des Gefechtsdienstes der KRT die ersten in der VM, die – wenn nötig – bereit waren, Schiffsgruppierungen des „Gegners" in der OPZ der VM effektiv zu bekämpfen. Die Belastung des Personalbestands nahm durch diese Normzeitverkürzung nicht zu, da er sich sowieso im Objekt aufhalten musste. Nachdem zwei KRA gefechtsbereit waren, wurde der Gefechtsdienst ständig zwischen ihnen gewechselt. Das dafür notwendige Beladen mit Raketen war ein willkommenes Training. Das bedeutete für eine Startrampenbesatzung innerhalb von zwei Monaten eine Woche Gefechtsdienst. Später kam eine zweite SSR ohne Raketen dazu, die nach dem Beladen innerhalb von 60 Minuten das Objekt zu verlassen hatte. Erst 1990 wurde im Ergebnis der Militärreform der Gefechtsdienst wesentlich gelockert, bevor er in die Geschichte einging.

Priorität hatte jetzt die Vorbereitung des neuen Ausbildungsjahres 1983/84, des ersten im Leben des KRR-18. Auf der Grundlage der Anordnung 80/1983 des CVM mussten für das Regiment erstmalig die zahlreichen Dokumente für das AJ 1983/84 erarbeitet werden. In unserem konkreten Fall war das für die Führung und das Führungsorgan überaus kompliziert, da dafür erst die notwendigen Erfahrungen gesammelt werden mussten. Außerdem war eine sehr sorgfältige Arbeit erforderlich, da diese Dokumente dann für die folgenden Jahre als Muster dienten. Das heißt, sie brauchten im Weiteren jährlich nur präzisiert bzw. überarbeitet werden, da sich bis auf die Hauptaufgaben und Termine wenig änderte. Die zahlreichen Dokumente sind im Kapitel II, S. 41 aufgeführt. Die Erarbeitung des „Plans der Überführung des KRR-18 in höhere Stufen der Gefechtsbereitschaft" wurde auf den Anfang des Jahres 1984 festgelegt. Wegen der höchsten Geheimhaltungsstufe musste er persönlich durch mich und KL W. Schädlich erarbeitet werden. Das war äußerst aufwändig, weil alle möglichen Stellungsräume an der gesamten Küste der DDR sorgfältig vermessen werden mussten, was schließlich über einen ganzen Monat in Anspruch nahm. Mit diesen Dokumenten hatten wir im Herbst 1984 bei einer Erkundung mit den Kommandeuren noch ein besonderes Erlebnis: Ein „Besonderes Vorkommnis", das ausführlich im Kapitel IV, S. 84 geschildert wurde. Dazu nur noch eine ganz persönliche Feststellung: Zu keinem Zeitpunkt meines Dienstes in den verschiedensten Dienststellungen als Kommandeur in der VM war ich bereit, einen Unterstellten zu meinem Vorteil zu opfern. Das widersprach vollkommen meinen Führungsprinzipien. Im Gegenteil, meinem Vorgesetzten gegenüber ließ ich auf meine Truppen nichts kommen. Dass ich anschließend das entsprechende Vorkommnis mit ihnen in einer angemessenen Art und Weise, vielleicht nicht immer sehr fein, auswertete, war selbstverständlich. Für solche Situationen war die Feststellung meines Stabschefs, Wolfgang Schädlich, vollkommen zutreffend: „Da brannte die Luft!"

Auch die „Aufgabenstellung für den sozialistischen Wettbewerb" musste sorgfältig erarbeitet werden, da alle Kollektive neu formiert waren. Das Regiment konnte eigentlich den Kampf um den Titel „Bester Truppenteil" nicht führen, da wir mit Kampftechnik und Personal nur zu 66 % vom Soll aufgefüllt waren; es fehlte die 3. KRA. Deshalb stellten wir uns diese Aufgabe nicht. Dafür führten die 1. KRA und die RTA, später, nach ihrer Formierung, die 1. und 2. KRA, den Kampf um den Titel „Beste Einheit". Den konnten sie auch in den Ausbildungsjahren 1987/88 und 1988/89 erringen. Zum Ende des Ausbildungsjahres 1988/89 wurde das KRR-18 dann doch in Würdigung hervorragender Leistungen im Sozialistischen Wettbewerb durch den Minister für Nationale Verteidigung mit dem Titel „Bester Truppenteil" und einem Ehrenbanner des ZK der SED ausgezeichnet.

Für die Gestaltung des Dienstes in den Verbänden, selbstständigen Truppenteilen und Einrichtungen der VM existierte ein Monatsrahmendienstplan. Für mich persönlich erarbeitete ich einen standardisierten Wochen- und Monatsrahmendienstplan, in dem alle Maßnahmen, die für mich zutrafen, aufgeführt waren. Den hatte ich bereits als Brigadechef entwickelt, da sich bestimmte Ereignisse im Dienst laufend wiederholten. Interessant ist, dass dieser Plan keine Pausen enthielt, also jede Minute verplant war. Das widersprach jeder Vernunft, unsere Vorgesetzten erwarteten das aber so. Die Folge war, dass die kleinste Unregelmäßigkeit den ganzen Plan scheitern ließ. Alle befohlenen Dokumente wurden termingerecht in guter Qualität erstellt. Am 01.12.1983 führten

Volleyballmannschaft des KRR-18 1984 (LS)

wir dann bereits die zweite Regimentsmusterung aus. Jetzt, zum Beginn des Ausbildungsjahres 1983/84, des ersten im gerade begonnenen Leben unseres Regiments. Dabei wurden nur Befehle und die Aufgabenstellung verlesen, auszuwerten gab es noch nichts.

Auf der Grundlage der Dienstvorschriften hatte in der NVA jeder Kommandeur die Ausbildung seiner ihm direkt Unterstellten persönlich durchzuführen. Das entsprach vollkommen meiner Ansicht, denn nur so waren einheitliche Ansichten in der Führung durchzusetzen. Um die Ausbildung zu zentralisieren, erweiterte ich im Regiment meine Ausbildungsgruppe um die Offiziere des Stabes und der Politabteilung. Dementsprechend führte ich monatlich an einem Tag die Taktische Ausbildung der mir unterstellten Offiziere durch. Im Mittelpunkt standen dabei: Der Gefechtseinsatz der KRT, der Bestand, die Dislozierung und die Einsatztaktik der gegnerischen Flottenkräfte sowie die Einrichtung des Seeschauplatzes. Das letztere war besonders wichtig, weil nur die Wenigsten wie ich und der Stabschef an Bord gefahren waren und damit die Operationszone der VM aus persönlichen Einsätzen in See kannten. Später kamen weitere dazu wie Eckhard Schmidtke, Günter Löffler, Bernd Roesner und Wolfgang Domigalle. Ich selbst gehörte in der Operativen Ausbildung zur Schulungsgruppe des CVM, die drei Tage im Jahr geschult wurde. Diese Maßnahmen waren außerordentlich interessant und trugen wesentlich zur Verbesserung der Zusammenarbeit zwischen den verschiedenen Verbänden und Truppenteilen der VM sowie mit den anderen Teilstreitkräften bei. So fanden z. B. Schulungen im MFG-28 und in der 43. Fla-Raketenbrigade statt. An zwei Tagen im Monat führte ich mit meiner Gruppe im gleichen Bestand die GWW der Offiziere durch. Zur Vorbereitung musste ich monatlich einen Tag an der Einweisung der Schulungsgruppenleiter im KVM teilnehmen. Besonders gern beschäftigte ich mich mit der Militärischen Körperertüchtigung (MKE) als Ausgleich zu der hohen psychischen Belastung. Auch die fand mit meiner Gruppe wöchentlich jeden Montagnachmittag in der Halle der Polytechnischen Oberschule (POS – 10-Klassen-Schule) Gelbensande statt. Das KRR-18 verfügte unverständlicherweise über keine eigenen Sportstätten. Selbstverständlich leitete ich nicht nur, sondern nahm persönlich teil, was mir immer ein Bedürfnis war. Meistens spielten wir 2 Stunden Fußball oder Volleyball auf einem beachtlichen Niveau, immer hart an der Leistungsgrenze. Außerdem trainierte ich regelmäßig mit der Volleyballmannschaft unseres Regiments und nahm an Meisterschaften teil.

Nach der Regimentsmusterung zur Eröffnung des Ausbildungsjahres gingen wir mit Elan an die Erfüllung der Aufgaben. Aber das Ausbildungsjahr begann mit einem Paukenschlag: Vom 08.–16.12.1983 erfolgte die Überprüfung der Gefechtsbereitschaft des KRR-18 und von Truppenteilen der 6. Flottille „Hanse 83" unter äußerst komplizierten Bedingungen. Das Ganze war für mich völlig unlogisch. Kurz nach der Indienststellung des Regiments fand eine Überprüfung dieses Umfangs statt, noch dazu unter schwierigsten meteorologischen Verhältnissen. Eine sonst immer mögliche Überprüfung der Gefechtsbereitschaft hielt ich in diesem Stadium der gerade begonnenen Formierung des Regiments für nicht angebracht. Ich selbst hatte noch keine der üblichen Überprüfungen der Gefechtsbereitschaft der Einheiten des Regiments vorgenommen, d. h., der Stand der Gefechtsbereitschaft war mir aus persönlicher Kontrolle nicht bekannt. In das KRR-18 war die KRA-18 mit voll aufgefülltem Personalbestand einer Startbatterie und einer RTB mit der Einschätzung „Gefechtsbereit" übernommenwurden. Also war diesbezüglich eigentlich alles in Ordnung, jeder musste wissen, was er zu tun hatte, wenn die Alarmglocke schrillte. Am Sonnabend, dem 10.12.1983, erhielt ich während des Dienstes von einem Freund aus dem Stab der VM einen Telefonanruf, in dem er mich kurz darauf hinwies, dass er mich am Montagabend besuchen würde. Ich wusste, was das bedeutete und auch wie brisant diese Information war. Ich behielt das für mich, studierte selbst noch mal die entsprechenden Dokumente und befragte einige meiner Stellvertreter über ihre Handlungen und die ihrer Unterstellten im Alarmfall. Ich begab mich in das Objekt, nahm noch einen kurzen Kontrollgang vor, sprach mit meinen Stellvertretern und ließ mich nach Hause zu unserer Wohnung in Gelbensande fahren. Dort wartete ich in höchster Anspannung auf die kommenden Ereignisse. Zu dieser Zeit hatten wir im Wohngebiet noch kein Telefonnetz, so dass die Benachrichtigung über Melder organisiert wurde.

Gegen 22:00 Uhr klingelte dann endlich der Melder, mein Fahrer, und meldete sich mit der üblichen Formulierung: „Genosse FK, bitte sofort in die Dienststelle!" Ich zog meine Uniform an und ließ mich in die Dienststelle fahren. Beim Offizier vom Dienst (OvD) erwartete mich der SCVMCA, KA Lothar Heinecke, mit einer Kontrollgruppe im Bestand der FK Harald Genzow, Klaus Richter und Wolfgang Lasch. Ich meldete mich vorschriftsmäßig, KA L. Heinecke begrüßte mich und übergab mir den Gefechtsbefehl des CVM. Ich überflog ihn erstmal, um das Wichtigste herauszufiltern und keine Zeit zu verlieren und befahl dann dem OvD die sofortige allgemeine Alarmierung und das Heranholen des Personalbestands des Regiments mit anschließender Dezentralisierung der Einheiten in den Willershäger Forst; er führte meinen Befehl aus. Die Überprüfung der Gefechtsbereitschaft beinhaltete folgende Aufgaben:
- Alarmierung und Heranholung des Personalbestands,
- Dezentralisierung der Einheiten in den Willershäger Forst,
- Beladen der 2 SSR der 1. Startbatterie der 1. KRA mit Raketen,
- Entfalten der Führung und der 1. Startbatterie mit Sicherstellung und Sicherung in den Stellungsraum Wittow/Rügen,
- Raketenschlag auf ein befohlenes Seeziel im Zusammenwirken mit Schiffsstoßkräften,
- Rückverlegung aller Einheiten in das Objekt,
- Wiederherstellen der Gefechtsbereitschaft.

Für alle Handlungen existierten Normzeiten, Verlegungen der SSR durften aus Gründen der Geheimhaltung nur nachts erfolgen. Die Alarmierung und Heranholung des Personalbestands verlief im Wesentlichen normal, die Normzeiten wurden eingehalten. Aber bereits hier fiel mir fehlendes Training auf, es gab kaum automatische Handlungsabläufe, die für einen effektiven Übergang in höhere Stufen der Gefechtsbereitschaft notwendig waren und wie ich sie von Bord kannte. Ständig mussten Vorgesetzte mit

Befehlen ordnend eingreifen und wenn das nicht erfolgte, tat sich nichts. Ich hielt mich mit Befehlen bewusst zurück, hatte ich doch erst vor gut einem Monat meinen Dienst als erster Regimentskommandeur angetreten. Vielmehr überließ ich meinem Stabschef, FK K. Stippkugel, das Kommando, da er den Aufbau der KRA-18, die in das gerade in Dienst gestellte KRR-18 als 1. KRA mit der Einschätzung „Gefechtsbereit" eingegliedert worden war, als Kommandeur geführt hatte. Als ich bemerkte, dass er anscheinend überfordert war, versuchte ich korrigierend einzugreifen, was unter diesen Bedingungen äußerst kompliziert war. Aber trotzdem wurden die Aufgaben irgendwie erfüllt, allerdings mit hohem Aufwand und teilweise in Unordnung. Die Kfz verließen ungefähr in der Normzeit das Objekt und entfalteten in den Dezentralisierungsraum. Dabei vermisste ich eine durchgehende Ordnung: Eine Aufteilung in Kolonnen sowie eine festgelegte Reihenfolge der Kfz war nicht erkennbar. Im Dezentralisierungsraum fehlte eine Anordnung der Elemente der Gefechtsordnung ebenso wie eine Festlegung der Stellplätze der Fahrzeuge, oder sie wurden nicht eingehalten. Das Schlimmste für mich war, dass ich als Kommandeur die mir unterstellten Einheiten nicht effektiv führen konnte. Mein FP wurde schleppend und nicht voll arbeitsfähig entfaltet, noch nicht einmal die Stromversorgung war gesichert. Selbstverständlich hatte ich auch während meiner langen Dienstzeit an Bord unserer Schnellboote „Blackouts" erlebt, aber sehr selten und dann nur kurzzeitig. Und so stolperte ich frierend bei stockdunkler Nacht ziemlich hilflos durch den Wald und suchte meinen Stabschef und den Stab, die sich irgendwo bei den Truppen aufhielten. Der Personalbestand war motiviert und bemühte sich, die Aufgaben zu erfüllen. Aber die Führung stand nicht, die Organisation war ungenügend, Kompetenzen nicht geklärt, wichtige Planstellen nicht bzw. nicht mit den richtigen Leuten besetzt, und es fehlten Technik und Ausrüstung. Ich war einfach erschüttert. Während der Überprüfung bemühte ich mich selbstverständlich, meine negativen Eindrücke nach außen nicht sichtbar werden zu lassen, vor allem nicht gegenüber der Kontrollgruppe. Auch aus diesem Grund nahm ich zurückhaltend Einfluss, außerdem bestand die Gefahr, die Unordnung nur noch zu vergrößern. Die RTA unter ihrem Kommandeur KL Dieter Eger regelte die vier Raketen und übergab sie auf dem Beladepunkt ebenfalls im Willershäger Forst an die 1. KRA, deren zwei SSR der 1. Startbatterie (Kommandeur KL R.-M. Brennecke) beladen wurden. Auch hier stellte ich ähnliche Mängel fest. Alle arbeiteten, aber nicht zielgerichtet und exakt, zu langsam und schon gar nicht automatisch. Der Personalbestand beherrschte seine Rollen nicht, erst später stellte ich fest, dass es keine gab.

Nach dem Beladen mit Raketen in der Normzeit marschierten beide SSR in Kolonne vom Beladepunkt durch den Wald zur Fernverkehrsstraße F-105, um dann wie geplant in den Stellungsraum Kap Arkona zu verlegen. Beim Marsch auf dem unbefestigten Waldweg ereignete sich eine Havarie. Die vordere Startrampe rutschte in Fahrtrichtung nach rechts in den etwa 1 m tiefen Graben, Neigungswinkel bei 20°, die Lage war durch den unsicheren Boden und den durch die beiden Raketen mit einem Gesamtgewicht von 5 t höher liegenden Schwerpunkt instabil. Neben dieser Havarie gab es jetzt ein weiteres Problem: Die zweite SSR musste an der havarierten vorbeifahren, da unter diesen komplizierten Verhältnissen ein Rückwärtsfahren ausgeschlossen war. Dieses äußerst schwierige Manöver gelang. Ich hatte mich unverzüglich zum Havarieort begeben, nachdem mir der Kommandeur der 1. KRA, KK U. Lonitz, die Havarie gemeldet hatte.

SSR unmittelbar nach der Havarie von vorn und von hinten (JG)

Mir bot sich ein beängstigendes Bild: Dieser Riesenkoloss, beladen mit zwei betankten Raketen, mit 40 t Gewicht und einer Länge von über 14 m lag schräg, unbeweglich im Graben. Das Ganze wurde gespenstisch beleuchtet durch die Scheinwerfer unserer Kfz. Mein STKT/A, KL H.-J. Galda, hatte bereits erste Maßnahmen zur Sicherung der SSR eingeleitet. Mit seitlich angeschlagenen Stahltrossen hielten die Pioniermaschine „BAT-M" und das schwere Radzugmittel „Tatra-813" die Startrampe in ihrer Lage und verhinderten ein weiteres Absenken. Ich befahl ihm die Leitung der Bergung. Er meldete mir sofort, dass er die Bergung mit eigenen Mitteln und dem noch ungeübten Personal ausschließt und schlug vor, das MSR-28 der Landstreitkräfte in Rostock um Unterstützung durch eine Bergegruppe zu bitten. Ich befahl ihm, die Maßnahmen zur Stabilisierung der SSR in dieser Lage fortzusetzen und gleichzeitig meinem STKRB, KL W. Schädlich, eine ständige Kontrolle der zwei noch unbeschädigten Raketen auf möglichen Austritt der beiden Komponenten „O", hochkonzentrierte Salpetersäure, und „G", Treibstoff, vorzunehmen. Dann informierte ich zunächst den anwesenden KA L. Heinecke über die Havarie und sagte ihm meine Vorschläge für die Bergung, die er bestätigte. Nach Rücksprache mit meinen Stellvertretern und dem Kommandeur der 1. KRA, meldete ich KA L. Heinecke meinen Entschluss, die eine einsatzbereite SSR mit sicherstellenden Kräften und Sicherung unter der Führung des Abteilungskommandeurs planmäßig in den Stellungsraum am Kap Arkona auf der Insel Rügen zu entfalten. Es ging mir dabei um die unbedingte Erfüllung der Gefechtsaufgabe da wir nicht wussten, wie lange die Bergung dauern würde und ob die havarierte SSR danach einsatzklar wäre. Außerdem war KK U. Lonitz ein erfahrener Kommandeur, ich konnte mich auf ihn verlassen. KA L. Heinecke bestätigte meinen Entschluss, die Kolonne formierte sich und verließ unser Objekt. Das Erreichen des Stellungsraums ohne Vorkommnisse wurde über die Nachrichtenverbindungen gemeldet und es wurde verstärkte Gefechtsausbildung ausgeführt. Für alle anderen Einheiten des Regiments wurde die Übung bis zum Ende der Bergung unterbrochen, bzw. es wurde ebenfalls verstärkte Gefechtsausbildung ausgeführt. Persönlich wertete ich in der so gewonnenen Zeit die durch mich bei den

bisherigen Handlungen festgestellten gröbsten Mängel mit meinen Stellvertretern aus, um die Bergung und die Überprüfung im weiteren Verlauf erfolgreich zu gestalten. Die Havarie hatte folgende Ursachen:
- Ungenügende Fahrpraxis des Kraftfahrers. Ausgehend von der hohen Geheimhaltungsstufe für unsere modernste Raketentechnik existierte der Befehl, dass die Startrampen außerhalb des Objekts nur nachts bewegt werden durften. Das Fahren im Gelände konnte also am Tage nicht trainiert werden, außerdem fehlte ein eigenes Übungsgelände und im Objekt existierten nur Betonstraßen.
- Komplizierte Bedingungen: Dunkelheit, Temperaturen um 0°C, aufgeweichter Boden nach Dauerregen und Schnee. Dazu kam der befohlene Marsch auf dem unbefestigten, nur ca. 3 m breiten und beidseitig durch einen Graben begrenzten Waldweg.
- Den Fahrer der Startrampe trifft keine Schuld. Er wurde nach kurzer Ausbildung auf einem Fahrschulwagen, also ohne Gefechtskabine und Container, in unser Regiment versetzt. Diesen oben geschilderten komplizierten Bedingungen war er objektiv einfach nicht gewachsen.

Somit stellte der Befehl zum Einsatz der Startrampen unter diesen geschilderten Bedingungen ein hohes, unnötiges Risiko dar und führte letztendlich zur Havarie. Nach dem offiziellen Dienstbeginn um 7:30 Uhr meldete ich dem CVM telefonisch dieses besondere Vorkommnis: Havarie einer SSR beladen mit betankten Raketen im Willershäger Forst, Bergung mit eigenen Mitteln nicht möglich, Bitte um Genehmigung, das MSR-28 um Unterstützung mit schwerer Bergetechnik zu bitten. Das besondere Problem war dabei die Wahrung der Geheimhaltung unserer Raketentechnik. Admiral W. Ehm befahl mir, entsprechend meines Vorschlags zu handeln. Ich setzte mich telefonisch mit dem Kommandeur des MSR-28 in Verbindung, informierte ihn kurz über die Havarie und bat ihn um Unterstützung. Er sagte sofort zu und sagte mir, ich möchte zu ihm kommen, er würde die notwendigen Vorbereitungen treffen. Ich begab mich umgehend in Begleitung meines STKT/A, KL H.-J. Galda, mit meinem Kübel „UAZ-469" zum Objekt des MSR-28 in der Kopernikusstraße in Rostock. Dort empfing uns der Regimentskommandeur mit seinem Oberoffizier für Panzer, einem älteren Major. Wir stellten uns gegenseitig vor und ich erläuterte kurz die Aufgabe. Der Major machte seinem Kommandeur den Vorschlag für die Bergung und dieser gab den Einsatzbefehl. Eingesetzt wurde ein Bergepanzer „T-55 T" mit zwei Kradmeldern unter der persönlichen Führung des Majors. Der Marsch führte direkt durch das Zentrum von Rostock: Kopernikusstraße, Warnowufer, Am Strande, Fernverkehrsstraße F-105 nach Schwarzenpfost. Es war schon kurz vor Mittag und der Bergepanzer preschte mit ungefähr 60 km/h – im Turmluk der Major und vorn und hinten je ein Regulierer – durch die Stadt, wir am Schluss mit dem Kübel. Als wir am Havarieort ankamen, hielt der Bergepanzer an, der Major sprang ab, sah staunend auf die im Graben liegende SSR und ihm entfuhren die anerkennenden Worte: „Ist das ein Geschoss!" Sehr genau, aber zügig überprüfte er die Gesamtlage und bat mich dann um meine Genehmigung, mit der Bergung zu beginnen, die ich erteilte.

Die Besatzung des Bergepanzers bestand mit dem Major nur aus drei Mann, zusätzlich standen das Personal und die Technik unseres Bereichs Technik und Ausrüstung unter Leitung von KL H.-J. Galda unterstützend bereit.

Der Plan der Bergung war wie folgt:
- Die Technik in die Ausgangsstellung bringen, Trossen und Seilzüge anschlagen.
- Knüppeldämme für die Räder der SSR bauen.
- Der Bergepanzer „T-55 T" schleppt die Startrampe rückwärts heraus.
- Die Pioniermaschine „BAT-M" und das Zugmittel „Tatra-813" versuchen dabei durch seitlichen Zug, die SSR in die senkrechte Lage aufzurichten.
- Die SSR unterstützt die Manöver durch vorsichtiges Rückwärtsfahren.

Alle diese Handlungen koordinierte der Major mit meinem STKT/A und gab dann seine Kommandos. Das souveräne Beherrschen dieser überaus komplizierten Situation war einfach beeindruckend. Unser Personal arbeitete vorbildlich und so stand nach ungefähr 2 Stunden harter Arbeit die SSR wieder auf dem Weg. Eine sofortige gründliche Kontrolle ergab weder Beschädigungen an der SSR noch an den Raketen. Wir waren alle sehr erleichtert. Was mich noch beeindruckt hatte, war sowohl die sofortige, uneingeschränkte Hilfsbereitschaft unserer Kameraden vom MSR-28, als auch das Können der Bergegruppe, obwohl eine Aufgabe dieses „Kalibers" für sie völlig neu war. Ich bedankte mich bei dem Major und seiner Bergegruppe, er meldete sich ab und verlegte zurück.

Nachdem ich dem CVM die erfolgreiche Bergung der SSR gemeldet hatte, wurde die Übung mit den präzisierten Zeiten fortgesetzt, die Uhren liefen weiter. Mit Einbruch der Dunkelheit verlegte eine Kolonne im Bestand meines FP, einer SSR, Sicherstellung, Sicherung und Kontrollstab über die Fernverkehrsstraßen F-105 und F-96 in den Stellungsraum Kap Arkona. Dort angekommen entfalteten wir meinen FP in der Nähe des FP des Kommandeurs der 1. KRA und die 1. Startbatterie, jetzt wieder mit zwei SSR, verlegte in die Wartestellungen. Bereits hier gab es erhebliche Verbesserungen: für den Personalbestand wurden Zelte errichtet und es wurde sogar mit unseren Zeltöfen geheizt. Da wir nicht mehr frieren wollten und das Heizen dementsprechend übertrieben, musste KL H.-J. Galda in unserem Zelt nachts noch einen Brand löschen – die Zeltwand hatte Feuer gefangen. Der CVM wollte sich persönlich vom Stand der Gefechtsbereitschaft überzeugen und erschien im Stellungsraum. Ich machte ihm Meldung und wir begaben uns zu meinem FP, auf dem ich ihm meinen Entschluss für den Gefechtseinsatz meldete. Danach fuhren wir in die Wartestellungen, wo er die SSR besichtigte und mit dem Personal Gespräche führte. Inzwischen hatten wir eine Funkverbindung mit dem ebenfalls entfalteten Gefechtsstand des Chefs der 6. Flottille hergestellt und erhielten die ersten Aufklärungsmeldungen über das zu bekämpfende Ziel. Nach ihrer Auswertung präzisierte ich meinen Entschluss und meldete ihn KA L. Heinecke, der ihn bestätigte. Auf dieser Grundlage stellte ich dem Abteilungskommandeur KK U. Lonitz die Gefechtsaufgabe: Ausführung eines Raketenschlags mit vier Raketen auf einen gegnerischen Schiffsverband im Zusammenwirken mit einer SSG der 6. Flottille. Er meldete mir kurz seinen Entschluss, den ich sofort bestätigte. Nach Eingang und Auswertung weiterer Aufklärungsmeldungen gab ich den Befehl zum Raketenschlag. Die zwei SSR der 1. Startbatterie verlegten in die Startstellungen und

Bergepanzer „T-55 T" (IN)

begannen die Zielsuche mit den Radarstationen. Nach Auffassen des befohlenen Ziels und seiner Begleitung erfolgte der imitierte Start zur befohlenen Schlagzeit. Die Kontrolle aller Werte ergab die Vernichtung des befohlenen Ziels – die Gefechtsaufgabe war erfüllt. Mit Einbruch der Dunkelheit erfolgte die Rückverlegung in unser Objekt, dieses Mal in einer Kolonne auf der gleichen Strecke ohne Vorkommnisse. Nach der Ankunft im Objekt führte KA L. Heinecke eine erste Auswertung der Überprüfung mit der Führung des Regiments aus. Dabei beeindruckte mich die ausdrückliche Objektivität und hohe Sachlichkeit der kritischen Einschätzung der Aufgabenerfüllung, immer stand der effektive Aufbau des KRR-18, der gerade erst begonnen hatte, im Mittelpunkt. Der später eintreffende, vom CVM bestätigte Auswertebericht mit einer Aufgabenstellung war identisch, nur detaillierter. Darin waren nicht nur Aufgaben für unser Regiment, sondern auch für den Stab der VM enthalten: Überarbeitung des „STAN" des KRR-18, schnellste Zuführung von fehlendem Personal, Technik und Ausrüstung, Erarbeitung fehlender Vorschriften u. a. Auf dieser Basis erarbeitete ich eine Aufgabenstellung für meine Stellvertreter und den Kommandeur der 1. KRA, auf deren Grundlage sie mir auf zusätzlichen Beratungen ihre Konzepte zur Lösung der aufgeführten Probleme vortrugen. Das Ganze mündete dann in einen „Plan der Maßnahmen", in dem alle Aufgaben aufgeschlüsselt waren und dann auch so abgearbeitet wurden. Die Zielstellung war einfach: So nicht noch einmal. Und dieses Ziel erfüllten wir – wie immer mit hohem Einsatz, viel Elan und Optimismus. Alle Angehörigen unseres Regiments hatten eine hohe Bereitschaft zur Aufgabenerfüllung gezeigt. Aber für stabile Erfolge fehlten noch die dafür notwendigen Fähigkeiten und eine effektive Führung. Die Überprüfung deckte schonungslos alle Mängel und Schwächen im gerade in Dienst gestellten Regiment auf. Der Auswertebericht deckte sich vollständig mit meiner Analyse der Ausgangslage. Dadurch wurde unsere Arbeit zur zügigen Formierung des Regiments beschleunigt und uns wurde in der Folge mehr Aufmerksamkeit vonseiten des Stabes der VM zuteil. Das war nicht immer unbedingt ein Vorteil. Für mich persönlich war diese Überprüfung eine wichtige Lehrvorführung, etwas enttäuschend, aber ich war Optimist. In kürzester Zeit erlebte ich den Personalbestand und die Kampftechnik des mir unterstellten Regiments im praktischen Einsatz. Die kritischen Anmerkungen mache ich erst heute, nachdem fast 30 Jahre vergangen sind. Damals führte ich Befehle aus und konzentrierte alle Kräfte auf das Erfüllen der Aufgaben.

Als Ergebnis der Auswertung erreichte ich u. a. bei meinem Vorgesetzten, dass im Regiment zusätzlich die Dienststellung eines operativen Diensthabenden (OPD) eingeführt wurde. Die war ursprünglich nicht geplant, es gab nur einen OvD, der für den Tagesdienst verantwortlich war. Es bestand auch keine WL-Verbindung mit dem Täglichen Gefechtsstand (TGS) des CVM und das Regiment erhielt dementsprechend auch keine ständigen Informationen über die aktuelle Lage in der OPZ der VM. Die benötigten wir aber dringend für den jederzeit möglichen Einsatz unserer Kräfte. Alles richteten wir zügig ein und ab 02.01.1984 versammelten sich täglich um 7:30 Uhr im Raum des OPD des KRR-18 der Regimentskommandeur, seine Stellvertreter und die Kommandeure der Kampfeinheiten. Der Stabschef machte bei meinem Eintreten Meldung und es folgte nach der Begrüßung der kurze Vortrag des OPD über die Erfüllung der Aufgaben des vergangenen Tages, die Schwerpunkte für den laufenden Tag und die Lage auf dem Seeschauplatz anhand einer großen Wandkarte. Das war ein notwendiger Qualitätssprung.

Raketenschießen und Führungsprobleme

Erstmals für unser Regiment nahte die Feiertagszeit mit Weihnachten und Silvester. Grundsätzlich hatten alle Kampfeinheiten der NVA ständig bereit zu sein, bei Auslösen höherer Stufen der Gefechtsbereitschaft innerhalb von 60 Minuten ihre Objekte zu verlassen. Dazu war eine personelle Anwesenheit von 80 %, an Feiertagen zu 50 %, befohlen. Damit möglichst alle in den Genuss eines Kurzurlaubs kamen und bei ihren Familien zu Hause weilen konnten, wurde aufgeteilt: Die einen fuhren über Weihnachten und die anderen über Silvester in Urlaub. Für den im Objekt verbleibenden Teil des Personalbestands wurde am 24. und am 31.12.1983 abends eine Feier veranstaltet. An der hatten auch alle Berufssoldaten, die im Standort wohnten, teilzunehmen, jeweils 50 %. Ich kannte dieses System aus meiner langjährigen Dienstzeit in der 6. Flottille, es galt selbstverständlich auch für die Führung. Das bedeutete, dass der Kommandeur oder der Stabschef und jeweils die Hälfte der anderen Stellvertreter einen Feiertag gemeinsam mit dem Personalbestand feierten. Ich plante während meiner Dienstzeit als Kommandeur des KRR-18 aus Gründen der hohen Gefechtsbereitschaft mit Einverständnis meiner Familie in diesen Feiertagsperioden keinen Urlaub. Dadurch konnte ich persönlich sowohl an der Weihnachts- als auch an der Silvesterfeier gemeinsam mit meinen Truppen im Objekt teilnehmen. Außerdem gab es noch Kultur- und Sportveranstaltungen. Ein Problem stellte immer der Alkoholgenuss dar, besonders zu Feiertagen. In der NVA war der Genuss von Alkohol im Dienst streng untersagt. Das war vollkommen verständlich, allein schon wegen des Umgangs mit Waffen und Munition und bei uns zusätzlich mit der Raketenbewaffnung mit ihrem hohen Vernichtungspotential. Außerdem hatten wir eine beträchtliche Anzahl von Militärkraftfahrern, die kurzfristig einsatzbereit sein mussten. Ab Kommandeur Truppenteil aufwärts bestand das Recht, Alkohol für die Unterstellten in Maßen zu gestatten. Ich machte von diesem Recht Gebrauch und so gab es zur Feier pro Mann eine Flasche Bier. Durch verstärkte Kontrolltätigkeit konnten wir den illegalen Alkoholgenuss zwar erheblich einschränken, aber nicht verhindern. Auf diesem Gebiet waren unsere Truppen außerordentlich erfinderisch.

Eine wesentliche Erhöhung der Gefechtsbereitschaft und Verbesserung der Arbeits- und Lebensbedingungen stellte der Aufbau der Telefonanlage im Wohngebiet Gelbensande dar. Das geschah natürlich in Eigenleistung durch unseren Nachrichtenzug unter Führung des späteren OON, Oberleutnant Ralf Jähnig. Dazu gehörte auch ein Kabelgraben von Schwarzenpfost bis Gelbensande. Damit war die Benachrichtigung und Alarmierung unserer Berufssoldaten in wesentlich kürzerer Zeit und differenziert möglich. Alle Vorgesetzten konnten jetzt mit den Diensthabenden im Objekt, der Kommandeur und seine Stellvertreter zusätzlich mit dem Stab der VM, kommunizieren und umgekehrt. Natürlich wurden die Telefone auch privat genutzt.

In Auswertung eines nächtlichen Unfalls mit einer SSR auf einer öffentlichen Straße beantragte ich beim CVM eine technische Veränderung an unseren SSR. Die bestand in dem Anbringen einer gelben Rundumleuchte auf dem Fahrerhaus. Damit sollte die ungenügende, allerdings aus Gründen der Tarnung gewollte, schlechte Beleuchtung dieser gewaltigen Fahrzeuge ausgeglichen werden. Außerdem erarbeiteten wir eine Anordnung über das Führen von taktischen Nummern für alle Startrampen. Sie wurden rechts und links auf die Gefechtskabinen gemalt. Die Decodierung dieser 3-stelligen

Feier zum Jahrestag der NVA am 01.03.1985 (LS)

Zahlen war einfach: 1. Zahl – die Nummer der Abteilung, 2. Zahl – die Nummer der Batterie, 3. Zahl – die Nummer der SSR. Nach dem 1. RSA kamen dann noch die roten Sterne für die gestarteten Raketen und vor der Parade 1984 in Berlin die großen gelben Anker dazu.

Den Tag der NVA am 01.03.1984 feierten wir abends das erste Mal mit allen Berufssoldaten unseres Regiments und unseren Ehefrauen im Saal der Baracke des Osmosebetriebs in Gelbensande. Wir hatten uns kurzfristig dazu entschlossen, um damit die überdurchschnittlichen Leistungen aller zu würdigen. Diesen Tag begingen wir auch weiterhin abends in Gelbensande. Später feierten wir in der Sporthalle und 1985 sogar gemeinsam mit den sowjetischen Spezialisten, die zu dieser Zeit gerade anwesend waren. Nach dem erfolgreichen Abschluss des Ausbildungsjahres 1983/84 lud ich das erste Mal in der Geschichte des Regiments alle Berufssoldaten zum „Regimentsball" in das Ferienheim „Strandperle" in Graal-Müritz ein. Die Resonanz darauf war so gut, dass wir ihn dann jährlich veranstalteten. Einmal im Jahr lud auch der CVM die ihm unterstellten Kommandeure mit ihren Ehefrauen zu einer abendlichen Veranstaltung in das Haus der NVA (Ständehaus) in Rostock ein. Grundsätzlich begingen wir alle wichtigen staatlichen Feiertage (den 1. März – Tag der NVA, den 1.Mai – Kampftag der internationalen Arbeiterklasse, den 7. Oktober – Jahrestag der Gründung der DDR) in Gelbensande gemeinsam mit der Bevölkerung. Dazu wurden der Sportplatz, die Sporthalle und die Schule genutzt. Am Vorabend des jeweiligen Feiertags bauten wir Zelte mit Tischen und Bänken auf. Nach der Regimentsmusterung um 9:00 Uhr im Objekt mit dem Verlesen des Tagesbefehls des Ministers für NV und dem Vorbeimarsch trafen sich unsere Berufssoldaten mit ihren Familien in Gelbensande. Im Mittelpunkt standen dabei vor allem die Kinder und Jugendlichen, aber auch die Erwachsenen kamen nicht zu kurz. Unsere Feuerwehr, ein SANKRA, ein Motorrad der Regulierer und andere Sicherstellungstechnik waren ausgestellt. Luftgewehrschießen und Sportwettkämpfe wurden veranstaltet. Aber auch für das leibliche Wohl war gesorgt, es gab Erbsensuppe mit Bockwurst aus unserer Feldküche. Für uns war das jedes Mal ein echtes Volksfest.

Selbstverständlich feierten wir auch unsere Geburtstage, Auszeichnungen und Beförderungen entsprechend festlich im Kreis der Führung in unserem Objekt. Das nutzten wir, um uns wenigstens kurzzeitig mal etwas zu entspannen.

Völliges Neuland war für mich als Kommandeur die Zusammenarbeit mit den örtlichen Organen und Einrichtungen. Als Brigadechef in der 6. Flottille war das nicht meine Aufgabe, darum kümmerte sich die Führung der Flottille. Jetzt war ich Kommandeur eines selbstständigen Truppenteils und damit auch dafür allein verantwortlich. Schwerpunkt war neben der Sicherstellung der Gefechtsbereitschaft die Verbesserung der Arbeits- und Lebensbedingungen unserer Armeeangehörigen. Dazu gehörten: Kindergärten, Schulen, ärztliche Versorgung, Einkaufsmöglichkeiten, Arbeitsplätze für die Ehefrauen, Verkehrsanbindung, Kleingartenanlagen, Garagen, Kultureinrichtungen und Sportanlagen, Veranstaltungen, Organisation der Feiertage u. a. Im Weiteren übertrug ich dafür meinem STKLPLA, KK H.-J. Helm, mit der ihm unterstellten Politabteilung die Verantwortung. So schnell wie möglich nahm ich jetzt erstmal persönlich die Verbindung zu den wichtigsten Persönlichkeiten der örtlichen Organe auf. Dabei nutzte ich den Vorteil, dass ich den Vorsitzenden des Rats des Kreises (Günter Waldschläger) bereits bei der Indienststellung des Regiments kennengelernt hatte.

Veranstaltung der Kreisleitung der SED im KRR-18 (LS)

Zurückblickend kann ich heute feststellen, dass ich offene Türen einrannte und voll respektiert wurde. Im Verlauf meiner 4-jährigen Dienstzeit als Kommandeur des KRR-18 entwickelten sich ausnahmslos zu allen diesen Personen freundschaftliche Beziehungen. Die Besonderheit dabei war, dass sich alle Parteigenossen – Mitglieder der SED – unabhängig von ihren Funktionen mit „Du" und „Genosse" ansprachen, was für die Armee undenkbar war. Das wichtigste örtliche Organ im Kreis, in unserem Fall Kreis Rostock-Land, war die Kreisleitung der SED, 1. Sekretär Heinz Stock und der Verantwortliche für Fragen der Sicherheit Horst Malchow. Dieser koordinierte im Auftrag des 1. Sekretärs im Kreis die Zusammenarbeit aller bewaffneten Kräfte, d. h., der Einheiten der NVA, der Deutschen Volkspolizei, des MfS und der Kampfgruppen. Dazu gehörten bei uns z. B. das Wehrkreiskommando, die 6. GBK, die 43. Fla-Raketenbrigade, das KRR-18, der HGS-18. Mit Horst Malchow besprach ich alle anstehenden Probleme: Gegenseitige Hilfe und Unterstützung, Besuche zu Feiertagen, Veranstaltungen etc., auch den Einsatz bei Katastrophen. Der Kreisleitung der SED war der Rat des Kreises mit dem Vorsitzenden Günter Waldschläger untergeordnet. Er war für die operative und administrative Arbeit verantwortlich.

Einmal im Jahr organisierte die Kreisleitung mit dem Rat des Kreises eine Veranstaltung über einen ganzen Tag. Zu dieser wurden die Kommandeure und ihre Stellvertreter für politische Arbeit der oben angeführten Einrichtungen, Einheiten, Truppenteile und Verbände eingeladen. Die Maßnahme fand immer zur Hälfte in einem führenden Betrieb und zur Hälfte in einem Truppenteil der NVA statt. Jährlich wurde gewechselt. Dabei hielten die betreffenden Kommandeure und Betriebsleiter kurze Vorträge über ihren Truppenteil bzw. Betrieb und führten anschließend auch durch die Anlagen. Bei uns musste das wegen der hohen Geheimhaltungsstufe eingeschränkt werden. Diese Maßnahmen waren sehr informativ und verbesserten erheblich die Zusammenarbeit.

Auch mit dem Bürgermeister der Gemeinde Gelbensande, Norbert Quellmalz, verband mich eine enge, kameradschaftliche Zusammenarbeit. Mit den Polytechnischen Oberschulen (POS) in Rövershagen (Direktor Gerolf Schöne) und Gelbensande (Direktor Joachim Meyer) schlossen wir Patenschaftsverträge ab. Die POS Gelbensande erhielt am 01.05.1985 den Ehrennamen „Waldemar Verner", an den Feierlichkeiten nahmen wir selbstverständlich teil. Mit dem Militärforstwirtschaftsbetrieb Rövershagen (Direktor Jürgen Hildebrandt) und dem Kampfgruppenzug dieses Betriebs schlossen wir ebenfalls Patenschaftsverträge ab.

Im Mai 1984 hielten wir unser erstes Feldlager im Bestand der 1. KRA im Gebiet Darßer Ort ab. Danach wiederholten wir das jährlich mit beiden Abteilungen zu verschiedenen Zeiten für jeweils maximal vier Wochen in verschiedenen Gebieten. Ich war kein Freund dieser Feldlager. Die Führung des Regiments war in dieser Zeit durch die Dislozierung der Einheiten kompliziert, die Sicherstellung äußerst aufwändig und mit hohen zusätzlichen Kosten verbunden. Außerdem musste der Personalbestand längere Zeit unter erschwerten Bedingungen leben. Nach meiner Idee sollte vielmehr monatlich die 2. Woche konzentriert von Montag bis Donnerstag (jeden Freitag war wöchentliche Wartung der Technik (W II)) für die Taktische Ausbildung mit Verlegung der Abteilungen genutzt werden. Das konnte ich aber leider nicht verwirklichen, da uns dafür kein eigenes Übungsgelände zur Verfügung stand. Dabei lag ein geeignetes direkt vor unserer Haustür, die durch den Militärforst verwaltete Rostocker Heide. Leider war es das bevorzugte Jagdgebiet von Parteifunktionären, darunter den 1. Sekretären der Bezirks- und Kreisleitungen der SED sowie des CVM. Damit war es tabu für uns. Während dieses Feldlagers besuchte uns überraschend der Minister für NV, Armeegeneral Heinz Hoffmann, nur in Begleitung des CVM. Der Minister war sehr aufgeschlossen, stellte während meiner Erläuterungen Fragen und verfolgte die überaus eindrucksvolle Gefechtsübung der 1. KRA mit großem Interesse. Er ließ es sich nicht nehmen, in die Gefechtskabine einer SSR zu klettern und führte ausführliche Gespräche mit den Besatzungen der SSR, dem Regimentskommandeur und dem Abteilungskommandeur. Dieser erste Besuch eines der höchsten Repräsentanten unseres Staates war für unser gerade erst in Dienst gestelltes Regiment außerordentlich wichtig und erfolgreich. Der dabei zwischen dem Minister und dem CVM geführten Unterhaltung konnte ich entnehmen, dass dieser Besuch der Auslöser war für den nachfolgenden Befehl zur Teilnahme einer Formation des KRR-18 an der größten Ehrenparade der NVA in Berlin am 07.10.1984, dem 35. Jahrestag der DDR.

Im Juli 1984 absolvierte das KRR-18 erfolgreich seinen 1. Raketenschießabschnitt. Insgesamt war es für den Personalbestand immer eine außerordentlich hohe Belastung. Um den Erfolg zu sichern, musste ständig mit höchster Konzentration gearbeitet werden. Andererseits war es die einzige Möglichkeit zu beweisen, dass der Ausbildungsstand des Personals und der Zustand der Technik den erfolgreichen Einsatz der Raketenbewaffnung sicherstellten. Für mich war es bereits das insgesamt 6. Raketenschießen. Während meiner Dienstzeit in der 6. Flottille hatte ich als Kommandant eine Rakete, als Abteilungschef zweimal eine Raketensalve und als Brigadechef eine Salve sowie eine Rakete zur Zieldarstellung gestartet, bzw. den Start befohlen. Alle waren Treffer bis auf die Zieldarstellungsrakete, die aber nicht abgeschossen wurde. (Die Organisation und der Ablauf werden durch Wolfgang Schädlich im Kapitel V, S. 140 ausführlich geschildert. Ich beschränke mich deshalb auf persönliche Eindrücke und Erlebnisse.) Zu erwähnen ist die umfangreiche Planung. Auch die wurde sehr sorgfältig ausgeführt, so dass wir die Dokumente in den folgenden Jahren nur präzisieren mussten. Zur Teilnahme am 1. RSA hatte ich zusätzlich den Stabschef, KL W. Schädlich, und meine direkten Unterstellten (die Oberleutnante Sascha Teuber und Frank Kretzschmann) befohlen. Das war aus Gründen der Gefechtsbereitschaft einmalig möglich, da das Regiment noch nur im Bestand einer KRA handelte.

Das Beladen und die Überfahrt mit dem sowjetischen Landungsschiff verliefen ohne Vorkommnisse. Dann folgte ein begeisternder Empfang in der Flottenbasis Baltijsk der BF der UdSSR durch unsere Waffenbrüder und die kalte Dusche in Form der Havarie der SSR beim Entladen (siehe Kapitel V, S. 145). Zum Glück gab es dabei keine personellen, und nur geringe technische Schäden, so dass die Erfüllung der Aufgabe nicht gefährdet war. Nach dem Verlassen des Schiffs hatte ich mich erstmal sofort bei unseren direkten Partnern persönlich vorgestellt.

Waffenbrüder beim 4. RSA 1987 (LS)

Das waren der Stellvertreter des Chefs der KRAT der BF, ein Oberst, der Kommandeur des KRR der BF, Major, später Oberstleutnant, Anatolij Butenko, und der Kommandeur der Garde-Marineinfanteriebrigade (GMIBr) der BF, Gardeoberstleutnant, später Gardeoberst, Anatolij Otrakowskij. Wir verstanden uns sofort und wurden gute Freunde. Die Aufgaben waren klar verteilt. Die GMIBr war für unsere Unterbringung und Sicherheit verantwortlich und die KRT für unsere taktische und technische Betreuung.

Das gesamte Gebiet nördlich der Flottenbasis Baltijsk war militärisches Sperrgebiet und wurde durch die GMIBr verwaltet. Eine Ausnahme bildete das Objekt Donskoje, in dem das KRR der BF stationiert war. Das war ein besonderes Sperrgebiet, da das Regiment mit dem KRK „Redut" und der Rakete „Progress" mit nuklearen Gefechtsteilen ausgerüstet war. Wegen der höchsten Geheimhaltungsstufe durften wir dieses Objekt auch nicht betreten, nur einmal die Werkstatt nach der Havarie zum Vermessen unserer SSR. Bei der ersten Einweisung am nächsten Tag gab es ein Wiedersehen mit alten Freunden von vergangenen RSA. Darunter war auch mein polnischer Studienkamerad von der Höheren Seekriegsschule in Baku, Komandor Jurek Wuicek, der Kommandant des Zerstörers „Warszawa", des Flaggschiffs der PSKF. Am Abend hatte mich Anatolij Otrakowskij mit meinen Stellvertretern in die „баня" (Sauna; deutsche Aussprache „banja") der GMIBr eingeladen. Seine Stellvertreter nahmen ebenfalls teil. Dazu muss man wissen, dass eine Einladung zur Sauna bei russischen Freunden eine hohe Auszeichnung und gleichbedeutend mit der Teilnahme an einer besonderen Veranstaltung ist. Mit eingeschlossen ist immer ein reichliches Essen und natürlich auch Trinken. Die russische Gastfreundschaft ist berühmt. Diese Abende wiederholten sich jährlich, für mich insgesamt vier Jahre lang, und sie bleiben unvergessen. Hier erlebte ich echte Freunde und Waffenbrüder und erhielt die Gewissheit, dass wir bei Notwendigkeit gemeinsam im Gefecht kämpfen würden und sich dabei jeder auf den anderen verlassen könnte. Das war keine Theorie – das war die Praxis. Die Tage waren von früh bis spät ausgefüllt mit Trainings, Gefechtsübungen, Einweisungen, aber auch mit Treffen der Waffenbrüderschaft, mit Meetings und mit Sportveranstaltungen, die wir gemeinsam mit der GMIBR veranstalteten. Man konnte nur darüber staunen, wie gut sich, trotz sprachlicher Probleme, die Matrosen und Unteroffiziere verstanden. Es wurde alles getauscht: Koppel, Mützenbänder, Effekten, Schulterstücke, Zebrahemden u. a. Trotz strengen Alkoholverbots und dementsprechender Kontrollen bei den sowjetischen und deutschen Marineangehörigen wurden immer Wege gefunden, um gemeinsam

Die Meister F. Hoyer, W. Bettack und R. Jedaschko mit sowjetischen Waffenbrüdern (LS)

anzustoßen. Ich hatte meine Kommandeure diesbezüglich angewiesen, ein Auge zuzudrücken, wenn nicht die Gefechtsbereitschaft und die Aufgabenerfüllung gefährdet waren. Auf dem Bild links ist das alles sehr gut zu sehen. Man kann die Nationalität trotz unterschiedlicher Uniformen kaum noch ermitteln.

Der wichtigste Tag war natürlich der Tag des Raketenschießens selbst. Von verschiedenen Truppenteilen und Einheiten der VOF wurden an diesem Tag durchschnittlich insgesamt zwölf Raketen gestartet. Deshalb erforderten diese Handlungen eine effektive Führung und exakte Koordinierung. Dazu kam die Beachtung der verbotenen und gefährlichen Zonen der Raketenflugbahn beim Start jeder einzelnen Rakete, in denen sich nur die Seezielscheiben aber keine Schiffe befinden durften. Der Ablauf wurde mit allen teilnehmenden Kräften mehrmals theoretisch und, zwei Tage davor, praktisch mit imitierten Raketenstarts durchgespielt. Hier war vor allem die umfassende Vorbereitung der Kommandeure gefordert, ihre ausgezeichneten Kenntnisse über den Waffeneinsatz, die Möglichkeiten ihres Personals und die Kenntnisse der russischen Sprache. Da beim Raketengefechtsschießen in der Mehrzahl Schiffe eingesetzt wurden – allein zur Sicherung des Zielgebiets 20 –, war der Ablauf stark wetterabhängig. Die Organisation des Einsatzes der Raketenbewaffnung durch die Kräfte des KRR-18 war bei allen sechs Raketenschießabschnitten des KRR-18 identisch. Das Wichtigste war die Durchsetzung meiner Forderung, alle Handlungen gefechtsmäßig ablaufen zu lassen. Das bedeutete zwar ein zusätzliches Risiko, aber dafür eben auch Gefechtsnähe, das für uns wichtigste Kriterium. Ich führte von meinem in der Nähe der Startstellung entfalteten FP wie immer ein Stabskom „LO-1800" („Schmetterling"), später ein „ZIL-131", eine Funkstation „R-140" auf dem Kfz „ZIL-131" und eine Funkstation „R-142" auf dem Kfz „GAZ-66". Die jeweilige KRA führte ihr Kommandeur von seinem FP aus, einer Funkstation „R-142", der ebenfalls in der Nähe entfaltet wurde. Die Befehle wurden über eine gedeckte UKW-Funkverbindung im Sprechverkehr Russisch mit Anwendung unserer „Signaltabelle für den Raketenangriff" übermittelt. Nachdem ich vom Gefechtsstand des Leiters des Raketenschießens den Befehl zu einem Raketenschlag auf ein Ziel mit Angabe der Koordinaten und der Schlagzeit erhalten hatte, überprüften wir alle Zielparameter auf der Karte. Dann gab ich den Befehl an den Kommandeur, in diesem Fall der 1. KRA, KK Uwe Lonitz, einen Raketenschlag mit einer Rakete auf ein Ziel, Peilung 354°, Distanz 405 Kabellängen, um 12:30 Uhr nach eigenen Angaben zu führen (dies ist ein praktisches Beispiel). Auf seinen Befehl entfaltete die SSR aus der Wartestellung in die Startstellung, stellte die Startbereitschaft für die Rakete her und meldete nach der mit der Radarstation „Garpun" begonnenen Zielsuche das aufgefasste Ziel mit Peilung und Distanz. Nach Erhalt der Meldung „Startbereit" gab ich das Kommando (Flaggensignal): „наш наш-далой, один рцы, исполнить!" („Nanni, Nanni – nieder, ein R-Ausführung!". Danach rannte ich sofort aus dem FP, um den Start der Rakete „P-21" zu beobachten. Ein fürchterliches Donnern, ein Feuerstrahl, die Rakete schoss mit 35 t Schubkraft aus dem Container der SSR. Das ausgebrannte Feststofftriebwerk löste sich nach nicht einmal 2 Sekunden, die Rakete senkte sich auf die eingestellte Höhe von 25 m über der Wasserlinie und flog in Richtung Ziel. Das Wichtigste: Start und Flug waren normal. Nachdem die SSR die Startstellung verlassen hatte, wurde in der Wartestellung die Besatzung gewechselt und alles verlief wie zuvor,

Abstimmung mit Kommandeuren (LS)

diesmal mit einer Rakete „P-22". Auch hier sah ich mir den Start und Flug an – für mich war es einfach überwältigend. Dann war ich wieder auf meinem Führungspunkt und wartete auf die Erfolgsmeldung. Die kam über Funk: „обе ракеты прямые попадания, мишень горит, поздравляем!" – „Beide Raketen direkte Treffer, die Scheibe brennt, wir gratulieren!"). Jubel auf meinem FP, die Spannung fiel von uns ab. Diese Meldung gab ich sofort an den Abteilungskommandeur und die beiden Startrampenbesatzungen weiter und gratulierte ihnen dann persönlich. Danach gab ich den Befehl zur Rückverlegung in das Feldlager, wo uns bereits KA Lothar Heinecke, der Leiter des RSA der VM, erwartete. Er hatte vom Gefechtsstand aus unsere beiden Raketenstarts beobachtet, war ebenfalls begeistert und gratulierte uns. Zum festlichen Abendessen genehmigte ich für unsere gesamte Truppe je eine Flasche Bier. Da wir sehr abgespannt von dem anstrengenden Tag und der hohen Belastung waren, wurde nicht lange gefeiert. Für den nächsten Tag war bereits der Beginn der Rückverlegung geplant.

Beim Abschied, unsere Freunde waren selbstverständlich alle auf der Pier, überreichte mir Anatolij Otrakowskij noch ein Geschenk, ein Zebrahemd. Er kannte meine Wünsche gut, denn ich hatte zwar schon eins aus Baku, aber das war nicht von der Marineinfanterie. Mein Marineinfanterie-Zebrahemd trage ich übrigens noch heute beim Segeln und gewaschen wird es nur unter außerordentlichen Vorsichtsmaßregeln. Erst beim Einsteigen in meinen Kübel „UAZ-469" nach dem Entladen des Landungsschiffs auf der Pier in Rostock entdeckte ich noch ein weiteres, besonderes Abschiedsgeschenk meines Freundes, des Kommandeurs der GMIBr. Mit Wissen meines Fahrers, Stabsmatrose T. Günther, hatte Anatolij eine ganze Ladung Johanniskraut hinten in meinen Kübel einpacken lassen. Ich freute mich und wir lachten alle herzlich darüber. Zu Hause trocknete ich alles auf dem Balkon, zerkleinerte es dann und trank noch jahrelang diesen Tee. Dabei dachte ich immer an die Freunde in Baltijsk und freute mich auf das nächste Wiedersehen. In unserem Objekt Schwarzenpfost angekommen nahmen wir eine umfassende Auswertung vor, vor allem bereits in Sicht auf die noch bessere Vorbereitung unseres 2. RSA im nächsten Jahr. Insgesamt wurden es dann unter meiner Leitung vier erfolgreiche Raketengefechtsschießen. Dabei waren alle gestarteten acht Raketen Volltreffer, eine Demonstration der hohen Meisterschaft aller Angehörigen unseres Regiments.

Anfang September 1984, zur Kommandostabsübung „Herbstwind 84", musste ich auf der Grundlage eines Befehls des CVM das erste Mal meinen FP als Führungspunkt des Chefs der KRT auf seinem HGS entfalten: Bei der großen Kampfstärke der KRT war das Fehlen eines eigenen Führungsorgans im Stab der Flotte für mich völlig unverständlich. Für die anderen Stoßkräfte existierten sie. Die 6. Flottille, Schiffsstoßkräfte, hatte selbstverständlich einen umfangreichen Stab und sogar einen geschützten Gefechtsstand bei Kap Arkona auf der Insel Rügen. Ebenso hatten die MFK im Bestand des MHG-18 und des MFG-28, das nur im Gefecht unterstellt war, einen Chef mit Stab im Stab der Flotte. Für das für die Führung der KRT ebenfalls notwendige Organ hätte es eine ausreichende Anzahl von qualifizierten Offizieren im Stab gegeben. Auch dieser Mangel ist wohl zurückzuführen auf die nicht durchdachte Planung bei der Aufstellung des KRR-18. Die Folgen dieses Fehlers waren sehr vielschichtig. Als das Problem auffällig wurde, erhielt ich als Regimentskommandeur den Befehl, ab sofort ständig meinen FP bei Auslösung höherer Stufen der Gefechtsbereitschaft auf dem HGS des CVM zu entfalten. Das war die einfachste, aber schlechteste Lösung des Problems. Sie bedeutete, dass der Kommandeur von seinen Kampfeinheiten im Gefecht isoliert wurde, aber auch sie von seiner Führung, was eigentlich ein unhaltbarer Zustand war. Da Widerspruch gegen einen bereits erteilten Befehl des CVM zwecklos war (ich erinnere an § 1 und § 2), musste ich dieses Problem auf andere Weise lösen. Der befohlene FP des Chefs der KRT auf dem HGS wurde mit minimaler Besatzung entfaltet – mit dem Kommandeur und zwei Stabsoffizieren (KK Detlef Herms und KL Andreas Herfter). Dadurch hatte ich persönlich eine umfangreiche Arbeit zu leisten. Aber so wurde dem Regiment nur eine geringe Anzahl von Kräften, die zur direkten Führung der Kampfeinheiten dringend gebraucht wurden, entzogen. Gleichzeitig befahl ich für die Zukunft, im Gefechtseinsatz den eigentlichen FP des Kommandeurs des KRR-18 in den befohlenen Stellungsraum Rostocker Heide zu entfalten. Der Unterschied zu vorher bestand nur darin, dass er jetzt durch den Stabschef geführt wurde. Dieser führte auf der Grundlage meiner Befehle vom FP auf dem HGS die Einheiten. Dem Stabschef standen dafür die anderen Stellvertreter mit ihren Unterstellten sowie der Stab mit Führungs- und Nachrichtenzug mit zwei Stabskom „LO-1800" („Schmetterling"), einer Funkstation „R-140" auf dem Kfz „ZIL-131" und zwei Funkstationen „R-142" auf den Kfz „GAZ-66" zur Verfügung. Dieses durch mich befohlene Führungssystem war notwendig, weil mir auf dem HGS nicht die erforderlichen Nachrichtenverbindungen zur Verfügung gestellt wurden. Außerdem musste beim Gefechtseinsatz mit Störung und Ausfall der eingeschränkten Nachrichtenverbindungen gerechnet werden. Das bedeutete auch, dass der Stabschef jederzeit bereit sein musste, die direkte Führung aller Einheiten des Regiments zu übernehmen. Ihn dazu in kürzester Zeit zu befähigen, war meine dringlichste Aufgabe. Nach einigen zusätzlichen Trainings und entsprechender Ausbildung konnte ich beruhigt auf dem HGS den FP des Chefs der KRT entfalten. Ich wusste, dass der Stabschef, KL W. Schädlich, bereit und fähig war, das Regiment in jeder Lage ohne Qualitätsverlust zu führen (das traf übrigens auch auf den normalen täglichen Dienst zu, wenn ich z. B. Urlaub hatte).

FP des Chefs der KRT auf dem HGS bei der Arbeit (die Lagekarte wurde unkenntlich gemacht) (LS)

Der HGS des CVM war ein Betonbunker unter der Erde, angeblich atombombensicher, im Recknitztal zwischen den Städten Laage und Tessin gelegen. Alles was damit zusammenhing, war höchste Geheimhaltungsstufe. Der An- und Abtransport erfolgte zentral mit Bussen für einen begrenzten Personenkreis und nur nachts. Bei einer Kommandostabsübung lag der Schwerpunkt immer auf der Arbeit der Führungsorgane. Wir richteten uns auf dem HGS schnell ein, stellten die Funktionstüchtigkeit der Geräte – Telefon und WL – her. Allerdings war für unsere Arbeit nichts vorbereitet. Außer dem Telefon zum OPD des Regiments bestanden keine direkten Verbindungen zu unseren entfalteten Kampfeinheiten. Wir versuchten alles, um positive Veränderungen zu erreichen, aber leider erfolglos. Schließlich trug ich meinem Chef diese Probleme vor. Aber wir wurden wie alle anderen Stationen ganz normal eingeordnet. Anscheinend interessierte niemanden, dass wir als Einzige unsere Kampfeinheiten direkt führen mussten und dafür zusätzliche Nachrichtenverbindungen benötigten. Dieser völlig unbefriedigende Zustand änderte sich unverständlicherweise auch in den folgenden Jahren nicht. Dass an der Beseitigung dieser angeführten Mängel nicht gearbeitet wurde, beweist ein Bericht von 1986 über auf dem HGS stattgefundene Trainings. Darin heißt es, dass die vorhandenen Funkmittel eine effektive Führung der KRT nicht gewährleisten. Das war umso unverständlicher, als für die nachrichtentechnische Sicherstellung des HGS das NB-18, später NR-18, verantwortlich war. Das verfügte selbstverständlich über alle dafür notwendigen Kenntnisse sowie über Personal und technische Mittel.

Persönlich arbeitete ich nicht gern auf dem HGS. Dort war ich führungsmäßig von meinen Truppen getrennt, so dass ich keinen direkten Einfluss auf ihre Handlungen nehmen konnte. Außerdem waren zu viele hohe Vorgesetzte auf engstem Raum anwesend – der CVM und seine Stellvertreter, und deren Stellvertreter u. a. Ständig kam jemand zur Kontrolle oder zu Gesprächen und störte damit möglicherweise ungewollt. Der räumliche Abstand zum Vorgesetzten, sonst nur über Nachrichtenverbindungen, war einfach viel zu gering. Das bedeutete in dieser Situation für den Unterstellten eine außerordentliche Belastung. Demzufolge musste immer hochkonzentriert gearbeitet werden. Der Schwerpunkt der Arbeit lag auf der Theorie, auf militärwissenschaftlichen und auf administrativen Fragen, also zum Teil waren das unrealistische „Sandkastenspiele". Das Ziel wurde immer erreicht und die Aufgaben wurden immer erfüllt, ohne Havarien, Störungen, Ausfälle, höchstens imitierte durch Schiedsrichtereinlagen. Übrigens musste der Kommandeur des KRR-18 mit seinem FP laut DV 246/0/027 „Gefechtseinsatz der KRT" (erschienen erst ein Jahr nach Indienststellung des Regiments) auf der Grundlage des Gefechtsbefehls des CVM für den Gefechtseinsatz der ihm unterstellten Kampfeinheiten insgesamt zwölf Dokumente erarbeiten, das waren Karten, Pläne und Anordnungen. Dafür stand lediglich eine Zeit von meistens 1 Stunde, selten bis 4 Stunden zur Verfügung. In solchen Situationen halfen mir nur meine umfangreichen Erfahrungen, die hohe Kunst der Improvisation, das Können unserer Stabsoffiziere und die durch uns vorbereiteten formalisierten Dokumente. Eine weitere negative Folge dieser angeführten Führungsprobleme war, dass teilweise bei Übungen eine unserer KRA einem Flottillenchef unterstellt wurde. Das widersprach der Taktik des Einsatzes der KRT, denn statt die Kräfte zu konzentrieren, wurden sie zersplittert. Außerdem waren nicht alle Offiziere (außer unseren und zum Teil denen der Schiffsstoßkräfte) mit den Einsatzprinzipien der KRT vertraut. Ich protestierte immer energisch dagegen und diese Fälle wurden dann mit der Zeit seltener.

Im September stattete uns der CVM, Admiral W. Ehm, noch einen Besuch ab. Ich musste ihm über den Stand der Vorbereitung der Parade berichten. Er stellte Fragen, gab Hinweise und ließ sich wie immer durch das gesamte Objekt führen. Anschließend dankte er mir persönlich für meine 25-jährige Dienstzeit in der NVA und überreichte mir das Ehrengeschenk „Kleiner Ehrendolch mit Brillanten".

Parade und Auswertung des 1. Ausbildungsjahres

Mit Riesenschritten näherten wir uns einem bedeutenden Feiertag in der Geschichte der DDR, dem 35. Jahrestag ihrer Gründung. Zu Ehren dieses Feiertags war die größte und machtvollste Ehrenparade der NVA in der Geschichte der DDR in der Hauptstadt Berlin geplant und wir sollten daran teilnehmen. Die KRT der VM nahmen insgesamt zweimal mit einer motorisierten Formation des KRR-18 an Paraden der NVA anlässlich eines Jahrestags der DDR teil. Das war am 07.10.1984, dem 35. Jahrestag, und an der letzten Parade in der Geschichte der DDR am 07.10.1989, dem 40. Jahrestag. Beide Paraden fanden zu entscheidenden Zeitpunkten der Geschichte des KRR-18 statt: Die erste ein Jahr nach der Indienststellung und die zweite ein Jahr vor der Auflösung. Die SKA-Abteilung hatte 1970 anlässlich des Manövers „Waffenbrüderschaft 70" an einer Feldparade teilgenommen. Bei allen Paraden demonstrierten die Angehörigen der KRT der VM ihre hohe Motivation und militärische Meisterschaft. Die Paraden der NVA galten als die höchste Form der militärischen Ehrenbezeugung zu besonderen Anlässen, wie dem 1. Mai – Tag der Werktätigen, dem 8. Mai – Tag der Befreiung, dem 7. Oktober – Jahrestag der DDR, sowie zum Abschluss von Manövern. Sie waren mit einer erheblichen zusätzlichen Belastung der teilnehmenden Truppen und Technik sowie mit bedeutenden finanziellen Kosten (5 bis 10 Mio. Mark der DDR je Parade) verbunden. Vor allem aus solchen Gründen wie Effektivität, Kosten, Technikverschleiß und Zeitaufwand beschränkte man sich dann auf ihre Ausführung zu runden Daten. Sie wurden aber auch in der Zeit des Kalten Krieges als Demonstration der Stärke des Staates, also zur Abschreckung des „Gegners" genutzt. Berühmt waren sie für ihre exakte Organisation, für den Ablauf und den Vorbeimarsch, was nur durch hohe Motivation und hartes Training des Personalbestands sowie durch ausgezeichnete Vorbereitung der Technik erreicht werden konnte. Für alle Truppenteile und Einheiten der NVA war eine Teilnahme an diesen Paraden trotz hoher zusätzlicher Belastungen eine besondere Ehre und ein bleibendes Erlebnis. Da ich an einer Offiziershochschule und Militärakademie in der UdSSR studiert hatte, nahm ich das erste Mal an einer Parade in Berlin teil. Allerdings hatte ich als Chef der 5. Raketenschnellbootabteilung am 07.10.1974 an der Flottenparade der VM in Rostock teilgenommen. Im Gegensatz dazu war mein Vater, KzS Musikdirektor Ludwig Schmidt, von 1956 bis 1972 als Leiter des Stabsmusikkorps der VM bei allen Paraden aktiv dabei. Die Parade am 07.10.1989 verlief nach dem gleichen Vorbereitungs- und Ablaufplan wie 1984. Die politischen Verhältnisse hatten sich aber bereits stark verändert und dadurch waren zusätzliche Sicherungsmaßnahmen befohlen. Die Formation des KRR-18 wurde vom Regimentskommandeur, KzS Dr. J. Dix, geführt. Teilnehmer war die1. KRA unter ihrem Kommandeur, FK W. Domigalle, dieses Mal mit vier SSR und vier RTE. Auch hier demonstrierte der Personalbestand des Regiments eindrucksvoll hohes militärisches Können.

Bei der Parade am 07.10.1984 führte ich die Formation des KRR-18. Diese Parade war die größte und machtvollste in der Geschichte der NVA und der DDR mit zwei Besonderheiten: Hubschrauberformationen flogen über der Paradeformation und erstmals nahm eine Formation der VM an der motorisierten Parade teil. Ansonsten war die VM immer nur mit zwei Marschblöcken der OHS und SSTA sowie das Stabsmusikkorps vertreten. Der Befehl des CVM zur Teilnahme einer Formation unseres Regiments an der Parade erfolgte Ende Mai 1984. Nach dem Plan des für die Parade verantwortlichen Kommandos des Militärbezirks V war bereits bis zum 15.05.1984 die detaillierte Planung in den teilnehmenden Verbänden, Truppenteilen und Lehreinrichtungen abzuschließen. Das bedeutete für uns, der Abgabetermin war schon von vorgestern. Wir holten das also nach und erarbeiteten in Stoßarbeit die erforderlichen Dokumente, den „Plan zur Vorbereitung auf die Parade" und die „Pläne der Verlegungen der Einheiten des KRR-18". Zunächst musste ich die Formation für die Parade festlegen. Innerhalb der 22 Marschblöcke der motorisierten Truppen war unser der drittletzte. Gefahren wurde in zwei Kolonnen, d. h., es konnte außer den Führungsfahrzeugen nur immer eine gerade Anzahl von typengleichen Fahrzeugen teilnehmen. Da gleichzeitig die Forderung bestand, dass für jeden Fahrzeugtyp ein Ersatz bereit stehen musste und wir erst vier SSR im Bestand des Regiments hatten, war nur folgende Formation möglich, die durch mich vorgeschlagen und den CVM bestätigt wurde:

Startrampe mit Anker zur Parade 1984 (LS)

- Führungsfahrzeug des Regimentskommandeurs mit Truppenfahne Kübel
  „UAZ-469" offen, Fahrer, hinten der Fahnenträger und zwei Begleiter.
- Führungsfahrzeug des Kommandeurs der 1. KRA Kübel „UAZ-469" offen,
  Fahrer, hinten zwei Begleiter.
- 2 SSR mit Kommandeur und Fahrer.
- 4 RTE „KRAZ-255 B" mit je zwei Raketen „P-21/22" ohne Plane,
  mit Fahrer und Begleiter.

Dazu kamen zwei Ersatzfahrzeuge, eine SSR und eine RTE, und drei Kfz des Bereichs meines STKT/A jeweils mit Personal. Das ergab insgesamt 13 Fahrzeuge und eine Truppe von ungefähr 30 Mann. Ein zusätzliches Problem ergab sich daraus, dass unserem Regiment keine Truppenfahne verliehen worden war; ich glaube, der Auftrag zu ihrer Anfertigung noch war damals noch nicht erteilt. Das erfolgte nun mit höchster Dringlichkeit. Als Termin der Verleihung der Truppenfahne an das KRR-18 kam nur ein Staatsfeiertag in Frage und der nächste war der 35. Jahrestag der DDR. Damit musste dieser Termin, ein weiterer Höhepunkt in der Geschichte unseres Regiments, in den Plan der Vorbereitung der Parade eingeordnet werden, ohne deren Ablauf zu stören. Zur Erfüllung der Aufgabe wurde durch mich die 1. KRA (Kommandeur KK U. Lonitz) befohlen. Allerdings gab es zu diesem Zeitpunkt für mich keine Auswahl (siehe oben). Daraus ergaben sich ernsthafte Konsequenzen für die Gewährleistung der Gefechtsbereitschaft des Regiments und für den Gefechtsdienst. Stand doch für die Dauer der Parade nur eine SSR zur Verfügung, es konnte also nicht gewechselt werden. Außerdem hatten die im Raum Berlin entfalteten Kräfte unseres Regiments jederzeit zur kurzfristigen Rückverlegung bereit zu sein. Das traf übrigens für alle teilnehmenden Truppen zu. Jetzt mussten zwei Höhepunkte des AJ gleichzeitig vorbereitet werden: Der 1. RSA und die Parade. Eine Schlüsselrolle bei der Parade spielte dabei mein STKT/A, KL H.-J. Galda. Zu absolvieren waren zwei Verlegungen über 250 km von Schwarzenpfost nach Berlin und zurück, zwei Verlegungen in Berlin (alle nachts), das Paradetraining und die Parade selbst. Dazu kam noch das notwendige Pendeln zwischen Berlin und Schwarzenpfost. Unvorstellbar, wenn bei den Trainings – und noch schlimmer: bei der Parade – ein Fahrzeug liegen bleiben würde, vielleicht noch vor der Tribüne mit Partei- und Staatsführung, Ehrengästen und der gesamten Armeeführung. Alle angeführten Aufgaben standen natürlich in bereits aufgeschlüsselter Form vor dem Kommandeur der 1. KRA mit seinem Führungsorgan.

Während der Vorbereitung sprach mich eines Tages KK U. Lonitz an: „Genosse Fregattenkapitän, ich möchte Ihnen etwas zeigen." Er führte mich zu den Garagen, vor denen die SSR zur Wartung standen und ich traute meinen Augen kaum, an einer prangte an beiden Seiten der Kabine ein großer, stilisierter, gelber Anker. Ich war begeistert und dankte ihm für die Initiative. Gleichzeitig überlegte ich krampfhaft, wie ich das wohl meinem Vorgesetzten so beibringen könnte, dass er das auch genehmigen würde, denn noch stand das in keiner Vorschrift. Ich beließ es trotzdem dabei und beschloss, um den Anker zu kämpfen. Bereits in der folgenden Woche hatte ich die Gelegenheit dazu. Mein Vorgesetzter, der CVM Admiral W. Ehm, erschien im Regiment. Er wollte sich persönlich vom Stand der Vorbereitung auf die Parade überzeugen. Nach einem kurzen Bericht begleitete ich ihn zur Besichtigung der Technik und führte ihn ohne Vorwarnung zu der besagten SSR. Selbstverständlich bemerkte er sofort die „Maling" und es entspann sich ein recht einseitiger Dialog zwischen Vorgesetztem und Unterstelltem, zu meinem Glück unter vier Augen: „Was ist denn das? Wer hat das befohlen? Das kommt sofort ab!"

„Genosse Admiral, ich habe das befohlen, wollte es ihnen aber erst vorführen und dann um ihre Genehmigung bitten."

„Das ist mir egal, das muss ab!"

„Genosse Admiral, wir repräsentieren doch unsere Marine und da dachte ich …"

„Das kommt ab!"

„Genosse Admiral, ich bitte sie …", und endlich meinte er: „Na gut, aber ich habe das nicht gesehen!"

„Jawohl, Genosse Admiral!"

Ich machte vor Freude fast einen Luftsprung. Die hier demonstrierte Haltung unseres Chefs hatte seine Ursachen. Sonderrollen durch eine Teilstreitkraft wurden in der NVA nicht geduldet und er setzte das in der VM streng durch. Allerdings wusste ich genau, dass er stolz bei der Parade auf seine „Blauen Jungs" mit der modernsten Technik, sofort zu erkennen an dem Anker, schauen würde. Nach der Parade, als sich von der Armeeführung niemand negativ zu unserem Anker geäußert hatte, nahmen wir ihn, später noch vergrößert, mit auf in die Anordnung über die Kennzeichnung unserer SSR mit taktischen Nummern. Die mussten übrigens zu den Paraden von allen Fahrzeugen entfernt werden. Sofort nach der Rückkehr vom erfolgreichen 1. RSA begannen wir mit der Vorbereitung auf die Parade und die Verleihung der Truppenfahne. Laut Plan fand vom 01.–10.09.1984 Paradetraining in den Standorten statt und es war die Militärtechnik vorzubereiten. Am 18.09.1984 verlegte die Paradeformation des KRR-18 unter meiner Führung mit meinen beiden Stellvertretern KK H.-J. Helm und KL H.-J. Galda, den ich für diese Aufgabe als meinen ersten Stellvertreter eingesetzt hatte, über die Autobahnen A 19 und A 24 nachts laut „Plan der Verlegung" nach Berlin. Im Objekt Schwarzenpfost führte mein Stabschef, KL W. Schädlich, das Kommando über die Truppen mit dem Schwerpunkt Gefechtsdienst.

Unser Ziel, das Feldlager der Truppen der motorisierten Parade für insgesamt über 1000 Mann und 200 Kraftfahrzeuge bei dem Ort Paaren direkt an der Autobahn Berliner Ring Abschnitt 149, erreichten wir im Morgengrauen.

Führungsfahrzeug des KRR-18 (LS)

Beeindruckend waren für mich die gewaltigen Dimensionen dieses Feldlagers, die langen exakten Reihen der Zelte, die schnurgeraden Wege. Ja – auch die Latrine beeindruckte mich: es war eine lange senkrechte und waagerechte Bretterwand, in der waagerecht in Sitzhöhe Löcher im Abstand von 1 m eingefräst waren. Es waren ca. 100 Löcher! Von oben war das Ganze mit einer Persenning gegen Regen gesichert. Was für ein Bild, wenn abends nach dem Training fast alle Plätze besetzt waren, vom Soldaten bis zum Oberstleutnant … aber zumindest bestand dabei keine Grußpflicht. Ich kannte von Bord unserer Schnellboote die berühmt-berüchtigten „Molotows", WC mit Handpumpe, und bei deren Ausfall das „Not-WC" am achteren Flaggmast (auf dem Schiff hinten). Aber das hier übertraf alles. Als ich später darüber noch einmal mit Oberst Alfred Bujak sprach, sagte er mir, dass das größte Problem nicht der Aufbau des Feldlagers gewesen sei, sondern immer nach dem Abbau die Beseitigung der „Reste". Die Fahrzeuge wurden in der technischen Zone abgestellt und sofort gewartet. Ich wurde durch den Stabschef des Paradestabs, Oberst Alfred Bujak, eingewiesen und wir konnten unsere Unterkünfte (drei Mannschaftszelte) in Beschlag nehmen. Nach kurzer Ruhe stand für mich die nächste Einweisung an, an der die Kommandeure aller Truppenteile und Einheiten teilnahmen. Dabei ging es um den Tagesdienstablauf, um die Sicherheit, Zeiten, Stellplätze, Formation, Tribüne, den Abmarsch aus der technischen Zone usw. Für mich war alles Neuland, deshalb war ich hochkonzentriert. Die Mehrzahl meiner Kameraden, d. h. die anderen Kommandeure, nahmen nicht zum ersten Mal an einer Parade teil und waren dementsprechend locker. Anschließend wies ich meine unterstellten Kommandeure detailliert in ihre Aufgaben ein, das waren KK U. Lonitz für die KRA und KL Peter Schwarz für die RTE. Danach wiesen sie ihren Personalbestand ein. Bereits am nächsten Tag begann das Training. Vom 20.–24.09.1984 lief täglich alles in der gleichen Reihenfolge ab: Wecken, Früh-

stück, Klarmachen der Technik, Marsch aller Truppenteile und Einheiten aus der technischen Zone des Feldlagers zur Ausgangsposition Autobahn, auf Signal Vorbeimarsch, zurück in die Ausgangsposition – und wieder alles von vorn. Der Vorbeimarsch erfolgte in Fahrtrichtung Nord in zwei Kolonnen auf der rechten und linken Fahrbahn, die Führungsfahrzeuge auf der rechten. Mein Führungsfahrzeug war der offene Kübel „UAZ-469" ohne Beifahrersitz. In der Mitte war eine Halterung für die Truppenfahne installiert – da wir noch keine hatten war es eine normale DDR-Fahne –, und ein Rohr mit Griff. An dem konnte ich mich mit der linken Hand bei herunterhängendem Arm festhalten. Der Fahrer war Obermaat Gerd Krüger, immer ruhig und zuverlässig. Hinten saß das Fahnenkommando mit unserem Fahnenträger Fähnrich Detlef Lehmann in der Mitte und den beiden Begleitern Oberleutnant Ralf Jähnig und Leutnant Stephan Georgi. Entgegen der Dienstvorschrift war Paradeuniform Sommer befohlen. Das bedeutete für uns: Weißer Mützenbezug, für die Unteroffiziere und Matrosen weiße Exbluse, natürlich kein Mantel bzw. Kulani. Da es bereits Herbst war mit kühler Witterung, mussten wir uns in dem offenen Fahrzeug warm anziehen. Das bedeutete lange Unterwäsche und Pullover unter dem weißen Hemd. Die Tribüne mit dem Paradestab unter Führung des Chefs der Landstreitkräfte, Generaloberst Horst Stechbarth, dazu die Stellvertreter und Leiter der Politabteilungen bzw. Politstellvertreter der Kommandeure, stand rechts an der rechten Fahrbahn. Im Abstand von je 100 m standen die vier Linienposten. Beim Passieren der Linienposten war wie folgt zu handeln:
- 1. Linienposten: Achtung! Aufrechte straffe Haltung, Blick geradeaus, für die Fahrer Hände auf dem Lenkrad in der Position 10 nach 8 (linke Hand auf der 8 und rechte auf der 2, entsprechend dem Zifferblatt der Uhr).
- 2. Linienposten: Blickwendung zum Abnehmenden der Parade, dem Vorsitzenden des Staatsrats – hier Generaloberst H. Stechbarth –, und Grußerweisung durch die in ihren Führungsfahrzeugen stehenden Kommandeure.
- 3. Linienposten: Blickwendung und Grußerweisung beenden.
- 4. Linienposten: Rührt Euch! Lockere Haltung, entspannen.

Eine hohe Verantwortung trugen die Fahrer der Kfz. Sie mussten auf eine konstante Geschwindigkeit von 18 km/h achten, durften keine großen Lenkmanöver machen (nur leichte Korrekturen), sie mussten den Platz in der Kolonne zum vorderen Fahrzeug und in einer Linie mit dem Nachbarn genau einhalten und durften natürlich auf keinen Fall den Motor abwürgen. Nach dem Vorbeimarsch wurde gewendet, es ging zurück in die Ausgangsstellung und dann alles von vorn. Die Fahrmanöver beim Wenden und der Wiedereinnahme der Ausgangsposition waren kompliziert. Die motorisierte Parade bestand aus 22 Formationen mit insgesamt mehr als 200 Kraftfahrzeugen. Wir waren die drittletzte Formation, hinter uns folgten nur noch die taktischen Raketen und dann die vier Startrampen mit den operativ-taktischen Raketen der 5. Raketenbrigade. Täglich absolvierten wir je drei Vorbeimärsche vormittags und nachmittags. Das Mittagessen, das aus der zentralen Feldküche stammte, wurde feldmäßig an den Fahrzeugen in der Ausgangsstellung eingenommen. Mittags erfolgten eine kurze und abends eine ausführliche Auswertung mit den Kommandeuren, danach mit dem Personalbestand. Dabei wurde auch der Tagessieger und, zum Abschluss des Trainings, der Gesamtsieger im Wettbewerb zwischen den Formationen nach einer Punktewertung aller Offiziere und Generäle der Tribüne festgelegt. Dieser Wettbewerb gehörte einfach dazu, wie der

Kommandeure der Brigaden und Regimenter der motorisierten Formation der Parade mit ihren Stellvertretern. (LS)

Sozialistische Wettbewerb in der Armee. Obwohl wir unsere Aufgabe ausgezeichnet meisterten, hatten wir leider nur geringe Chancen auf den Sieg. Wir waren Neulinge und dann auch noch von der Marine.

Aufgrund unserer Uniformen und nicht zuletzt durch unsere frisch aufgemalten Anker an den SSR waren wir doch auffällig gewesen. So berichtete mir KK H.-J. Helm, dass bereits beim ersten Vorbeimarsch Generaloberst H. Stechbarth erstaunt von der Tribüne auf die Formation des KRR-18 blickte und dann laut äußerte: „Was denn, sind die jetzt auch schon hier?!" Für mich bedeutete das höchstes Lob: Wir waren als Marine identifiziert und anerkannt worden. Abends wurde die Technik gewartet, es erfolgte die Auswertung und man bereitete sich persönlich auf den nächsten Tag vor.

Insgesamt war dieses Training eine außerordentlich hohe psychische und physische Belastung für den gesamten Personalbestand.

Am 25.09.1984 verlegten wir laut Plan nachts in das Objekt Lehnitz des Artillerieregiments 1. Hier stand die endgültige Vorbereitung der Militärtechnik im Mittelpunkt, nicht nur die Mechanik, sondern auch das Äußere, der Anstrich, und immer wieder putzen. In dieser Zeit ging es etwas lockerer zu und ich lernte die anderen Kommandeure persönlich näher kennen. Darunter war auch der Kommandeur des MSR-1, Oberstleutnant von der Aa, der die Mot.-Parade anführte. Er hatte mir schon vorher manchen wertvollen Rat gegeben. Ich kannte die Struktur der NVA und wusste, dass er als Regimentskommandeur fast 2000 Mann kommandierte, davon der weitaus größte Teil Wehrpflichtige. Mir unterstanden dagegen ungefähr 500 Mann, davon nicht einmal die Hälfte Wehrpflichtige und noch dazu ausgesuchtes Personal aufgrund der Raketenbewaffnung. Dass dabei Unterschiede in den Methoden der Führung bestehen mussten, ist doch selbstverständlich. Außerdem hatte ich nicht vergessen, wie die Bergegruppe des Mot.-Schützenregiments 28 im Dezember 1983 in kameradschaftlicher Hilfe unsere havarierte Startrampe geborgen hatte. Deshalb wäre mir nie eingefallen, für meine Kameraden eine „Lehrstunde zwischenmenschlicher Beziehungen" zu veranstalten, wie bei der Parade 1989. Selbstverständlich wurden die bei solchen Maßnahmen üblichen Sprüche geklopft, von unserer Seite: „Die Luft und die See grüßt den Rest der Armee!", und als Antwort an uns gerichtet: „Da kommt die Trachtengruppe von der Küste!" Aber wir konnten gemeinsam darüber lachen. Eines Nachmittags meinte Oberstleutnant von der Aa zu mir: „Na, Lothar, dann wollen wir mal einen trinken." Er holte aus seinem Spind eine Flasche griechischen Weinbrand „Helios", zwei Gläser, goss ein und wir tranken auf unsere erfolgreiche, gemeinsame Aufgabenerfüllung. Natürlich galt gerade bei der Parade das wie immer strenge Alkoholverbot in der NVA. Aber ab Dienststellung Kommandeur Truppenteil konnte Alkoholgenuss in Maßen genehmigt werden, und wir waren ja sogar zwei.

Am 28.09.1984 verlegten wir wieder nachts für die Paradetrainings auf der „echten" Paradestrecke sowie der Parade selbst in das Objekt Berlin-Biesdorf. Jetzt befanden wir uns direkt in Berlin und damit war ein Schwerpunkt die Tarnung unserer modernsten Militärtechnik. Alles wurde mit Tarnnetzen abgedeckt und bei Funktionsproben der Radartechnik war Abstrahlung streng verboten. Dass diese Maßnahmen ihre Berechtigung hatten, bewiesen ständige Überflüge kleiner „Zivilflugzeuge". Da es jetzt etwas ruhiger zuging, tauschte ich mit meinem Stabschef, KL W. Schädlich, die Plätze. Er übernahm die Führung der verkürzten Paradetruppe in Berlin und ich verlegte in unser Objekt zur direkten Vorbereitung des nächsten Höhepunkts im Leben des KRR-18, der Verleihung der Truppenfahne. Der Personalbestand und unser Objekt waren gerüstet für diesen wichtigen Tag.

Am 30.09.1984 nahm ich auf einer feierlichen Regimentsmusterung in Anwesenheit vieler Ehrengäste aus den Händen des CVM, Admiral W. Ehm, die Truppenfahne des KRR-18 entgegen und übergab sie an unseren Fahnenträger Fähnrich Detlef Lehmann. Nach einer kurzen Rede mit Dank und Verpflichtung marschierte ich an der Spitze des Regiments an der Tribüne vorbei – das erste Mal mit unserer Truppenfahne. Bei dem anschließenden Empfang gab es viele Fragen zur Parade. Ich musste dem CVM über den Stand berichten und selbstverständlich gab es auch die entsprechenden Hinweise. Am nächsten Tag fuhren wir sofort wieder zur Paradetruppe nach Berlin zurück, natürlich mit unserer Truppenfahne.

Nach gründlicher Einweisung sowie Rekognoszierung der Marschstrecke und Paradestrecke erfolgte am 02.10.1984 von 22:00 bis 24:00 Uhr die Vorprobe. Alles lief ab wie bei der Parade. Die Marsch- und Paradestrecke waren dazu für den normalen Verkehr gesperrt. Dabei paradierten wir das erste Mal mit unserer Truppenfahne im Führungsfahrzeug des Regimentskommandeurs. Die gründliche Auswertung am nächsten Tag ergab nur wenige kleine Mängel.

Früh am 04.10.1984 meldete ich mich beim Stabschef des Paradestabs ab und fuhr in das KVM zu einer für mich äußerst angenehmen Veranstaltung. Noch ein Höhepunkt: Ich wurde zum Kapitän zur See befördert.

Dieser Dienstgrad ist in jeder Armee ein besonderer und ich war mächtig stolz darauf. Das stellte auch eine Anerkennung unserer gemeinsamen Aufbauarbeit im Regiment dar, obwohl sie erst vor einem Jahr begonnen hatte und wir noch lange nicht am Ziel waren.

Am 04.10.1984, wieder von 22:00 bis 24:00 Uhr, fand die Hauptprobe unter Aufsicht des Ministers für NV statt. Die Auswertung am nächsten Tag ergab, dass wir unsere Aufgabe sehr gut erfüllt hatten und damit auf die Parade vorbereitet waren. Und wieder wurde alles überprüft, gewartet, geputzt.

Der 07.10.1984 war der Tag der Parade, auf den wir uns so lange und gründlich vorbereitet hatten. Es war ein schöner Herbsttag. Pünktlich rollten wir aus dem Objekt Berlin-Biesdorf und nahmen bis 8:00 Uhr unsere Ausgangsposition in der Karl-Marx-Allee Höhe Kino „Kosmos" ein. Bereits auf diesem Anmarsch begrüßte uns begeistert die Berliner Bevölkerung. Es waren ebenfalls viele Angehörige – über 300 (!) – der US-amerikanischen, britischen und französischen Streitkräfte mit Kameras und konkreten Aufklärungsaufträgen unterwegs. Die

Verleihung der Truppenfahne an das KRR-18 (LS)

kümmerten sich vor allem auch um die Technik unseres Regiments. Es war das erste Mal überhaupt, dass der KRK „Rubesh" öffentlich gezeigt wurde. Bis 9:30 Uhr hatten wir Zeit, um noch einmal alles zu überprüfen.

Um 10:00 Uhr begann nach zehn Glockenschlägen vom Roten Rathaus und der Fanfare der Vereinigten Musikkorps der NVA die Parade. Abnehmende waren der Minister für NV, Armeegeneral H. Hoffmann, und der Kommandierende der Chef der Landstreitkräfte, Generaloberst H. Stechbarth. Als drittletzte Formation konnten wir von diesen Abläufen leider nichts sehen, aber wenigstens hören. Alle Kommandos wurden u. a. durch Lautsprecherwagen, die an der Strecke verteilt waren, übertragen. Nach der Begrüßung der Paradeteilnehmer durch den Minister begann der Vorbeimarsch der 14 Marschblöcke der Fußtruppen und der 22 Marschblöcke der motorisierten Truppen zusammen mit dem Überflug der vier Hubschraubergruppen. Endlich setzten wir uns in Bewegung. Die Karl-Marx-Allee war dicht gesäumt von Berlinern und Touristen, die uns zuwinkten und uns auch Blumensträuße zuwarfen. Wir waren tief beeindruckt, konnten uns aber aufgrund unserer hohen Konzentration leider nicht dafür bedanken. Wir passierten den 1. Linienposten – straffe Haltung und Blick geradeaus. Dann den 2. Linienposten – Grußerweisung und Blickwendung zum Vorsitzenden des Staatsrats der DDR, Erich Honecker. Wir passierten die Tribüne mit der gesamten Partei- und Staatsführung, unserer militärischen Führung sowie vielen internationalen Ehrengästen, die uns alle zuwinkten. Was für ein erhebender Augenblick! Nach dem Passieren des letzten, des 4. Linienpostens erfolgte die absolute Entspannung, ich blickte sofort nach hinten. Erleichtert registrierte ich, dass mir das Führungsfahrzeug des Kommandeurs der 1. KRA, unsere zwei SSR und vier RTE immer noch in unverändert exakter

Letztes Foto des Personalbestands vor Beginn der Parade 1984 (LS)

Formation folgten. Wir erhöhten laut Plan die Geschwindigkeit auf 30 km/h und ich konnte endlich beruhigt der Bevölkerung zuwinken.
Es war kaum zu glauben, aber die gesamte Parade hatte laut Zeitplan nicht einmal 1 Stunde gedauert:
- Meldung und Begrüßung – 9 Minuten.
- Vorbeimarsch der Fußtruppen – 15 Minuten.
- Vorbeimarsch der motorisierten Truppen – 21 Minuten.
- Vorbeimarsch der Musikkorps – 4 Minuten.

Nach Erreichen des Objekts Berlin-Biesdorf bereiteten wir nach einer kurzen Erholungspause und der Verabschiedung von unseren Kameraden sofort die Rückverlegung vor. Nach Einbruch der Dunkelheit verlegten wir nach erfolgreicher Aufgabenerfüllung in einer Kolonne unter meiner Führung ohne Vorkommnisse in unser Objekt Schwarzenpfost. Im Morgengrauen waren wir endlich wieder zu Hause. Der Stabschef, jetzt KK W. Schädlich, hatte einen kleinen Imbiss vorbereiten lassen. Wir stießen mit allen auf unsere ausgezeichneten Leistungen an, aber nicht nur auf das Wohl der Paradeteilnehmer, sondern des gesamten Personalbestands. Neben der Parade hatte wie immer der Gefechtsdienst, dazu die Feierlichkeiten zur Verleihung der Truppenfahne und der tägliche Dienst abgesichert werden müssen. Gleichzeitig konnten wir noch die Beförderung zum Korvettenkapitän meiner beiden Stellvertreter Wolfgang Schädlich und Hans-Jürgen Galda feiern.

Das alles war ein überzeugender Beweis dafür, dass wir nicht nur quantitativ sondern auch qualitativ gewachsen waren.

Damit ging auch, nach der entsprechenden Musterung mit Auswertung, das Ausbildungsjahr 1983/84, das erste und äußerst ereignisreiche Jahr im Leben des KRR-18, zu Ende.

Alltag und Führungstätigkeit

Ein wichtiges Ereignis des neuen Ausbildungsjahres 1984/85 war die Ausrüstung der 2. KRA (Kommandeur KK Bernd Roesner) mit ihrer Hauptbewaffnung. Die ersten beiden SSR wurden im Februar 1985 und die nächsten beiden im Mai 1985 übernommen. Dazu befand sich in unserem Objekt wieder eine Gruppe sowjetischer Spezialisten, die nach der Montage und erfolgreicher Funktionsprobe die SSR an die entsprechenden Besatzungen übergaben. Das Personal der Bereiche Raketenbewaffnung und Technik/Ausrüstung arbeitete unter Hochdruck, allerdings bereits mit umfangreicher Erfahrung. Wie immer bei allen Übernahmen der SSR und anderer Raketentechnik war Oberleutnant, später KL, Frank Hösel vonseiten des Regiments der verantwortliche Raketentechniker. Nach Absolvierung der OHS der VM diente er zunächst in der KRA-18 und wurde mit der Indienststellung des Regiments als Oberoffizier für Raketenbewaffnung eingesetzt. Er war äußerst fleißig und technisch begabt. Er schaute den sowjetischen Spezialisten bei ihrer Arbeit über die Schulter und verbesserte so seine technischen Kenntnisse und sein Russisch, das er für das Studium der Originaldokumente benötigte. An der Beseitigung von Störungen an der Raketentechnik arbeitete er hartnäckig und erfolgreich. Nachdem die sowjetische Spezialistengruppe mit der Übergabe der 8. SSR im Mai 1985 unser Objekt verlassen hatte, war er der wichtigste Raketenspezialist für die Startrampen im Regiment. Er ist ein typisches Beispiel dafür, wie man fehlendes theoretisches Spezialwissen im Selbststudium und in der Praxis erwerben kann. Zu allen Problemen hatte er eine kritische Meinung, die er offen und deutlich bei jeder passenden, aber auch unpassenden Gelegenheit äußerte, so dass ich manchmal ein Auge zudrücken musste. Der Besuch einer Militärakademie entsprach nicht seinem Wunsch. Davon profitierte das Regiment, denn dadurch diente er als einer der wenigen Offiziere ununterbrochen bis zur Auflösung im KRR-18. Mehrmals wurde er mit der Führung der Geschäfte des STKRB beauftragt, da diese Dienststellung nicht immer mit einem Absolventen einer Militärakademie besetzt werden konnte. Nach der Auflösung der NVA arbeitete er als verantwortlicher Spezialist in den USA bei den Tests mit dem KRK „Rubesh". Später, nach Beendigung eines externen Studiums, erhielt er sein Diplom.

Nach der Übernahme der 8. Startrampe nahm ich in meinem Dienstzimmer die feierliche Unterzeichnung des Übergabe-/Übernahme-Protokolls mit dem Leiter der sowjetischen Spezialisten, seinem Stellvertreter und einem alten Bekannten aus gemeinsamer Dienstzeit in der 6. Flottille, KzS „Charly" Winter vom Stab der VM vor. Bei den anschließenden Gesprächen auch mit dem Leiter der Spezialistengruppe, einem leitenden Ingenieur aus dem Herstellerwerk, musste ich verwundert zur Kenntnis nehmen, dass vorläufig keine weiteren Übergaben von SSR geplant waren. Dadurch blieb der Termin der geplanten Aufstellung der 3. KRA unverständlicherweise völlig offen. Endlich hatten wir ein weiteres, wichtiges Ziel erreicht: wir waren ein Regiment mit zwei kampfstarken KRA. Nach der entsprechenden Ausbildung war die 2. KRA zum Abschluss des Ausbildungsjahres gefechtsbereit. Sie hatte allerding bereits im Juli 1985 erfolgreich mit zwei Treffern am 2. RSA des KRR-18 teilgenommen.

Unterzeichnung der Akte zur Übernahme von vier SSR für die 2. KRA im Mai 1985 (LS)

Um eine engere Zusammenarbeit mit den Schiffsstoßkräften herzustellen, führten wir im Juni 1985 das Feldlager der 1. KRA (Kommandeur KK U. Lonitz) im Objekt der 6. Flottille auf der Halbinsel Südbug der Insel Rügen durch. Da ich lange Zeit in der Flottille gedient hatte, gab es ein freundschaftliches Wiedersehen und ich führte persönlich viele Gespräche. Dabei ging es vor allem um die Gefechtsmöglichkeiten unserer Raketenbewaffnung mit Vorführung vor den Kommandeuren der Schiffsschlaggruppen. Das war besonders wichtig, da sie Ende des Jahres 1984 mit der Einführung der Kleinen Raketenschiffe Projekt „1241 RÄ" mit der gleichen Raketenbewaffnung wie unsere SSR begonnen hatten. Auch unsere Kommandeure machten sich näher mit den Einsatzprinzipien der Schiffsstoßkräfte vertraut. Im Ergebnis entstand eine effektive Zusammenarbeit zwischen unseren Führungsorganen. Die wurde sichtbar in der erfolgreichen Organisation des Zusammenwirkens der Stoßkräfte bei allen folgenden Übungen.

Im Sommer 1985 feierten wir gemeinsam mit den Bauarbeitern den lang ersehnten Abschluss des Baugeschehens in unserem Objekt. Der Bauleiter hatte mir dazu vorgeschlagen, die durch eine Firma geplante Herstellung des Zustands „Besenrein", also das Großreinschiff, durch unseren Personalbestand vornehmen zu lassen. Wir würden dann das dafür vorgesehene Geld erhalten und könnten damit alle gemeinsam zum Abschluss ein Fest feiern. Nach kurzer Konsultation des OOF, Oberleutnant Frank Kretschmann, und Beratung mit der Führung stimmte ich zu und nach dem Großreinschiff feierten wir alle gemeinsam.

Der nächste Höhepunkt im Leben des KRR-18 wartete schon, die Namensverleihung. Bereits zum 01.05.1985 war der Schule POS in Gelbensande der Name „Waldemar Verner" verliehen worden. Admiral Waldemar Verner war antifaschistischer Widerstandskämpfer, hatte die Volkspolizei See, später Seestreitkräfte und ab 1956 VM der DDR, als Chef aufgebaut. Er hatte dann die Funktion des STMCPHV der NVA übernommen und war 1982 verstorben. An den Feierlichkeiten in der Schule hatten wir teilgenommen und ich hatte dabei die Gelegenheit, mich mit der Familie Verner (die Ehegattin sowie Tochter und Sohn des verstorbenen Admirals) bekannt zu machen. Außerdem durfte ich sie nach der Feier in der Schule in unserem Objekt empfangen und ihnen unser KRR-18 vorstellen. Der Hintergrund war, dass unserem Regiment der Ehrenname „Waldemar Verner" verliehen werden sollte. Dass war mir, und ihnen natürlich auch, zu diesem Zeitpunkt schon bekannt. Wir bereiteten ihnen einen herzlichen Empfang und die Atmosphäre war sehr aufgeschlossen. Einige Zeit später besuchte der Bruder von Waldemar Verner, Paul Verner, Mitglied des Politbüros des ZK der SED, unser Regiment. Er war aus gesundheitlichen Gründen inzwischen bereits im Ruhestand. Ich machte ihm Meldung am KDL, berichtete ihm im Traditionskabinett über unser Regiment und führte ihn kurz durch unser Objekt. Auch die Begegnung mit ihm war sehr herzlich. Ich denke, dass die Familie Verner nach diesen Besuchen ihre Zustimmung zur geplanten Namensverleihung gab. Am 06.10.1985 war es dann soweit. Die Namensverleihung nahm im Auftrag des Ministers für NV der CVM vor. Wir hatten alles exakt vorbereitet, es waren Vertreter unserer Paten, Militärforst, Kampfgruppe des Militärforsts und der POS Gelbensande anwesend, dazu der 1. Sekretär der Kreisleitung der SED, Heinz Stock, und unsere Ehrengäste Frau Brigitte Verner, ihre beiden erwachsenen Kinder und Paul Verner. Es war bei schönem Herbstwetter außerordentlich feierlich. Erstmals hatten wir eine Tribüne errichtet und daneben unsere Kampftechnik aufgestellt, eine SSR in Startstellung und davor eine Rakete. Ich hatte alle Gäste und Ehrengäste sowie den CVM am KDL empfangen und meinen STKLPLA, KK H.-J. Helm, mit deren weiteren Betreuung beauftragt. Der Stabschef meldete mir das angetretene Regiment.

Ich begrüßte es, übernahm das Kommando und ließ die Truppenfahne einmarschieren. Nachdem die Gäste neben und die Ehrengäste auf der Tribüne ihre Plätze

Unsere Gäste bei der Verleihung des Namens „Waldemar Verner" an das KRR-18 (LS)

eingenommen hatten, meldete ich dem CVM das zur Namensverleihung angetretene Regiment. Admiral W. Ehm schritt mit mir die Front ab und begab sich auf die Tribüne. Dann wurde der Befehl verlesen, das Fahnenkommando trat vor und der CVM befestigte die Fahnenschleife mit dem Schriftzug „Waldemar Verner" an unserer Truppenfahne. Es folgte der Vorbeimarsch des Regiments unter meiner Führung. Anschließend gab ich in unserer Offiziersmesse, einen Empfang für Admiral W. Ehm, seine Begleitung und alle Gäste. Das war bereits der dritte Höhepunkt im Leben des Regiments, alle relativ kurz hintereinander.

Am 02.12.1985 verstarb der Minister für NV, Armeegeneral Heinz Hoffmann. An den Bestattungsfeierlichkeiten in der Gedenkstätte der Sozialisten, dem Zentralfriedhof Berlin Friedrichsfelde, nahm ich im Bestand der Delegation der VM unter der Leitung des STCCS, KA Th. Hoffmann, teil. Zum neuen Minister für Nationale Verteidigung wurde Armeegeneral Heinz Keßler ernannt, bis dahin Chef der Politischen Hauptverwaltung der NVA.

Im Ausbildungsjahr 1985/86 stieg die Anzahl der Kontrollen durch den Stab der VM im KRR-18 drastisch an. Das setzte sich auch im Ausbildungsjahr 1986/87 fort. Anscheinend sollte das der langfristigen Vorbereitung der Inspektion dienen. Für das Regiment war es weniger eine Hilfe und Unterstützung, als vielmehr eine zusätzliche Belastung. Dadurch wurde uns die kontinuierliche Aufbauarbeit und Ausbildung erschwert. Wenn ich einmal alle Übungen, Überprüfungen und Kontrollen zusammenzähle, so ergibt das für ein Ausbildungsjahr die Summe von zum Teil mehr als 20 dieser Maßnahmen. Zum Bestand einer Kontrollgruppe gehörten bei mittleren Kontrollen mindestens zehn Offiziere, die Dauer betrug 1–4 Tage! Der Auswertebericht umfasste ungefähr 20 Seiten und auf den letzten war aufgezählt, welche Maßnahmen der Kommandeur unverzüglich zur Beseitigung der festgestellten Mängel einzuleiten hatte. Logisch war, dass es grundsätzlich keine Kontrolle ohne die Feststellung von Mängeln geben konnte. Selbst auf eine gute Einschätzung folgte immer ein „Aber ... !". Das alles waren zusätzliche Veranstaltungen neben dem normalen Dienst: Gefechtsdienst, Gefechtsausbildung, Politschulung, Wartung u. a. Parallel dazu lief ständig der Prozess der weiteren Übernahme und Eingliederung von neuem Personal und von neuer Technik und Bewaffnung. Eigentlich war dieser gewaltige Berg von Aufgaben doch gar nicht zu bewältigen, aber wir schafften es – aber nur mit Hilfe der hohen Einsatzbereitschaft unserer Truppen und manchmal auf Kosten der Qualität. Im Januar 1986 führte der STCCRD, VA Hans Hoffmann, er wurde vertreten durch KA Münch, mit 34 Admiralen, Offizieren und Zivilbeschäftigten eine Kontrolle der Rückwärtigen und Technischen Sicherstellung im KRR-18 durch. Er stellte eine unzureichende Vorbereitung auf die Kontrolle und die bereits mehrfach aufgeführten Mängel fest. Im Auswertebericht wurde ausdrücklich festgehalten, dass das Regiment umfangreicher Unterstützung, Hilfe und Anleitung seitens des Stabes der VM bedurfte. Als wenn wir das alles nicht schon gewusst hätten. Zum Stab der VM gehörten aber selbstverständlich auch die Kontrollierenden. Also wieder nur Theorie, in der Praxis folgte ... nicht viel, jedenfalls nichts Bedeutendes.

Zum 01.03.1986 erhielt ich eine hohe Anerkennung für unsere erfolgreiche Arbeit beim Aufbau des KRR-18. Ich wurde mit dem „Kampforden für Verdienste um Volk und Vaterland" in Bronze ausgezeichnet. Selbstverständlich bedankte ich mich entsprechend bei meinen Mitarbeitern. Im Frühjahr war endlich unser neues Wirtschaftsgebäude fertig und wir konnten mit der Planung eines komplexen Ausbildungsgebäudes durch den Ausbau des alten Wirtschaftsgebäudes beginnen. Alles schufen wir in Eigenleistung bei zum Teil unzureichender Unterstützung der im Stab der VM dafür verantwortlichen Dienste. Das war übrigens eins der größten Probleme beim Aufbau des KRR-18 überhaupt: das Fehlen einer Ausbildungsbasis. Für mich völlig unverständlich, dass sie auch im Weiteren, trotz meiner ständigen Bemühungen, nicht geplant wurde. Dazu hätten gehört: Ausbildungsunterlagen, Anschauungstafeln, Lehrklassen und Kabinette, Trainer und Simulatoren, Lehrgefechtstechnik, ein eigenes Übungsgelände, Sportanlagen, Schießstand u. a. In der VM gab es dafür durchaus auch positive Beispiele. Im Kommando der VM und in den Flottillen existierten Sportplätze, Sporthallen, Schwimmhallen, in den Flottillen zusätzlich Lehrkabinette, Trainer u. a. Selbst im Nachrichtenbataillon 18, später Regiment, wurde eine Ausbildungsbasis gebaut. Warum nichts für das KRR-18?

Das Gesamtkonzept für den Aufbau einer Ausbildungsbasis in Eigenleistung wurde dann 1987 durch uns selbstständig erarbeitet. Begonnen wurde bereits 1986 mit dem Einrichten eines Funkkabinetts für Sprechfunk und Funktelegrafie auf der Basis eines Neuerervorschlags. Die dafür notwendige Technik wurde bereitgestellt und die Unterlagen für die Ausbildung selbst erarbeitet. Führend waren dabei unsere Nachrichtenspezialisten, KL Ralf Jähnig und Stabsobermeister Ralf Jedaschko. Im Garagentrakt wurden zwei Lehrklassen für die Kfz-Ausbildung geschaffen und für die Allgemeinmilitärische Ausbildung wurde eine Kreistrainingsanlage und eine Handgranatenwurfanlage errichtet, auch das alles in Eigenleistung. Später kamen andere Lehrkabinette dazu. Selbst die Ausbildung der Vermessungsgruppen der Abteilungen musste aufgrund fehlender Ausbilder und Ausbildungsunterlagen in Eigenregie organisiert werden.

Bei der Überprüfung der Gefechtsbereitschaft „Hanse 86" im April erhielt das Regiment die Einschätzung „Gefechtsbereit". Dabei wurden die Normzeiten vor allem für das Beladen der SSR mit Raketen und für das Entfalten der Einheiten in die Stellungsräume unterboten. Probleme traten in den RTB bei der Überführung von Raketen in höhere Bereitschaftsstufen auf.

In jedem Ausbildungsjahr fanden im Regiment mindestens zehn umfangreiche Trainings von Elementen der GB in allen Varianten statt. Dazu kamen der monatliche „Tag der Gefechtsbereitschaft" und natürlich die überraschenden Überprüfungen. Einzelne Elemente, die dabei trainiert wurden und für die feste Normzeiten existierten, waren u. a.: Die Alarmierung und Heranholung des Personalbestands, das Beladen der SSR mit Raketen, das Verlassen des Objekts durch die Kampfeinheiten, das Entfalten in die verschiedenen Stellungen etc. So betrug z. B. die Norm für das Beladen einer SSR mit zwei Raketen auf einem Beladepunkt mit einem Kran „ADK-125" von einer RTE „KRAZ-255 B" 30 Minuten. Das war die Zeit vom Beginn bis zum Verlassen des Beladepunkts durch die SSR mit zwei Raketen an Bord. Bei den Trainings mit dem Besetzen des FP des Chefs der KRT auf dem HGS des CVM durch den Regimentskommandeur konnte nach wie vor für uns keine effektive Führung der Kräfte mit den durch den Stab der Flotte zur Verfügung gestellten Nachrichtenmitteln nicht sichergestellt werden. Bei der Übung „Lüfter 86" trainierten die Einheiten des Regiments die etappenweise Herstellung höherer Stufen der Gefechtsbereitschaft einschließlich Mobilmachungsmaßnahmen.

Vorbeimarsch der 1. KRA und der RTA nach dem 1. RSA des KRR-18   1984   (LS)

Im Mai 1986 nahm die 1. KRA an der jährlichen Übung der Stoßkräfte der VM im vollen Bestand teil. Das erfolgte gleichzeitig mit dem Feldlager auf der Halbinsel Südbug der Insel Rügen. Die Gefechtsaufgabe bestand in der Bekämpfung von Überwasserschiffskräften in der Arkonasee. Aufgrund der überaus komplizierten Wetterlage (wir hatten starken Sturm), konnten die Schiffsstoßkräfte nicht aus ihrem Stützpunkt Bug/Dranske auslaufen. Damit waren die KRT die einzige Stoßkraft der VM, die handeln konnte und die Aufgaben erfüllte. Erstmals erfolgte dabei erfolgreich der Einsatz der Raketenbewaffnung der Startrampen nach den Angaben des sowjetischen Aufklärungs- und Schlagkomplexes „Uspech". Diese Übung bewies überzeugend die taktischen Vorteile der KRT gegenüber den Schiffsstoßkräften beim Gefechtseinsatz unter allen Bedingungen.

Auch beim 3. RSA des KRR-18 unter meiner Leitung im Juli 1986 erzielten die zwei Besatzungen mit ihrer SSR, diesmal wieder die 1. KRA, zwei Volltreffer.

Und die Kontrollen wurden fortgesetzt. Im Juli 1986 gab es eine Teilkontrolle des Stabes der VM auf dem Gebiet des Raketenwaffentechnischen Dienstes. Dabei wurden Mängel bei der Lagerung von Waffen und Munition im Bereich meines STKRB, KK Klaus-Dieter Glodschei, festgestellt. Das Ergebnis war eine Aufgabenstellung und die darauf folgende Beseitigung der Mängel. Es folgte eine Teilkontrolle auf dem Gebiet Operativ mit einem guten Ergebnis. Weiter ging es Anfang Oktober mit einer Teilkontrolle des Bereichs Ausbildung des Stabes der VM zu Fragen der Gefechtsausbildung. Die dabei festgestellten Mängel bei der Führung der Ausbildung durch den Kommandeur wurden, ausgehend von einer Aufgabenstellung, beseitigt, wie bei der Nachkontrolle festgestellt wurde.

Im August 1986 erfolgte endlich die Lieferung von weiteren vier RTE „KRAZ-255 B". Damit war die Zuführung der Raketen für die 2. Salve der SSR in die Stellungsräume für beide KRA sichergestellt. Es fehlten allerdings weiterhin vier RTE für den Lager-Transportzug.

Zum Ende des Ausbildungsjahres 1985/86 verließen verdienstvolle Offiziere unser Regiment, mit denen ich seit der Indienststellung 1983 zusammengearbeitet hatte. Das waren mein STKLPLA, KK Hans-Joachim Helm, der Kommandeur der 1. KRA, KK Uwe Lonitz, und der Kommandeur der RTA, KL Dieter Eger. Sie alle hatten erfolgreich Aufbauarbeit unter schwierigsten Verhältnissen geleistet und konnten stolz auf das Ergebnis sein. Mich verband mit ihnen die gemeinsame, schöpferische und kameradschaftliche Arbeit. Nach dem Beginn meines Dienstes als Kommandeur des KRR-18 hatte ich meine vordringlichste Aufgabe darin gesehen, ein effektiv funktionierendes Führungskollektiv (wozu alle mir direkt Unterstellten gehörten) mit einheitlichen Anschauungen zu formen. Dabei war für mich besonders wichtig, meine Erfahrungen aus langjähriger Tätigkeit als Stabschef und Kommandeur eines Truppenteils ständig meinen Stellvertretern während ihrer Einarbeitung zu vermitteln. Auch die Kollektive mussten arbeitsfähig gemacht werden. Aber gleichzeitig waren alle anderen zahlreichen Aufgaben zu erfüllen – und das natürlich in guter Qualität. Besonders wichtig war die hocheffektive Arbeitsatmosphäre, die ich von Anfang an in unserem Führungskollektiv durchsetzte und die auch für unser gesamtes Regiment charakteristisch wurde. Mit meinen Mitarbeitern entwickelte sich dabei ein kameradschaftliches, mit den meisten ein freundschaftliches Verhältnis. Sehr wichtig war für mich die Zusammenarbeit mit den Zivilbeschäftigten, die einen hohen Anteil am erfolgreichen Aufbau des Regiments hatten. Da sie alle Mitglieder des FDGB waren, wurden ihre Interessen durch den gewählten Vorsitzenden der BGL Jürgen Berger vertreten. Er arbeitete in dieser Funktion von der Indienststellung bis zur Auflösung des Regiments. Für den Regimentskommandeur war er eine wichtige Persönlichkeit und ich musste mit ihm eine effektive Zusammenarbeit aufbauen. Das war nicht kompliziert, wir wurden gute Freunde, obwohl er als Interessenvertreter der Zivilbeschäftigten mir gegenüber immer konsequent auftrat, aber im Interesse des Regiments. Wie seine Kollegen Wolfgang Hauschild und Adolf Alex arbeitete er schon ewig im Objekt im Unterkunftsdienst und daher kannten sie alle Gebäude, Versorgungsleitungen und andere Einrichtungen wie ihre eigene Westentasche. Obwohl Stabsobermeister Petra Zülow laut „STAN" die Leiterin der Geschäftsstelle des KRR-18 war, arbeitete sie als die Sekretärin des Regimentskommandeurs und residierte demzufolge in meinem Vorzimmer. Von der Indienststellung bis zur Auflösung des Regiments versah Stabsobermeister Zülow in dieser Funktion ihren Dienst. Sie war sehr zuverlässig, fleißig und im Regiment eine Autorität. Sie kümmerte sich einfach um alles, äußerte mir gegenüber aber auch offen und kritisch ihre Meinung. Sie unterstützte mich ausgezeichnet bei der Erfüllung meiner Aufgaben und war immer bemüht, mir Arbeit abzunehmen. Daneben versorgte sie mich ständig mit offiziellen und inoffiziellen Informationen, sie wusste einfach alles über die Vorgänge im Regiment.

Besondere Unterstützung erhielt ich während meines gesamten Dienstes im KRR-18 durch die Leitung meiner Parteigrundorganisation Stab/Politabteilung der SED, in der ich selbst Mitglied war. Mit dem Parteisekretär Jürgen Zöger, den Mitgliedern Sascha Teuber und Frank Kretzschmann verband mich ein freundschaftliches, aber auch kritisches Verhältnis. Es gehörte zu unseren Gewohnheiten, dass ich zu besonderen Problemen vor der Parteileitung selbstkritisch Stellung bezog. Auch in den Mitgliederversammlungen der SED hatte ich, wie jedes andere Parteimitglied, Rechenschaft über meine Tätigkeit abzulegen. Bei Notwendigkeit wurde kritisiert, aber auch gelobt.

Für mich persönlich hatte ich auf der Basis meines langjährigen Dienstes als Vorgesetzter in verschiedenen Dienststellungen Führungsprinzipien entwickelt, nach denen ich arbeitete:
- Im Mittelpunkt der Führungstätigkeit steht der Mensch.
- Ehrlichkeit gegenüber und Vertrauen zu allen Unterstellten. Respektieren und Achtung der Persönlichkeit. Korrektes, militärisch höfliches Auftreten, bescheiden, aber zugleich selbstbewusst als Kommandeur des KRR-18.

- Gestaltung der Beziehungen zu den mir direkt Unterstellten nicht nur rein dienstlich, sondern darüber hinaus kameradschaftlich und freundschaftlich.
- Ständig Vorbild sein, Vorleben und Vormachen.
- Tiefgründige Analyse der eigenen Handlungen und der der Unterstellten sowie die sorgfältige Auswertung und Beachtung der daraus gezogenen Schlussfolgerungen bei der Arbeit.
- Entscheidend sind Taten – nicht Reden. Mein Leitspruch dazu: „Das Kriterium der Wahrheit ist die Praxis!"
- Streben nach umfassendem theoretischem Wissen und praktischem Können.
- Persönliche Identifizierung mit dem unterstellten Truppenteil.
- Wahrung der seemännischen Traditionen.

Meine wichtigste Führungsmethode war das persönliche Gespräch mit allen Unterstellten und Beratungen mit ihnen. In der gesamten Aufbauphase waren für mich die Beratungen mit dem gesamten Führungskollektiv oder bei ausgewählten Themen mit dem jeweiligen dafür zuständigen Stellvertreter äußerst wichtig. Meistens waren daran der Leiter der Politabteilung und der Stabschef beteiligt. Wegen des akuten Zeitmangels mussten diese Maßnahmen straff und effektiv geführt werden. Bei unterschiedlichen Meinungen handelte ich nach dem Grundsatz: Überzeugen kommt vor dem Befehl. Deshalb kann davon ausgegangen werden, dass ich im täglichen Dienst keinen Befehl zu wichtigen Fragen im Regiment erließ ohne vorherige ausführliche kollektive Beratung. Für meine direkten Unterstellten war ich jederzeit zu sprechen. Für alle Angehörigen des Regiments hatte ich eine tägliche, offizielle Sprechzeit auch ohne vorherige Anmeldung.

Ein weiterer Schwerpunkt meines Dienstes als Kommandeur war die Arbeit mit den Kadern. Dabei unterstützte mich wesentlich der Oberoffizier für Kader, KL Sascha Teuber. Während meiner Dienstzeit im Regiment konnten nicht einmal alle vorhandenen Planstellen für Offiziere und Fähnriche zu 100 % besetzt werden. Die unterste aber zugleich wichtigste Offiziersdienststellung im Regiment war die des Kommandeurs einer SSR, dann folgte der Batteriechef. Nach meiner Ansicht hätte beim Einsatz der Kader in der VM grundsätzlich von dem Prinzip ausgegangen werden sollen, dass die bedeutendste Dienststellung die des Kommandanten eines Schiffes/Bootes ist. Bezogen auf das KRR-18 ist es die des Kommandeurs einer SSR bzw. Batteriechefs. Sie waren es, die vollkommen selbstständig ihre Besatzungen und ihre Schiffe/Boote/SSR in jeder Situation, auch bei Verlust der Führungsverbindungen zu ihren Vorgesetzten, sicher führen und die gestellte Aufgabe, eingeschlossen auch den Einsatz der Raketenbewaffnung, erfüllen mussten. Hier wurden Charaktere und Kämpfernaturen entwickelt sowie Führungseigenschaften herausgebildet. Das waren die Grundlagen bei weiterer erfolgreicher Arbeit und Qualifizierung für einen späteren Einsatz in die Dienststellung Stabschef/Kommandeur einer operativen Einheit, eines Truppenteils oder Verbands sowie für den Dienst im Stab der VM. Leider wurde dieses Prinzip nur selten beachtet. Oft waren bei Kaderentscheidungen nur persönliche Ansichten der Vorgesetzten entscheidend. Für die wichtigsten Kommandeursdienststellungen im Regiment, was auch für meine Stellvertreter galt, versuchten wir, eine Kaderreserve zu bilden. Das war sehr kompliziert, die Decke war insgesamt viel zu dünn. Dazu gehörten solche erfahrenen Offiziere wie KK Peter Schwarz, Wolfgang Domigalle, aber auch jüngere wie KL

Dietmar Braasch, die später alle als Kommandeure der KRA eingesetzt wurden. Dank ihrer ausgezeichneten Ausbildung und Erfahrung im Umgang mit den Truppen waren sie bereit und in der Lage, alle Aufgaben zu erfüllen. Aber von uns wurden auch Vorschläge für die Qualifizierung von Offizieren durch den Besuch einer Militärakademie gefordert. Das betraf die KL Ralf-Michael Brennecke, nach Abschluss der Akademie Stabschef des Regiments, Dieter Eger, Dietmar Braasch und Jörg Gaedecke.

Selbstverständlich wusste ich, dass ich nicht ewig Kommandeur des KRR-18 bleiben konnte. Trotz der immens hohen persönlichen Belastung arbeitete ich mit Überzeugung und gern in der Truppe. Ein Leben ohne „mein" Regiment konnte ich mir nur schwer vorstellen, zumal beim Aufbau des Regiments die positive Entwicklung deutlich erkennbar war. Dementsprechend lag ein Schwerpunkt meiner Arbeit auch in der Heranbildung nicht nur eines ständigen 1. Stellvertreters, sondern gleichzeitig auch eines fähigen Nachfolgers für die Dienststellung des Regimentskommandeurs. In der Person des Stabschefs, KK Wolfgang Schädlich, hatte ich ihn gefunden. Er besaß alle dafür erforderlichen Voraussetzungen. Bei der Führung und auch bei allen anderen Angehörigen des Regiments stand er aufgrund seines vorbildlichen Auftretens in hohem Ansehen. In seiner Erziehung hatte ich meine Anstrengungen erfolgreich darauf konzentriert, ihm meine Erfahrungen über die Führung eines Truppenteils zu vermitteln und ihn zur Führung zu befähigen. Die Arbeit eines Stabschefs ist äußerst kompliziert, da ich aber selbst drei Jahre als Stabschef einer Brigade tätig war, konnte ich ihn hierbei effektiv unterstützen. Auch dazu eine Anekdote, die den Unterschied zwischen den Aufgaben eines Kommandeurs und eines Stabschefs treffend aufzeigt, die aber auf keinen Fall verallgemeinert werden sollte. Ein Stabschef wird gefragt: „Ist Fremdgehen Arbeit oder Vergnügen?" Seine Antwort nach kurzem Überlegen: „Also Arbeit kann es nicht sein, denn dann müsste ich das machen!" Nach ungefähr einem Jahr unserer gemeinsamen Dienstzeit im Regiment war KK W. Schädlich bereits in der Lage, mich als Regimentskommandeur in jeder Situation zuverlässig zu vertreten. Dieses Problem besprach ich mehrmals mit dem Chef Kader und auch mit dem CVM, um zu erreichen, dass er in die Kaderreserve für die Dienststellung Regimentskommandeur aufgenommen wird. Ich selbst gehörte in der 6. Flottille als Stabschef zur Kaderreserve für die Dienststellung Brigadechef, in die ich dann auch eingesetzt wurde. Ich wunderte mich darüber, dass es auf meine Bemühungen keinerlei Reaktionen gab. Erst später begriff ich, dass auf dieser hohen Führungsebene keine Kaderreserve benötigt wurde. Hier entschied anscheinend allein der Chef persönlich über den Einsatz der ihm direkt unterstellten Kommandeure. Ich hatte das ja selbst erlebt. Bei meiner Versetzung aus dem Regiment wurde das erneut bewiesen. Eigentlich konsultiert man den alten Kommandeur, wenn man einen neuen einsetzt. Aufgrund der etwas ungewöhnlichen Umstände meiner Versetzung wurde das in diesem Fall ausgeschlossen. Meine Meinung interessierte meinen Vorgesetzten zu diesem Zeitpunkt nicht mehr. Im Ergebnis des ganzen Geschehens in Auswertung der Inspektion wurde schließlich für viele unerwartet FK, später KzS, Dr. Joachim Dix als Kommandeur des KRR-18 eingesetzt. Mit Unterstützung der Führung und der Kommandeure der Einheiten sowie des CVM gelang es ihm nach kurzer Einarbeitungszeit, das KRR-18 erfolgreich zu führen. KK W. Schädlich wurde nach einem weiteren Jahr Dienst als Stabschef des Regiments auf eigenen Wunsch in das MfNV versetzt. Für mich war das Ganze ein Beispiel für schlechte Kaderarbeit.

Kommandeur des KRR-18 und sein Stabschef beim Abschreiten der Front des Regiments 1984 (LS)

„STAN 90", Übungen, Kontrollen, Überprüfungen und Inspektion

Für das Ausbildungsjahr 1986/87 war für uns eine übermäßig hohe Anzahl von Aufgaben geplant. Wenn ich die ungeplanten noch hinzurechne, komme ich zu dem Ergebnis, dass der absolute Schwerpunkt, die Inspektion des Ministeriums für NV dazwischen eigentlich völlig unterging. Dazu kam, dass gleichzeitig mit dem 4. RSA des KRR-18 die Übung der Stoßkräfte der VM „Synchron 87" durchgeführt wurde. Dadurch waren alle Kräfte des KRR-18 bis auf den letzten Mann über einen Zeitraum von länger als drei Wochen unter hoher Anspannung im Einsatz und das unmittelbar vor der Inspektion. War das Zufall, ein Versehen oder einfach nur schlechte Planung unserer Vorgesetzten?

Den allgemeinen Schwerpunkt des Ausbildungsjahres 1986/87 bildete der Übergang des KRR-18 auf den neuen „STAN" des KRR-18 („STAN 90"), der am 01.12.1986 in Kraft gesetzt wurde (dieser Plan war selbstverständlich vorher mit mir abgesprochen worden). In der Führung unseres Regiments hatten wir ausführlich über notwendige Änderungen und Ergänzungen bezüglich Personal und Technik beraten. Einerseits wurden nicht alle unsere Vorschläge und Hinweise realisiert, andererseits gab es Änderungen, die nicht unseren Ansichten entsprachen. Nach der Bestätigung des „STAN 90" durch den STMCHS, Generaloberst Fritz Streletz, war dieser aber nun Gesetz und wir mussten damit leben. Erstaunlich war für mich nur, dass sowohl im Auswertebericht der Gesamtkontrolle des CVM als auch in der Inspektion des Ministeriums für NV 1987 wieder Mängel angesprochen wurden, die schon bekannt waren und durch den neuen „STAN 90" eigentlich beseitigt werden sollten. Auf der Grundlage des „STAN 90" begannen die Stellvertreterbereiche und die Einheiten des Regiments unverzüglich mit der Übernahme und Eingliederung von neuem Personal und Technik. Die wichtigste Veränderung bestand in der Aufteilung der RTA in zwei RTB, die in die beiden KRA eingegliedert wurden. Seit 1984 hatte ich mich bereits dafür eingesetzt, weil die KRA mit vollständiger eigener Sicherstellung selbstständig in ihren Stellungsräumen handeln mussten. Dazu gehörte auch die Ausrüstung der Abteilungen mit je einer mobilen Funkstation „R-140" auf dem Kfz „ZIL-131" und Chiffriertechnik. Aber auch hier blieb ein Mangel – nur die RTB der 2. KRA erhielt sofort die mobile Technik zum Regeln der Raketen, d. h. für die Vorbereitung auf den Einsatz. Die 1. KRA musste die stationäre Technik nutzen, die Zuführung der mobilen wurde geplant. Damit war sie auf die Technik im Objekt und lange Transportwege angewiesen. Außerdem hatten die Abteilungen „zur Erhöhung der Standkraft" je einen Radarwinkelreflektor „WAR-1" erhalten. Später sollten noch Attrappen für SSR dazu kommen, die zur Täuschung des „Gegners" dienen sollten. Diese Geräte und Mittel waren bei unseren höchsten Vorgesetzten sehr beliebt. Ich hatte auch dazu meine eigene, abweichende Meinung, die ich bei einer Übung geäußert hatte. Darauf folgte aber leider keine positive Reaktion meiner Vorgesetzten und das Thema war damit erledigt. Diese angeführten Mittel der Täuschung erforderten – erstens – eine aufwändige Lagerung und Wartung, Transport, Montage und Demontage. Dazu wurden zusätzlich Personal, Technik und Hallen benötigt, was sowieso schon fehlte und auch nicht geplant war. Wenn – zweitens – in einem Stellungsraum irgendetwas zusätzlich aufgestellt wird, mache ich ja den „Gegner" erstmal darauf aufmerksam, dass sich hier Kampfeinheiten verstecken, denn diese Attrappen u. a. soll er ja bemerken. Meine Ansicht war, erst alle Möglichkeiten der Tarnung gründlich ausschöpfen und dann vielleicht Mittel zur Täuschung einsetzen. Um sich der Aufklärung des „Gegners" zu entziehen war das wichtigste Einsatzprinzip für unsere Kampfeinheiten eindeutig der schnelle Wechsel der Stellungen, eine effektive Tarnung sowie die Reduzierung der Radar- und Wärmeabstrahlung auf ein Minimum. So wurde bei uns ausgebildet und trainiert.

Für die 3. KRA, noch ohne Hauptbewaffnung, war Personal laut Soll geplant, wurde aber nur in geringer Stärke zugeführt. Trotzdem wurde Sicherstellungstechnik bereitgestellt, z. B. ein Kfz „UAZ-452 T" für die Vermessungsgruppe, ein „FASTA-4 M" Fla-Raketen, eine mobile Funkstation „R-142" auf dem Kfz „GAZ-66". Auch das bedeutete wieder zusätzliche Arbeit bezüglich Unterbringung, Wartung usw. Vielleicht war es aber ein Hinweis auf die doch unmittelbar bevorstehende Lieferung der vier Startrampen?

Der Stellvertreterbereich Raketenbewaffnung übernahm von den RD den Waffentechnischen Dienst, also die gesamte Bewaffnung und Munition, und vom Stab den Nachrichtentechnischen Dienst. Dafür übergab er die gesamte Auftank- und Transportanlagen (ATA) für die Raketen mit Personal sowie den Lagertransportzug (die vier RTE fehlten immer noch) an die RD. Die Reparaturgruppe wurde aufgestockt, erhielt eine

Bergung einer RTE „KRAZ-255 B" beladen mit Raketen durch das Personal des Bereichs Technik 1986 (JG)

Schiffselektronische Werkstatt „SEW-70 c" auf Kfz „Tatra-148" und andere Technik. Der Stellvertreterbereich Technik/Ausrüstung wurde ebenfalls mit Personal und Technik aufgestockt. Wichtig war vor allem die zusätzliche Einstellung von Hydraulikspezialisten, Motorenschlossern, Elektrikern und Kfz-Schlossern, aber auch die zugesagte Ausrüstung mit einer Fahrschul-SSR und die Einrichtung von Kfz-Lehrklassen. Das Instandsetzungspersonal qualifizierte sich auf Speziallehrgängen, so dass auch größere Instandsetzungen in Eigenregie ausgeführt werden konnten. Diese Vergrößerung der Instandsetzung- und Wartungskapazität führte zu einer spürbaren Verbesserung des technischen und Wartungszustands der Kfz. Im Bestand des Regiments befanden sich über 200 Kfz und die mussten laufend gewartet, instandgehalten und bei Notwendigkeit auch instandgesetzt werden. Diese zusätzliche, wenn auch minimale, Ausrüstung mit Personal und Technik der beiden Bereiche Raketenbewaffnung und Technik/Ausrüstung war dringend notwendig geworden, da die technischen Störungen seit Mitte 1986 zugenommen hatten. Das war alarmierend, weil es vor allem unsere Hauptbewaffnung, die Startrampen, betraf. Konkret waren das die Motoren, die Turbinen, Hydraulikanlagen u. a. So mussten 1986 eine Turbine und 1987 zwei Motoren der SSR gewechselt werden, alles durch unser eigenes Personal, das sich dazu auch qualifizierte. Die Ursachen dafür waren der häufige Kurzstreckenbetrieb, das Fehlen einer Ausbildungsbasis mit Übungsgelände und Lehrgefechtstechnik, das Vorhandensein anfangs nur einer Fremdstromversorgungsanlage u. a. Selbst bei Funktionsproben nach der Wartung mussten die Turbinen eingesetzt werden. Nach der Einarbeitung des neuen Personals gab es spürbare Verbesserungen bei der Instandhaltung der Technik und Bewaffnung. Auch in den RD gab es wesentliche Änderungen: Der Bereich Waffen und Munition wurde abgegeben und dafür der Lagertransportzug und die Raketentanktechnik übernommen. Ein ungelöstes Problem blieb die normale Tanktechnik, die Kraftfahrzeuge „G-5", die bereits moralisch verschlissen waren. Auch über dieses Problem hatte ich mit FK Klaus Schwenke, Bereich Organisation im Stab der VM, gesprochen. Er hatte als Ersatz für den „G-5" den Sattelschlepper „W-50" angeboten. Nach Rücksprache mit meinem STKT/A, KK H.-J. Galda, musste ich mit der Begründung ablehnen, dass sie zwar neu, aber nicht geländegängig seien. Die für diesen Einsatz beantragten sowjetischen Tankfahrzeuge wurden nicht genehmigt.

Der Medizinische Punkt des Regiments (Regimentsmedpunkt) wurde aufgestockt, er erhielt zusätzliche mobile Technik und Ausrüstung. Das waren eine Transporteinrichtung „FSA-0/2" und ein SANKRA „LO-1800" (Soll 2) für die medizinische Sicherstellung der 2. KRA auf der Insel Rügen. Die obere Etage des Gebäudes wurde als Ledigenwohnheim für die Berufssoldaten ausgebaut. In der unteren Etage wurden eine Bettenstation und eine Zahnarztpraxis eingerichtet, dazu Planstellen für eine Regimentszahnärztin und zwei Krankenschwestern geschaffen. Als wir Ende 1985 mit Klaus Schwenke den Entwurf des „STAN 90" für das Regiment nochmals durchsprachen, hatte er mich darauf hingewiesen und gelächelt. Er wusste, dass meine Frau als Zahnärztin in Rostock arbeitete. Für mich lag allerdings der Schwerpunkt der Planung auf der umfassenden Ausrüstung der Kampfeinheiten und weniger des Regimentsmedpunkts. Aber ich wusste, dass eine Zahnarztpraxis zur Struktur eines Regiments gehörte und auch aus eigener Erfahrung, dass Zahnschmerzen die Motivation jedes Menschen erheblich negativ beeinflussen können. Trotz anfänglicher Ablehnung bewarb sich mein Frau, wurde eingestellt und begann ab 01.12.1986 ihre Tätigkeit als Regimentszahnärztin. Am 11.12.1989 wurde ihr der Titel eines Sanitätsrats verliehen. Mit Unterstützung auch der Führung des KRR-18 und der RD schloss sie erfolgreich ihre Doktorarbeit ab und promovierte am 07.03.1990 an der Universität Rostock zum Dr. med. Nach der Auflösung der NVA beendete sie nach Ablauf der Kündigungsfrist im August 1991 ihre Tätigkeit und machte sich, genau wie ich, selbstständig.

Die Umstrukturierung auf den „STAN 90" war, wie hier angeführt, mit umfangreichen Übergaben und Übernahmen von Personal und Technik für das KRR-18 verbunden. Die erstreckten sich unter Berücksichtigung der Formierung der Kollektive über das ganze Jahr 1987. Die Veränderungen waren für das Regiment unbedingt notwendig, aber nicht ausreichend, und begannen unverständlicherweise erst drei Jahre nach der Indienststellung. Es waren alles nur nachträgliche Korrekturen, die durch eine sorgfältige Planung hätten vermieden werden können.

Im Januar und Februar 1987 gab es eine extreme Wetterlage. Große Kälte, verbunden mit starken Schneefällen und Stürmen führten zu Schneeverwehungen, die an der Ostseeküste den Verkehr zum Erliegen brachten und viele Ortschaften von der Außenwelt abschnitten. Wie immer bei solchen Katastrophen in der DDR wurde auch die NVA eingesetzt. Vom KRR-18 waren Tag und Nacht über 150 Angehörige mit schwerer Technik der Pionier- und Bergegruppen im Einsatz. Sie sicherten so den Verkehr und damit die Versorgung der Bevölkerung in den Ortschaften Gelbensande, Rövershagen, Blankenhagen, Behnkenhagen und Tessin, aber auch die Arbeit der volkswirtschaftlichen Betriebe. Hier wurde ein weiteres Mal überzeugend die enge Verbindung zwischen Volk und Armee in der Praxis demonstriert. Aufgrund der sehr niedrigen Temperaturen gab es Einschränkungen für den Einsatz unserer Kfz Lkw „W-50", RTE „KRAZ-255 B" und Krane „ADK-125".

Der absolute Höhepunkt der Kontrollen war die Gesamtkontrolle des CVM im KRR-18 vom 10.–13.03.1987. Dazu schwärmten während der Dienstzeit unter der Leitung des STCCS, VA Th. Hoffmann, täglich insgesamt 76 Admirale und Offiziere im Objekt Schwarzenpfost aus. Unser Regiment verfügte dagegen laut Soll nur über 63 Offiziere. Alle Bereiche wurden intensiv kontrolliert: Parteipolitische Arbeit, Gefechtsbereitschaft, Gefechtsausbildung, Allgemeine Prüfung u. a. Wieder wurden Probleme und Mängel festgestellt, die schon bekannt waren und die wir ohne direkte Einflussnahme unserer Vorgesetzten nicht beseitigen konnten. Das betraf vor allem den unbefriedigenden Zustand der Arbeits-, Dienst- und Lebensbedingungen und das Fehlen der Ausbildungsbasis. Aber über den Anteil des vorgesetzten Stabes an diesen bereits bekannten Mängeln wurde nicht gesprochen. Das Ergebnis war die Einschätzung „Gefechtsbereit" („Gut"), womit wir eigentlich zufrieden sein konnten. Allerdings gab es wieder einen langen, detaillierten Auswertebericht mit einer „Intensivierungskonzeption" für die Monate Juli und August 1987. Das war ausgerechnet die Zeit kurz nach den Hauptaufgaben 4. RSA und Übung der Stoßkräfte „Synchron 87" im Juni 1987, alles noch kurz vor der Inspektion. Damit war klar, dass diese „Intensivierungskonzeption" lediglich als Alibi für die Führung der VM diente: Wir haben ja alles für den Erfolg der Inspektion getan. Für die Umsetzung dieser Konzeption im Regiment war überhaupt keine Zeit vorhanden.

Vom März bis Mai 1987 war eine sowjetische Spezialistengruppe im Regiment eingesetzt, die sich mit Fragen der jährlichen Wartung und der industriellen Instandsetzung unserer SSR sowie der damit verbundenen Fristverlängerung der Nutzung beschäftigte. Auch sie mussten dazu erst Erfahrungen sammeln, da wir die erste Marine waren, die mit dem KRK „Rubesh" ausgerüstet wurden. Hier, wie auch bei einer späteren Untersuchung, bestätigten uns diese Spezialisten, die größtenteils aus dem Herstellerwerk stammten, eine ausgezeichnete Nutzung ihrer Technik. Dadurch wurde 1989 problemlos eine Fristverlängerung der Nutzung erreicht, die dann allerdings niemand mehr benötigte.

Im Mai 1987 fand eine umfassende Mobilmachungsübung statt. Mobilmachung bedeutet den Übergang eines Landes vom Friedens- in den Kriegszustand. Für unser Regiment hieß das, personell und technisch von Soll 1 auf Soll 2 überzugehen, im Strukturschema des „STAN" ist das deutlich sichtbar. Die überwiegende Mehrzahl der dafür notwendigen zusätzlichen Technik und Ausrüstung war im Regiment eingelagert, d. h. „eingemottet". Nur ein geringer Teil musste durch die Volkswirtschaft bereitgestellt werden. Reservisten wurden eingezogen und den Truppenteilen zugeteilt, wo sie in die Einheiten eingegliedert wurden und die für sie vorgesehene Technik und Bewaffnung übernahmen. Der Personalbestand unseres Regiments wuchs damit um 168 Mann. Das waren 28 % (!), was beweist, dass viel zu viel Personal im täglichen Dienst fehlte. Die Hauptarbeit hatten bei dieser Übung die RD des Regiments und damit mein STKRD, FK Bernd Moritz, zu leisten. Die Einschätzung war „Gefechtsbereit" („Gut").

Völlig unverständlich war für mich die zeitgleiche Planung zweier Schwerpunkte des Ausbildungsjahres 1986/87: Im Juni, des 4. RSA des KRR-18 vom 8.–19.6.1987 und der Übung der Stoßkräfte der VM „Synchron 87" vom 9.–12.6.1987. Und da das wohl noch nicht ausreichend war, wurde vorher noch vom 01.–03.06.1987 die Überprüfung der Gefechtsbereitschaft „Wellenschlag 87" durch den Minister für NV durchgeführt. Dabei erfolgte die Benachrichtigung und Heranholung des Personalbestands in der Normzeit. Mein FP entfaltete wie immer auf dem HGS des CVM und erarbeitete die befohlenen Gefechtsdokumente. Die 1. KRA entfaltete in den Dezentralisierungsraum Willershäger Forst und erfüllte Gefechtsaufgaben. Bei der Beladung der SSR mit Raketen demonstrierte sie eine neue Methode, die zur Verkürzung der Normzeiten führte. Die abschließende Bewertung war „Gefechtsbereit" („Gut").

SSR des KRR-18 in der Startstellung klar zum Start der Raketen, Demonstration (LS)

Auch der 4. RSA des Regiments unter meiner Leitung war wieder erfolgreich. Teilnehmer war diesmal die 2. KRA unter ihrem Kommandeur KK Bernd Roesner. Beide Besatzungen der SSR erzielten Volltreffer, woran ihre nun eigene RTB wesentlichen Anteil hatte. Das Besondere war, dass der CVM, Admiral W. Ehm, erstmals anwesend war und uns persönlich seine Anerkennung für die ausgezeichneten Leistungen aussprach. In der gleichen Zeit fand die Übung der Stoßkräfte der VM „Synchron 87" statt. Das waren zweiseitige Handlungen, d. h. als „Gegner" handelte das „Gemeinsame Geschwader" der VOF, das sich zu dieser Zeit in der Ostsee aufhielt. Für die Teilnahme an dieser Übung hatte ich die 1. KRA befohlen (Kommandeur KL Dietmar Braasch, er hatte Ende 1986 diese Dienststellung von KK U. Lonitz übernommen). Bevor ich nach Baltijsk zum Raketenschießen verlegte, hatte ich mit meinem STKSC, KK W. Schädlich, abgesprochen, dass er persönlich die Handlungen leiten solle. Ursache für meine Entscheidung war, dass die 1. KRA für die Dauer der Übung der 6. Flottille unterstellt war, was zu Problemen führen konnte, zumal KL Braasch noch unerfahren als Kommandeur war. Aber sie schlugen sich ausgezeichnet. Der FP des Regimentskommandeurs unter der Führung des Stabschefs verlegte mit der Abteilung in den Stellungsraum Kap Arkona. Ihnen wurde die Aufgabe gestellt, Raketenschläge gegen Überwasserschiffskräfte im Zusammenwirken mit den Schiffsstoßkräften zu führen. Der Kommandeur der Abteilung erarbeitete auf der Grundlage der Gefechtsaufgabe seinen Entschluss, was mit Unterstützung des Stabschefs und der erfahrenen Führungsgruppe für ihn kein Problem darstellte. Allerdings musste er ihn dem CVM vortragen und das in russischer Sprache. Aber auch das war für ihn ein Vorteil, da er in Kiew studiert hatte. Natürlich stellte ihm Admiral W. Ehm Fragen, die er aber alle sicher beantwortete. Da zuvor der Chef der 6. Flottille gemeldet hatte, war ein Vergleich möglich, der hier eindeutig zu Gunsten der KRT ausfiel. Die Folge war ein sofortiges hohes Lob des CVM und die namentliche Nennung von KL D. Braasch im Auswertebericht zur Übung. Während dieser Zeit musste außerdem wie immer ununterbrochen der Gefechtsdienst mit zwei SSR sichergestellt werden. Insgesamt stellte das eine außerordentlich hohe Belastung für unsere Truppen dar und wir konnten zufrieden sein, dass wir diese Vielzahl von komplizierten Aufgaben bis hierher erfüllt hatten. Damit hatten wir eine feste Grundlage für eine ausgezeichnete Bewertung bei der nun folgenden Inspektion des Ministeriums für NV geschaffen, zumal diese oben aufgeführten sehr guten Ergebnisse zum Teil mit in die Einschätzung eingehen mussten. So dachte ich jedenfalls.

Die Inspektion des KRR-18 wurde vom 11.–14.08.1987 ausgeführt. Es war die erste und einzige vollständige Inspektion in der Geschichte des Regiments. Die Verwaltung Inspektion des Ministeriums für Nationale Verteidigung war in der NVA zu Recht gefürchtet. Bei den Inspektionen von Truppenteilen und Verbänden wurde auf allen Gebieten intensiv und sachkundig kontrolliert. Beispiele aus der Praxis lassen jedoch die Schlussfolgerung zu, dass die Gesamteinschätzung oft bereits vor Beginn einer Inspektion feststand. Diese wurde dann von höchsten Vorgesetzten festgelegt und richtete sich wohl nach wichtigen staatlichen Feiertagen: eine Erfolgsmeldung war erwünscht, nach der Teilstreitkraft, nach der Art des Truppenteils und ihren persönlichen Ansichten. In unserem Fall war wahrscheinlich das wichtigste Kriterium der Bewertung, dass wir dem CVM, Admiral W. Ehm, direkt unterstellt waren. Als Ergebnis

einer Inspektion, Überprüfung, Kontrolle oder Übung erhielt der überprüfte Verband, Truppenteil, Einheit eine Einschätzung, die sein konnte:
- „Gefechtsbereit", entsprach dem Prädikat: „Gut",
- „Gefechtsbereit mit Einschränkungen", entsprach dem Prädikat: „Befriedigend",
- „Nicht Gefechtsbereit", entsprach dem Prädikat: „Ungenügend".

Außerdem wurden die Leistungen des Personalbestands bei Normenabnahmen in der Gefechtsausbildung und bei Kontrollen der Politschulung/GWW mit den üblichen Prädikaten „Sehr gut", „Gut", „Befriedigend" und „Ungenügend" benotet. Bisher hatte ich nur angenehme Erinnerungen an die zwei Inspektionen, an denen ich persönlich in der 6. Flottille teilgenommen hatte. An der ersten im Juni 1968 als Kommandant des Raketenschnellboots 751 „Karl Meseberg", bei der ich im Hafen Saßnitz dem Minister für NV (Armeegeneral Heinz Hoffmann) die Übernahme von vier Raketen vorführen durfte. Anschließend legten wir mit dem Minister ab, seinen Stellvertretern – Admiral W. Verner war übrigens auch dabei – und mit Begleitung an Bord und führten in See einen imitierten Raketenangriff auf eine Schiffsgruppierung aus. Das alles bei miesem Wetter mit See 3, aber natürlich mit über 30 Knoten Geschwindigkeit. Bei der Auswertung wurde ich trotzdem mit einer Geldprämie belobigt. Bei der zweiten Inspektion im Juni 1971 war die durch mich geführte 5. Raketenschnellbootabteilung die beste Einheit der 6. Flottille und ich wurde bei der Auswertung völlig überraschend vorzeitig zum KL befördert. An was ich mich allerdings auch noch erinnerte war, dass die Inspektionsoffiziere, um sie etwas positiver gestimmt auf ihre Aufgaben vorzubereiten, mit reichlich Alkohol und Räucheraal („Goldstaub" in der DDR) bewirtet und beschenkt wurden – und das wohl nicht nur in der 6. Flottille. Diese Möglichkeiten hatte ich im Regiment nicht und das widersprach auch meinen Auffassungen von Moral und Ethik. Für mich war das eine Form von Korruption und gehörte demzufolge nicht zu einer sozialistischen Armee.

Bereits ungefähr 3 Monate vor Beginn der Inspektion führte ein kleiner Teil der Inspektionsgruppe stichprobenartige Kontrollen durch. Die Inspektionsgruppe mit 16 Generälen und Offizieren war für die Dauer der Inspektion im Sonderzug des Ministers für NV untergebracht, der auf dem Bahngleis außerhalb des Objekts abgestellt war. In unserem Regiment gab es für die vielen hohen Offiziere keine angemessenen Unterkünfte und außerdem war der Genuss von Alkohol bei uns streng untersagt. Was sich während der Inspektion im Regiment ereignete, möchte ich – vorsichtig ausgedrückt – als ungewöhnlich bezeichnen. Die Inspektion begann wie üblich mit dem Auskunftsbericht des Kommandeurs des KRR-18 über den Truppenteil. Der Inhalt dieses Berichts war genau vorgeschrieben, Dauer maximal 30 Minuten, und selbstverständlich hatte ich ihn vorher dem CVM zur Kenntnisnahme vorgelegt. Seine Hinweise für Korrekturen hatte ich eingearbeitet. Teilnehmer an diesem Vortrag waren meine Stellvertreter und die gesamte Inspektionsgruppe unter Leitung des Chefs der Verwaltung Inspektion, Generalmajor Werner Käseberg. Nachdem ungefähr 15 Minuten meines Vortrags vergangen waren, erschien verspätet im Raum der Verantwortliche der Inspektionsgruppe für die parteipolitische Arbeit, KzS Günter Preil. Wir hatten gemeinsam in der 6. Flottille gedient. Nach Beendigung meines Vortrags stellten die Mitglieder der Inspektionsgruppe nach Aufforderung durch den Generalmajor Fragen. Sofort meldete sich KzS G. Preil, aber mit keiner Frage, sondern mit einer Feststellung: „Im Auskunftsbericht des Kommandeurs fehlte die Einschätzung der parteipolitischen Arbeit!" Ich war sprachlos, mein Bericht hatte mit diesem Punkt begonnen, das war so vorgegeben. Allerdings konnte er das ja nicht wissen, weil er nicht anwesend gewesen war. Offensichtlich war es eine Provokation und ich war darauf überhaupt nicht vorbereitet. Als mich der Generalmajor zur Antwort aufforderte, sagte ich wahrheitsgemäß: „Genosse Generalmajor, ich habe zu Beginn meines Vortrags über die parteipolitische Arbeit ausführlich berichtet, da war KzS Preil nicht anwesend." Der General bestätigte das, aber ich hätte mir den zweiten Teil des Satzes sparen müssen. Obwohl ich im Recht war, hatte ich einen Offizier der Inspektion kritisiert und das wurde von allen registriert. Ich hatte § 1 und § 2 nicht beachtet. Ein weiteres Ereignis war für mich kennzeichnend dafür, dass hier irgendetwas nicht normal ablief. In der üblichen persönlichen Aussprache des Leiters der Inspektion mit dem Regimentskommandeur wurden mir von Generalmajor W. Käseberg mehrmals die gleichen Suggestivfragen gestellt – in der Art: „Ihr direkter Vorgesetzter, der CVM Admiral Ehm, kümmert sich wohl nicht um das Regiment?!", und: „Sie erhalten wohl keine Unterstützung von ihrem direkten Vorgesetzten, Admiral Ehm?!" Ich befand mich zwischen zwei Fronten und erkannte, egal was ich antwortete, es war immer falsch. Ich entschied mich für den CVM und antwortete dem General, dass sich Admiral Ehm um das ihm unterstellte Regiment selbstverständlich kümmere und mich bei meiner Arbeit unterstütze. Das wollte er wohl nicht hören und ich hätte es auch anders sagen können, aber ich hatte nicht die Absicht. Das war ein weiteres unangenehmes Ereignis. Jetzt reagierte ich aber, den CVM wollte ich allerdings nicht informieren. Ich wusste nicht, wie ich ihm das erklären sollte. Deshalb rief ich den CS, VA Th. Hoffmann, den ich als Vorgesetzten und Vertrauensperson hoch achtete und verehrte, an und informierte ihn telefonisch über dieses Gespräch mit dem General und die seltsamen Fragen. Ich bat ihn, den CVM davon in Kenntnis zu setzen. Er sagte zu, stellte aber weder Fragen noch äußerte er sich dazu. Was ich nicht wissen konnte war, dass sich VA Th. Hoffmann persönlich zu diesem Zeitpunkt bereits auf die Übernahme der Dienststellung des CVM vorbereitete und ich deshalb wohl in dieser Frage keine Unterstützung von ihm erwarten konnte. Wer legt sich schon mit der Inspektion an? Die Inspektion verlief weiter in ähnlichem Stil. Dabei kann ich keinesfalls behaupten, dass ungerecht bewertet wurde. Aber übertrieben strenge Maßstäbe wurden angelegt und, selbst wenn es möglich gewesen wäre, kein „Auge zugedrückt". Wir wurden gnadenlos vorgeführt. Besonders auffällig war das bei der Kontrolle der Taktischen Ausbildung. Eigentlich stand die Note ja schon fest: „Sehr gut", erzielt beim faktischen Waffeneinsatz zum 4. RSA. Das galt zumindest für die Teilnehmer: für die Führung des Regiments, für die 2. KRA, die beiden Besatzungen und die sicherstellenden Kräfte. Stattdessen wurden alle noch einmal überprüft, und das unter irregulären Bedingungen: Den Besatzungen der SSR wurde die Gefechtsaufgabe gestellt, ein gegnerisches Seeziel – dargestellt durch ein Zielschiff der VM mit ausgeschaltetem (!) Antwortgerät „Chrom" der FFK-Kennungsanlage, mit Kurs durch die Kadetrinne (das ist der Tiefwasserweg zwischen Gedser Odde und Darßer Ort) – selbstständig zu bekämpfen. Das alles ohne jede Sicherstellung durch Aufklärung – und das war gleichbedeutend mit: Eine exakte Klassifizierung des Ziels ist unmöglich. Jeder, der einmal in der Ostsee zur See gefahren ist, kennt den starken Schiffsverkehr in dem angeführten Gebiet. Damit war klar, dass die Bekämpfung des richtigen Ziels durch unsere SSR reiner Zufall sein

CVM im Gespräch mit Angehörigen des KRR-18 beim 4. RSA im Feldlager (LS)

musste. Die SSR handelten fehlerlos und bekämpften in der Normzeit das Ziel – aber nach Feststellung der Offiziere der Inspektion, die die durch unsere SSR errechneten Zielwerte mit denen auf ihrer Karte verglichen, war es natürlich das falsche. Das war reine Theorie, konnte aber leider nicht widerlegt werden.

Damit erhielten wir in der Taktischen Ausbildung nur die Note „Befriedigend" und die war bestimmend für die Gesamtbewertung, die nicht besser sein konnte. Für mich war das äußerst deprimierend. Unser gesamter Personalbestand bemühte sich ohne Ausnahme um Höchstleistungen und das wurde weder registriert, noch anerkannt – im Gegenteil. Und was noch schlimmer für mich war: es existierte nicht die geringste Chance einer positiven Einflussnahme. Es gab überhaupt keine Reaktion vonseiten der Inspektionsoffiziere auf meine Versuche, das Problem dieser ungerechten Bewertung mit ihnen zu klären. Eine weitere Episode dieser Art war, dass Generalmajor W. Käseberg im persönlichen Gespräch versuchte, meinen STKSC, KK W. Schädlich, vorzuführen, indem er ihm Fragen stellte, die den Gefechtseinsatz der Landstreitkräfte betrafen. Als wenn er nicht gewusst hätte, dass die KRT eine Waffengattung der Marine sind. Ansonsten wurden wieder die schon bekannten, ungelösten Probleme festgestellt, aber diesmal im Auswertebericht etwas schärfer formuliert und an die richtige Adresse, den CVM gerichtet: Ungünstige Dienst-, Arbeits- und Lebensbedingungen der Angehörigen des Regiments, ein ständiges Fehlen an Personal, fehlende bzw. keine moderne Sicherstellungstechnik, keine Ausbildungsbasis, ungenügende Unterstützung u. a. Das war aber weder für das Regiment noch für mich von Vorteil. Diese Probleme blieben zum größten Teil weiterhin ungelöst und letzten Endes doch an mir hängen. Das Ergebnis war entsprechend: „Gefechtsbereit mit Einschränkungen" („Befriedigend"), das stand wohl schon vor der Inspektion fest. Eine gründliche Auswertung fand statt und der Termin der Nachinspektion wurde auf Anfang November festgelegt, d. h. nach nur 3 Monaten.

Bis dahin hatten wir aber noch andere Aufgaben zu erfüllen. Das war das Feldlager einer KRA und der nächste Schwerpunkt, die gemeinsame Kommandostabsübung der VSK der WVO „Sojus 87" unter der Leitung des sowjetischen Marschalls V. G. Kulikow in der Zeit vom 08.–15.09.1987. Während der gesamten Zeit dieser Übung arbeitete ich mit meinem personell verstärkten FP als Chef der KRT auf dem HGS des CVM. Ich musste auf der Grundlage von Gefechtsbefehlen mehrere Entschlüsse erarbeiten und vortragen, wie immer überwiegend in russischer Sprache. Wir führten ständig die Lage auf der Karte, wofür es entsprechend der Entwicklung der Kampfhandlungen Einlagen einschließlich des Einsatzes taktischer Atomwaffen gab. Im Weiteren wurden offensive Handlungen mit Verlegungen von Kampfeinheiten, auch der KRT, in Richtung Westen bis zur Deutschen Bucht geplant (siehe Kapitel III, S. 57). Außerdem war mein FP unter Leitung des Stabschefs im Objekt entfaltet und arbeitete ebenfalls mit. Teilweise wurde eine KRA in die darstellenden Handlungen einbezogen, allerdings nicht an der

Nordseeküste, das war reine Theorie. Insgesamt erhielten die Kräfte unseres Regiments, die an dieser wichtigsten Übung des Ausbildungsjahres teilgenommen hatten, eine gute Einschätzung.

Auswertung

Die Nachinspektion in vollem Umfang fand vom 02.–06.11.1987, also nicht einmal drei Monate nach der Inspektion, in dem gleichen Stil statt, ergab dieses Mal aber die Einschätzung „Gefechtsbereit" („Gut"). Natürlich konnte es im Regiment in dieser kurzen Zeit bei der hohen Belastung des Personalbestands keine wesentlichen Veränderungen zum vorherigen Zustand gegeben haben. Auch das beweist die wohl gewollt nicht reale Bewertung bei der Inspektion. Andererseits hatten unsere Truppen auch dazugelernt, sie waren cleverer geworden.

Und wieder hatten wir ein Ausbildungsjahr, bereits das 4., mit einer Vielzahl von Schwerpunkten, Aufgaben und Hauptaufgaben erfolgreich hinter uns gebracht. Jetzt folgte die Auswertung. Wovon ich zu diesem Zeitpunkt noch nichts ahnte war, dass der Termin der Versetzung von Admiral W. Ehm in den verdienten Ruhestand jetzt bereits feststand und meiner wohl auch – bei mir aber natürlich nicht in den Ruhestand. Zu keinem Zeitpunkt hatte ich auch nur an meine mögliche Versetzung gedacht. Ich sah überhaupt keinen Grund dafür, hatte doch das KRR-18 unter meiner Führung auch dieses letzte Jahr mit einer hohen Anzahl von Aufgaben erfolgreich absolviert. Noch während des 4. RSA im Juni 1987 hatte der CVM bei seinem Besuch mit mir mehrere vertrauliche Gespräche geführt, wobei er mir wie immer Hinweise für meine weitere Arbeit gegeben hatte. Unser persönliches Verhältnis war unverändert sehr gut und eine mögliche Versetzung war überhaupt nie ein Thema gewesen. Und so fiel ich aus allen Wolken, als mich nach der Nachinspektion KzS Hein Manschus unter vier Augen darüber informierte, dass sich der CVM anscheinend mit meiner Versetzung beschäftige. Kurze Zeit später erhielt ich von meinem Kaderoffizier, KL Sascha Teuber, eine ähnliche vertrauliche Information. Ohne auf diese inoffiziellen Informationen zu reagieren (wie sollte ich auch?), beschäftigte ich mich weiter mit der Hauptaufgabe im Regiment, der Vorbereitung des neuen Ausbildungsjahres 1987/88. Wie jedes Jahr mussten alle Dokumente dafür im November fertig vorliegen.

Kurze Zeit später wurden meine Stellvertreter (ohne dass ich durch ihn darüber informiert wurde) zu einem Gespräch beim CVM befohlen, an dem auch seine Stellvertreter teilnahmen. Admiral W. Ehm erklärte ihnen, dass er sich entschlossen habe, mich zu versetzen, da er mit meiner Führungstätigkeit unzufrieden sei. Meine Stellvertreter wurden aufgefordert, sich dazu zu äußern. Er war äußerst ungehalten darüber, dass keiner meiner Stellvertreter seiner Meinung zustimmte. Sie waren nicht bereit, mir eine schlechte Arbeit zu bestätigen und meine Versetzung zu befürworten, wie er es von ihnen erwartete. So eine Haltung erforderte Mut. Mein Stabschef, KK Wolfgang Schädlich, informierte mich danach sofort ausführlich über dieses Gespräch, was ihm sichtlich unangenehm war. Gleichzeitig wurde die Parteileitung meiner SED-Grundorganisation (Parteisekretär Jürgen Zöger, Mitglieder Sascha Teuber und Frank Kretzschmann) beauftragt, die für meine geplante Versetzung notwendige parteipolitische Beurteilung zu erarbeiten. Ich nahm nicht daran teil, obwohl ich auch Mitglied war. Diese wurde gemeinschaftlich, korrekt geschrieben mit Datum 18.11.1987, aber durch den vorgesetzten Leiter der Politabteilung KzS Hein Manschus, der im Auftrag des Chefs der VM und des Chefs der Politischen Verwaltung, Konteradmiral H. Heß, handelte, nicht akzeptiert. Sie war zu gut, mit dieser Beurteilung ließ sich meine Versetzung nicht begründen, also hieß es – überarbeiten. Die Parteileitung ließ sich nicht unter Druck setzen, sie stimmte noch einmal darüber ab und übergab die Beurteilung unverändert. Erneute Auseinandersetzung mit KzS H. Manschus, der ihnen erklärte, was in der Beurteilung stehen müsse. Sie ließen aber eine Bevormundung der Parteileitung nicht zu, weigerten sich kategorisch, etwas zu verändern und gaben die Beurteilung wieder unverändert ab. Über diesen Vorgang informierte mich der Parteisekretär Jürgen Zöger. Die Haltung meiner engsten Mitarbeiter bei diesem Problem beweist, dass in der Führung unseres Regiments ein echtes kameradschaftliches Verhältnis bestand. Diese Feststellung half mir moralisch sehr, konnte aber meine durch den CVM geplante Versetzung, mit der ich grundsätzlich nicht einverstanden war, leider nicht mehr verhindern.

Mitte November erhielt ich einen Telefonanruf vom Stab der VM mit der Information, dass am Vormittag des nächsten Tages der CS, VA Th. Hoffmann, in Begleitung des Chefs Kader, KzS C. Pahlig, bei mir zu einem Gespräch eintreffen würde. Es war mein Vorteil, dass ich nun schon das Thema des Gesprächs kannte und mich psychisch darauf vorbereiten konnte, was aber dennoch nicht einfach war. Am nächsten Tag empfing ich zum angegebenen Zeitpunkt den CS der VM am KDL und erstattete ihm Meldung. Wir gingen in mein Dienstzimmer, wo er dann das Gespräch mit mir führte. Das war die erste Kaderaussprache mit mir zum Thema meiner Versetzung. Vom Wesen her war das aber keine Aussprache, sondern mehr eine Befehlsausgabe in einer für mich unverständlichen, unpersönlichen Atmosphäre. VA Th. Hoffmann (sein bevorstehender Einsatz als CVM war jetzt bekannt) teilte mir ohne Angabe von Gründen lediglich lakonisch mit, dass ich zum 01.12.1987 versetzt würde. Und zwar an die OHS der VM in Stralsund in die Dienststellung stellvertretender Lehrstuhlleiter, mit der Perspektive, später als Lehrstuhlleiter eingesetzt zu werden. Das war eine sehr gute Dienststellung und entsprach durchaus meinen Ansichten, aber nicht zu diesem Zeitpunkt und nicht unter diesen Umständen. Aufgrund der über einen längeren Zeitraum hohen psychischen und physischen Belastung und der, meiner Meinung nach, äußerst ungerechten Behandlung, war jetzt meine Schmerzgrenze erreicht. Obwohl mir die Folgen bekannt waren, wurde ich aufsässig. Das erste Mal in meiner langen Dienstzeit in der VM äußerte ich in einer Kaderaussprache gegenüber einem Vorgesetzten, dass ich mit meiner Versetzung nicht einverstanden sei, da ich dafür keinen Grund erkennen könne. Kurze Fassungslosigkeit ob meines unmilitärischen Widerspruchs. Dann wurde mir einfach gesagt, dass das bereits entschieden sei. Ich bat darum, erst mit meiner Frau darüber sprechen zu dürfen, da ja mit dieser Standortveränderung ein Umzug der Familie verbunden wäre. Das wurde mir bis zum nächsten Tag zugesagt. Als Ergebnis dieser „Aussprache" war mir klar, dass ich an meiner, durch den CVM angeordneten Versetzung, nichts mehr ändern konnte. Allerdings hatte ich während der Aussprache festgestellt, dass dafür anscheinend mein Einverständnis benötigt wurde.

Im Gespräch mit meiner Frau einigten wir uns darauf, dass ich der geplanten Versetzung nach Stralsund nicht zustimmen würde. Und so antwortete ich am nächsten Tag, als die „Aussprache" im gleichen Stil fortgesetzt wurde, auf die Frage, ob ich mit der Versetzung nach Stralsund einverstanden wäre, deutlich mit „NEIN" und dass ich nur einer Versetzung in den Standort Rostock zustimmen würde. Die Antwort von VA Th. Hoffmann war ein Befehl: „Sie werden an die OHS nach Stralsund versetzt!" Darauf meine Antwort: „Dann gebe ich nicht mein Einverständnis für diese Versetzung!" Kurze Sprachlosigkeit, dann schrie mich KzS C. Pahlig (bis zur vorigen Woche noch mein „Freund" Christian) an: „Wollen sie den zukünftigen CVM erpressen?" Die Wertung meiner sachlichen Feststellung als „Erpressung" bewies mir, dass ich Recht gehabt hatte mit der Annahme, dass mein Einverständnis benötigt wurde. Meine Antwort war ruhig: „Natürlich nicht, das ist nur eine Information." Die Aussprache wurde durch VA Th. Hoffmann ohne weitere Festlegungen abrupt beendet und er ging, entgegen seinen sonstigen Gewohnheiten, ohne sich von mir (ich war immer noch Kommandeur des KRR-18) zu verabschieden – eine für ihn untypische Unkorrektheit. Am nächsten Morgen erhielt ich den Telefonanruf eines Offiziers des Bereichs Kader, der mich darüber informierte, dass ich zum 01.12.1987 als Flaggoffizier für operative Führung in den Stab der VM nach Rostock versetzt würde. Damit war ich einverstanden. Nur einen Tag vor meiner Versetzung nahm ich am 30.11.1987 in Warnemünde auf Einladung des Ministers für NV noch an dem Zeremoniell der Verabschiedung des CVM, Admiral W. Ehm, und an der Einführung des neuen, VA Th. Hoffmann, teil.

Die hier geschilderten Vorgänge entsprachen absolut nicht meinen Vorstellungen von der immer propagierten sozialistischen Menschenführung, die von uns gefordert wurde und die wir auf unserer Führungsebene auch durchsetzten. Vielleicht war das für den CVM, bis 30.11.1987 noch Admiral W. Ehm, aber nicht bindend und auf keinen Fall musste er sich dazu rechtfertigen. Mein direkter Vorgesetzter der CVM, Admiral W. Ehm, hat vom Zeitpunkt nach der Nachinspektion, also nach dem 06.11.1987, bis zu seiner Versetzung in den Ruhestand zum 01.12.1987 nicht ein einziges Gespräch mit mir geführt, nicht mal telefonisch. Für mich ist das unverständlich. Enttäuschend war für mich aber auch das Verhalten von VA Th. Hoffmann in dieser Angelegenheit. Ich kannte ihn aufgrund unserer langjährigen Zusammenarbeit, vertraute ihm und verehrte ihn als mein Vorbild. Ich konnte nicht verstehen, dass er nicht vertraulich mit mir über diese Probleme gesprochen hatte, was für ihn jederzeit möglich gewesen wäre. Für mich persönlich waren diese Ereignisse die größte Enttäuschung meiner gesamten Dienstzeit als Kommandeur in der VM. Sie führten bei mir folgerichtig zu einem intensiven Nachdenken und zu Zweifeln an dieser Art der Führung, dementsprechend zu einem Vertrauensverlust sowie einer bedeutend kritischeren Einstellung gegenüber meinen Vorgesetzten, die sich in meinem weiteren Dienst widerspiegelte. Ich war auch deshalb mit meiner Versetzung nicht einverstanden, weil mir der Zeitpunkt nicht gefiel. Ich wollte keinesfalls, wie unsere höchsten Vorgesetzten und Staatsfunktionäre, bis zum Rentenalter und darüber hinaus in dieser Dienststellung bleiben, was auch gar nicht möglich war. Aber ich wollte die Früchte der Saat, die ich mit der Führung und dem gesamten Personalbestand in 4 Jahren harter Arbeit im KRR-18 gesät hatte, jetzt, wo endlich Stabilität einzog und Erfolge aufzuweisen waren, auch ernten.

Nach der Auflösung der NVA und meiner Entlassung erhielt ich meine Kaderunterlagen. Angemerkt werden muss zum Verständnis, dass zur damaligen Zeit natürlich keiner unserer Vorgesetzten ahnen konnte, dass diese Unterlagen mit Verschlusscharakter einmal in die Hände der betroffenen Personen gelangen könnten. Das war absolut nicht

Schwerer Abschied von „meinem" KRR-18 mit dem neuen Chef der VM, VA Th. Hoffmann (LS)

geplant und trug nicht nur in meinem Fall zur Klärung vorher unverständlicher Probleme bei. In der in meinen Unterlagen enthaltenen Aktennotiz vom 16.11.1987 über die oben geschilderte Aussprache, unterschrieben durch den Chef Kader, KzS C. Pahlig, entspricht sowohl das Datum, der 10.11.1987, als auch der Inhalt nicht der Wahrheit. Da ist angegeben, dass diese Aussprache mit mir der CVM, Admiral W. Ehm, in Anwesenheit seines STCCPV, KA H. Heß, führte, dass ich die mir aufgezeigten Mängel in meiner Führungstätigkeit bestätigt hätte und dass ich mit der Versetzung an die OHS in Stralsund einverstanden sei. Unvorstellbar, dass das höchste Kaderorgan der VM nicht wahrheitsgemäß arbeitete und Kaderunterlagen unkorrekt führte. Die Feststellung dieser offensichtlichen, zahlreichen Widersprüche und Unkorrektheiten auf der höchsten Führungsebene sind für mich unverständlich und sehr unangenehm

Am 01.12.1987 habe ich die Geschäfte des Kommandeurs des KRR-18 befehlsgemäß an meinen Nachfolger, FK Dr. J. Dix übergeben. Eigentlich konnte ich zufrieden sein. Der Aufbau des KRR-18 war erfolgreich abgeschlossen. Damit ging die zweite und längste Etappe, in deren Ergebnis die Führung, zwei KRA und die sicherstellenden Einheiten bereit waren, alle Aufgaben ohne Einschränkungen zu erfüllen, zu Ende. Dass ich das Regiment in einem guten, gefechtsbereiten Zustand übergeben habe, lässt sich unschwer auf der Grundlage der erfolgreichen Aufgabenerfüllung im folgenden 1. Ausbildungshalbjahr 1987/88 und im Weiteren einschätzen. Die Führung und der Personalbestand waren fast unverändert, der neue Kommandeur und sein neuer STKLPLA, FK Rainer Schultz, mussten sich außerdem erst einarbeiten. Die Erfolge sind im Beitrag von Dr. J. Dix aufgezählt, alle in verhältnismäßig kurzer Zeit nach dem Führungswechsel.

Wenn ich heute auf diese 4-jährige Aufbauphase des KRR-18 zurückblicke, fällt mir ein entscheidender Widerspruch auf: Bei Übungen, Überprüfungen, Kontrollen und Vorführungen spielte das KRR-18 die dominierende Rolle, die ihm als kampfstärkstem Truppenteil der VM auch tatsächlich zukam. Ansonsten war das aber nicht so. Bei der Planung der Aufstellung des KRR-18 gab es grobe Versäumnisse, der „STAN" war ein reines Minimalprogramm. Das Niveau der Dienst- und Lebensbedingungen des Personalbestands und der Stand der Sicherstellungstechnik entsprachen nie dem hohen Stand der modernsten Raketenbewaffnung. Eine Ausbildungsbasis mit Kabinetten, Lehrgefechtstechnik, eigenem Übungsgelände, Sportplatz, Sporthalle u. a. fehlte vollständig und war unverständlicherweise auch nicht geplant. Für Kulturveranstaltungen gab es nur eine Baracke, später einen Saal. Das alles bei einem Personalbestand von 500 Mann und einer sehr hohen Gefechtsbereitschaft mit Gefechtsdienst. Ständig hatten wir Fehlbestände an Personal und Technik und trotz meiner Informationen, Bitten und Forderungen, erhielten wir wenig Unterstützung. Auch meine Vorschläge für notwendige Veränderungen in der Struktur Technik, Bewaffnung und Ausrüstung, die sich zwangsläufig aus der Praxis ergaben, wurden zum größten Teil negiert. Im Grunde genommen wurden wir mit diesem Riesenberg an Problemen allein gelassen.

Zusammengefasst ist diese Liste ungeklärter Probleme erschreckend umfangreich und nicht zu erklären. Bei meiner Tätigkeit kristallisierten sie sich heraus und ich trug sie dem CVM immer wieder, unter Angabe von Lösungswegen, vor. Da für mich die Reaktion darauf unbefriedigend war und ich durch wiederholtes Ansprechen dieser Mängel bei meinem Vorgesetzten auffällig wurde, versuchte ich es zusätzlich auf dem kleinen Dienstweg über die zuständigen Abteilungsleiter und Spezialisten des Stabes. Damit hatte ich bei diesen schwerwiegenden, aber nur mit erheblichem Aufwand zu klärenden Problemen, selten Erfolg. Nur die wenigsten wurden korrigiert und dann oft durch uns selbst. Meistens wurden sie nicht oder nur schleppend bearbeitet, was ein äußerst unbefriedigender Zustand zum Nachteil des Regiments war. Deprimierend für mich war, dass unseren höchsten Vorgesetzten die größten Mängel durchaus bekannt waren, da sie ja immer wieder in allen Auswerteberichten der zahlreichen Kontrollen dokumentiert wurden und sich trotzdem nichts bewegte. Dafür trugen unsere Vorgesetzten die alleinige Verantwortung, denn nur sie hatten die Befugnis, die dafür notwendige kurzfristige Planung und Bereitstellung finanzieller und materieller Mittel anzuordnen. Vorschläge dazu hatten wir ausreichend erarbeitet. Im Übrigen deuten alle angeführten Probleme auf grobe Versäumnisse bei der Planung der Aufstellung des KRR-18 und in der weiteren Arbeit hin und die Ursachen dafür lagen eindeutig bei der Führung der VM. Das kann man aber erst heute offen ansprechen. Damals sah ich das auch nicht so. Es gab für mich nur einen Schwerpunkt: Hartnäckig und ununterbrochen an der Beseitigung dieser Missstände arbeiten, wobei mir keinesfalls immer bewusst war, dass mir die dazu notwendigen Befugnisse und Mittel fehlten. Man kann nur darüber staunen, dass es uns gelang, trotz alledem eine schlagkräftige Truppe zu formieren, die schließlich alle Aufgaben erfüllte. Allerdings war die ständige Auseinandersetzung mit diesen Problemen aufwändig und für alle persönlich belastend. Insgesamt war es für uns ein unbefriedigender Zustand, aber wir mussten damit fertig werden. Dass es auch anders ging beweist das vergleichsweise hohe Niveau der Dienst- und Lebensbedingungen mit großem Veranstaltungssaal, Sportplatz, Sporthalle und Schwimmhalle sowie der Bau von Ausbildungsbasen u. a. im KVM, den Flottillen, den Schulen, dem MHG-18 und dem NR-18. Auch der exakte Ablauf und die vollständige Sicherstellung der Einführung des RSK „1241 RÄ" und des nachfolgenden Aufbaus der 7. Raketenschiffsbrigade in der 6. Flottille ab November 1984 war ein positives Beispiel, allerdings in Verantwortung der 6. Flottille. Ein Kuriosum war für mich die Bereitstellung finanzieller Mittel Ende 1989 durch den CVM, VA Th. Hoffmann, in Höhe von

100.000 Mark der DDR für das KRR-18, um neue Garagenhallentore zu kaufen, die alten waren verbeult. Das gehörte zur Vorbereitung des Besuchs des Ministers für NV. Dafür war Geld vorhanden, um das ich solange vergeblich gebeten hatte, um vor allem die Dienst- und Lebensbedingungen unserer Truppen zu verbessern.

Vielleicht fehlte einfach ein klares Konzept für eine ausgewogene, schlagkräftige Flotte. Im Kleinen wie im Großen ging es immer nur um „Weltgeltung", gegen mögliche Konkurrenz in den eigenen Reihen – und das leider zum Nachteil des Ganzen.

Dazu eine Anekdote, die wir damals unter uns erzählten. Die drei mächtigsten Staaten der Welt beginnen mit dem Buchstaben „U": Die USA, die UdSSR und – Unsere Deutsche Demokratische Republik.

Ende und Neubeginn

Ich hatte mein Ziel, wenn schon Versetzung, dann nur nach Rostock, gegen den Willen meiner Vorgesetzten erreicht, musste dafür allerdings auch die Folgen tragen: Einer meiner höchsten Vorgesetzten war sehr verärgert und würde das wohl nicht vergessen. Ich erinnere an den hierzulande berühmten Spruch: „Wir Mecklenburger sind nicht nachtragend – aber wir vergessen auch nichts!" Das wurde mir durch den neuen Chef der VM, Vizeadmiral Th. Hoffmann, sofort demonstriert: Bei der Übergabe der Dienstgeschäfte des Kommandeurs des KRR-18 am 01.12.1987 auf der Regimentsmusterung im Objekt Schwarzenpfost wurde gegen die übliche Zeremoniellordnung verstoßen. Der CVM übernahm einfach die Truppenfahne vom Fahnenkommando und übergab sie dem neuen Kommandeur. So konnte ich mich nicht einmal von unserer Truppenfahne richtig verabschieden, die ich von Admiral W. Ehm in Empfang genommen hatte, mit der ich zur Parade in Berlin an der Tribüne vorbei defiliert war, die ich zu vielen Musterungen ein- und ausmarschieren ließ und die drei lange Jahre im Fahnenschrank in meinem Dienstzimmer stand. Ein wahrhaft unverdient trauriger Abschied. In seiner Rede vor dem angetretenen Personalbestand stellte der CVM den neuen Kommandeur, FK Dr. J. Dix, ausführlich vor, aber den alten, d. h. mich, erwähnte er überhaupt nicht. Kein Wort des Dankes und der Anerkennung für die anstrengende, erfolgreiche Führung der vier Jahre Aufbauarbeit im KRR-18. Die ganze Veranstaltung war für mich enttäuschend und wohl auch für das Regiment.

Mein Dienst als Flaggoffizier für operative Führung der VM, den ich am 02.12.1987 im Stab der VM antrat, war trotz meiner großen Enttäuschung interessant. Ich gehörte zum Personalbestand des HGS des CVM, der sich im täglichen Dienst TGS nannte und in einem Gebäude im KVM in Rostock/Gehlsdorf in gesonderten, besonders gesicherten Räumen untergebracht war. Hier versahen vier Besatzungen ständig im 24-Stunden-Rhythmus ihren Dienst, die Ablösung erfolgte jeden Tag früh um 7:30 Uhr. Der Flaggoffizier war der Chef der diensthabenden Besatzung. Die Aufgabe bestand in der ununterbrochenen Führung, Organisation und Kontrolle des operativen Dienstes in der gesamten VM. Dazu bestand eine Drahtnachrichtenverbindung mit einer Lautsprecher-Mikrofon-Anlage, die sogenannte „WL", zum operativen Diensthabenden (OPD) des Ministeriums für Nationale Verteidigung und den OPD der unterstellten Verbände, Truppenteile und Einrichtungen (Schulen u. a.). Diese wurde doubliert mit Telefon und, wenn nötig, durch Funknachrichtenverbindungen. Der Dienst erforderte eine ständige hohe Konzentration, Verantwortungsbewusstsein und Entscheidungs-

Mit dem Leiter des Schießens der VM, KA L. Heinecke, beim 1. RSA des KRR-18 1984 (LS)

freudigkeit sowie umfangreiche Kenntnisse und Erfahrungen im Truppendienst. In den Besatzungen herrschte eine gute, kameradschaftliche Atmosphäre, es waren ausgezeichnete Spezialisten und auf jeden war Verlass. Die Ausrüstung mit Computern hatte begonnen, die Software erarbeiteten wir uns selbst. Meine Vorgesetzten waren der Leiter des HGS, der CS und der CVM.

Ein besonderes Problem stellten die berühmten „Kuverts" dar, die in einem gesonderten Schließfach unseres Tresors lagerten und zur Überführung der VM in höhere Stufen der Gefechtsbereitschaft dienten. Der Ablauf dafür war ungefähr wie folgt: Der OPD des Ministeriums für NV meldete sich und gab durch: „Uhrzeit, durchzuführen ist „Hochdruck" (Beispiel eines Codeworts)!" Das war gleichzeitig die „X-Zeit" und damit lief die Stoppuhr, und die Normen der Gefechtsbereitschaft waren knapp bemessen. Nach der Quittung wurde das Schließfach geöffnet, dann das Kuvert mit diesem Codewort, die darin enthaltenen Anweisungen an die anderen OPD übermittelt und sofort der CVM und der CS informiert. Dabei musste zügig und fehlerlos gehandelt werden und alles war zu dokumentieren. Dieser 24-Stunden-Dienst war anstrengend und fand ohne Rücksicht auf Sonn- und Feiertage statt. Aber dafür hatte man zwischen den Diensten auch freie Tage, meistens zwei, manchmal auch drei oder nur einen.

Die aus meiner Sicht ungerechte Behandlung setzte sich während meiner weiteren Dienstzeit in der Dienststellung als Flaggoffizier für operative Führung der VM fort. Der CVM, VA Th. Hoffmann, dafür bekannt, dass er jeden Matrosen mit Handschlag begrüßte, übersah mich einfach, wenn Begegnungen nicht zu vermeiden waren. Die nächste deutliche Erinnerung folgte ungefähr ein Jahr nach Beginn meines Dienstes auf dem HGS während einer Kaderaussprache mit meinem neuen Vorgesetzten, KzS Waldemar Richter. Er stellte fest, dass ich mich gut in meine Dienststellung eingearbeitet habe und meine Aufgaben erfülle. Dann informierte er mich darüber, dass geplant sei, mich mit Erreichen des 50. Lebensjahres – ich war gerade 45 Jahre alt – aus der NVA zu entlassen. Auf meine Bemerkung, dass er das ja wohl nicht entscheiden würde, antwortete er, dass das bereits entschieden sei. Ein Grund wurde nicht angegeben, also kam nur „mangelnde Eignung" in Frage. Das ganze war für mich sehr deprimierend, wenn man bedenkt, dass ich immer gesund und sportlich war und alle Aufgaben erfüllte. Am 09.06.1989 setzte der Chef Kader der VM, mein ehemaliger Freund KzS C. Pahlig, während einer Kaderaussprache dem Ganzen noch die Krone auf. Er bot mir meine sofortige Entlassung an – was für eine Niedertracht. Selbstverständlich lehnte ich das Angebot dankend ab, mir gefiel der Dienst.

Auch nach meiner Versetzung in den Stab der Flotte riss die Verbindung zu „meinem" KRR-18 nicht ab. Meine Frau arbeitete weiterhin als Zahnärztin im Regiment, wir wohnten in Gelbensande, arbeiteten im Garten und in der Garage. Außerdem hatte ich während meines 24-Stunden-Dienstes immer mal ein Telefongespräch mit dem OPD, dem Kommandeur oder einem seiner Stellvertreter. Ich glaube, ich rief insgesamt viermal an, um den Kommandeur oder Stabschef über einen „überraschenden Besuch" zu informieren. Ich wusste, dass das für mich riskant war, aber auch, dass sie sich so besser auf die Erfüllung der für sie geplanten Überprüfung vorbereiten konnten.

Im Herbst 1989 eskalierte die politische Lage in der DDR. Die Demonstrationen und die Fluchtbewegung nahmen ein erschreckendes Ausmaß an. Die Regierung war nicht zum Rücktritt bereit, wurde aber schließlich dazu gezwungen. In dieser Zeit erhielten wir auf dem TGS zusätzliche „Kuverts". Zu deren Inhalt wurden die Flaggoffiziere eingewiesen, damit sie nach dem befohlenen Öffnen keine Fehler machten. Der Inhalt legte die Richtlinien für einen möglichen Einsatz der in jedem Verband, Truppenteil und den Einrichtungen bereits gebildeten bewaffneten Einsatzkompanien fest. Dazu gehörte auch eine Gruppe im Bestand von zwei voll ausgerüsteten Hubschraubern des MHG-18. Jetzt wurde es ernst. Mein Standpunkt zu diesen Problemen war eindeutig: Ich war Angehöriger einer Armee des Volkes und würde deshalb nie gegen mein Volk handeln. Das erste Mal seit meiner Vereidigung nahm ich den Fahneneid, den ich geschworen hatte, wieder zur Hand. Der Schwerpunkt war für mich dabei der Begriff der Befehlsverweigerung. Zum Glück eskalierte diese gefährliche Situation nicht. Über Nacht verschwanden die zusätzlichen „Kuverts" wieder.

Jetzt kam es auch zu ersten Veränderungen in unserer Partei, der SED. Während einer Mitgliederversammlung forderte ich die Auflösung der Parteikontrollkommissionen. Sie waren ursprünglich für die Kontrolle der Einhaltung des Statuts der Partei durch alle Mitglieder verantwortlich, hatten sich aber zu einem Instrument der Durchsetzung der Interessen führender Funktionäre und Vorgesetzter gegen Kritiker entwickelt. Das Ergebnis meines Auftritts war, dass ich als „Demagoge" durch Vorgesetzte beschimpft wurde. Trotzdem arbeitete ich in einer Kommission zur Überarbeitung des Parteistatuts mit. Als sich hier aber nichts tat, sondern wieder nur viel geredet wurde ohne spürbare Veränderungen herbeiführen, sprach ich dieses Problem auf der nächsten Mitgliederversammlung an. Auch diesmal fand ich keine Resonanz und erklärte deshalb nach einer kurzen Grundsatzrede meinen Austritt aus der SED. Das war keinesfalls spontan und es fiel mir nicht leicht nach 26 Jahren Mitgliedschaft, aber für mich war dieser Schritt in dieser Situation einfach notwendig. Ich ging mit dem Vorsatz: Nie wieder Partei, an den ich mich auch gehalten habe. Ich war einer der ersten, der austrat und dementsprechend wurde ich wieder beschimpft. Aber das interessierte mich jetzt nicht mehr, obwohl ich mit Repressalien meiner Vorgesetzten rechnen musste. Das erledigte sich dann jedoch von selbst. Schon in der folgenden Woche traten die nächsten aus, dann sogar der neue CVM, VA Hendrik Born, und bereits im Januar 1990 wurden die Parteiorganisationen in der NVA aufgelöst.

Die weitere Entwicklung möchte ich nur noch im Telegrammstil umreißen: Am 20.07.1990 wurden wir neu vereidigt. Am 10.09.1990 nahm ich an der Abschiedsvorstellung „meines" KRR-18 in der Rostocker Heide teil. Hier traf ich

Träume wurden wahr – ein Mal Startrampe fahren! 10.09.1990 (PG)

alte Freunde wieder (einige waren schon nicht mehr da) und blickte stolz auf erstmals zehn SSR in Aktion. Doch die Abschiedsfeier war von der Ungewissheit für die Zukunft überschattet. Es war ausgesprochen wehmütig. Eigentlich wusste ich ja, was uns erwartete, aber so radikal, wie es dann tatsächlich eintrat, das konnte ich mir nicht vorstellen. Am 02.10.1990 wurden auf Musterungen die Truppenfahnen der Truppenteile und Verbände „abgegeben", damit hatte die NVA aufgehört zu existieren. Bereits vorher waren zur Übernahme der Führung die ersten Admirale und Offiziere der Bundesmarine im KVM eingetroffen – unsere ehemaligen „Gegner" waren jetzt plötzlich „Kollegen"? Im Ergebnis wurden wir erstmal in die Bundesmarine übernommen, ich war jetzt KzS der Bundesmarine der BRD. Dann wurden sofort die Kokarden an den Mützen gewechselt und später wurden wir sogar neu eingekleidet. Damit verschwanden die letzten Symbole, die an die DDR und ihre NVA erinnern konnten. Außerdem sollte uns die letztere Maßnahme Sicherheit geben, denn wer wird so viel Geld zum Einkleiden von Offizieren verschwenden, wenn er sie entlassen will?

Aber dennoch wurde ich zum 31.12.1990 aus der Bundesmarine entlassen. Damit war mein 34-jähriger Dienst in den bewaffneten Streitkräften beendet. Es gab keine große Abfindung, wie manche Leute erzählen, jedenfalls nicht für mich.

Ich brauchte dringend Ablenkung, konzentrierte mich auf unseren Hausbau und bewarb mich bei verschiedenen Stellen um Arbeit. Am 01.04.1991 meldete ich mein Gewerbe als Handelsvertreter an und begann meine Arbeit als Inhaber einer Handelsvertretung in Mecklenburg-Vorpommern auf dem Gebiet Sanitär und Heizung.

Nachdem ich jetzt, bei der Erarbeitung dieses Buches, über die Hintergründe meiner Versetzung noch einmal intensiver recherchiert habe, komme ich zu einem ziemlich eigenartigen Resultat, das mir aber durchaus logisch erscheint. Dabei berücksichtige ich Informationen aus verschiedenen Quellen, die Art und Weise der Inspektion und Nachinspektion sowie der nachfolgenden Auswertung sowohl durch den Leiter der Inspektion als auch durch den CVM. Anscheinend sollte wohl u. a. auch auf dem Rücken des KRR-18 die Frage entschieden werden, wer eher aus dem Dienst ausscheidet: Der

68-jährige Minister für NV, Armeegeneral H. Keßler, oder der 69-jährige CVM, Admiral W. Ehm. Natürlich wollte keiner freiwillig, denn immerhin war der vorherige Minister im Alter von 75 Jahren im Amt verstorben. Einer musste wohl gehen, denn dieses für einen führenden Militär sehr hohe Alter konnte nicht, wie im Politbüro der SED, zur Gewohnheit werden. Um dieses Problem im Sinne des Ministers zu lösen, wurde nach Mängeln in der Führungstätigkeit des CVM gesucht. Die wurden natürlich dann mit seinem hohen Alter begründet und u. a. auch bei uns im Regiment durch die Inspektion gesucht und gefunden. Das führte schließlich dazu, dass Admiral W. Ehm gegen seinen Willen am 01.12.1987 in den Ruhestand versetzt wurde. Da hatte auch das Bauernopfer in Form der Versetzung des Kommandeurs des KRR-18 und seines STKLPLA, KK H.-M. Kubasch, der nach Absolvierung der Leninakademie erst am 01.12.1986 seinen Dienst im Regiment angetreten hatte, nicht mehr geholfen. Dass Admiral W. Ehm nicht an seine Pensionierung dachte, beweisen seine außerordentlichen Aktivitäten gerade im Ausbildungsjahr 1986/87. Er leitete alle Überprüfungen, Übungen und Kontrollen persönlich, bzw. er war bei vielen Übungen anwesend – ich erinnere an „Hanse 87", den RSA, „Wellenschlag 87", „Synchron 87", „Sojus 87". Ein weiteres Argument ist meine durch ihn angeordnete Versetzung, die ihn wohl kaum während der Vorbereitung auf seine Pensionierung interessiert hätte.

Nachdem einige Zeit seit dem Ende der DDR und der damit verbundenen Auflösung der VM vergangen war, in der jeder vor allem mit sich selbst und auch mit den völlig veränderten Lebensbedingungen beschäftigt war, kam doch langsam der Wunsch auf, sich mit alten Kameraden wieder zu treffen. Wichtig war dabei, dass es dazu keinerlei Verpflichtungen gab. Ich hatte gleich mehrere „Institutionen", mit denen ich im Laufe der Zeit die Verbindung wieder aufnahm, oder sie mit mir.

Das war zunächst die 6. Flottille mit einer Einladung zur „Neueinweihung" des Denkmals, nach dessen Rettung und Umsetzung, auf dem Friedhof in Dranske zum 01.05.2003. Hier wurde ich durch alte Kameraden Theodor Hoffmann, Günter Poller, Werner Murzynowski, Werner Blankenhagen, Michael Heese, Wolfgang Schwarzer, Berndt Borrmann u. a. herzlich begrüßt. Wir gedachten gemeinsam der ums Leben gekommenen Kameraden, machten ausgiebig „Klönsnack" bei einer Dampferfahrt und abends im berühmt-berüchtigten „Boddenblick". Ich wurde auch gleich Mitglied des Deutschen Marinebundes der Marinekameradschaft Bug e.V. Selbstverständlich nahm ich auch mit meiner Frau am Marineball 2007 in Juliusruh teil, an den wir uns gern erinnern. In diesem Jahr wird bereits der 20. Jahrestag gefeiert, natürlich wieder mit einem Marineball. Als sehr angenehm empfinde ich, dass ein ständiger Kontakt vor allem mit Holger Neidel und Berndt Borrmann besteht – gerade habe ich wieder eine neue Nummer der selbstgemachten Zeitschrift „Flaschenpost" erhalten.

Auch die „Bakinzui", der erste Lehrgang von Absolventen der VM an der Kaspischen Höheren Seekriegsschule „S.M. Kirow" in Baku von 1961–1966, treffen sich regelmäßig alle zwei Jahre an einem Wochenende. 2011 war das Treffen im September, an dem sogar unsere polnischen Freunde teilnahmen und bei dem ich zu meinem größten Bedauern aus Zeitgründen fehlen musste.

Ein weiterer Freundeskreis ist mein Jahrgang von der Kadettenschule, der sich inzwischen auch regelmäßig jährlich an einem Wochenende ebenfalls in einer sehr herzlichen Atmosphäre mit Teilnahme unserer Frauen trifft. Immerhin liegt das ge-

Der Kommandeur der KRA-18 und die Kommandeure des KRR-18 vor der Auflösung 1990 (PG)

meinsame Abitur jetzt schon über 50 Jahre zurück und selbst unser damaliger Erzieher Dr. Günter Machold nimmt an unseren Treffen teil.

Selbstverständlich treffen sich auch die ehemaligen Angehörigen des KRR-18, denen das vorliegende Buch gewidmet ist. Unser letztes Treffen war hier in Bentwisch im September 2009. Das nächste wird wohl 2013 nach dem Erscheinen unseres Buches sein, hoffentlich mit wenig Kritik.

Im September 2008 fand das erste Treffen ehemaliger Angehöriger der Raketenschnellbootbrigade der VM statt – ein Wiedersehen mit Schnellbootfahrern –, und natürlich gab es viel zu erzählen. Beeindruckend war für mich u. a., dass sich die ehemalige Besatzung des Raketenschnellboots „753" mit ihrem Kommandanten Leo Lau fast vollzählig versammelt hatte. Nach einer herzlichen kameradschaftlichen Begrüßung und Umarmung durch den ehemaligen Brigadechef, späteren Flottillenchef, Chef VM und letzten uniformierten Minister Theodor Hoffmann nutzte ich an diesem Abend später die Gelegenheit zu einer Aussprache mit ihm unter vier Augen. Dabei klärten wir mein Problem des Jahres 1987 in freundschaftlicher Atmosphäre. Theodor Hoffmann hat mich später dazu bewegt, die Erarbeitung der zuerst zu diesem Thema geplanten Broschüre und jetzt des Buches zu leiten. Er hat uns dabei stets mit Rat und Tat aktiv unterstützt. Nachdem er den ersten Entwurf des Manuskripts mit meinem Kapitel „Erinnerungen" studiert hatte, äußerte er persönlich mir gegenüber seine Anerkennung für die Arbeit und betonte mein Recht zur Kritik auch an seiner Person. Diese Haltung hat mich stark beeindruckt und ich möchte deshalb abschließend zu diesem Problem feststellen, dass Admiral a. D. Theodor Hoffmann trotz meiner kritischen Anmerkungen nicht nur für mich immer ein Vorbild war, sondern auch bei der überwiegenden Mehrzahl der anderen ehemaligen Angehörigen der VM bis heute ein sehr hohes Ansehen genießt.

Einsatz als Kommandeur

Dr. Joachim Dix
Erinnerungen des Kommandeurs des Küstenraketenregiments 18, 1987–1990
Ich war FK und Leiter der Unterabteilung FEK (ELOKA) im KVM und unterstand direkt dem CS. Ende November 1987 wurde ich zu einem für mich sehr außergewöhnlichen Kadergespräch zum CVM, Admiral W. Ehm, befohlen. Zugegen waren außerdem der STCCS VA Th. Hoffmann, der STCCA KA E. Grießbach und der Chef Kader KzS C. Pahlig. Im Verlaufe des Gespräches wurde mir mitgeteilt, dass ich mit Wirkung zum 01.12.1987 als Kommandeur des KRR-18 eingesetzt werden sollte. Als Kommandeur unterstand ich direkt dem CVM. Zeit zum Überlegen oder Nachdenken gab es faktisch nicht und da ich persönlich auch keine Alternativen kannte nahm ich den Posten widerspruchslos an. Als ich dann die Dienstgeschäfte des Kommandeurs übernommen hatte, war mir zwar die Situation allgemein bekannt, aber mir fehlten Details, so dass ich mich erst einmal gründlich mit der konkreten Lage, mit dem Leistungsstand, dem Leistungsvermögen, dem Stand der Gefechtsausbildung und mit der Gefechtsbereitschaft vertraut machen musste. Nun war ich also Kommandeur eines modernen Truppenteils der VM, welcher über nicht wenige Raketen verfügte und alles was zu deren spezialtechnischen und zur Gefechtssicherstellung gehörte, und in dem vor allem viele hochqualifizierte Offiziere, Unteroffiziere, Soldaten auf Zeit, Grundwehrdienstleistende sowie Zivilbeschäftigte Dienst taten. Selbst eine eigene Feuerwehr und ein Heizhaus gab es in dieser Dienststelle. Nie zuvor hatte ich mit solchen Dingen zu tun. Am Tag der Übernahme der Dienstgeschäfte, das mit dem üblichen militärischen Zeremoniell stattfand, gab mir der neue Chef der VM, VA Th. Hoffmann, folgende Worte mit auf dem Weg: „Die erste und vordringlichste Aufgabe für Sie besteht darin, die Ihnen unterstellten Soldaten umsichtig und erfolgreich zu führen, ihre Probleme zu kennen, diese ständig zu analysieren und zu lösen. Als Kommandeur erhalten Sie nun eine große Machtbefugnis, missbrauchen Sie diese niemals, sondern nutzen Sie diese immer und ausschließlich zum Wohle Ihrer Soldaten."

Im Truppenteil herrschte sowohl bei den Soldaten, als auch bei den Zivilbeschäftigten durch die unbefriedigenden Ergebnisse der Inspektion Unzufriedenheit. Das empfand ich als allzu natürlich, aber dennoch schätzte ich die Lage nicht als hoffnungslos ein. Meine Aufgabe war es nun, diesen Zustand schnellstmöglich zu verbessern. Gleichzeitig mit mir begann FK Rainer Schultz seinen Dienst im KRR-18 als mein STKLPLA und KK R.-M. Brennecke als mein STKA. Die anderen Planstellen der Führung und Kommandeure blieben unverändert.

Nachdem ich die konkrete Lage im Truppenteil analysiert hatte, begann die Arbeit, um die mir gestellte Aufgabe zu erfüllen. Als erstes studierte und präzisierte ich die vorhandenen Führungsdokumente, denn das Ausbildungsjahr war angelaufen. Hier hatte der STKSC, KK Wolfgang Schädlich, gute Vorarbeit geleistet und ich konnte zu jeder Zeit auf den umfangreichen Wissensschatz aller meiner neuen mir direkt unterstellten Stellvertreter, Kommandeure und Fachoffiziere sowie auf die Geschäftsstellenleiterin zurückgreifen. Einige Dokumente wurden überarbeitet, denn auch ich wollte meine jahrelangen Erfahrung in verschiedenen Truppen und Stäben einbringen und diesen oder einen anderen neuen Weg bestreiten.

Zuerst stellte ich für das Ausbildungsjahr 1987/88 die umfassende und weitreichende Aufgabe Voraussetzungen zu schaffen, damit im Ausbildungsjahr 1988/89 das KRR-18 den Titel „Bester Truppenteil" erreicht. Das war mein großes Ziel. Diese Aufgabenstellung stellte sowohl an den Kommandeur, als auch an die Soldaten und Zivilbeschäftigten sehr hohe Forderungen, die dazu beitragen sollten, eine spürbare und positive Veränderung im Truppenteil herbeizuführen. Vordergründig mussten alle notwendigen Voraussetzungen für eine

Gratulation zur Beförderung zum KzS (JD)

effektive Gefechtsausbildung geschaffen werden. Als Kommandeur bildete ich persönlich die mir direkt unterstellten Offiziere, Kommandeure und Stellvertreter aus. Dazu fand an drei zusammenhängenden Tagen im Monat die fachliche und Taktische Ausbildung des Personals des FP des Truppenteils unter meiner persönlichen Leitung statt. Somit war sichergestellt, dass der Prozess der militärischen Ausbildung und Führung nach einheitlicher Idee und zielorientierter Aufgabenstellung bestritten werden konnte. Wir begannen im Führungsorgan, im Stab und in den Einheiten mit einer umfassenden und zielorientierten Arbeit nach einheitlichen Ansichten und Forderungen. Im Ergebnis gemeinsamer Beratungen, bei denen harte und kompromisslose Auseinandersetzungen geführt wurden, fixierten wir die einzelnen Etappen unserer anspruchsvollen Arbeit und legten Lösungswege für deren Erfüllung fest.

Erste Aufgaben

Erstmalig führten wir ein Feldlager im Bestand des gesamten Regiments aus. Dies war vorher nicht möglich, da nur im Bestand einer KRA ausgebildet werden durfte. Die überzogenen Vorgaben der Sicherstellung des Gefechtsdienstes ließen diese Bedingungen nicht zu. Nach mehreren Rücksprachen und dank meiner guten Beziehungen zum Stab der VM wurde diese dogmatische Festlegung der Vergangenheit aufgehoben. Schwierig war es auch, ein Ausbildungsgelände für die Entfaltung des gesamten Truppenteils zu finden. Aus früherer Tätigkeit war mir bekannt, dass die SSTA-18 in der Nähe von Stralsund über ein derartiges Übungsgelände verfügt, welches noch eine Kfz-Lehrbahn besaß. Nach einer Besichtigung dieses Geländes entschlossen wir uns, dieses für unser Feldlager zu nutzen. Da ich den Kommandeur der SSTA-18, KzS Dieter Koch, sehr gut kannte und auch er dem CVM direkt unterstand, holte ich mir seine Genehmigung über den „kleinen Dienstweg" per Telefon ein.
Allein die Entfaltung des Regimentsfeldlagers, die Errichtung der Stabszone, die Einteilung in technische Zone, Unterkunftszone und Ausbildungsgelände mussten erst trainiert werden. Das Einteilen der Wachen, die Organisation der Rundumverteidigung, das Schlafen im Zelt über einen längeren Zeitraum, das morgendliche Waschen mit freiem Oberkörper unter freiem Himmel am Wasserwagen, das Heizen der Zeltöfen und die gemeinsamen Mahlzeiten aus der Gulaschkanone waren für uns alle verdammt

Führung des KRR-18 gratuliert zur Beförderung (JD)

gewöhnungsbedürftig, trugen aber ganz wesentlich zur Stärkung der Moral und zum „Miteinander" bei. In die Zeit des Feldlagers fiel auch eine überraschende Überprüfung der Gefechtsdiensteinheit – zwei SSR mit je zwei Raketen und der zugehörigen Sicherstellungstechnik – durch eine Kontrollgruppe des MfNV. Dies geschah gegen 22:00 Uhr. Der diensthabende Offizier benachrichtigte mich, woraufhin ich mich sofort auf meinen FP begab und zum Befehlsempfang beim Leiter der Kontrollgruppe meldete. Nach Erhalt der Aufgabenstellung und deren Studium erteilte ich die notwendigen Vorbefehle. Das war nun meine erste Überprüfung als neuer Kommandeur des KRR-18. Die gestellte Aufgabe war sehr umfangreich und erstreckte sich über eine Nacht und zwei Tage. Immerhin waren wir mit Gefechtsraketen ausgerüstet. Die befohlene Aufgabe bestand:
- in der Ausführung von Nacht-Kfz-Märschen und deren Sicherung,
- in der Verlegung in die Dislozierungsräume Darßer Ort und Barhöft,
- in der Ausführung eines Raketenschlags (imitiert) zusammen mit den Gefechtsdiensteinheiten (Raketenschnellbooten) der 6. Flottille, die als Fühlungshalter im Interesse einer gedeckten Zielzuweisung handelten.

Die Kfz-Märsche, jeweils nachts durch Stralsund in die befohlenen Dislozierungsräume, erforderten höchste Konzentration der Militärkraftfahrer. Während der gesamten Zeit regnete es wie aus Eimern, es herrschte stürmisches Wetter und kalt war es auch noch. Im genannten Zeitraum gab es keine Ruhe, keinen Schlaf – die Belastung war enorm hoch. Der Raketenschlag wurde mit der Note „Sehr gut" erfüllt und ohne Vorkommnisse kehrten wir wieder in das Feldlager zurück. Das durchaus respektable Ergebnis, welches durch einen guten Entschluss und eine gemeinsame kollektive Anstrengung gemeistert wurde, brachte mir bei meinen Unterstellten eine erste Anerkennung ein. Dies war meine „Feuertaufe" als Kommandeur und wir konnten ein wertvolles „Erfolgserlebnis" vorweisen, auf das alle stolz waren. Im Mai 1988, unmittelbar nach dem Feldlager, fand gleich wieder eine Kontrolle durch die Verwaltung Inspektion des Ministeriums für NV unter Leitung von Generalmajor Käseberg statt. Diese Kontrolle erstreckte sich über mehrere Tage und es wurden so ziemlich alle Bereiche des militärischen Lebens überprüft. Für die gesamte Überprüfung erhielten wir das Prädikat

„Gut". Auch diese Aufgaben hatten wir gemeinsam mit Bravour gemeistert und uns allen wiederum einen weiteren Erfolg verschafft. Doch wir sollten einfach nicht zur Ruhe kommen. Noch im selben Monat, Ende Mai, wurde in unserem Regiment für uns völlig überraschend über einen Zeitraum von 3 Tagen durch eine Kontrollgruppe des KVM die Gefechtsbereitschaft des KRR-18 überprüft. Wir erhielten im Ergebnis dieser Überprüfung das Gesamtprädikat „Gefechtsbereit".

Am Ende des 1. Ausbildungshalbjares 1987/88 konnten wir einschätzen, dass der erreichte Ausbildungsstand die Erfüllung der befohlenen Gefechtsaufgaben sowohl unter einfachen als auch unter komplizierten Bedingungen gewährleistete. Insgesamt führten wir, neben den genannten Überprüfungen und Kontrollen, in diesem Zeitraum elf planmäßige Trainings von Elementen der Gefechtsbereitschaft und 16 Überprüfungen der Gefechtsdiensteinheiten, selbstständig und im Zusammenwirken mit den Schnellbooten der 6. Flottille aus. Im Sozialistischen Wettbewerb wurde die 1. KRA als „Beste Einheit" durch den CVM ausgezeichnet. Insgesamt war die Belastung für den gesamten Personalbestand enorm hoch, aber der Erfolg hatte im Regiment wieder Einzug gehalten und das war für jeden spür- und sichtbar. Der Personalbestand war wieder hoch motiviert und die erreichten Ergebnisse beflügelten.

Höhepunkte

Im Juli 1988 verlegten wir in das Raketenschießgebiet der BF in den Raum Baltijsk. Schießende Einheit war die 1. KRA unter ihrem Kommandeur KK Domigalle (er war ein erfahrener und fähiger Offizier, der von seinen Unterstellten geschätzt und geachtet wurde). Als Leiter des 5. RSA des KRR-18 fungierte der Kommandeur. Nach dem Befehl für die 1. KRA, aus unserem Objekt der ständigen Dislozierung in Schwarzenpfost in den Überseehafen Rostock zu verlegen, begann faktisch der RSA. Im Hafen lag ein großes Landungsschiff der BF für uns bereit. Die Verlegung begann in den Abendstunden und die Einschiffung dauerte bis kurz vor Mitternacht. Nach Abschluss der Beladung begann dann die Überfahrt nach Baltijsk. Für mich war dies der erste RSA mit faktischem Waffeneinsatz. Ich war natürlich gespannt, was mich und uns in Baltijsk erwartete. Im Hafen von Baltijsk empfing uns der Leiter des Vorkommandos, KzS Kräusche, und meldete, dass das Feldlager entfaltet sei und die Verlegung der 1. KRA dorthin erfolgen könne. Ebenso wurden wir vom Kommandeur der MIBr der BF, Gardeoberst Anatolij Otrakowskij, und seinen Stellvertreter für politische Arbeit herzlich begrüßt. Hieraus entwickelte sich eine echte Waffenbrüderschaft und persönliche Freundschaft.

Die Tage bis zum Schießen wurden hauptsächlich zur Vorbereitung der Technik und zum Regeln der zum faktischen Waffeneinsatz bestimmten Raketen genutzt. Außerdem gab es eine ganze Reihe von Maßnahmen mit den Angehörigen der MIBr, wie gemeinsame Sportübungen, Exkursionen nach Baltijsk und Kaliningrad sowie in das Objekt der Marineinfanteristen. Dort konnten wir erleben, wie sich blutjunge und schüchterne Ma-

Feier beim 5. RSA 1988 (PG)

rineinfanteristen durch eine spezielle und umfangreiche Ausbildung zu echten durchtrainierten „Kämpfern" entwickelten. Am Tag des Schießens verlegten wir in den uns zugewiesenen Stellungsraum in das Gebiet bei Kap Taran. Der Befehl lautete, zwei Raketen zu schießen. Vor uns schossen die Schiffskräfte der BF, der PSKF und der VM. Unser Schießen sollte gegen Mittag beginnen. Innerlich verspürte ich eine seltsame Unruhe und Anspannung, dennoch gelang es mir, mich auf meine Hauptaufgabe zu konzentrieren. Nach Erhalt des Signals und der Schlagzeit, erteilte ich alle notwendigen Befehle für den Start von zwei Raketen. Nach dem ersten Schuss wurde die Besatzung der ersten Batterie gewechselt, so dass jede Besatzung faktisch einen Raketenschlag ausführen musste. Die Zeit bis zum Erhalt der Information über die Schießresultate schien unendlich lang zu sein. Jeder von uns erwartete natürlich voller Spannung das Ergebnis. Endlich erhielten wir die Mitteilung: „Beide Raketen haben den Zielschiffskörper getroffen." Uns allen fiel ein Stein vom Herzen. Ich begab mich sofort zu KK Domigalle und den Besatzungen der SSR und beglückwünschte sie zu ihrem Erfolg. Kurze Zeit darauf stellten wir die Marschbereitschaft her und verlegten zurück in den Raum unseres Feldlagers. Dort erwarteten uns schon der Kommandeur der MIBr und seine Stellvertreter, um mit uns den „Sieg" zu feiern. Im Feldlager wurde unter Leitung des STKRD mit dem im Feldlager verbliebenen Personal ein Biwak für uns alle vorbereitet. Ich genehmigte aus Anlass dieses sehr guten Ergebnisses die Freigabe von zwei Flaschen Bier für jeden Angehörigen des Feldlagers. Sie hatten sich diesen Tropfen aus der fernen Heimat redlich verdient. Wir feierten dann bis in die Nachtstunden gemeinsam mit unseren Marineinfanteristen beim Erzählen von Seemannsgarn und Witzen.

Zwei Tage später ging es dann wieder mit dem sowjetischen Landungsschiff zum Überseehafen nach Rostock zurück und schlussendlich in unser Objekt Schwarzenpfost. In unserer Abwesenheit haben die Angehörigen der 2. KRA unter Führung von KK Schwarz alle Aufgaben der „Ständigen Gefechtsbereitschaft" und des Gefechtsdienstes vorbildlich erfüllt. Nun begannen für alle wieder die Aufgaben des täglichen Dienstes, die uns alle in Beschlag nahmen. Die Gefechtsausbildung wurde auf dem erreichten Niveau fortgesetzt. Im Sozialistischen Wettbewerb wurden sowohl die 1. KRA als auch die 2. KRA am Ende des Ausbildungsjahres 1987/88 als „Beste Einheit" ausgezeichnet. Außerdem gab es vier „Beste Startbatterien", zwei „Beste RTB" und fünf „Kollektive der sozialistischen Arbeit" bei den ZB. Mit Abschluss dieses Ausbildungsjahres verließ uns, nach seiner Beförderung zum FK, mein STKSC, Wolfgang Schädlich. Ohne ihn hätte ich den Start in einer für mich völlig neuen Waffengattung nie erfolgreich vollziehen können. Ihm gebührt mein besonderer Dank. Ich unterstützte seine Versetzung ins MfNV. Neuer STKSC wurde KK Brennecke und neuer STKA der unlängst beförderte FK Roesner. Ins Regiment wurde aus der 6. Flottille der auch unlängst zum FK beförderte Raketenspezialist Klaus-Peter Gödde versetzt, der als STKRB im Oktober 1988 seinen Dienst antrat.

Im Februar 1989 erhielt ich bereits die Mitteilung, dass wir mit fünf SSR, fünf Nachladefahrzeugen und zwei Jeeps an der Militärparade am 07.10.1989 in Berlin teilzunehmen haben. Sowohl die SSR als auch die Nachladefahrzeuge sollten Raketen mitführen. Das war eine Aufgabe, die vorher nicht geplant war, und es begann eine umfangreiche Vorbereitung. Als teilnehmende Einheit wurde die 1. KRA unter Führung Ihres Kommandeurs, KK Domigalle, durch mich festgelegt.

Am 05.04.1989 begann in unserem Truppenteil eine umfassende Kontrolle der Gefechtsausbildung durch den Bereich des STCCA. In dieser Kontrolle wurden uns gute und sehr gute Ergebnisse bestätigt. Außer diesen Aufgaben und der Kontrolle mussten wir uns auch auf unsere Hauptaufgabe, nämlich den 6. RSA des KRR-18 vorbereiten. Dieser RSA fand im Juli 1989 statt. Als schießende Einheit wurde die 2. KRA festgelegt (unter ihrem Kommandeur FK Peter Schwarz). So wie auch beim vorjährigen RSA waren die Organisation und die Ausführung ähnlich angelegt. Als Leiter des Vorkommandos war 1989 FK Gödde eingesetzt, der uns gemeinsam mit dem Kommandeur der MIBr und einigen seiner Stellvertreter im Hafen von Baltijsk herzlich willkommen hieß. Mit dem Eintreffen im Feldlager begann ohne Zeitverzögerung die aktive Vorbereitung des Personals und der Technik auf das faktische Raketenschießen. Die Aufgabe lautete: Start von zwei Raketen auf das Zielschiff.

Anders als im vergangenen Jahr gab es dieses Mal doch einige Höhepunkte, die so nicht vorauszusehen waren: So besuchte uns der CVM gemeinsam mit dem STCCPV, KA Helmut Milzow, ganz überraschend im Feldlager. Nachdem ich die beiden Admirale begrüßt hatte, meldete ich den Entschluss zum Ausführen des Raketenschießens. Dann inspizierten die beiden Admirale gemeinsam mit mir die Ordnung und Sauberkeit, den hygienischen Zustand und die Sanitäranlagen sowie die Unterbringung im Feldlager. Bei diesem Rundgang durch das Feldlager führten beide Admirale eine ganze Reihe von individuellen Gesprächen mit allen Dienstgradgruppen über persönliche Probleme und Sorgen, sowie über die Qualität der Truppenverpflegung und der Unterbringung. Bei einer Tasse Kaffee gab es dann noch ein sehr kameradschaftliches Sechsaugengespräch. Als der hohe Besuch sich verabschiedete und ich vom CVM einen Klaps auf die Schulter bekam, habe ich das als gutes Omen gewertet und dachte mir, dass beide Admirale zufrieden die Rückreise antreten können. Auch der Chef der KRAT der BF und der Kommandeur des dortigen KRR in Donskoje, Oberstleutnant Anatolij Butenko, statteten uns einen Besuch ab. In Absprache mit dem Chef KRAT haben wir als Gastgeber den Kommandeur der MIBr und seine Stellvertreter nebst Ehefrauen zu einem gemütlichen Abend eingeladen. Ein kleines Präsent, Kosmetika aus der DDR, überreichte ich als Willkommensgeschenk den Frauen, worüber sie sich sehr freuten.

Das Schießen verlief wie im Vorjahr: Beide Raketen trafen das Ziel. Kurz nachdem ich die schießenden Besatzungen beglückwünscht hatte, erhielt ich die Information, dass der CVM mit mehreren Admiralen und Generälen in ungefähr 1 Stunde zu uns in den Stellungsraum kommen werde und ich möge dazu „alles" vorbereiten. Nach dieser Information musste ich mich erst einmal hinsetzen, um nachzudenken, was mit „alles" gemeint war. Danach stimmte ich mich mit den FK Schwarz und Gödde ab. Es wurden Bänke und Tische aufgebaut, eine Mahlzeit aus der Feldküche vorbereitet und als Getränke deutsches Bier und Wodka besorgt. Gegen 15:15 Uhr war die Vorbereitung für den Empfang abgeschlossen. Nach Ankunft der Wagenkolonne erstattete ich dem CVM Meldung und lud ihn und seine Gäste zu einem gemeinsamen Mittagessen unter

CVM im Feldlager beim 6. RSA 1989 (JD)

freiem Himmel und Feldbedingungen ein. Als die Gäste dann die eingedeckten Tische mit weißen Tischdecken, gefüllten Gläsern und die in weiße Jacken gekleideten Backschafter sahen, staunten sie nicht schlecht. Admiral Th. Hoffmann forderte mich auf, als Gastgeber den ersten Toast auszubringen, danach folgten unser Chef und auch einige der Gäste. Ein sowjetischer Admiral fragte ganz erstaunt, wie es denn möglich sei, dass ein Regimentskommandeur unter diesen Bedingungen den Ausschank von Alkohol anweisen darf. VA Hoffmann antwortete für mich, worüber ich sehr froh war. Er sagte: „Der Regimentskommandeur hat den Start von zwei Raketen befohlen, dann hat er auch das Recht, eine solche Weisung zu erteilen." Damit hatte Th. Hoffmann natürlich die Lacher auf seiner Seite. Zum Abschluss erhielten wir vom CVM ein dickes Lob dafür, dass „alles" so gut geklappt hat und natürlich besonders für unser sehr gutes Schießergebnis. Auch die Gäste sparten nicht mit Lob und Anerkennung. Auch diese Übung war gelungen. Nach ca. 1 Stunde war dieser „Feldempfang" beendet und die Wagenkolonne fuhr ab. Das Thema Nr.1 an diesen Abend war natürlich der Besuch von VA Hoffmann und seine hohen Gäste in unserem Truppenteil. Besonders nachhaltig blieb den Angehörigen des KRR-18 im Gedächtnis, dass der CVM sich für so einfache Sachen interessierte wie Verpflegung, Hygiene und die allgemeinen Lebensbedingungen im Feldlager und dass er sich bei vielen persönlich über deren Wohlbefinden erkundigte und sich so unkompliziert mit ihnen unterhielt. Damit war die letzte Etappe des 6. RSA eingeleitet und im Hafen von Baltijsk wurden wir von unseren Marineinfanteristen herzlich verabschiedet und das Musikkorps intonierte uns zu ehren „Kalinka" und „Muss i´ denn zum Städtele hinaus". Somit war auch der 6. RSA „Geschichte".

Nun galten alle Anstrengungen der weiteren Vorbereitung und Organisation der Militärparade in Berlin durch die 1. KRA. Das sollte aber nicht alles sein. Anfang August erreichte uns die Information, dass unserem Regiment aus den Händen des Ministers für NV ein Ehrenbanner des ZK der SED in Anerkennung unserer bisher gezeigten Leistungen überreicht werden sollte. Dies erfüllte uns zwar mit viel Stolz, war aber auch mit sehr viel zusätzlicher Arbeit verbunden. Das hieß konkret: ab sofort alle Anstrengungen auf beide anstehenden Maßnahmen zu konzentrieren. Gleichzeitig mussten auch das tägliche Regime in der Dienststelle und im Gefechtsdienst sichergestellt werden. Somit entstand in unserem Truppenteil eine sehr komplizierte und angespannte Situation, die eine enorm hohe Bereitschaft des gesamten Personals, besonders der Berufssoldaten und ihrer Familien erforderte. Meine Männer standen die gesamte Zeit über in den „Stiefeln". Nach dem Klarmachen der Aufgabe und Festlegen einer Idee für die Lösung der nun anstehenden Aufgaben, ging es nunmehr um deren Erfüllung. Sehr umfangreich und zielorientiert wies ich die Stellvertreter, den Stab und die Einheitskommandeure in die Schwerpunkte der Aufgaben und deren Umsetzung ein. Der STKLPLA erarbeitete parallel dazu die Aufgabenstellung für die Partei- und FDJ-Organisationen. Ich verspürte beim Personal aller Dienstgradgruppen eine hohe Bereitschaft und Moral. Allen war klar, dass wir nur gemeinsam und aufgrund einer einheitlichen Idee diese umfangreichen Aufgaben erfüllen können. Die Angehörigen des Truppenteils waren sehr motiviert. Um die Vorbereitung der Paradetechnik bis hin zur Farbgestaltung (Tarnanstrich) zu gewährleisten, beauftragte ich den STKT, FK Jürgen Galda, mit dieser Aufgabe. Jürgen Galda war ein pfiffiger und hochqualifizierter Offizier. Es gab auf seinem Spezialgebiet nichts, was er nicht konnte. Er war ein „Hans

Dampf in allen Gassen". Ich wusste, auf ihn kann ich mich 100%ig verlassen – und so war es auch.

Die 1. KRA verlegte am 11. September 1989 in ein riesiges Feldlager nach Paaren am Autobahnabschnitt 149 auf dem Berliner Ring, wo die gesamte an der Parade teilnehmende Radtechnik der NVA untergebracht war und dort auch die Trainings abhielt. Auch ich nahm an diesen ersten Fahrübungen der Paradetruppen teil. Gleichzeitig lief aber auch die Vorbereitung des Ministerbesuchs in unserer Dienststelle, so dass ich zwischen dem Paradetraining und der Vorbereitung des Ministerbesuchs ständig zwischen Autobahn und Schwarzenpfost hin und her pendelte. In diesen Tagen war ich froh Unterstellte zu haben, denen ich blind vertrauen konnte, weil sie unsere nicht einfachen gemeinsamen Aufgaben auch während meiner Abwesenheit tatkräftig unterstützten. Allein hätte ich das nie bewerkstelligen können. Nach Abschluss der Trainingsläufe auf der Autobahn verlegte die 1. KRA nach Lehnitz, in eine Dienststelle der Landstreitkräfte. In diesem Objekt wurde die gesamte Paradetechnik vor allem farbtechnisch vorbereitet. Nachdem diese Arbeiten, die immerhin ein paar Tage in Anspruch nahmen, abgeschlossen waren, verlegte die 1. KRA nach Berlin-Biesdorf, ebenfalls eine Dienststelle der Landstreitkräfte. Nun begann die unmittelbare Paradevorbereitung und es folgten u. a. die nächtlichen Paradetrainings mitten in der Hauptstadt.

Führungsfahrzeug der Formation des KRR-18 zur Parade 1989 (JD)

Am 07.10.1989, pünktlich um 10:00 Uhr, begann die Militärparade der NVA in Berlin. Der Ablauf war wie bei der Parade 1984, an dem das KRR-18 ebenfalls teilgenommen hatte. Alles lief exakt und ohne Vorkommnisse. Nach dem Vorbeimarsch ging es sofort wieder nach Biesdorf. Ich meldete mich beim OPD der VM und bat um weitere Order. Ich erhielt den Befehl, um 19:00 Uhr am 07.10.1989 in einer Marschkolonne ohne Unterbrechung über die Autobahn in Richtung Rostock nach Schwarzenpfost zu verlegen. Das war schon sonderbar, dachte ich so bei mir, aber es wird schon seine Richtigkeit haben. Im Nachherein erfuhren wir natürlich den Grund dafür – es begann die friedliche Revolution in der DDR. Mit dem Eintreffen in unserem Objekt war auch diese Aufgabe „Geschichte".

Auszeichnungen und Abschied vom Regiment

In der Dienststelle lief natürlich die Vorbereitung des Ministerbesuchs auf Hochtouren, denn es gab noch jede Menge zu tun. So waren ältere Gebäude farblich in einem nicht guten Zustand. Nach der Methode „Hilf Dir selbst" beauftragte ich den OOK, KK Sascha Teuber, Maler und Maurer auszuwählen, um Abhilfe zu schaffen. Es wurden je eine Maler- und eine Maurerbrigade gebildet, die von allen Aufgaben und Diensten freigestellt wurden. Die Maurer sollten ein neues OVP-Gebäude errichten. Das dazu erforderliche Baumaterial wurde über den eigenen UKD besorgt. Das Gebäude wurde termingemäß fertiggestellt – und alles in Eigenleistung. Der Brigadier der Malerbrigade unterbreitete einen akzeptablen Vorschlag bezüglich der Fassadengestaltung – und los ging es. Da Fassadenfarbe in der NVA so schnell und in den benötigten Mengen nicht besorgt werden konnte, entschlossen wir uns, überalterte Technikfarbe in den vorhandenen Mengen zu verwenden. Grau und olivgrün sowie braun und Beigetöne waren jeweils vorhanden, aber nicht so viel, um mit einer einzigen Farbe alles neu zu gestalten. Danach sahen die Außenwände der Gebäude schick aus, so richtig im Tarnanstrich. Die Tore der Kfz-Hallen waren alle im Laufe der Zeit stark verbeult, teilweise funktionsuntüchtig und der Farbzustand war auch nicht mehr der Beste. Um diese Mängel zu beheben, benötigten wir sehr viel Geld. Es waren ca. 100.000 Mark erforderlich. Ich rief den CVM an und bat um Unterstützung. Einen Tag später teilte mir VA Hoffmann mit, dass die angeforderte Summe an unsere Finanzstelle überwiesen werde. So war unser Chef, er half, wenn es immer möglich war. Wir kauften neue Hallentore und ließen sie von einer beauftragten Firma montieren. Mit diesem „Kraftakt" und der Hilfe von „oben", konnten wir die technische Vorbereitung auf den Ministerbesuch abschließen. Parallel dazu musste aber auch der Personalbestand auf diesen Höhepunkt vorbereitet werden. Wir trainierten die Antreteordnung, das Stillstehen über einen längeren Zeitraum und den Vorbeimarsch, denn wir wollten uns schließlich nicht vor dem Minister, dem CVM und den geladenen Gästen blamieren. Schließlich war es dann auch soweit. Am 25.09.1989 empfing ich den Minister für NV, Armeegeneral Heinz Keßler, am Eingang unseres Objekts und erstattete Meldung. Danach begleitete ich ihn zur angetretenen Ehrenkompanie und anschließend in unser Klubgebäude, wo bereits der CVM, weitere Admirale und Offiziere, unsere sowjetischen Waffenbrüder und hochrangige Vertreter aus Politik und Wirtschaft aus dem Bezirk Rostock den Minister erwarteten. Bei einer Tasse Kaffee informierte der CVM die Anwesenden über Platz und Rolle unseres Truppenteils innerhalb der VM und danach gab ich einen Auskunftsbericht über unser Regiment. Danach begab sich der Minister zum Paradeplatz. Nach kurzer Meldung begleitete ich ihn beim Abschreiten der Front und anschließend auf die Ehrentribüne. Die Ehrengäste wurden durch den CVM vorab schon zur Tribüne geführt. Der gesamte Personalbestand des Regiments war in Paradeuniform angetreten. Die Fahnenkommandos für die Truppenfahne und das Ehrenbanner standen mit Blickrichtung zur Ehrentribüne. Nachdem der Minister die Truppe begrüßt hatte, bedankte ich mich im Namen aller Angehörigen des Truppenteils für die nun folgende Auszeichnung und die damit verbundene Wertschätzung. Im Anschluss übergab mir Armeegeneral Keßler das Ehrenbanner des ZK der SED anlässlich des 40. Jahrestags der DDR. Wir hatten darum gekämpft, hatten viel erreicht und waren nun sehr stolz darauf. Nur drei weitere Truppenteile der NVA und der Grenztruppen erhielten diese hohe Auszeichnung, wobei wir von der VM der einzige Truppenteil waren, dem diese Anerkennung zuteil kam. Der offizielle Teil des militärischen Zeremoniells fand mit dem Vorbeimarsch des Regiments an der Ehrentribüne im Exerzierschritt seinen Abschluss. Kurz darauf zeigten wir dem Minister, dem CVM und unseren Gästen die Lehrbasis, die Technische und die Unterkunftszone und den Kfz-Park. Dabei nutzte der Minister die Gelegenheit, um mit vielen Soldaten aller Dienstgradgruppen persönliche Gespräche zu führen. Wiederholt stellte er die Frage, warum denn so viele Menschen die DDR verlassen wollen. Ich war erstaunt, wie offen meine Männer mit diesem Problem umgingen und dem Minister auch ehrlich ihre Meinung sagten. Durch Glasnost und Perestroika angeregt und mit vielen Informationen, die zu seiner Zeit zensurlos veröffentlicht wurden, fragten sich

Verleihung eines Ehrenbanners des ZK der SED an das KRR-18 (JD)

natürlich die Grundwehrdienstleistenden und auch Berufssoldaten, warum keine Antworten zu den Problemen und Schwierigkeiten jener Tage durch die Partei und durch die Regierung gegeben wurden. Sie alle standen doch zur DDR, wollten mithelfen, das Leben und Arbeiten in der DDR zu verbessern.

Der Minister unterhielt sich offen, hatte keine Angst, selbst mit Fragen konfrontiert zu werden. Er konnte offensichtlich vieles selbst nicht mehr verstehen, warum die Lage vor allem in der Wirtschaft und in der Politik sich immer weiter zuspitzte. Wir alle fühlten, dass Keßler sicher mehr wusste, als er preisgab, aber er hatte keine Antwort mehr darauf. Im Anschluss fand ein Empfang statt, an dem außer unseren Gästen natürlich auch viele Soldaten aller Dienstgradgruppen des Regiments teilnahmen. Nun war auch dieser Höhepunkt geschafft.

Die folgende Zeit war nicht mehr so wie bisher, denn die nun beginnenden gesellschaftlichen Ereignisse prägten und bestimmten unsere weitere Tätigkeit und Entwicklung stark. Dennoch verloren wir unser großes Ziel, am Ende des Ausbildungsjahres 1988/89 als „Bester Truppenteil" ausgezeichnet zu werden, nie aus den Augen. Beide KRA wurden als „Beste Einheit" und das KRR-18 als „Bester Truppenteil" ausgezeichnet und dies erstmalig seit seinem Bestehen. Es war ein langer, anstrengender und entbehrungsreicher, aber erfolgreicher Weg und Kampf gewesen. Die Auszeichnung nahm der STCCS, KA Rolf Rödel, vor. Die Arbeit im Truppenteil war nunmehr hauptsächlich von den politischen Ereignissen und der daraus folgenden Entwicklung in der NVA geprägt. Es begann die Militärreform, die wir umzusetzen hatten. Am 18.11.1989 wurde VA Hoffmann zum Minister für NV berufen. Neuer CVM wurde VA Hendrik Born. Gegen Mittag des 22.01.1990 wurde ich wieder einmal ohne Vorankündigung und völlig überraschend zum CVM befohlen. In einem sehr ausführlichen und kameradschaftlichen Gespräch überzeugte mich VA Born davon, dass ab sofort mein Platz und meine Rolle wieder im KVM an seiner Seite sein sollten. Nach dem Grundsatz „neue Umstände erfordern auch neue Maßnahmen" willigte ich ein und wurde zum 23.01.1990 in meine neue Dienststellung Leiter der Abteilung für Staatsbürgerliche

Arbeit versetzt. Ich hatte die Aufgabe, in der VM nach dem Muster der Bundeswehr (Innere Führung) die Struktur der staatsbürgerlichen Arbeit aufzubauen. Als meinen Nachfolger habe ich dem CVM meinen STKRB, FK Klaus-Peter Gödde, vorgeschlagen. Ich war felsenfest davon überzeugt, dass er der richtige Offizier war, der unter der sich abzeichnenden Entwicklung in der DDR und damit auch in der NVA die Geschicke des Regiments am besten in den Griff bekommen würde. FK Gödde hatte einen sehr ausgeglichenen Charakter und war beim Personal akzeptiert. Dieses Vertrauen rechtfertigte er in vollem Umfang. Mit sehr viel Umsicht, Fingerspitzengefühl und Anstand musste Gödde unseren Truppenteil bis zu dessen Existenzende führen. Dafür gebührt ihm großer Respekt – einen modernen und kampfstarken Truppenteil vom Höhepunkt bis zur Auflösung pflichtbewusst zu führen. Ich glaube, die schwerste Aufgabe eines Kommandeurs besteht darin, seinen eigenen Truppenteil „ohne Gegnereinwirkung" zu Grabe tragen zu müssen. Damit war meine Dienstzeit im KRR-18 beendet. Diese Dienststellung war für mich die Schwierigste, aber auch die Schönste. Ich würde es immer wieder so tun. Zum Ende meiner Dienstzeit im KRR-18 verrieten mir viele Angehörige, dass sie unsere Dienststelle liebevoll seit über einem Jahr „DIXILAND" nannten. Das war für mich das größte Lob meiner Männer.

Neben allen den mir anvertrauten Unterstellten im KRR-18 möchte ich diese Gelegenheit nutzen, um mich bei Admiral a. D. Theodor Hoffmann zu bedanken. Ich habe ihn außergewöhnlich geschätzt und verehrt, er hat mich gefordert, aber auch gefördert. Ihm habe ich meine gesamte erfolgreiche militärische Entwicklung in der VM zu verdanken.

Klaus-Peter Gödde
Erinnerungen des Kommandeurs des Küstenraketenregiments 18, 1990

Gefährlicher Dienst
Im Juli 1973 lag ich nach Dienstschluss in meiner Koje unter Deck achtern in der Offiziersmesse des Raketenschnellboots 734 „Albert Gast" im Stützpunkt Bug/Dranske der 6. Flottille der VM und las ein Buch. Das war der Einstieg in meine 5-jährige Ausbildung an der Höheren Kaspischen Seekriegsschule „S.M. Kirow" in Baku. Mein Ziel war, Kommandant eines RS-Boots oder ein Raketenspezialist zu werden. Fünf Jahre später wurde ich als Zugführer für Autopilot/E-Bordausrüstung/Zündanlage in der 3. Raketentechnischen Kompanie der RTA-6 der RD der 6. Flottille eingesetzt – Borddienst ade. Ich arbeitete in der Werkstatt 1, in der an zwei mobilen Regelbändern (MRB) zwei Kompanien gleichzeitig die halbjährliche Durchsicht an Raketen der BS I vornahmen. Das waren die gleichen gefechtsbereiten Raketen wie an Bord. Eine Havarie im Raketentreibstofflager und die folgende Ablösung des Verantwortlichen ließ mich in die Funktion des Offiziers für Raketentreibstoffe und Lagerwirtschaft aufsteigen. Nichts Giftigeres und Gefährlicheres an Flüssigkeiten war mir bisher begegnet. In meiner Obhut befanden sich mehrere Hundert Tonnen Raketentreibstoffe. Umfassendes Wissen über Raketentreibstoffe eignete ich mir 1978 in einem halbjährlichen Qualifikationslehrgang an der Technischen Offiziershochschule in Uljanowsk an. Dort

lernte ich die fünf Raketentreibstoffe der NVA bis ins Detail kennen. Der STKRB wurde zum Studium an die Militärakademie der NVA „Friedrich Engels" abkommandiert. Ich rückte nach und war nun verantwortlich für die Organisation aller Kontroll- und Wartungsarbeiten an der Raketenbewaffnung sowie für alle Lagerbestände, Raketenhallen, Werkstätten und Bunker sowie für die beiden Betankungsplätze in der 140 ha großen technischen Zone im Tilzower Wald. Auch das Raketenlager auf dem Bug, aus dem die Raketenschnellboote sofort ausgerüstet werden konnten, fiel in mein Ressort. Drei Jahre später nahm ich selbst ein Studium an der Militärakademie „Friedrich Engels" der NVA auf. Ich diente nach dem Studium wieder in den RD der 6. Flottille in Dranske/Bug als Leiter der Unterabteilung Raketen- und waffentechnischer Dienst. In meinem neuen Dienstbereich hatten sich zu den Raketen noch das Munitionslager und die Torpedotechnische Kompanie dazugesellt. Damit war ich mit meiner 9-köpfigen Einheit für die Sicherstellung der Stoßkräfte der VM mit Raketen, Torpedo, Minen, Artilleriemunition, Handgranaten, tragbaren Luftabwehrraketen sowie mit Schützenwaffenmunition und reaktiven Panzergeschossen in Friedenszeiten und bei der Überführung in den Kriegszustand verantwortlich.

Im Küstenraketenregiment 18
Über Nacht kam die Versetzung in das KRR-18, ein STKRB wurde in diesem selbstständigen Truppenteil gebraucht. Beim 6. RSA im Juli 1989 stand ich hinter dem Kommandeur der schießenden SSR 221. Ein Knopfdruck, der Bruchteil einer Sekunde, dann ein Schlag wie mit einem Vorschlaghammer gegen eine riesige Eisenplatte und die ganze SSR schaukelte leicht. Die Rakete hatte den Startcontainer verlassen – sie war 3 m neben mir gestartet, unvorstellbar! Die sowjetische SSR neben uns vollzog einen Salvenstart. Im Takt von 7 Sekunden verließen mit einem wesentlich lauteren Knall als bei uns zwei Raketen den Startcontainer der SSR. Nach der Entwarnung sprangen wir aus der Gefechtskabine und sahen noch, wie die Starttriebwerke der Raketen ins Meer stürzten. Die Raketen gingen auf 50 m Flughöhe herunter, deutlich zu sehen an den Abgasstrahlen, die wie schwarze Fäden die Raketen hinterher ziehen. Etwa 20 Minuten später folgte der nächste Start, alle Raketen schlugen in die 405 Kabel (ca.75 km) entfernten Seezielscheiben ein. Drei Monate später fand die Militärparade der NVA anlässlich des 40. Jahrestags der DDR statt. Das erste Mal war ich bei einer Parade. Ich doublierte den Kommandeur des KRR-18 und saß im Reserveführungsfahrzeug, das in Bereitschaft direkt neben der Ehrentribüne stand. Ich sah, wie die Paradeeinheiten mit ihrer Kampftechnik vorbeimarschierten, darunter auch mein Truppenteil. Ich war stolz, in dieser Armee zu dienen, sie war stark, kampfbereit und hatte sehr gute Soldaten und Offiziere. Die Welt veränderte sich. Ich wurde Kommandeur des KRR-18. Jetzt war ich „Kommandant" von acht, später sogar zehn, SSR – eine gewaltige Macht. Die Zeiten aber waren unsicher. Ungewissheit ließ ich nicht zu. Es wurde weiter ausgebildet und damit die Stabilität in unserer Truppe erhalten. Ein hochgerüsteter und kampfbereiter Truppenteil wie unser Regiment fiel dem politischen Wanken und Verdrehen nicht zum Opfer. Mit meinen engsten Mitarbeitern beriet ich mich und wir entwickelten eine Idee, wie wir die Aufgaben der immerhin noch geltenden Anordnung 80/90 des CVM umsetzen wollten. Es wurde auf allen Gebieten ausgebildet. Das Eigenartige, auch in der gesamten Folgezeit dabei war, dass wir keine Einschränkungen erfuhren, keinen Störfak-

Einweisung des verbliebenen Personalbestands des KRR-18 zur letzten „Übung" 1990 (PG)

toren unterlagen und alles genehmigt bekamen, was wir ordnungsgemäß beantragten. Auch die früher zahlreichen Kontrollen und Überprüfungen durch den Stab der VM entfielen jetzt. Ein irrealer Zustand, der eigentlich zwangsläufig, wie auch geplant, zur Selbstauflösung führen musste. Ein Beispiel dafür war die letzte „Übung" des KRR-18.

Letzte Übung
Es war im Sommer 1990. In seiner 7-jährigen Geschichte führte das KRR-18 seine letzte Übung durch. Diese beinhaltete Handlungen der Stoßkräfte der VM gegen das Geschwader der VOF, das in diesem Jahr unter dem Kommando von VA H. Born stand und vom 31.05.–20.06.1990 in der Ostsee kreuzte. Es war die letzte gemeinsame Aktivität der drei Flotten. Zu diesem Geschwader gehörten 1990:
- von der VM das Küstenschutzschiff „Halle", der Versorger „Mönchgut" und der Tanker „Usedom",
- von der BF die UAW-Schiffe „Bodry" und „Slawa" sowie der Tanker „Lena",
- von der PSKF der Raketenzerstörer „Warszawa".

Welche Aufgaben das letzte Geschwader im Einzelnen erfüllte, entzieht sich meiner Kenntnis. Der Einsatz unseres Regiments beschränkte sich dabei auf einen verhältnismäßig kurzen Zeitraum, d. h., der Schiffsverband erfüllte die ihm gestellten Aufgaben in eigener Zuständigkeit und zu einem festgelegten Zeitpunkt wurde er als Ziel zur Bekämpfung durch die Stoßkräfte genutzt. Zu den Stoßkräften gehörten die Schiffsschlaggruppen der 6. Flottille und die zugeteilten Schiffseinheiten der 24. Brigade aus Swinoucjie (Swinemünde), die KRT aus Schwarzenpfost und die Marineflieger des MFG-28 aus Laage. Dieses Zusammenwirken wurde als Höhepunkt am 19.06.1990 in der südlichen Ostsee trainiert. Die Übung war die einzige des 2. Ausbildungshalbjahres 1989/90 in der VM. Sie wurde auch nicht durch den Stab der VM, wie alle anderen Maßnahmen, sondern durch den TGS des CVM geführt. Dementsprechend kontrollierten weder Vorgesetzte noch Kontrolloffiziere den Ablauf der Übung. So paradox das klingt:

Wir waren unsere eigenen Schiedsrichter und durften die Erfüllung der Aufgabe selbst einschätzen. Für diese Übung war die 1. KRA den Schiffsstoßkräften unter dem Kommando des Chefs der 6. Flottille, KzS Werner Murzynowski, zugeteilt. Ich hatte mich entschlossen, die 1. KRA selbst zu führen und weitere Kräfte des KRR-18 zur Teilnahme an der Aufgabe befohlen. Die 1. KRA hatte vor Kurzem ihre Abteilungsgefechtsübung mit Bravour absolviert. Die Bekämpfung des Geschwaders stellte nochmals einen Höhepunkt in der Taktischen Ausbildung dar. Bei der Meldung meines Entschlusses an den Chef der 6. Flottille schlug ich vor, diese Abteilung auf der Insel Rügen im Raum Südbug zu entfalten und aus dem Stellungsraum Wittow einzusetzen. Er bestätigte meinen Entschluss. Die 1. KRA verlegte auf den Südbug und hielt sich dort bereit, Aufgaben zur „Bekämpfung" des Geschwaders zu erfüllen. Da die Verlegung bereits eine Woche vorher erfolgte, konnte die KRA auf diesem Gelände unter feldmäßigen Bedingungen eine Gefechtsausbildung durchführen. Natürlich sollte auch die 2. KRA, die „Seniorengarde", die nur noch aus wenigen, aber langgedienten und versierten Berufssoldaten bestand, an diesem Ereignis teilnehmen. Die Ausbildung der „Berufssoldatenabteilung" unter Führung von FK P. Schwarz erfolgte im Bestand einer SSR und unter der Führung der 2. KRA. Diese Kräfte wurden in einem frei gewordenem Objekt der 6. GBK in Wustrow auf dem Darß entfaltet. Die Idee meines STKA, FK Bernd Roesner, die 2. KRA zur Kontrolle einzusetzen, griff ich auf und verwirklichte sie. So konnten wir durch den Einsatz der SSR mit ihrer Radarstation überprüfen, welche Gefechtsergebnisse wir, die KRT, und natürlich auch unsere Nachbarn im Zusammenwirken mit den anderen Stoßkräften erzielt hatten. Das Ganze war ungewöhnlich und einmalig – als Schiedsrichter der eigenen und auch der zusammenwirkenden Kräfte zu fungieren. Solche Extras hatte es bisher nicht gegeben. Am Morgen des 19.06.1990 verlegte mein FP mit Offizieren des Stabes und einem mobilen Nachrichtensatz zum Gefechtsstand der 6. Flottille auf Kap Arkona. Diese wenigen Kräfte reichten in diesem Fall, um die KRA zu führen. Führen bedeutete hier, Nachrichtenverbindungen zum Gefechtsstand des Chefs der 6. Flottille, zur 1. KRA auf der Halbinsel Wittow herzustellen, sowie zur 2. KRA, die auf dem Darß Stellung bezogen hatte, und natürlich zum Schiffsführungshalter. KL R. Jähnig (unser ausgezeichneter Nachrichtenoffizier, Fachmann durch und durch) verlegte immer einen heißen Draht zusätzlich. Es passierte nie, dass sein Kommandeur führungslos das Gefecht über sich ergehen lassen musste. Nichts wäre schlimmer gewesen, als eine solche Situation. Versierten Berufssoldaten wie die Stabsobermeister Jedaschko, Bohnenstengel, Obermeister Bauer, sowie die Chiffrierer Meister Brandt und Maat Zilinski sorgten für gute und stabile Verbindungen. Aber auch die Nachrichtensoldaten der KRA beherrschten ihr Fach. Am Vormittag fuhr ich nach Kap Arkona und meldete mich beim Chef der 6. Flottille.

KzS W. Murzynowski ließ sich die aktuelle Lage im Seegebiet durch seinen Lageoffizier melden und informierte dann über seinen Entschluss zur Erfüllung der Aufgabe. Er wies uns in die geplanten Kampfhandlungen ein, befahl die Schlagzeit und legte die Ausgangspositionen fest. Den ersten Schlag sollten die Schiffsschlaggruppen im Zusammenwirken mit den KRT aus unterschiedlichen Richtungen vornehmen. Die Marineflieger sollten kurz darauf Schläge zur Ausweitung des Erfolgs durchführen. Die Teilnehmer verließen den Lageraum des unterirdischen Gefechtsstands und begaben sich in ihre Operationsräume, die sich alle in diesem verbunkerten Bauwerk befanden.

Ich erteilte dem Stabschef den Befehl, die beiden Startbatterien in die Wartestellungen zu entfalten. Der Kommandeur der 1. KRA wurde per Funk über den Schiffsführungshalter (ein Torpedoschnellboot) informiert. Dieser sollte sich anfangs dicht unter der eigenen Küste im Radarschatten aufhalten. Danach sollte er mit Höchstfahrt den Radarkontakt zu den Kräften des „Gegners" herstellen und die notwendigen Angaben, die Peilung, Distanz und die Geschwindigkeit für den Einsatz unserer Raketenbewaffnung liefern. Befohlen war die Fühlungshaltermethode „Übermittlung von Daten nach Festpunkten". Über Funk hörten wir mit, wie FK W. Domigalle die Verbindung zum Schiffsfühlungshalter herstellte, die Werte vom TS-Boot erhielt und an die beiden Batteriekommandeure übermittelte. Meine Stabsoffiziere OL Stadler und KK D. Herms notierten im Gefechtstagebuch alle Befehle und Informationen und koppelten auf der Seekarte alle Handlungen der eigenen und der Kräfte des „Gegners" mit. Ausgehend von der befohlenen Schlagzeit erteilte ich dem Kommandeur der 1. KRA den Befehl zum Raketenangriff. Die Startrampen verlegten mit großer Geschwindigkeit in ihre vorher vermessenen Startstellungen und stellten die Startbereitschaft her. Auf die Sekunde genau wurde der Startknopf gedrückt. Den Start der ersten Raketensalve von acht Raketen meldete FK W. Domigalle an meinen FP. Wir notierten die Daten und gaben die Meldung an den Gefechtsstand des Chefs der 6. Flottille weiter. Sofort nach dem Start verlegten die SSR zum Beladepunkt, um neue Raketen zu übernehmen. Das war für die SSR der KRT der Zeitabschnitt, in dem sie am verwundbarsten waren. Innerhalb von 30 Minuten – das war die Normzeit – mussten die SSR unter allen Bedingungen mit Raketen beladen werden. Das Zusammenspiel der Raketentechnischen Sicherstellung und der Gefechtseinheiten musste also funktionieren. In dieser Zeit erfolgte gemäß dem Plan des Zusammenwirkens der beteiligten Kräfte der Angriff der MFK aus Laage, Jagdbomber „SU-22 M 4", auf den Schiffsverband des „Gegners". Der zweite Angriff erfolgte weniger realitätsnah, da Probleme in der Organisation und Sicherstellung auftraten: Das erste war die Überbrückung der für das Ausrüsten der Stoßkräfte mit Raketen u. a. notwendigen Zeiten, wofür Zeitsprünge eingeplant waren. Hierbei traten Fehler auf. Das zweite war der Ausfall von Technik auf dem Fühlungshalter, ohne dass dieser es selbst merkte. Im Ergebnis wurden total falsche Peilungen und Distanzen zum Ziel übermittelt. Damit waren alle durch uns und die Schiffsschlaggruppen errechneten Werte ebenfalls falsch und folglich hätten die Raketen das Ziel nicht treffen können. Da ich solche Situationen noch nicht kannte, wurde ich kribbelig. Jetzt war schnelles Reagieren gefordert. Auf die Angaben vom Gefechtsstand des Chefs der 6. Flottille konnten wir uns also nicht verlassen. Selbst bei Einsatz eines anderen TS-Boots als Fühlungshalter, wäre die befohlene Schlagzeit nicht einzuhalten gewesen. Guter Rat war also teuer. Mein Stabschef, FK R.-M. Brennecke, schlug vor, die auf dem Darß entfaltete eine SSR der 2. KRA für die 1. KRA als Fühlungshalter einzusetzen. Nach kurzem Nachdenken stimmte ich diesem Vorschlag zu, denn Glück und Risiko gehören auch zum Waffenhandwerk. Die Funkverbindung stand und der Kommandeur der 2. KRA, FK P. Schwarz, übermittelte an uns sofort die Koordinaten des Schiffsverbands des „Gegners". Das lief wahrhaftig in Sekundenschnelle ab. Die Peilung und Distanz konnten noch zweimal an die 1. KRA übermittelt werden, dann drückten die Rampenkommandeure auch schon genau zur errechneten Startzeit auf den Knopf. Die Schiffsstoßkräfte schossen kurz darauf nach den Angaben

Übernahme der 9. und 10. SSR durch das KRR-18 1990 (PG)

ihres Schiffsführungshalters, sie befanden sich näher am „Gegner" und ihre Raketen benötigten demzufolge eine kürzere Flugzeit. Jetzt trugen wir die Schusswerte in die Karte ein und verglichen sie mit der gekoppelten Position des „Gegners". Wenige Minuten später gratulierte ich meinem Stabschef und den vor mir am Tisch sitzenden Stabsoffizieren. Das Ergebnis auch unseres zweiten Angriffs waren Treffer. Ich befahl dem Stabschef, die Kräfte in die Ausgangsräume zurückzuverlegen und begab mich in den Lageraum des Flottillenchefs. Hier herrschte eine spürbare Spannung. Offensichtlich gab es Probleme. Ich schaute auf die Lagekarte und stellte fest, dass die Schiffsschlaggruppen in ein Seegebiet geschossen hatten, in dem kein „Gegner" existierte. Ich meldete die Erfüllung der Aufgabe an den Flottillenchef und begab mich wieder zu meinem FP. Nach meinem Eintreten zeigte mir KK D. Herms auf unserer Lagekarte das, was ich gerade beim Chef der 6. Flottille gesehen hatte. Er hatte sogar in der Hast der letzten Sekunden noch die Zeit gefunden, die Kurse und Schusswerte der Schiffsstoßkräfte der 6. Flottille einzuzeichnen. Das waren keine Treffer. Wir freuten uns, dass wenigstens wir die Aufgabe erfüllt hatten. Vom Gefechtsstand wurde Entwarnung gegeben und über die Wechselsprechanlage kam der Befehl, die Gefechtsbereitschaft wiederherzustellen. Damit war die Übung beendet. Dass es die letzte war, ahnte zu diesem Zeitpunkt niemand von uns. Aber auch hier wurde wieder in der Praxis das erhebliche Risiko des Gefechtseinsatzes der Stoßkräfte mit der Sicherstellung durch Schiffsführungshalter bewiesen. Durch die hohe Fehlerquote war die Erfüllung der Aufgaben immer gefährdet.

Gedanken zur Auflösung
Die Auflösung des KRR-18 erfolgte in drei Etappen, so wie auch die DDR in drei Schritten abgeschafft wurde. Die erste Etappe zog sich vom Sommer 1989 bis zum April 1990 hin. Das gesamte Staats- und Parteiensystem war paralysiert, die Führung durch Partei, Regierung und durch das MfNV der NVA war so gut wie eingestellt. Viele Menschen

der DDR flohen über Drittländer in den Westen, in einigen Städten demonstrierten Menschen für eine bessere DDR, aber niemand antwortete mehr auf die Fragen und Forderungen ihrer Bevölkerung. Die Grenzen zu Westberlin und zur Bundesrepublik wurden am 09.11.1989 geöffnet. Alle Menschen waren zu dieser Zeit tief bewegt, gewaltige Wandlungen des dienstlichen und persönlichen Umfelds zeichneten sich ab. Nicht nur wir, sondern unsere Familien, unsere Frauen und Kindern waren davon betroffen. Was dabei in den Köpfen vor allem der Berufssoldaten vor sich ging, ist sehr schwer zu beschreiben. Das, was meiner Ansicht nach in vielen Köpfen vor sich ging, war Folgendes:

- Wir haben in unserer gesamten militärischen Laufbahn immer einen vorbildlichen und entbehrungsreichen Dienst versehen. Wir verstehen nicht, warum unsere Wirtschaft nicht auf das gleiche Niveau zurückblicken kann, wie wir es konnten.
- Wir sind stolz auf unseren Truppenteil.
- Wir haben unserem Vaterland, der DDR, die Treue geschworen, haben dem Volk, der Regierung und der Partei gedient. Wem wir nach der Vereinigung dienen werden, ist uns unbekannt und im Grunde genommen stehen wir allen anderen staatlichen und parteilichen Interessengruppen teilweise distanziert, teilweise ablehnend gegenüber.
- Die jetzigen Freiheiten sind ein zeitweiliges Ergebnis des Machtvakuums in der Politik und in der Wirtschaft.
- Es werden in absehbarer Zeit grundlegende Veränderungen im persönlichen Leben eintreten.
- Wann und wie werden wir unseren aktiven Wehrdienst selbst beenden oder dienen wir in der Bundesmarine weiter?
- Wir haben eine Verpflichtung gegenüber unseren Familien als Ernährer und Erzieher.
- Wir möchten in Würde und Anstand unsere Uniform aus- oder eine andere anziehen.
- Wir sind froh, dass es vorerst zu keiner kriegerischen Auseinandersetzung mit dem potentiellen „Gegner", der NATO, gekommen ist und die Welt vor der militärischen Selbstzerstörung bewahrt wurde.
- Da wir Staatsdiener der DDR waren und in der Regel auch Parteimitglied der SED, werden wir mit Restriktionen in einer uns bis dato unbekannten Weise rechnen müssen. Einen „Gutmenschen" als „Gegner" gibt es nicht.
- Wir werden uns gegenüber anderen Kameraden, Mitmenschen und Bekannten zuversichtlich und optimistisch geben, weil wir wissen, dass wir auch einen zivilen Beruf erlernt und eine vorzügliche Ausbildung genossen haben.

Diese Gedanken sind sicherlich nicht vollständig, dokumentieren aber, wie komplex und individuell sie für jeden von uns waren und wie kompliziert es war, richtige persönliche Entscheidungen zu treffen. Und das ist auch der große Unterschied in der Führung des KRR-18 im Gegensatz zu allen Kommandeuren vor mir. Die Frage war – früher und auch zum Zeitpunkt der Auflösung – immer eine Existenzielle: Einst ging es um Krieg oder Frieden auf der Entschlusskarte des Kommandeurs, jetzt ging es um Sein oder Nichtsein der Streitkräfte in einer weltverändernden, gesellschaftlichen Situation und um die wirtschaftliche und gesellschaftliche Existenz aller unserer

Familien. Das war die Herausforderung der Zeit an meine Person, als Führer eines militärischen Truppenteils, in dem sich nicht geringe Mengen an Raketen, Bewaffnung und Munition befanden. Ich hatte keine andere Aufgabe zu erfüllen als diese – eine bemerkenswert undankbare Aufgabe. Die vermeintliche zielstrebige Fortsetzung der militärischen Ausbildung war lediglich ein gewohntes Mittel, um Zeit zu gewinnen, um Sicherheit sowie Ordnung und Disziplin zu gewährleisten, um dann eine richtige Entscheidungen zu treffen. Das galt natürlich nur so lange, wie ich das persönlich dank Kraft und Verstand auch eigenständig realisieren konnte. Später entschieden dann wieder andere über unser Schicksal und über das aller Angehörigen des Regiments. Dann gab es nur noch eine Freiheit – selbst gehen zu dürfen. Wir haben unter den Bedingungen der personellen Nichtauffüllung des Regiments Maßnahmen ergriffen, die darauf gerichtet waren, dass alle Fehlstellen durch Berufssoldaten erlernt, vollständig und aufgabenbezogen in Zweitverwendungen erfüllt werden. Die beiden KRA, aber auch andere Einheiten des Regiments, wurden personell umstrukturiert: Die 1. KRA unter Führung von FK Wolfgang Domigalle war eine personell und technisch voll aufgefüllte KRA entsprechend des letzten Stellenplans. Die 2. KRA unter Führung von FK Peter Schwarz war eine „ausgedünnte" und ausschließlich aus Berufssoldaten bestehende Einheit. So wurde auch der Wettbewerb organisiert, nicht durch die Politabteilung, die es zu diesem Zeitpunkt nicht mehr gab, sondern der Wettstreit lief „Senioren-" gegen Standardeinheit. Sehr interessante Momente konnten wir in diesem fairen und freizügig geführten Vergleich in nahezu allen Ausbildungsbereichen feststellen.

Die zweite Etappe begann nach den Wahlen zur Volkskammer am 18.03.1990, als ein Pfarrer zum Minister für Abrüstung und Verteidigung ernannt wurde. Was er mit der NVA vor hatte, wird er vermutlich selbst nie genau gewusst haben, aber Abrüstung stand dabei ganz oben an. So begann eine Periode, wo es hin und her ging. Ich versuchte weitestgehend, diese wechselhaften Informationen von den Menschen unseres Truppenteils fern zu halten, was nicht heißen soll, dass ich Informationen vorenthielt.

Die „Sieger" im Objekt des KRR-18

Hier bewiesen alle Angehörigen des KRR-18 äußerste Disziplin und Ruhe. Alle hatten selbst einen Kopf auf den Schultern, um realistisch die Lage einzuschätzen. Es begann der Prozess der vorbereitenden Abrüstung, der sich bis zum Vorabend des 03.10.1990 hinzog. Als die Volkskammer am 23.08.1990 den Beitritt zur Bundesrepublik Deutschland beschloss, war kein Angehöriger des Regiments darüber verwundert.

Am 10.09.1990 verabschiedeten wir uns von uns selbst, indem wir eine letzte Übung im Felde mit unserer Kampftechnik vollführten und anschließend in trauter Runde ganz unter uns Abschied von den KRT nahmen. Die letzten Tage ließen wir auf uns zukommen, nicht wenige verließen das Regiment auf eigenen Wunsch. Die Vorbefehle der Bundeswehr ließen den politischen Willen erkennen: Die Dienstgrade wurden der Bundeswehr angepasst, was so viel hieß – Degradierung um mindestens einen Dienstgrad. Obwohl der Minister und das Bundeswehrkommando Ost genau wussten, dass die Auflösung der NVA in absehbarer Zeit bevorsteht, wurde gezeigt, wer der Herr im Hause ist – völlig unnötige Schikane. Die Stimmung im Regiment sank zunehmend, trotzdem waren Disziplin und Ordnung zu jedem Zeitpunkt gewährleistet.

In zehn Punkten möchte ich den Zustand anführen, der zu diesem Zeitpunkt in der NVA vorherrschte und auch so auf unseren Truppenteil zutraf. Das ist meine ganz persönliche Meinung zur Auflösung sowohl der NVA, als auch unseres Regiments:

1. Die teilweise oder vollständige Entwaffnung wichtiger Truppenteile und Verbände der NVA durch Trennung der Munition und Raketen von den Einsatzmitteln mit anschließender, getrennter Konzentrierung in gesicherten Räumen.
2. Der „politische Gegner" in Form von Politoffizieren und Politorganen war größtenteils entlassen.
3. Der militärische Forschungs- und Lehrkörper war, wenn nicht entlassen, schachmatt gesetzt, die Ausbildung eingestellt.
4. Der Grad der Selbstzerfleischung innerhalb der NVA und der von vorgesetzter Stelle nicht dementierte Glaube vieler NVA-Offiziere an gemeinsame deutsche Streitkräfte schufen günstige Bedingungen für weitere Abbauaktivitäten nach dem 03.10.1990.
5. Es bewährte sich die Strategie, wenige ausgewählte Generäle und Admiräle bis zuletzt im Dienst zu belassen. Dadurch entstand kein direktes Führungsvakuum vor der Übernahme.
6. Die mittelfristig praktizierte „Salamischeibentaktik" funktionierte bis zum 03.10.1990 hervorragend. Das Entwaffnen und Paralysieren der NVA, uns als Abrüstung dargestellt, wäre in einer Bananenrepublik durch einen Militärputsch beantwortet worden, in der DDR vermutlich mit unabsehbaren Folgen.
7. Nach der Übernahme der Befehlsgewalt waren Nägel mit Köpfen zu machen.
8. Das Restrisiko verringerte sich durch die ersten 6 angeführten Punkte soweit, dass eine Übernahme der NVA problemlos erfolgen konnte.
9. Es gab keinen anderen Bereich in der untergehenden DDR (z. B. die Volkswirtschaft), in dem vorab in einer unvorstellbar kurzen Zeitspanne auch nur annähernd solche Ergebnisse schon in der Vorbereitungsphase erreicht wurden.
10. Der zweite Staatsvertrag zwischen der Bundesrepublik Deutschland und der DDR schuf die rechtlichen Voraussetzungen, nach dem 03.10.1990 mit allen möglichen Mitteln die NVA endgültig zu beseitigen.

Das wichtigste Ereignis der Auflösung des KRR-18 war die Abgabe der Truppenfahne am 02.10.1990 auf einer Musterung mit nur noch 40 % des Personalbestands, denn damit war die Existenz des Truppenteils beendet. Das war so gewollt und damit begann die dritte und letzte Etappe der Auflösung des KRR-18: Die Übernahme der Kommandogewalt zum 03.10.1990 durch das Bundeswehrkommando Ost. Dem Rest des ehemaligen KRR-18 wurde eine mehrköpfige Unterstützungsgruppe zugewiesen, die in der Folgezeit auf drei Soldaten und einen zivilen Regierungsoberinspektor reduziert wurde. Sie unterstand dem Marinekommando Rostock. Die Bundesmarinesoldaten (ausschließlich) verschafften sich in den ersten Tagen und Wochen einen Überblick und begann mit der Neustrukturierung und dem Abschub von weiterer Technik und Ausrüstung. Zuerst ging alles sehr schleppend, außer der Technik, die für den begonnenen 2. Golfkrieg benötigt wurde. Später wurde alles an Interessenten und Bündnispartner verschenkt, verramscht und verhökert. Die Amerikaner, Israelis und Briten interessierten sich vor allem für unsere SSR und Raketen. Große Teile gingen „über den Teich", in den Nahen Osten und auf die Britischen Inseln sowie zur Genüge in mehrere wehrtechnische Dienststellen der Bundeswehr. Es wurde geforscht, getestet und dokumentiert – und das bis zum heutigen Tag. Die gesamten Verschlusssachen wurden mit der Übernahme für „offen" erklärt, nach den Tests wanderte alles wieder in die Panzerschränke und wird dort mindestens bis 2025 liegen, vielleicht auch noch länger. Ab Sommer 1991 wurde alles nicht mehr benötigte und nicht mehr verwertbare Material verschrottet und vernichtet. Ab 1995 wurden alle Gebäude und Einrichtungen abgerissen. Übrig blieben Teile der Betonstraßen und der Medizinische Punkt, der anschließend als eine Einrichtung des Diakonievereins des Kirchenkreises Rostock e.V. Bodelschwingh-Haus „Hoffnung" umfunktioniert wurde. Das gesamte Objekt wurde somit dem Erdboden gleich gemacht, Nadelwald wurde neu angepflanzt.

Bis zum 31.12.1990 wurde der Rest der Berufssoldaten entlassen, die meisten waren schon vorher freiwillig gegangen. Sie erhielten eine geringfügige Abfindung in Höhe von 7000 DM, mehr sahen die Durchführungsbestimmungen des Einigungsvertrags nicht vor. Zum 31.03.1991 wurde befohlen, das Regiment endgültig aufzulösen (siehe Anlagen, Befehl vom 21.03.1991, S. 358). Ein Nachkommando wurde zum endgültigen Materialabschub in Stärke von 16 Soldaten und den 56 übriggebliebenen Zivilbediensteten bis zum 30.09.1991 eingesetzt. Ich verließ auf eigenem Wunsch zum 30.04.1991 die Bundesmarine. Im April 1995 besuchte ich im Rahmen einer privaten USA-Urlaubsreise die Naval-Air-Weapons-Station in Pt. Mugu (Kalifornien) und informierte mich bei den Verantwortlichen der Untersuchungsgruppe über das Tarantul-Styx-Programm. Die Amerikaner waren vom Stand der Technik tief beeindruckt – nahezu begeistert, vermieden es aber, sich in die Gefechtskabine der SSR zum Start der Rakete zu setzen. Amerika macht das immer aus sicherer Distanz.

Die besondere Tragik der Auflösung der KRR-18 bestand vor allem darin, dass wir mit dem bitteren Gefühl leben mussten, von unserem Vaterland, der DDR, verraten und verkauft worden zu sein, was keine Analogien in der Militärgeschichte weltweit hat. Andererseits kann der Untergang auch aus einem anderen Blickwinkel betrachtet werden: Wäre das Regiment in Kampfhandlungen untergegangen, wäre das wohl eine Apokalypse gewesen, die die gesamte Welt betroffen hätte. Das blieb uns und der ganzen Erde durch die Auflösung der WVO, der NVA und durch den Abzug der GSSD aus der DDR erspart.

Neue Aufgaben

Besonders wichtig war und ist für mich die Zusammenarbeit mit dem Militärhistorischen Museum Dresden (MHM) zur Erhaltung der letzten in Deutschland existierenden SSR des KRK „Rubesh". Im Oktober 2001 wurde ich durch das MHM gebeten, eine abgestellte und nicht mehr fahrbereite SSR des ehemaligen KRR-18 wegen Umbaumaßnahmen im Depot des Museums umzustellen. Zusammen mit Hans-Jürgen Galda, früherer STKT des KRR-18, reaktivierten wir sofort ehemalige Kameraden aus unserem Regiment. Wir trafen uns am 16.11.2001 über ein Jahrzehnt nach der Auflösung des Regiments in Dresden: Die ehemaligen KL Torsten Winkler und Carsten Walter, Stabsoberfähnrich Silvio Prasser, die Stabsobermeister Mario Kirsch, Erik Pellegrin und Frank Heuer, OL Uwe Walter, FK Jürgen Galda und ich sowie später OL Thomas Ulrich, die Meister Frank Suckow, Thomas Kuplin, Stabsoberfähnrich Peters und Stabsobermeister Ralf Jedaschko. Wir fuhren mit Herrn Janascek vom Förderverein des MHM in das auf der anderen Seite der Königsbrücker Straße liegende Museumsdepot, wo Unmengen an militärischer Großtechnik untergebracht waren. Und da stand sie, in einer Ecke, unter mehreren großen Planen, unsere erste SSR der KRT der VM, Baunummer 502 und taktische Nummer 111. Nachdem wir sie „entkleidet" hatten, krampfte sich uns das Herz zusammen. Neun Jahre hatte sie hier so unberührt gestanden und war dementsprechend traurig anzusehen: Heruntergekommen, verrostet, auf teilweise platten Reifen. Sofort begannen wir mit der Arbeit: alles gründlich besichtigen, protokollieren und bewerten. Das nächste Treffen fand am 07.12.2001 am gleichen Ort und in gleicher Angelegenheit statt. Erste Reparaturarbeiten wurden ausgeführt, der Motor teilweise zerlegt, der Kühler ausgebaut, der Hydraulikwandler gereinigt und funktionstüchtig gemacht. Die nun begeisterten Angehörigen trafen sich 2001 sogar ein drittes Mal kurz vor Jahreswechsel am 28.12.2001. Sie starteten den Motor im RIP-Betrieb und er lief. Jetzt konnten wir die SSR fahren, den Startcontainer anheben und öffnen. Am 15.03.2002 trafen wir uns wieder in Dresden und führten die Wartungs- und Reparaturarbeiten fort. Erstmals wurde die Turbine unter die Lupe genommen, auf der Waschrampe das Fahrgestell von unten gecheckt und weitere Schäden und Defekte festgehalten und, soweit möglich, abgestellt. Wir wollten die SSR unbedingt fahrbereit machen, aber nicht mit dem Ziel, sie nach Zeithain in eine Abstellhalle für die Ewigkeit zu fahren. Nein – sie gehörte in das Museum.

Jürgen Galda prüfte als unabhängiger Kfz-Sachverständiger die technische und Gesetzeslage und erstellte ein Gutachten über die Unbedenklichkeit der Verlegung der SSR. Nachdem die SSR marschbereit war, die defekten Bremsschläuche gewechselt, das Bremssystem entlüftet und sie mit einem Bundeswehr-Kennzeichen des Museums versehen war, damit das gesamte Fahrzeug den gesetzlichen Bedingungen der Straßenverkehrszulassungsordnung entsprach, wurde sie am 27.04.2002 in einer Nacht- und Nebelaktion von einer Polizeistreife eskortiert durch Frank Heuer direkt ins Museum durch Dresdens Straßen gefahren. Die Straßenpassanten waren sehr beindruckt, als unser „Koloss" mit angemessener Geschwindigkeit durch die Königsbrücker Straße bergab fuhr, in die noch im Baustellenverkehr befindliche Staufenbergallee links abbog und dann dem Olbrichtplatz 2 entgegen strebte. Nicht nur die Zuschauer, sondern auch wir waren von unserer Technik und von uns selbst hoch begeistert. Unsere SSR war im MHM angekommen. Wir hatten vollendete Tatsachen geschaffen, aber jetzt wurde es

Verlegung der SSR 111 durch Dresden, die Truppe mit ihrer SSR vor dem MHM (PG)

höchste Zeit, das amtlich zu machen. Am 05.11.2002 sprach ich darüber mit dem damaligen Leiter des Museums, FK Dr. Thomas Eugen Scheerer, und im Ergebnis wurde festgelegt, dass unsere SSR im Museum verbleibt.

Wir übernahmen die Patenschaft über die SSR vertragsgemäß und begannen sie nun, planmäßig zu pflegen und zu warten. In der Folgezeit knüpften wir immer engere Kontakte zum Museum. Unser Ansprechpartner wurde jetzt der Abteilungsleiter für Restauration Volkmar Stimpel, der sich in immer stärker werdendem Maß auch für uns engagierte. Ich begab mich in Deutschland auf Raketensuche und fand in der wehrtechnischen Studiensammlung Koblenz 2009 zwei Seezielraketen „P-21" in einem Schuppen. Sie wurden sofort in das MHM verlegt. Das MHM der Bundeswehr in Dresden wurde mit Beginn des neuen Jahrtausends grundlegend umgestaltet und 2011 neu eröffnet.

Unsere Treffen in Dresden fanden nun drei- bis viermal jährlich statt. Im Oktober 2002 organisierten wir ein Regimentstreffen im neuerrichteten Hotel „Hasenheide" in Bentwisch. Insgesamt erschienen 155 Gäste, der Saal war voll, die Wiedersehensfreude groß und es gab viel zu erzählen aus vergangenen Tagen. Im Oktober 2005 und 2009 fanden jeweils zwei weitere Regimentstreffen in Bentwisch statt. Dazu kamen die jährlichen Treffen der „Rubeshgruppe" mit Ehefrauen, Freundinnen oder Partnerinnen oder deren Teilnahme an den Aktivitäten des Fördervereins selbst. 2004 wurde in Dresden ein besucherwirksames Großereignis ins Leben gerufen: Der Tag der offenen Albertstadt, der seitdem alle zwei Jahre stattfindet. Zu diesem Anlass bereitete sich das MHM mit ausgewählten Exponaten vor und auch unsere SSR gehörte dazu. Die Magnetwirkung unserer SSR stellte auch die Museumsleitung fest. Das hieß für den nächsten Tag der offenen Albertstadt 2006: Die gesamte SSR entrosten, neu spritzen und mit einem neuen Tarnanstrich versehen. In der Folgezeit nahmen wir noch an zwei weiteren Tagen der offenen Albertstadt (2008 und 2010) mit geplanten Vorführungen teil und perfektionierten von Mal zu Mal unsere Auftritte. Die KRT der ehemaligen

SSR 111 auf ihrem Platz in der Ausstellungshalle des MHM mit der Rakete „P-21" (WS)

VM, bestehend nun aus Vertretern der SKA-Abteilung und des KRR-18, waren verlässliche Partner für Vorstellungen im MHM geworden und pflegten und hegten dazu die ihnen anvertraute Kampftechnik über Jahre hinweg. Ein weiterer Impuls unseres postgradualen Truppenlebens ging gleich in der Anfangszeit der Treffen von Dresden aus. Das war unsere Homepage www.kuestenraketen.de, die Torsten Winkler mit seinem ehemaligen Kameraden Wilfried Kessler am 26.05.2002 ins Netz stellte und die zu einem vielbesuchten und zeitgenössischen Informations- und Kommunikationsmedium unserer Truppe und all ihrer Interessenten wurde. Die aktuellen Wartungseinsätze förderten von Jahr zu Jahr eines immer mehr zu Tage: Feuchtigkeit und die atmosphärischen Einflüsse führten immer mehr zu Korrosion, Schimmel oder Porosität. Die SSR hatte 18 Jahre unter freiem Himmel gestanden, mal besser, mal schlechter mit einer Plane abgedeckt. Da unsere Technik nun ein fester Bestandteil von Vorführungen geworden war, erreichten wir, dass die SSR in die beheizte Halle für Großtechnik gebracht wurde. Trotz aller Höhen und Tiefen, die wir gemeinsam mit der SSR 111 durchschritten, sind wir stolz auf das Erreichte, stolz auf uns und schauen zuversichtlich in die Zukunft.

Im Rahmen der Erarbeitung des vorliegenden Buches trafen sich die Herausgeber zu einem Abschlussgespräch im Museum. Aufgrund des Besuchs im neuen Museum mit der Führung durch V. Stimpel, des Wiedersehens mit unserer SSR 111 und der tiefgründigen Arbeit an unserem Buch über die KRT der VM, war es für den ehemaligen Kommandeur Lothar Schmidt und den Stabschef des KRR-18 Wolfgang Schädlich eine Selbstverständlichkeit, Mitglieder des Fördervereins des MHM zu werden.

Lothar Schmidt
Kapitel X Dienst in den Küstenraketentruppen der Volksmarine

In diesem Kapitel sollten ehemalige Angehörige des KRR-18 und andere Autoren zu Wort kommen. In ihren Beiträgen schilderten sie anschaulich den Alltag in den KRT der VM mit Gefechtsdienst und Gefechtsausbildung sowie den Einsatz, die Instandhaltung und Instandsetzung der ihnen anvertrauten Technik und Bewaffnung. Aus ihren Beiträgen konnte man sowohl ihre hohe persönliche Einsatzbereitschaft als auch die kameradschaftliche Verbundenheit mit ihrer Truppe erkennen. Außerdem erzählten sie über ihr zweites Berufsleben. Wir sind stolz darauf, dass darin fast ausnahmslos alle erfolgreich waren und noch sind. Nicht zuletzt auch das beweist, dass unsere Erziehung und Ausbildung effektiv waren.

Wir haben gemeinsam über einen längeren Zeitraum schwierige Situationen oft bis an die Grenze unserer Leistungsfähigkeit gemeistert, was uns zusammengeschweißt hat. Deshalb ist der allgemein verbreitete Wunsch, diesen Kameradschaftsgeist nicht verloren gehen zu lassen, nur allzu verständlich.

Ausdruck dessen sind persönliche Verbindungen, die Treffen der ehemaligen Angehörigen des KRR-18, die Arbeit im Förderverein des MHM Dresden zur Erhaltung unserer Technik und Bewaffnung und ihrer richtigen Darstellung, aber auch nicht zuletzt die umfangreiche Hilfe und Unterstützung für uns bei der komplizierten Erarbeitung des vorliegenden Buches. Wir möchten an dieser Stelle noch einmal allen für ihre großzügige Mitarbeit danken.

Leider mussten wir diese bereits fertigen Beiträge in Absprache mit unserem Verlag aus unserem Manuskript streichen, da es zu umfangreich geworden war. Einige Aussagen haben wir in andere Kapitel eingearbeitet. Als Anerkennung ihrer Bereitschaft und erbrachten Leistung möchten wir sie wenigstens an dieser Stelle erwähnen:

Dr. Harald Genzow, KzS a.D., Dipl.-Ing., Dipl. rer. mil
Gefechtseinsatz im Zusammenwirken

Silvio Prasser, Oberfähnrich a.D.
Vom „MAZ" zum „Volvo" – ein Leben mit Motoren

Uwe Walter, Oberleutnant a. D., Ing.
Das Leben vor dem Leben

Thomas Kuplin, Meister a.D.
Kameradschaft und Verantwortung im KRR-18

Anhang

Abkürzungsverzeichnis

a. D.	Außer Dienst	FDJ	Freie Deutsche Jugend
AF	Auffüllung	FEK	Funkelektronischer Kampf(analog : ELOKA)
AGÜ	Abteilungsgefechtsübung		
AHJ	Ausbildungshalbjahr	FFK	Freund-Feind-Kennanlage
AJ	Ausbildungsjahr	FH	Fühlungshalter
AK	Ausbildungskurs	FK	Fregattenkapitän
AMA	Allgemeinmilitärische Ausbildung	Fl	Flottille
AO	Anordnung	Fla	Fliegerabwehr
ASG	Armeesportgruppe	Flak	Fliegerabwehrkanone
ASV	Armeesportvereinigung	FLZ	Feuerleitzentrale
ATA	Auftank- und Transportanlage	FMK	Funkmesskompanie (Radarkompanie)
BA	Bundesarchiv		
B/A	Bekleidung und Ausrüstung	FP	Führungspunkt
BBC	Englisch: British Broadcasting Corporation(Britische Rundfunkanstalt)	FuM	Funkmess(Radar)
		G	Gegner
BCH	Brigadechef	GB	Gefechtsbereitschaft
BF	Baltische Flotte	GBK	Grenzbrigade Küste
BGL	Betriebsgewerkschaftsleitung	GBGK	Gefechtsbereitschaft bei Gefahr eines Krieges
BGÜ	Batteriegefechtsübung		
BU	Berufsunteroffizier	GMIBr	Gardemarineinfanteriebrigade
BRAW	Russisch:BeregowyjeRaketno-ArtillerijskijeWoiska(siehe: KRAT)	GS	Gefechtsstation
		GSSD	Gruppe der SowjetischenStreitkräfte in Deutschland
BRD	Bundesrepublik Deutschland		
BRF	Baltische Rotbannerflotte	GVS	Geheime Verschlusssache
BS	Bereitschaftsstufe	GWD	Grundwehrdienst
ČSSR	Tschechoslowakische Sozialistische Republik	GWW	Gesellschaftswissenschaftliche Weiterbildung
COMNAVBALTAP	Englisch: Commander NAVBALTAP	HF	Hochfrequenz
		HGS	Hauptgefechtsstand
CVM	Chef der VM	IB	Instandsetzungsbasis
D	Distanz	IWP	VEB Instandsetzungswerk Pinnow
DR	Deutsche Reichsbahn	K	Kommandeur; Kurs
DDR	Deutsche Demokratische Republik	KA	Konteradmiral
DHfK	Deutsche Hochschule für Körperkultur und Sport	KCB	Kernstrahlungs-, chemisch und bakteriologisch
DK	Dieselkraftstoff	KDL	Kontrolldurchlass
DSR	Deutsche Seereederei	Kfz	Kraftfahrzeug
DOS	Englisch: Disk Operating System (Betriebssystem für Personal Computer)	KIPZ	Russisch: Kontrolno-ismeritelnijepribori i zabchasti, Kontroll- und Prüfapparatur sowie Ersatzteile
DV	Dienstvorschrift		
E-	Elektro	KK	Korvettenkapitän
EG	Erhöhte Gefechtsbereitschaft	KL	Kapitänleutnant
EK	Entlassungskandidat	KNBT	Kommandeurs-Nachrichten-betriebsgerätesatz/ -trupp
EKZ	Einsatzklarzustand(5 Stufen, EKZ 1: Einsatzklar ohne Einschränkungen)		
		KRA	Küstenraketenabteilung
ELOKA	Elektronische Kampfführung	Krad	Kraftrad, Motorrad
EWZ	Ersatzteile und Werkzeug	KRAT	Küstenraketen- und Artillerietruppen
F	Fähnrich	KRB	Küstenraketenbatterie
F-	Fernverkehrsstraße(Bundesstraße)-Nr. ...	KRK	Küstenraketenkomplex
FCH	Flottillenchef	KRR	Küstenraketenregiment
FDGB	Freier Deutscher Gewerkschaftsbund	KRT	Küstenraketentruppen
		KS	Kampfsatz

KSS	Küstenschutzschiff	O	Offizier
KSK	Kampfschwimmerkommando	OaZ	Offizier auf Zeit
KSÜ	Kommandostabsübung	OF	Oberfähnrich
KTE	Koeffizient der technischen Einsatzbereitschaft	OHS	Offiziershochschule
		OL	Oberleutnant
KVR	Küstenverteidigungsregiment	OOCH	Oberoffizier für chemische Dienste
KVM	Kommando der VM	OOF	Oberoffizier für Finanzökonomie
KzS	Kapitän zur See	OOID	Oberoffizier für Inneren Dienst
KW	Kurzwelle	OOK	Oberoffizier für Kader
L	Leutnant	OPD	Operativer Diensthabender
Lkw	Lastkraftwagen	OPZ	Operationszone (Verantwortungszone)
LMG	Leichtes Maschinengewehr	OTR	Operativ-taktische Rakete
LTZ	Lager- und Transportzug	OV	Operative Vorräte
MA	Militärarchiv	OvD	Offizier vom Dienst
MAK	Militärakademie	P	Peilung
MDN	Mark der Deutschen Notenbank (DDR-Mark)	PC	Personal Computer
		PGO	Parteigrundorganisation
Med.	Medizinisch	Pkw	Personenkraftwagen
MFG	Marinefliegergeschwader	PoMoZu	Politisch-moralischer Zustand
MGFA	Militärgeschichtliches Forschungsamt	POS	Polytechnische Oberschule
MFK	Marinefliegerkräfte	PSA	Persönliche Schutzausrüstung
MfS	Ministerium für Staatssicherheit	PSKF	Polnische Seekriegsflotte
MfNV	Ministerium für Nationale Verteidigung	Radar	Englisch:Radio Detection and Ranging (Elektromagnetische Ortung)
MHG	Marinehubschraubergeschwader		
MHM	Militärhistorisches Museum	RD	Rückwärtige Dienste
MIBr	Marineinfanteriebrigade	RFP	Reserveführungspunkt
MKE	Militärische Körperertüchtigung	RGW	Rat für Gegenseitige Wirtschaftshilfe
MKF	Militärkraftfahrer	RT	Raketentreibstoff
MMM	Messe der Meister von Morgen (Neuererbewegung der FDJ)	RTA	Raketentechnische Abteilung
		RTB	Raketentechnische Batterie
Mot.-	Motorisiert	RTE	Raketentransporteinrichtung
MPi	Maschinenpistole	RTK	Raketentechnische Kompanie
MRB	Mobiles Regelband	RTSB	Raketen-Torpedo-Schnellbootbrigade
MSR	Mot.-Schützenregiment	Ro-Ro	Englisch: Roll on – Roll off (Schiffe mit befahrbarer Be- und Entladung)
MSR-Schiff	Minen-Such- und Räumschiff		
MTS	Militärtechnische Schule	RSA	Raketenschießabschnitt
MVM	Massenvernichtungsmittel	RSB	Raketenschnellboot
NA	Nächste Aufgabe	RSK	Kleines Raketenschiff
NASA	Englisch: National Aeronauticsand Space Administration(US-Luft- und Raumfahrtbehörde)	RWTD	Raketen-und Waffentechnischer Dienst
		SAS	Russisch: ЗАСVerschlüsselte Nachrichtenverbindungen
		SaZ	Soldat auf Zeit
NATO	Englisch: North Atlantic Treaty Organization (Nordatlantikpakt)	SANKRA	Sanitätskraftfahrzeug
		SED	Sozialistische Einheitspartei Deutschlands
NAVBALTAP	Englisch: Naval Forces Baltic Approaches (NATO-Marinekommando Ostseezugänge)	SF	Stabsfähnrich
		SFH	Schiffsführungshalter
		SG	Ständige Gefechtsbereitschaft
NB	Nachrichtenbataillon	SKA	Spezialküstenartillerie
NFTD	Nachrichten- und Funktechnischer Dienst	SKFR	Seekriegsflotte Russlands (Russische Förderation)
NN	Normalnull (mittlere Höhe des Meeresspiegels)	SOF	Stabsoberfähnrich
		SPU	Russisch: Samochodnaja Puskowaja Ustanowka (СПУ)(siehe:SSR)
NV	Nationale Verteidigung		
NVA	Nationale Volksarmee		
NZ	Nachrichtenzug	SR	Stellungsraum

349

SSG	Schiffsschlaggruppe	TTE	Taktisch-technische Eigenschaften
SSKF	Sowjetische Seekriegsflotte	TTD	Taktisch-technische Daten
SSR	SSR	TÜ	Technische Überprüfung
SSTA	Schiffsstammabteilung	TZ	Technische Zone
STAN	Stellenplan- und Ausrüstungsnachweis	U	Unterwasser
STKA	Stellvertreter des Kommandeurs für Ausbildung	UAW	U-Boot Abwehr
		UaZ	Unteroffizier auf Zeit
STKLPLA	Stellvertreter des Kommandeurs und Leiter der Politabteilung	UdSSR	Union der Sozialistischen Sowjetrepubliken
STKRB	Stellvertreter des Kommandeurs für Raketenbewaffnung	UKD	Unterkunftsdienst
		UKW	Ultrakurzwelle
STKRD	Stellvertreter des Kommandeurs für Rückwärtige Dienste	UNO	Englisch: United Nations Organisation (Organisation der Vereinten Nationen)
STKSC	Stellvertreter des Kommandeurs und Stabschef	US	Englisch: United States
		USA	Englisch: United States of America (Vereinigte Staaten von Amerika)
STKPA	Stellvertreter für politische Arbeit		
STKT	Stellvertreter des Kommandeurs für Technik	USS	Englisch: United States Ship (US-Schiff)
		UvD	Unteroffizier vom Dienst
STKT/A	Stellvertreter des Kommandeurs für Technik/Ausrüstung	ÜW	Überwasser
		V	Geschwindigkeit; Vergeltungswaffe
STMCVM	Stellvertreter des Ministers und Chef der VM	VA	Vizeadmiral
		VAL	Versorgungs-und Ausrüstungslager
STOM	Stabsobermeister	VEB	Volkseigener Betrieb
STOV	Standortverwaltung	VG	Volle Gefechtsbereitschaft
T	Tag nach Beginn der Kampfhandlungen (NATO: „D")	VK	Vergaserkraftstoff
		VM	Volksmarine
		VO	Verpflegungsoffizier
TASK FORCE	Englisch: Einsatzverband, Schiffsgruppierung, siehe:SSG	VOF	Verbündete Ostseeflotte im Frieden/ Vereinte Ostseeflotte im Krieg
TB	Technische Batterie		
TBK	Technische Beobachtungskompanie (Seeraumbeobachtungsradarstation)	VS	Verschlusssache
		VSK	Vereinte Streitkräfte
TGS	Täglicher Gefechtsstand	W	Wartung I, II, III
TLA	Tanklöschanhänger	WA	Weitere Aufgabe
TLF	Tanklöschfahrzeug	WEU	Westeuropäische Union
TNL-	Transport und Nachlade-	WS	Wartestellung
TNT	Trinitrotoluol (Sprengstoff)	WR	Warteraum
TS	Technische Stellung	WVO	Warschauer Vertragsorganisation
T/S	Treib- und Schmierstoffe	X	X-Zeit (Zeit der Alarmauslösung)
TSB	Torpedoschnellboot	ZB	Zivilbeschäftigter
TSM	Truppenschutzmaske	ZK	Zentralkomitee
TV	Truppenvorrat	ZSLA	Zielsuchlenkanlage
TVS	Tagesverpflegungssatz		

Zeittafel der wichtigsten Ereignisse in den KRT der VM

Datum	Ereignis
01.09.1961	Beginn des Studiums der Raketentechnik „P-15" und „S-2"von 45 Offiziersschülern 5 Jahre und von 40 Offizieren der VM 1 Jahr an der Kaspischen Höheren Seekriegsschule „S.M. Kirow" in Baku
01.10.1962	Indienststellung der Spezial- Küstenartillerieabteilung Kommandeur: KL Gerhard Nahlik Objekt: Kühlungsborn
Okt. 1962	Kubakrise, 4 Abteilungen des KRK „Sopka" der Sowjetischen Seekriegsflotte auf Kuba
26.11.1962	Indienststellung der ersten beiden Raketenschnellboote „Projekt 205" in der VM
23.12.1962	Übernahme der ersten Raketen „P-15" durch die RTA-6
Jan. 1963	Beginn der Übernahme der Technik des KRK „Sopka" durch die SKA-Abteilung
20.05.1963	Unterstellung der SKA-Abteilung unter das Kommando der 4.Flottille
07.10.1963	Verleihung der Truppenfahne an die SKA-Abteilung
05.05.1964– 13.05.1964	1. Raketenschießabschnitt (RSA) der VM in Baltijsk Kap Taran mit 2 RS-Booten— 2 Treffer und der SKA-Abteilung: 2 Raketen nacheinander gestartet— kein Treffer
Juni 1964	Erstes Feldlager der SKA-Abteilung in Prora
Nov. 1964	Einzug der SKA-Abteilung in das neu erbaute Objekt Schwarzenpfost
1965	Unterstellung der SKA-Abteilung unter das Kommando des STMCVM
Mai 1965	2. RSA der SKA-Abteilung auf Kap Taran: 2 Raketen nacheinander gestartet—2 Treffer, mit „geborgter" Technik
Mai 1967	3. RSA der SKA-Abteilung auf Kap Taran: 2 Raketen nacheinander gestartet— 2 Treffer
21.10.1967	Erster Gefechtseinsatz der Seezielrakete „P-15" durch RS-Boote „183 R" der ägyptischen Marine aus Port Said gegen den israelischen Zerstörer „Eilat", D-130 kbl, nach 2 Treffern sinkt der Zerstörer
Juni 1969	4.RSA der SKA-Abteilung auf Kap Taran: 2 Raketen nacheinander gestartet— 2 Treffer
01.12.1971	Befehl über die Außerdienststellung der SKA-Abteilung
1972	Abgabe der Technik durch die SKA-Abteilung
04.09.1980– 12.09.1980	Manöver „Waffenbrüderschaft 80" auf Usedom, sowjetische SSR des KRK „Rubesh" vorgeführt
Okt. 1980	KRA-18 Übernahme von SSR: 1.SSR (502) später taktische Nr.112 und 2.SSR (602) 111
15.12.1980	Indienststellung der KRA-18, Kommandeur: FK Kurt Stippkugel Objekt: Dänholm
18.06.1982– 08.07.1982	RSA der KRA-18 im Raketenschießgebiet der Flottenbasis Baltijsk, Kap Taran, 1 SSR: 2 Besatzungen, je 1 Raketenstart— 2 Treffer
01.09.1983	Dienstantritt von KL W. Schädlich in der KRA-18 als STKRB
01.10.1983	Dienstantritt von FK L. Schmidt in der KRA-18
Okt. 1983	Übernahme von SSR: 3. SSR 121 und 4. SSR 122, 1. KRA im vollen Bestand mit 4 SSR
01.11.1983	Indienststellung des KRR-18 durch den STCVMCS Vizeadmiral G. Hesse, mit KA H. Heß, Admiral I. I. Michailin, G. Waldschläger, KzS H. Manschus, Kommandeur: FK Lothar Schmidt, Objekt: Schwarzenpfost (Neubau und Rekonstruktion),
Nov. 1983	Abschluss eines Patenschaftsvertrages des KRR-18 mit der Schule POS Gelbensande
08.12.1983– 16.12.1983	Erste Überprüfung der Gefechtsbereitschaft des KRR-18 durch den CVM „Hanse 83"— „Gefechtsbereit"
15.05.1984	Besuch des Ministers für NV Armeegeneral H. Hoffmann in Begleitung des STMCVM Admiral W. Ehm
18.07.1984– 28.07.1984	1.RSA des KRR-18 : Leiter des Schießens der VM KA L. Heinecke, Leiter des Schießens KRR-18 FK L. Schmidt, 1.KRA KK U. Lonitz mit SSR 111 KL R.-M. Brennecke und Besatzung SSR 112 KL E. Schmidtke je 1 Rakete „P-21" und „P-22" auf verankerte Seezielscheiben— 2 Treffer
20.08.1984- 28.08.1984	Teilnahme des KRR-18 an den Übungen „Westnik 84"und „Testat 84" RD, 1.KRA Schutz vor MVM, „Herbstwind 84" NVA, Entfaltung FP Chef KRT auf dem HGS des STMCVM (Bunker)
18.09.1984	Verlegung der Paradeformation des KRR-18 nach Berlin

30.09.1984	Verleihung der Truppenfahne an das KRR-18 durch den STMCVM, Regimentsmusterung mit anschließendem Empfang
07.10.1984	Erste Teilnahme einer Formation des KRR-18 an der größten Parade der NVA in Berlin zum 35.Jahrestag der DDR
28.02.1985	Übernahme von SSR: 5.SSR (2503) Nr.211 und 6.SSR (384606) Nr.212
09.05.1985	Verleihung des Ehrennamens „Waldemar Verner" an die Schule POS Gelbensande
Mai 1985	Übernahme von SSR: 7.SSR (685307) Nr.221 und 8.SSR (785308) Nr.222 damit Gefechtsbestand des KRR-18: 8 SSR, je 4 in der 1. und 2.KRA
15.05.1985– 18.05.1985	Teilnahme mit der 1.KRA an der Reedeübung der VOF auf Kap Arkona/Rügen
Juni 1985	Bauabnahme des 1.Teils des Objekts des KRR-18 (LVO Gesamtkosten ~25Mio Mark)
30.05.1985	Feldlager der 1.KRA auf der Halbinsel Bug/Rügen
06.07.1985– 20.07.1985	2.RSA des KRR-18 : Leiter des Schießens der VM KA Heinecke, KRR-18 KzS L. Schmidt, 2.KRA KK B. Roesner mit SSR 221 L C. Walter, 2 Raketen—2 Treffer
08.09.1985– 26.09.1985	Teilnahme an der KSÜ „Herbstwind 85", K KRR-18 FP Chef KRT auf dem HGS des CVM 13.09.1985 Teilnahme mit der 2.KRA an der Reedeübung der 6.Flottille
06.10.1985	Verleihung des Ehrennamens „Waldemar Verner" an das KRR-18 durch den STMCVM auf einer Regimentsmusterung mit Gästen
16.10.1985– 26.10.1985	NATO-Übung „Baltic Operations", USS „Iowa" in der Ostsee, Einsatz der SSR des GD in Startstellung Neuhaus unter Führung STKSC, unterbrochene Begleitung des Zieles bereit zur Bekämpfung
06.04.1986	Überprüfung des GD des KRR-18 „Hanse 86"— „Gefechtsbereit"
Mai 1986	Teilnahme des KRR-18 an der Übung der Stoßkräfte der VM
01.07.1986– 19.07.1986	3.RSA des KRR-18: Leiter des Schießens der VM KA Dönitz, KRR-18 KzS L. Schmidt, 1.KRA KK U. Lonitz mit SSR 122 OL Rabe, 2 Raketen—2 Treffer
01.12.1986	„STAN 90" für KRR-18 in Kraft
1986	Abschluss eines Patenschaftsvertrages mit der Schule POS Rövershagen
Jan.+ Febr. 1987	Katastropheneinsatz des KRR-18: 155 Mann, Bergegruppen und Pioniergruppen mit schwerem Gerät in Tessin, Gelbensande, Rövershagen, Behnkenhagen zum Schneeräumen
10.03.1987– 14.03.1987	Gesamtkontrolle des STMCVM im KRR-18— „Gefechtsbereit"
01.06.1987– 03.06.1987	Überprüfung der GB des KRR-18 durch den MfNV „Wellenschlag 87"— „Gefechtsbereit"
08.06.1987– 19.06.1987	4.RSA des KRR-18: Besuch des STMCVM Admiral W. Ehm, Leiter des Schießens der VM KA J. Dönitz, KRR-18 KzS L. Schmidt, 2.KRA KK B. Roesner mit SSR 121 KK G. Löffler, 2 Raketen— 2 Treffer
09.06.1987– 12.06.1987	Übung der Stoßkräfte der VM „Synchron 87", 1.KRA auf Kap Arkona/Rügen
11.08.1987– 14.08.1987	Inspektion des KRR-18 durch das MfNV— „Gefechtsbereit mit Einschränkungen", „Befriedigend"
08.09.1987– 15.09.1987	KSÜ „Sojus 87", K KRR-18 auf FP des Chefs der KRT auf dem HGS des STMCVM
02.11.1987– 06.11.1987	Nachinspektion durch das MfNV— „Gefechtsbereit", „Gut"
01.12.1987	Versetzung K KRR-18 KzS L. Schmidt in den Stab der VM als Flaggoffizier für Operative Führung, Einsatz FK Dr. J. Dix, Leiter UA FEK Stab VM, in die Dienststellung K KRR-18
Juni 1988	5. RSA des KRR-18: Leiter des Schießens der VM KA E. Grießbach, KRR-18 KzS Dr. J. Dix, 1.KRA KL D. Braasch mit SSR 112 L U. Walter, OL Rolle 2 Raketen— 2 Treffer
01.10.1988	Versetzung KK K.-P. Gödde in das KRR-18 als STKRB
01.11.1988	Versetzung STKSC FK W. Schädlich in das Ministerium für Nationale Verteidigung
Juni 1989	6.RSA des KRR-18: Besuch des STMCVM VA Th. Hoffmann, Leiter des Schießens der VM KA E. Grießbach, KRR-18 KzS Dr. J. Dix., 2.KRA FK P. Schwarz mit SSR 222 2 Raketen— 2 Treffer

25.09.1989	Verleihung eines Ehrenbanners des ZK der SED durch den Minister für NV an das KRR-18
07.10.1989	Teilnahme einer Formation des KRR-18 an der letzten Truppenparade der NVA in Berlin zum 40. Jahrestag der DDR
Nov. 1989	Auszeichnung des KRR-18 als „Bester Truppenteil" durch den STCVMCS KA R. Rödel
23.03.1990	Versetzung K KRR-18 KzS Dr. J. Dix in das KVM als Leiter der Abteilung Staatsbürgerliche Arbeit, Einsatz des STKRB FK K.- P. Gödde als K KRR-18
29.06.1990	Übernahme von SSR: Nr.9 und Nr.10 laut Vertrag, KRR-18 im Bestand von 10 SSR
20.07.1990	Neuvereidigung der Angehörigen der NVA mit neuem Fahneneid
Aug. 1990	Info durch Offiziere Kdo BuMa an Kommandeur KRR-18 über „Nichtweiterverwendung des KRR-18"
10.09.1990	Abschiedsveranstaltung des KRR-18 „Die letzte Salve"
02.10.1990	Auflösung der NVA, VM, KRT, KRR-18— Letzte Musterung des KRR-18 mit 40 % des Personalbestands, Abgabe der Truppenfahne
04.10.1990	Beginn der Abwicklung des KRR-18 laut Befehl
16.11.1990	Befehl des Bundeswehrkommandos Ost über Auflösung des KRR-18 bis 31.03.1991
31.12.1990	Entlassung KzS L. Schmidt und FK W. Schädlich aus der Bundesmarine
31.03.1991	Auflösung des Küstenraketenregiments 18 laut Befehl des Bundeswehrkommandos Ost vom 16.11.1990 beendet
30.04.1991	Entlassung des Leiters des Nachkommandos des KRR-18 FK K.-P. Gödde

Personal der Führung des KRR-18 Teil 1 und 2 (LS)

Dienststellung	von bis	Dienstgrad	Name
Kommandeur des Küstenraketenregiments 18	01.11.1983 - 01.12.1987	Kapitän zur See	Schmidt, Lothar
	01.12.1987 - 23.02.1990	Kapitän zur See	Dr. Dix, Joachim
	01.03.1990 - 02.10.1990	Fregattenkapitän	Gödde, Klaus-Peter
Stellvertreter des Kommandeurs und Leiter der Politabteilung	01.11.1983 - 01.12.1986	Fregattenkapitän	Helm, Hans- Joachim
	01.09.1986 - 01.12.1987	Fregattenkapitän	Kubasch, Helmut- Michael
	01.12.1987 - 01.02.1990	Fregattenkapitän	Schultz, Rainer
Stellvertreter des Kommandeur und Stabschef	01.11.1983 - 30.06.1984	Fregattenkapitän	Stippkugel, Kurt
	30.06.1984 - 01.11.1988	Fregattenkapitän	Schädlich, Wolfgang
	01.11.1988 - 02.10.1990	Fregattenkapitän	Brennecke, Ralf- Michael
Stellvertreter des Kommandeurs für Raketenbewaffnung	01.11.1983 - 30.06.1984	Fregattenkapitän	Schädlich, Wolfgang
	30.06.1984 - 01.09.1986	Korvettenkapitän	Hösel, Frank
	01.09.1986 - 01.10.1987	Korvettenkapitän	Glodschei, Klaus- Dieter
	01.10.1987 - 01.10.1988	Fregattenkapitän	Roesner, Bernd
	01.10.1988 - 23.02.1990	Fregattenkapitän	Gödde, Klaus-Peter
	23.02.1990 - 02.10.1990	Kapitänleutnant	Hösel, Frank
Stellvertreter des Kommandeurs für Technik/Ausrüstung	01.11.1983 - 02.10.1990	Fregattenkapitän	Galda, Hans-Jürgen
Stellvertreter des Kommandeurs für Rückwärtige Dienste	01.11.1983 - 04.04.1988	Fregattenkapitän	Moritz, Bernd
	04.04.1988 - 30.04.1990	Kapitän zur See	Kräusche, Karl- Heinz
Stellvertreter des Kommandeurs für Ausbildung	01.12.1987 - 01.10.1988	Fregattenkapitän	Brennecke, Ralf- Michael
	01.10.1988 - 02.10.1990	Fregattenkapitän	Roesner, Bernd
Oberoffizier für Kader	01.01.1983 - 02.10.1990	Korvettenkapitän	Teuber, Sascha
Oberoffizier für Finanzökonomie	01.11.1983 - 01.08.1990	Kapitänleutnant	Kretzschmann, Frank
Leiter Unterkunftsdienst UKD	01.11.1983 - 02.10.1990	Zivilbeschäftigte	Lindig, Kerstin
Leiter der Geschäftsstelle	01.01.1983 - 02.10.1990	Stabsobermeister	Zülow, Petra
BGL-Vorsitzender	01.11.1983 - 20.10.1990	Zivilbeschäftigter	Berger, Jürgen

Stab: FK C. Ludwig, KK D. Herms, KK W. Schicht, KK A. Herfter, KL R. Jähnig , KK U. Eckert, L S. Georgi, SF J. Breitmoser, STOM R. Thimian, STOM R. Jedaschko, F J. Bohnenstengel, FK C. Ludwig, ZB Warkentin, ZB Düwel

Politabteilung: KK P. Barten, KK R. Herrmann, KL J. Zöger, KL R. Slomka, STOM S. Michaelis, ZB P. Jähnig

RB: KK F. Hösel, KK L. Mornhinweg, KL O. Padel, ZB C. Witt

RD: KK R. Kullick, KK J. Müller , KL H. Röpke, KL R. Flemming, OL K. Bibow, OL J. Dörrfeldt, ZB Dr. S. Schmidt, ZB I. Müller, ZB M. Roesner, ZB B. Hösel

T/A: OL Salzwedel, SF D. Lehmann, STOM S. Reiß, SF R. Lebert, STOM M. Pfeffer, ZB Müller, ZB Witt, ZB V. Schädlich,

1.KRA Kommandeur: 01.11.1983 - 01.12.1986   Fregattenkapitän   Lonitz, Uwe
01.12.1986 - 01.09.1988   Kapitänleutnant   Braasch, Dietmar
01.09.1988 - 02.10.1990   Fregattenkapitän   Domigalle, Wolfgang
Kommandeure der Batterien und SSR: KK E. Schmidtke, KL D. Eger, KL F. Kliesch, KL J. Gottschling, OL U. Rabe, OL H. Rolle, OL S. Stricksner, OL U. Walter

2. KRA Kommandeur: 01.11.1983 - 01.10.1987   Fregattenkapitän   Roesner, Bernd
01.10.1987 - 02.10.1990   Fregattenkapitän   Schwarz, Peter
Kommandeure der Batterien und SSR: KK G. Löffler, KL J. Gaedecke, OL F. Mißberger, L C. Walter, L T. Ulrich

3. KRA Kommandeur: 01.09.1987 - 01.12.1987   Fregattenkapitän   Brennecke, Ralf- Michael
Kommandeure der Batterien und SSR: –

Strukturschema des KRR-18, Original aus dem „STAN"

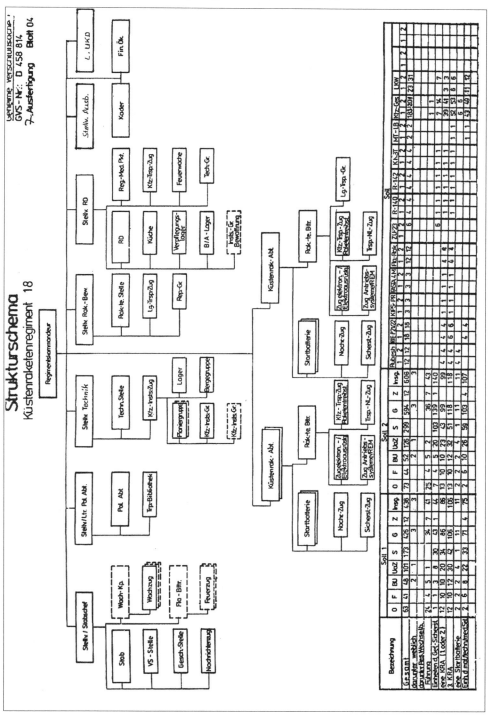

Strukturschema des KRR-18, Original aus dem „STAN"

Auszüge aus den Befehlen über die Auflösung des KRR-18

```
Marinekommando Rostock:                    Rostock.


Kommandeur KRR 18



Betr.: Auflösung Küstenraketenregiment 18
------
Bezug: 1. BwKdo Ost G 3/2 - Az 09-10 v.30.10.1990
------ 2. MKdo Rostock v. 14.01.1991



1. Das Küstenraketenregiment 18 wird zum 31.03.1991 aufgelöst.

2. Das Nachkommando ist mit Anlage 1 namentlich benannt.
       Stärke: Offiziere im besonderen Dienstverhältnis        8
               Unteroffiziere m.P. im besonderen Dienstverhältnis  3
               Grundwehrdienstleistende                       22
               Zivilbedienstete im gekündigten Verhältnis
                        zum 30.04.1991                         7
                        zum 30.06.1991                         4
                        zum 31.08.1991                        14
                        zum 30.09.1991                        14
               Zivilbedienstete im ungekündigten Verhältnis   13
   Nachkommandoleiter: Fregattenkapitän Güdde

3. Beginn der Abwicklung: 04.10.1990
   Ende der Auflösung: Lageabhängig bis spätestens 30.09.1991
   Durchführung ist zu melden.

4. Das Nachkommando ist dem MKdo Rostock direkt unterstellt.
   Für den Leiter des Nachkommandos wird die Disziplinargewalt
   eines Kompaniechefs durch MKdo Rostock beantragt.

5. Auftrag:

   - Erhalten der materiellen Einsatzfähigkeit der Anlagen bis
     zur Überführung in den zivilen Bereich, b.z.w.

   - Vorbereitung der Überführung der Liegenschaft an die STOV,

   - Sicherung der Liegenschaft und des hier lagernden Wehrma-
     terials,

   - Sicherung und Bereithaltung des Materials zum Abschub in Zu-
     sammenarbeit mit MKdo Rostock
     Betrifft: 210 Kraftfahrzeuge unterschiedlicher Typen
                30 Hänger unterschiedlicher Typen
                68 Flugkörper
                10 Selbstfahrende Startrampen
                30 t div. Ersatzteile für Flugkörper und Selbst-
                   fahrende Startrampen
                50 t div. Ersatzteile für KFZ (Zubehör, Reifen,
                   Batterien u.ä.)
               100 t Unterkunftsmaterialien (Schränke, Tische
                   Stühle u.ä.)



                              !
```

Befehle zur Auflösung des KRR-18   Auszug 1   (DH)

VS - Nur für den Dienstgebrauch

Bundeswehrkommando Ost D - 1260 Strausberg, 16. 11. 1990
- G 3/2 - Az.: 10-20-10 Tel.: 3112

B E F E H L
----

zur Auflösung von Truppenteilen und Dienststellen
----
der Kategorie B

Bezug: 1. Fü S IV - Az: 10-87-01 VS-NfD vom 17. 10. 1990
(Weisung Nr. 1 für das Bundeswehrkommando Ost) - nur an BwKdo Ost
2. Fü S IV - Az.: 10-87-01 VS-NfD vom 29. 10. 1990
(Weisung Nr. 2 für das Bundeswehrkommando Ost) - nur an BwKdo Ost
3. Fü S VI 3 - Az.: 09-10 VS-NfD vom 16. 10. 1990 ("Kategorisierungsliste")
4. BwKdo Ost - G3/2 - Az.: 10-20-10 VS-NfD vom 18.10.1990
5. FS - BwKdo Ost vom 17. 10. 1990 (Befehl Stufe 1)
6. BwKdo Ost - G3/2 - Az.: 09-10-00 vom 30. 10. 1990 (Befehl Nachkommando)
7. Stabsbefehl 11/90 vom 11. 10. 1990
8. Besprechung Projektgruppe 3 am 05. 11. 1990
9. FS - BwKdo Ost - G 2 vom 06. 11. 1990

Anlagen: 5
----

1. Lage
   ----

   a) Gemäß Weisung BMVg (Bezug 1 und 2) sind die dem Bundeswehrkommando Ost unterstellten Truppenteile und Dienststellen (TrTle/Dst) der Kategorie B (Bezug 3) 1991 aufzulösen.
   BwKdo Ost hat dazu einen Stufenplan erarbeitet, der die Auflösung der "Kategorie B Truppenteile" (KatB TrTle) in drei Stufen wie folgt regelt.
   - Stufe 1 Auflösung bis 31. 12. 1990 (die Auflösung der Stufe 1 wurde mit Bezug 5 bereits angeordnet)
   - Stufe 2 Auflösung bis 31. 03. 1991
   - Stufe 3 Auflösung bis 30. 06. 1991

   Unabhängig von diesem Stufenplan werden in Ausnahmefällen einzelne TrTle/Dst erst bis 31. 12. 1991 aufgelöst. Darüberhinaus bestehen gegenwärtig noch Nachkommandos der aufgelösten KatCTrTle: diese sind ebenfalls bis 31. 12. 1990 aufzulösen.

   b) Die Auflösung erfolgt spätestens zu den jeweils festgelegten Zeitpunkten; zur abschließenden Abwicklung, werden bei den aufgelösten TrTle/Dst bei Bedarf Nachkommandos gebildet (Bezug 6).

Befehle zur Auflösung des KRR-18 Auszug 2 (DH)

Anlage 1

Marinekommando Rostock
Der Stellvertreter Kommandeur
und Chef des Stabes

O-2540 Rostock 49, 24.03.1991
Postfach 100
App. 3110

Kommandeur Küstenraketenregiment 18

Betr.: Befehl zur Auflösung des Küstenraketenregiments 18
Bezug: 1. MKdo Rostock A 3 vom 01.03.1991
Anlg.: - 1 -

Gemäß Bezug 1. ist das Küstenraketenregiment 18 zum 31.03.1991 aufzulösen.
Das Nachkommando wird dem Marinekommando Rostock direkt unterstellt.
Leiter des Nachkommandos FKpt Gödde, Klaus-Peter.
Für den Leiter Nachkommando wird die Disziplinargewalt eines Kompaniechefs beantragt.
Die Aufgaben des Nachkommandos betreffen den Zeitraum bis 30.09.1991, in Abhängigkeit des Abschubs des Materials.

Ribbrock
Kapitän zur See

Befehle zur Auflösung des KRR-18   Auszug 3 (DH)

```
MAR 13 '92 15:04 USDAO BONN GERMANY                              P.2/6

                    MEMORANDUM OF AGREEMENT
                  The Federal Minister of Defense
                 of the Federal Republic of Germany
                               and
                  The Chief of Naval Operations
                 of The Department of Defense
                 of the United States of America
                — in conjunction with the handover
               of STYX Missile Systems and Associated Equipments

                       have agreed as follows:
```

Schriftliche Übereinkunft (Agreement) 13. März 1992

Der Bundesminister der Verteidigung der Bundesrepublik Deutschland und der Chef der Seekriegsleitung des Verteidigungsministeriums der Vereinigten Staaten von Amerika kommen im Zusammenhang mit der Übergabe von „Styx"-Raketensystemen und zugehöriger Ausrüstung überein:

Artikel 1 Gegenstand der Übereinkunft

1.1 Der Bundesminister der Verteidigung wird der Marine der Vereinigten Staaten zur Verfügung stellen ungefähr 195 Anti-Schiff-Flugkörper zusammen mit landgestützten Abschussgeräten, sowie Treibstoffe, Ausrüstung, Ersatzteile und sonstige Materialien. Nach Abschluss der Vorbereitung der endgültigen Verschiffungsliste wird der Umfang der Ablieferung als Anlage zu dieser Übereinkunft übergeben werden.

1.2 Die Marine der Vereinigten Staaten wird die Raketen als Zieldrohnen nutzen und zugleich das Testen von deutschen Marinewaffensystemen in US-Schießgebieten auf der Basis eines gemeinsam vereinbarten Programms möglich machen. Im Austausch werden die Testresultate Deutschland kostenfrei zur Verfügung gestellt.

Artikel 2 Kosten

2.1 Im Zusammenhang mit den Raketen und dem vereinbarten Umfang der Übergabe werden Deutschland keine zusätzlichen Kosten innerhalb der Rahmenbedingungen der Festlegungen des Artikel 1 angelastet.

2.2 Jegliche sonstigen Kosten, die sich möglicherweise aus dem Transport und der Inanspruchnahme von kommerziellen Firmen oder zivilen Einrichtungen ergeben, werden durch die Vereinigten Staaten getragen werden, insbesondere:
- Die Bereitstellung von Containern
- Die Sicherung der Ladung in Containern und in Transportfahrzeugen
- Die Vorbereitung der Ladung, wie sie vorgeschrieben werden durch die US-Zollbehörden
- Der Transport zu dem vereinbarten Hafen der Beladung
- Das Laden und Umladen der Ladung in dem deutschen Hafen der Beladung
- Der Transport der Materialien zu den Vereinigten Staaten

2.3 Vorbereitende Packkosten für Materialien in den Sammeldepots in Deutschland werden durch Deutschland getragen.

Artikel 3 Regulierung von Schadensfällen und Zuständigkeit

3.1 Die Bundesrepublik Deutschland ist nicht verantwortlich für Schäden, die an den Gütern nach der Übergabe an die Marine der Vereinigten Staaten in Wilhelmshaven/ Bremerhaven (Deutschland) entstanden sind.

3.2 Die Bundesrepublik Deutschland ist nicht verantwortlich in dem Fall, wenn Schäden gemeldet werden durch Dritte nachdem die Übergabe abgeschlossen ist.

3.3 Nach der Übergabe der aufgeführten Materialien gemäß dieser Übereinkunft gehen die Eigentümerschaft und das Risiko auf die Vereinigten Staaten von Amerika über.

3.4 Die Vereinigten Staaten haben kein Anspruch auf Ersatz für Schäden oder Verlust von Materialien, die während des Transportes von den Sammeldepots zu den Häfen der Einschiffung auftreten.

Übereinkunft der Ministerien der BRD und USA über die Übergabe der Raketentechnik des ehemaligen KRR-18 Seite 1 (PG/BA-MA)

Artikel 4 Umsetzung der Übereinkunft

4.1 Die Umsetzung dieser Übereinkunft seitens Deutschlands wird durchgeführt durch:

das Marineunterstützungskommando Wilhelmshaven (Deutschland):
- um den Verschiffungsstatus herzustellen
- um das betroffene Material für die Verschiffung verfügbar zu machen
- um das vereinbarte Material in Wilhelmshaven oder Bremerhaven (Deutschland) zu übergeben
- um das Projekt mit den zivilen Kontraktpartnern zu koordinieren und
- um die Exportformalitäten einzuleiten

das Bundesamt für Wehrtechnik und Beschaffung AW I/3:
- um die Exportformalitäten fertigzustellen in Übereinstimmung mit dem Marineunterstützungskommando Wilhelmshaven und der US-Marine

das Streitkräfteamt:
- um alle anfallende Kosten durch das Bundeswehrverwaltungsamt zusammenzufassen
- um alle anfallende Kosten durch das Bundeswehrverwaltungsamt zusammenzufassen

4.2 Die Umsetzung der Übereinkunft seitens der Vereinigten Staaten wird durch folgende Institutionen übernommen:
- das Naval Sea Systems Command des Verteidigungsministeriums der Vereinigten Staaten von Amerika und
- die von ihm autorisierten US-Behörden in der Bundesrepublik Deutschland

Artikel 5 Sicherheitseinstufung

5.1 Die Sicherheitseinstufung des Projektes wird, soweit technisch möglich, VS/NFD.

Artikel 6 Endverbleibsklausel

6.1 Die US-Marine ist dafür verantwortlich, dass Gebrauch und Eigentümerschaft des vereinbarten Materials dieser Übereinkunft nicht an Dritte weitergegeben wird, die nicht im Dienste der US-Regierung stehen oder an dritte Staaten ohne das die Bundesrepublik Deutschland zustimmt.

Artikel 7 Übergabedatum, Verschiffung, Verantwortlichkeiten

7.1 Das vereinbarte Material dieser Übereinkunft wird an die US-Marine oder deren autorisierten Vertragsagenten in Übereinstimmung mit Artikel 3.1 übergeben. Die Teilübereinkünfte werden ausgearbeitet durch diese Parteien

7.2 Die Übergabe des vereinbarten Materials dieser Übereinkunft wird bescheinigt durch die Frachtpapiere der zuständigen Reederei (Laderechnung).

7.3 Nach Abtransport wird die deutsche Marine eine Meldung der Übergabe auf der Basis der Frachtdokumente durchführen.

7.4 Die Übergabetermine werden zwischen der deutschen Marine und der US-Marine von Fall zu Fall vereinbart und koordiniert.

7.5 Die Bestimmungshäfen in den Vereinigten Staaten, die Verantwortlichen für die vereinbarten Materialien im Bestimmungsland wie auch die zuständigen Teile der Verschiffung werden zu gegebener Zeit durch die US-Marine festgelegt und Deutschland mitgeteilt werden.

Artikel 8 Abschließende Festlegungen

8.1 Änderungen dieser Übereinkunft müssen in schriftlicher Form vereinbart werden. Sie müssen von beiden Parteien unterzeichnet und ausdrücklich als Änderung zu dieser Übereinkunft gekennzeichnet werden.

8.2 Die Parteien dieser Übereinkunft stimmen überein die Weitergabe von Details zu dieser Übereinkunft zu minimieren.

Für den Bundesverteidigungsminister der Bundesrepublik Deutschland

Für den Chef der Seekriegsleitung des Verteidigungsministeriums der Vereinigten Staaten von Amerika

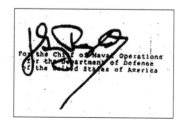

Auf einem feierlichen Appell verlieh gestern Brigitte Verner, die Ehefrau des verstorbenen Admirals Waldemar Verner, der Gelbensander POS im Beisein hoher Gäste den Ehrennamen „Waldemar Verner". Anschließend legten die Schüler in den Klassenkollektiven vor ihren Gästen Rechenschaft über bisher erreichte Ergebnisse ab. Foto rechts: Brigitte Verner wird von Pionieren der 7. Klasse herzlich empfangen.   Fotos: Vk. F. Meyhoefer

Zeitungsausschnitt aus der „Ostseezeitung" vom 09.05.1985   (LS)

Zeitungsausschnitt aus der „Bildzeitung" vom 11.09.1990   (PG)

Literaturquellen (LQ)

1. Chroniken der Spezial-Küstenraketenartillerieabteilung
2. Chroniken der KRA-18
3. Chroniken des Küstenraketenregiments 18 (1983–1987)
4. „STAN" des Küstenraketenregiments 18
5. DV 246/0/027 Gefechtseinsatz der KRT, 1985
6. DV 246/0/003 Gemeinsame taktische Handlungen verschiedenartiger Stoßkräfte der VM, 1988
7. Autorenkollektiv: VM der DDR. Deutsche Seestreitkräfte im Kalten Krieg
8. Chronologie: Die Seegrenze der DDR
9. Flohr, Dieter/Seemann, Peter: Die Volksmarine
10. Gödde, Klaus-Peter: Eine Elite-Einheit der NVA rüstet ab
11. Hoffmann, Theodor Admiral a. D.: Kommando Ostsee
12. Hoffmann, Theodor Admiral a. D.: Bedingungen und Einsatz der Kräfte zur Sicherung der Seegrenze der DDR
13. Hoffmann, Theodor Admiral a. D.: Das letzte Kommando
14. Kerzig/Knittel/Schulz: Die Kampfschwimmer der Volksmarine
15. Kunze, Martin/ Schirmer, Klaus Prof. Dr./ Wünsche, Wolfgang Dr.: Die militärische Tätigkeit – Grund- und Rahmenbedingung des Soldatenalltags in der NVA. Eine Studie
16. Lemcke, Egbert/Neidel, Holger: Raketen über See
17. Löffler, Hans-Georg, Generalmajor a. D.: Paraden der NVA in Berlin
18. Loleit, Manfred: Dissertation, Einsatz der KRT 1982
19. Rosentreter, Robert: Im Seegang der Zeit
20. Autorenkollektiv Generalleutnant a. D. Horst Sylla: 10:00 Uhr Glockenschlag
21. Minow, Fritz: Die NVA und Volksmarine in den Vereinten Streitkräften
22. Handbuch: Militärisches Grundwissen NVA
23. BA-MA Freiburg (Karte: Entfaltung der VM bei VG)

Internetquellen

Abb. S. 16: http://only-paper.ru/forum/3-7398-11
Abb. S. 19: http://de.indymedia.org
Abb. S. 29: http://twower.livejournal.com
Abb. S. 36, 170, 186, 191: http://forums.airbase.ru
Abb. S. 63: www.military-today.com/trucks
Abb. S. 67: Google Earth
Abb. S. 118, 120: www.peterhall.de
Abb. S. 136: www.daaria.info/?p=1111
Abb. S. 168: http://cryptome.org/eyeball/ssv/de-jasmund.htm
Abb. S. 171: www.aviastar.org+http://ru.wikipedia.org
Abb. S. 181: http://wftw.nl + http://scz.bplaced.net
Abb. S. 106, 128, 170, 190, 211, 213, 273: www.forum-ddr-grenze.de, www.militaertechnik-der-nva.de
Abb. S. 76, 133, 175, 176, 193, 196, 244: www.militaryphotos.net, http://only-paper.ru/forum

Nachweis der Bilder und Schemata

BA: Bundesarchiv
DV: Dienstvorschrift
FM: Fritz Minow
HN: Holger Neidel
IN: Internet
JD: Dr. Joachim Dix
JG: Hans-Jürgen Galda
HG: Dr. Harald Genzow
KK: Karl-Heinz Kräusche
KS: Kurt Stippkugel
LS: Lothar Schmidt
PG: Klaus-Peter Gödde
SP: Silvio Prasser
TK: Thomas Kuplin
TZ: Thomas Zahn
UL: Uwe Lonitz
UW: Uwe Walter
VM: Volksmarine
WM: Wolfgang Mainka
WS: Wolfgang Schädlich

Herausgeber

Schmidt, Lothar: KzS a. D., Dipl.-Ing., Dipl. rer. mil., Jahrgang 1943.
Sein militärischer Dienst begann bereits mit 13 Jahren an der 1956 gegründeten Kadettenschule der NVA in Naumburg. Nach dem Abitur Studium der Raketentechnik und Schiffsführung an der Kaspischen Höheren Seekriegsschule „S. M. Kirow" in Baku. Abschluss mit Diplom und Dienst als I. Wachoffizier, Kommandant, Stellvertreter für Raketeneinsatz und Abteilungschef in der Raketenschnellbootbrigade der 6. Flottille der VM. Studium an der Seekriegsakademie „Marschall A. A. Gretschko" der UdSSR, Abschluss mit Diplom. Erneuter Einsatz als Chef einer Raketenschnellbootabteilung, drei Jahre Dienst als Stabschef und vier Jahre als Chef einer Raketen-Torpedo-Schnellbootsbrigade. Nach Beendigung des Dienstes an Bord Einsatz als Oberoffizier im Stab der VM. Mit der Indienststellung vier Jahre Kommandeur des KRR-18. Danach Einsatz als Flaggoffizier für Operative Führung der VM bis zur Entlassung am 31.12.1990.
Im zweiten Berufsleben Inhaber einer Handelsvertretung, ab 2010 Rentner.

Gödde, Klaus-Peter: FK a. D., Dipl.-Ing., Dipl. rer. mil., Jahrgang 1952.
Sein Dienst begann als Offiziersschüler an der Kaspischen Höheren Seekriegsschule „S. M. Kirow", Studium der Raketentechnik und Schiffsführung, Abschluss mit Diplom. Danach Einsatz als Zugführer, Kompaniechef und Stellvertreter für Raketenbewaffnung des Kommandeurs der Raketentechnischen Abteilung 6 der RD der 6. Flottille. Nach Absolvierung der Militärakademie „Friedrich Engels" der NVA mit Diplom, Dienst zunächst als Leiter der Unterabteilung Raketen- und Waffentechnischer Dienst in den RD der 6. Flottille und dann als Stellvertreter des Kommandeurs für Raketenbewaffnung des KRR-18. Als Kommandeur des KRR-18 leitete er die Auflösung des Regiments. Entlassung am 30.04.1991 als Leiter des Nachkommandos. Im zweiten Berufsleben Leiter eines Logistikcenters.

Schädlich, Wolfgang: FK a. D., Dipl.-Ing., Dipl. rer. mil., Jahrgang 1952.
Sein Dienst begann als Offiziersschüler an der Kaspischen Höheren Seekriegsschule „S. M. Kirow", Studium der Raketentechnik und Schiffsführung, Abschluss mit Diplom. Danach Einsatz als I. Wachoffizier und Kommandant eines Raketenschnellboots in der 6. Flottille. Nach Absolvierung der Seekriegsakademie „Marschall A. A. Gretschko" der UdSSR mit Diplom, Dienst als Stellvertreter des Kommandeurs für Raketenbewaffnung des KRR-18 mit der Indienststellung und dann als Stellvertreter des Kommandeurs und Stabschef des KRR-18. Nach fünf Jahren Dienst in dieser Funktion Wechsel in das Ministerium für Nationale Verteidigung als Oberoffizier in die Verwaltung Gefechtsbereitschaft und operative Ausbildung. Im zweiten Berufsleben Leiter einer Filiale des Einrichtungsdiscounters „Roller", seit 2011 im Vorruhestand.

Weitere Autoren

Brennecke, Ralf-Helmut: FK a. D., Dipl. rer. mil., Ing., Jahrgang 1953,
Stellvertreter des Kommandeurs und Stabschef des KRR-18

Dr. Dix, Joachim: KzS a. D., Dipl. rer. mil., Ing., Jahrgang 1939,
Kommandeur KRR-18, Leiter der Abteilung Staatsbürgerliche Arbeit; siehe auch unter Herausgeber

Galda, Hans-Jürgen: FK a. D., Dipl.-Ing., Dipl. rer. mil., Jahrgang 1951,
Stellvertreter des Kommandeurs für Technik des KRR-18

Hoffmann, Theodor: Admiral a. D., Dipl. rer. mil., Jahrgang 1935,
Minister für Nationale Verteidigung der DDR, Chef der NVA

Jähnig, Ralf: KL a. D., Ing., Jahrgang 1959,
Oberoffizier für Nachrichten des KRR-18

Kräusche, Karl-Heinz: KzS a. D., Dipl. rer. mil., Ing., Jahrgang 1940,
Stellvertreter des Chefs der 6. Flottille für RD, Stellvertreter des Kommandeurs für RD des KRR-18

Kubasch, Helmut-Michael: FK a. D., Dipl.-Ing., Diplom-Lehrer, Jahrgang 1953,
Stellvertreter des Kommandeurs und Leiter der Politabteilung des KRR-18, Oberoffizier in der PV der VM

Lonitz, Uwe: FK a. D., Dipl. rer. mil., Ing., Jahrgang 1949,
Kommandeur der 1. KRA, Oberoffizier FEK der 4. Flottille

Mainka, Wolfgang: Stabsmatrose d.R., Jahrgang 1943,
Richtkanonier „PR-15" in der SKA-Abteilung

Stippkugel, Kurt: FK a. D., Dipl. rer. mil., Jahrgang 1935,
Stellvertreter des Kommandeurs und Stabschef des KRR-18, Oberoffizier im Stab der VM

Weitere Titel dieser Reihe aus dem Steffen Verlag

Bernd Biedermann, Siegfried Horst
Die Fla-Raketentruppen der Luftverteidigung der DDR
Geschichte und Geschichten
2. Auflage, 416 Seiten, 166 Abbildungen, Broschur
ISBN 978-3-940101-87-7, 19,95 Euro

Bernd Biedermann, Jürgen Gebbert, Wolfgang Kerner
Der Fla-Raketenkomplex S-300PMU in der NVA
Geschichte und Geschichten
224 Seiten, 164 Abbildungen, Broschur
ISBN 978-3-942477-22-2, 19,95 Euro

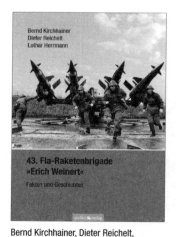

Bernd Kirchhainer, Dieter Reichelt, Lothar Herrmann
43. Fla-Raketenbrigade »Erich Weinert«
Fakten und Geschichten
384 Seiten, 132 Abbildungen, Broschur
ISBN 978-3-942477-31-4, 19,95 Euro

Bernd Biedermann, Hans-Georg Löffler
Militärs der DDR im Auslandsstudium
Erlebnisberichte, Dokumente, Fakten
336 Seiten, 80 Abbildungen, Broschur
ISBN 978-3-942477-29-1, 19,95 Euro

Fritz Minow
**Die NVA und Volksmarine
in den Vereinten Streitkräften**
Geheimnisse der Warschauer Vertragsorganisation
472 Seiten, 145 Abbildungen, Broschur
ISBN 978-3-942477-07-9, 19,95 Euro

Udo Beßer
Das Militärerholungswesen in der DDR
Erholungsheime, Ferienlager, Kureinrichtungen
ca. 176 Seiten, ca. 100 Fotos, Broschur
ISBN 978-3-942477-30-7, 19,95 Euro

Dieter Flohr
Im Dienst der Volksmarine
Zeitzeugen berichten
2. Auflage, 320 Seiten, Broschur
ISBN 978-3-940101-88-4, 16,95 Euro

Gerhard Leutert
Fallschirmjäger der NVA
30 Jahre Fallschirmdienst –
Geschichte und Geschichten
288 Seiten, 252 Abbildungen, Broschur
ISBN 978-3-942477-23-9, 19,95 Euro

Detailliertere Informationen finden Sie auf www.steffen-verlag.de

Die Deutsche Nationalbibliothek verzeichnet diese Publikation
in der Deutschen Nationalbibliografie;
detaillierte bibliografische Daten sind
im Internet über http://dnb.d-nb.de abrufbar.

1. Auflage 2013
© Steffen Verlag/Steffen GmbH
Erich-Weinert-Straße 138, 10409 Berlin, Tel.: (0 30) 41 93 50 08
www.steffen-verlag.de, info@steffen-verlag.de

Herstellung: Steffen GmbH, Mühlenstraße 72, 17098 Friedland,
www.steffendruck.com

Umschlagfoto: SSR des KRR-18 in einer Startstellung auf der Halbinsel Darß klar zum Start
der Raketen Mai 1984 (Vorn von links nach rechts der CVM Admiral W. Ehm, der Minister für NV
Armeegeneral H. Hoffmann, der Kommandeur des KRR-18 Fregattenkapitän L. Schmidt)

ISBN 978-3-942477-32-1